희년 신앙

성서 속, 희년 신앙 행동 서사를 읽다

김철호 김옥연

희년 신앙

지은이	김철호 김옥연
초판발행	2024년 3월 20일
펴낸이	배용하
책임편집	배용하
등록	제364-2008-000013호
펴낸 곳	도서출판 대장간
	www.daejanggan.org
등록한 곳	충남 논산시 가야곡면 매죽헌로1176번길 8-54
편집부	전화 (041) 742-1424
영업부	전화 (041) 742-1424 전송 0303-0959-1424
분류	성서연구	해석	희년
ISBN	978-89-7071-661-9 03230

 값 35,000원

차 / 례

2부 • 신약성서 속 희년신앙 행동서사를 찾아서

예수의 하나님나라 복음운동

초대교회의 희년신앙 행동서사

성서 속, 희년신앙 행동서사敍事를 읽다

빚진 죄인, 참일까?

지구촌 고대 문명세계에서는 하나같이 신용사회 빚 세상경제 역사 흔적들이 나타난다. 그리고 신용사회 빚 세상경제의 결과물로 하나같이 채무노예제도가 드러난다. 채무노예제도야말로 고대 문명세계를 건설하는 밑바탕으로써 불로소득을 만들어내는 도구였다. 채무노예제도는 그 땅 풀뿌리 사람들에게 '빚진 죄인'이라는 사회경제·종교·정치 이데올로기에 딱 맞는 '삶의 질서'로 받아들여졌다. 실제로 고대 문명사회에서 가장 흔한 노예집단은 전쟁노예들이었고 그 다음이 약탈노예들이었다. 그런데 전쟁과 약탈노예들은 다루기 쉽지 않다. 언제든지 주인을 해코지 하고 노예사슬을 끊고 탈출하려 하기 때문이다. 유명한 '로마제국 스파르타쿠스 노예반란'에서처럼 대부분의 노예반란은 '전쟁노예와 약탈노예들'이 주도하였다.

그러나 '빚진 죄인'으로서 채무노예들은 전쟁과 약탈노예들과는 전혀 다르다. 거의 모든 채무노예들은 '주인의 땅에서 또는 주인의 생활경제 그늘' 안에서 온 가족의 생계를 꾸려가게 마련이다. 전쟁과 약탈 노예들과 다르게 반란보다는 '순종'에 길들여진다. 실제로 고대 문명세계에서 '오롯이 주인의 땅에 매여 살아야만 하는 소작 농노집단'은 대부분 채무노예들이었다. 채무노예들의 생산성이 전쟁과 약탈노예들보다 훨씬 더 높았다. 그러므로 고대 '빚 세상경제 체제' 속에서 가난한 풀뿌리 사람들에게 높은 이자의 빚을 지워서 채무노예로 삼는 일이 많았다. 채무노예제도 야말로 고대 빚 세상경제 체제에서 '가장 손쉬운 불로소득'이었다.

그렇다면 지구촌 고대 문명세계에서 채무노예제도가 가장 발달한 곳은 어디였을까? 그 곳은 두말할 필요도 없이 뚜렷하게 성서 주변세계 곧 '고대 메소포타미아 등 지중해문명세계'였다. 고대 성서주변세계에서는 '농경사회혁명 또는 해상무역'을 통하여 무한 불로소득을 만들 수 있었다. 그럼으로써 일찍부터 성서주변세계에는 '노예제국 지배체제'가 자리 잡았다. 고대 신용사회와 빚 세상경제 체제 속에서 힘 있는 사람들이 부와 권력을 독점하고 계급사회 발전을 꽃 피웠다. 이자와 이윤 등 불로소득을 밑바탕으로 찬란한 고대 노예세상문명을 꽃 피웠다.

고대 성서주변세계에 나타난 '빚진 죄인 사회집단 신념체계'

먼저 성서 주변세계 고대종교·문명사에 나타난 '빚진 죄인 사회집단 신념체계'의 밑바탕을 살펴보자. 메소포타미아 지역은 기원전 3천5백년 무렵부터 수메르 문명을 꽃피웠고 바빌로니아 문명으로 이어졌다. 그 과정에서 고대 메소포타미아 지역은 유목민사회에서 농경사회로 바뀌었다. 다양한 민족들 또는 종족들에서 신전제사장 지배체제가 든든하게 뿌리내렸다. 한편 힘 있는 민족이 흩어져 있는 작은 종족들을 차례로 정복하면서 하나의 강력한 노예제국 지배체제를 건설하기도 했다. 이렇듯이 메소포타미아 고대종교·문명사 속에서 '신전제사장 전제주의專制主義 또는 노예제국 지배체제'를 튼튼하게 세우기 위한 창조신화가 만들어졌다. 그렇게 만들어진 창조신화는 고대 성서주변세계에 널리 알려져 뿌리를 내렸다. 그러면서 창조신화 내용들이 더 풍성해지고 새로워지기도 하였다.

그래서 성서학자들은 히브리 성서 천지창조이야기 줄거리를 바벨론 창조신화 '에누마 엘리쉬'에서 찾는다. 에누마 엘리쉬는 메소포타미아 고대도시 니느웨 아슈르바니팔 도서관에서 토판문서로 발견되었다. 이 토판문서는 고대 바빌론제국 수호신이었던 마르둑의 창조이야기를 담고 있다. 이 토판문서는 셈족 언어인 아카드어로 기록되었지만 실제로는 고대 수메르문명 창조신화로부터 이어져왔다. 그 핵심 내용은 '노동하는 노예인간 창조'다.

이렇듯이 성서주변 고대 문명세계에서 '노동하는 노예인간 창조신화'는 빚진 죄인 사회경제·종교·정치 이데올로기의 밑바탕이었다. 노동하는 노예인간 창조신화야말로 고대 지중해 세계에서 노예제국 지배체제를 튼튼하게 세워냈다. 또한 노예제국 지배체제를 지탱하는 버팀목 역할을 해왔다. 나아가 인류종교·문명사 속에서 '빚진 죄인'이라는 아주 오랜 사회경제·종교·정치 이데올로기를 뿌리내리게 했다. 그럼으로써 빚진 죄인 사회집단 신념체계야말로 '옳고 바르며 마땅하다'고 증언해 왔다.

소작농 채무제도

성서주변 고대문명세계의 빚진 죄인 사회집단 신념체계는 소작농 채무제도에서 여실히 살펴볼 수 있다. 이 제도는 수메르 문명으로부터 시작해서 지중해 세계로 퍼져나가 뿌리를 내렸다. 고대 문명세계에서 소작농들은 오롯이 주인의 땅에 매여서 온 가족의 생계를 꾸리며 살아갈 수밖에 없었다. 씨 뿌리는 때가 이르러 소작농들은 주인으로부터 '씨앗 빚'을 내고 주인의 땅에 씨앗을 뿌렸다. 그리고 추수 때에 이르러 소작농들은 거뒤드린 곡물가운데 삼분의 일을 떼어서 땅 주인에게 빌린 '씨앗 빚'을 갚아야만했다. 수메르 소작농 채무제도는 고대 그리스 문명세계에도 전파되어 '소작농노 집단'헥테모로이을 만들어 냈다. '헥테모로이'는 그리스 도시국가 농촌마을에서 온 가족이 함께 살며 농사일을 도맡았다. 이들은 도시에 거주하는 세습귀족들의 땅에 매여서 생계를 꾸려갈 수밖에 없는 소작농노들이었다.

실제로 고고학자들은 메소포타미아 문명세계 곳곳에서 소작농 채무제도를 증언하는 토판문서들을 발굴했다. 그들은 수메르 도시국가 '우르크'에서 3천5백여 년 전 만들어진 토판문서들을 찾아내었다. 고고학자들은 하나의 토판문서에서 '보리자루 2만9천86개, 37개월, 쿠심'이라는 낱말 세 개를 해석해 냈다. 이 세 개의 낱말들을 이어진 문장으로 만들면 '신전관리 쿠심이 37개월 동안 소작농들부터 2만9천86개의 보리자루를 거둬들였다'라고 이해할 수 있다. 이로써 고고학자들은 '수메르문명 지배체제가 신전제사장 권력으로부터 시작되었을 것'이라고 믿는다.

고대 문명세계의 무역

그런데 수메르 도시국가들은 더 많은 이자와 이윤 등 불로소득을 만들어내려고 노력했다. 소작농 채무제도로 만들어내는 이자와 이윤만으로는 신전제사장 지배체제의 욕구를 채우기에 턱없이 모자랐다. 그래서 더 많은 불로소득을 만들어 내기위해 소작농 채무제도를 넘어서 신용사회로 나아가는 새로운 금융시스템을 개발하였다. 실제로 동서고금을 막론하고 금융시스템의 핵심은 '돈과 시간과의 관계'다. 고대 수메르문명은 '10진법, 12진법, 60진법' 등 21세기에서 사용하는 모든 수학기법을 개발했다. 3백60도 둥근 원의 개념을 만들고 시간단위를 60으로 쪼개서 계산했다. 달력을 만들어 시간의 흐름을 따지고 사업의 미래수익모델을 계산해서 실체화했다. 시간흐름에 따르는 단리와 복리이자 개념도 만들어 사용했다.

이렇듯이 이자와 이윤을 통한 불로소득 욕망에 불을 붙이고 그 욕망을 만족시켜주는 경제활동은 무역이었다. 기원전 3천 년대 수메르 도시국가들은 멀리 페니키아 레바논산맥에서 백향목白香木산림을 관리했다. 그렇게 생산한 목재를 뗏목으로 만들어 유프라테스 강을 통해 운반했다. 또한 강을 통해서 아나톨리아 산악도시 '에르가니'에서 생산한 구리와 수메르에서 생산한 곡물을 거래하였다.

더 큰 무역거래는 페르시아만을 통한 해상무역으로 이루어졌다. 고대 수메르 사람들은 페르시아만 연안에 약 5천여 명이 거주하는 항구도시 딜문현 바레인을 건설했다. 또 아라비아 반도 끝 마간현재의 오만을 오가며 곡물과 구리 등을 거래했다. 고대 수메르사람들은 마간을 징검다리 삼아 인더스 문명과도 무역거래를 했다. 실제로 기원전 2천 8백년 경 토판문서들은 선박에 보리 수 톤을 싣고 딜문과 마간으로 항해한 기록들을 남겼다.

고대 이집트제국도 지중해와 홍해를 통한 해상무역에서 천문학적 불로소득을 만들어냈다. 기원전 3천 년대 이집트제국의 지중해 무역로는 두로와 레바논 지역까지 이어졌다. 기원전 2천5백 년경에는 홍해남쪽 출구인 바브엘만데브현 예맨항구를 징검다리 삼아 인도양까지 무역항로를 확장하였다. 실제로 이집트제국의 상선들이 홍해를 따라 2천4백km를 항해해서 아프리카 푼트현 소말리아지역까지 무역활동을 했던 기록을 찾아볼 수 있다.

한편 이집트제국이 쇠퇴하던 기원전 1천대 이후에 솔로몬왕국도 홍해

해상무역에 참여했다. 거점항구는 홍해연안의 에시온게벨 항구였다. 솔로몬왕국 이후로는 페니키아 인들이 홍해 무역마저 좌지우지 하게 되었다. 이와 관련하여 고대 페니키아 사람들과 그리스 사람들의 에게해와 지중해 해상무역에 대해서는 더 이상 언급할 필요도 없다.

이렇듯이 성서주변 고대 문명세계에서 무역은 오래전부터 뿌리 내려온 신용경제 금융시스템을 활용해서 점점 더 크게 발전하였다. 고대 수메르 문명의 금융시스템 속에는 '공증, 부동산담보대출, 권리증, 선물계약, 조합계약, 신용장' 등이 활용되었다. 고대 그리스문명에서는 화폐를 통한 금융시스템이 활발하였다. 고대 그리스의 화폐금융시스템은 지중해 해상무역에 활력을 불어 넣었다. 실제로 로마제국의 화폐금융시스템은 21세기 금융시스템 속에서 상상할 수 있는 모든 것들이 실재했다. 로마제국 화폐금융 권력은 제국주의 인두세 징수시스템을 통해서 천문학적인 불로소득을 만들어 냈다.

고대문명세계 밑바탕은 불로소득

두말 할 필요도 없이 성서주변세계 신전제사장 전제주의와 노예제국 지배체제 아래서 모든 문명발달의 밑바탕은 불로소득이었다. 불로소득은 고대문명세계에 널리 퍼져있던 신용사회와 빚 세상경제체제를 통해서 만들어졌다. 실례로 '창세기 요셉이야기'는 꿈의 사람 요셉이 파라오 노예제국의 꿈을 만나는 것으로부터 시작한다. 이후로는 파라오의 노예제국 꿈을 실현해 나가는 과정을 생생하고 꼼꼼하게 그려낸다. 이와 관련하여 요셉이야기의 끝맺음 문장은 참으로 비참하고 끔찍한 채무노예 삶의 상황을 아주 생생하게 표현한다.

"요셉이 이집트제국 경계 이 끝으로부터 저 끝으로까지 도시들로 그 풀뿌리 사람
들을 옮겼다."

요셉은 흉년을 그 땅 풀뿌리 사람들의 굶주림으로 확대해서 그 땅 풀
뿌리 사람들을 채무노예로 만들었다. 그리고 그들을 자기 땅에서 뿌리 뽑
아 멀리 낯선 땅으로 강제이주 시켰다. 21세기 성서독자들은 요셉이야기
속에서 이집트 땅 풀뿌리 사람들이 떠돌이농노집단으로 굴러 떨어지는
상황을 목격하게 된다. 그러면서 고대 이집트문명의 불가사의들을 너끈
히 헤아리고 이해하게 된다. 예를 들어 고대이집트 피라미드는 '높이 1백
47m, 밑변 2백30m, 면적 1만6천 평'인데 2.5톤 석회암 또는 화강암 불록
2백30만개를 사용하였다. 21세기 과학으로 추정해볼 수 있는 그 시대 피
라미드 건설인력 투입은 매일 2만 명 이상 떠돌이 농노들을 20여 년 동안
동원했을 것으로 여겨진다.

이처럼 동서고금을 막론하고 인류종교·문명사 속에는 '노동하는 노예
인간 창조신화'의 흔적들이 여실하다. 21세기 성서독자들은 성서주변과
바깥 고대문명 세계에서 노동하는 노예인간 창조신화를 찾아낼 수 있다.
고대 문명세계에서 만들어진 '노동하는 노예인간 창조신화'는 가난하고
힘없는 그 땅 풀뿌리 사람들의 삶의 마당에 뿌리내렸다. 그럼으로써 그들
을 '빚진 죄인 사회종교 집단체계' 속으로 끌어들여 세뇌했다. 그 땅 풀뿌
리 사람들의 존재자체가 도저히 갚을 수 없는 가부장주의 하나님으로부
터 내려 받은 '빚'이었다. 자기존재성을 '빚'이라며 자기 삶의 마당에 뚜렷
하게 새겨 넣었다. 그렇게 풀뿌리 사람들의 삶의 마당에 '빚진 죄인 사회
종교 집단신념체계'가 뿌리 내렸다. 노동하는 노예인간 창조신화가 노예
제국 지배체제의 '빚진 죄인 사회경제·종교·정치 이데올로기' 속으로 스

며들어 실체화되었다.

노예들의 하나님 야훼, 정말 괴짜 하나님이 나타나셨다.

이렇듯이 성서주변 고대종교 문명사에 나타난 수많은 하나님들은 너 나없이 독선적이고 폭력적인 하늘명령을 남발했다. 그럼으로써 노예제국 지배체제와 뒷배를 맞추느라 여념이 없었다. 그 대가代價로 노예제국 지배체제의 하나님들은 '절대신'絕對神이라는 신정종교神政宗敎 허깨비교리 속으로 숨어들 수 있었다. 그렇게 절대신 허깨비교리 속으로 숨어든 하나님들은 영생하는 평온을 누리며 희희낙락할 수 있었다.

그러나 동서고금을 막론하고 모든 종교는 '사람다움의 가치와 사람다운 삶'을 핵심 신앙과제로 삼는다. 모든 종교는 마땅히 사람 사는 세상에서 해방과 구원, 정의와 평등, 생평과 평화가 넘치는 세상을 선포한다.

그러므로 마침내 히브리 성서 출애굽기에서 히브리 노예들의 하나님 야훼께서 나타나셨다. 이제까지 노예제국 지배체제 만신전萬神殿의 하나님들은 인류종교 문명사 속에서 아무런 의심과 저항도 없이 '전지전능하신 하나님'으로 활개쳐왔다. 이제 그 신들에게 도전장을 내민 괴짜하나님 야훼께서 나타나셨다. 히브리 노예들의 하나님, 그 이름은 야훼이시다.

히브리 노예들의 하나님 야훼의 '출애굽 해방과 구원사건'

히브리 성서 출애굽기는 성서주변세계의 모든 노예제국 지배체제의 하나님들을 거부한다. 나아가 노예제국 지배체제 만신전의 하나님들과 싸우시는 '히브리 노예들의 하나님 야훼'를 증언한다. 인류문명사에서 그 흔적조차 찾을 수 없었던 '히브리 노예들의 하나님 야훼'를 계시한다. 히브리 노예들의 하나님 야훼께서 자기사람들을 해방하고 구원하시기 위해 인류역사 속에 오셨다고 증언한다. 야훼하나님께서 히브리 노예들의 고통과 절망 속에서 그들을 만나 소통하며 그들과 함께하심을 생생하고 꼼꼼하게 그려낸다.

이제야말로 히브리 노예들의 하나님 야훼께서 나타나셨다. 야훼 하나님께서 파라오 노예제국으로부터 히브리들을 해방하고 구원하셨다. 야훼 하나님께서 출애굽 해방과 구원사건을 일으키심으로써 히브리 노예들의 '희년신앙 행동대서사'가 시작되었다. 이렇듯이 야훼하나님의 출애굽 해방과 구원사건에 대한 히브리들의 신앙고백이 곧 '희년신앙'또는 야훼신앙이다. 히브리 해방노예들은 야훼하나님의 출애굽 해방과 구원사건을 밑바탕삼아 자기 삶을 살아왔다. 히브리들은 자기 삶의 마당에서 온갖 해방과 구원사건들을 일으키고 체험하며 고백하였다. 히브리들의 해방과 구원세상 삶의 여정과 그들이 일으켰던 다양한 해방과 구원사건들이 곧 '희년신앙 행동서사'다. 히브리 성서는 히브리들이 일으켜 온 해방과 구원사건들 그리고 그들의 깨달음과 신앙고백들을 모았다. 히브리 성서의 모든 책들은 오랜 세월 끈질겼던 히브리들의 희년신앙 행동 대서사이며 신앙역사다.

그러므로 히브리 성서본문들은 히브리 해방노예들의 해방과 구원 세상에 대한 다양한 신앙고백과 전승들과 신화들을 포함하고 있다. 오랜 세월이 흐르면서 다양한 희년신앙 행동사건과 경험들과 상황들이 보태져왔다. 나아가 시대마다 변화하는 희년신앙 행동관점에 맞추어 히브리 성서본문들의 핵심내용들도 재해석되고 편집되었다. 히브리 성서 본문들에서 히브리들의 희년신앙 행동사건과 경험들과 상황들은 시대마다 다양한 신학성찰 속에서 다채로운 이미지들로 덧칠되었다. 또한 여러 다양한 장르genre의 신앙고백들로 고쳐 쓰여 지거나 편집되었다.

희년신앙禧年信仰이란 무엇인가?

희년禧年이란 글자 그대로 '기쁨의 해'다. 어떤 기쁨일까? 해방과 자유 그리고 구원의 기쁨이다. 출애굽기는 그 희년 기쁨을 파라오 노예세상에서 종노릇하던 '히브리 노예들의 해방과 구원사건'으로 증언한다. 이 해방과 구원사건은 '히브리 노예들의 하나님 야훼'께서 일으키셨다. 한편 히브리 성서에서 희년기쁨은 마땅히 '히브리 해방노예들이 건설하고 누리며 살아가야 할 해방과 구원세상'이다. 히브리들의 해방과 구원세상에서 벌어지는 '빚 탕감과 채무노예해방'이다. 이 히브리 노예들의 해방과 구원, 정의와 평등세상의 기쁨은 고스란히 '야훼하나님의 기쁨'이다. 왜냐하면 야훼는 '히브리 노예들의 하나님'이시기 때문이다. 히브리 성서는 이 기쁨의 해를 아래와 같이 표현한다. 여러 오해들을 털어내기 위해 히브리 성서 원문을 옮긴다.

> 그가 '힌남몸값을 물지 않고' 해방되어 나가야한다. 출애굽기 21:2
>
> 너희는 그 땅에, 그 땅에 거주한 모든 사람들에게 '데로르해방'을 외쳐라. 레위기 25:10
>
> 그것은 너희를 위한 '요벨해방뿔나팔'이다. 레위기 25:10
>
> 쉐나트 하요벨 해방뿔나팔의 해. 레위기 25:13
>
> 쉐밑타 라흐바 야훼의 빚 탕감의 해. 신명기 15:2
>
> 쉐나트-라촌 라흐바 야훼의 기쁨의 해. 이사야 61:2
>
> 에니아우톤 퀴리우 덱톤 주님 은혜의 해. 누가복음 4:19

히브리 성서 이사야 61장 2절은 희년을 '야훼의 기쁨의 해'라고 증언한다. 이때 사용한 히브리어 낱말이 '라촌희열'이다. 간절히 바라던 모든 욕구가 만족하게 이루어진 상황에서 느끼는 충만한 기쁨이다. 이사야서는 '야훼 하나님께서 바라는 희년기쁨의 밑바탕'을 위와 같이 증언한다. 말 그대로 희년은 '야훼의 기쁨의 해'이다.

그런데 야훼하나님의 '기쁨의 실체'는 무엇일까? 그것은 곧 히브리 노예들이 '아무런 몸값도 물지 않고 채무노예로부터 해방되어 자유롭게 되는 것'이다. 출애굽기 21장 그 땅에 거주하는 모든 사람들에게 해방을 외치는 것이다. 그 땅에 '해방뿔나팔' 소리가 널리 울려 퍼지게 하는 것이다. 그 땅에 거주하는 모든 풀뿌리노예들이 '아무런 몸값도 없이 해방과 자유와 구원'을 맞이하는 것이다. 레위기 25장 야훼하나님의 명령에 따라 '모든 빚들이 탕감되고 채무노예들이 해방을 맞이하는 것'이다. 신명기 15장

그렇다면 '빚 탕감과 노예해방 그리고 자유와 구원'의 밑바탕은 무엇일까? 그것은 바로 '히브리들의 희년신앙 행동'이다. 이때 희년신앙이란, 히브리 노예들의 하나님 '야훼의 나타나심 그리고 출애굽 해방과 구원사건'이다. 또 히브리 해방노예들이 젖과 꿀이 흐르는 가나안 노느매기 땅으로 들어가는 것이다. 출애굽기 1장에서 15장까지의 본문들은 히브리 노예들의 하나님 야훼께서 일으키시는 '출애굽 해방과 구원사건'을 파노라마처럼 그려낸다. 출애굽기 본문들은 야훼하나님의 출애굽 해방과 구원사건을 밑바탕으로 세워지는 '히브리 지파동맹의 희년신앙 실체와 진실'을 뚜렷하게 증언한다.

첫 번째, 히브리 노예들의 하나님 야훼께서 나타나셨다. 출애굽기 3장

두 번째, 야훼 하나님께서 파라오 노예제국에서 종살이 하던 히브리 노예들을 해방하고 구원하셨다. 출애굽기 1:1-15:21

세 번째, 야훼 하나님께서 히브리 해방노예들에게 젖과 꿀이 흐르는 가나안땅을
주셨다.

이렇듯이 야훼하나님은 파라오 노예제국 지배체제로부터 히브리 노예
들을 해방하고 구원하시겠다는 뜻을 뚜렷하고 당당하게 선포하신다.

정녕, 내가 보았노라. 이집트에서 종살이 하는 내 사람들의 고통을.
자신을 박해하는 자들 앞에서 울부짖는 내 사람들의 외침을 내가 들었노라.
정녕, 내가 알았노라. 내 사람들의 아픔을.
내가 내려가겠노라. 이집트의 손아귀로부터 내 사람들을 해방하기 위하여
그 땅으로부터 내 사람들을 이끌어내기 위하여
넓고 좋은 땅, 젖과 꿀이 흐르는 땅으로. 출애굽기 3:7-8a

희년신앙 행동계약이란 무엇인가?

히브리 성서에서 희년기쁨은 마땅히 '히브리들이 건설하고 누리며 살
아가야 할 해방과 구원세상'이다. 히브리들의 해방과 구원세상에서 벌어
지는 '빚 탕감과 노예해방'이다. 그것은 바로 '야훼하나님의 출애굽 해방
과 구원사건'을 밑거름 삼아 자기 생을 살아가는 히브리들의 '해방과 구
원세상의 삶'이다. 그것은 마땅히 히브리 해방노예들이 건설하고 누리며
지켜할 '정의와 평등, 생명평화세상'이다.

이를 위해 히브리 노예들의 하나님 야훼는 히브리들과 더불어 시나이
산에서 '희년신앙 행동계약'을 맺으셨다. 야훼하나님은 이 계약을 통해서
스스로 감당하실 계약의무와 책임을 정하셨다. 곧 야훼 하나님께서는 히
브리들의 해방과 구원세상을 보장하실 것이다. 또한 히브리들이 들어가

살아가야 할 가나안 노느매기 땅을 선물로 주실 것이다. 그리고 그 땅에서 히브리 후손들이 번성하는 복을 주실 것이다. 의심의 여지 없는 증거가 희년신앙 행동계약 총칙 십계명전문前文이다.

"나는 네 하나님 야훼다. 곧 노예들의 집으로부터, 이집트 땅으로부터 너를 이끌어낸 네 하나님 야훼다."

마찬가지로 '희년신앙 행동계약'의 당사자로서 히브리 해방노예들에게도 계약조건으로써 행동법규들이 주어졌다. 그렇게 히브리 해방노예들에게 주어진 행동법규들의 핵심내용은 십계명이다. 나아가 출애굽기 21장에서 23장에는 히브리 해방노예들에게 주어지는 계약조건으로써 행동법규들이 하나하나 자세하게 나열되어 있다. 왜냐하면 앞으로 히브리 해방노예들은 가나안땅에 들어가서 야훼하나님의 해방과 구원세상을 건설하고 누리며 지켜야하기 때문이다. 출애굽기는 그 때를 위해서 시나이산 희년신앙 행동계약 행동법규들을 자세하고 또렷하게 기록한다. 이렇듯이 희년신앙 행동법규들은 히브리들의 해방과 구원세상 그리고 그 삶의 여정으로써 '희년신앙 행동서사의 실체'이다.

히브리 해방노예들의 희년신앙 행동계약 행동법규들

첫 번째는 '빚 탕감과 노예해방'이다. 출애굽기 21:1-11 참으로 어떤 히브리사람이 다른 히브리사람을 노예로 삼는다면 육년 동안만 종으로 부려야 한다. 육년이 지나 칠년 째에는 아무런 몸값도 없이 해방되어 나가야 한다. 히브리 지파동맹의 희년신앙 행동법규로써 '빚 탕감과 노예해방'은 신명기 15장의 '야훼의 빚 탕감의 해'에서도 똑같다. 또한 레위기 25장 희년본문에서는 '외국사람에게 노예로 팔려간 형제자매들을 몸값을 주고 물러서 해방시키라'고 명령한다.

두 번째는 '이자금지와 사회경제 약자보호'다. 히브리들은 과부와 고아와 나그네를 돌보아야 한다. 그들에게 고리대금업을 해서는 안 된다. 이자의 짐을 지워서도 안 된다.출애굽기 22:21-27 어떤 형제가 가난해져서 내 생활경제 그늘로 들어와 손이 푹 쳐졌을 때 그 손을 붙잡아 일으켜 주고 함께 살아야 한다.레위기 25:35-38

세 번째는 '정의로운 재판과 사회공동체 규약'이다. 거짓증인을 내세워 죄 없는 사람을 해코지 하면 안 된다. 서로 원수가 된 사람이라도 사회공동체 규약을 통해 도움을 베풀어야 한다. 나그네를 억압하지 않아야 한다.출애굽기 23:1-9

네 번째는 '안식일과 안식년의 쉼이 있는 노동'이다. 안식일에는 모두가 푹 쉬어야 한다. 아들과 딸, 남종과 여종 그리고 가축들까지 푹 쉬어야 한다. 내 집에 있는 나그네도 노동을 하지 말아야한다. 또 안식년에 이르러는 땅도 푹 쉬어야 한다. 안식년에 저절로 자란 그 땅 생산물은 가난한 사람들의 것이다. 심지어 들짐승들도 함께 먹어야 한다.출애굽기 20:8-11, 23:10-13

다섯 번째는 '토지공공성또는 토지 공개념제도'다. 땅은 하나님의 것이다. 누구라도 아주 팔아넘길 수 없다. 만약에 토지의 이용권 또는 수익권을 팔았다면 산 사람은 언제든 땅 무르기를 허락해야 한다. 또 성벽으로 둘러친 도시 안에 있는 집도 1년 안에는 집 무르기를 할 수 있다. 희년에 이르면 모든 땅들은 처음 주인에게로 돌아가야 한다.레위기 25:23-34

그런데 여기서 꼭 짚고 넘어가야 할 희년신앙 행동계약의 진실이 있다. 그것은 희년신앙 행동계약 행동법규들은 곧 유대교의 율법이라는 사실이다. 유대교는 야훼 하나님의 해방과 구원세상을 건설하고 누리기 위한 희년신앙 행동법규들을 유대교 생활법전으로 퇴행시켰다. 가난하고 힘없는 풀뿌리 사람들의 삶을 억압하고 옥죄는 신정사회神政社會생활율법으로 도구화시켰다. 도저히 율법을 지킬 수 없는 가난하고 힘없는 풀뿌리 사람들에게 '죄인'이라는 낙인을 찍었다. 따라서 복음서에서 예수는 바리새파 사람들과 율법학자들의 위선을 거칠고 사납게 비판했다.

참으로 히브리 노예들의 출애굽 해방과 구원사건 이후 오랜 세월이 흘렀다. 이제 복음서들은 히브리들의 희년신앙 행동계약 행동법규들을 '예수의 하나님나라 복음운동'으로 재구성하였다. 그것은 곧 고난당하는 그 땅 풀뿌리 사람들에게 예수의 '하나님나라 복음'을 선포하는 것이었다. 시대의 절망과 고통 속에서 허덕이는 풀뿌리 사람들을 한없이 기쁘게 하는 것이었다. 실제로 예수의 하나님나라 복음운동은 마음 꺾인 사람들을 감싸준다. 사로잡힌 사람에게 해방을 선포한다. 묶인 사람들에게 놓임을 선포한다. 모든 애통하는 사람들을 위로한다. 이렇듯이 예수의 하나님나라 복음운동의 진실들은 예수의 팔복선언행복선언과 주기도문 본문에서 더 자세히 확인할 수 있다.

이제 21세기에 이르러 희년신앙 행동법규들은 '모든 잘사는 사람들에게 주시는 야훼하나님의 해방과 구원의 은총'이다. 잘사는 사람들은 가난하고 힘없는 사람들의 빚을 탕감하고 채무노예들을 해방할 수 있다. 그럼으로써 그 땅 풀뿌리 사람들의 해방과 구원세상을 만들어 갈 수 있다. 야훼 하나님께 '희년의 희열喜悅'을 바칠 수 있다. 또한 맘몬·자본세상에서 야훼 하나님께서 주시는 '해방과 자유은총'을 누릴 수 있다. 그러나 대부분의 부자들은 자기 부와 재물들을 힘없고 가난한 풀뿌리 사람들의 삶을 억압하고 착취하는 도구로 타락시킨다. 부와 재물을 하나님의 복으로 누리지 못하고 '장물아비 노예세상 올무'로 삼는다. 스스로 노예세상 장물아비 올무를 뒤집어쓰고 자신의 삶을 옥죈다.

따라서 희년신앙 행동법규들은 '21세기 사회경제 신앙공동체 영성'일 수밖에 없다. 해방과 구원, 정의와 평등, 생명평화세상을 위한 예수신앙 공동체의 지성이고 감성이며 행동의지일 수밖에 없다.

이렇듯이 히브리들의 '희년신앙 행동법규들'은 시대와 시대로, 미래와 미래로 이어져 왔다. 그러므로 시대마다 '희년신앙 행동법규들'은 아직 미완성이다. 21세기 예수신앙인들 또는 성서독자들의 삶의 마당에 처음처럼 그대로 남겨져 있다. 21세기 교회와 교우들의 신앙의지와 신앙행동에 따라 미루어진 하늘은총으로 남았다. 야훼 하나님의 해방과 구원세상의 완성은 이 시대의 예수신앙인들의 희년신앙 행동에 비례한다. 21세기 맘몬·자본 지배체제 속에서 '예수의 하나님나라 복음운동'처럼…

책을 내면서

필자는 이 책을 설교형식으로 썼으나 결코 설교는 아니다. 필자의 '성서읽기와 해석 그리고 신앙행동에 대한 제안'이다. 이 책에 실린 한편 한편의 성서본문들은 필자의 사역私譯을 거쳐서 완성했다. 한글성서의 여러 번역본이 있지만 좀 더 자세히 성서원문의 문장들과 문맥에 가까이 가고 싶었기 때문이다. 나아가 '21세기 시대의 언어로 성서읽기'를 하면서 필자의 신앙 상상想像을 성서본문 문장들과 문맥 안에 매어놓기 위해서다. 독자들은 한글성서 여러 번역본들을 비교하며 본문읽기를 하면 좋을 것이다. 또 본문풀이에 앞서서 본문 이해하기를 먼저 펼쳐놓았다. 이 책을 읽는 독자들이 필자의 성서 본문풀이에 대한 의심과 반감을 조금이라도 누그러뜨리기를 바라기 때문이다.

따라서 이 책이 어떤 독자에게는 성서공부로 또 다른 독자에게는 낯선 성서읽기와 해석으로 다가갈 수 있을 것이다. 또 모르지만 어떤 독자에게는 공감과 소통으로 받아들여질 수도 있을 것이다. 또 어쩌면 이 책이 많은 사람들에게 반감을 불러일으킬 수도 있다. 여하튼 이런 저런 계획한 의도 없이 이 책을 내어 놓는다. 왜냐하면 필자가 2005년부터 '희년 빚 탕감 상담활동' 2023년 희년빚탕감상담소을 해 오면서 교회와 교우들과 소통하는 가운데 느꼈던 막막함을 조금이나마 해소하고 싶었기 때문이다. 그래서 지금 이 책을 내놓아야 할 때라고 마음먹었다.

이 책의 모든 내용들은 필자 나름의 성서공부와 독서를 통해 얻은 지식과 자료들로부터 빌려온 것이다. 아주 작으나마 이 책의 내용 가운데 새로움이 있다면 그것은 필자의 신앙과 삶의 은혜다. 20여년 이어온 개인파산면책·개인회생 상담과 그에 따른 신앙행동의 결과물일 것이다. 참으로 필자에게는 희년 빚 탕감 상담활동을 통해 누려온 신앙체험과 삶의 은혜가 크다. 따라서 이 책의 모든 내용들은 필자가 살아온 신앙과 삶의 여정을 넘어서지 않는다. 논리가 세밀하지 않고 빈틈이 많을 것이다. 또한 약간의 과장도 섞여 있을 것이다. 이 책을 읽는 독자들이 잘 헤아려 주리라 믿는다.

끝으로 필자와 함께 이 책의 내용을 채우고 뜻을 나눠온 아내 김옥연 목사에게 고마운 마음을 전한다. 더불어 필자의 희년빚탕감상담소 상담활동과 신앙의 삶을 존중해 준 대장간 배용하 대표에게도 감사드린다.

1부

히브리 성서 속 희년신앙 행동서사를 찾아서

1. 꿈의 사람 요셉,
파라오 채무노예제국 지배체제를 완결完結하다.

창세기 41:14-49, 47:13-26

본문읽기 1. 파라오의 채무노예제국 꿈 창세기 41:14-49

파라오가 시종을 보내어 요셉을 불렀다. 그러자 사람들이 재빨리 웅덩이 옥으로부터 요셉을 빼냈다. 요셉이 수염을 밀고 옷을 갈아입고 파라오에게 갔다. 파라오가 요셉에게 말했다.

"내가 꿈을 꾸었는데 그 꿈을 해석하는 자가 없다. 나는 너에 대해 '네가 꿈 이야기를 듣고 그 꿈을 해석한다'고 말하는 것을 들었다."

요셉이 파라오에게 대답했다. 말하기를.

"제가 아니더라도 하나님께서 파라오의 평안을 위하여 대답하실 것입니다."

그러자 파라오가 요셉에게 이야기했다.

"보라, 나는 내 꿈속에서 나일강가에 서 있었다. 그런데 보라, 나일 강으로부터 살

찌고 매끄러운 어린 암소 일곱 마리가 올라와 갈대밭에서 풀을 뜯었다. 그때 보라, 파리하고 매우 흉한 다른 암소 일곱 마리가 앞선 어린 암소 일곱 마리 뒤를 따라 올라왔다. 나는 이집트 온 땅에서 이 일곱 마리 암소처럼 비쩍 말라 흉한 것들을 본적이 없다. 그런데 비쩍 말라 흉한 암소들이 처음의 살찐 어린 암소 일곱 마리를 먹어치웠다. 살찐 어린 암소들이 비쩍 말라 흉한 암소들 뱃속으로 들어갔는데 '살찐 어린 암소들이 비쩍 말라 흉한 암소들 뱃속으로 들어갔는지 조차' 모를 지경이었다. 여전히 비쩍 말라 흉한 암소들은 처음 때처럼 흉측스러웠다. 그리고 나는 깨어났다. 다시 내가 내 꿈속에서 보았다. 보라, 한 개의 곡식 줄기에서 실하고 좋은 일곱 이삭이 나왔다. 그런데 보라, 실하고 좋은 일곱 이삭 뒤를 따라 샛바람에 바싹 말라비틀어진 일곱 이삭이 자라났다. 그리고 바싹 말라비틀어진 일곱 이삭이 실하고 좋은 일곱 이삭을 삼켜버렸다. 그래서 내가 박사博士들에게 말했으나 아무도 나에게 풀어서 알려주는 자가 없었다."

요셉이 파라오에게 말했다.

"파라오의 꿈은 하나입니다. 그 꿈은 '하나님이 하시려는 일을 파라오에게 알려주시는 것'입니다. 일곱 마리 살진 암소는 일곱 해입니다. 좋은 일곱 이삭도 일곱 해입니다. 그러기에 그 꿈은 하나입니다. 또한 그것들의 뒤를 따라 올라온 파리하고 흉한 암소 일곱 마리도 일곱 해입니다. 여기서 샛바람에 바싹 말라비틀어진 이삭 일곱도 일곱 해입니다. 그것들은 일곱 해 흉년입니다. 제가 파라오께 말씀드리는 이 사건은 '하나님이 하시려고 파라오에게 보여주신' 그 일입니다. 보십시오. 이집트 온 땅에 일곱 해 대 풍년이 올 것입니다. 그러나 일곱 해 대 풍년 뒤로 일곱 해 흉년이 일어날 것입니다. 따라서 이집트 땅에서 일곱 해 대 풍년의 모든 것이 잊혀 질 것입니다. 흉년이 땅을 쇠하게 할 것입니다. 이렇듯, 뒤따르는 저 흉년 앞에서 그 땅의 일곱 해 대 풍년은 흔적조차 보이지 않을 것입니다. 왜냐하면 그 흉년이 매우 심할 것이기 때문입니다. 그런데 그 꿈이 거듭 두 번 파라오께 되풀이되었습니다. 왜냐하면 그 일이 하나님에 의해 결정된 것이기 때문입니다. 그러므로 하나님께서는 그 일을 행하시려고 서두르실 것입니다. 그러니 이제 파라오께서 재주 있고 똑똑한 사람을 골라 뽑아서 그를 이집트 온 땅위에 세우십시오. 이어서 파라오께서 하실 일은 온 땅위에 감독자들을 임명하는 것입니다. 그래서 일곱 해 풍년동안 이집트 땅에서 오분의 일 세금을 바치게 하는 것입니다. 감독자들이 앞으로 올 그 좋은 풍년세월에 모든 식량을 모으게 하십시오. 감독자들이 '파라오의 손아래서' 도시들마다 식량을 위한 곡식을 쌓고 지키게 하십시오. 그 식량은 이집트 땅에 닥칠 '일곱 해 흉년을 위해 그리고 그 땅을 위해' 감독자들에게 맡겨두십시오. 그래서 흉년에 그 땅이 끝장나지 않게 하십시오."

이 제안이 파라오와 파라오의 모든 신하들의 마음을 기쁘게 했다. 파라오가 자기 신하들에게 말했다.

"우리가 이 사람처럼 '자기 안에 하나님의 영이 있는 사람'을 찾을 수 있으랴?"

뒤이어 파라오가 요셉에게 말했다.

"하나님께서 너에게 이 모든 일을 알게 하셨으니 너처럼 번뜩이는 영감과 재능을 가진 사람은 없다. 네가 내 집 위에 있을 것이다. 나의 모든 백성이 네 입을 따라 복종할 것이다. 다만 나는 너보다 그 왕좌王座만 더 클 뿐이다."

다시 파라오가 요셉에게 말했다.

"보아라. 내가 너를 이집트 온 땅위에 세운다."

파라오는 자기 손에서 자기 인장 반지를 빼내어 요셉의 손에 그 반지를 끼워 주었다. 또 요셉에게 고운 모시옷을 입히고 요셉의 목에 금 목걸이를 걸어 주었다. 그러고 나서 파라오는 자기 버금마차에 요셉을 태웠다. 그러자 무리들이 요셉 앞에서 '아브레크, 쉬이 물렀거라'고 외쳤다. 그렇게 파라오가 요셉을 이집트 온 땅위에 세웠다. 파라오가 요셉에게 말했다.

"나는 파라오다. 너 외에는 어떤 사람도 이집트 온 땅 안에서 자기 손과 발을 높이 들어 올릴 자가 없으리라."

파라오가 요셉의 이름을 '차페나트 파아네아흐'라고 불렀다. 또한 파라오가 요셉에게 '온' 제사장 '포티 페라아'의 딸 '아스나트'을 아내로 주었다.

요셉이 이집트 땅을 살피러 나갔다. 요셉이 이집트 왕 파라오 앞에 섰을 때 그의 나이 삼십 삼세였다. 요셉은 파라오 앞에서 물러나와 이집트 온 땅을 돌아 다녔다. 그 땅이 일곱 해 풍년동안 풍성하게 곡식을 생산했다. 요셉이 일곱 해 풍년동안 이집트 땅에서 생산된 모든 식량을 모았다. 요셉은 도시들 안에 식량을 저장했다. 그 땅 곳곳에서 그 도시에 잇닿은 밭의 식량을 '그 도시 한 가운데'에 저장했다.

요셉이 쌓은 곡식이 바다의 모래더미처럼 많았다. 너무 많아서 셈하기를 그만두기까지에 이르렀다. 왜냐하면 그 셈이 한없었기 때문이다.

본문읽기 2. 파라오 채무노예제국 지배체제 완결 창세기 47:13-26

온 땅에 먹을거리가 없었다. 왜냐하면 매우 큰 흉년이 들었기 때문이다. 그 굶주림이 매우 심했다. 이집트와 가나안 땅이 흉년 앞에서 쇠약해져 가고 있었다.

그때에, 요셉은 곡식을 사려는 이들에게 곡식을 팔아 이집트 땅과 가나안 땅에 있는 모든 돈을 긁어모았다. 요셉은 그 돈을 파라오 궁전으로 가져왔다. 그래서 이집트와 가나안 땅으로부터 돈이 말랐다. 그러자 온 이집트사람들이 요셉에게 몰려와서 항의했다.

"우리에게 먹을거리를 주시오. 도대체 왜, 우리가 돈이 없다는 것 때문에 당신 앞에서 굶어 죽어야한단 말이오?"

그러자 요셉이 윽박질렀다.

"돈이 다 떨어졌다면 너희 가축들을 내놔라. 너희가 내놓은 가축들에 따라 내가 너희에게 먹을거리를 주겠다."

하는 수없이 이집트사람들은 그들의 가축들을 요셉에게 가져 왔다. 요셉은 말들과 양떼와 소떼와 나귀들에 따라 그들에게 먹을거리를 주었다.

그렇게 그해에, 요셉이 이집트사람들의 온갖 가축들에 따라 그들에게 먹을거리를 주었다. 그럭저럭 그 해가 다 지나고 그 이듬해에 이집트사람들이 요셉에게 왔다. 그리고 그들은 요셉에게 말했다.

"우리는 주께로부터 숨기지 않겠습니다. 왜냐하면 돈이든, 가축이든, 짐승들이든, 그것들을 다 주께 내놓았기 때문입니다. 우리는 주 앞에서 쇠락하고 남은 것이 없습니다. 그저 이제는 우리 몸뚱이와 우리 땅 뿐입니다. 어쩌다가 우리가, 우리자신도 우리의 땅도 함께 당신 눈앞에서 죽게 되었는지? 당신이 먹을거리로 우리 몸뚱이와 우리의 땅을 사십시오. 우리와 우리의 땅도 함께 파라오의 노예가 되겠습니다. 그러나 당신의 씨앗을 주십시오. 우리가 살아야 합니다. 우리가 죽지 않아야만 땅도 황무지가 되지 않을 것입니다."

그렇게 해서, 요셉이 파라오를 위해 이집트의 모든 땅을 사들였다. 왜냐하면 이집트사람들이 그들 위에 몰아친 혹독한 굶주림 때문에 그들의 밭을 내어 주어야했기 때문이다. 그래서 그 땅이 파라오의 것이 되었다.

그런 후에 요셉이 이집트제국 경계 '이 끝으로부터 저 끝으로까지' 도시들로 그 땅 풀뿌리 농부들을 옮겼다.

그러나 요셉은 온전히 제사장들의 땅만큼은 사지 않았다. 왜냐하면 제사장들에게는 파라오로부터 나오는 벼슬아치 몫이 있었기 때문이다. 제사장들은 파라오가 그들에게 나누어 주는 그들의 몫을 먹었다. 그런 까닭에 제사장들은 그들의 땅을 팔지 않았다. 요셉이 풀뿌리 농부들에게 선포했다.

"보라, 오늘 내가 파라오를 위해 너희 몸뚱어리와 너희 땅을 샀다.

여기 보라, 너희에게또는 너희를 위한 씨앗이 있다.

너희는 파라오의 땅에 씨를 뿌려라.

그리고 너희는 추수 때마다 오 분의 일을 파라오께 바쳐라.

나머지 넷은 너희와 파라오 밭의 씨앗을 위해 너희 손에 있을 것이다.

너희와 너희 집안에 있는 식구들과 너희 어린아이들을 위한 먹을거리로 너희 손에 있을 것이다."

풀뿌리 농부들이 대답했다.

"당신께서 우리를 살리셨습니다.
우리가 주의 눈에 은총을 입었습니다.
그러니 우리는 파라오를 위한 노예들이 되겠습니다."

그렇게 해서 요셉이 파라오 땅의 규칙을 세웠다. 그것이 오늘날까지 오 분의 일을 파라오에게 바쳐야하는 이집트 땅의 규칙이다. 그러나 온전히 제사장들의 땅만큼은 예외로 파라오의 소유가 되지 않았다.

본문 이해하기
인류의 수렵채취시대는 원시 공산사회였을까?

최초의 인간 종 '호모 나레디'Homo naledi는 삼백만년 전 '남아프리카에서 살았다'고 한다. 이 '호모 나레디'를 인류의 조상이라고 한다면, 인류는 2백99만 3천 년 전까지 '원시공산사회'에서 살았을 것이다. 한편 약 오만년 전에 지구촌에 나타났다는 '호모 사피엔스'를 인류의 조상이라고 한다면, 인류사회는 4만 3천 년 전까지 '원시 공산사회'였을 것이다. 실제로 인류학자들은 '지구촌에 인간종이 나타나고 수렵채취라는 기나긴 인류 역사과정'을 원시공산사회로 이해한다. 한마디로 원시공산사회는 사회 구성원들이 서로의 능력에 따라 일하고 모든 것들을 서로의 쓰임과 필요에 따라 평등하게 나누는 사회이다.

원시공산사회에서는 '남자들이 사냥을 통해서 얻는 것들보다 여자들이 채취하는 것들'이 훨씬 더 많았다. 나아가 여자들이 채취하는 것들이야말로 '공동체 쓰임과 필요에 딱 맞는 것들'이었다. 그러다보니 원시공산사회는 '모계중심 사회'일 수밖에 없었고 서로가 서로에게 의지하는 평등사회일 수밖에 없었다. 참으로, 인류는 수렵채취라는 기나긴 인류역사 과정을 거쳐 왔다. 그러면서 서로의 능력에 따라 일하고 서로의 필요와 쓰임에 따라 나누는 원시공산사회 유전자를 쌓아왔다.

고대 신용사회와 빚 세상 경제

칠천여년 전 무렵 고대 지구촌 인류문명사 속에서 농경사회 혁명이 일어났다. 그러면서 모든 것이 바뀌었다. 농경사회 혁명을 통하여 고대 인류문명사 안에 '생산수단 및 생산물'이라는 경제개념이 생겨났다. 힘센 남성들 가운데 소수세력이 생산수단인 땅과 농경 도구들을 독점하면서 잉여생산물을 독점하고 사유화하기 시작했다. 그러는 과정에서 권력과 계급이 나뉘고 신용제도가 생기면서 '빚 세상경제 지배체제'가 자리 잡게 되었다.

실제로 지구촌 인류문명사 속에서 모든 고대문명의 밑바탕은 '하나같이 불로소득'이었다. 불로소득은 동서고금을 막론하고 '빚 세상경제 지배체제'에서 만들어졌다. 힘과 권력을 독점한 계급이 풀뿌리 사람들에게 빚을 떠맡기고 고리의 이자와 이윤을 빼앗았다. 그렇게 빼앗은 '이자와 이윤 등 불로소득'을 쌓아서 '사유재산'을 만들었다.

인류문명사 속에서 '사유재산 개념'은 어떻게 생겨났을까?

인류학자들은 농경사회 혁명이 시작되고 신석기 문명시대부터 사유재산 개념이 나타났다고 이해한다. 농경사회혁명 이후 잉여생산물이 늘어나면서 '사유재산 제도가 생겼다'고 생각한다. 여기서 '사유재산'이라는 말의 사전의미는 무엇일까? 개인이 '독점하고 지배하는 가운데 자유로이 관리하고 사용하며 마음대로 처분할 수 있는 부 또는 자산'이다. 이 사유재산 개념에 딱 맞는 자산목록이 하나있다. 바로 '채무노예'다. 만약 사람이 '다른 어떤 사람을 자기자산으로 딱 꼽아서' 따로 나누고 물건처럼 다룰 수 있다면 '채무노예처럼 값진 사유재산'이 따로 없다. 실제로 고대 문명세계에서 땅은 언제까지라도 마음껏 독점하고 지배할 수 없다. 더 힘센 권력자가 나타나면 속절없이 빼앗기거나 고스란히 갖다 바쳐야만 한다. 물건들도 그렇다. 얼마 못가서 낡아지고 망가져 폐기처분해야 한다.

그러나 채무노예는 그렇지 않다. 오래도록 '다양한 생산성과 꾸준한 노동능력'을 착취할 수 있다. 또 가축처럼 새끼를 낳아서 자연자산 증식을 선물한다. 무엇보다도 독점지배와 자유로운 관리 그리고 다양한 쓰임을 통해서 '무한 불로소득 창출'이 가능하다. 나아가 노예시장에서 자유롭게 처분함으로써 맘껏 사유재산 권리를 누릴 수 있다.

이렇듯이 '채무노예제도'는 고대문명세계에서 빚 세상경제 불로소득을 쌓는 도구로 나타났다. 채무노예제도는 그 땅 풀뿌리 사람들에게 '빚진 죄인'이라는 사회경제·종교·정치 이데올로기에 딱 맞는 '삶의 질서'로 받아들여졌다. 실제로 고대 문명세계에서 '오롯이 주인의 땅에 매여 살아야만 하는 소작농노 집단'의 대부분은 채무노예들이었다. 전쟁 또는 약탈노예들은 언제 어디서든 호시탐탐 저항과 반란을 꾀한다. 따라서 '온 가족이 주인의 땅에 매여 살아갈 수밖에 없는 채무노예들'의 생산성이 전쟁·약탈노예들보다 훨씬 더 높다. 그러므로 고대문명세계에서 빚 세상경제 지배체제가 가난한 풀뿌리 사람들에게 고리의 빚을 지워 채무노예로 삶는 것은 흔한 일이었다. 채무노예 제도야말로 빚 세상경제 지배체제에서 가장 손쉬운 '불로소득이고 독점 사유자산 쌓기'였다.

'꿈의 사람 요셉이야기'는 어디로부터 왔을까?

꿈의 사람 요셉이야기는 창세기 히브리 족장이야기와 출애굽 해방과 구원사건을 잇는 징검다리 역할을 한다. 이점에서 성서학자들은 요셉이야기를 기원전 9백50년경 솔로몬왕국시대 작품으로 이해한다. 그러면서도 성서학자들은 요셉이야기의 뿌리를 고대 이집트 지혜문학에서 찾는다. 꿈의 사람 요셉이야기가 '파라오 노예제국 지배체제의 외부인 성공신화'로써 이집트 지혜문학 속에 터를 잡았을 것으로 이해하기 때문이다. 실제로 솔로몬왕국은 '이집트제국과 좋은 관계'를 유지했다. 솔로몬왕국은 '지식과 열정이 넘치고 왕국에 대한 충성심이 높은 수많은 외국인관료들'을 고용했다.

성서학자들은 '솔로몬왕국이 소 제국주의 통치근거를 마련하기 위해 이집트 지혜문학 속에서 요셉이야기를 수집하고 새롭게 다듬었을 것'이라고 주장한다. 또한 솔로몬왕국으로 풀뿌리농부들의 땅 소유권이 몰수되면서 '자비로운 소작료'를 선전선동 할 필요가 있었다. 이렇듯이 솔로몬왕국은 소 제국주의 통치를 정당화하기 위해 '이집트 지혜문학에서 요셉이야기를 수집하고 새롭게 편집'했을 것이다.

마찬가지로 21세기 교회와 교우들도 솔로몬 왕국시대의 소 제국주의 편집의도를 쫓아 본문읽기에 몰두한다. 꿈의 사람 요셉이야기를 자본주의 성공신화로 읽고 해석하는데 아무런 거리낌이 없다. '요셉의 꿈, 청소년비전 학교' 등 기독교회 청소년들에게 빚 세상경제 '빚진 죄인' 이데올로기를 세뇌한다. 21세기 맘몬·자본세상에서 무한경쟁과 승자독식, 착취와 쌓음의 불로소득을 하나님의 복이라고 선전선동 한다. 오롯이 21세기 기독교회 청소년들을 맘몬·자본주의의 성공신화로 유혹하는 일에 본문을 이용한다.

그러나 본문에서 꿈의 사람 요셉이야기는 파라오 채무노예제국 지배체제의 도구로써 '외부인 노예성공신화'에 불과하다. 도리어 본문은 요셉이야기를 통하여 파라오의 채무노예제국 지배체제의 음모와 술수들을 낱낱이 까발린다. 파라오 노예제국 지배체제가 이집트 땅 풀뿌리농부들을 채무노예화 하는 모든 과정과 결말을 하나하나 파헤친다. 그럼으로써 마침내 '히브리 노예들의 출애굽 해방과 구원 대서사'를 위한 배경과 무대를 마련한다. 실제로 히브리 노예들의 하나님 '야훼 또는 여호와'의 나타나심과 '파라오와의 드라마틱한 대결'은 요셉이야기로부터 시작한다. 왜냐하면, 파라오 채무노예제국 지배체제가 '외부인 노예성공신화 요셉이야기' 속에서 탄생하기 때문이다. 또한 요셉이야기는 '히브리 노예들의 희년신앙 행동서사'의 태동을 위한 배경이고 무대이기도 하다. 왜냐하면 히브리 노예들이 파라오 채무노예제국 지배체제 속에서 '희년신앙'을 계시 받고 이해하며 깨닫기 때문이다.

이렇듯이 파라오 채무노예제국은 '히브리 해방노예들의 광야훈련과 희년신앙 행동계약 행동법규들'의 배경이다. 가나안 땅 노느매기와 정의와 평등세상 건설 등 히브리 성서가 증언하는 모든 해방과 구원사건들의 출발점이다. 무엇보다도 파라오 채무노예제국은 '예수의 하나님나라 복음운동과 초대교회의 예수부활신앙' 등 기독교 핵심신앙에 맞서는 '반反신앙의 표상表象'이다. 이제 필자는 본문을 자세히 읽고 풀이하려고 한다. 히브리 노예들의 '희년신앙 행동서사의 출발지점'으로서 파라오 채무노예제국 음모와 술수들을 하나하나 살피고 들여다보자.

본문풀이

꿈의 사람 요셉, 파라오의 채무노예제국 지배체제를 완결하다
파라오는 누구인가?

'파라오'는 히브리 성서에서 자주 불리는 이름들 가운데 하나다. 파라오는 '통치하다'라는 뜻이다. 실제 발음은 '파르오'인데 고대 이집트제국 황제의 이름이다. 그러나 직접 대놓고 부르지는 못한다. 왜냐하면, 파라오라는 이름은 감히 직접 부를 수 없는 '이집트 노예제국의 표상으로써 존귀한 이름'이기 때문이다. 실제로 출애굽기 본문에서 고대 이집트 노예제국 파라오의 위상은 '하나님'이다. 파라오는 절대 권력을 갖는 신정정치神政政治의 왕으로써 영혼불멸 하는 하나님이었다. 또한 고대 이집트 제국 안에서 다양한 신들을 섬기는 모든 사제들의 우두머리였다. 파라오의 이러한 절대위상絕對位相은 성서주변세계의 다른 모든 권력자들의 위상을 뛰어넘는 것으로써 아무도 넘볼 수 없었다.

한편으로 고대 이집트 땅의 모든 제사장들은 파라오 노예제국 지배체제의 내부자들이다. 제사장들은 고대로부터 이집트제국의 고위관료이며 세력 있는 정치가들이었다. 제사장들은 파라오의 업적을 평가하고 비판하며 심지어는 파라오를 몰아내거나 살해하기도 했다. 또 한편 제사장들은 새로운 파라오를 세우거나 계승할 때에도 모두 함께 뜻과 힘을 모았다. 모든 제사장들이 파라오의 신성한 통치를 인정하고 숭배했다. 하나하나 다양한 종교전통과 의식을 통하여 파라오를 보호하며 받들었다.

그렇다면, 고대 이집트제국에서 파라오의 이러한 절대위상의 밑바탕은 무엇이었을까? 첫째는, 고대 이집트 땅의 '지정학 위치' 때문이었을 것이다. 이집트 땅은 고대 지중해세계의 다른 문명지역들과 달리 외부세계와 단절되어 닫혀 있는 땅이었다. 고대 이집트 땅은 아프리카 동북부 끝자락에서 지중해와 맞닿아 있고 아프리카 본토 쪽으로는 사하라사막에 막혀 있었다. 유일한 출구는 팔레스타인과 시리아지역인데 메소포타미아 문명지역과는 지정학거리가 멀었다. 고대 이집트제국은 지정학으로 외부세력으로부터 침략전쟁 외에는 별다른 도전을 받지 않았다. 이와 비교해서 메소포타미아 문명지역의 권력자들은 스스로를 하나님의 대리인 또는 아들이라고 주장했다. 그러면서 주변 세력들과 끊임없는 투쟁을 통하여 권력을 쟁취하고 누려야만 했다.

두 번째는, 고대 이집트 땅의 지정학특징으로서의 '나일강의 존재'이다. 나일 강은 아프리카 적도지역 남쪽 고원지대에서 출발하여 아프리카 북동부로 흘러들어 지중해와 만난다. 강의 총길이는 6천6백50km이르는데 강물이 흐르는 언저리 땅 크기만 해도 3백34만9천9백㎢라고 한다. 아프리카 땅의 약 10분의 1정도가 나일강이 흐르는 언저리 땅이라고 할 수 있다. 이렇듯이 나일강은 아프리카 적도지역을 시작으로 아프리카 북동부지역을 흐르면서 매년 6월에서 7월까지 아프리카 상류지역의 홍수를 담아낸다. 그리고 8월에서 10월에 이르러는 하류지역에서 강 양편으로 16Km지역에 이르기까지 엄청난 범람을 일으킨다. 따라서 매년 정기적으로 나일강 하류지역은 강의 범람으로 인하여 비옥한 토사가 쌓이게 된다. 이를 바탕으로 고대로부터 나일 강 하류지역은 농업 및 목축업이 발달했다. 이집트 땅 풀뿌리 사람들은 이러한 나일 강의 범람을 자신들의 삶의 밑바탕으로 여기고 숭배했다. 나일 강의 범람을 통하여 수많은 자연신들을 만들어내고 섬겨왔다. 이렇듯이 고대 이집트문명사 안에서 다양한 종교들이 생겨났다. 그 낱낱의 종교들의 헤게모니는 고대이집트 사회경제종교·정치 독점 권력의 밑바탕이 되었다. 그리고 마침내 절대 권력을 갖는 신정정치神政政治의 왕으로써 '영혼불멸 하는 하나님'을 내세우는 파라오가 나타났다. 그 파라오가 나일 강 언저리 땅 모두를 정복하고 지역마다 다양했던 종교헤게모니를 통합했다.

파라오가 채무노예제국 지배체제를 꿈꾸다

어느 날 파라오가 그 땅의 모든 풀뿌리 사람들을 채무노예화 하려는 매우 모질고 사나운 꿈을 꾸었다. 그런데 놀랍게도 본문은 '꿈의 사람 요셉이야기' 속으로 파라오의 채무노예제국 꿈을 가져온다. 그리고 '꿈의 사람 요셉의 노예성공신화'를 펼쳐내어 파라오의 노예제국 꿈을 완성해 가는 과정을 아주 꼼꼼하고 생생하게 보여준다. 파라오가 채무노예제국 꿈을 꾸고 그 꿈을 이루어내기 위해 벌이는 '끔찍하고 사악한 음모와 술수들'을 하나하나 낱낱이 드러낸다.

그러나 물론 한국교회와 교우들의 본문읽기와 해석은 본문의 신앙진실과는 사뭇 다르다. 오롯이 한국교회와 교우들은 '꿈의 사람 요셉의 성공신화'에 열광할 뿐이다. 21세기 성서독자들도 창세기의 '요셉과 그의 형제들 이야기 단락'에서 꿈의 사람 요셉을 찾아내어 열광한다. 그 열광은 본문에서 절정을 맞이한다. 이렇듯이 성서독자들은 본문을 읽고 풀이하는 과정에서 '꿈의 사람 요셉의 성공신화'를 찬양하고 부러워한다. 또한 자신들도 요셉처럼 21세기 맘몬·자본주의 성공신화를 쓸 수 있게 되기를 간절히 바란다.

그럼에도 불구하고 본문은 '파라오의 노예제국 꿈을 이루어가는 과정'에서 요셉이 내어놓는 '끔찍하고 사악한 음모와 술수들'을 낱낱이 폭로한다. 본문은 요셉과 파라오의 꿈이 만나고 그 꿈을 완결해가는 과정'을 한 편의 드라마처럼 풀어 놓는다. 파라오의 노예제국 꿈을 위해 요셉이 펼쳐내는 온갖 끔찍한 음모와 놀라운 술수들을 남김없이 드러내어 보여준다.

실제로 '꿈의 사람 요셉'은 드라마틱한 삶의 여정을 통해서 '파라오의 채무노예제국 꿈'을 만난다. 그리고 마침내 파라오의 노예제국 지배체제를 완결한다.

그럼에도 불구하고 21세기 한국교회와 교우들은 오롯이 '꿈의 사람 요셉의 성공신화'에만 열광할 뿐이다. 그럼으로써 성서독자들의 본문읽기와 풀이에서 '파라오의 채무노예제국 꿈과 음모와 술수들'이 시나브로 은폐된다. 실례로 본문에서 요셉은 '일곱 해 흉년을 위해 그리고 그 땅을 위해'라며 칠년 풍년동안 그 땅의 모든 잉여곡식을 독점하여 쌓아놓는다. 그러고도 흉년에 이르러 그 땅 풀뿌리 농부들을 굶주리게 만든다. 그 땅의 흉년을 그 땅 풀뿌리 농부들의 굶주림으로 옮겨놓는다. 그럼으로써 그 땅의 모든 풀뿌리 농부들에게 감당할 수 없는 빚을 지워 채무노예로 삼는다. 그런 후에 '자비로운 소작료'라는 이름으로 파라오 채무노예제국 지배체제의 '빚진 죄인 이데올로기'를 선전선동 한다.

꿈의 사람 요셉, 파라오 채무노예제국 꿈을 만나다

본문은 꿈의 사람 요셉이 파라오 채무노예제국 꿈을 만나서 그 꿈을 이루어 가는 과정을 이야기한다. 그런데 본문이야기 속 사건들이 일어나고 펼쳐지는 흐름이 너무도 꼼꼼하고 생생하다. 고대 이집트제국 파라오는 오매불망 그 땅 풀뿌리 농부들을 채무노예화 하려는 욕망에 사로잡힌다. 그러나 파라오의 노예제국 욕망은 파라오 지배체제 안에서조차 흔쾌한 동의를 얻어내지 못한다. 파라오 지배체제 안에 파라오의 노예제국 욕망에 동의하지 않는 세력들이 있었기 때문이다.

그 첫 번째 세력은 고대 이집트문명세계의 다양한 신전종교 체제에 뿌리를 내리고 있는 지식인그룹이었다. 대표적으로는 '박사들 또는 예언자들'이다. 본문에서는 이들을 '박사들'하르툼밈이라고 표현했다. 두 번째 세력은 고대 이집트 문명세계 곳곳에서 터줏대감 노릇을 하던 신전 제사장 그룹이었다. 실제로 성서주변 지중해 문명세계에서는 신전을 중심으로 하는 사회경제 종교 정치 지배체제가 터를 잡고 있었다. 고대 이집트 문명세계에서도 나일 강을 따라 터를 잡은 수많은 종교엘리트들이 지역패권과 권력을 독차지하고 있었다.

그렇다면 왜 박사들과 제사장 등 파라오 지배체제가 파라오의 노예제국 꿈에 흔쾌하게 동의하지 못했을까? 먼저 파라오의 노예제국 꿈이 매우 독단적이고 무모했기 때문이었을 것이다. 또한 파라오의 노예제국 꿈이 기존의 파라오 지배체제를 위협했기 때문이었을 것이다. 파라오의 채무노예제국 꿈이 지금까지 이집트제국 파라오를 높이 받들어온 지배체제를 해체하고 재구성하는 것이기 때문이었다. 파라오 지배체제 내부자들의 이익배분 체계가 깨지고 모든 이익이 파라오 황실로만 몰수되는 구조였기 때문이다.

그러나 파라오는 채무노예제국 욕망을 포기하지 않는다. 끊임없이 파라오 지배체제 내부자들에게 자신의 채무노예제국 꿈을 이야기하고 설득한다. 그리고 동의와 연대와 참여를 요청한다. 그러다가 마침내 파라오는 지배체제 외부인 노예성공신화로써 '꿈의 사람 요셉'을 발굴한다. 파라오는 요셉을 중재자로 끌어들여 파라오 지배체제 안에서 자신의 채무노예제국 욕망을 타협하고 연대와 참여를 이끌어 낸다.

왜, '파라오 채무노예제국 지배체제'를 이야기해야만 하는가?

본문은 파라오궁정 안에서 '끊임없는 논란과 다툼 그리고 타협'을 통해서 파라오 채무노예제국 꿈을 이루어가는 과정을 실감나게 묘사한다.

또한 그 과정에서 여럿이 함께 벌이는 온갖 음모와 술수들을 하나하나 생생하고 꼼꼼하게 보여준다. 본문에서 파라오는 인류문명사에 흔치 않았던 '참으로 모질고 끔찍한 채무노예제국'을 욕망한다. 그리고 파라오는 자기욕망을 이루는 도구로써 파라오 지배체제 외부인 성공신화 '꿈의 사람 요셉'을 발굴한다. 파라오는 요셉을 중재자로 끌어들여 파라오 채무노예제국 꿈에 동의하지 않는 박사들과 지식인 관료들과 제사장들을 설득해 낸다. 이제 파라오 채무노예제국 꿈은 '파라오 지배체제 내부자들의 꿈'으로 확대되었다. 요셉을 비롯한 박사들과 제사장들은 파라오와 함께 채무노예제국 꿈을 꾸었다. 그들의 소통과 참여와 연대가 바로 파라오 채무노예제국 지배체제다. 이집트 땅 풀뿌리 사람들을 온통 채무노예화하려는 엄청난 음모와 술수의 실체다. 파라오는 파라오의 사람들과 함께 온갖 음모와 술수들을 꾸미고 행동함으로써 파라오 노예제국 지배체제를 완결했다.

이와 관련하여 '꿈의 사람 요셉 이야기의 틀 거리'는 처음부터 끝까지 파라오의 채무노예제국 음모와 술수를 위해 짜 맞춰진다. 요셉이야기는 본문사건들을 예측하고 거기에 짜 맞춘 것처럼 '여러 가지 흥미로운 이야깃거리'로 이어져 왔다. 맨 처음 요셉은 형들의 손에서 파라오 지배체제의 노예로 팔렸다. 그러나 요셉은 노예위치에서 두 번씩이나 파라오 지배체제의 내부자 위치로 삶의 자리를 이동한다. 꿈의 사람 요셉의 성공이미지를 꾸미고 튼튼하게 하는 사건들이 잇달아 벌어진다.

그렇다면, 처음부터 꿈의 사람 요셉이야기는 고대 이집트 지혜문학 속에서 파라오 채무노예제국 서사를 이루는 핵심요소였을까? 그저, 솔로몬왕국은 소 제국주의 다윗왕조를 두둔하기 위해 파라오 채무노예제국 서사를 그대로 끌어다 썼을까? 아니면, 파라오 노예제국 서사를 빌려와 새롭게 '꿈의 사람 요셉 이야기'로 재구성했을까?

　무엇이 먼저이고, 무엇이 사실인지? 또렷하게 밝혀내기 어렵다. 그렇더라도 본문에서 꿈의 사람 요셉이야기는 파라오 채무노예제국을 완성하는 도구로써 핵심역할을 해낸다. 파라오 채무노예제국의 온갖 음모와 술수들을 하나로 얽어내는 핵심요소다. 왜냐하면, 요셉이야기야말로 파라오의 채무노예제국 욕망을 위한 아주 특별한 '외부인 노예성공신화'이기 때문이다. 파라오의 채무노예제국 꿈을 완성해나가는 과정에서 온갖 음모와 술수들을 짜내고 행동으로 옮기는 일을 오롯이 도맡아 해내기 때문이다.

　이제 요셉은 파라오 지배체제 내부자 세력 안으로 진입한다. 그리고 마침내 파라오의 채무 노예세상 열망을 좇아 이집트 땅 풀뿌리농부들을 온통 채무노예화 하는 위대한 과업을 완성한다. 인류문명사 속에서 그 유례를 찾기 어려운 파라오 채무노예제국 지배체제를 완성한다. 모든 이익과 권력이 파라오에게로 몰수되는 피라미드 채무노예제국 지배체제를 완결한다.

무엇이 하나님의 뜻이고 하나님의 일들일까?

　이와 관련하여 본문은 처음부터 끝까지 파라오의 채무노예제국 꿈을 이루어가는 사건들마다에서 하나님을 불러낸다. 모든 사건 하나하나마다 '하나님의 뜻 또는 하나님의 일들'이라고 드러내어 밝힌다. 요셉은 파라오에게 '제가 아니더라도 하나님께서 파라오의 평안을 위하여 대답하실 것'이라고 설레발친다. 그럼으로써 파라오의 채무노예제국 꿈이 '하나님의 계시임'을 강조한다.

　그러나 본문 사건들에는 '하나님의 나타나심과 지시하심'이 전혀 드러나지 않는다. 그럼에도 불구하고 요셉은 파라오의 채무노예제국 꿈을 '하나님께서 파라오에게 해야 할 일을 알려주시는 것'이라고 너스레를 떤다. 하나님이 파라오에게 '해야 할 일을 보여주신바 그 일'이라고 주장한다. 그런데 그 일들을 이루기 위해 하나님께서 계시하시거나, 개입하시거나, 명령하시는 내용들이 전혀 없다. 본문에는 오롯이 '파라오의 채무노예제국 꿈을 이루기 위한 음모와 술수들'만이 꼼꼼하고 생생하게 묘사되어 있다. 실례로 요셉은 일곱 해 풍년과 일곱 해 흉년이 '하나님에 의해 결정된 것'이라고 설레발친다. 나아가 '하나님께서는 그 일을 지체 없이 행하려고 서두르실 것'이라고 주장한다. 하지만 고대로부터 이집트 땅에서 살아온 풀뿌리 농부들의 삶의 경험 속에서는 전혀 그렇지 않았을 것이다. 왜냐하면 나일강변의 풍년과 흉년은 늘 되풀이 되어온 일이었기 때문이다. 꼭 짚어서 '하나님의 뜻 또는 하나님이 결정하신 일'이라고 주장할만한 근거도 없다.

실제로 기후학자들은 약 1만년 이전부터 고대 이집트 땅의 기후와 풍토가 자리를 잡았다고 한다. 고대 이집트 땅에서는 나일 강의 범람에 따라 풍년과 흉년이 반복해서 벌어졌다. 나일 강 언저리 땅에서 풍년과 흉년이 반복되는 것은 대수롭지 않은 일이었다. 오히려 고대 이집트제국 파라오들마다 나일 강의 범람에 대비해 방조제를 쌓거나 튼튼하게 고쳐서 풀뿌리 농부들을 보호해 왔다. 그 일들을 자기업적으로 자랑해왔다. 그렇기 때문에 파라오 지배체제의 박사들조차 '파라오의 채무노예제국 꿈'을 터무니없는 일로 생각했다. 본문은 이러한 상황 속에서 파라오의 실망감을 아주 생생하고 절절하게 표현한다.

내가 박사들에게 말했으나 아무도 나에게 풀어서 알려주는 자가 없었다

그럼에도 불구하고 파라오는 채무노예제국 꿈을 포기하지 않는다. 그리고 마침내 이집트제국을 다 뒤져서 '외부인 노예성공신화로서 꿈의 사람 요셉'을 찾아낸다. 파라오는 외부인 노예성공신화 꿈의 사람 요셉이야기를 발판으로 내부자들의 동의와 타협을 이끌어 낸다. 파라오 채무노예제국 꿈을 완성하기 위한 온갖 음모와 술수들을 짜내고 행동하며 결과들을 만든다. 요셉이야기는 채무노예제국 건설에 목말라 하는 '파라오의 평안'을 위해서 오롯이 맡겨진 역할에만 몰두한다. 그 역할을 위해 '하나님의 뜻 또는 하나님의 계시'를 온갖 음모와 술수의 도구로 거리낌 없이 사용한다. 그리고 마침내 하나님을 도구로 이용한 '요셉의 온갖 음모와 술수들'은 파라오 지배체제 내부자들 사이에서 아낌없는 찬사와 지지를 얻는다. 파라오 지배체제의 '제사장들과 충성스러운 신하들'의 마음을 한결같이 기쁘게 한다.

그렇다면 요셉은 무엇으로 파라오 지배체제의 모든 신하들의 마음조차 들뜨게 만들었을까? 요셉이 내어놓은 '파라오 채무노예제국 음모와 술수들'은 무엇이었을까? 본문은 모든 음모와 술수들을 꼼꼼하고 생생하게 나열한다. 참으로 뜯어보면 뜯어볼수록 요셉이 제안하는 '파라오의 채무노예제국 음모와 술수들'은 매우 철저하고 냉정하며 엄격하다.

첫 번째, 이집트 온 땅 위에 '파라오만을 충직하게 떠받드는 총리'를 내세워 파라오의 채무노예제국 꿈을 위한 모든 음모와 술수들의 방패막이로 삼는다.

두 번째, 이집트 온 땅 위에 파라오 채무노예제국 꿈을 위한 온갖 음모와 술수들을 직접 실행할 감독자들 또는 군대지휘관들을 임명한다.

세 번째, '자비로운 오분의 일 세금'을 내세워 지금까지 이어온 '소작농 채무제도'를 개혁하고 거부감 없이 그 땅의 농부들로부터 잉여곡물을 모은다.

　네 번째, 감독자들이 이집트 땅 풀뿌리 농부들에게서 잉여곡물을 모으면서 파라오의 손파라오의 권력을 사용하게 한다. 그럼으로써 그 땅 풀뿌리 농부들에게 파라오의 권력을 옳고 마땅한 것으로 받아들이게 한다.

　이 때 본문은 '타하트 야드 파르오파라오의 손아래'라는 히브리어 문구를 사용한다. 이 문구를 문맥에 맞게 번역하면 '파라오의 권력'인데 감독자들이 '파라오의 손에 있는 권력을 사용할 수 있게 하자'는 것이다. 이로써 꿈의 사람 요셉은 파라오 지배체제의 외부인 성공신화 주인공으로서 파라오 지배체제 내부자가 되었다. 요셉은 파라오 지배체제 핵심 내부자세력인 제사장그룹 안에 삶의 터를 잡았다. 파라오 지배체제의 외부인 노예성공신화로서 꿈의 사람 요셉은 '온 제사장 포티 페라아'의 사위가 되었다. 파라오 지배체제 안에서 제사장 가족으로 신분세탁을 했다. 인류종교·문명사 속에서 모든 종교와 제국주의 지배체제는 언제나 한통속이었기 때문이다. 파라오는 요셉에게 '차페나트 파아네아흐 하나님께서 말씀 하신다'라는 종교엘리트 이름을 주었다. 또한 요셉을 이집트 온 땅 위에 '파라오의 채무노예제국 음모와 술수들을 총감독하는 총리'로 세웠다. 파라오는 요셉에게 고운 모시옷을 입히고 목에 금목걸이를 걸어주며 자기 손에서 인장반지를 빼내어 요셉의 손에 끼웠다. 또한 모세를 자기 버금마차에 태웠다. 그러자 모든 이집트 사람들이 '아브레크 쉬이 물렀거라'라고 외쳤다.

　그러나 파라오는 요셉에게 마치 하나님처럼 말했다. '나는 파라오다.' 파라오는 요셉 앞에서 하나님처럼 행세했다.

꿈의 사람 요셉, 이런 꿈수쟁이를 다시 찾아볼 수 있을까?

본문에서 꿈의 사람 요셉은 누구도 의심할 필요가 없을 만큼 엄하고 철저하게 파라오의 채무노예제국 욕망을 위해 일한다. 파라오의 채무노예제국을 위해 온갖 음모와 술수들을 짜내고 직접 행동한다. 요셉은 이집트 땅의 일곱 해 풍년의 여유 속에서 '오분의 일 세금계획'을 전혀 아랑곳하지 않는다. 파라오의 손파라오의 권력을 내세워 이집트 땅에서 생산된 '일곱 해 풍년의 모든 잉여곡물'콜-오켈 쉐바 쇠님을 긁어모았다. 요셉은 모은 곡물들이 너무 많아서 셈하는 것조차 그만두었다.

여기서 요셉은 그 땅 풀뿌리 농부들의 불만을 잠재우는 참으로 놀라운 꼼수를 부린다. 요셉은 그 땅 풀뿌리 농부들의 모든 잉여곡물을 모아 '그 땅 그 도시 안에' 저장했다. 요셉은 그 땅 풀뿌리 농부들에게서 긁어모은 곡물을 파라오의 곳간으로 가져가지 않았다. 오히려 풀뿌리 농부들이 농사짓고 사는 그 땅 곳곳에서 그들의 도시들 안에 잉여곡물을 저장했다. 그 도시의 풀뿌리 농부들의 잉여곡물을 몰수해서 '그 도시에 잇닿아 있는 밭의 곡물을 그 도시 한가운데에'베아림 오켈 세데 하이르 저장했다. 그 도시의 풀뿌리 농부들의 눈앞에 보란 듯이 수많은 곡물들을 쌓아놓았다. 요셉은 칠년 풍년동안 그 땅 풀뿌리 농부들의 손에서 모든 잉여곡물을 모았다. 파라오의 손을 앞세워 그 땅 풀뿌리 농부들로부터 칠년 풍년의 모든 잉여곡물을 빼앗았다. 그러면서도 칠년 흉년을 대비 한다는 명목으로 또한 그 땅을 위한다는 명목으로 그 땅 풀뿌리 농부들의 눈길과 마음을 훔쳤다.

요셉은 온갖 꼼수 가운데 최고의 꼼수를 부림으로써 속절없이 잉여농산물을 빼앗기는 그 땅 풀뿌리 농부들의 불만을 잠재웠다. 그 땅 풀뿌리 농부들은 파라오의 권력 때문에 자신들의 모든 잉여곡물을 다 빼앗겼다. 그렇지만 그들의 도시 한가운데 한없이 쌓여진 곡물 더미를 보면서 언제가 닥칠 흉년에 대한 걱정을 내려놓을 수 있었다. 참으로 꿈의 사람 요셉은 세상에서 찾아보기 힘든 '놀라운 꼼수쟁이'였다.

이렇듯이 본문에서 꿈의 사람 요셉과 파라오의 채무노예제국 욕망이 만나서 마치 찰떡궁합처럼 짝을 이루었다. 그리고 마침내 나일 강 범람으로 인한 풍년과 흉년을 기회로 삼아 파라오 채무노예제국을 위한 온갖 음모와 술수들을 꽃피울 수 있었다. 요셉의 험난한 인생경험과 거기로부터 터득한 꾀와 지식들은 얼마든지 '하나님의 영'루아흐 엘로힘처럼 행사될 수 있었다.

꿈의 사람 요셉, 파라오 채무노예제국 지배체제를 완결하다

한없이 쌓여진 곡물더미들, 이집트 땅 풀뿌리 농부들은 바라만 보아도 배불렀을 것이다. 흉년의 모든 근심걱정을 덜었을 것이다. 그러나 풀뿌리 농부들의 모든 기대와 바람은 실제로 흉년을 맞아 한 순간에 물거품이 되고 말았다. 왜냐하면, 정작 흉년이 시작되자마자 요셉이 풀뿌리 농부들에게 돈을 받고 곡물을 되팔았기 때문이다. 돌이켜보면 지난 칠년 대풍년 때에 꿈의 사람 요셉은 흉년을 대비한다고 설레발을 쳤다. 그러면서 그 땅 풀뿌리 농부들의 잉여곡물을 몽땅 쓸어가지 않았는가? 지금 그 땅 풀뿌리 농부들의 눈앞에 쌓여있는 곡물더미는 흉년을 대비하여 쌓아놓은 자신들의 잉여곡물 아닌가?

실제로, 고대 이집트 땅에서 나일 강 범람 때문에 반복되는 풍년과 흉년은 그 땅 풀뿌리 농부들에게 특별하지 않았다. 고대 이집트제국 파라오들마다 흉년을 대비해 나일 강 언저리 땅 곳곳에 곡물창고들을 지어 왔다. 뿐만 아니라 이집트제국 봉건군주들이 다스리는 가나안 땅 여기저기에도 파라오의 곡물창고들을 세웠다. 그러므로 이집트 땅 풀뿌리 농부들은 요셉의 곡물판매에 대해 불만이 가득했을 것이다.

　그렇더라도 흉년 첫 해에 이집트 땅 풀뿌리 농부들은 자신들의 도시 안에 '굶주림에서 벗어날 수 있는 양식'이 있는 것을 고마워했다. 그러면서 요셉에게서 양식을 샀다. 요셉은 '양식을 사려는 풀뿌리 농부들에게 풍년 잉여곡물들을 팔아' 그들의 모든 돈을 긁어모았다. 그리고 그 돈을 파라오 황실에 바쳤다. 본문에서 요셉은 흉년을 기회로 삼아 이집트 온 땅으로 굶주림을 확대하고 깊어지게 했다. 이집트 땅의 흉년은 그 땅 풀뿌리농부들의 삶의 마당에서 굶주림으로 나타나 더 넓어지고 깊어졌다. 요셉은 그 땅 풀뿌리 사람들의 굶주림을 기회로 삼아 이집트제국 곳곳으로 가난을 퍼트렸다. 그 땅 풀뿌리사람들의 가난이 점점 더 커지고 넓어지며 깊어지게 했다. 그러나 오롯이 파라오의 황실만은 점점 더 많은 돈이 쌓였다. 파라오 황실만이 홀로 이집트제국의 모든 부를 독점하게 되었다. 더 큰 문제는 그 다음해였다. 돈이 다 떨어진 그 땅 풀뿌리농부들이 요셉에게 몰려와서 항의했다.

　　우리에게 양식을 주시오.
　　우리가 돈이 없어서 눈앞에 양식을 두고 굶어 죽는 다는 것은 말이 되지 않소.
　　도대체 왜, 우리가 당신 앞에서 굶어 죽어야한단 말이오?

　위 히브리어 문장들의 문맥 안에는 이집트 땅 풀뿌리 농부들의 불만과 분노로 넘쳐난다. 그들의 마음속 깊은 곳으로부터 솟구쳐 오르는 떠들썩한 울분으로 가득 차 있다. 그 한도 끝도 없는 곡물더미의 실체가 이집트 땅 풀뿌리 농부들의 일곱 해 풍년 잉여곡물이었기 때문이다. 일곱 해 풍년동안 이집트 땅 풀뿌리 농부들이 흘린 피와 땀이었기 때문이다.

이집트 땅 풀뿌리 농부들은 요셉에게 '이제 흉년이 왔으니 일곱 해 풍년의 잉여곡물을 내 놓으라'고 요구했다. 떼를 지어 몰려 나와 항의하며 농성했다.

그러나 꿈의 사람 요셉의 태도는 흔들림 없이 사납고 거칠었다. 요셉은 이집트 땅 풀뿌리농부들의 눈앞에 산더미처럼 쌓여있는 곡물더미들을 모두 한손에 틀어쥐었다. 당당하고 거침없는 태도로 주인행세를 했다. 실제로 요셉 앞에서 그 땅 풀뿌리 농부들의 애처로운 항의와 시위 따위는 보잘 것 없었다. 요셉은 파라오의 손파라오의 권력을 높이 치켜들었다. 파라오 지배체제의 무한권력과 폭력을 등에 업은 요셉이 이집트 땅 풀뿌리 농부들에게 으름장을 놓았다.

너희 가축들을 내놔라!

이집트 땅 풀뿌리 농부들의 항의와 시위에 맞서는 요셉의 으름장은 강하고 사나우며 집요했다. 요셉은 파라오 채무노예제국 지배체제를 대리해서 모든 음모와 술수들의 꼭대기 위에 홀로 섰다. 아마도 요셉이나 파라오 지배체제는 자신들이 가진 권력과 폭력의 힘이 '얼마나 큰지' 속속들이 헤아리고 있었을 것이다. 파라오 지배체제의 무한권력과 폭력에 비하면 그 땅 풀뿌리 농부들의 항의와 소란 따위는 아무것도 아니다. 파라오 지배체제는 오랜 통치경험을 통하여 풀뿌리 농부들의 세력에 대하여 훤히 꿰뚫고 있었을 것이다. 그 땅 풀뿌리 농부들의 항의와 소란 따위야말로 '아주 손쉽게 제압할 수 있다는 것'을 너무도 잘 알고 있었다.

늘 그랬듯이 파라오 지배체제의 무한폭력과 권력 앞에서 그 땅 풀뿌리 농부들의 저항은 한순간에 무너졌다. 그렇게 한 번에 무너진 풀뿌리 농부들의 항의와 시위는 이후로 본문에서 단 한 차례도 되살아나지 못했다.

도리어 이집트 땅 모든 풀뿌리 농부들은 앞 다투어 파라오 지배체제 무한 권력 앞에서 몸을 굽혔다. 파라오 지배체제가 시키고 이끄는 대로 자신과 가족들의 모든 삶을 내맡겼다. 이제 점점 깊어지는 흉년을 맞아 이집트 땅 풀뿌리 농부들은 언감생심 요셉의 부당한 일처리에 저항하지 못했다. 저항하기는커녕 오히려 애처롭고 처절한 하소연만 깊어졌다.

우리는 주께로부터 숨기지 않겠습니다.
왜냐하면 돈이든, 가축이든, 짐승들이든 그것들을 다 주께 내놓았기 때문입니다.
우리는 주 앞에서 쇠락하고 남은 것이 없습니다.
그저 이제는 우리 몸뚱이와 우리 땅 뿐입니다.
어쩌다가, 우리가 우리자신과 우리의 땅과 더불어 당신 눈앞에서 죽게 되었는지?
당신이 먹을거리로 우리 몸뚱이와 우리의 땅을 사십시오.
우리와 우리의 땅도 함께 파라오의 노예가 되겠습니다.

점점 더 커지고 깊어지는 굶주림 앞에서 이집트 땅   풀뿌리 농부들은 '파라오 채무노예제국 지배체제'를 향해 두 손을 모았다. 무릎을 꿇고 엎드렸다. 찍소리조차도 못 내고 오롯이 백기 투항했다. 물론, 인류문명사 속에서는 비록 뜻이 곧고 굳세지 못하더라도 지배체제를 향한 저항들이 끊이지 않게 이어져 왔다. 풀뿌리 농투성이들은 보잘 것 없는 세력을 아랑곳하지 않고 끊임없이 '생의 저항'을 벌여왔다. 그러나 이제 가난하고 힘없는 그 땅 풀뿌리 농부들의 생의 저항이 무너졌다. 속절없이 '그 땅과 풀뿌리사람들'이 함께 파라오의 채무노예로 떨어지고 말았다.

우리에게 씨앗을 주시오

그렇다고 해도 그 땅의 가난하고 힘없는 풀뿌리 농부들이 끝없이 무너지기만 할까? 넘어지고 엎어지기만 할까? 다시 이집트 땅 풀뿌리 농부들이 요셉에게 자신들의 마땅한 요구들을 내어놓았다.

그러나 당신이 씨앗을 주십시오.
우리가 살아야 합니다.
우리가 죽지 않아야만 '땅도 황무지가 되지 않을 것'입니다.

히브리어 문장의 문맥 안에 흐르는 속뜻은 오롯이 땅만을 의지하며 살아온 농투성이들의 속절없는 '생명저항의지'다. 그 땅 풀뿌리 농부들은 수많은 세월동안 그 땅에 기대어, 그 땅을 가꾸고, 그 땅을 믿고, 그 땅을 의지하여 살아왔다.

'우리에게 씨앗을 주시오.'

이 요청은 이집트 땅 풀뿌리 농부들의 끝판 생의 자존심이며 '밑바탕 삶의 의지'이다. 그러나 본문에서 꿈의 사람 요셉은 너무도 놀랍고, 두렵고, 참혹하게 이집트 땅 풀뿌리농부들의 끝판 생의 자존심을 짓밟는다. 그들의 밑바탕 삶의 의지와 숨통을 끊는다.

요셉이 이집트제국 경계 이 끝으로부터 저 끝으로까지 도시들로 그 땅 풀뿌리 농부들을 옮겼다.

인류문명사 속에서 꿈의 사람 요셉처럼 잔인하고 가혹하게 일처리를 하는 경우는 쉽게 찾아볼 수 없다. 본문에서 이집트 땅 풀뿌리 농부들은 자기 땅을 빼앗기고 온 가족이 함께 파라오의 채무노예가 되었다. 그리고 마침내는 그 땅으로부터 뿌리 뽑혀 쫓겨나야만 했다. 이제는 속절없이 떠돌이 농노신세로 떨어졌다.

이집트제국 경계 이 끝으로부터 저 끝으로 까지

모르면 몰라도 파라오 채무노예제국 지배체제가 온통 '생난리를 쳐야만 했을 것'이다. 왜냐하면, 그 땅 풀뿌리 농부들이 그 땅에서 뿌리 뽑혀 자기 삶을 해체 당했기 때문이다. 이제, 자기 땅에서 뿌리 뽑혀 쫓겨난 농투성이들에게 남은 것은 '떠돌이 농노인생'뿐이다. 실제로 파라오 채무노예제국 지배체제에서 꿈의 사람 요셉이 끝판까지 숨겨놓았다가 내어놓은 음모와 술수가 바로 이것이었다. 오롯이 '그 땅 풀뿌리 농부들을 떠돌이 농노로 만드는 것'이었다. 의심의 여지없이 또렷하게 이집트 땅 풀뿌리 농부들의 끝판 '생의 저항 의지와 숨통을 끊는 것'이었다. 그래야만 그 땅 풀뿌리 농부들을 노동하는 노예인간으로 만들 수 있었기 때문이었다.

예로부터 인류문명사 속에서 이토록 참혹하게 삶의 뿌리를 송두리째 잃어버린 떠돌이 농노집단은 없었다. 성서 속에서 사례를 찾는다면 북이스라엘이 아시리아 제국에게 멸망당한 후 일부 사마리아 사람들이 '니느웨로 강제이주 당한 일'정도다. 물론 한국의 성서 독자들이라면 떠올릴 수 있는 민족의 역사상황이 있다. 구소련 스탈린 지배체제에서 '연해주 고려인들이 중앙아시아로 강제 이주당한 참혹한 역사상황'을 떠올릴 수 있다.

이와 관련하여 21세기 성서독자들은 요셉이야기를 통해서 고대 이집트문명의 '피라미드 또는 스핑크스 불가사의不可思議'를 이해할 수 있다. 왜냐하면, 자기 땅으로부터 뿌리 뽑혀 나온 떠돌이 농노들은 언제 어디서든 '파라오의 욕망에 따라 동원되는 노동기계'이기 때문이다. 실제로 '기원전 2천 6백 년대 이집트제국 파라오 쿠푸는 매일 2만 5천명을 동원해서 20여 년 동안 피라미드를 건설했'고 한다. 그러므로 이제 두말할 필요 없이 본문의 파라오 채무노예제국은 인류문명사 속에서 가장 참혹한 노예세상이었음이 틀림없다.

그러나 요셉은 온전히 제사장들의 땅만큼은 사지 않았다.

또 한편 본문은 아무도 부정할 수 없는 파라오 채무노예제국 지배체제의 진실하나를 더 까발린다. '그러나 요셉은 온전히 제사장들의 땅만큼은 사지 않았다.' 제사장들은 파라오 지배체제 핵심내부자로서 종교기득권 세력이었다. 제사장들은 파라오와 더불어 채무노예제국 불로소득 가운데서 자기 몫을 챙겼다. 제사장들은 새롭게 세워진 파라오 채무노예제국 지배체제에서도 고위관료였고 특권세력이었다. 제사장들은 파라오가 그들에게 나누어 주는 벼슬아치의 몫으로 먹고 살았다. 더불어 파라오 채무노예제국 지배체제에서 자신들이 소유한 땅을 영구사유화 하는 권리를 누렸다. 제사장들은 파라오 채무노예제국 지배체제의 특권세력으로서 요셉의 모든 위임통치에서 벗어나 한껏 사리사욕을 채울 수 있었다. 이를 위해 제사장들은 파라오 채무노예제국 지배체제를 옹호하는 '빚진 죄인' 사회경제·종교·정치 이데올로기를 생산하고 퍼뜨렸다. 그럼으로써 그 땅 풀뿌리 농부들에게 '빚진 죄인 사회경제·종교·정치 이데올로기'를 받아들이도록 세뇌했다. 나아가 그 땅 풀뿌리 농부들을 '심판과 처벌'이라는 종교교리로 윽박질렀다. 죄와 심판이라는 두려움을 퍼트려서 그 땅 풀뿌리 사람들의 삶을 옥죄고 기를 펴지 못하게 만들었다. 오롯이 파라오 채무노예제국 지배체제를 튼튼하게 하고 그 안에서 사리사욕을 채우는 일에 몰두하였다.

'자비로운 그러나 허울뿐'인 파라오 땅의 오분의 일 소작료

꿈의 사람 요셉은 파라오 지배체제 외부인 노예성공신화 당사자로서 제사장그룹에 뿌리를 내렸다. 요셉은 파라오 채무노예제국 지배체제 제사장그룹의 한 사람으로서 이집트 땅 모든 풀뿌리 사람들을 향해 이렇게 선포했다.

> 보라. 오늘 내가 파라오를 위해 너희 몸뚱어리와 너희 땅을 샀다.
>
> 여기 보라. 너희에게또는너희를 위한 씨앗이 있다.
>
> 너희는 파라오의 땅에 씨앗을 뿌려라.
>
> 그리고 너희는 추수 때마다 오 분의 일을 파라오께 바쳐라.
>
> 나머지 넷은 너희와 파라오 밭의 씨앗을 위하여 너희 손에 있을 것이다.
>
> 너희와 너희 집안에 있는 식구들과 너희 어린아이들을 위한 먹을거리로 너희 손에 있을 것이다.

이로써 꿈의 사람 요셉은 파라오 채무노예제국 지배체제 속에서 떠돌이 농노로 전락한 농부들로부터 이런 맹세를 받아냈다.

> 당신께서 우리를 살리셨습니다.
>
> 우리가 주의 눈에 은총을 입었습니다.
>
> 그러니 우리는 파라오의 노예가 되겠습니다.

요셉은 이집트 땅 떠돌이 농노들의 맹세를 밑바탕삼아 파라오 채무노예제국 지배체제를 완결한다. 그러나 '파라오 땅의 오분의 일 소작료'야말로 파라오 채무노예제국 지배체제의 마지막 몽니와 같다. 파라오 채무노예제국 지배체제 떠돌이 농노들에게는 그저 '허울뿐인 자비로운 소작료'다. 왜냐하면 요셉이 파라오의 땅에 뿌려할 씨앗을 파라오의 땅에 매여 사는 소작농노들에게 몽땅 떠넘겼기 때문이다. 소작농노들은 온 식구가 함께 먹어야할 곡물 가운데 상당량을 파라오의 땅에 뿌릴 씨앗으로 따로 떼놓아야만 했다. 파라오의 땅에 뿌릴 씨앗 때문에 소작농노들에게 딸린 온 식구가 매일매일 굶주림에 시달릴 수밖에 없었다. 본문에서 파라오 땅의 오분의 일 소작료야말로 '요셉이 파놓은 크고 깊은 굶주림의 함정'이다. 파라오 땅의 소작농노들을 길들이기 위한 파라오 채무노예제국 지배체제의 올무다. 왜냐하면, 이집트 땅 풀뿌리 농부들은 '흉년을 굶주림으로 만드는 요셉의 음모와 술수' 때문에 파라오 땅의 소작 농노로 전락했기 때문이다.

이와 관련하여 고대 농경사회 혁명은 오랜 세월에 걸쳐 몇몇 곡물씨앗을 농사짓기에 알맞도록 길들일 수 있었다. 그러나 한편 농사짓기 기술은 오랜 세월동안 원시 그 자체였다. 수렵 채취시대와 별반 다를 바 없었다. 밭에 골을 타거나 두둑을 짓지도 않았고 묘판을 만들어 새싹을 키우는 기술도 없었다. 파라오의 소작농노들은 파라오의 밭에 씨앗을 흩뿌리고 나서 가축을 이용해 밭을 갈아엎어 씨앗을 덮었다. 나머지는 오롯이 하늘바라기 농사였다. 그러다 보니 21세기 농사짓기에서는 상상하기 어려울만큼 많은 씨앗이 필요했다. 이렇듯이 씨 뿌릴 때에 이르러 파라오의 땅에 매여 살아가는 소작농노들의 손에 씨앗이 남아있을 리가 없다. 실제로 이러한 고대 농경상황 속에서 소작농 채무제도가 생겼다. 소작농들은 씨 뿌릴 때에 이르러 땅주인으로부터 주인의 밭에 뿌려야할 씨앗을 빌려서 씨를 뿌렸다. 그리고 수확할 때에 이르러 수확물의 3분의 1일을 주인에게 되갚았다. 이렇듯이 예부터 '소작농 채무제도'는 성서주변 고대 메소포타미아와 지중해 문명세계에 널리 퍼져 있었다.

이와 관련하여 파라오 채무노예제국 지배체제의 소작농노들은 씨앗 뿌리기를 끝내고도 마냥 편히 쉴 수 없었을 것이다. 파라오의 소작농노들은 이집트 나일 강 충적토에 거미줄처럼 얽혀진 농수로를 보수해야만 했다. 나아가 멀리서 새로운 농수로를 파는 집단노역에 강제동원 되었을 것이다. 아마도 본문상황 속에서 소작농노들은 파라오를 위한 온갖 건설현장으로 쉴 틈도 없이 강제동원 되었을 것이다. 이러한 강제노역에 관한 이야기들은 출애굽기 다른 본문들에서 자세하게 살펴보기로 한다.

히브리 노예들의 희년신앙 행동 대서사 태동을 위한 무대를 펼치다.

본문은 '꿈의 사람 요셉이야기'를 통해서 파라오 채무노예제국 지배체제를 완결한다. 요셉은 파라오 지배체제의 폭력과 권력을 도구로 삼아 그 땅 풀뿌리 농부들에게서 풍년의 모든 잉여곡물을 빼앗았다. 그러고는 흉년을 맞아 그 땅 풀뿌리 농부들을 굶주리게 만들고 그들에게 풍년 잉여곡물을 되팔았다. 나일 강의 범람 때문에 되풀이 되는 풍년과 흉년을 기회로 삼아 '그 땅 모든 풀뿌리 사람들이 굶주리도록 함정'을 팠다. 그 굶주림의 함정을 통해서 이집트 땅 모든 풀뿌리 농부들을 채무노예화 했다. 그리고 마침내 '파라오 채무노예제국 지배체제'를 완결했다. 오직 파라오에게로 모든 이익이 몰수되는 피라미드 빨대착취구조 채무노예제국 지배체제를 완성했다. 이제 요셉과 더불어 제사장들과 고위관료들 모두가 '파라오 채무노예제국 지배체제 내부자들'이다.

이렇듯이 본문은 꿈의 사람 요셉이야기를 통해서 히브리 노예들의 출애굽 해방과 구원사건의 배경과 무대를 펼친다. 무엇보다도 본문은 흠잡을 데 하나 없이 완벽하게 '히브리 노예들의 하나님, 야훼의 나타나심'을 준비한다. 왜냐하면 '히브리 노예들의 하나님 야훼의 나타나심과 출애굽 해방과 구원사건'이야말로 히브리 성서의 핵심신앙 사건이기 때문이다. 야훼하나님은 히브리 노예들을 파라오 노예제국로부터 해방하시고 구원하시는 히브리들의 하나님이시다. 히브리 노예들의 하나님 야훼는 인류 종교·문명사에서 그 흔적조차 찾을 수 없는 '해방과 자유, 정의와 평등, 생명평화세상의 하나님'이시다. 언감생심 파라오 채무노예제국의 히브리 노예들이 자기들의 하나님을 찾고 깨달으며 신앙하게 될 것이다.

그러므로 히브리 노예들의 하나님 '야훼의 출애굽 해방과 구원사건'이야말로 히브리 성서가 21세기 성서독자들에게 주는 '최고의 신앙선물'이다. 왜냐하면 파라오 채무노예제국에서 종살이 하던 히브리 노예들의 '고난과 절망의 삶'을 통해서 야훼하나님의 '해방과 구원세상'이 계시되었기 때문이다. 나아가 복음서에서 예수도 히브리 성서 '희년신앙 행동대서사'를 밑바탕삼아 '하나님나라 복음운동'을 펼쳤기 때문이다. 참으로 예수는 옛 히브리들의 희년신앙 행동계약 행동법규들을 '하나님나라 복음운동으로 완벽하게 재구성'했다. 예수는 하나님나라 복음운동을 '자기 삶의 행동으로 펼쳐내는 일'에 자기인생과 목숨을 걸 수 있었다.

2. 히브리 노예들의 성공신화 모세이야기, 히브리 노예들의 고난서사를 쓰다.

출애굽기 2:1-10, 2:11-15, 2: 23-25

본문읽기 1. 나일강가의 세 여인 출애굽기 2:1-10

레위가문의 한 남자가 가서 레위가문의 한 딸을 아내로 맞았다. 그런데 그 여자가 임신해서 아들을 낳았다. 그 아기엄마가 아기를 보니 참 아기가 사랑스러웠다. 아기엄마는 석 달 동안이나 아기를 숨겨서 길렀다. 그러나 아기엄마는 더 이상 아기를 숨길수가 없었다. 아기엄마는 갈대상자를 얻어다가 역청과 송진을 바르고 그 안에 아기를 뉘었다. 그리고 나일 강 둔치 갈대 사이에 두었다.

그러자 아기의 누이가 '그 아기에게 어떤 일이 생기는가' 알아보려고 멀찍이 서있었다. 그 때 마침, 파라오의 딸이 목욕을 하려고 강가로 내려왔다. 그런데 공주의 시녀들이 강가를 경계하며 갈대숲을 살피고 있을 때 공주는 갈대숲 가운데 있는 상자를 보았다. 공주가 시녀 하나를 보내서 상자를 가져왔다. 공주가 상자를 열고 한 아기를 보았다.

"보라, 한 사내아이가 울고 있지 않은가."

공주는 그 아기를 불쌍히 여겨 중얼거렸다.

"이 아이는 히브리 아기들 가운데 한 아이로구나."

그 순간, 아기의 누이가 파라오의 딸에게 소리쳤다.

"제가 가서 당신을 위해 히브리 여인 가운데서 그 아기에게 젖을 먹일 여자를 부를
까요?"

파라오의 딸이 그 아기의 누이에게 대답했다.

"너는 가서 젊은 아기엄마를 데려 오너라"

아기의 누이가 가서 아기의 엄마를 불러왔다. 파라오이 딸이 아기엄마
에게 부탁했다.

"이 아기를 데려가서 나를 위해 젖을 먹여다오. 내가 삯을 주겠다."

그리하여 그 아기엄마가 아기를 데려와 젖을 먹여 키웠다. 아기가 자
라자 아기엄마는 그를 파라오의 딸에게 데리고 갔다. 그는 공주의 아들이
되었다. 공주는 그를 모세라고 부르며 말했다.

"내가 그를 물에서 건졌기 때문이다."

본문읽기 2. 실패한 히브리 노예 성공신화 '모세이야기' 출애굽기 11-15

세월이 흘러, 모세가 장성했다. 모세는 그의 형제들에게 나아갔다. 모세는 형제들의 노역奴役을 보았다. 그런데 모세가 '어떤 이집트 사내가 그의 형제들 가운데 한 사람을 때려눕히는 것'을 목격했다. 모세가 좌우를 살펴 사람이 없는 것을 보고 그 이집트 사내를 쳐 죽였다. 그리고는 그 시체를 모래 속에 숨겼다. 이튿날 모세가 다시 형제들에게 나아갔다.

"그런데 이것 좀 봐. 히브리 남자 두 사람이 싸우고 있지 않은가."

모세가 잘못한 사람을 나무랐다.

"당신은 왜 동무를 때리오?"

그러자 그 사내가 모세에게 대들었다.

"누가, 우리위에 우두머리와 재판관으로 당신의 이름을 세웠소?
당신이 이집트사람을 살육했던 것처럼 나도 쳐 죽일 셈이오?"

모세가 두려워 떨며 탄식했다.

"아하, 그 일이 탄로 났구나."

파라오가 그 일에 대하여 듣게 되었다. 파라오는 모세를 잡아 죽이기 위하여 모세를 찾았다. 모세는 파라오 앞에서 도망쳐 나와 미디안 땅에 웅크렸다. 모세는 그곳 한 우물가에 주물러 않았다.

본문읽기 3. 히브리 노예들의 신음과 절규 출애굽기 2: 23-25

그 많은 날들이 지나서, 이집트의 왕이 죽었다. 이스라엘 후손들은 노역으로 인해 신음하며 아우성쳤다. 그들은 하나님께 도움과 구원을 빌며 울부짖었다. 마침내, 도움과 구원을 비는 그들의 절규가 하나님께 이르렀다.

하나님께서 그들의 절규를 들으셨다. 그리고는 아브라함과 이삭과 야곱에게 하신 하나님의 언약을 기억하셨다. 하나님께서 이스라엘 후손을 굽어보시고 그들의 형편을 아시게 되었다.

본문풀이
히브리 노예의 성공신화 모세이야기, 히브리 노예들의 고난서사를 쓰다.
모세는 누구인가?

모세는 이스라엘 사람들에게 민족영웅이다. 유대교 신앙역사 안에서 가장 위대한 지도자다. 유대인들의 삶과 유대교 신앙의 밑바탕을 이루는 '토라' 곧 '희년신앙 행동계약 행동법규들'도 모세로부터 유래한다. 물론 유대사람들과 유대교는 희년신앙 행동법규들을 '하나님의 율법 또는 하나님의 가르침'으로 여긴다. 그래서 유대교와 기독교회는 지금도 히브리 성서의 첫머리 다섯 권의 책을 '모세율법 또는 모세오경'이라고 부른다.

그러나 히브리 성서 출애굽기는 이스라엘 민족의 위대한 해방지도자 모세의 업적을 기리는 '영웅서사'가 아니다. 모름지기 출애굽기 저자는 파라오 노예제국으로부터 히브리 노예들을 해방하고 구원하신 '야훼하나님의 출애굽 신앙사건'을 기리는 것이 목적이었다. 이점에서 출애굽기의 핵심내용은 히브리 해방노예들의 출애굽 해방과 구원사건이다. 따라서 출애굽기 저자는 히브리 해방노예들의 희년신앙 행동서사의 태동과 출발을 꼼꼼하고 생생하게 기록했다. 왜냐하면 출애굽 해방과 구원사건이야말로 히브리 해방노예들에게 '야훼하나님의 사람들'이라는 신앙증언'이기 때문이다. 야훼 하나님께서 출애굽 해방과 구원사건을 통해서 히브리 해방노예들을 자기 사람들로 세우시겠다는 약속했기 때문이다. 그러므로 히브리 해방노예들은 출애굽 해방과 구원신앙고백을 통해서 스스로를 야훼 하나님의 사람들이라고 주장한다.

이와 관련하여 출애굽기의 첫 단락은 1장에서 15장까지다. 이 단락은 야훼 하나님께서 파라오 채무노예제국으로부터 히브리 노예들을 해방하고 구원하시는 이야기가 주요 내용이다. 출애굽기 1장은 야곱의 아들들 곧 히브리들이 어떻게 이집트제국 파라오의 노예로 전락하게 되었는지를 보고한다. 2장에서 15장까지는 히브리 노예들이 어떻게 파라오 노예제국 지배체제의 사슬에서 해방되어 탈출해 나아오게 되었는지를 보고한다.

그러한 과정에서 모세이야기는 너무도 중요한 역할을 감당한다. 모세가 히브리 노예들의 사회·종교·정치 지도자였기 때문이다. 모세는 야훼하나님의 해방과 구원사건의 일꾼으로 부름 받았다. 이제 본문읽기 1.2.에서 '모세 탄생설화와 모세의 투쟁' 이야기는 히브리들의 희년신앙 행동서사 대장정의 서막이다. 파라오 채무노예제국에서 종살이 하던 히브리 노예들을 해방하고 구원하시는 야훼하나님의 출애굽 해방과 구원사건의 시작이다. 이제 본문들을 자세히 읽고 문장과 문장사이 행간을 살펴서 히브리 성서 희년신앙 행동서사의 진실을 찾아보고자 한다.

본문읽기에 앞선 출애굽기 1장은 파라오 채무노예제국 지배체제에서 종살이 하는 히브리들의 처참한 삶의 상황이 묘사되어 있다. 이어서 본문읽기 1.은 이스라엘 종교·역사에서 가장 중요한 사람 '모세의 탄생설화'다. 본문읽기 2.는 히브리 노예들의 해방 지도자 모세의 인간적인 투쟁과 실패가 소개되어 있다. 본문읽기 3.은 파라오 노예제국에서 종살이 하는 히브리 노예들의 절망적인 삶의 상황과 모세의 인간적인 투쟁실패 사이에서 '하나님이 어떻게 역사에 개입 하시는가'를 보여준다. 이제 본문들을 살펴서 읽고 풀이하며 야훼하나님의 뜻을 찾아보자.

모세의 탄생설화, 나일강가의 세 여인

본문읽기에서 '레위가문'은 아직 특별한 의미를 갖지 않는다. 그러나 본문읽기 1.은 이스라엘 사람들의 가장 위대한 지도자 '모세의 탄생설화'다. 그리고 이후 유대교 안에서 '레위가문'은 매우 특별한 의미가 있다. 본문읽기 1.에서 모세의 탄생이야기는 '위기와 구원'이라는 하나님의 은총과 섭리다. 그럼에도 불구하고 이야기의 흐름가운데서는 여성들의 역할과 행동만 드러날 뿐이다. 단 한명의 남성도 등장하지 않고 아무런 역할도 없다. 나아가 하나님의 직접적인 개입도 없다.

왜 그럴까? 본문읽기 1.에서 모세의 탄생설화는 히브리 노예들의 성공신화로써 '모세의 영웅서사'가 아니기 때문이다. 도리어 본문은 모세의 탄생설화를 통하여 히브리 노예들의 고난 현장을 기록하려고 한다. 앞선 출애굽기 1장에서 히브리 노예들이 처한 참혹한 상황이 모세의 탄생설화를 통하여 낱낱이 까발려 진다. 곧 히브리 노예들의 세력을 약화시키기 위한 '히브리 사내아기 살해정책 실제상황'이 생생하게 다 드러난다. 파라오 채무노예제국 지배체제 안에는 히브리 노예들의 하나님 따위는 아예 발붙일 여지가 전혀 없다. 따라서 히브리 노예들이 겪어야만 하는 참혹한 고난의 현장이 여자들만의 삶의 현실상황으로 생생하게 묘사되고 있다. 이점에서 모세의 탄생설화는 '그 여자'하이쌰라는 주어로 출발하고 '그 아기엄마' 라는 주어로 끝을 맺는다.

"그 여자가 임신해서 아들을 낳았다. 그 아기엄마가 아기를 보니 참 아기가 사랑스러웠다. 아기엄마는 석 달 동안이나 아이를 숨겨서 길렀다"

여기서 우리말 성서는 본문읽기에서 사용된 '키 토브'라는 히브리어 문구를 '준수하다 또는 잘생겼다'라고 번역했다. 하지만 히브리어 낱말 '토브'는 관념적이거나 추상적인 의미로 사용되는 형용사다. 감정에 치우치지 않는 사실 보도에 사용하기에는 적절치 않은 형용사이다. 따라서 본문에서 '토브'는 아기를 낳은 엄마가 아기를 바라보는 절절하고 속절없는 '사랑스러움'이다. 히브리 노예 사내아기 살해라는 참혹하고 무지막지한 파라오 지배체제의 폭력통치 아래서 아기엄마의 고통이 절절하게 드러나는 문구다. 사실 동서고금을 막론하고 생명의 출생은 기쁘고 귀한 일이다. 그러나 모세탄생 설화에서 아기엄마는 아기의 출생을 숨기고 감추어야만 했다. 이러한 상황은 아기엄마의 고통과 절망을 히브리 노예들의 삶의 고통과 절망으로 확장한다.

그러나 이제 아기엄마는 더 이상 아기를 숨길 수가 없었다. 아기엄마는 갈대상자를 얻어다가 역청과 송진을 바르고 그 안에 아기를 뉘었다. 그리고 나일 강 둔치 갈대 사이에 두었다. 이때 본문이 사용한 히브리어 낱말 '예오르'는 보통 나일 강으로 번역된다. 하지만 본문에서는 농사를 위해 나일강물을 끌어오는 큰 수로라고 할 수 있다. 나아가 '수프'는 보통 '갈대바다'라고 번역하는데 여기서는 강 하구에서 자라는 갈대밭이다. 그런데 재미있는 것은 '수프'라는 히브리어 낱말이 '끝장나다'라는 히브리어 동사와 동음이의어同音異議語라는 사실이다. 이점에서 아기엄마의 '포기 또는 내버림'의 절망을 생생하게 느낄 수 있다. 그러나 이 고통과 절망의 상황 속에서도 희망의 반전은 있게 마련이다. 아기의 누이가 '그 아기에게 어떤 일이 일어나는가' 알아보려고 멀찍이 서있었다.

아기의 누이는 무엇을 기대했을까? 희망은 '누군가가 개입하고 수고함'으로써 일어나게 되는 결과가 아닐까? 아기누이의 한갓되고 부질없어 보이는 행동이 기적을 가져왔다. 그 때 마침, 파라오의 딸이 목욕을 하려고 강가로 내려왔기 때문이다. 공주의 시녀들이 강가를 경계하면서 갈대밭을 휘젓고 헤쳐서 살펴보고 있었다. 그때 공주는 갈대숲 가운데 있는 상자를 보았다. 공주가 시녀 하나를 보내서 상자를 가져왔다. 공주가 상자를 열고 한 아기를 보았다.

"보라, 한 사내아이가 울고 있지 않은가."
공주는 그 아기를 불쌍히 여겨 중얼거렸다.
"이 아이는 히브리 아기들 가운데 한 아이로구나"

파라오의 딸이 상자 속에서 발견한 히브리 사내아이를 보고 나타내는 태도는 모두 감탄문으로 표현된다. 우리말 성서는 이 감탄문들을 하나로 뭉뚱그려 번역했다. 그러나 본문에서 이 감탄문들은 독립적이다. 또한 이 감탄문들은 파라오 노예제국 지배체제의 히브리 노예 사내아기 살해 상황 속에서 쓰여 진 '모세 탄생설화의 극적인 반전'을 표현한다. 나아가 본문을 이해하고 해석하는데 매우 중요한 역할을 한다. 이 절체절명의 순간에 아기의 누이가 파라오의 딸에게 소리쳤다.

"제가 가서, 당신을 위해 히브리 여인 가운데서 그 아기에게 젖을 먹일 여자를 부를까요?"

이 외침은 아기 누이에게 솟구치는 용기였을까? 아니다. 절절한 고통이고 절망이며 가없는 두려움의 외침이다. 파라오 노예제국 지배체제의 공주가 '히브리 노예 사내아기살해 상황'을 모를 리 없다. 아기누이의 외침이 하나님의 개입과 구원을 불러 온 것일까? 히브리 노예 아기누이가 외치는 절절한 고통과 절망과 두려움의 외침이 희망의 기적을 만들어 냈다. 파라오의 딸이 그 아기누이에게 대답했다.

"너는 가서, 젊은 아기엄마를 데려 오너라"

공주의 허락을 받은 아기의 누이는 말로 다할 수 없는 기쁨 속에서 아기의 친엄마를 불러왔다. 파라오의 딸이 아기엄마에게 부탁했다.

"이 아기를 데려가서 나를 위해 젖을 먹여다오. 내가 삯을 주겠다."

고통과 절망 끝에서 모든 것을 포기했던 아기엄마에게 도리어 공주가 부탁을 해야만 하는 상황이 벌어졌다. 그 아기엄마가 아기를 데려와 젖을 먹여 키웠다. 아기가 자라자, 아기 엄마는 그를 파라오의 딸에게 데리고 갔다.

그의 이름은 모세

그는 공주의 아들이 되었다. 공주는 그를 모세라고 부르며 말했다.

"내가 그를 물에서 건졌기 때문이다."

여기서 '모세'라는 이름의 뜻은 이집트어로 '물에서 건지다'라는 의미다. 그러나 모세라는 이름은 히브리어로 '마솨이끌어내다'라는 동사와 발음이 같다. 더 나아가 '마쉬아흐메시아 또는 구원자'라는 히브리어 낱말과도 발음이 비슷하다. 어쨌든 그는 모세라는 이집트이름을 가졌다. 그럼으로써 그가 이집트제국의 교육을 받았다는 사실을 확인할 수 있다. 이와 관련하여 레위가문의 사람들 가운데 '무라리 또는 비느하스' 등 이집트 이름을 가진 사람이 많다. 나아가 '아론' 역시 이집트 이름이라고 할 수 있다.

이렇듯이 '모세의 입양절차'는 고대 메소포타미아 문명지역에서 잘 알려진 법조문과 비슷하다. 메소포타미아 법 문서에는 입양할 아기를 젖먹이는 유모에게 비용을 주고 맡기는 절차를 규정하고 있다. 그렇게 3년간 후견인 보호아래 두었다가 입양하는 절차를 밟는다. 또한 메소포타미아 아카드시대의 전설에서도 모세의 탄생설화와 비슷한 이야기가 전해내려온다. 아카드 사르곤 왕의 비문기원전 2천 3백 년경에 따르면 그의 어머니가 그를 몰래 낳았다. 그녀는 역청을 바른 골풀 바구니에 그 아기를 담아서 강물에 띄워 보냈다. 그러자 물의 신 '아키'가 그 아기를 건져내어 아들로 삼았다. 사르곤은 이렇게 비천한 신분을 넘어 신의 아들이 되었다. 그리고 마침내 아카드의 왕이 되었다. 고대 메소포타미아의 수메르 문명을 이어서 나타난 아카드 문명은 그의 이름에서 나왔다.

실패한 히브리 노예성공신화 '모세이야기'
모세의 투쟁

이어지는 본문읽기 2.는 히브리 노예들의 해방 지도자 모세의 인간적인 투쟁과 실패를 증언한다. 이 이야기 역시 모세탄생설화 만큼이나 고통스럽고 절망스럽다.

"세월이 흘러 모세가 장성했다. 모세는 그의 형제들에게 나아갔다. 모세는 형제들의 노역奴役을 보았다."

여기서 '장성했다' 라는 의미는 '신체가 자라고 용모도 출중해졌다' 는 것만을 의미하지 않는다. 더불어 '지혜와 능력과 함께 부와 힘이 커졌음' 말한다. 이어서 사용된 히브리어 동사 '나아갔다' 라는 의미도 그렇다. 모세는 파라오 궁궐 바깥나들이를 하다가 우연히 동족들과 만나게 된 것이 아니다. 이제 모세는 힘차고 씩씩하게 그리고 은밀하나 뚜렷한 목적을 가지고 형제들 앞에 나선 것이다. 본문에서 모세의 투쟁내용을 보더라도 모세가 히브리 노예들에게 강한 형제의식을 느끼고 있었음을 확인할 수 있다. 비록 모세가 파라오의 궁전에서 양육되고 교육받았지만 자신의 정체성을 완전히 잃어버리지 않았다.

한편 이 무렵 모세의 형제 히브리 노예들은 혹독한 강제노동에 시달리고 있었다. 실제로 고고학적 발굴에 따르면 이집트 18왕조 시대의 무덤 벽화에서 출애굽기1장 히브리 노예들의 강제노동과 똑 같은 내용을 그린 그림들이 발견되었다. 이러한 상황에서 모세는 형제들의 이익과 권리를 확장하고 보호하기 위한 권리투쟁에 나설 수밖에 없었을 것이다. 그러나 실제로 모세가 할 수 있는 권리투쟁은 아무것도 없었다. 모세가 히브리 형제들의 노역을 보고 느끼는 부끄러움과 무력감은 이어지는 모세의 돌발 살인사건에서 여실히 드러난다.

"모세가 '어떤 이집트 사내가 그의 형제들 중 한 사람을 때려눕히는 것'을 목격했다. 모세는 좌우를 살펴 사람이 없는 것을 보고는 그 이집트 사내를 쳐 죽였다. 그리고는 그 시체를 모래 속에 숨겼다."

여기서 이집트 사내가 히브리 노예를 '때려눕히는'마케 현장은 친구사이에서의 가벼운 다툼이 아니다. 주인으로써 노예를 향한 일방폭력이다. 이 경우 주인은 노예를 때려서 큰 상처를 입히거나 혹 죽이거나 할 만큼의 무거운 폭력을 사용하기 일쑤다. 실제로 이 폭력은 고대 노예제국에서 주인이 노예에게 가할 수 있는 사회구조 폭력이다. 무자비하고 잔인한 일방폭력이며 무한폭력이다. 따라서 이제, 히브리 노예들의 지도자로 나설 만큼 장성한 모세로서는 도저히 이 폭력사태를 모른 척 할 수 없었다. 모세는 처절한 삶의 고통을 겪고 있는 히브리형제들을 향한 부끄러움과 무력감 속에서 돌발 살인사건을 저지르고 말았다. 그런데 문제는 여기서 그치지 않는다. 이튿날 모세가 다시 형제들에게 나아갔다.

"그런데 이것 좀 봐, 히브리 남자 두 사람이 싸우고 있지 않은가."
모세가 잘못한 사람을 나무랐다.
"당신은 왜 동무를 때리오?"

여기서 사용된 히브리어 동사 '니침'은 '다투다 또는 싸우다'라는 뜻이다. 주인으로써 이집트사람이 노예인 히브리사람을 때려죽이는 무한폭력이 아니다. 그저 동족끼리 서로 멱살을 잡거나 부둥켜안고 얼러대는 정도의 다툼이다. 그러나 히브리들은 다 같은 노예의 처지였지만 사람마다 능력과 직책이 달랐다. 히브리 노예들 사이에서 작은 이익과 권리들을 쟁취하려는 삶의 투쟁이 벌어졌다. 그런데 그 작은 이익과 권리들조차 히브리 노예들의 주인인 파라오로부터 던져지는 것들이었다. 따라서 작은 이익과 권리를 위한 경쟁 때문에 히브리 노예들 사이에서는 잦은 싸움이 벌어질 수밖에 없었다. 히브리 노예들 사이에서 주인인 파라오가 던져주는 떡 한 덩이 고기 한 조각이라도 더 차지하려는 아귀다툼이 끊이지 않았다. 모세는 뜻하지 않게 히브리 형제들의 다툼을 말리고 잘잘못을 따지며 판단하는 자리에 나서게 되고 말았다.

그런데 실제로 '쳐 죽이든 아니면 다투든' 아무리 작은 이익과 권리다툼일지라도 힘 있는 자가 힘없는 자를 상대로 한다면 그것은 폭력이다. 다툼을 예방하기 위해서는 힘 있는 자가 힘없는 자에게 이익과 권리를 나누어야한다. 하지만 본문에서나 현실세계에서나 '하나님 없는 노예세상에서의 삶의 투쟁'은 너나없이 죽기 살기 일수 밖에 없다. 그러다보니 하나님 없는 노예세상의 삶의 투쟁은 정당한 중재가가 없다. 따라서 모세가 히브리 노예들의 작은 이익과 권리다툼에 개입하는 순간 모두에게 달갑지 않은 존재가 되었다. 모세는 하나님 없는 노예세상에서 '히브리 노예들의 성공신화'로써 모델이며 선망의 대상일 뿐이었다. 그래서 탈이 났다. 그 히브리 사내가 모세에게 대들었다.

"누가, 우리위에 우두머리와 재판관으로 당신의 이름을 세웠소?
당신이 이집트인을 살육했던 것처럼 나도 쳐 죽일 셈이오?"
모세가 두려워 떨며 탄식했다.

"아하, 그 일이 탄로 났구나."

파라오가 이일에 대하여 듣게 되었다. 파라오는 모세를 잡아 죽이려고 모세를 찾았다. 모세는 파라오 앞에서 도망쳐 나와 미디안 땅에 웅크렸다. 모세는 그곳 한 우물가에 주물러 앉았다.

모세의 투쟁이 갖는 위험성

여기서 히브리형제가 모세를 고발할 때 사용한 동사 '하라그타쳐 죽이다'라는 표현은 매우 엄중하다. 그렇다면 모세의 투쟁은 '히브리 노예들의 권리투쟁'이 아닌 '해방투쟁'이었을까? 어찌되었든 히브리형제 고발인이 사용하는 동사로 보아 모세의 투쟁은 처음부터 과격하고 폭력적이었을 수도 있다. 아마도 그것은 주인으로써 이집트 사람들이 히브리 노예들에게 막무가내로 죽음의 폭력을 행사하는 상황 때문이었을 것이다. 이것은 본문읽기에서 모세의 투쟁이 가지고 있는 어쩔 수 없는 위험성이다. 그러므로 하나님 없는 세상에서 '작은 이익과 권리쟁취'를 위한 모든 투쟁들은 폭력으로 이어질 수밖에 없다.

그렇더라도 히브리 형제들을 위한 모세의 권리투쟁 가운데서 벌어진 살인사건은 우발적이고 비밀스러운 사건이었다. 반면에 파라오 노예제국 지배체제의 보복은 공개적이고 국가적이며 폭력적이었다. 결국 하나님 없는 노예세상에서 모세의 권리투쟁은 피의 보복을 부르는 결과를 낳고 말았다. 모세는 자신의 비밀투쟁이 발각되고 보복이 두려워 미디안광야로 도망쳤다. 그 후 모세는 자기시대의 파라오가 죽고 새로운 파라오가 집권하기까지 이집트 땅으로 돌아오지 못했다. 출애굽기 2:23; 4:18-20

그러므로 파라오 노예제국 히브리 노예 성공신화로써 이집트제국의 왕자지위에까지 올랐던 모세의 성공신화는 '모세의 투쟁실패'와 함께 허망하게 무너졌다. 이제 모세의 성공신화는 전설이 되고 말았다. 이로써 하나님 없는 노예세상에서 모세의 투쟁실패는 모세뿐만 아니라 모든 히브리 노예들의 실패이며 절망이었다.

히브리 노예들의 신음과 절규, 하나님께서 그들의 형편을 아시다

모세는 파라오 노예제국 히브리 노예들을 위한 해방투쟁 영웅이 아니다. 모세이야기는 앞선 꿈의 사람 요셉이야기와 전혀 다르다. 파라오 노예제국 지배체제 외부인 성공신화로 보기도 어렵다. 실제로 히브리 성서에서 모세의 인생 대부분은 실패와 도망자 신세였다. 모세의 1백 20여년 인생 속에서 80여년 세월은 실패와 고난과 나약함의 세월이었다.

그러므로 이제 본문읽기 3.은 '야훼하나님이 어떻게 히브리 노예들의 역사에 개입 하시는가'를 보여준다. 실제로 그것은 파라오 노예제국에서 종살이 하는 히브리 노예들의 고통과 절망 그리고 모세의 인간적인 투쟁실패 사이에서 일어났다. 그러나 본문읽기 3.의 핵심내용은 '어떻게 히브리 노예들의 하나님 야훼를 히브리 노예들의 삶의 현장으로 불러낼 수 있는가'이다.

"그 많은 날들이 지나서, 이집트의 왕이 죽었다.

이스라엘 자손들은 노역으로 인해 신음하며 아우성쳤다.

그들은 하나님께 도움과 구원을 빌며 울부짖었다.

마침내, 도움과 구원을 비는 그들의 절규가 하나님께 이르렀다.

하나님께서 그들의 절규를 들으셨다.

그리고는 아브라함과 이삭과 야곱에게 하신 하나님의 언약을 기억하셨다.

하나님께서 이스라엘 자손을 굽어보시고 그들의 형편을 아시게 되었다."

여기서 사용된 히브리어 동사 '예아네후는 '신음과 탄식으로 아우성치는 모습'을 나타내는 '상태 동사'이다. 하나님 없는 노예세상에서 작은 이익과 권리다툼에 몰두하던 히브리 노예들의 다툼은 허망할 뿐이었다. 모세의 비밀스런 권리투쟁도 실패로 끝났다. 모든 히브리들의 발버둥이 허망하게 끝나고 말았다. 히브리 노예들은 자신들의 삶의 상황에 절망하고 탄식하며 울부짖을 수밖에 없었다. 이때 본문이 사용하는 히브리어 동사 '이즈아쿠' 도움과 구원을 요청하는 히브리들의 울부짖음이다.

야훼 하나님의 해방과 구원사건은 어떻게 일어나는가?

야훼 하나님의 해방과 구원사건이야말로 신령神靈스럽고 비밀스러우며 확신에 찬 기도로부터 오는가? 아니다. 하나님 없는 노예세상에서 모든 희망이 사라진 고통과 절망가운데서 터져 나오는 절규로부터 야훼 하나님의 구원과 해방사건이 일어난다. 고통과 절망의 탄식과 절규야말로 야훼 하나님의 해방과 구원사건이 시작되는 통로다. 한마디로 하나님 없는 노예세상에서 모든 자아능력을 상실한 때이다. 그래서 오직 야훼 하나님만 바랄 수밖에 없는 절망자의 삶속으로 야훼 하나님의 해방과 구원의 능력이 침투한다. 이때 본문에서 사용한 히브리어 동사가 '쇠베아탐'인데 도움과 구원을 요청하는 절규다. 이 절규야말로 '하나님 없는 노예세상에서 모든 삶의 투쟁이 다한 자리'다. 실제로 '쇠바야'라는 히브리어 동사는 '때로는 크고 요란스럽게 때로는 애처롭게 울부짖는 소리'다. 하나님 없는 노예세상에서 '삶의 고통과 절망을 부르짖는 모습'을 묘사하는 동사다. 그것은 하나님 없는 노예세상의 작은 이익과 권리다툼에서조차 소외된 무지렁이 노예들의 삶의 자리에서 솟구쳐 나오는 절규다. 노예세상 외에는 다른 어떤 새로운 세상도 꿈꾸지 못하는 타고난 노예들의 삶의 자리에서 터져 나오는 울분이다. 노예주인을 향한 권리투쟁에서 처참하게 패배당하고 도망치는 노예들에게서 속절없이 솟구치는 절망과 절규를 표현하는 동사다. 그러므로 마침내 야훼 하나님께서 그들의 신음과 절규를 들으셨다. 그리고는 아브라함과 이삭과 야곱에게 하신 야훼 하나님의 계약을 기억하셨다.

그렇다면 여기서 '야훼 하나님의 계약'이란 무엇일까? 원래 계약이란, 대등한 당사자들 사이에서 맺는 법률관계다. 그러나 야훼 하나님과 사람 사이의 계약은 야훼 하나님께서 친히 주도하시는 계약이다. 그렇다면 야훼 하나님의 계약의 상대방으로써 사람이 감히 야훼 하나님의 계약의 요구들을 제대로 감당하고 수용할 능력이 있을까?

만약 '어떤 사람이 야훼 하나님과의 계약의무를 마땅히 다할 수 있다'고 생각한다면 그 사람은 어지간히 교만한 사람이다. 그러나 이제, 야훼 하나님께서 스스로 '사람이 야훼 하나님과 계약의 의무를 다할 수 있도록' 이끄신다. 야훼 하나님이 스스로 직접행동을 위한 밑바탕을 놓으신다. 그것이 바로 '임마누엘'이다. 야훼 하나님께서 친히 인류 종교·문명사에서 그 유래가 없는 '히브리 노예들의 하나님'이 되시려고 하신다. 히브리 노예들의 삶의 고통과 절망 그리고 그들의 신음과 절규에 연대하고 참여하시려고 한다. 따라서 야훼 하나님과 사람사이의 계약은 하나님의 생명은총일 수밖에 없다.

"야훼 하나님께서 이스라엘 후손을 굽어보시고 그들의 형편을 아시게 되었다."

우리말 성서는 이 문장을 '권념眷念하셨다'라는 어려운 한자말로 번역했다. 우리말로 풀어서 새기면 '야훼 하나님께서 돌아보시고 그들의 형편을 아시게 되었다'라고 번역할 수 있다. 그런데 야훼 하나님은 이제야 비로써 히브리 노예들을 형편을 살펴보시고 그들의 고통과 절망의 상황을 알게 되셨을까?

아니다. 야훼 하나님은 끊임없이 파라오 채무노예제국에서 종살이 하던 히브리 노예들을 눈여겨 살피시며 그들의 상황을 안타까워 하셨다. 그런 까닭에 야훼 하나님은 아브라함과 이삭과 야곱의 계약을 들먹이며 장황하게 당신의 감정과 생각을 드러내신다. 문제는 '하나님 없는 노예세상에서 히브리 노예들이 파라오가 던져주는 떡 한 덩어리와 고기 한 조각'에만 목을 매고 있었다는 사실이다. 오롯이 파라오 노예제국 지배체제의 종살이만을 생각하고 파라오가 던져주는 떡과 고기조각만을 갈망했다는 점이다.

그러므로 21세기 교회들도 감히 이 땅에서 '예수의 하나님나라 복음운동'을 열망하거나 참여하지 못한다. 맘몬·자본세상에서 불로소득 대박 돈 귀신 하나님만을 사모하며 예수의 하나님나라를 저세상나라로 밀어붙인다. 이제 그 모든 이유가 명백해 졌다. 바로 21세기 교회와 교우들이 '하나님 없는 노예세상에서 돈 귀신과 황소귀신' 섬기기를 갈망하기 때문이다. 성서 속 히브리 노예들의 희년신앙 행동계약 행동법규들이 꿈꾸던 '임마누엘 하나님나라'를 전혀 이해하지 않고 외면하기 때문이다.

야훼 하나님의 개입을 요청하다.

히브리 성서 출애굽기는 의심의 여지없이 뚜렷하게 파라오 노예제국에서 종살이 하던 '히브리 노예들의 하나님 야훼'의 나타심을 계시한다.

또 야훼 하나님의 '출애굽 해방과 구원사건'을 증언한다. 히브리 해방노예들과 야훼 하나님이 함께 맺은 희년신앙 행동계약조건으로써 행동법규들을 기록하고 증언한다. 히브리 해방노예들의 희년신앙 체험과 깨달음 그리고 희년신앙 행동대서사의 시작을 기록하고 보고한다. 따라서 히브리 성서의 핵심은 야훼 하나님의 출애굽 해방과 구원사건이다. 나아가 희년신앙 행동계약 행동법규들에 따른 히브리들의 희년신앙 행동서사다. 히브리들이 희년신앙 행동법규들에 따라 살고 누려온 해방과 구원, 정의와 평등세상이다. 히브리 성서 전체가 히브리 노예들의 희년신앙 행동서사이며 증언록이다.

이와 관련하여 본문에서 모세 탄생설화와 모세의 투쟁실패이야기는 파라오 노예제국에서 종살이 하는 히브리 노예들을 향한 야훼 하나님의 해방과 구원사건으로 이어진다. 왜냐하면 모세 탄생설화와 모세투쟁 실패이야기가 파라오 노예제국에서 히브리 노예들의 처참한 삶을 사실적이고 구체적으로 증언하기 때문이다. 이어서 본문읽기 3.이 파라오 노예제국에서 히브리 노예들의 고통과 절망 그리고 모세의 투쟁실패 사이에서 야훼 하나님께서 히브리 노예들의 해방과 구원역사에 개입하시게 되는 상황을 증언하기 때문이다. 그것은 바로 하나님 없는 파라오 노예세상의 고통과 절망 그리고 신음과 절규에 대한 야훼 하나님의 소통과 대항연대와 공동체참여의 밑바탕이다.

3. 히브리 노예들의 하나님, 그 분의 이름은 '야훼'

출애굽기 3:1-15

본문읽기

모세는 그의 장인 미디안제사장 '이드로'의 양떼를 치는 목자가 되었다. 하루는, 모세가 광야서쪽으로 양떼를 몰고 나아가 하나님의 산 '호렙'에 이르렀다. 그때 야훼의 사자가 가시덤불 가운데서 타는 불꽃으로 그에게 나타났다. 모세가 그 광경을 보았다.

"보라, 가시덤불에 불이 붙어 타오르고 있는데 그 가시덤불이 불타 없어지지 않는구나."

모세가 생각했다.

"내가 돌이켜 저 놀라운 광경을 살펴보아야겠다. 왜, 가시덤불이 불타버리지 않는단 말이냐?"

모세가 그 광경을 보기위하여 돌이켜 오는 것을 야훼께서 보셨다. 그때 하나님께서 가시덤불 가운데서 모세에게 외치셨다.

"모세야. 모세야."

모세가 대답했다.

"예, 제가 여기 있습니다."

하나님께서 명령하셨다.

"여기로 가까이 오지 마라. 네 발에서 너의 신을 벗어라. 왜냐하면 네가 선 그곳이 거룩한 땅이기 때문이다."

이어서 하나님께서 말씀하셨다.

"나는 너희 조상들의 하나님이다. 아브라함의 하나님, 이삭의 하나님, 야곱의 하나님이다."

모세가 그의 얼굴을 가렸다. 왜냐하면 모세가 하나님 뵙기를 두려워했기 때문이다.
야훼께서 말씀하셨다.

"정녕, 내가 보았노라. 이집트에서 종살이 하는 내 사람들의 고통을.
자신을 박해하는 자들 앞에서 울부짖는 내 사람들의 외침을
내가 들었노라. 정녕, 내가 알았노라. 내 사람들의 아픔을.
내가 내려가겠노라. 이집트의 손아귀로부터 내 사람들을 해방하기 위하여

그 땅으로부터 내 사람들을 이끌어내기 위하여, 넓고 좋은 땅, 젖과 꿀이 흐르는 땅으로, 가나안사람, 헷사람, 아모리사람, 브리스사람, 히위사람, 여부스사람이 사는 곳으로.

지금, 보라. 이스라엘 후손의 울부짖음이 나에게 이르렀지 않은가.

나도 역시 보았노라. 이집트사람들이 그들을 억압하는 온갖 학대를.

이제 너는 가라. 내가 너를 파라오에게 보내겠다.

너는 내 사람들 이스라엘 후손들을 이집트로부터 이끌어 내라."

그러나 모세는 그 하나님께 말했다.

"제가 누구입니까? 정말 제가 파라오에게 갈 수 있겠습니까?

정말 제가 이집트로부터 이스라엘 후손을 인도해 내겠습니까?"

하나님께서 다짐하셨다.

"참으로 내가 너와 함께 하겠다. 이것이 너에게 증거다. 참으로 내가 너를 보내서 네가 내 사람들을 이집트로부터 이끌어내게 한 후에, 그들이 이 산위에서 하나님을 섬길 것이다."

그래도 모세는 하나님께 반문했다.

"보십시오. 제가 이스라엘 후손들에게 가서 그들에게 말하겠습니다.

당신들의 조상들의 하나님께서 나를 당신들에게 보내셨소.

그러면 그들이 제게 묻겠지요.

그분의 이름이 무엇이오?

제가 뭐라고 그들에게 말해야합니까?"

하나님께서 모세에게 말씀하셨다.

"에흐예 아쉐르 에흐예"

이어서 이렇게 말씀하셨다.

"너는 이스라엘 후손들에게 고하라. 에흐예께서 나를 너희에게 보내셨다."

그리고 거듭 하나님께서 모세에게 말씀하셨다.

"너는 이스라엘 후손들에게 이렇게 고하라. 나를 당신들에게 보내신 이는 당신들의 조상들의 하나님 '예흐바'이시다. 야곱의 하나님, 이삭의 하나님, 아브라함의 하나님이시다. 이것이 영원히 나의 이름이다. 이것이 대대로 나의 기념記念이다."

본문풀이
히브리 노예들의 하나님, 그 분의 이름은 '야훼'
노예들의 하나님 야훼, 정말 괴짜 하나님이 나타났다.

성서주변세계 고대문명사에 나타나는 제국주의 종교들은 한길같이 저 깊숙한 성전지성소에 절대타자 하나님들을 모신다. 그 하나님들은 사람의 삶과 감정과 생각들을 초월하여 완전한 존재로 나타난다. 그러면서도 세상일에 대하여는 제국주의 지배체제 권력자들의 등에 업혀 독선과 폭력을 마구잡이로 사용한다. 이처럼 인류종교·문명사에 나타난 수많은 하나님들은 너나없이 독선과 폭력의 하늘명령을 남발했다. 그럼으로써 시대마다 제국주의 지배체제와 뒷배를 맞추느라 여념이 없었다. 그 대가代價로, 제국주의 하나님들은 '절대신'絕對神이라는 종교교리 허깨비 속으로 숨어들 수 있었다. 그렇게 절대신 종교교리 허깨비 속으로 숨어든 하나님들은 영생하는 평온을 누리며 희희낙락할 수 있었다.

그러나 마침내 히브리 성서 출애굽기에 히브리 노예들의 하나님 야훼께서 나타나셨다. 인류종교·문명사 속에서 아무런 의심이나 저항도 없이 활개쳐온 제국주의 지배체제 허깨비 하나님에게 도전장을 던지는 괴짜하나님이 나타나셨다. 이제 본문을 자세히 읽고 살펴서 '그 이름은 야훼, 히브리 노예들의 하나님'을 찾아 나서기로 한다.

먼저, 본문읽기 가운데서 몇몇 문장들은 시처럼 읽는 것이 좋다. 실제로 출애굽기 3장 7절에서 10절까지, 야훼하나님은 자기감정과 의지를 뚜렷하게 밝히신다. 이 부분은 뚜렷하게 시時의 구조를 갖고 있다. 야훼 하나님은 시어詩語를 통하여 이제부터 당신이 무엇을 하시려는지? 당신의 생각과 의지와 결단을 낱낱이 밝히신다. 야훼 하나님은 매우 도드라지게 히브리 노예들의 고통과 절망 그리고 신음과 절규에 응답하시는 하나님이다. 야훼는 히브리 노예들의 삶의 상황을 보시고 아시며 행동하시는 하나님이시다.

내가 보았다.
내가 들었다.
내가 알았다.
내가 내려가겠다.

야훼하나님께서 '1인칭동사'를 사용해서 자기결단과 의지를 또렷하게 밝히신다. 반대로 성서주변세계 제국주의 지배체제의 하나님들은 노예들의 고통과 절망에 전혀 무관심하다. 가난한 사람들과 사회경제약자들 그리고 식민지 피지배 주민들과 풀뿌리 노예들의 고통과 절망, 신음과 절규를 철저히 외면한다. 실제로 성서주변세계는 예부터 노예제국 지배체제가 끊이지 않고 이어져 왔다.

히브리 노예들의 고통과 절망에 참여하고 연대하시는 '야훼 하나님'

야훼 하나님은 히브리 성서에서 '히브리 노예들의 고통과 절망에 소통하고 함께 아파하며 연대하시는 하나님'으로서 그 실체를 드러내셨다. 야훼 하나님은 히브리 노예들을 향한 자신의 감정과 생각 그리고 굳건한 의지를 또렷하게 드러내셨다. 그럼으로써 히브리 노예들의 삶의 상황에 참여하고 연대하실 것을 드러내놓고 밝히셨다. 야훼 하나님은 인류종교·문명사에서 오랜 세월 제국주의 지배체제 절대타자로 행세해 온 허깨비 하나님들을 징벌하실 것이다. 그럼으로써 해방과 구원, 정의와 평등, 생명평화 세상의 뜻을 펼치실 것이다. 야훼하나님은 자신의 해방과 구원열정을 히브리 노예들의 고통과 절망 그리고 신음과 절규를 향해 여실하게 펼쳐내실 것이다.

"지금, 보라. 이스라엘 후손들의 울부짖음이 나에게 이르고 있지 않은가.

나 역시도 보았노라. 이집트 사람들이 그들을 억압하는 온갖 학대를."

히브리 노예들은 파라오 노예제국 지배체제로부터 당하는 고통과 절망을 자신들의 삶의 자리에서 신음과 절규로 토해냈다. 그런데 그 고통과 절망의 전달 통로는 아래로부터 위로만 있는 것이 아니다. 야훼 하나님은 위로부터 아래로 히브리 노예들의 고통과 절망을 당신의 심장 속에서 사무치게 공감하신다. 야훼 하나님은 철저하게 히브리 노예들의 하나님이시다. 따라서 야훼 하나님의 해방과 구원, 정의와 평등, 생명평화 세상이 히브리 노예들의 희년신앙 행동서사의 밑바탕이다. 야훼 하나님은 히브리 노예들의 출애굽 해방과 구원 사건을 통하여 이 땅에 계시되신 노예들의 하나님이다.

실패한 모세, 야훼 하나님의 출애굽 해방과 구원사건에 참여하다

본문에서 야훼 하나님은 파라오 노예제국에서 종살이 하던 히브리 노예들을 해방하고 구원하시기 위한 행동계획을 세우신다. 야훼 하나님은 실패한 히브리 노예 성공신화로써 모세를 통하여 직접행동에 나서신다.

"이제 너는 가라. 내가 너를 파라오에게 보내겠다. 너는 내 사람들, 이스라엘 후손들을 이집트로부터 이끌어 내라."

이 명령이야말로 히브리 성서에서 히브리 노예들을 해방하고 구원하시는 야훼 하나님의 구속사신앙 핵심이다. 따라서 21세기에도 야훼 하나님은 시대의 고난 받는 야훼의 종을 통해서 '풀뿌리 사람들의 해방과 구원사건'을 이끄신다. 이 땅의 가난하고 힘없는 풀뿌리 노동자들과 해고 노동자들의 저항과 투쟁현장에 야훼 하나님께서 함께 참여하시고 연대하신다. 하나님의 창조생명 생태계를 파괴하는 독점재벌과 관료집단과 기득권세력에 맞서 싸우는 사람들의 피와 땀을 통하여 야훼 하나님께서 일하신다. 시대마다 야훼 하나님의 사람들과 함께 희년신앙 행동서사를 쓰신다. 시대마다 풀뿌리 사람들과 함께 '시대의 해방과 구원사건'을 일으키신다. 그러나 본문읽기에서 모세에게도 또 21세기 교회와 교우들에게도 이러한 야훼 하나님의 활동은 매우 낯설다.

> "모세는 그 하나님께 말했다. 제가 누구입니까? 정말 제가 파라오에게 갈 수 있겠습니까? 정말 제가 이집트로부터 이스라엘 후손들을 인도해 내겠습니까?"

실제로 위의 항변은 시대마다 부름 받은 야훼 하나님의 일꾼들이 갖게 되는 책임회피처럼 들려진다. 하지만 위 항변은 시대마다 야훼 하나님의 일꾼들이 히브리 노예들의 하나님 야훼를 만나서 깨닫게 되는 자기존재성이다. 시대마다 야훼 하나님의 일꾼들이 새롭게 자기정체성을 확인하는 절차다. 실제로 모세의 삶은 히브리 노예들의 권리투쟁 실패 속에서 맥이 빠져 있었다. 그러나 이제 히브리 노예들의 실패한 성공신화로써 모세의 인생은 히브리 노예들의 하나님 야훼를 만나서 뿌리 채 뒤흔들리기 시작했다. 하지만 그럴수록 모세는 자신의 처지와 상황에 대하여 더욱 날카롭게 반응했다. 본문은 야훼 하나님의 부르심을 받든 모세가 갈등하고 고민하며 항변하는 모습을 실감나게 묘사한다. 이처럼 난데없이 나타난 히브리 노예들의 하나님 야훼 앞에서 고민하고 항변하는 모세에게 야훼 하나님께서 못을 박아서 다짐하신다.

> "참으로 내가 너와 함께 하겠다."

시대마다 갈등하고 고뇌하는 야훼 하나님의 일꾼들에게 '참으로 내가 너와 함께 하겠다' 라는 야훼 하나님의 다짐이다. 이 다짐이야말로 시대마다 야훼 하나님의 해방과 구원사건에 참여하는 모든 고난 받는 야훼 일꾼들의 변함없는 활동근거이다.

히브리 노예들의 하나님, 그 분의 이름은 '야훼'

그럼에도 불구하고 누구든 사람에게는 하나님에 대한 '불안증'이 있다. 인류종교·문명사에서 하나님은 친근함보다 두려움의 대상이었다. 그래서 시대마다 모든 사람들이 물었다.

"하나님 당신의 이름은 무엇입니까?"

어떤 하나님이 나에게 은혜를 베푸는지? 어떤 하나님이 나에게 노하셨는지? 그것을 알아내는 일은 매우 중요했다. 또 한편 하나님의 이름을 안다는 것은 하나님을 사유화하거나 독점하거나 이용하려는 욕망과 연계되어 있다. 따라서 '하나님, 당신의 이름은 무엇입니까'라는 질문은 '하나님에게 요구하는 사람마다의 자기욕망'이다. 따라서 그 답은 '사람마다의 자기욕망이 드러나는 미래의 하나님의 사건'을 통해서 깨닫게 된다. 그러므로 '하나님 당신의 이름은 무엇입니까'라고 묻는 모세의 질문에 대한 정답은 '야훼 하나님의 출애굽 해방과 구원사건'이다. 야훼 하나님은 파라오 노예제국에서 종살이 하던 히브리 노예들을 해방하고 구원하셔서 야훼하나님의 사람들로 삼으려고 하신다. 히브리 노예들의 하나님 야훼는 거리낌 없이 모세에게 당신의 이름을 계시 하신다.

"나는 존재하는 존재이다.에흐예 아쉐르 에흐예 또는 나는 나다."

'존재하는 이 또는 스스로 있는 이'에흐예 인류종교·문명사에서 그 흔적조차 찾을 수 없는 히브리 노예들의 하나님의 자기계시를 어떻게 헤아려야할까? 수많은 성서학자들이 위 하나님의 계시를 이해하기 위해 세 가지 해석 유형을 마련했다. 그러나 위 계시에 대한 해석은 시대마다 또 사람마다 모두 다르게 해 왔다.

첫 번째, 유대교 전통에 따른 해석인데 '그가 창조한 모든 것들을 존재하게 한다'는 의미로 해석하는 것이다. 풀어서 새기면 모든 역사적인 사건과 자연현상들은 야훼의 뜻과 섭리에서 비롯된다는 믿음이다. 히브리 노예들의 해방과 구원사건이야말로 창조주 야훼하나님의 의지를 통해서 이루어졌다는 구속사신학이다. 우리말 성서는 이러한 견해에 따라 본문 출애굽기 3:14절 야훼 하나님의 자기계시를 '스스로 있는 자'라고 번역했다.

두 번째, 현대의미가 묻어나는 해석으로써 '나는 나다'라는 뜻으로 해석하는 것이다. 헬라어 70인 역 성서는 이 하나님의 자기계시를 '나는 존재하는 존재다'에고 에이미 호 온라고 번역했다. 이 번역은 사마리아 여인을 만난 예수의 자기계시 '너에게 말하는 내가 바로 그다'에고 에이미 호 랄론 소이와 닮았다.

세 번째, 본문읽기에서 사용하는 히브리어 동사 '에흐예'가 '미래단순형'임을 전제로 '나는 ~이든 될 것이다'라는 의미로 해석하는 것이다. 실제로 본문 15절에서는 보다 짜임새 있고 알기 쉬운 하나님 이름의 형태를 '예흐바3인칭 미래단순형'로 제시한다. 이 이름의 뜻은 '그는 ~이든 될 것이다'라고 이해할 수 있다. 하나님의 자기계시에 대한 이 해석의 근거는 본문 14절에서 이스라엘 후손들에게 전해줄 하나님의 이름을 '예흐바'라고 지시하셨기 때문이다. 또 야훼 하나님께서 스스로를 아브라함과 이삭과 야곱의 하나님이라고 밝히시면서 '내가 정녕 너와 함께 하겠다'라고 약속하셨기 때문이다. 나아가 히브리 노예들을 해방하고 구원하셔서 자기 사람들로 삼으시고 그들의 삶을 인도하시겠다는 야훼 하나님의 의지 때문이다. 실제로 야훼 하나님은 히브리 노예들과 함께 '~이든 되실 분이고 ~ 이든 하실 분'이다.

그러므로 필자는 이 세 번째 해석이 '히브리 노예들의 희년신앙 행동계약 행동법규'에 걸맞은 해석이라고 믿는다. 왜냐하면 히브리 노예들의 하나님 야훼께서 나타나심으로써 출애굽 해방과 구원사건이 일어나기 때문이다. 또 야훼 하나님의 이름이 파라오 노예제국에서 탈출한 히브리 해방노예들의 공동체신앙과 삶의 체험과 신앙고백 속에 깊이 뿌리 박혀 있기 때문이다. 무엇보다도 히브리 노예들의 하나님으로써 야훼는 인류종교·문명사에서 그 흔적조차 찾을 수 없는 전혀 새로운 괴짜 하나님이라는 것 때문이다.

"나는 너를 이집트 땅, 종 되었던 집에서 인도해 낸 너희 하나님 야훼다"

히브리 노예들의 하나님 이름은 여호와일까? 야훼일까?

위 질문은 한국교회와 교우들을 괜스레 헷갈리게 한다. 필자는 히브리 노예들의 하나님 이름은 '여호와일까, 야훼일까'에 대해 나름대로 설명하려고 한다. 이와 관련하여 맨 처음 히브리 성서는 모음 없이 자음으로만 쓰여 졌다. 그것은 아마도 히브리 해방노예들이 히브리 성서를 통으로 외워서 입말로 전수하며 암송해왔기 때문일 것이다. 또 히브리어 자음알파벳 가운데 '요트, 바브' 등 모음처럼 발음되는 글자들도 있기 때문이다. 이후 세월이 흘러서 유대인들도 전통과 관습에 따라 히브리 성서를 모음 없이 정확하게 읽을 수 있었다. 따라서 맨 처음부터 히브리 성서에는 히브리 노예들의 하나님 이름이 '요트, 헤, 바브, 헤'라는 자음으로만 쓰여 있었다. 서구교회는 이 네 개의 히브리어 자음을 'YHWH'로 표기해 왔는데 이 표기를 '신성사문자 神聖四文字'라고 부른다.

그런데 유대인들은 '히브리 노예들의 하나님께서 친히 가르쳐주신 이름'을 까마득히 잊어버렸다. 왜냐하면 유대인들이 히브리 노예들의 하나님 이름을 너무도 거룩히 여겼기 때문이다. 유대인들은 오랜 세월동안 히브리 노예들의 하나님 이름을 직접 부르지 않았다. 유대인들은 히브리 노예들의 하나님 이름을 직접 부르기 보다는 에둘러서 '아도나이 주님'이라고 읽었다. 마찬가지로 고대 알렉산드리아에서 번역한 헬라어 70인 역 성서도 히브리 노예들의 하나님 이름을 '퀴리오스주님'라고 번역했다.

한편 바벨론 포로기 이후 유대인들은 고대 히브리어를 사용하지 않고 아람어를 모국어로 사용하기 시작했다. 헬라시대에 이르러서는 많은 유대인들이 헬라어를 사용하기도 했다. 그러면서 고대 히브리어는 죽은 언어가 되었다. 따라서 21세기 현재 이스라엘에서 사용하는 현대 히브리어는 새롭게 만들어진 언어다. 1880년대에 이르러 유대인들은 수천 년 동안 죽어 있던 고대 히브리어를 밑바탕으로 현대 히브리어를 만들었다. 현대 히브리어 역시 모음 없이 자음 알파벳만 사용한다.

맛소라 학파와 맛소라 본문

'맛소라'라는 말은 '전통'이라는 뜻이다. 5세기부터 10세기까지 히브리 성서를 바르고 정확하게 후대에 전승하려고 노력했던 유대교 랍비그룹을 일컫는다. 이들은 유대교 전통에 따라 엄격하게 히브리 성서를 낭독하기 위해 히브리어 자음 위·아래와 자음들 사이에 모음을 붙여넣기 시작했다. 성서학자들은 이들을 '맛소라 학파'라고 이름 짓고 이들이 확정한 히브리 성서를 '맛소라 본문'이라고 불렀다. 그런데 초대교회로부터 종교 개혁 때까지 서구교회는 유대교 히브리 성서를 거부했다. 대신에 고대 헬라어 70인 역 성서를 사용했다. 그러다가 종교개혁 때에 루터를 비롯한 종교개혁자들이 유대교 히브리 성서를 그들의 모국어로 번역해서 사용하기 시작했다. 이때 대부분의 종교개혁자들이 유대교 히브리 성서 맛소라 본문을 번역 대본으로 선택했다.

맛소라 학파는 유대교 히브리 성서에서 잊어버린 히브리 노예들의 하나님 이름을 되살리려고 노력했다. 그들은 '아도나이주님'라는 히브리 낱말의 모음 '아, 오, 아'를 빌려와서 '요트, 헤, 바브, 헤 신성사문자'에 붙여 넣었다. 그런데 히브리어 자음 '요트'는 약자음弱子音이라서 완전 모음을 붙여 넣는 대신해서 '유성 쉐바'를 사용하였다. 그렇게 해서 맛소라 학파가 되찾은 히브리 노예들의 하나님 이름이 '예호바'이다. 히브리 성서에서 이 이름이 처음 나타난 곳은 창세기 2장 4절인데 모두 6천 번 정도 나타난다. 서구 개혁교회에서는 14세기부터 맛소라 본문에서 되찾은 히브리 노예들의 하나님 이름 '예호바'를 널리 사용했다. 이 이름을 영어식으로 발음하면 '예호와'이다. 우리말 성서는 영어식 발음에 따라 '여호와'라고 표기했다.

한국교회는 왜 히브리 노예들의 하나님 이름을 '야훼'라고 부르게 되었을까?

종교개혁자들 가운데 히브리 노예들의 하나님 이름을 '예호바 또는 여호와'라고 부르는 것에 반대하는 사람들이 많았다. 성서학자들도 히브리 노예들의 하나님 이름을 '예호바'라고 읽는 것이 히브리 어법에 맞지 않는다고 여겼다. 그러던 차에 성서학자들은 4세기 시리아 안디옥 교회 주교였던 '테오도레투스'Theodoretus가 남긴 '출애굽기 질문서'Quest에서 새로운 사실을 발견했다. 그가 사마리아 사람들 사이에서 불리던 하나님 이름을 '야베 αβε'라고 자기문서에 기록해 놓은 것을 찾아냈다. 성서학자들은 '야베'라는 사마리아 사람들의 하나님 이름에서 모음 '아, 에'을 빌려와서 '야흐베'라는 히브리 노예들의 하나님 이름을 되살려냈다. 그 후 1947년 이집트 쿰란에서 발견된 고대 헬라어 성서 70인 역의 한 사본에서도 '야베 αβε'라고 번역된 하나님 이름을 찾아냈다. 그런데 한글은 세상의 모든 언어들을 소리 나는 대로 적을 수 있다. 새로운 히브리 노예들의 하나님 이름도 '야흐베'라고 정확하게 읽을 수 있다. 하지만 서구교회에서는 그러지 못했다. 독일어 발음으로는 새로운 하나님 이름 '야흐베'를 '야붸'로 읽었고 영어발음으로는 '야웨'라고 읽었다.

그렇다면 왜 한국교회에서 히브리 노예들의 하나님이름을 '야훼'라고 부르게 되었을까? 한국 개신교회와 천주교회는 에큐메니컬 운동으로써 1977년 부활절에 공동번역 성서를 내놓았다. 이 공동번역 성서는 세계교회사에서 오롯이 대한민국에만 존재한다. 그러나 현재 공동번역 성서를 공식적으로 채택한 교단은 대한성공회와 한국정교회 뿐이다. 이때 공동번역 성서가 히브리 노예들의 하나님이름을 '야훼'라고 번역했다. 그것은 서구 종교개혁자들이 되살린 하나님이름 '야흐베'를 영어식으로 발음 한 것일 텐데 왜, '야훼'라고 표기했는지는 알 수 없다.

물론 필자는 서구교회 종교개혁자들이 되찾은 히브리 노예들의 하나님이름을 '야흐베'라고 읽어야 한다고 주장한다. 또한 맛소라 학파들이 되살린 히브리 노예들의 하나님이름도 '예호바'라고 읽어야한다고 생각한다. 그러나 필자는 히브리 성서 히브리 노예들의 하나님 이름을 '예호바, 여호와, 야훼, 야훼, 야흐베 등' 무엇이라고 읽어도 괜찮다고 믿는다. 왜냐하면 그 이름들은 히브리 노예들의 하나님을 부르는 발음의 문제이 기 때문이다. 필자는 이 책에서 이미 한국교회에 널리 알려져 있는 히브리 노예들의 하나님이름 '야훼'를 사용한다. 물론 필요와 쓰임에 따라서 '여호와'라는 하나님이름도 가리지 않고 사용할 것이다. 그러므로 이제 한국교회와 교우들이 한국교회 안에 이미 널리 알려진 히브리 노예들의 하나님이름에 대해 소모적인 헷갈림이 없기를 바랄 뿐이다.

모세가 야훼 하나님의 얼굴을 대하면서 하나님이름을 묻는 이유는 무엇일까?

모세는 히브리 노예들의 성공신화 주인공으로서 파라오 지배체제의 왕자였다. 모세는 이집트제국의 위대한 신들에 대하여 배웠고 잘 알고 있 었을 것이다. 그 신들은 히브리 조상들의 하나님보다 더 오래전부터 알려 지고 숭배되었다. 모세는 이집트제국 곳곳에 널려있는 신비롭고 웅장한 수많은 신전들을 방문했을 것이다. 그러면서 이집트제국의 위대한 하나 님들을 경험했을 것이다. 반면에 히브리 조상들의 하나님은 전설이고 말 뿐이며 오래전에 잊혀 진 하나님이었다. 아브라함, 이삭, 야곱이라는 조 상들은 실체도 없고 업적도 없는 떠돌이 나그네들이었다. 뿐만 아니라 파 라오 노예제국의 노예로 4백 30년을 살아온 히브리 노예들에게 조상들의 하나님 이야기는 그저 아득할 뿐이다.

그런 마당에서 모세는 이제야 자신을 찾아오신 히브리 노예들의 하나 님이 파라오 지배체제의 위대한 신들과 어떻게 구별되는지 파악할 필요 가 있었다. 모세는 히브리 노예들의 하나님께서 스스로 파라오 노예제국 의 하나님들과 어떻게 다른지 분명히 밝히고 알려주셔야만 한다고 생각했다. 모세를 찾아오셔서 그를 히브리 노예들의 해방일꾼으로 세우시겠다고 윽박지르는 야훼하나님이 얼마나 위대하신 분이지? 어떤 능력을 가지고 있는지? 스스로 증명해 주셔야만 했다. 그것은 바로 히브리 노예들의 하나님께서 스스로 자신의 위대한 이름을 밝히는 것이었다.

그런데 여기서 21세기 성서독자들은 '당신의 이름이 무엇입니까'라는 질문을 통하여 모세의 신관을 엿볼 수 있을 것이다. 왜냐하면 모세가 파라오 지배체제 기득권세력처럼 히브리 노예들의 하나님을 독점 사유화의 도구로 이해하려고하기 때문이다. 하나님, 당신은 내가 알고 있는 이러저러한 신들과 어떻게 다릅니까? 어떻게 구별되는 분이십니까? 하나님, 당신은 히브리 노예들에게 알려진 아브라함의 하나님, 이삭의 하나님, 야곱의 하나님과 어떤 관계이십니까? 히브리 노예들의 하나님으로서 얼마나 큰 능력을 가지고 계십니까? 당신은 저 이집트 파라오의 신들보다 얼마나 더 위대하십니까?

본문에 앞서서 모세는 파라오 노예제국 지배체제에 대항해서 히브리 노예들의 권익투쟁을 이끌었다. 그러나 철저한 실패를 맛보았다. 그 바람에 파라오 노예제국의 왕자의 신분마저 빼앗기고 도망자가 되었다. 그리고 미디안 광야에서 떠돌이 신세가 되었다. 이제 다시는 일어설 엄두조차 낼 수 없는 절망 속에서 헤매고 있었다. 모세는 히브리 노예들을 '해방하고 구원하겠노라'고 큰소리치시는 하나님으로부터 그 일을 맡으라고 요구 받았다. 모세는 도무지 알 수 없는 하나님의 이 엄청난 선포와 요구 앞에서 그분의 이름을 물을 수밖에 없었다. 하나님의 이름을 알아야 그 하나님 이름을 부르고 그 하나님의 힘과 능력을 이용할 수 있지 않겠는가?

이점에서 이름은 하나님이든 사람이든 그 이름을 가진 존재와 그 이름을 부르는 사람사이의 밀접한 관계를 증언한다. 어떤 존재의 이름을 아는 사람은 그 이름을 가진 존재의 힘과 능력을 행사할 수 있다. 곧 어떤 이름을 부르는 사람은 그 이름을 가진 존재와 매우 밀접히 결합되어 그 이름의 힘과 권위와 본성을 독점할 수도 있다. 이처럼 히브리 성서시대 종교관에서 하나님의 이름을 아는 것은 그 하나님과의 특별하고 친밀한 관계를 위해서 매우 중요했다. 신을 숭배하고 신의 도움을 확보하기 위해 사람은 신의 이름을 알아야 했기 때문이다. 일례로 야곱은 그와 생사를 건 씨름을 벌였던 강력한 존재로부터 그의 힘을 빌리고 축복을 얻기 위해서 그의 이름을 물어야 했다. 창세기 32:30

나는 무엇이든 될 것이다

그러나 이러한 모세의 물음에 대해 야훼하나님은 모세의 의도와는 전혀 다른 수수께끼 같은 생소한 이름을 내놓았다. 그러면서도 야훼 하나님은 이 이름이 과거와 현재와 미래에까지 영원히 사람들과 함께 하실 이름이라고 계시했다. 그런데 본문에서 계시된 야훼 하나님의 이름은 인류종교·문명사에서 수없이 불려 졌던 제국주의 지배체제의 하나님이름이 아니다. 인류종교·문명사에 수없이 나타났다가 사라진 '고유명사로써 하나님들의 이름'과 전혀 다르다. 실제로 히브리 노예들의 하나님이름은 전혀 새로운 '동사로서의 하나님 이름'이다. 그 이름은 과거와 현재 그리고 미래까지 모든 사람들과 함께 하시는 영원한 하나님 이름이다.

"에흐예 아쉐르 에흐예"

우리말 성서는 이 히브리 노예들의 하나님이름을 '나는 스스로 있는 자다'라고 번역했다. 이 번역은 서구교회 역사에서 가장 흔한 의미의 번역인데 영어로는 'I am who He Exists 나는 존재하는 자, 그다'라는 뜻이다. 어떤 성서학자는 이 하나님의 자기계시를 '나는 나다'라고 옮기기도 하는데 영어번역은 'I am who I am'이다. 이렇듯이 야훼하나님의 자기계시에 대한 서구교회의 번역은 야훼 하나님을 '초월과 초시간의 존재'로 파악하려는 의도다. 그럼으로써 '나는 이미 존재하였고, 현재도 존재하며, 앞으로도 존재할 자다'라고 이해한다. '영원히 존재하는 자'라는 존재론 의미를 강조한다.

그런데 '에흐예 아쉐르 에흐예'는 히브리어 동사 '하야 ~이 되다'의 단순 미래형이다. 우리말에서는 '사이동사 ~이다'라고 할 수 있다. 영어로는 'Be 동사'처럼 이해할 수 있다. 원 문장을 그대로 번역하면 '나는 무엇이든 될 수 있는 존재로서, 나는 무엇이든 될 것이다'라는 뜻이다.

이때 '나는 무엇이든 될 것이다'라는 하나님의 자기계시는 하나님의 '존재'보다는 '행동의 지향성'을 드러낸다. 하나님의 존재와 본질을 드러내는 지향성보다는 '하나님의 행동지향성 또는 방향성'을 계시한다고 이해할 수 있다. 이제 야훼 하나님은 자기계시를 통해서 히브리 노예들과 맨 밑바닥부터 다시 시작하려고 하신다. 새로운 해방과 구원세상을 만들어 가려고 하신다. 이제 히브리 노예들은 파라오 노예세상으로부터 완전한 해방과 구원을 맞이하게 될 것이다. 그래서 예전과는 전혀 다른 새로운 야훼 하나님의 사람들로 거듭나게 될 것이다. 노예에서 자유인으로 완벽한 자기변혁을 이루게 될 것이다. 파라오 노예제국으로부터 탈출하여 '해방과 구원, 정의와 평등, 생명평화세상'을 누리게 될 것이다.

이점에서 출애굽기 3장 14절에서 일인칭 문장으로 계시된 하나님이름은 15절에서 깔끔하게 단순3인칭 미래형동사로 바뀐다. 현재 지구촌 교회와 교우들이 부르는 하나님이름 '여호와와 예호바 또는 야훼와 야붸' 등 나라들마다 다양한 발음으로 표현된다. 이 과정에서 히브리 성서 독자들은 야훼 하나님의 이름을 또 다른 관점으로 해석해 볼 수 있다. 그것은 바로 '그가 너와 또는 너희와 함께 있을 것이다'라는 해석이다. 실제로 출애굽기 3장 11절에서 야훼 하나님은 망설이고 주저하는 모세에게 '참으로 내가 너와 함께 하겠다'라고 약속한다. 이제, 야훼 하나님의 이름은 모세뿐만 아니라 이 이름을 부르는 모든 사람들에게 '야훼 하나님께서 늘 그들과 함께 하리라'는 확신의 표현이다.

　그러므로 히브리 성서는 야훼 하나님의 이름에 따른 '행동지향성'을 완결하는 신앙은유로써 '임마누엘'을 증언한다. 바로 '하나님이 우리와 함께 하신다'라는 뜻이다. 실제로 히브리 노예들의 하나님 야훼의 막다른 '행동지향성'은 '예수의 하나님나라 복음운동'으로 완결되었다. 이 땅에 온 예수 그것은 곧 '야훼 하나님께서 이 땅 사람들의 삶속으로 오셨다'는 뜻이다. 예수의 하나님나라 복음운동은 '야훼 하나님이름의 막다른 행동지향성'으로써 '하나님이 우리와 함께 하심'이다.

히브리 노예들의 하나님 야훼, 그분에게는 이름이 없다.

　21세기 성서독자들도 지금까지 스스로의 신앙 관념과 경험과 전통 속에서 특정된 하나님 이름을 불러오지 않았을까? 내게 편하고, 유익이 되는, 내 욕망과 뜻과 의지에 맞는 하나님의 이름만을 불러오지 않았을까?

　실제로 인류종교·문명사 속에서 수많은 종교들이 만들어졌고 사라졌다. 그 수많은 종교들마다 서로에 대한 특별한 구별로써 저마다 고유한 하나님이름을 가지고 있었다. 고대종교에서는 더욱 그랬다. 시대마다 제국주의 지배체제와 기득권세력들의 독점 권력과 사익을 위해 봉사하

는 특정된 하나님 이름들이 불려왔다. 실제로 모세시대의 파라오 노예제
국 지배체제는 온갖 신들의 이름을 구별하고 독점함으로써 지배와 착취
의 도구로 사용했다. 그러나 히브리 노예들의 하나님 야훼께서 모세에게
계시하신 하나님이름은 특정한 구별로써의 하나님이름이 아니다. 파라
오 노예제국 지배체제에서 종살이하던 히브리 노예들의 하나님이름은 특
정한 고유명사가 아니다. 또한 널리 알려지고 쓰여 지는 일반명사도 아니
다. 그냥 '사이 동사 또는 서로를 잇는 관계동사'이다. 나는 언제든 너희
와 함께 있었고 앞으로도 영원히 너희와 함께 행동할 것이다. 더 구체적
으로는 '나는 무엇이든 될 수 있고 앞으로는 너희를 위해 또는 너희와 함
께 무엇이든 될 것이다'라고 선언하신다.

이렇듯이 본문읽기에서 하나님의 이름은 차라리 무명無名이다. 시대
마다 제국주의 지배체제를 위해 특별히 구별되고 독점되어지는 하나님이
름은 히브리 노예들의 하나님이름일 수 없다. 그러므로 파라오 노예제국
에서 종살이 하던 히브리 노예들의 하나님 그분에게는 이름이 없다. 그분
은 파라오 노예제국 지배체제가 아무리 머리를 짜내어도 '무어라고 부를
이름조차 없는 괴짜 하나님'이시다.

이제 본문은 인류종교·문명사 속에서 제국주의 지배체제의 부와 권력
을 보증해주던 허깨비 하나님들과 맞서는 괴짜하나님을 온 세상에 계시
한다. 인류종교·문명사에서 그 흔적조차 찾을 수 없었던 히브리 노예들
의 하나님 야훼께서 나타나셨음을 선포한다. 실제로 히브리 노예들의 하
나님 야훼는 21세기 지구촌 사회에서도 늘 괴짜이고 새롭다. 야훼 하나님
은 이 땅의 가난하고 힘없는 이들의 인권 또는 생존권 투쟁 현장에 함께
하신다. 이 땅에서 고통당하는 모든 풀뿌리 사람들의 삶의 자리에 함께
참여하고 연대하신다.

4. 파라오 노예제국 탈출하던 날, 그 두렵고 떨리는 밤의 신앙기억들

출애굽기 11:1~12:20, 12:29-42

본문읽기 1 유월절의 유래 출애굽기 11:1 12:20

야훼께서 모세에게 말했다.

"다시, 내가 한 가지 재앙을 파라오와 이집트사람들 위에 가져오겠다. 그런 후에라야 파라오가 너희를 이곳으로부터 내보낼 것이다. 파라오가 내보낼 때, 그는 너희를 이곳으로부터 완전히 쫓아낼 것이다. 너는 히브리 사람들의 귀에 대고 꼭 알려라. 사람마다 남자는 그의 이웃남자로부터 여자는 그녀의 이웃여자로부터 온갖 은붙이와 금붙이들을 요구 하라."

야훼께서 이집트 사람들의 눈에 히브리 사람들을 향한 자비를 주었다. 또한 야훼께서 그 사람 모세를 이집트 땅에서 파라오의 신하들과 그 땅 풀뿌리 사람들의 눈에 매우 큰 사람으로 세웠다. 모세가 파라오에게 말했다.

"야훼께서 이렇게 말씀하셨소.

'한 밤중에, 내가 이집트 가운데로 나아갈 것이다. 이집트 땅의 모든 맏아들 곧 자기 보좌에 앉아 있는 파라오의 맏이로부터 맷돌들 뒤에 있는가는 여종의 맏아들까지 모두 죽으리라. 짐승들 가운데 모든 처음 난 것도 죽을 것이다. 그래서 이집트 온 땅에서 큰 울부짖음이 있을 것이다. 참으로 그와 같은 일은 일어났던 적이 없었고, 더는 그와 같은 일을 맞이하지도 않으리라.

그러나 모든 이스라엘 후손들을 향하여는 사람으로부터 짐승에게까지, 개조차도 그 혀를 놀려 짖지 않으리라. 왜냐하면 나 야훼가 이집트와 이스라엘 사이를 구별하려는 것을 너희가 알아채도록 하기 위함이다.'

그러므로 이 모든 당신의 신하들이 나에게 내려와서 그들이 나에게 절하며 말할 것입니다. '당신과 당신을 따르는 모든 백성은 나가시오.' 그런 후에라야 내가 나갈 것이오."

모세가 몹시 화를 내면서 파라오 곁으로부터 나왔다. 그러자 야훼께서 모세에게 말씀하셨다.

"파라오가 너희말을 듣고 따르지 않으리라. 그런 까닭에 이집트 땅에서 나의 노여움의 이적異蹟들이 더 해질 것이다."

모세와 아론이 파라오의 얼굴을 마주한 앞에서 이 모든 이적들을 행했다. 야훼께서 파라오의 마음을 강퍅하게 하셨다. 파라오가 자기 땅으로부터 이스라엘 후손을 보내지 않았다. 야훼께서 이집트 땅에서 모세와 아론에게 이렇게 말했다.

"이 달은 너희에게 그 달들의 시작이다. 곧 이 달이 너희에게 그 해의 첫 달이다.

너희는 이스라엘 온 공동체에게 이렇게 알려라.

이 달 십일에 사람 사람마다 그들을 위하여 어린양 한 마리를 취하라. 한 아비의 가족마다 집안 식구를 위하여 어린양 한 마리를 취해야 한다. 그러나 만약 그 가족 식구수가 어린양 한 마리에 대하여 너무 적다면, 그와 가까운 그의 이웃의 가족과 함께 식구 수에 따라 어린양을 취하라. 너희는 사람마다 그가 먹어야 할 양에 따라 어린 양을 계산해야 한다. 일 년 된 흠 없는 수컷 어린양이 너희를 위해 있어야 한다. 너희는 양이나 염소 무리들 가운데서 취해라.

그리고 이 달 십사일까지 너희를 위하여 간직해 두었다가 저녁 무렵에 이스라엘 온 회중이 자기의 어린양을 잡아라. 이 때 그 피 가운데 얼마를 취해서 그 어린양 고기를 먹는 사람들마다 그 집들의 양쪽 두 개의 문설주와 상인방上引枋에 발라라. 그들이 그 밤에 불에 구운 고기를 먹어야한다. 그들이 발효되지 않은 떡과 쓴 나물과 함께 그것을 먹을 것이다. 너희는 어린양의 어떤 부위도 절대로 날로나 물에 삶아서 먹지 마라. 오로지 불에 구운 것만 먹어라. 어린양의 머리와 정강이와 내장을 다 불에 구워 먹어야 한다. 너희는 아침까지 그것들로부터 남기지 마라. 너희는 아침까지 그것들로부터 남은 것을 불에 태워라.

이와 같은 모습으로 너희는 자기 어린양을 먹어야 한다. 너희 허리에 허리띠를 매고, 너희 발에 신을 신고, 너희 손에 너희 지팡이를 쥐고, 황급하게 도망치는 것처럼 자기 어린양을 먹어라.

이것이야말로 야훼의 유월절이다. 나는 그 날 밤에 이집트 땅을 지나갈 것이다. 내가 사람으로부터 짐승들까지 이집트 땅에 처음 난 모든 것을 칠 것이다. 나는 이집트의 모든 하나님들에게 심판을 내릴 것이다. 나는 야훼다.

그러나 그 어린양의 피가 '그곳 너희가 있는 집들 위에 너희를 위한 표징'이 될 것이다. 나는 그 피를 보고 너희 위를 넘어갈 것이다. 그러므로 내가 이집트 땅을 칠 때에 너희에게 죽임의 재앙이 일어나지 않을 것이다.

이 날은 너희에게 기념일이다. 너희는 그날을 '야훼를 위한 축제'로 지내야 한다. 너희 대대로 영원한 규례로 삼아 지내야한다. 너희는 칠일동안 발효되지 않은 빵을 먹어야 한다. 반드시 첫째 날에, 너희는 너희의 집들로부터 누룩을 치워 없애야 한다. 참으로 첫째 날로부터 일곱 번째 날까지 발효된 빵을 먹는 모든 사람은 이스라엘로부터 그 생명이 끊어지리라.

너희에게 첫째 날도 거룩한 모임이 있어야 하고, 일곱째 날도 거룩한 모임이 있어야 한다. 그날들에는 모든 일을 하지 마라. 오롯이 너희를 위하여 낱낱이 모든 사람들에게 '먹는 것 한 가지 일'만 행해져야한다.

이와 같이 너희는 무교절을 지켜야한다. 왜냐하면 바로 이날에 내가 너희 군대를 이집트 땅으로부터 이끌어냈기 때문이다. 그러므로 너희가 이날을 영원한 규례로 삼아 대대로 지켜야 한다. 그 첫 번째 달 곧 그 새 달 십사일 저녁부터 그 새 달 이십일일 저녁까지 너희는 발효되지 않은 빵을 먹어야 한다. 칠일동안 누룩이 너희 집들 안에서 발견되지 말아야 한다. 참으로 발효된 빵을 먹는 모든 사람은 나그네 이든 그 땅의 원주민이든 이스라엘 공동체로부터 그 삶이 끊어져야 한다. 너희는 발효된 모든 것을 먹지마라. 너희의 거주하는 모든 곳에서 너희는 발효되지 않은 빵을 먹어라."

본문읽기 2. 파라오 노예제국 탈출하던 날 출애굽기 12:29-42

그 날 밤 한밤중에 이르렀다. 야훼께서 이집트 땅에 있는 모든 맏이들을 치셨다. 자기의 보좌 위에 앉은 파라오의 맏이로부터 웅덩이 감옥에 갇혀있는 사람들의 맏이와 가축의 모든 첫 새끼까지 치셨다. 그 밤에, 파라오와 그의 모든 신하들과 온 이집트 사람들이 깨어 일어났다. 이집트에 큰 울부짖음이 있었다. 왜냐하면 거기에 죽음이 없는 집이 없었기 때문이다. 파라오가 밤에 모세와 아론을 불러 말했다.

"너희도, 이스라엘 후손도 일어나 내 사람들 가운데서 나가라. 가서 너희가 말한 대로 야훼를 섬겨라. 너희가 바라던 대로 너희 양떼도, 소떼도 끌고 가라. 그리고 너희는 나에게도 복을 빌어다오."

이집트 사람들은 히브리 노예들을 그 땅으로부터 빨리 내보내려고 재촉했다. 그들이 이렇게 외쳤다.

"우리 모두 다 죽겠구나."

그래서 히브리 노예들은 아직 발효되지 않은 자기의 떡 반죽을 그릇 채로 옷에 싸서 그들의 어깨위에 메어야했다. 이스라엘 후손들이 모세의 말대로 행동했다. 그들이 이집트사람들에게 은붙이들과 금붙이들과 옷들까지 요구했다. 야훼께서 이집트 사람들의 눈에 히브리 노예들에 대해 너그럽게 하셔서 이집트 사람들이 그들의 요구를 들어주게 하셨다. 그래서 히브리 노예들이 이집트 사람들의 것을 탈취했다.

이스라엘 자손이 라암셋으로부터 숫곳으로 출발했는데 어린아이들 외에 걷는 장정만 육십 만이었다. 이때 '수많은 혼합 종족'도 그들과 함께 올라갔다. 또한 양떼와 소떼, 가축이 매우 많았다. 히브리 노예들은 이집트로부터 가지고 나온 반죽을 누룩 없는 떡으로 구웠다. 왜냐하면 반죽이 발효하지 않았기 때문이다 참으로, 히브리 노예들은 이집트로부터 쫓겨나면서 머뭇거릴 수 없었다. 그래서 그들은 길양식도 떡도 만들지 못했다.

이집트에서 살아온 이스라엘 자손들의 거주기간이 사백삼십 년이었다. 사백 삼십년의 끝 바로 이날에 이르러 야훼의 모든 군대가 이집트 땅으로부터 나왔다.

그 밤은 이집트 땅으로부터 히브리 노예들을 나오게 하시려고 야훼께서 지키신 밤이다. 그 밤은 야훼의 것이다. 모든 이스라엘 후손들에게 그들 대대로 지켜야 할 야훼의 밤이다.

본문 이해하기
히브리 노예들의 출애굽 해방과 구원사건 연대기

수많은 성서학자들이 '히브리 노예들의 출애굽 해방과 구원사건이 언제 일어났는지' 알아내려고 애써왔다. 그래서 일부 성서학자들은 '요셉을 알지 못하는 새로운 왕이 이집트 위에 일어섰다'라는 보고에 주목했다. 고대 이집트 연대기를 통해서 18왕조를 일으킨 파라오 '아모세'기원전 1552년-1526년가 이 '새로운 왕'이라고 이해했다. 따라서 힉소스의 통치를 끝내고 이집트 신왕국의 문을 연 18왕조 시대의 파라오 '투트모세 3세'기원전 1446년때에 히브리 노예들의 출애굽사건이 일어났을 것이라고 여겼다.

실제로 '투트모세 3세'는 전사로써 명성을 떨쳤는데 고대 이집트제국에서 가장 강력한 파라오였다. 그는 팔레스타인과 시리아지역을 정복하고 지배했다. 또한 고대 이집트제국 파라오로서는 아주 드물게 유프라테스 강을 건너가 미탄니 제국을 무찔렀다. 나아가 나일 강을 따라 남쪽으로 정복전쟁을 벌여 수단지역까지 지배했다. 그럼으로써 고대 이집트제국 역사에서 가장 큰 영토를 차지하였고 제국의 번영을 절정으로 이끌었다.

이와 관련하여 성서 외부에서 찾을 수 있는 출애굽 신앙사건에 대한 자료들은 헬라시대에 쓰여 진 고대 이집트 역사서들이다. 고대 이집트 사제들은 헬라시대에 이르러 헬라어로 고대 이집트역사를 기록하기 시작했다. '마네토'라는 이집트 제사장은 '히브리 출신 모세가 힉소스의 도움을 받아 이집트 문둥병자들의 반란을 이끌었다'고 기록했다. 이후 '모세가 유다 땅에서 예루살렘을 세웠다'고 주장하기도 했다. 또 다른 이집트 제사장도 '모세가 이집트에서 쫓겨난 사람들을 이끌고 예루살렘을 세웠다'고 주장했다. 그러나 이러한 주장들은 히브리 성서 출애굽 해방과 구원사건의 역사실체를 증언한다고 말할 수 없다. 헬라시대 이집트 제사장들은 고대 이집트 민간 전설들을 정리했을 뿐이다. 그런데다가 그들은 아시아 셈족 출신으로 이집트 땅을 지배했던 힉소스에 대한 미운 감정들을 숨기지 않았다.

또 한편, 일부 성서학자들은 히브리 노예들의 출애굽사건을 고대 이집트 18왕조 시기보다 늦은 19왕조 람세스 2세기원전 1290-1224년 통치시기로 이해한다. 실제로 출애굽기에도 '히브리 노예들이 파라오를 위하여 곡식저장 창고들의 성 피톰과 라암세스를 건설했다'고 보고한다. 고대 이집트 19왕조 람세스2세는 아시아 변방세력인 히타이트 족과 평화협정을 맺는 등 '뛰어난 행정가'였다. 또한 '건설 광'이기도 했다. 그는 자신의 앉은 모습을 새겨 넣은 '아부심벨 절벽사원' 등 크고 작은 신전들을 건설했다. 실제로 이집트제국 19왕조 람세스2세 때 히브리 노예들이 '파라오를 위한 곡식저장 창고들의 성 피톰과 라암세스 건설사업'에 동원되었을 수도 있다.

본문풀이

파라오 노예제국을 탈출하던 날, 그 두렵고 떨리는 밤의 신앙기억들
야훼 하나님의 해방과 구원세상은 아직 미완성이다.

필자는 '노예제국 파라오 지배체제를 탈출하던 날, 그 두렵고 떨리는 밤의 신앙기억들'이라는 주제로 본문을 읽고 풀이하려고 한다. 본문은 인류종교·문명사에서 그 유례가 없는 히브리 노예들을 위한 야훼하나님의 해방과 구원사건의 시작이다. 그것은 곧 위대하고 장대한 히브리 노예들의 '희년신앙 행동대서사이며 신앙역사'다.

그렇다면 히브리 노예들의 하나님이신 야훼의 해방과 구원사건의 실체는 무엇일까? 그것은 바로 파라오 노예세상에서 종살이 하던 '히브리 노예들의 해방과 자유'다. 야훼 하나님께서 히브리들과 함께 만들어갈 '해방과 구원, 정의와 평등, 생명평화세상'이다. 나아가 야훼 하나님의 해방과 구원세상을 건설하고 누리며 지켜내기 위한 히브리 해방노예들의 '희년신앙 행동'이다. 모든 노예제국 지배체제를 향한 대항행동으로써 히브리 해방노예들의 '희년신앙 행동서사'다. 따라서 야훼 하나님의 해방과 구원세상은 아직 미완성이다. 히브리 노예들의 하나님 야훼의 해방과 구원세상은 과거에서 그 모범을 찾을 수 없다. 그 어떤 미래로부터의 계시나 보장도 없다. 오롯이 히브리 노예들이 경험한 '파라오 노예제국 지배체제에서 탈출하던 날, 그 두렵고 떨리던 밤의 신앙기억과 신앙전승'만이 절절할 뿐이다.

이렇듯이 파라오 노예제국 지배체제에서 종살이 하던 히브리들의 해방과 구원세상은 오롯이 미완성으로 남아있다. 21세기 예수 신앙인들의 '희년신앙 행동서사'로 이어지기를 기대할 뿐이다. 21세기 야훼하나님의 해방과 구원세상의 완성은 오롯이 예수 신앙인들의 신앙과 삶의 몫이다. '파라오 노예제국 지배체제에서 탈출하던 날, 그 두렵고 떨리던 밤의 신앙기억과 전승에 대한 신앙해석과 행동의지를 기대할 뿐이다. 21세기 대한민국 독점재벌·맘몬권력 지배체제 속에서 '예수의 하나님나라 복음운동'처럼.

파라오 노예세상 장자의 죽음, 야훼하나님의 폭력을 어떻게 이해해야 할까?

21세기 기독교인들은 성서에서 어떤 하나님의 이미지를 발견할까? 많은 사람들이 성서에서 '사랑의 하나님, 해방과 구원의 하나님, 정의와 평등의 하나님, 생명과 평화의 하나님'등 선한 이미지들을 찾으려고 노력한다. 사실, 사람이 하나님을 만들어 낼 수는 없다. 하지만 사람들은 나름대로의 다양한 하나님의 이미지들을 찾아내어 저마다의 욕망들을 투사할 수 있다. 그 점에서 성서에는 참으로 다양할 뿐만 아니라 서로 모순되는 하나님의 여러 가지 이미지들이 나타난다. 아마도 21세기 성서독자들이 성서에서 발견하는 긍정적인 하나님의 이미지에는 오래 전 신앙인들의 선한양심과 신앙의지가 투사되어졌을 것이다.

그런데 21세기 성서독자들에게 히브리 성서에 계시된 하나님은 너무도 많은 부정적 이미지를 가지고 있다. 그것은 바로 히브리 성서에서 드러난 하나님이 '전쟁과 폭력의 신'이라는 이미지다. 실제로, 히브리 성서는 전쟁과 폭력을 드러내는 본문을 6백 개 이상 기록하고 있다. 그 가운데 백 여 개 본문에서는 '하나님께서 사람들에게 다른 사람들을 죽이라'고 명령한다. 나아가 하나님이 스스로 '폭력과 죽임의 처벌자'로 등장하는 구절이 1천개가 넘는다. 실례로 야훼 하나님은 히브리 해방노예들을 위해 여러 부족들을 살던 땅에서 쫓아낸다. 뿐만 아니라 그들을 진멸하라고 명령한다. 또한 공공연히 히브리 해방노예들에게도 내 말을 듣지 않으면 다른 민족들을 데려와서 히브리들을 아주 죽여 없애버리겠다고 협박한다. 한마디로 히브리 성서의 하나님은 '폭력과 반인륜 전쟁 신'의 모습 그대로다.

실제로 많은 사람들이 히브리 성서에 나타난 하나님의 이미지를 '폭력과 비 윤리의 전쟁 신'으로 이해했다. 히브리 성서의 전쟁과 폭력의 야훼 하나님 이미지는 초대교회 신앙인들 사이에서도 끊임없이 토론되었던 신 앙주제였다. 초대교회 영지주의자, 마르키온주의자, 몬타누스주의자들 은 히브리 성서에 나타난 폭력과 반인륜의 전쟁 신으로서의 하나님을 신 앙하지 않았다.

그러나 21세기 예수신앙인들은 히브리 성서에 나타난 야훼 하나님을 전쟁과 폭력의 신으로 이해하고 해석해서는 안 된다. 전쟁과 폭력의 신으 로서의 야훼하나님 이해는 '맹목적인 문자주의' 일 뿐이다. 왜냐하면 21 세기 예수신앙인들은 성서를 읽고 해석할 때 맹목적인 문자주의에 빠져 서 헤맬 이유가 전혀 없기 때문이다. 성서는 어느 한날 갑자기 하늘에서 어떤 한사람 종교지도자에게 독점으로 주어진 계시가 아니다. 성서는 오 랜 세월 수많은 사람들이 깨닫고 이해하며 발전시켜 온 신앙고백의 산물 이다. 따라서 성서는 시대마다 사회경제·종교·정치·문화·역사와 더불 어 개인 삶의 상황을 담고 있다. 성서의 하나님 이미지에는 여러 시대를 거쳐 수많은 사람들의 삶의 상황에서 나타난 '두려움, 희망, 욕구'들이 덧 칠되어 있다.

그러므로 21세기 성서독자들은 성서 본문시대의 역사와 그 시대 사람 들의 삶의 맥락에서 비유比喩처럼 읽어야 할 필요가 있다. 나아가 성서독 자들의 시대와 삶의 상황에서 성서를 번역하고 이해하며 해석할 필요가 있다. 그럼으로써 21세기 예수신앙인들은 성서본문 안에서 21세기에 맞 는 신앙의미와 신앙 증언들을 찾아낼 수 있을 것이다. 이와 관련하여 본 문읽기는 야훼 하나님의 '해방과 구원세상 투쟁'으로써 야훼의 전쟁 또는 거룩한 전쟁의 실체와 신앙의미를 우리에게 증언한다. 그것은 바로 파라 오 노예제국으로부터 히브리 노예들을 해방하고 구원하시는 야훼 하나님의 투쟁이다. 물론 그렇더라도 본문을 읽는 성서독자들은 처음부터 야훼 하나님의 무자비한 폭력성을 의심하지 않을 수 없다.

이제 필자는 본문에서 야훼 하나님의 폭력성에 대한 의심을 풀어낼 길을 제안한다. 그것은 바로 본문을 하나의 비유로 읽고 이해하며 해석하는 것이다. 그러할 때 맨 먼저 떠오르는 생각은 '파라오 노예제국 지배체제 장자의 죽음을 통한 신앙은유'다. 그것은 곧 파라오 노예제국 지배체제의 밑바탕으로써 '가부장주의의 죽음'이다. 나아가 '파라오 노예제국 지배체제 권력내부자 연결고리로써 장자권리의 죽음'이다. 무엇보다 파라오 노예제국 지배체제의 수호신으로써 만신전을 가득채운 허깨비 하나님들의 죽음이다. 본문읽기에서 야훼 하나님은 파라오 노예제국 지배체제 장자의 죽음은유를 통해서 파라오 지배체제 만신전의 허깨비 하나님들을 처벌하셨다.

파라오 노예제국 지배체제 장자의 죽음

본문을 읽을 때 도드라지게 드러나는 내용 세 가지가 있다. 첫 번째, '파라오 노예제국 지배체제 장자의 죽음'이다. 두 번째, '히브리 노예들의 하나님 야훼의 해방과 구원세상은 아직 미완성'이라는 신앙진실이다. 세 번째, 야훼 하나님의 해방과 구원세상 밑바탕으로써 '파라오 노예제국 지배체제 탈출하던 날, 그 두렵고 떨리는 밤의 신앙기억들과 신앙전승'이다.

첫 번째, '파라오 노예제국 지배체제 장자의 죽음'에 대한 내용을 살펴보기로 한다. 이 내용은 히브리 성서 안에서 처음으로 히브리 노예들의 하나님 '야훼의 폭력성'을 가감 없이 드러낸다.

"그 날 밤 한밤중에 이르렀다. 야훼께서 이집트 땅에 있는 모든 맏이를 치셨다. 자기의 보좌 위에 앉은 파라오의 맏이로부터 웅덩이 감옥에 갇혀있는 사람들의 맏이와 가축의 모든 첫 새끼까지 치셨다. 그 밤에, 파라오와 그의 모든 신하들과 온 이집트 사람들이 깨어 일어났다. 이집트에 큰 울부짖음이 있었다. 왜냐하면 거기에 죽음이 없는 집이 없었기 때문이다."

본문은 '그 날 밤 한밤중에'라고 강조함으로써 누구라도 '파라오 노예제국 지배체제 장자의 죽음'에 대하여 제대로 알 수 없었음을 표현한다. 야훼 하나님은 '한밤중에' 이집트사람 그 누구라도 짐작하고 대비할 여유조차 없이 파라오 노예제국을 향해 '장자의 죽음' 재앙을 내리셨다. 참으로 21세기 예수 신앙인으로써 선뜻 동의할 수 없는 무자비한 폭력이다. 그렇더라도 인류종교·문명사 속에서 흔적조차 없었던 노예들의 하나님 야훼의 해방과 구원세상을 이해하고 깨닫기 위해서는 본문을 비켜갈 수 없다. '파라오 노예제국 지배체제 장자의 죽음'을 비유로 읽고 해석함으로써 히브리 노예들의 출애굽 해방과 구원사건의 신앙진실을 찾는 일은 매우 중요하다.

'파라오 노예제국 지배체제 장자의 죽음'은 '파라오 지배체제의 폭력'을 향한 '히브리 노예들의 대응폭력'이었을까?

히브리 성서에서 '파라오 노예제국 지배체제의 무자비한 폭력들'은 실제와 가깝게 낱낱이 폭로되었다. 그 예는 창세기 '꿈의 사람 요셉이야기'에서 펼쳐지는 파라오 노예제국 지배체제의 온갖 음모와 술수들을 통해 엿볼 수 있다. 또한 출애굽기 1장부터 2장까지 '히브리 노예 사내아기 살해정책'을 통해서 자세히 살펴볼 수 있다. 실제로, 요셉이야기는 파라오 지배체제 내부자 패거리들의 권력쟁취 음모와 술수, 부의 독점과 쌓음, 그 땅 풀뿌리 농부들의 채무노예화 과정을 자세하게 기록한다. 이렇게 요셉이야기는 파라오 노예제국 지배체제 완결과정의 음모와 술수 그 폭력성을 폭로함으로써 파라오 지배체제에 대항하는 희년신앙 행동의 때를 준비한다.

히브리 노예들의 하나님 야훼의 출현 → 파라오 노예제국 지배체제와의 드라마틱한 대결 → 파라오 노예제국 지배체제 장자의 죽음 → 파라오 노예제국에서 탈출하던 날, 그 두렵고 떨리는 야훼의 밤에 대한 히브리 노예들의 신앙기억과 신앙전승 → 야훼 하나님과 파라오 지배체제 사이에서 벌어진 갈대바다의 대결전 → 히브리 해방노예들의 광야 희년신앙 행동훈련 → 야훼 하나님과 히브리 지파동맹 사이에서 맺은 희년신앙 행동계약 → 희년신앙 행동계약 조건으로써 행동법규들 → 히브리 지파동맹 가나안 땅 노느매기 → 히브리 지파동맹의 희년신앙 행동서사 등등. 꿈의 사람 요셉이야기는 히브리 노예들의 장엄하고 위대한 희년신앙 행동 대서사를 예고한다.

또 한편 히브리 노예들의 실패한 성공신화 모세이야기에 나타난 파라오 노예제국 지배체제의 폭력성은 상상을 초월한다. 히브리 노예집단의 세력을 약화시키는 노예정책으로써 히브리 노예 사내아기들을 무차별 살육한다. 히브리 노예들의 권익추구와 권리투쟁을 억압하기 위하여 매일매일 무자비한 폭력을 가하고 혹독한 강제노역에 동원한다. 모세이야기에서 파라오 노예제국 지배체제는 아무렇지도 않게 히브리 노예를 때려죽인다. 이에 반하여 출애굽기 안에서 파라오 지배체제에 대한 히브리 노예들의 대응폭력은 전혀 찾아보기 어렵다. 기껏해야 히브리 노예들의 지도자를 자처하고 나선 모세의 비밀스러운 권리투쟁이 있었을 뿐이다.

그나마도 히브리 노예들의 내분 때문에 비참한 결말을 맞이하였다.

그렇다고 한다면 본문읽기에서 '파라오 노예제국 지배체제 장자의 죽음'을 어떻게 이해하고 해석해야 할까? 왜, 맏이가 죽어야 했을까? '파라오 노예제국 지배체제 장자의 죽음'에 대한 신앙은유는 무엇일까?

파라오 지배체제 권력내부자 연결고리로써 가부장주의 장자권리의 죽음.

21세기 성서독자들이 본문읽기 첫머리에서 부딪치는 의심은 야훼 하나님의 무자비한 폭력성이다. 이 의심을 돌파하는 길은 성서 본문들을 비유로 이해하고 해석하는 것이다. 그러할 때 생각해 볼 수 있는 것은 '파라오 채무노예제국 지배체제 장자의 죽음' 신앙은유다. 그것은 바로 고대 제국주의 권력의 밑바탕이었던 '가부장주의의 죽음'이다. 나아가 '파라오 노예제국 지배체제 권력내부자 연결고리로써 장자권리의 죽음'이다. 본문읽기에서 이 죽음의 은유에 대한 증언으로써 '파라오의 맏이와 죄수의 맏이와 가축의 첫 새끼까지' 파라오 노예제국 지배체제의 모든 맏이들의 죽음을 강조한다. 실제로 동서고금을 막론하고 모든 사회경제·종교·정치의 위계位階와 권력은 가부장주의 맏이들의 차지였기 때문이다. 모든 문명사회 지배체제 내에서 '맏이의 위계와 힘과 세력'은 그 사회와 지배체제를 유지하는 핵심이었기 때문이다.

또한 본문읽기에서 '파라오 노예제국 지배체제 장자의 죽음'은 혹독하고 처절한 상황임에도 불구하고 매우 단순하게 묘사되고 있다. 파라오 지배체제의 맏이들에게 죽음의 폭력을 행사하는 수단과 과정과 상황이 완벽하게 생략되었다. 이집트 땅 어디에서도 '파라오 노예제국 지배체제 장자의 죽음'에 대한 분노와 저항이 전무하다. 오히려 '파라오 노예제국 지배체제 장자의 죽음'에 대한 고통과 슬픔만 난무한다. 본문읽기에서 파라오 지배체제 장자의 죽음을 향한 이러한 묘사들은 참으로 뜻밖이다. 파라오 노예제국 지배체제 안에서 '히브리 노예들이 겪어야만 했던 속절 없는 폭력과 죽음 그리고 고통과 슬픔'이 처절하게 교차한다.

　따라서 '파라오 노예제국 지배체제 장자의 죽음'에 대한 해석과 의미부 여는 역사 실증주의 분석과 전혀 관계가 없다. 다만 히브리 노예들은 본 문을 통해서 '파라오 노예제국 지배체제를 탈출하던 날, 그 두렵고 떨리 는 밤에 대한 신앙기억들'을 대대로 전승할 뿐이다. 이를 통하여 히브리 해방노예들은 그들의 죽음과 절망과 슬픔을 '파라오 노예제국 지배체제 장자의 죽음'에 거듭거듭 투사한다. 나아가 히브리 해방노예들은 자신들 에게 가해졌던 파라오 지배체제의 억압과 폭력과 죽음을 '파라오 지배체 제 장자의 죽음'으로 거듭거듭 모사模寫하고 확인한다. 히브리 해방노예 들은 이러한 행동을 통하여 '파라오 노예제국 지배체제를 탈출하던 날, 그 두렵고 떨리는 밤에 대한 신앙기억들'을 확대 전승하고 강화한다.

파라오 노예제국은 장자의 죽음으로 인한 지배체제 해체위기로 내몰렸다
야훼 하나님께서 파라오 지배체제 만신전 허깨비 하나님들을 징벌하셨다

　파라오 노예제국 지배체제 장자의 죽음으로 인해 파라오 지배체제가 해체위기로 내몰렸다. 왜냐하면 파라오 노예제국 지배체제 밑바탕으로 써 가부장주의에 대해 사망선고가 내려졌기 때문이다. 파라오 노예제국 지배체제 권력내부자 연결고리로써 장자권리가 몰수되었기 때문이다. 이집트 땅의 가축들로부터 죄수들의 맏이와 파라오의 장자까지 모든 맏 이들이 죽었기 때문이다. 이 맏이들의 죽음으로 인해 파라오 노예제국 지 배체제가 얼마나 크고 두려운 충격을 받았을까? 이대로는 파라오 노예제국 지배체제가 송두리째 무너질 수밖에 없는 위기 속에서 그 밤에 히브리 노예들은 쫓겨나듯이 이집트 땅을 나왔다. 파라오 노예제국 지배체제는 그동안 이집트 땅에 내려진 아홉 가지 재앙에도 끄떡하지 않고 버텼다. 그러나 모든 맏이들이 죽어 나가는 재앙 앞에서 파라오 지배체제는 뼈저리게 위기와 절망을 체험했다.

실제로, 파라오 노예제국 지배체제가 느꼈던 위기와 절망이 얼마나 절박했을까? 그것은 바로 파라오 노예제국 지배체제가 히브리 노예들을 놓아 보낸 것을 후회하는 장면에서 여실히 드러난다.

"어찌하여 우리가 이렇게 했을까? 참으로, 우리가 우리의 노예였던 이스라엘을 놓아 보냈더란 말이냐!"

이제 야훼 하나님은 파라오 노예제국 지배체제 장자의 죽음을 통하여 이집트제국 만신전의 가부장주의 수호신 허깨비 하나님들을 징벌한다. 히브리 노예들이 파라오 노예제국을 탈출하던 그날 밤 파라오 지배체제의 모든 장자들이 죽음을 맞이했다. 그 장자의 죽음은 곧 파라오 지배체제의 만신전萬神殿을 가득채운 허깨비 하나님들의 죽음이다. 실제로 히브리 성서 주변세계에는 신전종교를 밑바탕으로 제국주의 사회경제·종교 정치 지배체제가 튼튼하게 자리 잡았다. 고대 이집트에서도 나일 강을 따라 터를 잡은 수많은 종교 엘리트들이 지역 권력을 차지하고 있었다. 고대 이집트제국 종교·문명사 속에서만 2천여 명의 신들이 나타났다가 사라졌다고 한다. 이렇듯이 파라오 노예제국 지배체제를 세우고 지켜내는 힘의 밑바탕은 이집트 곳곳에 터 잡은 다양한 신전종교 권력이었다.

이와 관련하여 파라오 노예제국 지배체제 만신전에서 가장 힘센 하나님은 태양신 '레 또는 라'였다. 이집트 태양신은 시대에 따라 여러 다른 신들과 혼합되면서 더욱 강력한 신으로 나타났다. 이집트 사람들에게 잘 알려진 혼합 태양신은 독수리를 상징하는 호루스신과 합쳐진 태양신이다. 호루스신은 나일 강 하류지역에서 생겨난 하나님이었다. 그 호루스신과 태양신과 합쳐지면서 이집트 사람들은 파라오를 호루스 태양신의 화신化身으로 숭배했다. 파라오는 노예제국 지배체제 안에서 힘 있는 제사장들의 떠받들림을 받아서 하나님이 되었다. 모든 파라오들은 노예제국 지배체제 안에서 스스로를 '태양신 레Re 또는 라Ra'라고 주장할 수 있었다.

그러나 히브리 노예들이 파라오 노예제국에서 탈출하던 그 날 밤 파라오 지배체제 장자의 죽음으로 인해 파라오는 하나님의 권좌에서 나동그라졌다. 뿐만 아니라 파라오 노예제국 지배체제 만신전의 온갖 다양한 하나님들도 함께 허깨비 우상들로 처벌을 받았다. 본문읽기는 파라오의 입으로 '너희는 나를 위해서도 복을 빌어다오'라는 외침을 내뱉게 했다. 그럼으로써 파라오 지배체제 만신전의 모든 허깨비 하나님들에게 내려진 처벌을 확인했다. 의심의 여지없이 또렷하게 파라오 노예제국 지배체제 내부자로서 '만신전 하나님들의 위상'은 땅에 떨어졌다. 오롯이 히브리 노예들의 하나님 야훼만이 참 하나님이라는 신앙진실을 온 천하에 드러내었다.

이렇듯이 본문읽기는 히브리 노예들의 하나님 야훼의 해방과 구원세상의 진실과 실체를 실감나게 증언한다. 더불어서 21세기 예수신앙인들에게 '파라오 노예제국 지배체제 장자의 죽음'을 통한 신앙은유들을 쏟아놓는다.

야훼 하나님의 해방과 구원세상은 아직 미완성

두 번째, 본문읽기에서 드러나는 신앙은유 가운데 하나는 '야훼 하나님의 해방과 구원세상은 아직 미완성'이라는 신앙진실이다. 히브리 해방 노예들은 '야훼 하나님의 해방과 구원, 정의 평등, 생명평화 세상'을 아직 온전하게 쟁취하지 못했다. 이제 막 첫발을 대디뎠을 뿐이다. 따라서 본문은 야훼 하나님의 해방과 구원 세상에 대한 미래상을 그리지 않는다. 본문에서 히브리 노예들은 파라오 노예제국 파라오 지배체제로부터 허겁지겁 빠져 나왔을 뿐이다. 더 현실적으로 말하면 히브리 노예들은 파라오 지배체제로부터 쫓겨 난 것이다.

그러나 이러한 어정쩡하고 급박한 상황에서도 파라오 노예제국 지배체제를 탈출한 히브리 노예들의 해방과 구원을 부정하지 못한다. 히브리 노예들의 해방과 구원세상은 '히브리 노예들의 하나님 야훼께서 나타나셨다는 사실' 그 자체다. 야훼 하나님께서 '히브리 노예들을 파라오 노예제국 지배체제에서 이끌어내셨다는 사실' 바로 그것이다.

그렇더라도 본문읽기에서 히브리 노예들의 하나님 야훼의 '해방과 구원, 정의와 평등, 생명과 평화세상'은 아직 미완성이다. 이렇듯이 필자가 본문읽기에서 '야훼 하나님의 해방과 구원세상이 아직 미완성'이라고 풀이하는 이유가 있다. 그것은 바로 히브리 노예들이 야훼 하나님과 함께 맺게 될 '희년신앙 행동계약'의 신앙진실을 바르게 읽어내기 위해서다. 그 신앙진실은 곧 히브리 노예들의 하나님 야훼의 해방과 구원세상은 오롯이 히브리들의 '희년신앙 행동의 몫'이라는 사실이다.

히브리들은 '파라오 노예제국을 탈출하던 날, 그 두렵고 떨리는 밤'을 지나 하루아침에 야훼 하나님의 해방과 구원세상을 살아낼 수 있을까? 히브리 노예들이 하루 밤 사이에 야훼 하나님의 사람들로 거듭날 수 있을

까?

현대 사회학자들은 '사람의 심성이 바뀔 확률은 벼락을 맞을 확률'이라고 한다. 실제로 본문은 파라오 노예제국에서 히브리들의 노예생활 기간이 '4백30년'이었다고 설명한다. 물론 이 오랜 노예생활 기간은 실증주의 역사로 확인할 수 없다. 이 노예생활 기간은 파라오 노예제국 지배체제에서 종살이 하던 히브리 노예들 삶의 상황에 대한 은유다. 히브리 노예들은 파라오 노예제국 지배체제에서 4백30년 동안 철저한 노예의 삶을 살았다. 그래서 출애굽 해방과 구원사건 이후 히브리 노예들은 걸핏하면 파라오 노예제국의 노예생활을 그리워했다. 따라서 히브리 노예들은 파라오 노예제국 지배체제 안에서 변혁운동을 일으킬 수 없었다. 히브리 노예들은 파라오 노예제국 지배체제 바깥으로 탈출할 수밖에 없었다. 한마디로 파라오 노예제국 지배체제로부터 쫓겨날 수밖에 없었다. 그렇게 파라오 지배체제로부터 탈출한 이들 또는 쫓겨난 이들이 만들어가야만 하는 대항세상이 바로 야훼 하나님의 해방과 구원세상이다.

그것은 21세기 맘몬·자본 지배체제 안에서 살아가는 예수 신앙인들에게도 똑 같다. 21세기 예수신앙인들은 맘몬·자본지배체제 바깥에서 새로운 대항세상으로써 하나님나라 복음운동 또는 희년신앙 행동을 꿈꿀 수밖에 없다. 그것이 바로 필자가 본문읽기 주제로 삼는 '히브리 노예들에게 해방과 구원세상은 아직 미완성'이라는 신앙은유다. 야훼 하나님의 해방과 구원세상은 이제 오롯이 쫓겨난 이들의 '희년신앙 행동계약 행동법규의 몫'이기 때문이다.

그런데 여기서 본문이 증언하는 중요한 사실하나가 있다. '히브리 해방노예들이 이집트 사람들의 것을 '탈취했다'에나찰루라는 증언이다. 이때 '나찰'이라는 히브리어 동사는 '끌어내다'라는 뜻을 갖는다. 본문읽기는

'야훼께서 이집트 사람들의 눈에 히브리 노예들을 너그럽게 하셨다'고 보고한다. 그래서 이집트 사람들이 히브리 노예들의 요구를 들어주게 하셨다고 설명한다. 그렇더라도 4백30년 동안 노예생활에 찌들었던 히브리 노예들은 마지막에 파라오 노예제국 지배체제를 향한 대항의식을 치렀다. 히브리 노예들의 끝판 대항행동은 파라오 지배체제의 노예이기를 거부하는 행동이었다. 히브리 노예들은 파라오 지배체제의 노예들로서 파라오 지배체제로부터 '자기 몫을 끌어내는 대항의식'을 거행했다. 이 대항의식은 노예제국 지배체제로부터 쫓겨나는 모든 노예들에게 매우 중요한 해방과 구원의식이다. 히브리 노예들은 파라오 노예제국 지배체제로부터 '자기 몫을 되찾는 이 해방과 구원의식'을 건너뛰어서는 안 된다. 왜냐하면 이제 다시는, 히브리 노예들이 파라오 노예제국의 노예생활로 되돌아가지 않을 것이기 때문이다. 이 대항의식이야말로 이후 히브리 해방노예들이 거쳐야 할 광야 40년 희년신앙 행동훈련의 밑바탕이기 때문이다.

그러므로 이제 21세기 맘몬·자본 지배체제에서 쫓겨나는 사람들도 마찬가지이다. 마땅히 21세기 예수신앙인들도 맘몬·자본 지배체제의 빚더미를 벗어던지는 해방과 구원의식을 거행해야 한다. 이러한 대항의식역사는 히브리 성서의 희년신앙 행동에서 뿐만은 아니다. 고대 그리스 솔론의 해방운동 등 인류역사 안에서 끊임없이 이어져온 쫓겨난 이들의 대항의식 또는 해방의식이었다.

이때 수많은 혼합 민족도 그들과 함께 올라갔다.

본문은 파라오 노예제국으로부터의 탈출 곧 야훼 하나님의 해방과 구원사건이 이스라엘 민족사건이 아니라고 증언한다. 이때 본문읽기에서 사용한 히브리어 용어는 '에레브 라브수많은 혼합 민족'이다. 우리말 성서는 '수많은 잡족'이라고 번역했다. 이 히브리어 용어를 동사로 바꾸면 '섞이다, 혼합되다 또는 관계 맺다, 사귀다'라는 뜻이다. 따라서 야훼 하나님은 이스라엘 민족만을 해방하고 구원하시는 하나님이 아니다. 야훼 하나님은 파라오 노예제국 지배체제 모든 히브리 노예들을 해방하고 구원하시는 하나님이다. 실제로 파라오 노예제국 지배체제에서 탈출한 히브리 해방노예들의 새로운 해방과 구원세상 공동체가 바로 이스라엘이다.

그러나 히브리 해방노예로써 이스라엘 공동체의 해방과 구원사건은 다윗왕조 신학으로 위·변조되었다. 그럼으로써 마침내 배타적인 이스라엘 민족만의 해방과 구원사건으로 퇴행했다. 이러한 사실을 증언하는 성서본문들은 아주 많다. 의심의 여지없이 뚜렷하게 히브리 성서는 이스라엘 열두지파 자체가 히브리 지파동맹이라는 사실을 증언한다. 또 히브리 성서는 다윗왕조 신학에 대한 북이스라엘 지파동맹의 곱지 않은 시선들을 증언한다. 무엇보다도 3천여 년 전 성서주변세계에서 '이브리히브리'라는 용어는 '히브리↔이브리↔아피루↔하비루'라는 용어였다. 이 용어는 성서 주변세계에서 농노와 떠돌이, 일용 노동자와 용병 등 하층민을 가리키는 사회경제·정치 용어였다.

참으로 야훼 하나님의 출애굽 해방과 구원사건은 '이스라엘 민족 또는 유대 민족만을 위한 단 한번뿐인 사건'일 수 없다. 사실로 그렇다면, 21세기 지구촌 교회와 교우들의 예수신앙은 헛수고일 수밖에 없다. 그러므로 히브리 해방노예들의 해방과 구원세상은 아직 미완성이다. 그것은 바로 시대마다 모든 노예세상 지배체제로부터 탈출한 이들 또는 쫓겨난 이들의 희년신앙 행동의 몫이다.

'희년신앙 행동'은 시대의 히브리 사람들의 해방과 구원세상을 위한 삶의 숙제다.

세 번째, 히브리 해방노예들의 해방과 구원, 정의와 평등세상 밑바탕은 무엇일까? 그것은 바로 '파라오 노예제국 지배체제 탈출하던 날, 그 두렵고 떨리는 밤의 신앙기억들과 신앙전승'이다. 본문읽기에서 '야훼의 해방과 구원, 정의와 평등, 생명평화세상'은 히브리 해방노예들에게 '아직 미완성'이다. 그리고 이제 21세기, 야훼의 해방과 구원세상은 오롯이 노예세상 지배체제로부터 쫓겨나는 시대의 히브리사람들의 희년신앙 행동숙제다.

이와 관련하여 본문은 히브리 해방노예들의 출애굽 해방과 구원사건의 신앙기억들과 신앙전승을 '유월절'페사흐이라고 표현한다. 여기서 '페사흐'라는 히브리어 낱말의 어원은 '파사흐'라는 동사다. 이 동사는 '넘다 또는 절뚝거리다'라는 뜻을 가지고 있다. 따라서 성서학자들은 '파사흐'라는 동사의 뿌리를 '건기에 접어들어 정착민들의 농경지를 넘는 유목민들의 행동'에서 찾는다. 실제로 메소포타미아 지역에서 떠돌던 유목민들은 생존을 위해서 '건기가 시작되는 때'에 정착민들의 농경지로 넘어가야만 했다. 유목민들은 한밤에 몰래 농작물을 거둬드린 농경지로 가축들을 몰아넣어 자리를 차지했다. 이러한 유목민들의 행동은 혹독한 건기를 견디고 생존하기 위한 불가피한 모험이었다.

물론, 이러한 유목민들의 행동은 정착 농경민들과 유목민들 모두에게 매우 위험한 행동이었다. 정착 농경민들의 세력이 강하고 유목민들의 세력이 약하다면 정착 농경민들은 유목민들을 너그럽게 대할 수도 있다. 아니면 유목민들이 격퇴당할 수도 있다. 실제로 고대 메소포타미아에서 유목민들의 대규모 정착농경지 침탈사건이 심심찮게 벌어졌다. 이 경우 유목민들의 대규모 정착농경지 침탈 때문에 기존 농경문명이 멸망당하기도 했다. 그렇게 멸망한 농경문명 위에 새로운 정착 농경문명이 자리 잡았다.

이렇듯이 떠돌이 유목민들이 농경지를 넘는 행위는 말할 수 없는 위험과 공포 그리고 생존의 절절함이 함께한다. 목숨을 잃기도 하고 절뚝발이가 되기도 한다. 그래서 그 밤은 두렵고 떨리는 밤이다. 본문읽기에서 '유월절'은 이러한 고대 메소포타미아 지역 사회경제·정치상황을 반영한다. 실제로 '페사흐'라는 용어의 문자적 의미는 '보호받지 못하는 시간'이라는 뜻이다. 따라서 이 용어는 '파라오 노예제국 지배체제를 탈출하던 날, 그 두렵고 떨리는 밤'을 생생하게 증언한다. 그 밤은 '이집트 땅으로부터 히브리 노예들을 나오게 하려고 야훼께서 지키신 밤'이다. 그래서 그 밤은 '야훼의 것'이다. 히브리 해방노예 공동체가 '대대로 지켜야 할 야훼의 밤'이다. 나아가 시대마다 노예세상 지배체제에서 쫓겨나는 모든 이들이 지켜야 할 '야훼의 밤'이다.

그러므로 야훼 하나님의 출애굽 해방과 구원사건은 '파라오 노예제국을 탈출하던 날 그 두렵고 떨리던 밤의 신앙기억들과 전승들'속에서 새롭게 되풀이된다. 그 신앙기억들과 전승들이야말로 히브리 해방노예들의 해방과 구원, 정의와 평등세상 밑바탕이다. 야훼께서 지키신 그 밤의 신앙기억들이야말로 모든 쫓겨나는 이들의 희년신앙 행동의지이고 힘이며 희망이다.

5. 야훼의 거룩한 전쟁,
히브리 해방노예들을 위해 싸우시는 분

출애굽기 14:115:18, 15:20-21

본문읽기 1. 야훼의 거룩한 전쟁 출애굽기 14:1-31

야훼께서 모세에게 이렇게 말씀하셨다.

"너는 이스라엘 자손에게 지시해서 그들이 돌이키게 하라. 그들이 바다와 믹돌 사이에 있는 피하이롯트 앞 곧 바알츠폰 맞은편 바닷가에 장막을 치게 하라.

그러면 파라오가 이스라엘 후손들에 대하여 생각할 것이다. 그들이 그 땅에서 어쩔 줄 몰라 헤매는 통에 광야가 그들을 가두었구나.

그때 내가 파라오의 마음을 고집스럽게 하겠다. 그가 이스라엘 후손의 뒤를 추격 하겠지. 그러면 내가 파라오와 그의 모든 군대로 인하여 영광을 얻게 될 것이다. 또한 이집트 사람들이 내가 야훼인 것을 알아챌 것이다."

이스라엘 후손들이 그대로 행했다. 히브리 노예들이 달아났다는 사실이 이집트 왕에게 들려졌다. 그러자 그 히브리 노예들을 향한 파라오와 그의 신하들의 마음이 돌아섰다. 그들이 이렇게 탄식했다.

"어쩌자고 우리가 이렇게 했을까? 참으로 우리가 '우리를 섬기는 일로부터 이스라엘을 놓아주었더란 말이냐?"

파라오가 그의 전차에 마구를 메우고 그의 사람들을 이끌고 나섰다. 그는 정예 전차부대 6백대를 소집하고 이집트의 모든 전차들과 거기에 따르는 모든 전사戰士들을 거느렸다. 이때 야훼께서 이집트 왕 파라오의 마음을 고집스럽게 하셨다. 파라오는 의기양양하게 나아가고 있는 이스라엘 후손들의 뒤를 추격했다. 이집트 사람들이 이스라엘 후손들의 뒤를 추격해서 마침내 파라오의 모든 말과 전차와 기병과 그의 군대가 피하이롯트 앞 바알츠폰 맞은편 바닷가에 진을 치고 있는 이스라엘 후손들을 따라잡았다. 파라오가 가까이 오자 이스라엘 후손들이 눈을 들어 바라보았다.

"보라, 이집트 사람들이 그들의 뒤를 따라 행진해오고 있지 않은가."

이스라엘 후손들이 몹시 두려워 떨며 야훼께 울부짖었다. 또한 모세를 원망했다.

"이집트에는 매장지가 없을 줄 알았소?
당신은 우리를 광야에서 죽이려고 데려왔소?
당신은 왜, 우리에게 이런 일을 하는 것이오?
왜, 우리를 이집트로부터 나오게 했느냐 말이오?
우리가 이집트에서 당신에게 말한 것이 이말 아니었소?
곧, 우리를 내버려두라.

우리가 이집트 사람들을 섬기겠다.

참으로, 우리가 이집트 사람들을 섬기는 것이

광야에서 죽는 것보다 우리에게 더 좋았지 않았겠소?"

그러자 모세가 히브리 노예들에게 말했다.

"여러분, 두려워하지 마시오.

여러분, 굳게 서시오.

그리고 오늘, 여러분을 위하여 행하시는 야훼의 구원을 보시오.

오늘, 여러분이 본 이 이집트군대를 영원히 다시보지 못할 것이오.

야훼께서 여러분을 위해 싸울 것이오. 여러분은 잠잠하시오."

야훼께서 모세에게 말씀하셨다.

"너는 무엇 때문에 나에게 부르짖고 있느냐? 너는 이스라엘 후손들에게 명령해서 그들이 출발하게 하라. 그리고 너는 네 지팡이를 들어 올리고 네 팔을 바다위로 뻗어서 바다를 쪼개라. 그래서 이스라엘 후손들이 그 바다 가운데 마른 땅으로 지나가게 하라.

보라, 내가 이집트 사람들의 마음을 고집스럽게 해서 그들이 이스라엘 후손들의 뒤를 따라 들어가게 할 것이다. 그렇게 해서 내가 파라오와 그의 전차와 그의 기병과 그의 모든 군대로 인하여 영광을 얻어야겠다. 이렇듯이 파라오와 그의 기병으로 인하여 내가 영광을 얻을 때에, 이집트 사람들이 내가 야훼인 것을 알 것이다."

이때, 이스라엘의 진영 앞에서 행진하던 하나님의 사자가 돌이켜 이스라엘 후손들의 뒤로 왔다. 그러자 구름기둥도 이스라엘 진영 앞에서 돌이켜 이스라엘 진영 뒤쪽 이집트 진영과 이스라엘 진영사이를 가로막고 섰다. 그러자 저쪽은 구름과 어둠이 있었고 이쪽은 온밤을 환하게 밝혀 주었다. 그러므로 저쪽이 이쪽을 밤이 맞도록 가까이 하지 못했다.

모세가 바다위로 그의 팔을 뻗었다. 그러자 야훼께서 밤새도록 강한 동풍으로 바닷물을 물러나게 하셨다. 그래서 바다에 마른 땅이 놓였다. 그렇게 바다가 쪼개지자 이스라엘 후손들이 바다 가운데 마른 땅으로 지나갔다. 물은 그들의 좌우로 떨어져 그들을 위한 벽이 되었다. 뒤이어 이집트 사람들이 쫓아왔다. 파라오의 모든 말과 전차와 기병들이 이스라엘 후손들의 뒤를 쫓아 바다 가운데로 들어왔다.

새벽녘에 이르러, 야훼께서 불과 구름기둥 가운데서 이집트군대 대열을 내려다보시고 이집트군대 대열을 어지럽게 하셨다. 야훼께서 파라오의 전차로부터 바퀴를 벗겨내셔서 전차가 달리기 어렵게 하셨다. 그러자 이집트 사람들이 웅성거렸다.

"이스라엘 앞에서 도망쳐야겠다. 참으로 야훼께서 그들을 위하여 이집트와 싸우고 계시지 않은가?"

이 때 야훼께서 모세에게 말씀하셨다.

"네 팔을 바다위로 뻗어라. 그래서 바닷물이 파라오의 전차와 기병들과 이집트사람들 위로 흐르게 하라."

모세가 그의 손을 바다 위로 뻗었다. 그러자 새벽녘에 바다가 본래대로 되돌아 왔다. 이집트 사람들이 바닷물을 거슬러 도망치려고 했다. 그러나 야훼께서 이집트 사람들을 바다 가운데로 쓸어 넣으셨다. 이렇게 바닷물이 되돌아 와서 전차와 기병들을 뒤 덮었다. 이스라엘 후손들의 뒤를 쫓아 바다로 들어간 파라오의 모든 군대 가운데 한 사람도 살아남지 못했다. 그러나 이스라엘 후손들은 바다 가운데 마른 땅으로 지나갔다. 바닷물은 그들의 좌우에서 그들을 위한 벽이 되어주었다.

바로 그날, 야훼께서 이집트 사람들의 손아귀로부터 이스라엘을 구원하셨다. 그러므로 이스라엘이 바닷가에서 이집트 사람들의 주검을 보았다. 이스라엘은 야훼께서 이집트 사람들에게 행하신 크신 권능을 보고 야훼를 두려워하게 되었다. 또한 야훼와 그의 종 모세를 믿었다.

본문읽기 2. 모세의 노래 출애굽기 15:1-18

그때 모세와 이스라엘 후손들이 이 노래를 불렀다. 그들은 이렇게 야훼를 찬양했다.

내가 야훼를 노래하리라.
참으로, 그가 일어서서셔
말과 전차를 바다에 던져 넣으셨다.

야훼는 나의 힘
나의 노래
나의 구원이시다.
야훼는 나의 하나님

내가 그를 찬양하리라.

야훼는 내 아버지의 하나님

내가 그를 높이리라.

야훼는 용사

그의 이름은 야훼이시다.

파라오의 전차와 그의 군대를 바다에 던지셨다.

파라오의 빼어난 전사들이

갈대바다에 잠겼다.

깊음의 물이 그들을 덮치고

그들은 돌처럼 깊은 바다로 내려앉았다.

야훼여, 당신의 오른손으로 힘과 영광을 나타내셨습니다.

야훼여, 당신의 오른손이 원수를 쳐부수었습니다.

당신의 크신 위엄으로

당신의 적대자들을 엎으셨습니다.

당신의 분노를 보내셔서

검불처럼 그들을 살라 버리셨습니다.

당신의 콧김으로 물이 쌓이고

파도가 언덕처럼 일어서며

깊음의 물들이 바다 속에서 엉겼습니다.

원수가 외쳤습니다.

내가 그들을 추격해서 따라잡고

전리품을 나누어

내 목구멍이 그것들로 가득 차리라.

내가 칼을 뽑아

내 손으로 그들을 멸망시키리라.

그러나 야훼께서 바람을 일으키시니

깊음의 바다가 그들을 덮었고

그들은 거센 물결 속에 돌납덩이처럼 잠겼습니다.

야훼여, 신들 가운데 당신 같은 이가 누구입니까?

야훼여, 당신 같은 이가 누구입니까?

거룩하심으로 영광스러우신 이

찬양받을 만한 위엄이 있으신 이

놀라운 기적을 행하시는 이.

야훼께서 오른 팔을 뻗으시니

땅이 대적을 삼켰습니다.

당신은 사랑으로 이끌어 주십니다

당신이 손수 구원하신 이 사람들을.

당신은 힘센 손으로 그들을 인도 하십니다

당신의 거룩한 처소를 향하여.

여러 민족들이 듣고 두려워 떱니다.

불레셋 주민들이 겁에 질렸습니다.

그때, 에돔의 우두머리들이 놀라고

모압의 용사들이 두려움에 사로잡히며

가나안이 모든 주민들이 낙담합니다.

놀람과 두려움이 그들 위에 내려않았습니다.

야훼여, 당신의 큰 팔로 그들을 돌처럼 잠잠하게 하셨습니다

당신의 풀뿌리 사람들이 다 지나갈 때 까지

당신이 속량하신 이 풀뿌리 사람들이 다 지나갈 때 까지.

당신이 그 풀뿌리 사람들을 데려다가 심으십니다

당신의 소유하신 산에.

야훼여, 이곳이 바로 당신이 계시려고 만드신 처소입니다.

주여, 당신이 손수 세우신 거룩한 성소입니다.

야훼여, 영원무궁토록 다스리실 것입니다.

본문읽기 3. 미리암의 노래 출애굽기 15:20-21

그때 아론의 누이인 여 예언자 미리암이 그녀의 손에 작은 북을 잡았다. 그러자 그 모든 여자들이 그녀의 뒤를 따라 작은 북을 들고 춤추며 나왔다. 미리암이 그들에게 화답하였다.

"야훼를 노래하라.

참으로, 그가 일어서서서

말과 전차를 바다에 던져 넣으셨다."

본문이해하기
왜, 무엇을 '야훼의 거룩한 전쟁'이라고 하는가?

본문은 야훼 하나님의 해방과 구원투쟁으로써 '야훼의 전쟁 또는 거룩한 전쟁'의 실체와 신앙의미를 성서독자들에게 이야기한다. 실제로 성서에는 수많은 전쟁이야기들이 기록되어 있다. 그런데 많은 성서학자들은 그 수많은 전쟁들을 '야훼의 전쟁 또는 거룩한 전쟁'이라고 정의한다. 그런데 왜, 무엇을 '야훼의 거룩한 전쟁'이라고 하는가?

첫 번째, 파라오 노예제국에서 종살이 하던 히브리 노예들을 해방하고 구원하시는 야훼 하나님의 전쟁을 '야훼의 전쟁 또는 거룩한 전쟁'이라고 한다.

두 번째, 히브리 해방노예들이 야훼 하나님의 사람들로 거듭나기 위한 광야훈련 과정에서 주변 약탈자들과 벌이는 전쟁을 거룩한 전쟁이라고 한다. 또한 야훼 하나님께서 주신 땅에서 히브리들이 해방과 자유, 정의와 평등세상을 세우기 위해 주변 노예왕국들과 벌이는 모든 전쟁을 야훼의 거룩한 전쟁이라고 한다.

그렇다면, 히브리 노예들은 왜 '야훼의 거룩한 전쟁이라는 신앙고백'을 히브리 성서 안에 남겨 놓아야만 했을까? 그것은 히브리 노예들의 신앙공동체 역사에서 수도 없이 많은 약탈을 당해 왔기 때문이다. 히브리 노예들의 옛 조상들은 자기 땅이 없어서 떠도는 반 유목민이었다. 그들은 걸핏하면 주변의 약탈자들이나 토착 봉건 군주들로부터 모든 것을 빼앗기고 쫓겨나야만 했다. 아브라함과 이삭과 야곱의 인생여정이 하나같이 그랬다. 약탈당하고 빼앗기며 쫓겨났다. 그리고 마침내 그들의 후손들은 파라오 노예제국에서 떠돌이 이방인으로써 노예생활을 했다. 이렇듯이 히브리 노예들의 삶의 경험 속에서 모든 전쟁이란 부와 권력을 독점하기 위한 약탈 전쟁이었다. 고대 성서주변세계에서 히브리들은 사회경제·종교·정치 약자로서 걸핏하면 주변 약탈자들에게 약탈당했다. 또한 아무런 이해타산 없이 거대한 제국주의 패권전쟁에 말려들거나 용병으로 끌려가 화살 받이 노릇을 했다.

그러던 어느 날 히브리 노예들의 하나님 야훼가 나타났다. 야훼 하나님은 파라오 노예제국으로부터 히브리 노예들을 해방하고 구원하셨다. 히브리 노예들은 인류종교·문명사에서 그 흔적조차 찾을 수 없는 히브리 노예들의 하나님 야훼께서 벌이시는 해방전쟁을 체험했다. 히브리 노예들은 이 체험을 통하여 '야훼의 거룩한 전쟁'을 신앙으로 고백했다. 이렇듯이 파라오 노예제국으로부터 히브리 노예들을 해방하고 구원하시는 야훼 하나님의 투쟁이 바로 거룩한 전쟁이다. 맨 처음 이 전쟁은 오롯이 야훼 하나님만의 전쟁이었다. 히브리 노예들은 이 전쟁을 통하여 해방과 구원을 얻었다. 히브리 노예들은 이 전쟁의 목격자이며 증언자일 뿐이다. 본문읽기에서 모세와 미리암의 노래는 이 전쟁의 실체와 의미를 자세하게 묘사한다. 물론 이 노래들은 문자로만 읽어서는 안 되는 '비유와 은유의 노래'다. 히브리 노예들의 해방과 구원체험과 경험을 통한 역사 신앙고백이다.

본문풀이
야훼의 거룩한 전쟁, 세 가지 주제

출애굽기 본문에서 야훼 하나님은 파라오 노예제국으로부터 히브리 노예들을 해방하고 구원하시는 하나님이다. 히브리 노예들을 찾아오셔서 자기 이름을 계시하고 그 계시대로 행동하시는 하나님이다. 야훼 하나님은 파라오 노예제국에서 탈출한 히브리 노예들의 신앙과 삶속에 깊이 새겨진 하나님이다. 무엇보다도 그 분은 히브리 노예들의 하나님으로써 그들을 해방하고 구원하시기 위해 파라오 노예제국 지배체제와 싸우신다. 그런데 본문에서 히브리 노예들을 해방하고 구원하시기 위해 싸우시는 야훼 하나님의 거룩한 전쟁은 세 가지 주제를 갖는다. 첫 번째, 야훼 하나님은 히브리 노예들의 참 하나님이 되시기 위하여 싸우신다. 두 번째, 야훼 하나님은 히브리 노예들을 희년신앙 행동계약 당사자로 세우기 위해 싸우신다. 세 번째, 히브리 노예들의 해방과 자유, 정의와 평등세상을 도무지 인정하지 않고 말살하려는 파라오 노예제국 지배체제와 싸우신다.

히브리 노예들의 참 하나님이 되시기 위해 싸우시는 야훼 하나님

야훼 하나님은 히브리 노예들을 해방하고 구원하시기 위해 모세를 파라오에게 보내서 담판을 지으셨다. 그래서 히브리 노예들을 파라오 노예제국으로부터 이끌어내셨다. 그런데 문제가 발생했다. 히브리들의 '노예딜레마'였다. 히브리들은 파라오 노예제국 지배체제에서 생활하면서 노예정체성에 찌들어 살았다. 히브리 노예들은 단 한 번도 스스로 의사결정을 하고 행동하며 책임져 본 일이 없었다. 이때껏 파라오 노예제국 지배체제에서 '노동하는 생명도구'로만 살아왔다. 평생 처음 파라오 채무노예제국 지배체제를 떠난 히브리 해방노예들은 파라오 지배체제 군대의 추격을 받게 되자 두려워 떨며 야훼께 울부짖었다. 또한 모세를 원망했다.

"이집트에는 매장지가 없을 줄 알았소?
당신은 우리를 광야에서 죽이려고 데려왔소?
당신은 왜, 우리에게 이런 일을 하는 것이오?
왜, 우리를 이집트로부터 나오게 했느냐 말이오?
우리가 이집트에서 당신에게 말한 것이 이말 아니었소?

곧, 우리를 내버려두라. 우리가 이집트 사람들을 섬기겠다.
참으로, 우리가 이집트 사람들을 섬기는 것이
광야에서 죽는 것보다 우리에게 더 좋지 않겠소?"

'우리를 내버려두라, 우리가 파라오를 섬기겠다.' 파라오 노예제국 지배체제에서 타고난 노예로 살아온 히브리들의 상투적인 '자기포기'다. 히브리 해방노예들의 이러한 '노예딜레마'를 돌파하는 방법으로 야훼 하나님은 파라오 노예제국 지배체제와 한판 싸움을 결정하셨다. 본문은 이 사실을 의심의 여지없이 또렷하게 증언한다.

"너는 이스라엘 자손에게 지시해서 그들이 돌이키게 하라. 그들이 바다와 믹돌 사이에 있는 피하이롯트 앞 곧 바알츠폰 맞은편 바닷가에 장막을 치게 하라. 그러면 파라오가 이스라엘 후손들에 대하여 생각할 것이다. 그들이 그 땅에서 어쩔 줄 몰라 헤매는 통에 광야가 그들을 가두었구나. 그때 내가 파라오의 마음을 고집스럽게 하겠다. 그가 이스라엘 후손들의 뒤를 추격 하겠지."

왜, 야훼 하나님은 가나안으로 가는 지름길들을 버리고 광야 길로 히브리 노예들을 인도 하셨을까? 야훼 하나님은 '히브리 노예들을 위해 싸우시는 하나님'으로서 이미 직접행동에 나설 계획을 세우셨다. '바알츠폰'은 민수기33장의 출애굽사건 때 지나쳐간 지역목록에 따르면 '갈대바다'알-얌-수프이다. 우리말 성서는 이 바다 이름을 '홍해'라고 번역했는데 실제로 홍해에는 갈대가 살지 않는다. 이와 관련하여 성서학자들은 유대인들이 갈릴리 호수를 '바다'라고 했듯이 갈대바다라고 부를 만한 세 개의 호수를 거명한다. 남쪽 길을 택할 경우에는 '비터 호수'Bitter, 가운데 길을 택했을 경우에는 '멘잘레 호수', 북쪽 길로 갔을 경우에는 '시르보니스'sirbonis호수를 만났을 것이라고 한다. 실제로 성서독자들은 본문에서 히브리 노예들이 건넜던 '얌-수프'가 무엇이었는지 어디였는지 알지 못한다. 그러나 그것이 어떤 호수이든 또는 홍해이든 '히브리 노예들을 위해 싸우시는 야훼 하나님'에 대한 성서독자들의 믿음에는 아무런 영향이 없을 것이다.

다만, 야훼 하나님께서 파라오 노예제국으로부터 탈출을 감행한 히브리 노예들의 발을 묶으셨다. 본문이 그 명백한 이유를 증언한다. 그것은 바로 파라오 노예제국 지배체제를 향한 야훼하나님의 거룩한 전쟁의지다. 야훼 하나님의 거룩한 전쟁의 목표는 '우리를 내버려두라, 우리가 파라오를 섬기겠다'는 히브리 노예들의 '노예딜레마'를 깨트리는 것이었다. 야훼 하나님은 히브리 노예들의 참 하나님이 되시기 위해 싸우신다.

야훼 하나님은 히브리 노예들을 위해 싸우시는 용사

21세기 성서 독자들에게는 제국주의 왕들을 위해 싸우는 하나님 이미지가 전혀 낯설지 않을 것이다. 실제로 고대 신전들에서 하나님의 대리자인 왕을 위해서 왕의 대적들과 싸우는 전사로 그려진 수많은 신들을 발견한다. 그러나 본문읽기에서 야훼 하나님은 제국주의 지배체제 왕들을 위해 싸우시지 않는다. 도리어 파라오 노예제국 지배체제와 싸우신다. 파라오 노예제국으로부터 히브리 노예들을 해방하고 구원하시기 위해 싸우신다. 본문은 히브리 노예들의 해방과 구원을 위해 파라오 지배체제와 싸우시는 용사 '야훼의 거룩한 전쟁'을 장엄한 파노라마로 그려낸다. 실제로 파라오는 이집트 제국의 모든 군대를 이끌고 히브리 노예들의 뒤를 쫓았다. 파라오는 정예 전차부대 6백 대를 소집하고 이집트의 모든 전차들과 거기에 따르는 모든 전사戰士들을 거느렸다. 본문에서 '살리쉼'이라는 낱말은 전차에 타는 제3의 전사를 가리킨다. 파라오의 전차는 말을 모는 전사와 싸움을 하는 전사가 주축이었는데 각종 무기를 담당하는 제3의 전사가 있었다. 본문읽기에서 전사들은 전차와 전차를 따르는 보병까지 모든 군대를 가리킨다.

이제 히브리 노예들은 앞으로는 바다에 막히고 뒤로는 파라오 지배체제의 군대에 쫓기는 절체절명의 위기에 빠지고 말았다. 혼비백산한 히브리 노예들은 야훼하나님을 원망하는 것은 물론 모세에게 대항했다. 히브리 노예들은 차라리 파라오 지배체제의 노예로 사는 것이 더 좋다고 절규한다. 한 오라기 희망도 없이 절망과 공포만이 난무하는 상황에서 히브리노예들의 원망과 절규는 어쩌면 당연한 것이었다.

히브리 노예들을 희년신앙 행동계약 당사자로 세우시고 싸우시는 야훼하나님

이제 두 번째 주제로 야훼 하나님께서 히브리 노예들을 희년신앙 행동계약 당사자로 세우기 위해 싸우시는 내용들을 살펴보자. 이와 관련하여 본문읽기에서 히브리 노예들의 원망과 절규는 '야훼 하나님이야말로 히브리 노예들을 위해 싸우시는 용사라고 확신하는 모세의 신앙'과 처절하게 대립한다. 이로써 야훼 하나님께서 히브리 노예들을 해방하고 구원하시는 역사 대장정에서 가장 절정의 긴장감이 조성된다. 그런데 놀랍게도 이 위기와 긴장을 만들어 내시는 분은 야훼하나님 자신이다. 왜 그러셨을까?

그 대답은 '야훼 하나님께서 이스라엘 후손들을 전진하게 하라'고 모세에게 내린 명령이다. 야훼 하나님은 갈대바다를 쪼개는 기적사건을 통해서 히브리 노예들의 마음 판에 '그들을 해방하고 구원하기 위해 싸우는 야훼 하나님'을 새겨 넣으려고 하신다. 히브리 노예들의 마음속 깊이 찌들어 있는 노예정체성과 딜레마를 말끔히 씻어내려고 하신다. 그럼으로써 야훼 하나님은 히브리 노예들을 자기 사람들로 만들어서 희년신앙 행동계약 당사자로 세우려고 하신다. 실제로 히브리 노예들의 하나님 야훼께서 나타나셨다는 이야기는 히브리 노예들에게조차 의아한 일이었다. 또 야훼 하나님께서 일으키시는 출애굽 해방과 구원사건은 히브리 노예들에게 너무도 낯설고 두려운 일이었다.

그래서 갈대바다가 쪼개지고 파라오 지배체제의 군대가 수장되는 놀라운 상황전개가 벌어질 수밖에 없었다. 본문은 14장 21절과 22절에서 이 갈대바다 사건을 두 가지로 기록한다. 하나는 '동풍이 불어와 밤새도록 바닷물이 물러가게 했다'는 것이고 또 다른 하나는 '바닷물이 쪼개져 바다 가운데 길이 났다'는 것이다. 여기서 '어떤 것이 사실 이었냐'를 따지는 것은 무의미하다. 히브리 노예들에게 이 갈대바다 사건은 황홀하고 놀라운 야훼 하나님의 해방과 구원의 사건으로써 영원히 지워지지 않을 희년신앙 체험으로 새겨졌다. 그러면서 갈대바다 사건은 시대마다 히브리 성서 어디서든 새로운 신앙고백과 신앙언어로 계속해서 재해석 되어 왔다.

한편 갈대바다에서 야훼의 거룩한 전쟁의 승리는 히브리들의 신앙심성 속에서 파라오 지배체제에 대한 승리를 넘어 모든 신앙과 삶의 영역으로 전이되었다. 그 예를 창세기 천지창조 이야기에서 찾을 수 있다. 갈대바다에서 야훼의 승리는 천지창조에서 혼돈과 반생명의 상징인 태초의 바다또는 깊음의 물에 대한 승리로 재해석 되었다. 또한 유대인들은 갈대바다 사건을 여러 전승과정을 통해서 '악'에 대한 야훼 하나님의 싸움과 승리로 노래했다. 이제 본문읽기에서 히브리 노예들의 하나님 야훼와 파라오 노예제국 지배체제와 싸움은 절정에 이르렀다. 그럼에도 불구하고 야훼 하나님의 거룩한 전쟁에서 히브리 노예들이 이바지할 것은 아무것도 없다. 그저 야훼 하나님의 해방과 구원의 은총을 잠잠히 받아들이고 누릴 뿐이었다. 세상의 모든 힘과 영광이 자기들에게 있다고 믿는 파라오 노예제국 지배체제가 이 싸움을 통해서 패망의 길로 가게 될 것은 빤한 일이다. 이 싸움을 통해서 '히브리 노예들을 위해 싸우시는 야훼 하나님이 어떤 분이신지' 의심의 여지없이 또렷하게 드러날 것이다. 이때 히브리 노예들이 야훼 하나님의 편에 굳게 서야함은 당연한 일이다.

이집트 풀뿌리 사람들에게 야훼가 누구인지 깨닫게 하려고 싸우시는 하나님

세 번째 주제는 히브리 노예들의 해방과 자유, 정의와 평등세상을 도무지 인정하지 않으려는 파라오 노예제국 지배체제와 야훼 하나님과의 싸움이다. 이 주제를 좀 더 자세히 살펴보자.

"내가 파라오와 그의 모든 군대로 인하여 영광을 얻게 될 것이다. 또한 이집트 사람들이 내가 야훼인 것을 알아챌 것이다"

위 본문의 내용은 야훼 하나님의 거룩한 전쟁 속에 숨겨진 의미와 성격을 잘 드러낸다. 이와 관련하여 고대 메소포타미아 종교·문명사에서 으뜸 하나님은 모든 신들을 모아서 하늘회의를 열고 그 회의를 주관하는 것으로 알려졌다. 따라서 메소포타미아의 왕들은 자신의 통치 이데올로기로써 하나님의 심부름꾼 또는 하나님의 아들이라는 표상과 역할을 강조했다. 그러나 고대 이집트 종교·문명사에서 파라오는 창조자 또는 신의 현존으로써 스스로 하나님 이미지를 흉내 냈다. 고대 이집트 사람들은 파라오로 말미암아 하늘질서가 인간세상에서 뚜렷한 모습을 갖추게 된다고 믿었다. 그러므로 고대 메소포타미아의 왕들과는 달리 이집트제국 파라오는 신의 현현으로써 절대 권력을 부여받았다. 이집트 사람들은 파라오를 신의 화신으로 믿었다. 파라오에게 절대적인 힘과 지혜와 권위를 부여함으로써 파라오를 하나님으로 숭배했다. 이집트 사람들은 파라오를 '나의 왕, 나의 주, 나의 태양신이여'라고 불렀다

이점에서 야훼 하나님의 거룩한 전쟁의 주체는 히브리 노예들의 하나님 '야훼'와 이집트 노예제국의 모든 권력과 영광을 한 몸에 지닌 '파라오'다. '야훼의 거룩한 전쟁'에서 파라오 지배체제 만신전의 온갖 수호신들은 뒷전으로 밀려났다. 오롯이 야훼 하나님과 파라오와의 전쟁으로만 기록된다. 왜냐하면 파라오 스스로가 이집트 땅에서 하늘의 역사를 만들어 간다고 선포하기 때문이다. 뿐만 아니라 이집트 땅 풀뿌리 사람들조차도 그렇게 받아들이기 때문이다.

그러므로 본문에서 야훼 하나님의 거룩한 전쟁의 숨겨진 의미는 이집트 풀뿌리사람들에게 '참 하나님은 파라오가 아니라 야훼'라는 사실을 선포하는 것이다. 실제로 야훼하나님은 파라오와의 싸움을 통해서 히브리 노예들과 더불어 이집트 땅 풀뿌리 사람들까지 해방하고 구원하신다. 나아가 인류전체를 해방하고 구원하신다. 지구촌 모든 풀뿌리사람들이 히브리 노예들의 하나님 야훼께서 파라오 지배체제와 싸우신다는 것을 신앙함으로써 해방과 구원을 얻는다.

파라오 노예제국 지배체제의 '주인 딜레마'

그렇다면 야훼께서 '그때 내가 파라오의 마음을 고집스럽게 하겠다'라는 의미는 무엇일까? '야훼 하나님께서 파라오에게 새롭게 고집스러운 마음을 주었다'기 보다는 파라오가 자기마음을 더 고집스럽게 했다는 뜻이다. 야훼 하나님이 파라오의 마음을 고집스럽게 하셨지만 더불어 파라오도 자기마음을 더 고집스럽게 다잡았다. 파라오의 고집스러운 마음은 파라오 자신의 의지를 드러낸 것일 뿐만 아니라, 파라오 지배체제의 고집스러움을 증언한다. 그럼으로써 21세기 성서독자들은 본문읽기에서 파라오 노예제국 지배체제의 '주인 딜레마'를 찾아 낼 수 있다.

"그 히브리 노예들을 향한 파라오와 그의 신하들의 마음이 돌아섰다. 그들은 이렇게 탄식했다. 어쩌자고 우리가 이렇게 했을까? 참으로 우리가 '우리를 섬기는 일'로부터 이스라엘을 놓아주었더란 말이냐?"

파라오와 그의 신하들이 마음을 바꾼 것은 야훼 하나님께서 그들의 마음을 고집스럽게 하셔서가 아니다. 도리어 히브리 노예들을 놓아 보낸 자신들의 결정과 행동에 대한 파라오 지배체제 나름대로의 반성과 성찰이다. 따라서 그들은 히브리 노예들을 놓아준 것에 대하여 스스로 후회하고 한탄했다. 그러므로 야훼의 거룩한 전쟁의 또 하나의 큰 뜻은 파라오 노예제국 지배체제 내부자들에게 '히브리 노예들의 하나님 야훼의 정체성을 뚜렷이 새겨 넣는 것'이다. '히브리 노예들을 해방하고 구원하시는 야훼 하나님'을 도무지 인정하지 못하는 파라오 지배체제를 향한 야훼 하나님의 심판이며 처벌이다.

이와 관련하여 파라오 노예제국을 탈출한 히브리 노예들이 '의기양양하게 나아갈 수 있었던 것'은 '야훼 하나님의 높은 손'베야드 라마이 그들을 이끌고 있었기 때문이다. 파라오 노예제국 지배체제는 '야훼 하나님께서 친히 히브리 해방노예들을 이끄신다는 사실'을 뼈저리게 느껴야만 했다. 본문은 야훼 하나님께서 낮에는 구름기둥, 밤에는 불기둥으로 그들을 '앞장서 나갔다'고 보고한다. 야훼 하나님은 불과 구름기둥 가운데서 이집트군대 대열을 내려다보시고 이집트군대 대열을 어지럽게 하셨다. 야훼께서 파라오 전차 바퀴를 벗겨내셔서 이집트군대의 행진을 더디게 하셨다. 이러한 야훼 하나님의 행동을 통하여 '이집트 사람들은 야훼 하나님께서 히브리 노예들을 위해 자신들과 싸우고 계신다는 것'을 눈치 챘다. 그래서 그들은 이 싸움에서 도망치려 했다. 그러나 야훼하나님은 파라오 지배체제의 군대를 바다 속으로 쓸어 넣으셨다.

야훼의 거룩한 전쟁이 증언하는 신앙진실

야훼 하나님은 히브리 노예들을 위해 싸우신다. 야훼 하나님은 히브리 노예들의 참 하나님이 되시기 위해 싸우신다. 히브리 노예들을 희년신앙 행동계약 당사자로 세우시기 위해 싸우신다. 히브리 노예들의 하나님 야훼를 도무지 인정치 못하는 파라오 지배체제에게 '야훼 하나님이 누구신가'를 처절하게 깨닫게 하시려고 싸우신다. 파라오 노예제국 지배체제가 히브리 노예들을 해방하고 구원하시는 야훼 하나님의 뜻과 의지를 뼈저리게 느끼도록 싸우신다.

6. 훈련 : 많이 거둔 이도 남지 않게,
적게 거둔 이도 모자라지 않게

출애굽기 16:11-21

본문읽기

야훼께서 모세에게 이렇게 말씀하셨다.

"내가 이스라엘 후손들이 불평하는 것을 들었다. 너는 그들에게 이렇게 말하라. 너희가 해질녘에 고기를 먹고, 아침에는 떡을 배부르게 먹을 것이다. 그럼으로써 너희가 '내가 너희 하나님 야훼인 것을 알 것이다.'"

저녁때가 되자, 메추라기가 날아와 야영지를 뒤덮었다. 아침에는 이슬이 야영지를 둘러싸고 내려앉았다. 내린 이슬이 말랐다. 그런데 보라, 역청으로 땅위를 바른 듯 가는 싸라기 같은 것이 광야의 표면에 있었다. 이스라엘 후손들이 보고 그의 형제들에게 서로 말했다.

"저게 뭐지?"

왜냐하면 그것이 무엇인지, 그들이 몰랐기 때문이다. 그러자 모세가 그들에게 말했다.

"그것은 야훼께서 여러분에게 먹으라고 주신 양식이오. 자, 야훼께서 명령하신 말씀입니다. 여러분은 저마다 자신의 먹을 식구 수에 따라 이것을 거두어 모으시오. 여러분의 식구 수를 세어서 한사람마다 한 오멜 씩 입니다. 여러분은 저마다 자기 천막 안에 있는 이들을 위하여 취하십시오."

이스라엘 후손들이 그렇게 실행했다. 그런데 그들이 많이 거두어 모으기도 하고 적게 거두어 모으기도 했다. 그래서 그들은 오멜로 되어 많이 거두어 모은 사람도 남을 만큼 가지지 않았고 적게 거두어 모은 사람도 모자라게 하지 않았다. 저마다 자신에게 딸린 먹을 식구수대로 거두어 들였다. 모세가 그들에게 말했다.

"각자 사람마다 아침까지 그것을 남겨두지 마시오."

그러나 그들이 모세의 말을 듣지 않았다. 몇몇 사람들이 그것을 아침까지 남겨두었다. 그러자 구더기가 끓고 썩어 악취가 풍겼다. 모세가 그들을 향하여 화를 냈다. 그들이 매일 아침 저마다 자신에게 딸린 식구수를 따라 그것을 거두어 들였다. 그리고 햇볕이 뜨거워지면 녹아버렸다.

본문 이해하기
히브리 해방노예들의 노예정체성

21세기에도 유대인들은 자기 자녀들에게 '우리는 이집트 파라오의 노예였었다, 그러나 야훼께서 우리를 파라오의 노예제국으로부터 해방하셨다'라고 가르친다. 실제로 본문읽기에 따르면 히브리 해방노예들은 자그마치 4백30년 동안이나 파라오 노예제국에서 노예생활을 했다. 그러나 놀랍게도 성서는 그들의 4백30년 노예생활 가운데 수없이 일어났을 법한 노예해방 운동에 대해 단 한건도 보고하지 않는다. 왜냐하면 히브리 해방노예들이 철저한 노예근성에 젖어있었기 때문이다. 따라서 히브리 성서는 오롯이 모세의 투쟁을 보도하고 있을 뿐인데 그나마도 처절한 실패로 끝났다. 모세의 투쟁이 노예근성에 찌든 히브리 형제의 밀고로 인해 끝장났기 때문이다.

그럼에도 불구하고 야훼 하나님은 타고난 노예일 수밖에 없는 히브리들을 해방하고 구원하셔서 가나안 땅으로 이끄시려 한다. 그런데 야훼 하나님은 히브리 해방노예들을 곧바로 가나안땅으로 이끌지 않으시고 갈대바다를 건너게 하셔서 광야로 나아가게 하셨다. 그리고 40년 동안이나 광야에서 지내도록 하셨다.

야훼 하나님은 왜, 히브리 해방노예들을 광야로 인도하셨을까?

히브리 노예들은 파라오 노예제국 지배체제의 타고난 노예였다. 그들은 4백30여년 노예생활 동안 철저하게 노예정체성에 찌들어 왔다. 오죽했으면 야훼 하나님께서 이렇게 염려하셨을까?

"이 민족이 전쟁을 보게 되면 돌이켜 이집트로 돌아갈까 하노라."

이제 막 갈대바다에서 야훼 하나님의 거룩한 전쟁을 체험한 히브리 해방노예들은 아직 야훼 하나님의 사람들이 아니었다. 그들은 여전히 파라오 채무 노예제국 지배체제의 타고난 노예들이었다. 그래서 히브리 해방 노예들에게는 야훼 하나님의 사람들로써 해방과 구원세상을 건설하고 누리고 지켜나가기 위한 희년신앙 행동훈련이 필요했다. 파라오 노예세상 사슬에서 벗어난 히브리 해방 노예들에게 40년 광야생활은 그들의 노예정체성을 씻어내는 희년신앙 행동훈련의 여정이었다. 실제로 히브리 노예들에게는 신앙과 사상 또는 삶의 가치와 진실을 이해하고 판단해 본 경험이 없다. 그저 현실의 고통과 절망 속에서 맹목적인 복종만 있었을 뿐이다.

그러나 이제 히브리 노예들은 자신들의 오랜 노예정체성을 새롭게 바꾸는 고난의 광야훈련을 시작해야만 했다. 히브리 해방노예들은 인류종교·문명사에서 유래가 없는 야훼하나님의 출애굽 해방과 구원사건을 체험하는 은총을 누렸다. 이제 히브리 해방노예들은 해방과 구원 세상에 걸맞은 스스로의 삶의 태도를 자기 몸과 생각 그리고 삶의 마당에 새겨 넣어야만 한다. 왜냐하면 이제 히브리들은 파라오 노예제국 지배체제에 매여 사는 노예가 아니기 때문이다. 언제 어디서나 해방과 구원, 정의와 평등, 생명평화 세상을 건설하고 누려야 할 야훼하나님의 사람들이기 때문이다.

히브리 해방노예들의 40년 광야훈련

이와 관련하여 21세기 지구촌 금융시스템 속에서 너나 없는 삶의 태도는 무엇일까? 돈을 향한 무한욕망 또는 탐욕이 아닐까?

코로나19 팬데믹 이후 지구촌 나라들마다 풀뿌리 사람들의 노동소득이 쪼그라들었다. 그러다보니 21세기 맘몬·자본 세상을 살아가는 풀뿌리 사람들의 삶의 마당에서 불로소득 대박 욕망이 사무친다. 불로소득

대박 욕망과 얽혀진 맘몬·자본지배체제 노예정체성을 드러내는 금융폐해 사건들이 여기저기서 터져 나온다.

그러나 21세기 맘몬·자본 세상에서 배고프지 않을 만큼 밥술이나 먹는 중산층 사람들의 마름노예 정체성을 바꾸는 일은 쉽지 않다. 나아가 하루하루의 삶이 걱정인 가난하고 힘없는 풀뿌리 사람들조차 그 밑바탕을 알 수 없는 맘몬·자본세상 노예정체성을 씻어내는 일도 쉽지 않다. 21세기 맘몬·자본세상에서 임금노예 또는 불로소득 노예로 살아가는 풀뿌리 사람들이 과연 해방과 구원세상을 꿈꿀 수 있을까? 정의와 평등, 생명평화 세상을 꿈꾸는 삶의 플랜이 있을까? 21세기 맘몬·자본세상 속에서 사회경제·종교·정치체제의 생명살림 가치와 뜻을 바르게 세우는 일이 쉽지 않다. 나아가 이웃들과 서로 소통하고 연대하는 일도 쉽지 않다. 생명살림 가치와 뜻을 하루하루 생활 속에서 실천하고 행동하는 일은 더더욱 쉽지 않다.

이렇듯이 파라오 노예제국을 탈출한 히브리 해방노예들은 광야훈련의 고통을 알아채지 못한 채 광야로 이끌려 나왔다. 실제로 히브리 해방노예들은 4백30년 동안 파라오 노예제국에서 찌들어 온 자신들의 노예정체성을 깊이 살펴보지 않았다. 스스로 돌이켜서 새롭게 바꾸어보려는 생각이나 필요성, 의지조차 갖지 않았다. 어느 날 느닷없이 히브리 노예들의 하나님 야훼가 나타나서 광야훈련 곧 고난의 길로 이끌려 나왔을 뿐이다. 물론, 히브리 노예들도 파라오 노예제국으로부터 해방과 구원을 갈망했다. 그러나 히브리 해방노예들은 자신들의 4백30년 노예정체성을 치유하고 바꾸어 나가는 광야훈련의 고통을 세세히 알지 못했다. 자신들의 노예정체성을 변혁하고 바꾸는 광야훈련을 생각해 보지도 않았다. 스스로를 성찰하고 뜻을 세우고 계획하고 행동해야 할 필요성조차 전혀 느끼지 못했을 것이다.

희년신앙 행동계약 훈련, 하늘양식으로써 일용할 양식 훈련
많이 거둔 이도 남지 않게, 적게 거둔 이도 모자라지 않게

이제 본문은 파라오 노예제국으로부터 탈출한 히브리 해방노예들의 노예정체성을 치유하고 새롭게 바꾸는 고된 광야훈련의 시작을 알린다. 야훼 하나님은 히브리 해방노예들이 이집트에서 가나안땅을 향해 곧바로 가는 해변대로로 인도하지 않았다. 도리어 수르광야로 이끌었다. 광야에서 마라의 쓴 물과 메추라기와 만나사건은 히브리 해방노예들의 노예정체성을 씻어내는 광야훈련의 핵심내용들이다. 이렇듯이 광야훈련 체험들은 '해방과 자유, 정의와 평등, 생명과 평화세상'을 향한 히브리 해방노예들의 '희년신앙 행동계약의 주춧돌'이다.

히브리 해방노예들의 4백30년 노예정체성

히브리 성서는 인류문명사에서 그 흔적조차 찾을 수 없는 히브리 노예들의 하나님 야훼를 계시한다. 아마도 야훼 하나님은 인류종교·문명사 속에 나타난 유일무이한 '노예들의 하나님'일 것이다. 야훼 하나님은 파라오 노예제국에서 종살이 하던 히브리 노예들을 해방하고 구원하셨다. 야훼 하나님은 히브리 해방노예들을 젖과 꿀이 흐르는 가나안 땅으로 이끄시려고 한다. 그런데 이집트에서 가나안 땅 까지는 지름길로 가면 삼사 일, 쉬엄쉬엄 가도 일주일안에 다다를 수 있다. 그러나 야훼 하나님은 히브리 해방노예들에게 멀리 갈대바다를 건너게 하셨다. 그리고 시나이 반도를 돌아서 아라비아 광야로 지나가게 하셨다. 이렇듯이 야훼 하나님은 파라오 노예세상에서 탈출한 히브리 해방노예들을 사십년 동안이나 광야생활을 하도록 이끄셨다.

도대체, 왜 그래야만 했을까? 히브리 성서는 '히브리 노예들의 파라오 노예제국 종살이 햇수를 4백30년'이라고 보고한다. 히브리 노예들은 그들의 주인이었던 파라오 지배체제가 던져주는 떡 덩어리와 고기조각에 길들여져 왔다. 파라오 노예세상이 아니라면 스스로 생존할 수조차 없는 타고난 노예들이었다. 그런 까닭에 야훼 하나님은 히브리 해방노예들의 앞길에 작은 어려움이라도 닥치면 '해방과 구원세상으로 나가기를 포기하지 않을까' 걱정하셨다. 그들이 작은 어려움마저 헤쳐 나가지 못하고 곧바로 절망하고 뉘우쳐 '파라오 노예세상으로 돌아가자'고 할 것을 아셨다. 따라서 히브리 해방 노예들에게는 해방과 구원세상의 주인으로써 야훼 하나님의 사람들로 거듭나는 훈련이 필요했다. 야훼하나님의 '해방과 구원세상을 건설하고 누리며 지켜내기 위한 희년신앙 행동계약 훈련이 필요했다. 그 훈련장소가 바로 광야였다.

그렇다면 성서에서 광야는 어떤 의미일까?

성서의 모든 중요한 인물들이 광야와 관계를 갖는다. 모세는 자기 뜻대로 히브리 노예들을 위한 권리투쟁에 나섰다가 실패했다. 이후 모세는 미디안 광야에서 겸손과 낮아짐의 훈련을 받았다. 그 훈련을 받은 후에야 야훼 하나님의 부르심을 받을 수 있었다. 세례요한도 '광야에서 외치는 자'의 소리였다. 예수도 광야에서 사십일 금식훈련을 했다. 그러면서 사탄으로부터 온갖 시험을 받았다. 바울도 다메섹 길에서 부활하신 예수를 만난 후 삼년 동안 아라비아 광야에 머물며 신앙과 인격훈련을 받았다. 이처럼 광야는 모든 이들의 신앙과 인격을 단련하고 삶의 태도를 훈련한다. 성서의 수많은 인물들이 광야에서 훈련받고 깨달음을 얻은 후에야 하나님의 사람으로 거듭났다.

이제 파라오 노예제국 지배체제를 탈출한 히브리 해방노예들은 광야에서 야훼 하나님의 사람들로 거듭나는 훈련을 시작한다. 그런데 파라오 노예세상으로부터 탈출한 히브리 해방노예들의 광야훈련 내용이 예사롭지 않다. 히브리 해방노예들이 야훼 하나님의 사람들로 거듭나기 위한 훈련은 무슨 종교훈련이나 군사훈련도 아니다. 그것은 놀랍게도 야훼 하나님의 해방과 구원세상의 핵심가치로써 '일용할 양식 훈련'이었다. '많이 거둔 이도 남지 않게, 적게 거둔 이도 모자라지 않게'라는 하늘양식으로써 일용할 양식훈련이었다. '하늘양식으로써 일용할 양식'이야말로 야훼 하나님의 해방과 구원세상의 핵심가치이다. 야훼 하나님의 사람들로 거듭난 히브리 해방노예들의 '해방과 구원, 정의와 평등세상' 밑바탕이다. 히브리 해방노예들이 해방과 구원, 정의와 평등세상을 건설하고 누릴 수 있게 하는 기초훈련이다. 무엇보다 하늘양식으로써 일용할 양식훈련은 히브리 해방노예들의 '희년신앙 행동계약의 실체이고 밑바탕'이다.

이렇듯이 옛 히브리들의 일용할 양식훈련은 21세기 맘몬·자본세상에서 온갖 모순들과 폐해들을 치유하는 '야훼의 해방과 구원세상 진실'을 증언한다. 사람 사는 세상에서 모든 세대마다 일용할 양식이 어떻게 거두어지고 나누어져야 하는지? 하늘양식으로써 일용할 양식의 실체와 진실을 훼방하는 것은 무엇인지? 의심의 여지없이 뚜렷하게 제시한다.

이제 필자는 본문읽기에서 옛 히브리 해방노예들의 만나사건 곧 하늘양식으로써 일용할 양식훈련의 상황과 내용, 그 의미를 자세히 살펴보려고 한다.

히브리 해방노예들의 만나사건 메시지 '하늘양식'

파라오 노예제국으로부터 탈출한 히브리 해방노예들은 광야의 만나 사건을 통하여 '하늘양식으로써 일용할 양식훈련'을 받았다. 이 훈련의 주요 메시지가 무엇인지 살펴보자.

첫 번째, 히브리 해방노예들에게 일용할 양식은 하늘로부터 내리는 하늘은총이어야 한다는 사실이다. 이제 야훼 하나님의 사람들로서 히브리 해방노예들은 파라오 지배체제가 던져주는 고기 한조각과 떡 한 덩어리에 목을 매서는 안 된다. 파라오 노예세상에서 해방된 히브리 해방노예들의 일용할 양식은 마땅히 야훼 하나님이 주시는 하늘양식이다. 이와 관련하여, 히브리 해방노예들은 광야의 고난 속에서 파라오 노예세상의 고기 가마와 떡 광주리를 몹시 그리워했다. 이때 야훼 하나님은 히브리 해방노예들에게 이렇게 일갈하신다.

"내가 이스라엘 후손들이 불평하는 것을 들었다. 너는 그들에게 이렇게 말하라. 너희가 해질녘에 고기를 먹고, 아침에는 떡을 배부르게 먹을 것이다. 그럼으로써 너희가 내가 너희 하나님 야훼인 것을 알 것이다."

실제로, 21세기 지구촌 풀뿌리 사람들도 히브리 해방노예들처럼 시대의 주인인 맘몬·자본 지배체제의 고기 가마와 떡 광주리에 목을 매곤 한다. 어떻게든 맘몬·자본 지배체제의 은총을 독차지 하려고 몸부림친다. 맘몬·자본세상의 무한경쟁·독점·쌓음·소비만을 세뇌시키는 신자유주의 시장 경쟁체제에서 서로를 돌아볼 겨를이 전혀 없다. 친구도 동지도 없다. 오직 '노오력 더 노오오력'만이 살길이다. 모두가 경쟁 상대이고 밟고 넘어서야할 장애물일 뿐이다.

히브리 해방노예들의 만나사건 메시지 '일용할 양식'

두 번째, 야훼 하나님께서 히브리 해방노예들에게 주시는 '하늘양식'은 매일매일 훈련 속에서 거두어지고 분배되어지며 소비되는 '일용할 양식'이다. 히브리 해방노예들은 일용할 양식 훈련과정에서 인류역사상 유일무이하게 하늘에서 내린 양식인 만나를 먹게 되었다. 본문은 '엷청으로 땅위를 바른 듯 가는 싸라기 같은 것이 광야의 표면에 있었다'라고 표현했다.

그렇다면 히브리 해방노예들은 이 만나를 어떻게 거두어 들였을까? 고무래로 벅벅 긁어모은 다음 삽으로 퍽퍽 퍼 담았을까? 아니면 빗자루로 쓱쓱 쓸어 모은 다음 소쿠리에 쓸어 담았을까?

실제로 광야는 모래로만 이루어진 사막은 아니다. 그렇지만, 흙과 모래와 크고 작은 돌들이 뒤섞여 있는 곳이다. 그 광야 위에 싸라기 같은 것들이 뒤덮여 있다고 상상해 보자. 다행스럽게도 본문읽기를 살펴보면 만나가 '갓' 씨와 같다고 기록한다. 이 '갓' 씨는 요단강 가에 자라는 물풀의 씨인데 완두콩보다 조금 작다고 한다. 아마도 만나는 흙과 모래와 작은 돌들로 이루어진 광야 표면에 완두콩만한 크기로 엉켜 있었을 수도 있다. 그렇다고 한다면 히브리 해방노예들은 하늘양식인 만나를 하나하나 주어 담아야만 했을 것이다. 그런데다가 무한정 시간이 있는 것도 아니었다. 곧 해가 내려 쪼이면 만나가 스러져 버렸기 때문이다. 그래서 문제가 발생 했다. 본문을 자세히 살펴보자.

"그들이 많이 거두어 모으기도 하고, 적게 거두어 모으기도 했다."

하늘로부터 내린 하늘양식 만나를 거두었는데 어떤 이는 많이 거두고 어떤 이는 적게 거두는 불평등한 결과가 발생했다. 실제로 그럴 수밖에 없었을 것이다. 흙과 모래와 작을 돌들로 이루어진 광야위에 내린 만나를 거두는 일은 누워서 떡먹기가 아니었다. 그것은 매우 어렵고 고된 노동이었다. 당연히 힘 있고 능력 있는 사람과 힘이 모자라는 사람 사이에 차등이 생길 수밖에 없었다. 그러나 다시 본문을 살펴보자.

> "그래서 그들은 오멜로 되어 많이 거두어 모은 사람도 남을 만큼 가지지 않았고, 적게 거두어 모은 사람도 모자라게 하지 않았다. 저마다 자신에게 딸린 먹을 식구 수대로 거두어 들였다."

일용할 양식의 진실
많이 거둔 자도 남지 않게, 적게 거둔 사람도 모자라지 않게

위 본문읽기의 상황을 어떻게 이해할 수 있을까? 무엇으로 받아들여야할까? 이와 관련하여 우리말 성서는 위 본문읽기의 의미와 실체 그리고 그 신앙진실을 덮어 숨기는 번역을 했다.

> "오멜로 되어 본즉 많이 거둔 자도 남음이 없고 적게 거둔 자도 부족함 없이 각기 식량대로 거두었더라."

우리말 성서번역은 위 본문읽기의 상황을 '모두에게 필요한 일용할 양식이 되는 놀라운 종교 신화'로 포장한다. 대다수의 설교자들도 위 문장을 '아 기적 같은 놀라운 하늘양식의 신비'라고 찬양한다. 그러나 그러한 번역과 해석은 위 본문읽기에 대한 큰 왜곡이며 엉뚱한 알레고리다. 그것은 히브리 해방노예들이 맞이한 '하늘양식 만나사건의 실제상황'이 아니다. 그것은 만나사건의 '신앙의미와 실체, 그 진실'을 외면하고 멀리 달아나려는 불신앙이다. 의심의 여지없이 뚜렷하게 '하늘양식 만나를 거두고 보니 많이 거둔 자가 있고 적게 거둔 자'가 있었다.

실제로 본문은 '히브리 해방노예들이 저마다 능력에 따라 많이 거두고 적게 거두는 불평등을 만들어 냈다'고 보고한다. 그러나 히브리 해방노예들이 모든 사람들에게 전혀 모자람이 없도록 '일용할 양식 분배정의'를 실행했다고 증언한다. 히브리 해방노예들은 야훼하나님이 주신 하늘양식인 만나를 자기 먹을 식구수대로 평등하고 정의롭게 분배했다. 사람마다 자기가 거두어 모은 것들을 오멜로 되어서 많이 거둔 사람도 남을 만큼 가지지 않았다. 그리고 적게 거둔 사람에게도 모자라지 않게 하였다.

이때 본문은 '로 헤에디프 함마르베'라는 '사역형 히브리어 동사문장'을 사용한다. '로'는 '아니다'라는 부정어이고 '헤에디프'는 '넘치도록 가지다'라는 사역형 자동사이다. 이 문장을 히브리어 문법과 문맥에 따라 번역하면 '많이 거두어 모은 사람도 남을 만큼 가지지 않았다'이다.

이어서 본문은 '함마메이트 로 헤흐시르'라는 '사역형 동사문장'을 사용한다. 마찬가지로 '로'는 '아니다'라는 부정어이고 '헤흐시르'는 '모자라게 하다'라는 사역형 타동사다. 이 문장을 히브리어 문맥과 문법에 따라 번역하면 '적게 거두어 모은 사람도 모자라게 하지 않았다'이다.

본문읽기에서는 의심의 여지없이 뚜렷하게 '많이 거두어 모으기도 하고, 적게 거두어 모으기도 하는 불평등'이 발생했다. 그러나 히브리 해방노예들은 하늘양식으로써 일용할 양식에 대한 정의와 평등분배 곧 사회경제 공동체 기적을 만들어냈다. 저마다 자신에게 딸린 먹을 식구수대로 거두어들이게 되는 '하늘양식으로써 일용할 양식의 신앙실체와 진실'을 훈련했다.

야훼 하나님께서 히브리 해방노예들에게 주신 만나사건에서 벌어진 본문상황들은 종교기적 신화가 아니다. 그것은 야훼 하나님의 해방과 구원, 정의와 평등세상을 위한 신앙훈련이다. 히브리 해방노예들의 희년신앙행동 깨달음이고 의지이며 실천이다. 야훼 하나님은 히브리 해방노예들에게 하늘양식으로써 만나를 주셨다. 하늘양식으로써 일용할 양식훈련을 통해서 히브리 노예들의 삶 속에 찌들어 있었던 노예정체성을 말끔히 씻어내게 하셨다. 야훼 하나님의 해방과 구원, 정의와 평등, 생명평화 세상 사람들로 거듭나게 하셨다. 그럼으로써 야훼 하나님은 히브리 해방노예들과 함께 맺게 될 시나이 산 희년신앙 행동계약을 준비하셨다. 하늘양식으로써 일용할 양식훈련을 통하여 히브리 지파동맹의 '희년신앙 행동서사'의 밑바탕을 놓으셨다

21세기 맘몬·자본세상 속에서 하늘양식으로써 일용할 양식훈련은 무엇일까?

　이제 21세기 맘몬·자본세상에서 하늘양식으로써 일용할 양식훈련은 '무한경쟁·독점·쌓음·소비'의 욕망을 깨뜨리는 신앙망치이다. 신자유주의 시장경쟁체제 이데올로기를 향한 대항행동으로써 해방과 자유, 정의와 평등세상을 꿈꾸는 대안세상운동이다. 21세기 금융시스템 속에서라면 '불로소득대박'만을 꿈꾸는 맘몬·자본세상 장물아비 인생을 치료하는 신앙훈련이다. 21세기 '예수제자도 훈련'의 핵심내용으로써 예수의 하나님나라 복음운동의 행동과 누림과 확대다.

　그러므로 21세기 시대상황에서 하늘양식으로써 일용할 양식은 독점재벌·맘몬권력 지배체제에서 임금노예들의 몸값일 수 없다. 21세기 예수신앙인 또는 성서 독자라면 독점재벌·맘몬권력 지배체제에서의 '임금

노예'이기를 거부해야 한다. 예수가 주기도문에서 선언한 하나님나라 복음운동의 핵심가치인 하늘양식으로써 일용할 양식을 훈련해야 한다. '많이 거둔 이도 남지 않게, 적게 거둔 이도 모자라지 않게'라는 희년신앙 행동을 훈련해야 한다. 그럼으로써 서로의 쓰임과 필요에 따라 서로가 서로에게 일용할 양식을 나누어야 한다. 맘몬·자본권력과 초국적기업과 투기 금융자본 그리고 기업국가 체제를 향한 생활임금과 노동인권과 기본생활권 투쟁에 나서야한다. 예수처럼, 시대의 맘몬·자본숭배 사회경제·종교·정치 체제를 향한 대항행동對抗行動을 일으켜야 한다. 왜냐하면 21세기 예수 신앙인들의 대항행동이 맘몬·자본권력 지배체제에 매인 풀뿌리 사람들의 삶을 해방하기 때문이다. 독점재벌과 초국적 기업의 노예임금 제도로부터 풀뿌리 사람들의 노동영혼을 구원하기 때문이다. 이제 21세기 예수신앙인들은 맘몬·자본세상을 탈출하려는 사람들과 함께 소통하고 연대해야 한다. 그럼으로써, 맘몬 자본세상을 향한 대항행동을 북돋우며 예수의 하나님나라 복음운동 대안세상Alternative Society을 건설할 수 있다.

21세기 하늘양식으로써 일용할 양식이란?

참으로 본문읽기에서 히브리 해방노예들은 '야훼 하나님께서 주시는 하늘양식 만나'를 먹었다. 21세기 예수신앙인들과 성서독자들도 야훼 하나님께서 주시는 하늘양식으로써 일용할 양식을 먹는다. 그러나 21세기 하늘양식으로써 일용할 양식은 맘몬·자본 지배체제에 목을 매고 사는 사람들에게는 전혀 이해되지 않고 가능하지도 않다. 하늘양식으로써 일용할 양식은 야훼 하나님의 해방과 구원, 정의와 평등, 생명평화 세상을 사는 사람들만의 것이다. 물론, 하늘양식으로써 일용할 양식조차도 사람마다의 힘과 재능에 따라 많이 또는 적게 거두는 불평등이 발생한다. 그러나 어떤 경우에든 하늘양식으로써 일용할 양식은 서로의 필요와 쓰임에 따라 남음도, 모자람도 없이 나누어져야 한다.

그러므로 무한경쟁·독점·쌓음·소비욕망만을 부추기는 신자유주의 시장 경쟁체제의 승자독식은 결코 하늘양식으로써 일용할 양식일 수 없다. 야훼 하나님이 '주시는 복'이라고 자랑할 수도 없다. 도리어 그것은 독점재벌·맘몬권력 지배체제에서 '다른 사람들의 하늘양식으로써 일용할 양식을 도적질한 장물'에 지나지 않는다. 21세기 맘몬·자본세상에서 자기 일용할 양식이상을 독점하고 쌓으며 소비하는 삶은 장물아비 인생일 뿐이다.

히브리 해방노예들의 만나사건 메시지 '쌓음의 사회악'

세 번째, 하늘양식으로써 일용할 양식은 결코 독점하거나 쌓거나 초과 소비 할 수 있다. 만약 야훼 하나님이 주시는 하늘양식으로써 일용할 양식을 독점하고 쌓으려 한다면 곧 썩어 냄새가 나고 구더기가 들끓게 될 것이다. 본문에서 야훼 하나님께서 히브리들에게 주신 하늘양식으로써 일용할 양식인 만나가 그랬다. 이점에서 21세기 맘몬·자본세상에서 가장 부도덕하게 발전한 사회경제 기술은 '독점과 쌓음의 기술'이다.

그렇다면 21세기 독점과 쌓음의 기술발전은 도대체 어느 정도일까? 대한민국 검찰과 법원 등 사법기관들조차 몇 조원씩이나 몰래 숨겨둔 불법자본을 찾아내지 못한다. 실제로 독점자본들과 몇몇 기득권계층 장물아비들이 수천억 또는 수조원의 불법자본을 독점하고 쌓아놓았을 것으로 여겨진다. 그런데도 대한민국 정부와 사법당국은 그 돈을 찾아내지 못한다. 그것뿐만이 아니다. 쌓음은 또 다른 쌓음을 낳는다. 돈이 돈을 생산한다. 그래서 돈은 맘몬 하나님이 된다. 독점 자본가라도 이제 자본의 노예다. 독점 자본가라도 무한증식과 쌓음만을 열망하는 맘몬·자본의 하수인일 뿐이다. 결단코 누구라도 거대 맘몬·자본을 해체해서 가난한 이웃들에게 흩어주지 못한다. 그 분명한 예가 '록펠러, 카네기, 워렌 버핏, 빌게이츠, 일론 머스크' 등 거대 자본가들이다. 그들은 세금 없는 무한 자본증식과 쌓음을 위해 비영리재단을 설립한다. 나아가 세금 없는 역외국가에 천문학적인 독점자본을 쌓아놓는다.

이렇듯이 21세기 지구촌 대기업들과 투기금융 자본들의 무한경쟁·독점·착취·쌓음의 탐욕으로 인해 지구촌 가난한 풀뿌리 사람들의 삶이 파괴된다. 저개발국가 저임금 노동자들이 생존을 위협받는다. 시나브로 목숨마저 빼앗긴다. 지구촌 초국적 기업들과 투기 금융자본들의 '독점과 쌓음의 기술 또는 능력'은 풀뿌리 사람들의 노예의 삶을 영속화한다. 21세기 맘몬·자본지배체제 내부자로서 투기 금융자본들과 초국적 기업들의 무한독점·착취·쌓음의 탐욕은 반생명 또는 반인권 그 자체다. 야훼 하나님의 해방과 구원, 정의와 평등, 생명평화 세상을 끝장내려는 공중권세 잡은 사탄의 도구다. 머잖아 무너져 내리고야 말 금권 바벨탑이다.

7. 계약 : 야훼 하나님께서 히브리 지파동맹과 함께 '희년신앙 행동계약'을 맺다.

출애굽기 19:1-5, 20:1-17, 24:1-11

본문읽기 1. 희년신앙 행동계약 제안 출애굽기 19:1-5

이스라엘 후손들이 이집트 땅으로부터 나와서 셋째 달 초하루 바로 그 날에 시나이 광야로 왔다. 그들이 르비딤으로부터 떠나서 시나이 광야로 와서 그 광야에 머물렀다. 이스라엘이 거기 그 산 맞은편에 장막을 쳤다. 모세가 하나님께 올라갔다. 야훼께서 그 산으로부터 모세를 부르셨다. 이르시기를.

> "너는 야곱족속에게 이렇게 말하라. 이스라엘 후손들에게 알려라.
>
> 너희는 내가 이집트 사람들에게 행한 것을 보았다.
>
> 내가 독수리들의 날개로 너희를 업어서, 나에게로 너희를 이끌었다.
>
> 이제 만약 너희가 내 음성을 잘 듣고 따른다면, 너희가 나와의 계약을 지킨다면 너희는 모든 민족들 가운데서 나의 소유가 될 것이다.
>
> 너희가 나에게 제사장들의 나라가 되고 거룩한 민족이 될 것이다.
>
> 이것들이 '네가 이스라엘 후손들에게 전할 말들'이다."

본문읽기 2. 희년신앙 행동계약 법규총칙 십계명 출애굽기 20:1-17

하나님께서 이 모든 계명들을 선포하셨다. 이르시기를.

"나는 네 하나님 야훼다. 곧 노예들의 집으로부터, 이집트 땅으로부터 너를 이끌어 낸 네 하나님 야훼다.

너는 너를 위하여 다른 하나님들을 내 얼굴에 맞세우지 말라. 너는 너를 위하여 어떤 우상도 만들지 말라. 위로부터 하늘에 있는 것이든, 아래로부터 땅에 있는 것이든, 땅 아래로부터 물속에 있는 것이든, 어떤 모양의 우상도 만들지 말라.

너는 그것들에게 절하지 말고 그것들을 섬기지 말라. 왜냐하면 나, 네 하나님 야훼는 '열정에 불타 질투하는 하나님'이시기 때문이다. 나를 미워하는 자들에게는 '아비들의 죄를 삼대 또는 사대 후손들에게서까지 찾을 것'이다. 그러나 나를 사랑하고 나의 명령들을 지키는 이들에게는 '천 대에 이르기까지 은혜를 베풀 것'이다.

너는 네 하나님 야훼의 이름을 거짓으로또는 헛되이 치켜세우지 말라. 왜냐하면 나, 야훼는 '어떤 사람도 그 이름을 거짓으로 치켜세우는 것'을 벌하지 않고 내버려 두지 않을 것이기 때문이다.

너는 안식일을 기억하여 그날을 거룩하게 하라. 너는 엿새 동안 노동해라. 네 모든 일들을 해라. 그러나 이레 날은 네 하나님 야훼의 안식일이다. 너는 모든 일을 하지 말라. 너나 네 아들이나 딸이나 네 남종이나 여종이나 네 가축이나 네 문안에 있는 네 나그네조차 어떤 일도 해서는 안 된다. 왜냐하면 나, 야훼가 엿새 동안 하늘과 땅과 바다 그리고 그것들 안에 있는 모든 것들을 만들고 이레 날에 푹 쉬었기 때문이다. 그러므로 나, 야훼가 안식일에 복을 내리고 그날을 거룩하게 했다.

너는 네 아비와 어미를 공경하라. 왜냐하면 네 하나님 야훼께서 네게 주신 그 땅 위에서 네 날들이 길게 하기 위해서다.

너는 살인하지 말라.

너는 간음하지 말라.

너는 도둑질 하지 말라.

너는 네 이웃에 대하여 거짓 증언하지 말라.

너는 네 이웃집을 탐내지 말라. 너는 네 이웃의 아내나 그의 남종이나 여자이나 그의 소나 나귀나 네 이웃에게 있는 모든 것을 탐내지 말라."

본문읽기 3. 히브리 지파동맹이 희년신앙 행동계약 의식을 치르다
출애굽기 24:1-11

야훼께서 모세에게 말씀하셨다.

"너와 아론과 나답과 아비후 또 이스라엘 장로들 가운데 칠십 명은 나, 야훼에게로 올라오라. 그리고 너희는 멀리서 경배하라. 너, 모세만 홀로 나, 야훼에게 가까이 오라. 그들은 가까이 오지 마라. 또한 그들도 사람들과 함께 올라오지 않아야한다."

모세가 돌아와서 사람들에게 야훼의 모든 말씀들과 모든 공의로운 법규들을 낱낱이 보고했다. 그러자 모든 사람들이 한 목소리로 응답하여 말했다.

"야훼께서 명령하신 모든 말씀들을 우리가 실행하겠습니다."

모세가 야훼의 모든 말씀들을 기록했다. 그리고 모세가 아침 일찍 일어나 그 산 아래 제단을 지었는데 이스라엘 열두지파에 따라 열두 개 돌기둥을 세웠다. 모세가 이스라엘 후손 청년들을 보내어 그들로 하여금 번제물들을 드리게 했는데 그들이 야훼께 수소들을 화목제 희생 제물로 드렸다. 모세가 그 피의 절반을 받아서 양푼들에 담고 또 그 피의 절반을 제단 위에 뿌렸다. 그리고 모세가 그 계약 책을 가져다가 그 사람들의 귀에 낭독했다. 그러자 그들이 외쳤다.

"야훼께서 명령하신 모든 것을 우리가 실천하고 지키겠습니다."

모세가 그 피를 가져다가 그 사람들 위에 뿌리며 말했다.

"보라, 야훼께서 이 모든 계명들에 대하여 너희와 함께 맺은 계약의 피다."

모세와 아론과 나답과 아비후 그리고 이스라엘 장로들 가운데 칠십 명이 올라가서 이스라엘의 하나님을 뵈었다. 그분의 발아래는 청옥타일을 깔아놓은 듯했으며 그 맑음이 하늘의 푸름과 같았다. 하나님께서 이스라엘 후손들 가운데 존경받는 이들에게 자기 손을 대어 치지 않으셨다. 그래서 그들은 하나님을 뵈면서 먹고 마셨다.

본문이해하기
계약신학이란, 무엇인가?

서구교회는 옛날부터 성서를 이해하고 해석하는 신학으로써 하나님과 사람사이에서 맺은 '계약신학 또는 언약신학'Covenant Theology을 체계화했다. 그런데 서구교회 계약신학에는 '당사자 사이에 자유로운 의사결정'이라는 계약자유의 원칙이 없다. 왜냐하면 하나님과 사람사이에 계약은 창조주 하나님과 피조물사이에 맺어진 계약이기 때문이다. 창조주와 피조물 사이에 계약을 맺을 경우에는 당사자의 자유로운 의사결정이 필요치 않다. 창조주 하나님의 일방선언으로 계약이 체결된다. 이와 관련하여 서구교회 계약 신학자들은 하나님과 사람사이에서 맺어진 계약을 두 가지로 요약한다.

하나는, 하나님과 처음사람 아담사이에 맺어진 '행동계약'이다. 이 계약의 당사자인 아담은 인류의 대표로서 하나님의 명령에 순종해야 할 책임과 의무를 진다. 아담에게 주어진 행동계약조건은 창조주이신 하나님의 명령에 순종하는 것이다. 그러할 때 하나님은 아담에게 영원한 생명을 허락하신다. 그러나 처음사람 아담이 하나님의 명령에 불순종함으로써 이 행동계약은 파기되었다. 그것으로써 인류는 죽음이라는 심판대에 서게 되었다.

또 하나는, 하나님과 처음사람 아담사이에 맺어진 행동계약이 파기된 이후 하나님께서 온 인류와 새롭게 맺은 '은혜계약'Covenant of Grace이다. 이제 누구든지 자기행동이 아니라 '예수 그리스도의 십자가은혜'로 구원을 받는다. 하나님은 예수 그리스도를 믿는 사람들에게 '예수 그리스도의 십자가은혜'를 그들의 '의'로 인정하신다. 이렇듯이 누구든지 예수 그리스도를 믿음으로써 예수 그리스도와 연합할 수 있다.

이렇듯이 서구교회 계약신학에서 하나님과 처음사람 아담과 맺은 행동계약과 예수 그리스도의 십자가 은혜계약 사이에는 메울 수 없는 차이가 발생한다. 무엇보다 큰 차이는 예수 그리스도의 십자가 은혜를 믿는 사람들과 하나님과 맺은 은혜계약은 영원히 파기되지 않는다는 것이다. 무엇보다도 서구교회 은혜 계약신학의 특징은 예정론이다. 하나님이 미리 구원을 받을 사람을 정했으며 사람의 노력과 의지에 관계없이 '하나님이 미리 정한 사람들의 구원을 이루어 가신다'는 주장이다.

그러므로 예부터 지구촌 교회들은 서구교회의 두 가지 계약신학 이해에 따라 성서를 이해하고 해석해 왔다. 대부분의 지구촌 교회들은 히브리 성서를 구약舊約성서로 '복음서와 서신서 등을 신약新約성서'로 구분한다.

그러나 이제 21세기에 이르러, 히브리 성서 출애굽기에서 '야훼 하나님과 히브리 지파동맹이 함께 맺은 희년신앙 행동계약'을 주목해야한다. 출애굽기 희년신앙 행동계약 본문들이 21세기 교회와 교우들에게 다시 새롭게 읽혀지고 해석되어져야 한다. 왜냐하면 기독교 성서신앙 역사에서 야훼 하나님께서 히브리들과 함께 맺으신 계약은 오롯이 '희년신앙 행동계약'이기 때문이다. 이제 필자는 본문읽기를 통하여 희년신앙 행동계약의 실체와 진실을 밝히려고 한다. 또한 21세기의 시대언어로 출애굽기 본문들을 읽고 풀이하려고 한다.

본문풀이
야훼 하나님께서 히브리 지파동맹과 함께 희년신앙 행동계약을 맺다

히브리 성서에서 야훼 하나님과 사람사이의 계약전승은 시나이 산에서 히브리 해방노예들과 함께 맺은 '희년신앙 행동계약'이 그 밑바탕이다. 히브리 성서 출애굽기는 '히브리 노예들의 하나님 야훼께서 나타나셨다'고 증언한다. 야훼 하나님은 파라오 노예세상에서 종살이 하던 히브리 노예들을 해방하고 구원하셨다. 야훼 하나님은 히브리 해방노예들을 자기 사람들로 선택하시고 그들과 더불어 희년신앙 행동계약을 맺으셨다. 그럼으로써 파라오 노예제국을 향한 대항세상으로써 야훼 하나님의 해방과 구원세상을 여셨다. 야훼 하나님은 히브리 해방노예들과 맺은 희년신앙 행동계약을 통하여 '희년신앙 행동법규들'을 주셨다. 야훼 하나님께서 히브리 해방노예들과 더불어 희년신앙 행동계약을 맺음으로써 히브리들이야말로 '야훼 하나님의 사람들'임을 확인하셨다. 또한 야훼 하나님은 희년신앙 행동법규 총칙 십계명을 통해서 '당신이 히브리 노예들의 하나님'이란 사실을 꼭 집어서 못 박았다.

그러므로 히브리 해방노예들은 희년신앙 행동계약 조건으로써 야훼 하나님이 주신 행동법규들을 반드시 지켜야만 한다. 물론, 히브리 성서 역사 속에서 희년신앙 행동법규들은 유대교의 전통율법으로 전용轉用되었다. 그러면서 율법은 다윗왕조 유다왕국의 흥망과 유대교 변천사變遷史에 따라 여러 가지 퇴행을 만들어 왔다. 실례로 유대교 율법은 예수시대에 이르러 유대 풀뿌리 사람들의 삶을 억압하고 착취하는 6백13개의 생활율법으로 퇴행하였다.

그러나 히브리 성서 출애굽기 희년신앙 행동서사는 모세시대 또는 모세오경으로 끝난 것이 아니다. 또한 히브리 성서시대의 히브리 노예들과 유대사람들 그리고 유대교 역사로만 끝나지 않았다. 히브리 노예들과 야훼 하나님 사이에서 맺어진 희년신앙 행동계약 행동법규들은 복음서에서 '예수의 하나님나라 복음운동'으로 고스란히 전이轉移되었다. 예수는 옛 히브리 노예들의 희년신앙 행동법규들을 온전하게 재구성해서 하나님나라 복음운동으로 펼쳐냈다. 또한 희년신앙 행동법규들은 오롯이 예수 부활신앙 공동체들의 공유경제와 초대교회 연보신앙 동맹 네트워크로 이어졌다. 그것은 이제 다시 21세기 희년신앙 행동서사로써 예수신앙인들의 하나님나라 복음운동으로 끈끈하게 이어질 것이다.

희년신앙 행동계약 행동법규들의 의미

사실 '계약'이라는 용어는 히브리 성서에서 맨 처음 사용한 말은 아니다. 오히려 고대 성서 주변세계에 널리 쓰이던 말이 성서 안으로 들어온 것이다. 이와 관련하여 고대 수메르 문명지역에서 계약의 발전은 다양한 금융계약을 통하여 이루어졌다. 예컨대 고대 수메르 문명지역에서 쐐기문자는 '금융계약과 회계체계가 발달하면서 생겨난 부산물'이다. 이후 고대 바빌로니아에서도 금융계약을 위한 계산과 회계기법의 필요 때문에 수학이 발전했다. 늦어도 기원전 2천 년대에는 쐐기문자로 기록된 '부동산담보 대출계약이나 조합계약' 등 온갖 계약증서와 신용문서들이 등장했다. 고대 바빌로니아 법률체계에서 계약 또는 공증이나 진술서 등은 소유권리와 의무를 밝히는데 필요한 문서였다. 21세기 금융계약과 크게 다르지 않았다. 따라서 고대 메소포타미아 문명지역에서는 온갖 금융계약에 사용되었음직한 다양한 인장들도 많이 발굴되었다.

한편 고대 이집트 문명지역에서는 지중해와 홍해를 통한 해상무역도 활발했다. 고대 이집트제국은 레바논 해안도시를 중간거점으로 키프로스와 소아시아 지역까지 지중해 무역항로를 개척했다. 기원전 2천 5백여 년 경에는 홍해 남쪽출구인 바브엘만데브현 예맨를 징검다리 삼아 인도양으로까지 무역항로를 확장했다. 홍해를 따라 2천 4백 km를 항해해서 아프리카 푼트소말리아지역까지 해상 무역항로를 개척했다. 그러면서 예부터 고대 이집트 제국에서도 온갖 금융계약들이 발달했다.

또한 고대 이집트제국은 팔레스타인과 시리아지역을 식민지로 점령하고 토착 봉건군주들과 봉신계약을 맺었다. 이집트 땅 가난한 풀뿌리 농부들에게는 많은 빚을 지워서 가축과 땅을 빼앗고 채무 노예계약을 맺기도 했다. 실례로 창세기 꿈의 사람 요셉이야기는 파라오 채무노예제국 지배체제를 완성해 가는 과정을 꼼꼼하고 생생하게 보여준다. 고대 그리스 문명지역에서도 에게해 또는 지중해 해상무역이 활발했다. 고대 그리스

문명세계는 화폐발행을 통해 지중해 해상무역 금융시스템을 마련했다. 그리스 화폐경제 속에서 발달한 다양한 금융 계약제도가 지중해 해상무역에 활력을 불어 넣었다. 실제로 21세기 금융시스템 속에서 상상할 수 있는 모든 계약들이 그리스·로마제국의 화폐금융 시스템 속에서 실재實在했다.

그러나 한편 성서에서 계약신앙은 계약의 한쪽 당사자로서 '사람이 하나님의 형상이라는 것'을 밑바탕으로 한다. 사람은 하나님의 형상을 따라 지음 받음으로써 하나님과 관계유비關係類比속에서 사람으로 존재한다. 따라서 누구든 사람이라면 자유롭게 사람다운 삶을 살아야 할 권리와 책임과 의무가 있다. 그래서 사람은 하나님과 계약당사자가 될 수 있고 계약의 권리를 누리고 책임과 의무를 다할 수 있다.

이렇듯이 성서에서 계약신앙은 '처음사람 아담의 에덴동산으로부터 예수 그리스도의 십자가은혜'까지 하나님과 사람사이의 관계유비가 밑바탕이다. 서구교회는 처음사람 아담의 행동계약으로써 '옛 계약'과 예수 그리스도의 십자가 은혜로써 '새 계약'을 주장한다. 실제로 두 계약은 본문의 희년신앙 행동계약 행동법규들 안에서 하나로 모아질 수 있다. 왜냐하면 두 계약에서 똑같이 주도권을 갖고 있는 계약당사자가 야훼 하나님이시기 때문이다. 또한 두 계약에서 똑같이 사람은 계약의 한쪽 당사자로서 하나님의 형상으로 지음 받았기 때문이다. 따라서 두 계약의 내용역시 희년신앙 행동계약 행동법규들 안에서 야훼 하나님의 해방과 구원세상으로 모아질 수 있다. 야훼 하나님께서 자기사람들과 함께 희년신앙 행동계약을 맺으시고 그 계약을 이루기 위해 행동하신다. 그러므로 예수신앙인들은 예수의 십자가은혜를 통해서 야훼 하나님과 새롭고 다양한 관계를 맺으며 자기 삶을 살아간다.

누가 희년신앙 행동계약을 맺을 수 있는가?

21세기의 계약은 당사자들 사이에서 자유로운 의사意思로 합의를 이끌어 내는 것이다. 그렇다면 본문읽기에서 히브리 해방노예들은 자유로운 의사로 계약을 맺을 수 있는 당사자 자격이 있었을까? 이와 관련하여 유대인들은 지금도 자기 자녀들에게 이렇게 가르친다고 한다.

> "우리조상들은 고대 이집트제국의 노예였었지. 그런데 야훼 하나님께서 우리를 파라오 채무노예 제국으로부터 해방하셨단다."

실제로 출애굽기 본문들에는 히브리 해방노예들을 '출애굽 해방과 구원사건에 걸맞은 삶의 태도'로 바꾸려는 야훼 하나님의 뜻과 의지가 절절하다. 히브리 해방노예들은 오랫동안 파라오 노예세상의 노예로 살아오면서 노예정체성에 찌들어 왔다. 자기 삶의 앞뒤를 전혀 가늠하지 못한 채 살아온 히브리 해방노예들은 지금 당장 주인으로부터 가해지는 폭력과 고통에만 응답한다. 자기 삶에 대한 추억과 성찰도 없고 미래에 대한 의지와 희망도 없다. 오롯이 지금 자신들의 희로애락喜怒哀樂을 쥐락펴락할 수 있는 주인의 말만 따를 수밖에 없었다.

그러나 이제 히브리 해방노예들은 파라오 노예세상에서 쌓아왔던 노예정체성을 새롭게 바꾸는 고된 광야훈련을 시작했다. 본문읽기에 앞서서 히브리 해방노예들은 야훼 하나님의 거룩한 전쟁을 체험했다. 광야에서 마라의 쓴물사건과 메추라기와 만나사건을 통하여 야훼 하나님의 사람들로 거듭나는 훈련을 이어왔다. 해방과 구원, 정의와 평등, 생명과 평화세상을 건설하고 누리며 지켜나가기 위한 자유인으로 훈련 받아 왔다. 앞으로도 이 광야훈련은 매일매일 거듭해서 되풀이 될 훈련이었다.

그러므로 이제 히브리 해방노예들은 파라오 채무노예제국 지배체제의 노예가 아니다. 히브리 노예들의 하나님이신 야훼의 출애굽 해방과 구원사건을 체험하고 이해하며 누리는 주체이다. 자유自由 하는 야훼 하나님의 사람들이다. 히브리 해방노예들이 세우고 누리며 지켜나가야 할 해방과 구원 세상의 주인이다. 야훼 하나님과 함께 맺는 희년신앙 행동계약 행동법규들을 지켜나가야 할 당사자이다. 이제 히브리 해방노예들의 새로운 해방과 구원, 정의와 평등세상을 열어가는 일은 오롯이 그들의 몫이다. 하지만 그것은 야훼 하나님의 출애굽 해방과 구원사건으로부터 이어지는 무조건의 자연섭리가 아니다. 또한 모세처럼 몇몇 뛰어난 종교지도자들의 카리스마도 아니다. 오롯이 히브리 해방노예 공동체 모두의 희년신앙 행동계약 행동법규들에 대한 공감과 참여와 연대다. 히브리 해방노예들의 해방과 구원세상은 야훼 하나님께서 주시는 율법을 기계적으로 따르는 것이 아니다. 야훼 하나님과 더불어 희년신앙 행동계약의 한쪽 당사자로서 히브리들의 올곧고 마땅한 사회경제·종교·정치 공동체 책임이고 의무이다.

시나이 광야

본문읽기 1.에서 '광야'시나이는 히브리 해방노예들에게 야훼 하나님의 출애굽 해방과 구원사건의 일차 목적지다. 이와 관련하여 모세는 앞의 출애굽기 본문읽기에서 파라오에게 이렇게 말했다.

"야훼, 히브리 노예들의 하나님께서 당신에게 나를 보내서 '내 사람들을 보내어 광야에서 나를 섬기게 하라'라고 말씀하셨소."

출애굽기 12장 본문에서는 파라오 스스로 '가서 너희가 말한 대로 야훼를 섬겨라'며 다급하게 히브리 노예들을 이집트 땅에서 쫓아냈다. 이렇듯이 파라오 노예 세상 종살이로부터 해방된 히브리 해방노예들은 광야에서 마라의 쓴물사건과 만나사건을 경험했다. 먼저, 마라의 쓴물사건에서 히브리 해방노예들은 파라오 노예세상에서 찌든 노예정체성을 씻어내는 의식전환意識轉換훈련을 받았다. 출애굽 해방과 구원세상에서 야훼 하나님의 사람들로 거듭나는 훈련을 시작했다. 또한 히브리 해방노예들은 하늘양식 만나사건을 통해 해방과 구원, 정의와 평등세상을 준비하는 사십년 광야생활의 일용할 양식훈련을 시작했다. 그러는 사이 히브리 해방노예들은 시나이 광야에 도착했다. 실제로 히브리 해방노예들이 시나이 광야에 도착한 것은 매우 큰 의미가 있다. 왜냐하면 본문읽기에서 시나이 광야는 인류종교·문명사에서 유래가 없는 히브리 노예들의 하나님 야훼를 향한 공동체신앙이 싹튼 곳이기 때문이다. 이점에서 광야는 '미드바르'라는 히브리어로 표현하는데 '다바르'라는 동사와 연계되어 있다. '다바르'라는 동사는 '말하다, 약속하다, 명령하다' 등 여러 의미로 사용된다. 실제로 히브리 해방노예들은 듣도 보도 못한 히브리 노예들의 하나님을 만나서 그분의 말씀을 듣고 말씀을 따라 행동하는 훈련을 시작했다. 그리고 마침내 히브리 노예들의 하나님 야훼와 히브리 해방노예들 사이에서 희년신앙 행동계약이 맺어졌다.

모세는 시나이 산에 올라 야훼 하나님을 만나 뵈었다. 그때 모세는 야훼 하나님으로부터 히브리 해방노예들과 함께 맺을 희년신앙 행동계약을 제안 받는다.

"너는 야곱족속에게 이렇게 말하라. 이스라엘 후손들에게 알려라. 너희는 내가 이집트 사람들에게 행한 것을 보았다. 내가 독수리들의 날개로 너희를 업어서 나에게로 너희를 인도했다. 이제 너희가 내 음성을 잘 듣고 따른다면, 나의 계약을 지키면, 너희는 모든 민족들 가운데 나의 소유가 될 것이다. 너희가 나에게 제사장들의 나라가 되고 거룩한 민족이 될 것이다. 이것들이 '네가 이스라엘 후손들에게 전할' 말들이다."

여기서 사용한 히브리어 낱말 '세굴라'는 일반적으로 '소유'라고 번역된다. 그런데 이 낱말은 히브리 성서 안에서 '세굴라트 멜라킴 왕들의 보배'라는 뜻으로 사용된다. 히브리 해방노예들의 삶 속에서 보면 그들은 파라오 노예세상으로부터 탈출한 해방노예들이다. 그러나 야훼 하나님의 출애굽 해방과 구원세상에서 히브리 노예들은 야훼하나님께 속한 사람들 또는 야훼의 사람들이다. 그러므로 히브리 해방노예들은 '히브리 노예들의 하나님 야훼에게 보배'와 같다. 그 무엇과도 바꿀 수 없는, 다른 무엇으로도 대체 할 수 없는 야훼께 속한 사람들로서 야훼 하나님의 자녀들이다.

희년신앙 행동계약 의식儀式

출애굽기 본문에서 '계약'이라는 의미로 사용한 용어는 '베리트'라는 낱말이다. 히브리 성서는 '계약을 맺다'카라트 베리트라는 표현을 많이 사용한다. 이때 사용하는 히브리어 동사가 '카라트'인데 '자르다 또는 쪼개다'라는 뜻이다. 계약을 맺는 화목제에 쓰일 희생제물을 양쪽으로 자르거나 쪼개서 그 사이로 계약당사자들이 지나감으로써 계약을 맺는다. 물론 이밖에도 히브리 성서에는 다양한 계약의 의식들이 나타난다. 에스라 10장 또는 에스겔 17장에서는 '계약의 당사자들이 서로의 손을 잡고 맹세하는 것'으로도 계약을 맺는다. 또한 민수기 18장과 레위기 2장 등에서는 변하지 않는 소금을 두고 맹세를 함으로써 계약을 맺는다. 이것을 소금 계약이라고 한다. 옛날부터 소금의 역할이 썩거나 변질되는 것을 막는 것이기 때문에 '썩어서 변하지 않을 불변의 맹세'를 상징한다.

이와 관련하여 행동계약 의식에서는 계약당사자들이 직접 행동해야만 하는 의무와 책임들이 정해지게 마련이다. 하나님 앞에서 또는 하나님 이름을 앞세우고 사람들이 맺는 다양한 계약들도 마찬가지다. 계약의 내용과 성격에 따라 요구되는 책임과 의무 그리고 권리를 명시한다. 창세기 31:44, 사무엘하 3:13, 열왕기상 15:19

실제로, 국가와 민족 또는 부족사이의 협약도 반드시 당사자들의 의무와 책임을 동반한다. 마찬가지로 야훼 하나님께서 사람 또는 공동체와 맺으시는 행동계약에서도 사람에게 꼭 지켜야할 계약의 의무와 책임을 주신다. 또한 야훼하나님 스스로도 당신이 지켜야할 의무와 책임을 제안하시고 결정하신다. 한편 계약은 대체로 대등한 위치에 있는 당사자 사이의 자유로운 합의다. 그러나 그렇지 않은 경우도 많다. 성서에서도 강자와 약자 사이에서 또는 패자와 승자사이에서 맺는 계약이 나타난다. 성서 주변세계에서는 국가와 민족 또는 부족사이에서 다툼과 전쟁을 통해 승자와 패자가 갈리고 배상조약을 맺는 일이 많다. 시대마다 제국주의 지배 체제 아래서 식민지 봉신 군주들이 제국을 향한 종속의 맹세로써 맺어지는 봉건계약들도 많다.

그러나 본문읽기에서 야훼 하나님과 히브리 해방노예 사이에 맺어지는 희년신앙 행동계약은 지금까지의 수많은 계약 의식들과는 전혀 다르다. 희년신앙 행동계약은 대등하고 자유로운 당사들의 주도권 싸움과도 다르다. 대등한 지위를 갖는 당사자들 간의 합의도, 억압을 통한 배상조약도, 제국주의 종속조약도 아니다. 한마디로 희년신앙 행동계약은 '행동관계계약'이다.

이와 관련하여 인류종교·문명사에 나타난 모든 제국주의 하나님들은 '절대자絕對者로서 하늘과 땅과 세계의 본바탕이고 완전한 존재다. 따라서 제국주의 하나님들은 절대타자絕對他者로서 사람 사는 세상으로부터 멀리 떨어져 하늘에 계신다. 제국주의 하나님들은 땅과 세계를 초월하는 절대타자로서 사람 사는 세상으로부터 절대적으로 독립된 존재들이다. 제국주의 하나님들은 절대자로서 절대타자의 자리에서 자신이 선택한 특별한 사람 곧 왕이나 제사장들과 일방계약을 맺는다. 그럼으로써 제국주의 하나님들은 제국주의 지배체제로부터 독점적이고 전폭적인 섬김과 숭배를 받는다. 언감생심 제국주의 지배체제의 노예들은 절대자이며 절대타자인 제국주의 하나님들을 가까이 할 수조차 없다. 노예들에게는 아예 하나님이 없다.

실제로 이제껏 인류종교·문명사에서 제국주의 지배체제의 노예들은 자기 하나님을 전혀 몰랐다. 아예 노예들에게는 자기 하나님을 모실 자격조차 없었다. 그러나 이제 히브리 노예들의 하나님 야훼께서 나타나셨다. 야훼는 모세를 통하여 히브리 노예들에게 자기 이름을 밝히심으로서 히브리 노예들의 하나님으로 관계를 맺었다. 그 관계 속에서 히브리 노예들을 파라오 노예제국으로부터 해방하고 구원하시는 출애굽사건을 일으키셨다. 그럼으로써 스스로 히브리 노예들의 하나님이심을 증명하셨다. 또한 히브리 해방노예들을 자기 사람들로 삼으셨다. 이제 야훼 하나님은 히브리 해방노예들과 함께 그들의 해방과 구원세상을 약속하고 보장하신다. 그 일을 위해 야훼 하나님은 히브리 해방노예들과 함께 희년신앙 행동계약을 맺으시고 행동법규들을 주셨다.

희년신앙 행동계약 행동법규 총칙으로의 '십계명'

야훼는 인류종교·문명사에서 그 유래를 찾을 수 없는 히브리 노예들의 하나님으로 이 땅에 나타나셨다. 야훼 하나님은 히브리 노예들을 해방하고 구원하시며 그들을 자기 사람들로 훈련하셨다. 실례로 야훼 하나님은 출애굽기 16장 11절에서 21절까지 본문에서 하늘양식 만나사건을 통하여 '일용할 양식 훈련'을 시작하셨다. 사람 사는 세상에서 일용할 양식이 무엇인지, 어떻게 거두고 나누어야 하는지 훈련하셨다. 이 훈련은 히브리 해방노예들의 광야생활 40년 동안 매일매일 반복되었다. 이렇듯이 사람 사는 세상에서 일용할 양식훈련은 예수의 오병이어 밥상공동체와 초대교회 연보신앙공동체 네트워크로까지 이어졌다. 이제 히브리 해방노예들이 야훼 하나님의 사람들로 거듭나는 훈련이 무르익었다. 그리고 마침내 야훼 하나님은 히브리 해방노예들과 더불어 희년신앙 행동계약을 맺으셨다.

이 행동계약에서 야훼 하나님도 스스로 감당하시는 의무와 책임을 정하셨다. 그것은 바로 히브리 해방노예들의 해방과 구원세상이다. 또 앞으로 히브리 해방노예들이 차지하게 될 가나안 땅과 그 땅에서 후손들이 번성하는 복이다. 그러면서 동시에 히브리 해방노예들에게 주어진 희년신앙 행동계약의 의무와 책임은 십계명이다.

이때 본문읽기 2.에서는 십계명을 '열 가지 말씀들'아쉐레트 하디베로트이라고 표현한다. 희년신앙 행동계약 행동법규의 총칙으로써 히브리 해방노예들이 지켜야 할 책임과 의무의 핵심내용이다. 이어지는 출애굽기 본문들과 레위기 그리고 신명기의 본문들은 '히브리 해방노예들이 지켜야할 희년신앙 행동법규들'을 하나하나 열거한다.

물론 유대교에서는 희년신앙 행동법규로써 여러 가지 책임과 의무들을 '모세의 율법'이라고 한다. 십계명과 이어지는 출애굽기 본문들 그리고 레위기와 신명기 행동법규들이 모세의 율법 내용들이다. 따라서 모세 율법의 핵심내용도 출애굽기 본문과 신명기 5장의 십계명으로 이해할 수 있다. 이와 관련하여 성서학자들은 십계명의 저술연대를 따라서 십계명의 의미를 이해하려고 한다. 대부분의 성서학자들은 십계명의 저술연대를 시나이 산 희년신앙 행동계약과 연계해서 이해한다. 따라서 본문과 신명기에 나타난 십계명의 저술연대는 빠르면 기원전 16세기 경, 늦으면 기원전 13세기경이다.

이렇듯이 야훼 하나님은 파라오 노예제국에서 종살이 하던 히브리 노예들의 하나님으로 나타나셔서 그들과 관계를 맺으셨다. 또한 파라오 노예제국으로부터 히브리 해방노예들을 해방하고 구원하셨다. 그래서 히브리 해방노예들을 자기사람들로 만들고 훈련하면서 관계를 발전시켰다. 그리고 마침내 히브리 해방노예들과 함께 희년신앙 행동계약을 맺으면서 행동법규 총칙으로 내어놓은 것이 바로 십계명이다. 따라서 십계명은 성서주변세계 제국주의 노예제국의 종교와 사회경제 체제를 향한 대항행동對抗行動으로 만들어졌다. 물론 그러면서도 고대성서 주변세계의 세계관과 도덕관념을 반영했다.

그러나 십계명은 초대교회부터 중세교회에 이르기까지 그다지 중요하게 대접받지 못했다. 그러다가 종교개혁 이후 개신교회들에서 새롭게 신앙 교훈집들이 만들어지면서 십계명이 교리문답서에 포함되기 시작했다. 서구교회는 십계명을 세부분으로 나누어 이해한다. 첫째 부분은 하나님에 대한 계명인데 '어떻게 하나님을 받들고 경배해야 하는가'이다. 두 번째 부분은 '안식일규정'인데 곧 이날을 기억하고 거룩하게 하라는 명령이다. 세 번째 부분은 사람들의 생활영역에서 꼭 지켜야할 가치와 도덕에 관한 명령이다. 출애굽기와 신명기의 십계명본문에 따르면 야훼 하나님께서 시나이 산에서 모세를 통하여 히브리 해방노예들에게 주시는 십계명을 계시하셨다고 한다. 야훼 하나님은 이 십계명을 2개의 돌 판에 새겨서 모세에게 주셨다. 이 십계명이야말로 야훼 하나님께서 희년신앙 행동계약의 핵심계약의무로써 히브리 해방노예들에게 주시는 행동법규 총칙이다.

> "나는 너의 하나님 야훼다. 곧 노예들의 집으로부터, 이집트 땅으로부터 너를 이끌어 낸 너의 하나님 야훼이다. 너는 너를 위하여 다른 하나님들을 내 얼굴에 맞세우지 말라. 너는 너를 위하여 어떤 우상도 만들지 말라. 위로부터 하늘에 있는 것이든, 아래로부터 땅에 있는 것이든, 땅 아래로부터 물속에 있는 것이든, 모든 모양을 따라 어떤 신상도 만들지 말라. 너는 그것들에게 절하지 말고 그것들을 섬기지 말라. 왜냐하면 나, 너의 하나님 야훼는 열정에 불타는 질투의 하나님이시기 때문이다. 나를 미워하는 자들에 대하여는 아비들의 죄를 삼대 또는 사대 자녀들에게서 찾을 것이다. 그러나 나를 사랑하고 나의 명령들을 지키는 이들에 대하여는 천대에 이르기까지 은혜를 베풀 것이다. 너는 너의 하나님 야훼의 이름을 거짓으로 또는 헛되이 치켜세우지 말라. 왜냐하면, 야훼께서 '어떤 사람이 그분의 이름을 거짓으로 치켜세우는 것'을 벌하지 않고 내버려 두시지 않을 것이기 때문이다."

희년신앙 행동계약의 당사자로서 야훼 하나님은 어떤 분인가?

이때 본문은 '아쉐르 호체티카너를 이끌어 낸 또는 구출해 낸'이라는 히브리어 동사구를 사용한다. 인류종교·문명사에서 그 흔적조차 찾을 수 없는 히브리 노예들의 하나님 야훼께서 히브리들을 파라오 노예제국으로부터 구출해 내셨다. 그분의 이름은 야훼다. 히브리 해방노예들은 그들의 하나님 야훼와 더불어 시나이 산에서 해방과 구원세상을 위한 '희년신앙 행동계약'을 맺었다. 십계명은 이 행동계약을 통해서 히브리 해방노예들에게 주어진 행동법규들의 총칙이다. 그러나 십계명은 히브리 해방노예들의 삶을 억압하지 않는다. 오히려 히브리 해방노예들의 삶의 자유와 해방과 행복을 북돋운다. 다만, 이제 히브리 해방노예들은 파라오 노예제국 지배체제로부터 자유로워야 한다. 야훼께서 히브리 노예들의 하나님으로 나타나셔서 파라오 노예세상으로부터 히브리 노예들을 해방하고 구원하셨기 때문이다. 따라서 히브리 해방노예들에게 자유란 야훼 하나님이 선물하신 해방과 구원세상이다. 이제 히브리 해방노예들은 파라오 노예제국 지배체제의 만신전에 가득한 수많은 하나님들을 두려워 할 필요가 없다. 그 하나님들을 숭배할 아무런 이유나 필요도 없다. 파라오 노예제국 지배체제의 만신전을 가득채운 하나님들을 숭배하지 않는 것이 히브리 해방노예들의 자유다. 히브리 해방노예들의 해방이고 구원이다.

너는 너를 위하여 다른 하나님들을 내 얼굴에 맞세우지 말라

이때 본문은 '알—파나이맞세우다'라는 히브리어 문구를 사용한다. 너는 '너를 위하여' 다른 하나님들을 내 얼굴에 맞세우지 마라. 이제부터 히브리 해방노예들의 삶의 마당에는 히브리들의 하나님 야훼께서 함께 하신다. 야훼가 히브리들에게 영원하신 하나님이다. 무엇보다도 히브리 해방노예들은 출애굽 해방과 구원사건을 일으키신 야훼 하나님을 파라오 만신전의 허깨비 하나님들로 바꾸어 섬길 수 없다. 야훼 하나님은 파라오 노예제국 지배체제의 하나님이 아니다. 만약 히브리 해방노예들이 파라오 지배체제 만신전의 허깨비 신들을 숭배한다면, 히브리들에게 야훼 하나님은 없다. 자유도 없고 해방과 구원세상도 없다. 정의와 평등, 생명평화 세상도 없다.

　물론, 본문읽기에서 야훼 하나님만 섬기라는 희년신앙 행동계약 조건으로써 십계명은 유일신론과 아무런 관계가 없다. 실제로 21세기 성서 독자들의 인식세계는 복잡계이론 속에서 거대한 우주까지 충분히 이해하려 노력한다. 또 매일매일 지구촌 다양한 세상 속에서 벌어지는 복잡한 사건 소식들을 듣는다. 본문읽기에서 희년신앙 행동계약 의무와 책임으로써 야훼 하나님만 섬기라는 명령을 이해하기 어려울 것이다. 실제로 히브리 성서 많은 본문들이 제국주의 노예세상 만신전 안에서 거들먹거리는 신들을 이야기한다. 그러나 야훼 하나님께서 파라오 노예세상 지배체제 허깨비 신들의 죄악을 심판하고 처벌하셨다. 그리고 그 신들을 내치셨다.

　그러므로 본문은 제국주의 노예세상 권력자들과 뒷배를 맞추며 그 땅 풀뿌리 사람들의 삶을 파괴해 온 허깨비 신들을 섬기지 말라고 경고한다. 오롯이 그 땅 풀뿌리 사람들에게 제국주의 노예세상에서 그들을 해방하고 구원하시는 야훼 하나님을 섬기라고 요청한다. 만약, 제국주의 노예세상에서 권력자와 부자들이 자신들의 부와 권력을 다 내려놓고 야훼 하나님을 섬길 수 만 있다면 얼마나 좋을까? 이와 같은 상황을 실감나게 묘사한 성서본문이 시편 82편이다.

　　하나님께서 '신들의 모임'에 서셨다.
　　그분이 신들 가운데서 심판하셨다.
　　언제까지 너희가 '불의로'아벨 재판을 하겠느냐?
　　언제까지 너희가 '악한 자들의 얼굴을'페네 레솨임떠받치겠느냐? 셀라.
　　너희는 힘없는 사람과 고아와 빈곤한 사람과 가난한 사람을 재판해서 정의롭게 하라. 힘없는 사람과 가난한 사람을 악한 자들의 손으로부터 구출하라, 해방하라.
그 신들이 알지도 못하고 깨닫지도 못하면서 깜깜함 속에서 휘젓고 돌아다닌다.
땅의 모든 밑바탕들이 비틀거린다. 시편 82편 1-5절

너는 너를 위하여 어떤 '우상페셀'도 만들지 마라

이때 본문이 사용하는 히브리어 낱말 '페셀'은 '파살돌을 뜨다, 잘라내다,
다듬다'라는 동사에서 유래했다. 고대 이집트제국 파라오는 '태양신 레 또
는 라'의 화신이었다. 파라오는 노예제국 지배체제의 하나님이었다. 따
라서 고대 이집트제국 파라오들은 저마다 거대한 신전을 짓고 그 신전에
자기얼굴을 새긴 거대한 우상들을 세웠다. 파라오 노예제국 지배체제 만
신전 하나님들은 저마다의 거대한 신전에 새겨진 우상들이다. 이제 히브
리 해방노예들은 제국주의 지배체제 신전들을 짓지 않을 것이고 우상들
도 새기지 않을 것이다. 다시는 히브리 해방노예들이 거대한 신전들을 짓
고 우상들을 새기는 강제노역에 동원되지 않을 것이다. 그 누구로부터도
신전을 짓고 우상을 새기라고 요구받지도 그럴 이유도 필요도 없다.

두말할 필요도 없이 뚜렷하게 히브리 해방노예들에게는 파라오 노예
세상 지배체제의 만신전萬神殿 종교를 거부할 자유와 권리가 있다. 왜냐
하면 히브리 노예들의 하나님 야훼께서 파라오 노예제국 지배체제로부
터 히브리 노예들을 해방하고 구원하셨기 때문이다. 야훼 하나님은 파라
오 지배체제 만신전 맨 꼭대기에 모셔진 절대자 또는 절대타자로써 허깨
비 하나님이 아니다. 야훼는 히브리 노예들의 하나님으로써 히브리 노예
들의 해방과 구원 세상에 참여하고 연대하신다. 히브리 해방노예들의 해
방과 구원 세상에 함께 연대하고 함께 행동하는 동반자시다. 이제 히브리
해방노예들은 파라오 노예제국 지배체제 만신전의 하나님들을 그리워해

서는 안 된다. 그것들에게 절하고 숭배할 이유도 필요도 전혀 없다. 야훼께서 파라오 지배체제 만신전의 모든 하나님들을 처벌하셨기 때문이다. 파라오 지배체제 만신전의 절대자 또는 절대타자로써 허깨비 하나님들을 맨바닥으로 끌어내려 내동댕이치셨기 때문이다.

그러나 시대마다 히브리 해방노예들을 유혹하며 희년신앙 행동계약 의무와 책임을 가로막는 우상들이 있었다. 대표 우상은 '가나안 땅 풍요다산의 신 바알'이었다. 바알은 가나안 땅과 시리아 지역의 토착 하나님으로써 바람과 비를 지배하는 풍요다산 신이었다. 히브리 성서와 우가릿 문서에서 바알은 구름을 몰고 다니는 '폭풍우의 신'이다. 가나안 땅과 시리아 지역 곳곳의 기름진 땅에 내리는 '비와 이슬의 주인'이다. 따라서 바알이라는 이름의 뜻은 '땅을 다스리는 자 또는 땅의 주인'이다. 가나안 땅과 시리아 지역 만신전을 지배하는 하나님이다. 기원전 15세기에서 10세기에는 이집트 제국으로까지 숭배범위를 넓혀 아주 힘센 하나님으로 숭배되었다. 이후로는 이집트 땅에서도 토착 신으로 정착되었다.

열정에 불타는 질투의 하나님 '야훼'

"너는 우상들에게 절하지 말고 그것들을 섬기지 말라. 왜냐하면 나, 너의 하나님 야훼는 열정에 불타는 질투의 하나님이기 때문이다."

이때 본문은 '질투'라는 의미로 '카나'라는 히브리어 낱말을 사용한다. 여기서 '카나'라는 낱말은 돌려서 말하면 '열정 또는 불타는 사랑'이라고 할 수 있다. 따라서 본문의 문맥 안에서 이 낱말은 '히브리 해방노예들을 향한 야훼 하나님의 불타는 사랑과 열정'이라고 읽을 수 있다. 야훼는 히브리 노예들의 하나님으로 스스로를 나타내실 때부터 히브리 노예들을 향한 사랑과 열정으로 불탔다. 그런데 히브리 노예들을 향한 야훼 하나님의 사랑과 열정은 '샘내고 미워하며 싫어하는 질투'와 전혀 다르다. 야훼는 사랑과 열정에 불타는 하나님으로써 히브리 해방노예들이 삶의 마당에 연대하고 참여하는 동반자이기를 바라신다. 실제로 야훼 하나님의 사랑과 열정은 '나를 미워하는 자들의 죄를 삼대 또는 사대 자녀에게서' 라는 문구와 '나를 사랑하고 나의 명령을 지키는 이들에 대하여 천대에 이르기까지 은혜를'이라는 비교문구에서 찾을 수 있다. 여기서 '나를 미워하는 자들의 죄'란 히브리 노예들의 하나님을 인정하지 않으려는 '파라오 지배체제 내부자들의 죄'다. 이때 '삼대 또는 사대 자녀에게서'라는 표현은 '천대에 걸친 은혜'을 향한 야훼하나님의 절절한 비유다. 그 점에서 '나를 사랑하고 나의 명령을 지키는 이들'이란 희년신앙 행동계약 조건들에 따라 행동하는 히브리 노예들이다. 따라서 질투하는 하나님이란 '히브리 노예들이 희년신앙 행동법규들을 지키도록 격려하고 북돋우시는 야훼 하나님의 사랑과 열정'이다. 또한 희년신앙 행동계약 행동법규 총칙 십계명안에 숨겨진 야훼 하나님의 비길 데 없는 은혜다.

너는 너의 하나님 야훼의 이름을 거짓으로 치켜세우지 말라

이때 본문은 '레솨베거짓으로 또는 헛되이'라는 히브리어 문구를 사용한다. 실제로 히브리 성서에서 '솨베'라는 히브리어 낱말은 '사악한 행위, 음모, 술수, 사기, 거짓 맹세 등' 다양한 의미로 사용된다. 따라서 야훼 하나님은 '사악한 행위, 사기, 거짓 맹세'를 위해 '야훼 하나님의 이름을 내세우는 죄'를 경고한다. 히브리 노예들의 하나님 야훼의 이름을 들먹이며 사익을 취하는 죄악을 용서하지 않겠다는 다짐이다. 무엇보다도 야훼 하나님을 내세워 가난하고 힘없는 이들을 억압하고 후려서 채무노예로 삼는 죄악을 벌주시겠다는 경고다. 법정에서 야훼 하나님의 이름으로 맹세하며 거짓증언을 일삼는 것도 마찬가지다. 무엇보다도 야훼 하나님의 이름을 앞세워 피 흘리고 죽이는 전쟁을 일삼는 제국주의 반 신앙 행태를 결코 용서하시지 않겠다는 말씀이다. 참으로 21세기 지구촌 제국주의 교회들의 반생명·반평화 신앙행태를 경고하는 말씀으로 딱 들어맞는다.

너는 안식일을 기억하여 그날을 거룩하게 하라

어떻게 해야 안식일을 거룩하게 할 수 있을까? 이때 '안식일'솨바트은 쉬는 날이다. 나와 너와 아들딸들과 남종여종과 가축들과 내 집안에 머무는 모든 떠돌이들이 모두 함께 쉬는 날이다. 본문읽기에서는 안식일의 쉼을 '누흐'라는 히브리어 동사로 표현하는데 '앉아서 또는 누워서 푹 쉬는 것'을 말한다. 실제로 야훼 하나님은 엿새 동안 하늘과 땅과 바다와 그 안에 있는 모든 것을 지으시고 이레째 되는 날 푹 쉬셨다. 야훼 하나님께서 그 안식일을 축복하시고 그 날을 거룩한 날로 삼으셨다. 따라서 히브리 지파동맹 안에서 안식일을 거룩하게 한다는 것은 '쉼이 있는 노동세상'을 의미한다. 언제 어디서든 사람 사는 세상은 '쉼이 있는 노동세상'이어야한다. 그렇지 않다면 그 곳은 '야훼 하나님의 해방과 구원세상'이 아니다. 그 곳은 '제국주의 노예세상'이다. 그러므로 야훼 하나님의 해방과 구원 세상의 밑바탕은 '쉼이 있는 노동세상'이다. 이제 히브리들의 희년 신앙 행동법규로써 언제 어디서든 마땅히 지켜내야 하는 것은 '쉼이 있는 노동세상'이다.

십계명은 심판하고 처벌하기 위한 형법규정이 아니다

십계명의 세 번째 부분 행동계명들은 심판하고 처벌하기 위한 형법규정이 아니다. 십계명은 처벌로 위협하고 형량으로 위세를 부리지도 않는다. 그러나 십계명은 희년신앙 행동계약 행동법규 총칙으로써 히브리 해방노예들이 반드시 지켜야 할 행동지침이다. 오롯이 십계명은 파라오 노예세상을 탈출한 히브리 해방노예들의 의무와 책임의 크기를 증언할 뿐이다. 십계명은 히브리 해방노예들의 삶 속에서 매일매일 희년신앙 행동계약 의무와 책임을 일깨우는 것이 목표다.

이와 관련하여 부모를 공경하는 것은 복종과 종속이 아니다. 히브리 해방노예들이 만들어가야 할 해방과 구원세상에서 자연스러운 사람됨의 밑바탕이다. 히브리 해방노예들은 이제 더 이상 노예가 아니다. 살인殺人은 해방과 구원 세상에서 또는 사람 사는 세상에서 가장 큰 범죄다. 히브리 해방공동체의 안녕을 위해서 반드시 살인을 막아야 한다. 도적질은 다른 사람의 쓰임과 필요를 훔치는 행위다. 본문읽기에서는 다른 사람을 후려서 노예로 팔아먹는 파라오 노예세상의 죄악을 강조한다. 불의한 재판정에서 거짓증인을 내세워 가난한 사람들을 억압하는 일도 크고 중한 사회공동체 죄악이다. 나아가 아예 힘없고 가난한 이들의 재판권리를 박탈하는 일은 용서받지 못할 죄악가운데 하나다.

이렇듯이 십계명을 기독교회의 단순하고 편협한 종교윤리로만 이해하는 것은 무지에 가깝다. 십계명은 21세기 성서독자들의 삶의 자리에서도 당연하고 마땅한 일이다. 물론, 십계명의 첫 번째 부분은 '야훼 하나님만을 받들고 섬기라'는 종교교리로 받아들이기 십상이다. 그러나 본문읽기 문맥 속에서 살피면 파라오 노예제국 지배체제 만신전의 부와 권력, 폭력과 죽임의 하나님들을 섬기지 말라는 것이다. 그것은 히브리 해방노예들이 희년신앙 행동계약 당사자로서 꼭 지켜내야 할 의무와 책임이다.

왜냐하면 야훼께서 히브리 노예들의 하나님이기 때문이다. 야훼 하나님께서 파라오 지배체제 만신전에 가득 들어찬 억압과 폭력과 죽임의 허깨비 하나님들로부터 히브리 노예들을 해방하고 구원하셨기 때문이다.

그러므로 십계명은 야훼 하나님과 히브리 지파동맹들 사이에서 맺어진 희년신앙 행동계약 핵심의무와 책임에 대한 표지標識다. 히브리 해방노예들이 해방과 구원세상을 세우고 누리며 지켜나가도록 이끄는 삶의 길잡이다. 십계명은 파라오 노예제국을 탈출한 히브리 해방노예들이 누려야 할 해방과 구원 세상에서의 삶의 조건이다. 히브리 노예들의 하나님 야훼의 사랑과 열정에 보답하는 히브리들의 삶의 응답이다. 크게 정리하면, 십계명이야말로 히브리 지파동맹이 야훼 하나님과 함께 맺은 희년신앙 행동계약 행동법규 총칙이다.

히브리 지파동맹

서구교회는 지금까지 시나이 산 희년신앙 행동계약을 야훼 하나님과 모세사이에 맺어진 계약으로 이해해왔다. 무엇보다도 유대인들과 유대교 전통에서는 더더욱 그렇다. 그러나 본문읽기 3.에서 야훼 하나님은 시나이 산에서 히브리 지파동맹과 더불어 공동체행동계약을 맺으신다. 이때 사용한 히브리어 낱말이 '쉐베트지파'인데 '가지 또는 줄기'라는 뜻이다. 따라서 '쉐베트'는 파라오 노예제국으로부터 탈출해 나온 히브리 해방노예들의 여러 씨족 또는 가족공동체이다. 또한 히브리들과 함께 휩쓸려 나온 수많은 혼합 종족들과 관련되었을 수도 있다. 따라서 의심의 여지없이 또렷하게 시나이 산 희년신앙 행동계약 주체는 '히브리 노예들의 하나님 야훼와 히브리 지파동맹'이다. 모세는 이 계약당사자의 한사람으로써 야훼 하나님의 심부름꾼일 뿐이다.

실제로 본문읽기에서 히브리 지파동맹은 시나이 산 행동계약의 당사자 대표들로써 '모세와 아론과 나답과 아비후와 이스라엘 장로들 가운데 칠십 명'이다. 이들은 다함께 시나이 산 희년신앙 행동계약 의식에 참여한다. 출애굽기 18장 보고에 따르면 이스라엘 장로들 가운데 칠십 명은 히브리 지파동맹에서 대표로 뽑힌 사람들이었다. 그들은 이미 이스라엘 지파들마다 행정과 정치 분야에서 공공公共역할을 감당해 왔다. 따라서 히브리 해방노예 열두지파는 희년신앙 행동계약 당사자 대표로써 열두 개 돌기둥을 세워 희년신앙 행동계약을 기념하였다.

그러므로 이제, 21세기에 이르러 희년신앙 행동계약 행동법규들은 히브리 지파동맹경계를 뛰어 넘어서 지구촌 교회들로 전이되었다. 이스라엘 후손들을 넘고 유대인들과 유대교를 넘어 예수의 하나님나라 복음운동 신앙공동체로 재구성되었다. 21세기 지구촌교회와 교우들과 성서 독자들에게까지 고루 미치는 야훼 하나님의 해방과 구원세상으로 나타났다.

야훼께서 명령하신 모든 말씀들 곧 희년신앙 행동계약 행동법규들

본문읽기 3.은 희년신앙 행동계약 의식의 내용들을 상세하게 보고한다. 이 의식에서 야훼 하나님이 명령하신 '모든 말씀들'콜-하데바림이 히브리 지파동맹에게 하나도 빠짐없이 보고되었다. 더불어 '모든 공의로운 행동법규들'콜-함미슈파팀도 낱낱이 히브리 해방노예들에게 보고되었다. 그러자 히브리 지파동맹이 한 목소리로 맹세했다.

"야훼께서 명령하신 모든 말씀들을 우리가 실행하겠습니다."

시나이 산 기슭에서 인류종교·문명사 어디에서도 그 흔적을 찾을 수 없는 히브리들의 하나님 야훼와 히브리 지파동맹 사이에서 희년신앙 행동 계약예식이 거행되었다. 모세가 야훼 하나님으로부터 받은 희년신앙 행동계약 행동법규들을 발표했다. 그러자 히브리 해방노예들이 그 모든 것들을 지키겠다고 결의했다. 히브리 지파동맹은 희년신앙 행동계약의 조건으로써 행동법규들을 지키고 실행할 의지로 충만했다. 희년신앙 행동계약 행동법규 내용들은 다음 본문읽기에서 좀 더 자세히 살펴보기로 한다.

희년신앙 행동계약 의식으로 화목제를 올리다.

본문읽기에서 히브리 해방노예들은 야훼 하나님과 함께 희년신앙 행동계약을 맺는 의식으로 '화목제 회생제물들'제바힘 쉘라밈을 드렸다. 실제로 히브리 해방노예들이 자신들의 하나님 야훼를 만나서 드리는 제사의 대부분은 '화목제'였다. 화목제는 글자 그대로 '샬롬'야훼 하나님의 평화을 바라며 드리는 제사다. 히브리 해방노예들은 야훼 하나님으로부터 오는 평화 또는 행복을 자기 삶의 마당으로 끌어들이기 위해서 화목제를 드렸다. 화목제 회생제물은 내장의 기름일부를 떼어내어 제단 위에서 불사를 뿐이다. 나머지 모든 것들은 화목제에 참여하는 사람들이 함께 나누어 먹었다. 실제로 히브리 해방노예들 또는 이스라엘 후손들은 모든 명절 감사제로써 화목제 회생제물을 드렸다. 화목제는 '히브리 해방노예들 또는 이스라엘 후손들이 명절을 맞아 의무적으로 드리는 감사제'였다. 물론, 히브리 해방노예들은 모든 감사제의 화목제물을 공동체와 함께 나누어 먹었다.

그러므로 시나이 산 희년신앙 행동계약 의식에서도 화목제 회생제물을 드렸다. 히브리 지파동맹 대표들은 야훼 하나님의 보좌 앞으로 나가서 화목제 희생제물을 드렸다. 그들은 야훼 하나님을 뵈면서 다함께 화목제 희생제물을 먹고 마셨다.

물론, 사람과 사람사이의 계약에서도 함께 먹고 마신다. 그러나 지금까지 인류종교·문명사에서 제국주의 지배체제 만신전에 들어앉은 절대 하나님은 누구도 볼 수 없었다. 만약 부지불식不知不識 간에라도 절대자 또는 절대타자로써 하나님을 보는 사람은 다 죽음을 면치 못했다. 오롯이 왕이나 제사장만이 먼발치에서 만신전의 으뜸 하나님을 만날 수 있었다.

그렇지만 본문읽기 3.에서 야훼 하나님과 히브리 지파동맹 대표들은 시나이 산 희년신앙 행동계약 당사자들이었다. 야훼 하나님과 히브리 지파동맹 대표들은 희년신앙 행동계약의 책임과 의무들을 서로 교환했다. 또한 야훼 하나님 앞에서 히브리 지파동맹 대표들이 함께 먹고 마심으로써 희년신앙 행동계약 행동법규들에 대한 당사자책임을 확정했다. 이로써 히브리 노예들의 하나님 야훼와 히브리 지파동맹은 서로가 희년신앙 행동계약 의무와 책임을 함께 지는 한 공동체식구가 되었다.

8. 행동법규들:
희년신앙 행동계약 의무와 책임계약조건들

출애굽기 21:1-11, 22:21-27, 23:1-9, 20:8-11, 23:10-13, 레위기 25:23-34

본문읽기 1. 빚 탕감 및 채무노예 해방 출애굽기 21:1-11

이것들이 네가 '그들 앞에서 세워야 할 계약법규들'이다.

"참으로, 네가 히브리사람을 종으로 산다면, 그가 육년 동안만 종노릇할 것이다. 그러나 칠 년째에 이르러, 그가 값없이 해방되어 나가야 한다.

만일, 그가 홀몸으로 왔다면, 홀몸으로 나갈 것이다.

만일, 그가 한 아내의 남편이었다면, 그의 아내도 그와 함께 나가야한다.

만일, 그 종의 주인이 그에게 아내를 주어 그 종의 아내가 그에게 아들들 또는 딸들을 낳았다면, 그 종의 아내와 그녀의 자식들은 그녀의 주인에게 있어야 할 것이다. 그는 홀몸으로 나가야 한다.

그러나 만일 그가 '나는 나의 주인과 내 아내와 자식들을 사랑하므로 나는 해방되어 나가지 않겠다'라고 간절히 말한다면, 그 종의 주인은 그를 재판장에게 가까이 가게 해야 한다. 그런 후에 주인이 그를 문 또는 문설주로 데려가서 송곳으로 그의 귀를 뚫어야 한다. 그러면 그 종은 영원히 그의 주인을 섬겨야 한다.

참으로, 어떤 사람이 자기 딸을 '어린아내'로 팔았다면, 그녀는 남자 종들이 나가는 것처럼 나가지 말아야한다.

만일, 어린 아내가 그녀 주인의 눈에 밉보여서 주인이 그녀를 아내로 맞이하지 않는다면, 주인은 어린 아내를 해방시켜야 한다. 그 주인이 어린 아내를 배신했기 때문에, 그에게는 어린 아내를 외국 사람에게 팔아넘길 권리가 없다.

만일, 주인이 자기 아들에게 그녀를 아내로 내어주었다면, 주인은 그녀를 딸들의 법규에 따라 대우해야 한다.

만일, 주인이 자기를 위해서 다른 아내를 맞았다면, 주인은 어린 아내의 음식과 의복과 부부관계를 끊지 말아야 한다.

그러나 만일, 주인이 어린아내에게 이 세 가지를 실천하지 않는다면, 그녀는 무르는 값없이도, 돈 없이도 그냥 나갈 것이다."

본문읽기 2. 이자금지와 사회경제 약자 돌봄 출애굽기 22:21-27

너는 떠돌이 나그네를 억압하지 말고 그들을 괴롭혀 쫓아내지 말라. 왜냐하면 너희들도 이집트 땅에서 떠돌이 나그네들이었기 때문이다.

너희는 모든 과부와 고아를 괴롭히지 말라. 만일, 네가 정말 그를 괴롭혀 해코지 한다면, 만일 그것 때문에 그가 나에게 부르짖어 외친다면, 나는 반드시 그의 부르짖음을 듣겠다. 그러면 나의 분노가 불타오르고 내가 칼로 너희를 죽일 것이다. 그러므로 너희 아내들은 과부들이 될 것이고 너희 자식들은 고아들이 될 것이다.

만일, 네가 나의 사람들 너와 함께 있는 가난한 사람들에게 돈을 빌려준다면, 너는 그 사람에게 채권자처럼 굴지 마라. 너는 그 사람 위에 네 이자를 지우지 말라.

만일, 네가 정말로 네 이웃의 겉옷을 담보로 잡았다면, 해가 저물기 까지는 그 사람에게 그 겉옷을 돌려보내라. 왜냐하면 그 겉옷이야말로 오롯이 그의 덮을 것이고 벗은 몸을 감쌀 유일한 옷이기 때문이다. 무엇으로 그 사람이 눕겠느냐? 그 사람이 나에게 부르짖을 때에 내가 듣겠다. 참으로 나는 자비롭기 때문이다.

본문읽기 3. 사법정의와 사회공동체 규약 출애굽기 23:1-9

너는 거짓 소문을 퍼트리지 마라. 불의한 증인노릇을 하려고 악인 편에 네 손을 내밀어 연대하지 마라.

너는 많은 사람들의 뒤를 쫓아 악을 행하지 말라. 소송에서 많은 사람들의 뒤를 쫓아 몸을 굽혀서 진실을 빗나가게 하기 위해 증언하지 마라.

너는 가난하고 약한 사람의 소송이라고 해서 특별히 편들지 마라.

참으로 네가 너와 원수가 된 사람의 '길 잃은 소 또는 나귀'를 마주친다면, 너는 그것을 꼭 그에게 돌아가게 해야 한다.

참으로 네가 '너를 미워하는 사람'의 나귀가 제 짐 밑에 깔린 것을 보거든, 너는 그것을 그냥 모른 체 내버려두지 않아야 한다. 너는 꼭 그 나귀를 붙들어 일으켜서 풀어주어야 한다.

너는 네 가난한 사람의 소송에서 판결을 빗나가게 하지 마라.

너는 거짓 증언으로부터 멀리하여 죄 없는 사람과 정의로운 사람을 죽이지 마라. 왜냐하면, 나는 악한 사람을 의로운 사람이 되게 하지 않을 것이기 때문이다.

너는 뇌물을 받지 마라. 왜냐하면 그 뇌물이 눈뜬 사람들을 눈멀게 하기 때문이다. 또한 그 뇌물이 정의로운 사람들의 증언들을 뒤집어엎기 때문이다.

너는 나그네를 억압하지 마라. 너희는 그 나그네의 마음을 잘 안다. 왜냐하면, 너희가 이집트 땅에서 나그네들이었기 때문이다.

본문읽기 4. 안식일, 쉼이 있는 노동 출애굽기 20:8-11

너는 '그날을 거룩하게 하기 위하여' 그 안식의 날을 기억하라. 너는 엿새 동안 일해라. 네 생업의 모든 것을 다 해라.

그러나 이레 날은 네 하나님 야훼의 안식일이다. 너와 네 아들과 네 딸과 네 남종과 여종과 네 가축과 네 문안에 있는 네 나그네까지 모든 노동을 하지마라.

왜냐하면, 엿새 동안 나 야훼가 하늘과 땅과 바다 그것들 안에 있는 모든 것을 만들고 이레 날에 편히 쉬었기 때문이다. 그러므로 나 야훼가 안식을 복주고 그날을 거룩하게 했다.

본문읽기 5. 안식년 출애굽기 23:10-13

여섯 해 동안 너는 네 땅에 씨를 뿌리고 그 땅의 생산물을 거두어라. 그러나 일곱 번째 해에 너는 그 땅에서 손을 떼고 버려두어 네 사람들 가운데 가난한 이들이 먹게 하라. 그들이 남긴 것을 들짐승들이 먹을 것이다. 너는 네 포도밭과 감람나무 밭도 그렇게 해야 한다.

너는 엿새 동안 네 일들을 하라. 그러나 너는 일곱째 날에 쉬어라. 왜냐하면, 네 소와 나귀도 누어 쉬어야 하고 네 여종의 아들과 나그네도 숨을 돌려야하기 때문이다.

그러므로 내가 너희에게 말한 모든 것을, 너희는 마음에 새겨서 지켜

라. 다른 신들의 이름을, 너희는 기억나게 하지도 마라. 네 입을 통해서 들려지게 하지도 마라.

본문이해하기
잃어버린 신앙

참으로, 21세기 한국교회와 교우들이 깡그리 잃어버린 기독교신앙은 무엇일까? 그것은 바로 '희년신앙'이다. 사실, 잃어버린 것이 아니라 아예 희년신앙을 알지 못했을 수도 있다. 대부분의 목회자들도 희년신앙을 설교하지 않는다. 아예 입에 담으려 하지도 않는다. 그러다보니 교우들도 희년신앙을 이해하거나 알지도 못하는 가운데 희년신앙 행동의지와 능력이 전혀 없다.

그러나 성서는 의심의 여지없이 또렷하게 희년신앙을 증언한다. 참으로 안타깝게도 21세기 교회들의 '희년신앙 본문읽기'는 마태복음 15장 14절에서처럼 '눈먼 인도자'와 같다. 눈먼 인도자들의 '희년신앙 본문읽기' 야말로 예수의 하나님나라 복음운동을 훼방하고 물거품으로 만드는 암초다. 그것은 마치 마태복음 18장에서 예수가 말씀하신 '용서하지 못하는 종 비유'와 같다. 이제 야훼 하나님은 맘몬 자본세상의 '모든 빚을 탕감하고 해방과 구원세상'을 선포하려고 하신다. 야훼 하나님의 거룩한 용서를 통하여 '희년의 기쁨'을 이루려고 하신다. 그러나 용서하지 못하는 종의 탐욕으로 말미암아 '야훼 하나님의 희년은총'이 산산이 흩어져 날아갈 위기에 처했다.

이와 관련하여 21세기 한국교회와 교우들은 희년신앙에 대한 터무니 없는 오해와 퇴행 속에서 잘못된 길을 좇아 헤맬 뿐이다. 일례로 어떤 교회는 교회설립 50주년을 기념하는 요란한 행사를 준비하면서 '희년'이라

고 선전한다. 또 다른 교회는 해외선교활동 50주년을 기념하면서 '희년'
이라고 떠벌린다.

'천주교회의 희년신앙 행동' 역시 한국 개신교회와 똑 같다. 예부터 천
주교 교황은 25년을 주기로 '희년'을 선포해 왔다. 교황은 이 희년선포를
통하여 교우들에게 특별 면상免償을 선물한다. 교황이 선포한 희년에 이
르러 교우들이 자기 죄를 고백하고 용서를 구하면 '죄를 면제받는 특권'
을 누린다. 한마디도 천주교회는 희년신앙을 교황의 특별면상제도로 퇴
행 시켰다.

희년신앙禧年信仰이란 무엇인가?

희년禧年이란 글자 그대로 '기쁨의 해'다. 어떤 기쁨일까? 해방과 자유
의 기쁨이다. 출애굽기는 그 희년의 기쁨을 파라오 노예세상에서 종노릇
하던 '히브리 노예들의 해방과 구원사건'으로 증언한다. 이 해방과 구원
사건은 '히브리 노예들의 하나님 야훼'께서 일으키신다. 따라서 히브리
노예들의 해방과 구원, 정의와 평등세상의 기쁨은 고스란히 '야훼하나님
의 기쁨'이다. 왜냐하면 야훼는 '히브리 노예들의 하나님'이시기 때문이
다.

한편 히브리 성서에서 희년기쁨은 마땅히 '히브리들이 건설하고 누리
며 살아가야 할 해방과 구원세상'이다. 히브리들의 해방과 구원세상에서
벌어지는 '빚 탕감과 노예해방이 바로 희년기쁨'이다. 따라서 본문에서
'빚 탕감과 노예해방 법규'는 희년신앙 행동계약 당사자로서 '히브리들의
계약의무와 책임'이다. 본문은 희년신앙 행동계약 당사자로서 히브리 해
방노예들 꼭 지켜야 할 행동법규들 가운데서 첫 번째로 '빚 탕감 채무노
예 해방'을 증언한다. 참으로 어떤 히브리 사람들이 다른 히브리 형제를

노예로 산다면 육년 동안만 종으로 부려야 한다. 육년이 지나 칠년 째에는 반드시 아무런 몸값도 없이 해방되어 나가야 한다. 히브리들의 희년신앙 행동계약 행동법규로써 '빚 탕감 채무노예 해방'은 신명기 15장 '야훼의 빚 탕감의 해' 본문에서도 똑같다.

> "참으로 네 형제 히브리 남자이거나 여자가 너에게 팔렸다 하자. 그가 여섯 해 동안 너를 섬기고 나서 일곱 번째 해에 너는 너로부터 자유롭게 하여 그를 놓아 보내야 한다."

나아가 희년신앙 행동계약 조건들은 레위기 25장 희년본문에서도 여실히 확인할 수 있다.

> "그 땅에 거주하는 모든 이들에게 해방을 외쳐라. 이 해가 너희에게 희년이다. 너희는 저마다 자기 토지로 돌아가며 저마다 자기 가문으로 돌아가야 한다."

그러므로 히브리 성서 본문들은 희년기쁨을 아래와 같이 표현한다.

그가 '힌남몸값을 물지 않고' 해방되어 나가야한다. 출애굽기 21:2

너희는 그 땅에, 그 땅에 거주한 모든 사람들에게 '데로르해방'을 외쳐라. 레위기 25:10

그것은 너희를 위한 '요벨해방뿔나팔'이다 레위기 25:10

쉐나트 하요벨. 해방뿔나팔의 해 레위기 25:13

쉐밑타 라흐바. 빚탕감의해.신명기 15:2

쉐나트-라촌 라흐바. 야훼의기쁨의 해. 이사야 61:2

에니아우톤 퀴리우 덱톤. 주님 은혜의 해. 누가복음 4:19

히브리 성서 이사야 61장 2절은 희년기쁨을 '쉐나트-라촌 라흐바'라고 증언한다. '야훼의 기쁨의 해'라는 뜻이다. 여기서 '라촌'이라는 히브리어 낱말은 '희열'이라는 뜻을 갖는다. 간절히 바라던 모든 욕구가 만족하게 이루진 상황에서 느끼는 충만한 기쁨이다. 이사야서는 '야훼 하나님께서 바라시는 희년기쁨의 밑바탕'을 '라촌'이라는 히브리어 낱말로 생생하게 표현한다. 말 그대로 희년은 '야훼의 기쁨의 해'다.

그런데 야훼 하나님의 '기쁨의 실체 또는 진실'은 무엇일까? 그것은 곧, 히브리 노예들이 '아무런 몸값도 물지 않고 채무노예로부터 해방되어 자유를 얻는 것'이다.출애굽기 21장 그 땅에 거주하는 모든 사람들에게 '해방'을 외치는 것이다. 그 땅에 '해방뿔나팔' 소리가 널리 울려 퍼지게 하는 것이다. 그 땅에 거주하는 모든 사람들이 '아무런 몸값도 없이 해방과 자유와 구원'을 맞이하는 것이다.레위기 25장 야훼 하나님의 명령에 따라 '모든 빚들이 탕감되고 채무노예들이 해방을 맞이하는 것'이다.신명기 15장

그러므로 성서의 모든 희년신앙 행동의 밑바탕은 히브리 노예들의 하나님 야훼께서 일으키시는 '출애굽 해방과 구원사건'이다. 출애굽기 12장 41절, 42절은 야훼의 출애굽 해방과 구원사건의 날 ,그 밤에 일어났던 일들을 생생하게 증언한다.

"이집트에서 살아온 이스라엘 자손들의 거주기간이 4백30년이었다. 4백30년의 끝, 바로 이날에 이르러 야훼의 모든 군대가 이집트 땅으로부터 나왔다. 그 밤은 이집트 땅으로부터 히브리 노예들을 나오게 하시려고 야훼께서 지키신 밤이다. 그 밤은 야훼의 것이다. 모든 이스라엘 후손들에게 그들 대대로 지켜야할 야훼의 밤이다."

그러므로 희년신앙은 히브리 해방노예들의 해방과 구원세상을 향한 공동체신앙 영성이다. 정의와 평등 그리고 생명평화 세상을 위한 공동체 신앙 지성과 감성이며 행동의지다. 참으로 오랜 세월이 흘러 복음서에서 예수는 히브리들의 희년신앙 행동계약 행동법규들을 하나님나라 복음운 동으로 재구성했다. 그 자세한 내용들은 예수의 팔복선언과 주기도문 본 문읽기에서 더 자세히 확인할 수 있을 것이다.

희년신앙 행동계약이란 무엇일까?

고대 성서주변세계에서 왕이나 신전제사장은 노예세상 만신전 안에 자신들의 하나님들을 모셨다. 그 만신전의 하나님들은 왕이나 신전제사 장에게 땅에 대한 독점권리 그리고 부와 권력을 몰아주었다. 그것들을 독 점사유화 하도록 허락했다. 그러면서 왕이나 신전 제사장들의 요청에 따 라 그 땅 풀뿌리 사람들의 삶을 억압하는 반생명·반평화 하늘명령들을 남발했다. 오롯이 노예세상의 왕이나 신전제사장들의 무자비한 폭력과 권력을 두둔했다. 그럼으로써 노예세상 지배체제로부터 아낌없는 섬김 과 숭배를 받았다. 이렇듯이 성서주변세계의 노예세상 만신전 안으로 숨 어든 하나님들은 영생하는 평온을 누리며 희희낙락할 수 있었다.

그러나 마침내 히브리 노예들의 하나님 야훼께서 나타나셨다. 야훼 하 나님은 성서주변세계 노예세상 만신전의 하나님들에게 도전장을 던졌 다. 왜냐하면 야훼는 히브리 노예들의 하나님이시기 때문이었다. 히브리 성서는 이러한 희년신앙 진실을 의심의 여지없이

또렷하게 증언한다.

"히브리 노예들의 하나님 야훼께서 파라오 노예제국에서 종살이 하던 히브리 노

예들을 해방하시고 구원하셨다."

히브리 성서는 인류종교·문명사에서 그 흔적조차 찾을 수 없는 '히브리 노예들의 하나님 야훼'께서 인류역사 속에 오셨음을 증언한다. 야훼 하나님께서 히브리 노예들의 고통과 절망 속에서 그들과 소통하고 그들과 함께하심을 증언한다. 그리고 마침내 야훼 하나님께서 파라오 노예제국으로부터 히브리 노예들을 해방하고 구원하셨다. 야훼 하나님께서 출애굽 해방과 구원사건을 일으키심으로써 히브리들의 '희년신앙 행동 대서사'가 시작되었다. 이렇듯이 히브리 노예들의 하나님 야훼께서 나타나심과 야훼 하나님의 출애굽 해방과 구원사건에 대한 히브리들의 신앙고백이 곧 '희년신앙'이다.

그렇다면 히브리 해방노예들의 희년신앙 행동서사란 무엇일까? 그것은 바로 '야훼하나님의 출애굽 해방과 구원사건'을 밑바탕삼아 자기 삶을 살아가는 히브리들의 '해방과 구원세상'이다. 그것은 마땅히 히브리들이 건설하고 누리며 지켜갈 '해방과 구원, 정의와 평등, 생명평화세상'이다. 히브리들은 자기 삶의 마당에서 온갖 해방과 구원사건들을 체험하고 행동하며 고백하는 가운데 살아간다. 이러한 히브리들의 해방과 구원세상 삶의 여정들, 그 삶의 여정 속에서 벌어졌던 온갖 해방과 구원사건들, 그 사건들에서 깨닫는 해방과 구원세상 신앙고백들이 곧 '희년신앙 행동서사'다. 따라서 히브리 성서 모든 책들은 오랜 세월 끈질겼던 히브리들의 '희년신앙 행동 대서사'이며 신앙역사다. 이를 위해 히브리 해방노예들은 야훼 하나님과 함께 시나이 산에서 '희년신앙 행동계약'을 맺었다. 이 희년신앙 행동계약에서 야훼 하나님은 스스로 감당하실 계약의무와 책임을 정하셨다.

야훼 하나님은 히브리들의 해방과 구원세상을 보장하신다. 또한 앞으로 히브리들이 들어가 살아가야 할 가나안 땅과 그 땅에서 히브리 후손들이 번성하는 복을 책임지신다.

마찬가지로 '희년신앙 행동계약'의 당사자로서 히브리 해방노예들에게도 계약의무와 책임이 주어졌다. 본문은 히브리 해방노예들에게 주어지는 희년신앙 행동법규들을 하나하나 나열한다. 이제 히브리들은 가나안 땅에 들어가서 야훼 하나님의 해방과 구원세상을 세우고 누리며 살아가야 하기 때문이다. 따라서 본문은 히브리들이 꼭 지켜야 할 희년신앙 행동법규들을 꼼꼼하게 챙기고 기록한다. 희년신앙 행동법규야말로 히브리들의 해방과 구원세상 삶의 여정으로써 '희년신앙 행동서사의 실체이고 진실'이기 때문이다.

이렇듯이 히브리들의 '희년신앙 행동서사'는 시대와 시대로, 미래와 미래로 잇대어 왔다. 따라서 시대마다의 '희년신앙 행동서사'는 아직 미완성인 채로 21세기 예수신앙인들 또는 성서독자들에게 이전되었다. 21세기 야훼 하나님의 해방과 구원세상 완성은 오롯이 우리시대의 예수신앙인들의 희년신앙 행동에 달려 있다.

본문풀이
행동법규들 : 희년신앙 행동계약 의무와 책임계약조건들
참혹한 노예세상을 향한 대항행동, 희년신앙 행동계약 행동법규들

고대 성서주변세계는 온통 채무노예 세상이었다. 고대 수메르와 바빌로니아 문명에서는 신용사회 빚 세상경제를 통하여 불로소득을 만들었다. 불로소득이 고대 메소포타미아 문명건설의 밑바탕이었다. 고대 이집트문명 건설의 밑바탕도 파라오 채무노예제국으로부터 뽑아낸 불로소득이었다. 고대 그리스 미케네문명 점토판 문서들에서도 채무노예제도를 확인할 수 있다. 고대 그리스 도시국가 아테네에서는 노예들을 사고파는 노예시장이 발달했다. 노예들은 그저 노예주인들의 '생명재산'이었다. 로마제국에서도 노예제도가 널리 퍼져 자리를 잡았다. 로마제국에서 노예들은 아예 사람으로 취급되지 않았다. 검투사 노예들은 빵과 서커스에 취한 로마대중들의 오락대상으로써 살육 생활스포츠의 소모품이었다.

그렇다면 고대 파라오 노예세상의 실체는 무엇이었을까? 파라오 노예세상은 인류종교·문명사에서 찾아보기 힘든 '채무노예제국'이었다. 창세기 꿈의 사람 요셉이야기는 파라오 채무노예제국의 끔찍스럽고 참혹한 상황들을 그림처럼 펼쳐 보여준다.

　"요셉이 이집트제국 경계 이 끝으로부터 저 끝으로까지 도시들로 그 백성을 옮겼다."

요셉은 이집트 땅 모든 풀뿌리 농부들을 채무노예로 만들었다. 그들의 삶을 송두리째 뿌리 뽑아 이집트제국 이 끝에서 저 끝으로 흩어놓았다. 그럼으로써 고대 이집트 땅의 모든 풀뿌리 농투성이들을 떠돌이 농노로 떨어트렸다. 이렇듯이 본문에서 희년신앙 행동계약 행동법규들은 성서주변세계의 참혹한 노예 제국주의를 향한 대항행동이었다. 히브리 노예들이 부르짖는 고통과 고난의 절규 속에서 히브리 노예들의 하나님 야훼께서 나타나셨다. 파라오 노예세상에서 종살이 하던 히브리 노예들의 참담한 삶의 마당에서 야훼 하나님의 출애굽 해방과 구원사건이 벌어졌다. 야훼 하나님의 출애굽 해방과 구원사건을 통해서 시나이 산 희년신앙 행동계약이 맺어졌다. 이제 야훼 하나님께서는 히브리 해방노예들을 젖과 꿀이 흐르는 가나안땅으로 이끄시려고 한다. 히브리들이 가나안땅에 들어가서 스스로 해방과 구원세상을 세우고 누리며 지켜나가기를 바라신다. 그 일을 위해 야훼 하나님은 히브리 해방노예들에게 희년신앙 행동계약 행동법규들을 주셨다.

"이것들이 네가 '그들 앞에서 세워야 할 계약조건들'이다."

이때 사용한 히브리어 낱말이 '미쉬파팀행동법규들'인데 '미쉬파트'는 '법정판결 또는 법규' 등으로 해석한다. 본문은 히브리들이 꼭 지켜야 할 희년신앙 행동계약 행동법규들을 하나하나 제시된다. 히브리들이 스스로 해방과 구원세상을 건설하고 누리기 위해 꼭 지켜야할 희년행동 행동계약 조건들이다.

그러므로 이제 야훼 하나님도 희년신앙 행동계약을 통해서 스스로 감당하실 계약의무와 책임을 정하셨다. 야훼 하나님은 히브리들의 해방과 구원세상을 보장하실 것이다. 또한 히브리들이 들어가 살아가야 할 가나안 땅을 선물로 주실 것이다. 그리고 그 땅에서 히브리 후손들이 번성하는 복을 주실 것이다. 의심의 여지가 없는 그 증거는 희년신앙 행동계약 행동법규총칙 십계명 전문前文이다.

"나는 네 하나님 야훼다. 곧 노예들의 집으로부터, 이집트 땅으로부터 너를 이끌어 낸 네 하나님 야훼다."

첫 번째 행동법규 '빚 탕감과 채무노예 해방'

희년신앙 행동계약 행동법규들 가운데 첫 번째 내용은 '빚 탕감과 채무노예 해방'이다. 실제로 히브리들은 같은 히브리 형제자매들을 노예로 삼을 수 없다. 하지만 사람 사는 세상에서 모든 일이 원칙대로만 되지 않는다. 그래서 만약, 어떤 히브리사람이 다른 히브리 형제를 노예로 산다면 육년 동안만 종으로 부려야 한다. 육년이 지나 칠년 째에는 반드시 값 없이 해방되어 나가야 한다.

> "참으로 네가 히브리 사람을 종으로 산다면, 그가 육년 동안만 종노릇할 것이다. 그러나 칠 년째에 이르러, 그가 무르는 값없이 해방되어 나가야 한다."

히브리 성서는 사람 사는 세상에서 채무노예제도를 어쩔 수 없는 한계로 인정하는 듯하다. 그렇더라도 히브리 성서가 채무노예제도를 말할 때는 대부분 '참으로 또는 만일'등 가정법을 사용한다. 히브리 해방노예들이라도 주변세계에 널리 퍼져 있는 채무노예제도에 휩쓸릴 수 있는 위험성을 잘 알고 있기 때문이다. 그러나 어떤 경우라도 돈을 주고 노예를 샀다면 육년 동안만 노예로 부려야 한다. 칠년 째에 이르러는 무르는 값없이 노예를 해방해야 한다. 이때 본문은 '예체 라호프쉬 힌남'이라는 히브리어 문장을 사용한다. '그가 무르는 값없이 해방되어 나가야 한다'라는 뜻이다. 여기서 중요한 것은 '무르는 값없이 해방되어야 한다'는 점이다. 아무런 조건도, 값도 없이 히브리 채무노예를 해방하여 자유롭게 해야 한다. 왜냐하면 희년의 기쁨은 '온전한 빚 탕감을 통한 노예해방'이기 때문이다.

여기서 또 하나 그냥 지나칠 수 없는 희년 진실을 이해하고 깨달아 한다. 희년의 기쁨은 결코 50년이라는 세월을 기다리지 않는다. 아무리 늦어도 칠년 째에 이르러는 '빚 탕감 및 채무노예 해방의 기쁨'이 이뤄져야

한다. 실제로 히브리들의 희년신앙 행동법규로써 '빚 탕감과 채무노예해 방'은 칠년이 한계다. 고대 히브리 성서시대나 21세기에 50년을 노예생활 로 보낸 후 해방을 맞이한다면 희년기쁨이라고 말할 수 없다. 그것은 반 신앙·반생명·반인권 폭력이다. 필자는 50년 희년논쟁을 레위기 본문읽 기에서 더 자세하게 이야기 하려고 한다. 이와 관련하여 신명기 15장의 '빚 탕감의 해' 본문읽기에서도 '야훼의 빚 탕감의 해'는 일곱 번째 해다.

> "일곱 번째 해 끝에, 너는 빚 탕감을 실천하라. 이 빚 탕감 명령은 '자기 이웃에게
> 빚을 놓은 모든 채권자의 손안에 있는 빚'을 탕감하는 것이다. 채권자는 자기 이웃
> 이거나 또는 형제에게 빚 독촉을 하지마라. 참으로 야훼께서 '야훼의 빚 탕감 해'를
> 선포하셨기 때문이다."

이때 신명기 15장 본문은 '쉐밑타 라예흐바야훼의 빚 탕감 해'라는 히브리 어 문구를 사용한다. 이로써 히브리들은 희년신앙 행동계약 행동법규로 써 '빚 탕감과 채무노예 해방'을 칠년마다 실행해야 한다.

이 밖에도 본문은 히브리들의 '빚 탕감 및 채무노예 해방'에 관련하여 '영원히 종이 되는 조건' 등 몇 가지 상황들을 나열한다. 참으로, 야훼 하 나님께서 희년신앙 행동계약 '빚 탕감 채무노예 해방 행동법규'에 대한 히 브리들의 행동의지의 한계를 아셨기 때문이다. 그렇더라도 21세기 예수 신앙인은 본문의 문자에 얽매여 시대에 맞지 않는 본문읽기와 해석에 매 몰되어서는 안 된다. 마찬가지로 본문은 어떤 사람이 자기 딸을 '어린아 내'로 팔았을 경우를 이야기한다.

> "만일 어린 아내가 그녀 주인의 눈에 밉보여서 주인이 그녀를 아내로 맞이하지 않

는다면, 주인은 어린 아내를 해방시켜야 한다. 주인이 어린 아내를 배신했기 때문에 그에게는 어린 아내를 외국 사람에게 팔아넘길 권리가 없다."

이때 본문은 '아마어린아내'라는 히브리어 낱말을 사용한다. 여기서 '아마'라는 히브리어 낱말은 '여종 또는 첩'이라고 번역할 수 있다. 필자는 본문의 문맥을 쫓아 '어린아내'라고 번역했다. 물론 '여종'을 표현하는 히브리어 용어로는 '쉬프하'라는 낱말이 따로 있다. 본문의 문맥을 쫓아 읽으면 '아마'는 결코 '쉬프하'로 취급받지 않는다. 따라서 주인이 '어린아내'를 밉보아서 아내로 맞이하지 않는다면 '어린아내'를 해방시켜야 한다. 이때 본문은 '헤프다흐'라는 동사를 사용한다. 여기 '파다'라는 히브리어 동사는 '몸값을 주고 구출하다 또는 해방하다'라는 의미다. 우리말 성서는 '속신贖身 또는 속량贖良'이라는 어려운 한자말로 번역했다. '몸값을 받고 해방하거나 무르다'라는 뜻일 터인데 문맥에 맞지 않는 번역이다. 필자는 본문의 문맥을 쫓아서 또한 '파다'라는 사역형동사의 어법을 살려서 '주인은 어린 아내를 해방시켜야 한다'라고 번역했다.

왜냐하면 '주인이 어린 아내를 배신했기'때문이다. 주인은 처음 약속대로 어린 아내를 배우자로 맞이하지 않고 불성실하게 대우했다. 그런 까닭에 주인은 결코 어린 아내를 외국사람에게 완전히 팔아넘길 권리가 없다. 여기서 본문읽기는 '로-이므숄'이라는 히브리어 동사구를 사용한다. '마샬'이라는 히브리어 동사는 '다스리다 또는 지배하다'라는 뜻이다. 주인은 어린 아내를 몸값을 주고 샀지만 어린 아내를 배신했기 때문에 아무런 권리도 행사할 수 없다. 그밖에도 본문은 주인에게 팔려온 어린 아내를 아들에게 주었을 경우 그녀를 딸처럼 대하도록 규정한다. 또한 어린 아내를 두고 다른 아내를 맞이했을 경우 그녀에게 음식과 옷, 부부관계를 끊지 말아야한다. 주인이 어린 아내를 배신하거나 불성실하게 대했을 경우 주인은 어린 아내의 빚을 탕감하고 해방시켜야 한다.

이렇듯이 본문은 어린 아내를 향한 '빚 탕감 및 채무노예 해방 행동규정'을 따로 마련해 두었다. 그것은 고대사회에서 여성의 사회경제·종교 위치를 배려해서 주인에게 팔려온 어린 아내의 생활안정을 보장하기 위해서이다.

두 번째 행동법규 '이자금지와 사회경제약자 돌봄'

야훼 하나님과 히브리 해방노예들 사이에서 맺어진 시나이 산 행동계약은 이자를 금지한다. '이자와 이윤을 얻기 위해 가난한 이들에게 돈이나 쓰임과 필요들을 빌려주는 일은 불법이다. 또 한편 떠돌이 나그네를 억압하고 괴롭혀서 쫓아낼 수 없다. 이때 본문은 '게르떠돌이 나그네'라는 히브리어 낱말을 사용한다. 자기 가족이나 나라를 떠나 홀로 떠돌이 삶을 사는 사람을 말한다. 예부터 히브리들은 떠돌이 나그네로서 파라오 노예세상에서 4백30년 동안 종살이를 했다. 21세기 지구촌 상황이라면 먼 타국에서 외국인 노동자로 살면서 전혀 그 나라의 시민으로 대접받지 못하는 사람들을 말한다. 그러면서도 사회 경제상황은 철저하게 그 나라에 예속된 외국인 노동자들을 가리킨다. 여기서 본문은 '틸하체누너는 그들을 괴롭혀 쫓아내지 말라'라는 히브리어 동사를 사용한다. 이때 '라하츠'라는 동사는 '괴롭히다, 짓누르다, 밀치다' 등 여러 가지 뜻으로 사용된다. 멀리 외국으로 나와서 사람대접도 못 받고 악덕 사업자에게 종속된 외국인 노동자의 처지가 딱 그렇다. 그럴수록 그들의 처지를 악용해서 억압하고 값싼 노동력을 착취하는 악덕 사업주들이 늘어난다.

이어서 본문은 '과부와 고아를 괴롭혀 해코지 하지 말라'고 경고한다.

"너희는 모든 과부와 고아를 괴롭히지 말라."

이때 본문은 '콜–알마나 베야톰모든 과부와 고아'라는 히브리어 문구를 사용한다. 히브리 성서는 모든 사회경제 약자들을 두루 부르는 말로 '과부와 고아'라는 용어를 자주 사용한다. 누구라도 과부와 고아 등 가난하고 힘없는 사람들을 괴롭혀서 그들의 삶을 해코지 하면 안 된다. 이때 본문이 사용한 동사가 '아나'인데 '괴롭혀서 연약하게 하다 또는 정복하다'라는 뜻으로 사용했다. 과부와 고아 등 가난하고 힘없는 이들을 고리대금으로 괴롭혀서 '채무노예로 팔아먹는 행태'에 대한 경고다. 만일, 과부와 고아와 가난한 사람들을 괴롭혀서 그들의 삶을 해코지 한다면, 그들은 하나님께 하소연 할 수밖에 없다. 그럴 때 야훼 하나님은 반드시 과부와 고아와 가난한 이들의 하소연을 들으시겠다고 한다. 그들과 함께 분노하시겠다고 한다. 고리대금업으로 과부와 고아와 가난한 사람들을 괴롭히고 채무노예로 팔아먹는 자들을 결코 용서하지 않겠다고 경고한다. 야훼 하나님께서 과부와 고아와 가난한 사람들의 삶을 해코지한 자들에게 반드시 복수하시겠다고 못 박는다. 왜냐하면, 야훼는 히브리 노예들의 하나님이시고 모든 가난하고 힘없는 약자들의 하나님이시기 때문이다. 야훼 하나님은 가난하고 힘없는 사람들을 편드시는 것을 넘어 '가난하고 힘없는 사람들의 하나님'으로 인류역사 속으로 오셨다.

너는 가난하고 힘없는 이들 위에 네 이자의 짐을 지우지 말라.

히브리들은 자기 생활경제 그늘 안에서 살고 있는 과부와 고아와 가난한 사람들에게 '돈이나 쓰임 또는 필요'를 꾸어주어야 한다. 그러나 어떤 경우든 그들 위에서 채권자노릇을 하면 안 된다. 무엇보다도 그들에게 이

자라는 짐을 지우지 않아야 한다. 이때 본문은 '케노쉐채권자처럼'이라는 히브리어 동사 분사 구句를 사용한다. 여기서 '나솨'라는 히브리어 동사는 '빚을 주다 또는 고리대금업을 하다'라는 뜻이다. 그런데 이 동사를 '분사'로 사용하면 인정사정없이 빚 독촉을 해대는 '무자비한 채권자'를 떠올리게 된다. 그러므로 본문은 누구라도 고아나 과부 등 가난하고 힘없는 채무자들 위에서 채권자 행세를 할 수 없다고 못 박는다. 마찬가지로 본문은 과부와 고아 등 가난하고 힘없는 이들에게 '이자라는 짐'을 지우지 말라고 못 박는다. 이때 본문은 '네쉐크고리이자'라는 히브리어 낱말을 사용한다. 이 낱말의 동사형은 '나솨크'인데 '고리대금업으로 괴롭히다 또는 물어뜯다'라는 뜻이다. 채권자가 가난하고 힘없는 이들에게 고리이자를 지워서 괴롭히다가 끝내는 채무노예로 팔아먹는 행태를 뚜렷하게 경고한다.

실제로 21세기 금융시스템 속에서는 'NPLNon Performing Loan 부실채권시장'이 존재한다. 금융자본들이 가난하고 힘없는 이들로부터 한껏 이자와 이윤을 짜낸 후에 부실화된 채권들을 정리하는 금융시장이다. 은행 등 금융회사들은 부실 자산처리 프로그램에 따라 이자와 원금 등 빚을 갚지 못하는 신용불량자들의 부실채권을 자기장부에서 상각처리 한다. 그렇게 휴지조각이 되어 죽은 채권들을 부실 채권시장에서 원금의 5-6% 헐값에 되팔아 좀비채권으로 되살려낸다. 이 좀비채권들을 사들인 금융업자들은 원금100%에다 고리이자까지 더해서 가난하고 힘없는 빚꾸러기들의 목줄을 움켜쥔다. 그렇게 빚꾸러기들이 돈을 다 갚을 때까지 그들을 채무노예로 삼는다.

이와 관련하여 고대 성서주변세계는 '신용경제 또는 빚 세상경제'가 널리 자리를 잡고 있었다. 소작농 채무제도 등 온갖 고리대금업이 활발했다. 가난하고 힘없는 이들에게 감당할 수 없는 빚을 지워 채무노예로 삼는 것이야말로 가장 수지맞는 불로소득이었다. 이렇듯이 히브리 해방노예들도 가나안 땅에 들어가 살면서 주변 민족들에게 휩쓸려 '신용경제 또는 빚 세상경제'와 만나게 될 것이다. 그러면서 시나브로 히브리 지파동맹 안에 채무노예 제도가 스며들 수 있을 것이다. 그러므로 본문은 과부와 고아 등 가난하고 힘없는 이들 위에서 누구라도 채권자로 행세하지 말라고 경고한다. 과부와 고아 등 가난하고 힘없는 사람들의 삶의 마당에서 모든 채권권리를 박탈한다. 누구라도 가난하고 힘없는 이들에게 고리이자를 지우지 못하도록 무이자 대출제도를 튼튼하게 세운다. 그럼으로써 히브리 지파동맹 안에서 서로가 서로를 채무노예로 삼지 못하도록 원천봉쇄한다.

생필품 담보물 규정

또한 본문읽기는 더 세세하게 사회경제약자 보호제도를 규정한다. 만일, 어떤 채권자가 채무자의 옷이나 이불 등을 담보물로 잡았다면, 저녁이 되기 전에 얼른 돌려보내야 한다. 왜냐하면 가난한 채무자들이 자기 생필품을 담보로 내어줬기 때문이다. 그로인해 가난한 채무자들의 하루 생활이 해코지를 당할 수밖에 없다. 이때 본문은 '살르마트겉옷'이라는 히브리어 낱말을 사용한다. 이와 관련하여 히브리들의 일반적인 옷차림은 속옷과 긴 겉옷이다. 히브리들의 겉옷은 대부분 베로 짜서 만드는데 네모난 큰 보자기 모양의 옷이다. 네모난 겉옷의 네 귀퉁이에 옷 술을 달아서 멋을 내기도한다. 히브리들은 이 겉옷을 어깨위로 걸쳐서 입는다. 이때 옆으로 팔을 껴서 편하게 입을 수 있도록 양쪽 옆에 구멍을 낸다. 이 겉옷은 잠을 잘 때 이불로 쓰기도 하고 급할 때는 물건을 싸서 나르기도 한다. 따라서 가난한 히브리들은 채권자에게 저당 잡힌 겉옷 때문에 저녁이 되어서 추운 밤을 지새워야 한다. 야훼 하나님은 결코 그런 상황을 두고 보시지 않는다. 야훼 하나님은 과부와 고아와 가난한 사람들의 삶의 하소연을 들으시는 분이다. 왜냐하면 야훼 하나님은 히브리 노예들의 하나님이시기 때문이다. 참으로 과부와 고아 등 가난하고 힘없는 이들을 향한 사랑과 열정이 넘치는 자비로우신 분이시기 때문이다.

"실제로 만일, 네가 네 이웃의 옷을 담보로 잡았다면 해가 저물기 까지는 그 사람에게 그 옷을 돌려보내라. 왜냐하면 그것이야말로 오롯이 그가 덮을 것이고 벗은 몸을 감쌀 유일한 옷이기 때문이다. 무엇으로 그 사람이 눕겠느냐? 그 사람이 나에게 부르짖을 때에 내가 듣겠다. 참으로 나는 자비롭기 때문이다."

너는 네 마음을 모질게 하지 마라.

이렇듯이 야훼 하나님과 히브리 해방노예들이 함께 맺은 희년신앙 행동법규로써 '사회경제약자 보호제도'는 신명기 15장 7절, 8절에서 더 크게 강조된다.

"참으로 네 하나님 야훼께서 너에게 주신 네 땅 안에 있는 너의 성문들 한 곳에 네 형제들의 어느 한사람 가난한 이가 너와 함께 있다면, 너는 네 마음을 모질게 하지 마라. 너는 네 가난한 형제에게 네 손을 움켜쥐지 마라. 왜냐하면 너는 반드시 그에게 네 손을 펴야하기 때문이다. 너는 반드시 그에게 없는 그의 모자람을 넉넉하게 꾸어주어야 하기 때문이다."

이때 신명기 15장 본문은 '로 테암메츠 너는 네 마음을 모질게 하지마라' 라는 동사구를 사용한다. 문자의 의미는 '딱딱하게 또는 강하게 하다'라는 뜻이다. 이 히브리어 동사구를 설명하는데 알맞은 우리말은 '측은지심惻隱之心'이다. 측은지심은 다른 사람의 고난과 고통을 가엾게 여기고 그 고통에 함께 소통하고 연대하는 마음이다. 따라서 이 마음은 상황과 처지를 따지고 손해와 이익을 계산하지 않는다. 신명기 희년본문은 히브리들의 마음속에 숨겨진 야훼의 해방과 구원세상 신앙의 힘을 희년신앙 행동계약 으로 이끌어낸다. 그래서 희년신앙 행동계약 이자금지 약자보호 행동법규로 명문화한다. 또한 이때 신명기 희년본문은 '로 티크포츠'라는 동사구를 사용한다. '너는 네 손을 움켜주지 마라 또는 오므리지 마라'는 뜻이다.

더해서 레위기 25장 35절에서 38절까지 희년본문은 '이자금지와 사회경제 약자보호' 희년신앙 행동법규를 더 넓고 깊게 강화한다.

"참으로 가난한 네 형제의 손이 네 곁에서 축 처져 있다면 너는 얼른 네 손을 펴서 그를 부축해라. 너는 그 형제와 함께 살아야한다. 너는 그 형제에게 이자를 받으려고 돈을 꾸어주지 말며 이익을 얻으려고 그에게 쓰임과 필요들을 꾸어주지 마라. 나는 너희에게 하나님이 되려고 이집트 땅으로부터 너희를 이끌어낸 너희 하나님 야훼다."

이렇듯이 히브리 성서본문들은 히브리 해방노예들에게 희년신앙 행동계약 두 번째 행동법규로써 가난하고 힘없는 사람들에 대한 사회경제 돌봄을 명령한다. 히브리 해방노예들이 반드시 지켜야할 희년신앙 행동법규로써 '이자금지와 사회경제 약자보호제도'를 튼튼하게 세운다.

이와 관련하여 21세기 금융시스템 속에서라면 '내 손을 펴고 움켜쥐고' 따위가 의미 없는 일이다. 왜냐하면 내 모든 부와 자산이 내 손에 있는 것이 아니라 금융시스템 속에 들어있기 때문이다. 따라서 21세기에는 '내 마음을 부드럽게 하여 측은지심을 가지며 내 손을 활짝 펴기'가 훨씬 더 어렵다.

그래서 훈련이 필요하다. 크고 넓고 깊은 희년신앙 행동법규 훈련이 필요하다. 21세기 한국교회와 교우들에게 '내 마음을 모질게 하지 않기' 사회경제·종교 신앙 영성훈련이 절실하다. '내 손을 움켜쥐지 않기' 생활경제 공동체훈련이 절절하다. 만약 한국교회와 교우들이 이러한 생활신앙 영성훈련들을 거부한다면 21세기 희년신앙 행동서사를 이어가지 못할 것이다. 더해서 한국교회와 교우들은 맘몬·자본 지배체제에서 야훼 하나님의 해방과 구원세상을 건설하지도 누리지도 못할 것이다.

세 번째 행동법규 '사법정의와 사회공동체 규약'

인류문명사 속에서 사법제도는 '시대정의와 진실'을 지켜내지 못했다. 시대마다 사법제도는 거짓소문을 퍼트리는 자들에게 귀 기울이며 스스로 사법농단에 휘말리기 일쑤였다. 불의한 증인을 내세워 가난한 이들을 억압하고 착취하는 지배체제와 손을 잡고 권력자들에게 충성을 바쳐왔다. 시류를 쫓아 힘없는 이들의 정의를 헐뜯고 깎아내려서 시대의 진실을 왜곡하는 반사회·반인권 소송과 재판을 진행해 왔다.

이와 관련하여 21세기 대한민국은 '사법공화국 또는 검찰공화국'이다. 20세기 말 대한민국 풀뿌리 사람들은 오랜 투쟁 끝에 선거 민주주의를 쟁취했다. 그러나 21세기에 들어서 풀뿌리 사람들은 '사회경제 민주주의 투쟁과 풀뿌리 시민정치 투쟁'에 손을 놓았다. 21세기 대한민국 사회경제·정치에서 풀뿌리 시민주권은 아무런 실체도 없이 공허했다. 그 빈

자리에 검사와 판사 등 사법부 권력이 재빠르게 '법치라는 깃발'을 내세웠다. 그러면서 대한민국 사회는 시나브로 '검찰공화국'또는 사법부공화국으로 정체성을 바꾸었다. 21세기 대한민국 사회에서는 정치도 국가행정도 민생도 다 사법부가 좌지우지 한다.

너는 거짓 증언하지 마라.

이제 다시 성서로 돌아가서 본문읽기 3.은 히브리 지파동맹의 사법폐해를 방지하는 희년신앙 행동계약 네 번째 행동법규를 제안한다. 그것은 바로 사법정의와 사회경제 공동체규약이다.

> "너는 네 가난한 사람의 소송에서 판결을 빗나가게 하지 마라. 너는 거짓 증언으로부터 멀리하여 죄 없는 사람과 정의로운 사람을 죽이지 마라. 왜냐하면 나는 악한 사람을 의로운 사람이 되게 하지 않을 것이기 때문이다."

이때 본문은 '쉐마 솨베거짓증언 또는 거짓말'라는 히브리 낱말을 사용한다. 실제로 동서고금의 모든 사법폐해의 밑바탕에는 거짓증언을 사실증언으로 꾸며내는 사법농단이 깔려 있다. 이렇게 거짓증언이 사실증언으로 꾸며지는 사법농단으로 정의로운 사람이 죽어나간다. 두말할 필요도 없이 이것은 21세기 대한민국 사법폐해들의 특성이다. 그래서 야훼 하나님은 본문에서 '나는 악한 사람을 의로운 사람이 되게 하지 않을 것'이라고 못 박는다. 그것은 곧 21세기 대한민국 사회 여기저기서 외쳐지는 '사필귀정事必歸正'이다.

한편 본문은 희년신앙 행동법규로써 사람 사는 세상의 사회경제 공동체 규약을 제안한다. 실제로 히브리 해방노예들은 파라오 노예세상에서

4백30년 종살이를 하면서 사회경제공동체 규약을 생각할 필요조차 없었다. 왜냐하면 히브리들은 타고난 노예였기 때문이다. 아버지도, 어머니도, 할아버지도 대대로 파라오 노예세상의 노예였다. 또한 나도, 내 아내도, 자식들도, 손자 손녀들도 파라오 노예세상의 노예로 살아갈 수밖에 없었기 때문이다. 오롯이 파라오 노예제국 지배체제 채찍만이 히브리 노예들에게 삶의 규칙이었다. 히브리 노예들은 파라오의 고기 가마와 떡 광주리에만 반응할 뿐이었다.

그러나 이제는 아니다. 히브리 노예들의 하나님 야훼께서 나타나셨기 때문이다. 야훼 하나님께서 히브리 노예들을 파라오 노예세상으로부터 해방하고 구원하셨다. 이제 히브리들은 야훼 하나님의 사람들로서 자유인이다. 야훼 하나님의 해방과 구원세상을 건설하고 누려야 할 희년신앙 행동계약 의무와 채임이 있다. 그러므로 이제 히브리들의 해방과 구원, 정의와 평등 세상에 걸맞은 사회경제공동체 규약이 절실했다.

"참으로 만약, 네가 너와 원수가 된 사람의 '길 잃은 소 또는 나귀'를 마주친다면, 너는 그것을 꼭 그에게 돌아가게 해야 한다. 참으로 만약, 네가 '너를 미워하는 사람'의 나귀가 제 짐 밑에 깔린 것을 보거든, 너는 그것을 그냥 모른 체 내버려두지 않아야 한다. 너는 꼭 그 나귀를 붙들어 일으켜서 풀어주어야 한다."

이때 본문은 '오이베카녀와 원수가 된 사람 또는 원한을 산 사람'라는 분사구를 사용한다. 사람 사는 세상에서는 온갖 다양한 관계 속에서 불화와 갈등이 일어날 수밖에 없다. 그럴 때마다 이런저런 감정과 미움들이 쌓일 수 있다. 그러나 파라오 노예세상이 아닌 해방과 구원 세상에서는 사회경제 정치공동체 협조와 타협을 이루며 살아야한다. 파라오 노예세상에서 생존 기술이었던 사회맹社會盲으로는 야훼 하나님의 해방과 구원세상을 살아낼 수 없다. 그러나 안타깝게도 히브리 해방노예들은 해방과 구원세상에서 사회경제 정치 공동체성을 체험할 기회가 없었다. 더 나아가 본문읽기 3.는 사람 사는 세상에서 사회경제 정치 공동체성을 지켜내기 위한 부정부패방지 제도를 제안한다.

"너는 뇌물을 받지 말라. 왜냐하면 그 뇌물이 눈뜬 사람들을 눈멀게 하고, 그로 인해 그 뇌물이 정의로운 사람들의 증언들을 뒤집어엎기 때문이다. 너는 나그네를 억압하지 말라. 참으로 너희는 그 나그네의 마음을 잘 안다. 왜냐하면 너희가 이 집트 땅에서 나그네들이었기 때문이다."

이때 본문은 '쇼하드뇌물'라는 히브리어 낱말을 사용한다. 여기서 '쇼하드'라는 히브리어 낱말을 동사로 바꾸면 '솨하드'인데 '선물을 주다'라는 뜻이다. 실제로 사람 사는 세상에서는 선물을 핑계 삼아 오고가는 뇌물들이 난무한다. 21세기 맘몬·자본 지배체제에서는 선물과 뇌물의 경계마저 모호하다. 그렇지만 뇌물은 선한 사람들이라도 양심을 마비시키고 눈을 멀게 한다. 뇌물은 정의로운 사람들마저 죽음의 길로 내몰아 야훼 하나님의 해방과 구원세상을 망하게 하는 지름길이다.

네 번째 행동법규 '쉼이 있는 노동세상'

고대 성서주변세계는 온통 노예세상이었다. 고대 '노예세상 만신전'에는 노예세상 주인으로서 왕과 제사장들을 편들고 두둔하는 하나님들로 가득했다. 노예세상 만신전의 하나님들은 노예세상 지배체제로부터 온갖 숭배와 섬김을 받았다. 그 대가로 노예제국 지배체제의 왕과 제사장들에게 땅과 부와 권력을 독차지하도록 허락했다.

그러므로 노예세상 지배체제를 탈출해서 해방과 구원세상을 누리려는 히브리 노예들은 결코 '노예제국 만신전의 하나님들을 숭배'할 수 없다. 이제 히브리들이 가나안 땅에 들어가서 만날 수밖에 없는 노예세상 하나님은 '풍요다산의 신 바알과 돈의 신 맘몬'이다. 이러할 때 히브리들이 바알신과 투쟁할 수 있는 힘은 무엇일까? 그것은 바로 희년신앙 행동법규로써 '쉼이 있는 노동세상'이다. 히브리들은 가나안 땅에 들어가서 안식일과 안식년 등 쉼이 있는 노동을 생활화하고 제도화했다. 그럼으로써 풍요다산의 신 바알과 투쟁했다. 나아가 야훼 하나님의 행방과 구원, 정의와 평등세상을 세우고 누리며 지켜나갔다.

야훼 하나님께서도 노동하신다.

히브리들에게 '쉼이 있는 노동세상의 근거'는 무엇일까? 그것은 바로 '야훼 하나님께서 노동 하신다'라는 신앙고백이다. 야훼 하나님께서도 노동하시니 모든 노동은 거룩하다. 히브리들은 '야훼 하나님께서 노동하시니 나도 노동 한다'라고 스스로 다짐한다. 물론 성서주변 노예세상 만신전의 하나님들은 결코 노동하지 않는다. 성서주변 노예세상에서 노동은 오롯이 노예인간들 만의 몫이다.

이와 관련하여 히브리들에게 노동은 반드시 '쉼이 있는 노동'이어야 한다. 왜냐하면, 야훼 하나님께서 엿새 동안 당신의 모든 창조활동을 마치시고 이레 날에 편히 쉬셨기 때문이다. 야훼께서 하늘과 땅과 바다 그리고 그것들 안에 있는 모든 것을 만드시고 그 이튿날에 푹 쉬셨다. 이때 사용한 히브리어 동사가 '솨바트'인데 '그치다, 멎다'라는 뜻이다. 야훼 하나님께서 자신의 모든 생명노동을 멈추시고 평안하게 '안식安息'하셨다는 뜻이다. 따라서 안식일이란, '욤 핫쇠바트쉬는 날'이다.

또한 창세기 창조본문은 '하나님께서 안식일을 복주시고 그 날을 거룩하게 하셨다'라고 증언한다. 한마디로 하나님께서 '안식일 곧 쉼이 있는 노동'을 복주시고 거룩하게 하셨다는 말이다. 이때 본문은 '카데쉬   거룩'이라는 히브리어 낱말을 사용한다. 여기서 거룩이란, '사람이 손 댈 수 없는 영역 곧 신성불가침의 영역'이란 뜻이다. 따라서 21세기 맘몬·자본도 이윤, 권력이나 그 무엇도 '쉼이 있는 노동'을 훼손할 수 없다. 야훼 하나님이 복 주시고 거룩하게 하신 '안식일 곧 쉼이 있는 노동'은 독점재벌·금융자본이나 이윤이나 불로소득이나 무엇으로도 취소하거나 훼손할 수 없다.

그러므로 히브리들에게 '안식일 곧 쉼이 있는 노동이 거룩한 까닭'은 '야훼 하나님과 더불어 모든 사람들의 쉼'이기 때문이다. '나와 너, 내 아들과 딸, 내 남종과 여종, 내 가축과 내 생활경제 그늘아래 있는 모든 생명들이 다함께 쉼을 누리기 때문이다.

안식일, 쉼이 있는 생명노동

히브리 성서에 나타난 창조신앙 은유를 사람 사는 세상에서 삶의 의지와 행동으로 바꾼다면 그것은 바로 '안식일, 쉼이 있는 생명노동'이다. 안식일, 쉼이 있는 생명노동이야말로 '평등하고 정의롭고 복되고 거룩'하다. 왜냐하면 그것은 '하나님과 하나로 창조생명생태계 생명노동'으로부터 이어져 왔기 때문이다. 따라서 '안식일, 쉼이 있는 생명노동'은 희년신앙 행동계약 조건으로써 네 번째 행동법규이다. 희년신앙 행동법규로써 쉼이 있는 노동을 회복하는 것이야말로 21세기 '평등노동, 정의노동, 생명노동'의 밑바탕이다. 그것은 곧 '21세기 쉼이 없는 노예노동 세상'을 해체하는 희년신앙 행동망치와 같다. 그러므로 출애굽기 20장의 십계명에서 야훼 하나님은 히브리들에게 희년신앙 행동법규로써 쉼이 있는 생명노동을 명령한다. 그것은 바로 '안식일, 그날을 기억하라'는 것이다.

"너는 '그날을 거룩하게 하기 위하여' 그 안식의 날을 기억하라. 너는 엿새 동안 일해라. 네 생업의 모든 것을 다 해라. 그러나 이레 날은 네 하나님 야훼의 안식일이다."

이때 출애굽기 십계명 본문은 '자코르기억하라'라는 히브리어 부정사를 사용한다. 이 부정사가 드러내는 희년신앙 은유는 '안식일, 쉼이 있는 생명노동'을 히브리들의 마음 판에 새겨서 기억하라는 것이다. 안식일, 쉼이 있는 노동세상을 튼튼하게 세우고 사회경제·정치 공동체 행동목표로 삼으라는 것이다. 21세기 시대상황에서라면 독점재벌, 투기금융, 정부·관료, 정치권, 그 무엇이라도 '안식일, 쉼이 있는 생명노동'을 훼손하지 못하도록 지켜내라는 것이다. 그것이 바로 '야훼 하나님의 안식일의 거룩'이다. 이점에서 출애굽기 23장 12절은 '안식일에 어떻게 쉬어야 할까'를 제안한다.

"너는 엿새 동안 네 일들을 하라. 그러나 너는 일곱째 날에 쉬라. 왜냐하면 네 소와 나귀도 누어 쉬어야 하고 네 여종의 아들과 나그네도 숨을 돌려야하기 때문이다."

이때 본문은 '야누아흐'누어 쉬다라는 히브리어 동사를 사용한다. 아주 편하게 푹 쉬어야 한다는 것이다. 한마디로 몸과 마음과 영혼까지 '빈 시간'을 누려야 한다. 야훼 하나님의 복 주심과 거룩하게 하심 속에서 아무런 걱정도 탈도 없는 쉼을 누려야 한다. 더해서 본문은 '이나페쉬 숨을 돌리다'라는 히브리어 동사를 사용한다. 이 히브리어 동사의 명사형이 '네페쉬목구멍 또는 숨구멍'이다. 따라서 '안식일의 목구멍 또는 숨구멍의 쉼과 여유'는 21세기 그 어떤 노예노동도 거부한다. '목구멍에 풀칠이나 하는 최저임금'을 뛰어넘어 '쉼이 있는 생명노동을 가능하게 하는 생활임금'을 보장받아야 한다.

그럼에도 불구하고 '안식일, 쉼이 있는 생명노동'은 유대교 안에서 '가난한 이들의 삶을 탄압하고 착취하는 종교도구'로 떨어졌다. 예수시대에 이르러 유대교에서 안식일은 혹독한 종교규례로 퇴행했다. 안식일을 지키는 것은 유대인들에게 '이방인들과 자신들을 구별하는 종교표지'에 지나지 않았다. 예수시대의 바리새파 사람들은 안식일에 대한 종교의례와 형식에 집착했다. 그럼으로써 '안식일, 쉼이 있는 생명노동'에 대한 크고 넓고 깊은 신앙은유들을 깡그리 잃어버렸다.

이렇듯이 예수시대 유대교의 안식일은 가난한 사람들에게 쉼과 기쁨의 날이 아니었다. 오롯이 공포와 불안과 심판의 날이 되고 말았다. 이러한 시대적 상황에서 예수는 바리새파와 유대 풀뿌리 사람들에게 새로운 안식일을 선포했다.

"안식일은 사람을 위하여 생겨났다. 그러나 사람은 안식일을 위하여 태어나지 않았다. 그러므로 사람의 아들이 안식일의 주인이다."마가복음 2:27-28

예수는 새로운 안식일 선언에서 '디아 톤 안트로폰διὰ τὸν ἄνθρωπον 사람을 위하여'이라는 헬라어 문구를 사용한다. 안식일은 유대교 율법도 아니고 유대교의 종교표지宗敎標識도 아니다. 오롯이 안식일은 사람을 위해서 생겨났다. 따라서 안식일의 주인은 '쉼이 있는 생명노동의 주체'로서 사람이다.

예수는 새로운 안식일을 선포하면서 헬라시대의 모든 풀뿌리 사람들이 새겨들을 수 있도록 '삼단논법'을 사용했다. 의심의 여지 없이 뚜렷하게 '안식일의 참 뜻'을 밝히기 위해서였다. 안식일의 주인은 사람이다. 사람이 안식일을 위해서 있는 것이 아니라, '안식일이 사람을 위해 있는 것'이라고 선포했다. 그럼으로써 안식일의 핵심 신앙은유인 '쉼이 있는 생명노동'을 통하여 '희년신앙 행동계약 안식일 행동법규를 재구성하고 완결'했다.

한편 예수의 새로운 안식일 선언은 유대교 예루살렘 성전제사 종교체제의 판을 뒤집는 사건이었다. 마찬가지로 예수의 새로운 안식일 선언은 21세기 한국교회의 종교패러다임을 뒤집는 사건일 수밖에 없을 것이다.

21세기 희년신앙 행동법규로써 '쉼이 있는 노동세상' 제언

고대 성서주변 노예제국 만신전의 수호신들은 결코 노동하지 않는다. 이제 21세기에 이르러 '성공하는 사람들 또는 부와 권력을 누리는 사람들' 역시 결코 노동하지 않는다. 21세기 금융시스템에서는 '노동 없는 불로소득이 진리이고 행복이며 거룩'이다. 21세기 독점재벌과 맘몬권력 지배체제에서 '쉼이 있는 생명노동'은 목구멍에 풀칠하는 임금노동으로 퇴행했다. 21세기 금융시스템 속에서라면 '쉼이 있는 생명노동'은 도무지 말이 되지 않는다. 오롯이 모든 노동은 '금융 채무를 갚는 임금노예노동'일 뿐이다. 21세기 금융시스템 속에서 독점재벌과 맘몬권력이 발행하는 금융채권을 사서 생활을 영위하고 노동으로 되갚을 뿐이다. 이렇듯이 21세기 풀뿌리 사람들은 생명노동 주권을 빼앗기고 금융시스템에 종속된 임금노예 노동의 나락으로 떨어졌다. '하나님과 하나로 창조생명 생태계를 파괴하고 정복하는 폭력노동 또는 기계노동'의 나락으로 떨어졌다.

그러나 21세기 금융시스템 속에서라도, 예수는 예수신앙인들의 삶의 마당에서 이렇게 일갈한다.

"아버지도 일하시니 나도 일한다."

그러므로 21세기 예수신앙인들에게 '노동하지 않는 하나님'은 내 하나님도 아니고 내 아버지도 아니다. 21세기 금융시스템에서 '노동 없는 불로소득'은 하나님께서 주시는 복도 아니며 내 아버지로부터 얻는 은총도 아니다. 의심의 여지없이 뚜렷하게, 하나님과 하나로 창조생명생태계의 생명노동은 그 짝이 되는 '쉼'이 있을 때 온전해 진다. '생명노동의 짝으로써 쉼'은 하나님과 하나로 창조생명생태계 안에서 누구에게나 골고루 주어져야 한다. 그것이 바로 '안식일, 쉼이 있는 생명노동'을 위해 야훼 하나님께서 내리시는 '복이고 거룩'이다.

안식년 제도

히브리들의 희년신앙 행동법규로써 '안식일, 쉼이 있는 생명노동'을 확대한 것이 안식년 제도다. 안식년에는 사람뿐만 아니라 그 땅도 쉬어야 한다. 안식년에 그 땅이 내어놓은 모든 생산물은 사람을 비롯해서 '하나님과 하나로 창조생명생태계 모두의 것'이다. 출애굽기 23장 10절과 11절 본문은 다음과 같이 안식년을 명령한다.

"여섯 해 동안 너는 네 땅에 씨를 뿌리고 그 땅의 생산물을 거두어라. 그러나 일곱 번째 해에 너는 그 땅에서 손을 떼고 버려두어 네 백성 가운데 가난한 이들이 먹게 하라. 그들이 남긴 것을 들짐승들이 먹을 것이다. 너는 네 포도밭과 감람나무밭도 그렇게 해야 한다."

다섯 번째 행동법규 '토지공공성'

히브리 성서는 '땅은 하나님의 것'이라고 꼭 집어서 밝힌다. 사람은 '하나님이 선물하신 땅'을 빌려 쓸 뿐 처분권이 없다. 사람은 지구별에 태어나서 길어야 아흔 살 어쩌다 백세를 살면서 나그네와 거주자로 지낼 뿐이다. 이와 관련하여 출애굽기 희년본문들은 아직 희년신앙 행동계약 행동법규로써 '토지공공성' 제도를 제안하지 않는다. 그렇더라도 필자는 레위기 25장 23절과 24절의 토지공공성 제도를 희년신앙 행동계약 행동법규로 소개한다. 더 자세한 토지공공성제도는 레위기 희년본문을 읽으면서 살펴보기로 한다.

"그러므로 그 땅을 아주 완전히 팔아넘기지 못한다. 왜냐하면, 그 땅은 내 것이기 때문이다. 참으로 너희는 나그네와 거주자로 나와 함께 있을 뿐이다. 너희는 너희 노느매기 땅 모든 곳에서 땅 무르기를 실행하라."

사람은 자기 일생동안 땅을 의지하며 땅으로부터 은혜를 입어 생명을 유지한다. 사람은 흙으로부터 와서 흙으로 돌아갈 뿐이다. 그 누구도 땅을 독점하고 지배하고 제 맘대로 처리할 능력과 비전이 없다. 무엇보다도 사람은 자기 손으로 땅을 만들어 낼 재간이 없다. 아무리 과학기술이 발달해도 인간이 땅을 만들어낼 수 없다. 또 한편 히브리 성서는 히브리 해방노예들의 필요와 쓰임에 따른 가나안땅 노느매기를 증언한다. 나아가 가난한 형제들의 빼앗긴 땅에 대한 '무르기 의무'를 증언한다. 땅 무르기와 관련한 자세한 내용들은 '룻기의 땅 무르기'에서 살펴볼 수 있다.

무엇보다도 히브리 성서의 토지공공성과 관련하여 창세기 천지창조 이야기는 매우 뜻 깊다. 맨 처음에 하나님께서 하늘과 땅과 바다를 지어내실 때 사람은 흙 한줌 물 한바가지 보탠바가 없다. 21세기 첨단과학 의료기술 덕분에 사람의 생존수명이 크게 늘어났지만 야훼 하나님의 창조의 시간을 따라잡을 수는 없다. 땅의 시간 또는 지구촌 역사와는 비교조차 할 수 없다. 그러므로 맨 처음 하나님께서 지어내신 땅은 유한한 삶을 사는 사람들의 사유자산 목록에 올려놓아서는 안 된다. 땅은 과거와 현재와 미래의 모든 인류와 모든 생명체가 함께 공유하는 '하나님과 하나로 창조생명생태계 공공자산'이다. 21세기 현재와 미래인류의 생명 삶의 밑바탕이다. 참으로 지구촌 인류의 미래를 저당 잡아 장물아비 향락을 누리는 지구촌 맘몬·자본세상 현실이 암담하고 처참할 뿐이다. 코앞으로 들이닥친 지구촌 기후위기 상황에서는 더 더욱 그렇다.

21세기 한국교회와 교우들에게 '희년신앙 행동'은 무엇이어야 할까?

히브리 성서 출애굽기는 의심의 여지없이 또렷하게 희년신앙 행동계약 의무와 책임으로써 희년신앙 행동을 명령한다. 히브리 성서 속에서 '히브리 지파동맹의 희년신앙 행동서사의 자리'가 참으로 넓고, 깊으며, 크다. 히브리 성서 전체가 '희년신앙 행동서사로써 예수의 하나님나라 복음운동'의 전前 역사를 증언한다.

의심의 여지없이 뚜렷하게 히브리 성서에서 '희년신앙 행동서사'는 히브리 노예들의 하나님 야훼의 나타나심으로부터 출발한다. 야훼 하나님께서 파라오 노예제국으로부터 히브리 노예들을 해방하시고 구원하시는 출애굽사건을 밑바탕으로 삼는다. 왜냐하면 야훼 하나님의 '출애굽 해방과 구원사건'을 밑바탕 삼아 히브리 지파동맹 안에서 '희년신앙이 태동'하기 때문이다. 히브리들이 야훼의 해방과 구원세상을 쫓아 살면서 히브리 지파동맹의 '희년신앙 행동서사'가 기록되었기 때문이다. 실제로 히브리 지파동맹은 자신들의 삶의 마당에서 '해방과 구원, 정의와 평등세상을 세우고 누리며 지켜내기 위해' 온 힘을 쏟았다. 히브리 지파동맹이 '희년신앙 행동법규에 따라 행동하려고 애써온 과정 그리고 모든 결과물들'이 바로 희년신앙 행동서사다.

이제 의심의 여지없이 뚜렷하게 희년신앙 행동서사는 신약성서의 복음서로 이어진다. 복음서에서 희년신앙 행동서사를 증언하는 본문들은 예수의 하나님나라 대헌장인 산상설교와 주기도문과 예수의 비유들이다. 그리고 예수부활신앙 본문들이다. 나아가 사도행전과 서신들에서는 예루살렘 예수신앙공동체의 공유경제와 바울의 연보공동체가 희년신앙 행동서사를 잇는다.

이렇듯이 출애굽기 희년본문들은 의심의 여지없이 뚜렷하게 희년신앙 행동법규들의 실체와 진실을 증언한다. 시나이 산 희년신앙 행동계약 본문들은 십계명과 더불어 빚 탕감과 채무노예해방, 이자금지와 사회경제약자보호, 정의로운 재판과 사회경제공동체 규약, 쉼이 있는 노동 등 희년신앙 행동법규들을 나열한다. 야훼 하나님과 히브리 지파동맹 사이에서 맺어진 희년신앙 행동계약 의무와 책임들로써 행동법규들이다.

그러므로 히브리 성서에 나타난 희년신앙 행동서사는 히브리들의 삶의 마당에서 하루하루 희년신앙 행동법규들을 따라 살아온 히브리들의 신앙과 삶의 역사이다. 히브리 지파동맹의 '총체적 신앙과 삶과 활동들'이다.

9. 가나안 땅 노느매기 동맹, 그들 생계가족들마다 필요에 따라

여호수아 13:1-8, 13:15-33, 14:1-5, 14:6-15

본문읽기 1. 여호수아 13:1-8

여호수아가 나이 많아 늙었다. 야훼께서 그에게 말씀하셨다.

"네가 나이 많아 늙었구나. 그렇지만 네가 차지해야 할 땅이 매우 많이 남아있다. 이것이 남아 있는 땅인데 블레셋 사람들의 모든 지역과 게슈르 사람들의 모든 지역이다.

이집트 앞에 있는 쉬호르 시냇가로부터 가나안사람에게 딸린 북쪽 에크론 경계까지와 블레셋 다섯 통치자들에게 속한 아자트와 아쉬돈과 에쉬케론과 기티와 에크론과 아비사람들의 지역과 남쪽으로 가나안사람들의 모든 땅과 치돈 사람들에게 딸린 메아라와 아모리 사람들의 경계 아페카까지와 게불 사람의 땅과 해맞이 동쪽 레바논 모든 땅과 헤르몬 산 아래 바알가드로부터 하마트로 들어가는 곳까지다. 레바논으로부터 미스레포트마임까지 그 산지에 사는 모든 거주민들 곧 모든 치돈 사람들을 내가 이스라엘 후손 앞에서 쫓아내겠다.

다만 너는 내가 너에게 명령한대로 이스라엘에게 노느매기 땅을 나눠주어라. 이제 너는 이 땅을 아홉 지파와 므낫쉐 반 지파에게 노느매기 땅으로 나눠주어라."

므낫쉐 반지파와 함께 르우벤 사람과 가드사람은 모세가 요단강 건너편 동쪽에서 그들에게 준 그들의 노느매기 땅을 받았다. 야훼의 종 모세가 그들에게 주었던 그대로였다.

본문읽기 2. 여호수아 3:15-33

모세가 르우벤 후손들의 지파에게 '그들의 생계가족들마다' 몫을 주었다. 그들의 땅 경계는 아르논 골짜기 가장자리에 있는 아로에르로부터 그 골짜기 가운데 있는 성과 메드바 곁의 온 평지와 헤쉬본과 그 평지에 있는 모든 성들과 디본과 바모트바알과 베트바알메온과 야흐차와 케데모트와 메파아트와 키르야타임과 십마와 산골평지 등성이에 있는 체레트 쇠하르와 베트 페오르와 피스가의 산비탈과 베트 예쉬모트와 그 평지의 모든 성들과 헤쉬본에서 다스렸던 에모리왕 시혼의 모든 왕국들이다.

그때에, 모세가 시혼과 함께 미드얀의 지배자들을 쳐 죽였다. 에비와 레켐과 추르와 후르와 레바아 등 그 땅에 거주하는 시혼의 군주들을 쳐 죽였다. 이스라엘 후손들이 칼로 그들을 쳐부수는 가운데 그 점쟁이 베오르의 아들 빌르암을 죽였다.

르우벤 자손들의 서쪽 땅의 경계는 야르덴 강가이다. 이것이 르우벤 자손들의 생계가족들마다 받은 땅 노느매기 성들과 그들의 마을들이다.

모세가 가드 지파에게도 가드후손들의 생계가족들마다 몫을 주었다. 그들 땅의 경계는 야에제르와 길르아드의 모든 성들과 암몬자손들의 땅 절반 곧 랍바 앞에 있는 아로에르까지와 헤쉬본으로부터 라마트 미츠페까지와 베토님과 마하나임으로부터 리드비르 가장자리까지와 산골평지에 있는 베트 하람과 베트 니므라와 수코트와 차폰 곧 헤쉬본 왕 시혼의 왕국들 가운데 남은 곳으로써 야르덴 강가에서 야르덴 강 건너 동편 킨네

레트바다 끝자리까지 이다. 이것이 가드후손들의 생계가족들마다 받은 땅 노느매기 성들과 그들의 마을들이다.

모세가 므낫쉐 반 지파에게 몫을 주었다. 므낫쉐 반 지파에게 그들의 생계가족들마다 받은 몫이 있었다. 그들의 땅의 경계는 마하나임으로부터 온 바샨 곧 바샨 왕 옥의 모든 왕국들과 바샨에 있는 모든 하보트 야이르 곧 육십 개 성들과 길르아드 절반과 아쉬타로트와 아드레이 곧 바샨에 있는 옥의 왕국들의 성들이다. 므낫쉐 아들 마키르의 후손들 곧 마키르 후손들의 절반에게 그들 생계가족들에 따라 받은 땅 노느매기이다.

이것들이 '예리호 동쪽 야르덴 강의 건너편 모압 광야에서 모세가 땅 노느매기 한 것들'이다. 그러나 레위지파에게만, 모세가 노느매기 땅을 주지 않았다. 야훼께서 그들에게 말씀하셨던 것처럼 '이스라엘의 하나님 야훼 그 분이 그들의 노느매기 땅' 이었다.

본문읽기3. 여호수아 14:1-5

이것들이야말로 이스라엘 후손들이 가나안 땅에서 땅 노느매기 한 내용들이다. 엘르아자르 제사장과 눈의 아들 여호수아와 이스라엘 후손 지파들의 우두머리들이 그들의 땅을 노느매기 했다.

야훼께서 모세의 손에 명령하신 대로 아홉 지파와 반 지파에게 '제비뽑기'로 그들 몫의 땅을 노느매기했다. 왜냐하면, 모세가 야르덴강 건너편에서 두 지파와 반 지파에게 노느매기 땅을 주었기 때문이다. 그러나 모세가 그들 가운데 레위 사람들에게만 노느매기 땅을 주지 않았다. 왜냐하면 요셉 후손들이 므낫쉐와 에프라임 두 지파가 되었기 때문이다. 그들은 그 땅에서 레위 사람들의 몫을 주지 않았다. 다만 레위 사람들이 거주할 도시들과 그들의 가축들과 가축새끼들을 위해 도시들에 딸린 목초지들만 주었다.

이스라엘 후손들이 '야훼께서 모세에게 명령하신대로 그렇게' 행동으로 옮겼다. 그들이 그 땅을 제비뽑아 몫을 나누었다.

본문읽기 4. 이 산지를 나에게 주시오. 여호수아 14:6-15

예후다의 후손들이 길갈에 있는 예호슈아에게 가까이 나아왔다. 그리고 크니즈 사람 예푼네의 아들 칼렙이 예호슈아에게 말했다.

"당신은 아십니까? 야훼께서 카데쉬 바르네아에서 하나님의 사람 모세에게 나와 당신에 대하여 말씀하셨던 그 일을 말입니다. 야훼의 종 모세가 카데쉬 바르네아로부터 그 땅을 정탐하라고 나를 보냈을 때 내 나이 마흔 살이었습니다. 나는 돌아와서 그에게 내 마음에 있는 그대로 보고했습니다. 그러나 나와 함께 올라갔던 형제들이 풀뿌리 사람들의 마음을 두려움에 떨게 했습니다. 그렇지만 나는 나의 하나님 야훼를 온전하게 따랐습니다. 그날에 모세가 이렇게 맹세했습니다. '참으로 그 곳에서 네 발이 밟은 그 땅은 너와 너의 후손들에게 영원한 노느매기 땅이 될 것이다. 왜냐하면 네가 나의 하나님 야훼를 온전하게 따랐기 때문이다.' 이제 보십시오. 이스라엘이 광야를 걸을 때에 야훼께서 모세에게 이 일을 말씀하신 그때로부터 사십 오년 동안 야훼께서 말씀하신 이 일을 쫓아 나를 살게 하셨습니다. 이제 보십시오. 내가 오늘날 여든 다섯 살입니다. 모세가 나를 보내던 그날처럼 오늘 나는 여전히 강합니다. 전쟁할 때나 나아갈 때나 들어올 때나 그때의 나의 힘처럼 강건합니다. 그러므로 지금, 그날에 야훼께서 말씀하신 이 산지를 나에게 주십시오. 참으로 그날에 당신도 '거기에 아낙 사람들이 살고 큰 성들이 단단하며 튼튼하다는 것'을 들으셨습니다. 혹시라도 야훼께서 나와 함께 하신다면 '나는 야훼께서 말씀하셨던 것처럼' 그들을 쫓아내겠습니다."

예호슈아가 그를 축복했다. 그리고 그가 예푼네의 아들 칼렙에게 헤브론을 노느매기 땅으로 주었다. 그러므로 헤브론이 크니즈 사람 예푼네의 아들 칼렙에게 노느매기 땅으로 오늘까지 있다. 이것은 '칼렙이 이스라엘의 하나님 야훼를 온전하게 따랐기 때문'이다.

헤브론의 옛 이름은 '키르야트 아르바야'였는데, 그는 아낙 사람들 가운데 큰 사람이었다. 그 땅이 전쟁으로부터 평안하게 쉬었다.

본문 이해하기
가나안 땅의 역사

히브리 성서는 노아홍수 이후 노아의 세 아들의 이름을 따서 지구촌 인종을 셋으로 나눈다. 첫 번째는, 큰 아들의 이름을 딴 '셈' 족이다. 셈족은 메소포타미아와 팔레스타인과 아라비아를 아우르는 아시아 인종이다. 두 번째는, 둘째 아들의 이름을 딴 '함' 족이다. 함족은 이집트와 아프리카 대륙을 아우르는 아프리카 인종이다. 세 번째는, 셋째 아들의 이름을 딴 '야벳' 족이다. 야벳족은 아시아 서쪽과 흑해와 마르마라해와 에게해 그리고 지중해를 둘러싼 반도 등 유럽 인종이다.

그러나 히브리 성서의 지구촌 인종구분은 역사실증주의 근거가 없다. 그렇더라도 서구사람들은 옛 부터 팔레스타인과 메소포타미아와 아라비아 인종을 셈족이라고 불렀다. 또한 셈 족이 거주하는 메소포타미아와 아나톨리아 그리고 시리아와 팔레스타인을 거쳐 함족이 거주하는 이집트까지를 비옥한 초승달지역이라고 불렀다. 이 초승달 지역은 옛날부터 아시아와 유럽을 잇는 중요한 문명통로였고 인류 최초로 농경문명이 발생한 곳이다. 실제로 기원전 1만여년 전부터 비옥한 초승달 지역에서 인류 최초문명이 시작되었다.

이와 관련하여 히브리 해방노예들이 맨 처음 가나안땅으로 발을 들이
게 되는 도시는 요단강이 흘러드는 사해근처 '여리고'이다. 고고학발굴에
따르면 여리고는 기원전 7천년 경부터 튼튼한 성벽으로 둘러싸인 인류최
초의 도시로 드러났다. 같은 시대의 도시유적 이라면, 메소포타미아 북
부지역의 '얄모'Jarmo뿐이었다고 한다.

그렇다면, 여리고성은 인류 최고最古의 도시였고 요단강 골짜기야말
로 인류 문명의 요람이 아니었을까? 어찌 되었든, 기원전 3천 년대부터
팔레스타인 지역에서도 작은 왕국들이 탄생했다. 지질학자들은 기원전 2
천 년경 청동기시대까지 소돔과 고모라 주변지역은 맑은 물을 사해로 흘
려보내는 비옥한 땅이었을 것이라고 한다. 그러나 지진으로 인한 지각변
동이 일어나면서 땅속에 매장되어 있던 석유와 천연 가스가 대 폭발을 일
으켰다. 물길이 바뀌었고 땅도 메말랐다. 그 대폭발의 참상과 공포의 기
억들이 '유황불로 멸망당한 소돔과 고모라 신화'를 만들어 냈을 것이라고
한다.

히브리 해방노예들은 언제 어떻게 가나안땅을 차지했을까?

성서학자들은 히브리 해방노예들이 기원전 1천2백 년대에 가나안 땅
에 들어오기 시작했다고 믿는다. 흥미로운 것은 이 시기에 가나안 땅에서
청동기 붕괴가 일어나는데 고고학자들은 이 시기를 가나안 땅의 암흑기
라고 부른다. 실제로 고고학 발굴에 따르면 이 시기에 가나안땅 여기저기
에서 도시 붕괴가 일어났다. 이 시기에 가나안 땅 청동기문명이 철기문명
으로 전환했음에도 불구하고 고고학자들은 가나안 땅 도시들의 발전보
다는 파괴흔적을 더 많이 확인하였다.

한편 이 시기에 맞추어 가나안 땅에서 지배력을 행사하던 이집트제국

이 힘을 잃기 시작했다. 그러면서 가나안 땅과 페니키아 지역에서 지중해 해양민족Sea Peoples들의 대규모침략이 벌어졌다. 실제로 고고학자들은 페니키아의 고대도시 '우가릿'에서 이 시기에 만들어진 많은 토판문서들을 발굴했다. 그 토판문서들은 해양민족들의 침략으로 불타는 수많은 도시들을 자세히 묘사한다. 또한 해양민족들의 침략으로 인한 구원요청들도 드러나 있다.

무엇보다도 이러한 시대전환기를 맞이해서 이집트제국 봉건 군주들에게 억압과 착취를 당해온 그 땅 풀뿌리 농노들과 하비루들의 저항이 거셌을 것이다. 하비루와 풀뿌리 농노들의 반란이 이집트제국의 가나안땅 봉건군주 지배체제를 붕괴시켰을 것이다. 그럼으로써 봉건군주 노예세상으로부터 해방과 자유를 열망하는 새로운 사회경제·종교·정치 체제변혁이 일어났을 것이다. 실제로 고고학자들은 이 시대를 가나안 땅의 암흑기라고 부른다. 그러나 가나안 땅의 암흑기는 이집트 등 제국들이 쇠퇴하고 식민지 봉건군주 지배체제 노예세상이 끝장났기 때문이다. 이와 관련하여 히브리 성서 시편기자들은 이렇게 노래한다.

"와서, 보라
야훼의 하신 일들을.
참으로, 그가 그 땅을 고독하게 하셨다.
야훼께서 그 땅 끝까지
전쟁들을 그치게 하셨다.
창을 꺾고
활을 부러뜨리고
전차들을 불사르셨다."시편 46:8-9

참으로 야훼 하나님께서 제국주의 전쟁과 억압과 착취뿐인 제국의 식민지 땅들을 고독하게 하신다. 야훼 하나님께서 창조하신 그 땅은 고독해져야만 자기 할일을 한다. 온갖 곡식을 내고 채소를 가꾸며 과일나무를 자라게 한다. 뭇 생명을 깃들이게 하고 제멋대로 흩어져 타고난 삶을 살게 한다.

필자는 전쟁을 한없이 끝없이 미워한다. 21세기 지구촌 곳곳에서 전쟁을 통해서 평화를 만들겠다는 전쟁 미치광이들이 날뛰는 상황에서 더더욱 그렇다. 야훼 하나님께서 호시탐탐 제국주의 전쟁을 통해 불로소득 대박을 꿈꾸는 맘몬·자본권력 숭배자들의 음모와 술수들을 끝장내실 것이다.

본문풀이
가나안 땅 노느매기 동맹, 그들 생계가족들마다 필요에 따라
가나안땅 노느매기 동맹의 실체

고고학자들이 표현하는 기원전 1천2백 년대 '가나안 땅 암흑기'에 어떤 일들이 벌어졌을까? 가나안 땅 암흑기는 '그 땅 풀뿌리 농노들과 히브리 해방노예들 사이에서 일어난 소통과 연대 그리고 동맹시대였다'고 이해할 수 있을까?

이제 21세기 성서독자들은 본문읽기를 통하여 기원전 1천2백 년대 '가나안땅 노느매기 동맹'의 실체를 이해할 수 있을 것이다. 실제로 히브리 지파동맹이 '가나안 땅 노느매기 동맹의 주체'다. 본문읽기에서 히브리 지파동맹은 파라오 노예제국으로부터 해방과 구원사건을 직접 체험했거나 그 체험을 함께 공유하는 사람들이었다. 그들은 다함께 희년신앙 행동계약 당사자들이다. 히브리 성서는 히브리 지파동맹 열두지파의 이름들을 하나하나씩 나열한다. '르우벤 · 시므온 · 레위 · 유다 · 잇사갈 · 스블론 · 요셉 · 벤야민 · 단 · 납달리 · 갓 · 아셀' 이다.

그러나 히브리 열두지파는 항상 같은 이름으로 소개되지 않는다. 지파 숫자가 달라지기도 하고 지파의 역할과 중요도에 따라 순서가 바뀌기도 한다. 흥미로운 것은 가나안 땅 노느매기 동맹에서 레위지파는 땅을 분배받지 못한다. 레위지파를 대신해서 요셉의 아들들인 므낫쉐와 에브라임이 그 자리를 차지한다. 왜냐하면, 히브리 지파동맹에서 레위지파는 야훼 하나님을 섬기기 위해 따로 구별된 종교전문가 집단으로 여겨져 왔기 때문이다.

실제로 가나안땅 노느매기 동맹은 가나안 땅을 하나하나 차지할 때마다 그 땅들을 히브리 열두지파에게 분배했다. 가드지파는 요단강 강 건너편 동쪽지역 한 가운데에 자리를 잡았다. 가드지파 북쪽으로 므낫쉐 반쪽 지파가 자리를 잡았다. 남쪽지역은 르우벤지파가 차지했다. 유다지파는 요단강을 건너와서 사해 바다 서쪽지역을 차지했다. 유다지파 아래쪽으로 시므온지파가 자리를 잡았다. 유다지파의 북쪽으로는 벤야민 지파와 단지파가 자리를 잡았다. 에브라임지파는 그들보다 더 위쪽 지역을 차지했다. 므낫쉐 반쪽지파와 잇사갈 지파는 더 멀리 위쪽 지역을 나누어 차지했다. 그리고 이즈르엘 골짜기 북쪽지역과 갈릴리 호수 서쪽지역에 스블론과 납달리와 아셀 지파가 자리를 잡았다. 단 지파는 더 북쪽으로 진출해서 헤르몬 산 아래지역을 차지했다.

물론 본문읽기에서 히브리 열두지파의 노느매기 땅은 여호수아 살아생전에 다 차지하지 못했다. 이 땅들은 훗날 다윗왕조의 정복전쟁을 통해서 완전하게 이스라엘의 영토가 되었다. 본문읽기에서 히브리 열두지파가 힘을 합한 가나안땅 노느매기 동맹은 이 땅들 가운데 일부를 차지했을 뿐이다.

다툼 없이 평등했던 가나안 노느매기 땅 분배

히브리들의 가나안땅 노느매기 동맹은 희년신앙 행동법규에 나타나는 '토지공공성'의 밑바탕이다. 히브리 열두지파는 아무런 다툼도 없이 평등하게 가나안 노느매기 땅을 분배했다. 그러나 분배받은 땅들은 사유자산이 아니다. 히브리지파 생계가족마다 쓰임과 필요에 따른 공유자산이었다. 사유자산처럼 내 맘대로 사고 팔수 없었다. 히브리 지파들이 분배받은 가나안 노느매기 땅은 야훼 하나님 것이다.

야훼는 히브리 노예들의 하나님으로서 파라오 노예제국에서 종살이하던 히브리들을 해방하고 구원하셨다. 야훼 하나님께서 뜻하신 바는 히브리 해방노예들의 '지속가능한 해방과 구원세상'이었다. 히브리 해방노예들이 스스로 '해방과 자유, 정의와 평등, 생명평화세상'을 세우고 누리며 지켜나가기를 바라셨다. 이를 위해 야훼 하나님은 히브리 해방노예들을 가나안땅으로 이끄셔서 '가나안 땅 노느매기 동맹'을 결성하게 하셨다. 히브리 해방노예 공동체 곧 가나안 땅 노느매기 동맹이 가나안 땅을 하나하나 차지하도록 도우셨다. 야훼 하나님은 가나안 노느매기 땅을 차지한 히브리 열두지파에게 희년신앙 행동법규로써 '토지공공성'을 내거셨다.

한편 '토지공공성'이야말로 21세기 지구촌 국가들에게도 매우 큰 경제정책비전이다. 21세기 민주주의 정부들은 공공이익을 위해서 토지 사유화와 독점권리를 제한 할 수 있다고 믿는다. 실제로 토지사유제도가 있지만 토지이용에 관한 공공성이야말로 소중한 사회공공성 가치이기 때문이다. 따라서 국가가 토지거래시장에 개입하고 토지독점 권리를 제한 할 수 있도록 법률들을 만들었다. '택지소유 상한, 개발이익 환수, 토지거래 신고, 농지취득 자격증명, 토지 초과이득세' 등 다양한 토지공공성 정책들을 사용한다.

이와 관련하여 본문은 히브리 지파동맹의 가나안 노느매기 땅을 '나할라' 라는 히브리어 낱말로 표현한다. 우리말 성서는 '기업'이라고 번역했는데 '나할라'는 '나누어 받을 토지 또는 자산, 자기가 받을 몫' 등 다양한 의미로 사용된다. 그런데 '나할라'는 '나할'이라는 히브리어 동사에서 파생된 낱말이다. '나할'이라는 동사는 '땅을 분배하다 또는 몫을 나누다'라는 뜻을 갖는다. 필자는 '나할'이라는 히브리어 동사를 '가나안 땅 노느매기'라고 번역하면서 '나할라'를 '가나안 노느매기 땅'이라고 표현했다.

이렇듯이 본문읽기에서 가나안 땅 노느매기 동맹은 성서 주변세계의 제국주의 노예세상을 향한 대항세상對抗世上 Anti Society이다. 마치 21세기 금융시스템 속에서 시장 경쟁체제에 대항하는 시장바깥에서의 사회경제 활동과 같다. 그러므로 본문읽기에서 히브리지파 생계가족들마다 나누어 받은 가나안 노느매기 땅은 히브리 지파동맹 토지공공성의 밑바탕이다.

이때 본문은 가나안 노느매기 땅을 차지할 집단을 '그들의 생계가족들마다'레미쉬페호탐라고 표현한다. 여기서 '미쉬파하'는 지파와 가족의 중간 단계로써 '혈족 또는 가문'이라고 할 수 있다. 고대사회에서는 부모자식으로서 한 가정보다는 '혈족 또는 한 가문'이 밑바탕 생계가족이었다. 따라서 가나안 땅 노느매기 동맹은 히브리 열두지파의 밑바탕 생계가족들마다 가나안 노느매기 땅을 분배했다. 모든 지파들의 밑바탕 생계가족들의 필요와 쓰임에 따라 평등하게 가나안 노느매기 땅을 나누었다.

이때 본문은 '베고랄제비뽑기로'이라는 히브리어 낱말을 사용한다. 가나안 땅 노느매기 동맹이 불평불만 없이 평등하게 가나안 땅 노느매기를 마쳤다는 증언이다. 히브리지파 생계가족들마다 '헬레크나누는 몫'를 따라 제비뽑기로 노느매기 땅을 결정했다. 실제로 히브리 성서 곳곳에서 '야라 고랄'이라는 표현이 나타나는데 '제비 또는 주사위를 던지다'라는 뜻이다.

한편 고대 그리스 아테네의 민주주의도 제비뽑기였다. 솔론의 개혁이 일어난 이후 만18세 청년들은 아테네의 '데모스'에 주민등록을 함으로써 시민권리를 얻었다. 데모스들은 아테네 도시국가의 지역공동체로써 자치경찰과 공무원을 두고 주민들로부터 세금도 거뒀다. 데모스에 주민등록을 마친 사람은 누구라도 공무원 피선거권을 가졌고 제비뽑기로 공무원에 선출될 수 있었다. 또한 아네테 도시국가 정책들을 심의하기 위해 데모스마다 할당된 '불레βουλή :시민의원'들도 제비뽑기로 선출했다. 이렇게 뽑혀진 블레 시민의원들을 '블레타이βνήτα :제비 뽑혀진 사람들'이라고 불렀다.

떠돌이 칼렙의 가나안 땅 노느매기, 이 산지를 나에게 주시오.

히브리 열두지파 가나안 땅 노느매기 동맹에서 놀라운 점 하나는 떠돌이 갈렙의 노느매기 땅 요구다. 본문읽기 4.에서 갈렙은 '크니즈 사람 예푼네의 아들'이다. 그런데 히브리 성서 민수기와 창세기에서 '크니즈'는 야곱의 형 '에서의 손자'다. 갈렙은 에서의 후손으로써 크니즈 사람인데 우리말 성서는 '겐 족'이라고 번역했다. 아마도 갈렙은 히브리들의 출애굽 해방과 구원사건 때 유다지파에 휩쓸려서 떠돌이 나그네로 함께했을 것이다. 그리고 마침내 당당하게 히브리 열두지파 가나안 땅 노느매기 동맹에 참여함으로써 '이 산지를 나에게 주시오'라고 요청한다. 떠돌이 갈렙은 여호수아에게 '야훼께서 카데쉬 바르네아에서 모세에게 명령하셨던 일'을 기억하라고 요구한다. 본문읽기 4.는 그 일을 자세하게 보고한다.

"야훼의 종 모세가 카데쉬 바르네아로부터 그 땅을 정탐하라고 나를 보냈을 때 내 나이 마흔 살이었습니다. 나는 돌아와서 그에게 내 마음에 있는 그대로 보고했습니다. 그러나 나와 함께 올라갔던 형제들이 그 풀뿌리 사람들의 마음을 두려움에 떨게 했습니다. 그렇지만, 나는 나의 하나님 야훼를 온전하게 따랐습니다. 그날에 모세가 이렇게 맹세했습니다.
'참으로 그곳에서 네 발이 밟은 그 땅은 너와 너의 후손들에게 영원한 노느매기 땅이 될 것이다. 왜냐하면 네가 나의 하나님 야훼를 온전하게 따랐기 때문이다.'
이제 보십시오. 이스라엘이 광야를 걸을 때에 야훼께서 모세에게 이 일을 말씀하신 그 때로부터 사십 오년 동안 야훼께서 말씀하신 이일을 쫓아 나를 살게 하셨습니다. 그러므로 지금, 그날에 야훼께서 말씀하신 이 산지를 나에게 주십시오."

이집트제국 가나안 땅 봉건왕국들은 청동기시대까지 평탄하고 농사 짓기 쉬운 평지에서 왕국을 건설하고 살았다. 그러나 가나안땅 노느매기 동맹시대는 청동기가 끝나고 철기시대로 전환이 일어나던 시기였다. 이 시기에 가나안 땅은 철기문명으로 무장한 해양민족들의 침략 등 '혼란과 암흑의 시기'였다. 해양민족들은 발전된 철기문명을 통해 가나안 땅 이집트제국 봉건군주들이 자리 잡은 살기 좋은 평지들을 점령했다. 그런 혼란 가운데서 가나안 땅 봉건왕국을 탈출한 소작농노들이 산지로 도망쳐 나와 촌락을 개척했다.

아마도 그 무렵부터 회반죽을 사용했을 것이다. 그래서 산지에 크고 깊은 저수조를 만들 수 있었을 것이다. 그렇게, 산지에서도 물을 확보함으로써 계단식 농법들이 발전했다. 실제로 크니즈 사람 여푼네의 아들 갈렙은 헤브론산지를 노느매기 땅으로 차지했다. 떠돌이 나그네 갈렙은 '야훼를 나의 하나님으로 부르며 온전히 따르는' 가나안 땅 노느매기 동맹의 한 세력이었다. 그 이후 그 땅이 전쟁으로부터 평안하게 쉬었다. 이때 본문은 '쇠케타'라는 히브리어 낱말을 사용하는데 '누구로부터도 아무런 위협이나 불안도 느끼지 않은 채' 태평하고 평온한 삶을 누렸다는 뜻이다.

히브리 열두지파 곧 '가나안 땅 노느매기 동맹'의 실체는 무엇이었을까?

히브리 열두지파 곧 가나안 땅 노느매기 동맹은 요르단 강 동쪽 지역에서부터 목축하기 좋은 넓은 땅을 차지했다. 이후 요르단 강을 건너와서 여리고와 길갈 그리고 세겜과 벧엘 등 가나안 땅 남쪽지역을 차지했다. 여호수아서에서는 가나안 땅을 차지하기 위한 여러 차례 전투상황 가운데 아이 성 전투만을 보고한다. 물론 가나안 땅 노느매기 동맹이 아무런 분쟁도 없이 가나안 땅을 차지했다고 주장할 수는 없다. 그러나 야훼 하나님께서 히브리 해방노예들에게 가나안 땅을 주시겠다고 약속하셨고 모든 전쟁은 야훼 하나님께 속한 것이라고 말씀하셨다. 가나안 땅 노느매기 동맹은 야훼 하나님만 의지하면 되는 일이었다. 아이 성 전투가 그 본보기였다. 이후 가나안 땅 노느매기 동맹은 사사기시대가 끝날 때까지 가나안 땅을 얻는 활동을 이어갔다.

무엇보다도 가나안 땅 노느매기 동맹은 이스라엘 민족주의 정복전쟁의 주체가 아니었다. 훈련받은 상비군들이 발달한 철기문명 군사장비로 무장하고 벌이는 제국주의 정복전쟁 또는 약탈전쟁을 본받지 않았다. 도리어 가나안 땅 노느매기 동맹은 히브리와 가나안땅 풀뿌리 농노들의 해방과 자유투쟁 연대 또는 동맹이었을 것이다. 히브리들과 가나안땅 풀뿌리 농노들이 연합하여 이집트제국 봉건군주들을 향해 벌이는 게릴라전이었을 것이다. 실제로 가나안땅 노느매기 동맹은 히브리 노예들과 풀뿌리 농노들의 성공한 대항봉기였을 것이다. 이렇듯이 히브리 열두지파 곧 가나안땅 노느매기 동맹의 해방과 자유투쟁은 기원전 1천2백 년대 중반부터 사사기가 끝날 때까지 이어졌다.

히브리 민중사

1990년 5월, 늦봄 문익환 목사는 '히브리 민중사'라는 책을 펴냈다. 이 책은 히브리 열두지파 곧 가나안 땅 노느매기 동맹의 실체를 설명해주는 아주 소중한 책이다. 그런데 2018년 1월에 이르러 오래도록 절판되었던 이 책이 다시 복간되었다. 필자는 1990년대에 문익환 목사의 '히브리 민중사'를 읽으면서 큰 신앙충격을 받았다. 그 이후 필자는 성서 속 희년신앙 행동서사 읽기에 마음을 쏟아왔다.

실제로 히브리 성서에서 희년신앙 행동서사의 태동은 히브리 노예들의 하나님 야훼께서 나타나시면서 부터다. 야훼 하나님은 파라오 노예제국으로부터 히브리 노예들을 해방하고 구원하셨다. 히브리 성서 출애굽기는 히브리 노예들의 하나님 야훼께서 일으키신 출애굽 해방과 구원사건을 생생하게 증언한다. 야훼 하나님은 파라오 노예제국 만신전 안에서 희희낙락하던 허깨비 신들을 몽땅 끌어내어 통쾌하게 내치시고 처벌하신다. 이렇듯이 히브리 성서는 야훼 하나님과 히브리들이 함께 펼쳐나가는 해방과 구원, 정의와 평등세상을 생동감 있게 펼쳐낸다.

이와 관련하여 히브리 민중사는 히브리 성서에 나타난 '히브리 노예들의 실체'를 새롭게 밝힌다. 히브리 노예들의 실체를 고대 가나안과 페니키아 지역에서 널리 사용하던 '하비루hapiru'라는 용어에서 찾는다. '하비루'는 이집트와 아시아지역에서 '사회경제, 정치체제의 하층민들을 가리키는 용어'였다. 실제로 하비루는 '채무노예, 소작농노, 전쟁포로, 용병, 떠돌이 일용노동자' 등 천대받는 풀뿌리 사람들이다. 따라서 성서주변 문명세계에서는 '하비루의 하나님 흔적'을 찾을 수 없다. 하비루에게 하나님이란 가당치도 않은 일이다. 왜냐하면 하비루들에게는 하나님을 모시거나 섬길 능력도, 자격도 없기 때문이다. 오롯이 제국주의 지배체제 왕이나 신전제사장 또는 소수 귀족들만이 하나님을 모시며 섬길 수 있다. 그들만이 하나님에게 복을 빌 수 있다.

그러므로 성서주변 문명세계에서 하나님은 오롯이 노예제국 지배체제 만신전 안에서만 찾을 수 있다. 제국주의 지배체제 하나님들은 만신전 안에서 평안하게 지내며 희희낙락 영생을 누릴 뿐이다. 하비루 들의 억압과 착취와 고통 그리고 절망스러운 삶의 마당에는 아무런 관심도, 느낌도, 자비도 없다.

그러나 히브리 성서에 나타난 야훼 하나님은 '히브리 또는 하비루 들의 하나님'이다. 야훼 하나님은 히브리 노예들의 고통과 절망 속에서 함께 아파하시며 히브리들의 울부짖음에 응답하신다. 파라오 노예제국 지배체제에서 억압받고 착취당하는 히브리 노예들을 해방하고 구원하신다.

이렇듯이 히브리 민중사는 히브리 노예들의 하나님으로 나타나셨던 야훼께서 지구촌 노예세상 역사를 바로잡는 분이라고 가르친다. 이 땅에서 억압받고 착취당하는 사람들과 함께하셨던 하나님이라고 주장한다.

히브리 민중사는 히브리 열두지파 곧 가나안 땅 노느매기 동맹을 침략군으로 풀이하지 않는다. 도리어 가나안 땅 파라오 노예제국 봉건군주들을 무찌르는 해방군으로 자리매김 시킨다. 히브리 해방노예들과 가나안 땅 봉건군주체제 풀뿌리 농노들이 연합한 해방군으로 풀이한다. 히브리 해방부대가 곧 가나안땅 노느매기 동맹으로써 파라오 노예제국 봉건왕국 체제를 해체했다고 설명한다. 히브리 민중사는 야훼 하나님의 출애굽 해방과 구원사건을 이어가는 히브리 해방노예들의 희년신앙 행동서사다.

물론 필자는 문익환 목사의 히브리 민중사를 역사 실증주의로 따져볼 마음이 전혀 없다. 왜냐하면 히브리 성서야말로 오롯이 히브리 지파동맹 곧 가나안 땅 노느매기 동맹의 희년신앙 행동서사를 여실하고 생생하게 증언하기 때문이다. 그럼으로써 제국주의 노예세상을 향한 대항세상으로써 야훼 하나님의 해방과 구원, 정의와 평등세상을 미래세대로 전수하기 때문이다.

그러므로 히브리들의 희년신앙 행동서사는 소 제국주의 다윗왕조 신학으로 퇴행하지 않는다. 히브리 성서 속 히브리 지파동맹 희년신앙 행동서사는 이스라엘 민족서사로 뭉개지지 않는다. 히브리 노예들의 하나님 야훼의 출애굽 해방과 구원사건은 유대교의 선민 구원교리로 도저히 다 풀어낼 수 없다. 실제로 야훼 하나님의 출애굽 해방과 구원사건은 히브리 해방노예들의 사회경제·종교·정치 공동체 해방과 구원세상의 밑바탕이다. 히브리들이 세우고 누리며 지켜나가야 할 '해방과 구원, 정의와 평등, 생명평화세상'의 밑바탕이다. 야훼 하나님의 출애굽 해방과 구원사건이야말로 히브리 지파동맹의 희년신앙 행동서사의 출발점이다.

10. 희년신앙 행동계약 아나키즘, 내 인생은 나의 것

사사기 9:1-20

본문읽기

여룹바알의 아들 아비멜렉이 세겜으로 자기 어머니의 형제들에게 갔다. 아비멜렉이 외삼촌들과 그의 외할아버지 집안의 온 일가친척들을 향하여 이렇게 선동했다.

"당신들은 세겜의 모든 주민들의 귀에 대고 말하십시오.

여러분에게, 무엇이 좋겠습니까?

여룹바알의 모든 아들들 곧 칠십 명이 여러분을 지배하는 것이 좋겠습니까?

아니면 한사람이 여러분을 지배하는 것이 좋겠습니까?

그러나 내가 여러분의 뼈와 살을 나눈 혈육이라는 것을 기억하십시오."

아비멜렉의 외삼촌들이 그를 위하여 세겜의 모든 주민들의 귀에 대고 모든 것들을 이야기 했다. 그래서 그들의 마음이 아비멜렉을 향하여 기울었다. 왜냐하면 외삼촌들이 '아비멜렉은 우리의 형제다'라고 선동했기 때문이다.

그들은 아비멜렉에게 바알브리트 신전으로부터 은덩이 칠십 개를 꺼내 주었다. 아비멜렉이 그 돈으로 건달들과 불량배들을 모았다. 그들이 아비멜렉의 뒤를 쫓아갔다.

아비멜렉은 오브라에 있는 그의 아버지 집에 쳐들어갔다. 그는 그의 형제들인 여룹바알의 아들들 칠십 명을 한 바위 위에서 죽였다. 그러나 여룹바알의 막내아들 요탐은 살아남았다. 왜냐하면 그가 가만히 숨어 있었기 때문이다.

세겜의 모든 주민들과 밀로의 온 가문이 함께 모였다. 그들이 가서 세겜에 있는 돌기둥 곁 상수리나무 아래서 아비멜렉을 왕으로 세웠다.

그 소식들이 요탐에게 알려졌다. 요탐이 가서 그리심산 꼭대기에 섰다. 그는 목청껏 소리쳐서 그들에게 말했다.

"너희는 나에게 들어라, 세겜 주민들아.
그래야만 하나님께서도 너희에게서 들으실 것이다.

참으로 나무들이 찾아 갔다
그들 위에 왕을 기름 부어서 세우려고.
그들이 올리브나무에게 말했다, 우리 위에 왕이 되시오.
올리브나무가 그들에게 말했다, 내가 나의 기름을 포기하란 말인가?
나로 인해 신들과 사람들이 영화롭게 된다네.
그러니 내가 가야겠는가, 나무들 위에서 흔들리려고.

나무들이 무화과나무에게 말했다.
당신이 와서, 우리 위에 왕이 되시오.
무화과나무가 그들에게 말했다.

내가 나의 달콤한 맛을 포기하란 말인가?

내가 좋은 열매 맺는 것을 포기 하란 말인가?

그러니 내가 가겠는가, 나무들 위에서 흔들리려고.

나무들이 포도나무에게 말했다.

당신이 와서 우리 위에 왕이 되시오.

포도나무가 그들에게 말했다.

내가 나의 포도주를 포기하란 말인가?

내가 신들과 사람들을 기쁘게 하는 것을 포기하란 말인가?

그러니 내가 가겠는가, 나무들 위에서 흔들리려고.

모든 나무들이 가시나무에게 말했다.

당신이 와서 우리 위에 왕이 되시오.

가시나무가 그 나무들에게 대답했다.

만일 진실로 너희가 나에게 기름을 부으려 한다면, 너희 위에 왕으로.

너희는 와서 나의 그늘 안에 숨어라.

만일 그렇게 하지 않는다면

불이 가시로부터 나와서

레바논의 백향목들을 삼킬 것이다.

이제 그렇다면, 너희가 진실하고 떳떳하게 행동했더냐?

그래서 너희가 아비멜렉을 왕으로 세웠느냐?

너희가 여룹바알과 그의 집에게 행한 짓이 선하냐?

그의 손의 업적만큼 너희가 그에게 보답했느냐?

참으로 내 아버지가 너희를 위해 싸웠다. 맨 앞에서 자기목숨을 내던져, 미디안의 손으로부터 너희를 건져냈다. 그러나 오늘 너희는 내 아버지 집에 맞서 일어나 그의 아들들 칠십 명을 한 바위 위에서 죽였다. 그리고 너희는 그의 여종의 아들 아비멜렉을 단지 너희의 형제라는 것 때문에 세겜 주민들 위에 왕으로 세웠다.

그렇다면 이 날, 너희가 여룹바알과 그의 집에게 행한 짓이 진실하고 떳떳하더냐?
너희는 아비멜렉으로 인해 기뻐하라. 그도 또한 너희로 인해 기뻐할 것이다. 그러나 만일 그렇지 않다면, 아비멜렉으로부터 불이 나오지 않겠느냐?
그 불이 세겜 주민들과 밀로의 집을 삼킬 것이다.
또한 세겜 주민들과 밀로의 집으로부터 불이 나오지 않겠느냐?
그 불이 아비멜렉을 삼킬 것이다."

본문풀이

희년신앙 행동계약 아나키즘, 내 인생은 나의 것
사사기, 히브리 지파동맹의 역사

히브리 성서에서 히브리 선조들의 역사는 실증주의 근거를 찾기 어렵다. 21세기 성서독자들은 창세기 12장에서 36장까지 히브리 선조들의 이야기를 역사 실증주의로 읽고 이해하며 해석할 수 없다. 그러나 한편으로는 아주 흥미롭다. 야곱또는 이스라엘의 열두 아들들은 히브리 지파동맹의 뿌리일까? 무엇보다도 대부분의 성서학자들이 '히브리 해방노예 공동체'가 히브리 지파동맹으로 출발했다는 사실을 인정한다. 히브리 성서는 히브리 지파동맹의 희년신앙 행동서사를 '사사기'라는 책으로 풀어냈다.

그렇다면 맨 처음 히브리 선조들의 이야기를 발굴하고 문서화한 주체는 누구일까? 다윗왕조 솔로몬왕국이 맨 처음 히브리 선조들의 역사를 문서화한 후 이스라엘 민족사로 재구성했을 것이다. 실제로 다윗왕조는 소 제국주의 국가형태를 갖추면서 히브리 옛 선조들의 발자취를 발굴하여 재구성하려고 노력했다. 왜냐하면, 다윗왕조의 뿌리가 히브리 옛 조상들로부터 이어져 왔다고 주장할 필요가 있었기 때문이다. 솔로몬왕국은 히브리 선조들 곧 아브라함과 이삭과 야곱이야기로부터 다윗왕조 혈통과 뿌리를 찾았다. 오롯이 다윗왕조야말로 히브리 지파동맹 희년신앙 계승자라고 증언할 필요가 있었다.

더 오랜 세월이 흘러 바벨론제국 포로시대에 이르르는 이스라엘 민족신앙으로써 히브리 지파동맹 희년신앙 계승이 더욱 절절해졌다. 이를 위해 히브리 성서 편집자들은 히브리 옛 조상들의 역사를 더 확장하고 강화하는 '세밀한 편집 작업'을 펼쳤다.

이렇듯이 히브리 지파동맹의 역사는 출애굽 해방과 구원사건 그리고 가나안 땅 노느매기 동맹을 거쳐 사사시대로 이어졌다. 나아가 사무엘 상·하 시대 곧 사울과 다윗 왕정에까지 끈끈하게 이어져 왔다. 그 이후로 북이스라엘 왕국이 멸망할 때까지 오래도록 북 이스라엘에서 존속해 왔다. 따라서 히브리 지파동맹에서 지파들은 히브리들의 희년신앙 행동서사를 잇는 사회경제·종교·정치 밑바탕 집단이다. 또 한편 히브리 지파동맹은 다윗왕조 유다왕국 시대와 그 이전 히브리 해방노예 공동체 시대'를 나누는 핵심주체다.

이와 관련하여 히브리지파는 가족이거나 씨족으로써 혈연관계가 밑바탕이었다. 그렇더라도 지파동맹의 결속이 꼭 혈통만은 아니었다. 종교와 정치 그리고 경제활동과 희년신앙 행동법규에 따른 실천행동이 중요했다. 사회경제·종교·정치 등 함께 살아가는 삶의 조건들이 맞아 떨어졌기 때문이다. 그것은 아마도 출애굽 해방과 구원사건 때 히브리와 함께 휩쓸려 나온 수많은 혼합 종족들과도 연계되었을 수 있다. 그러므로 히브리 지파동맹은 히브리 옛 조상들로부터 이어져온 순수 혈족만으로 이루어지지 않았다. 수많은 서로 다른 풀뿌리 사람들과 또 다른 히브리 생계가족들이 섞여 있었다. 출애굽기 12장 본문은 '이때 수많은 혼합종족도 그들과 함께 올라갔다'라고 증언한다.

이스라엘 열두지파란 무엇인가?

유대 사람들은 히브리 지파동맹을 '유대 사람들의 옛 조상 이스라엘의 열두 아들들'이라는 민족 이상향理想鄉으로 이해한다. 이러한 유대 사람들의 민족 이상향은 예언자들의 예언 속에서 낱낱이 드러난다. 심지어 이스라엘 열두지파는 예수의 열두제자라는 숫자로도 이어졌다. 복음서 등 신약성서에서도 예수와 바울 그리고 바나바 등 많은 사람들이 으레 자기 출신지파를 밝힌다. 이렇듯이 이스라엘 열두지파 민족 이상향은 북이스라엘이 멸망하고 남유다 왕국만 남았을 때에도 사라지지 않았다. 히브리 지파동맹 조직이 완전히 해체된 이후에도 여전히 유대 사람들의 신앙과 삶의 자리에서 살아남았다.

그러나 히브리 지파동맹의 실체는 '성서주변세계의 제국주의와 노예세상'을 거부하는 '대항행동 연대'였다. 히브리 지파동맹은 가나안 땅에 들어와 살면서 주변 소왕국들의 노예세상 이데올로기에 휩쓸리지 않았다. 다윗왕조 신학 지배체제가 세워질 때까지 '해방과 구원, 정의와 평등, 생명평화세상'의 꿈으로써 히브리 지파동맹은 무너지지 않았다.

이러한 히브리 지파동맹의 역사는 히브리 성서 사사기에서 그 실체의 일부를 살펴볼 수 있다. 히브리 성서 사사기는 히브리 지파동맹 지도자들을 '히브리 재판관'이라고 불렀다. 우리말 성서는 사사士師라는 어려운 한 자말로 번역했다. 사사는 평소에 히브리 지파동맹 안에서 분쟁과 갈등을 조정하는 역할을 감당했다. 또한 외부세력으로부터 약탈과 침략을 받았을 때에는 함께 힘을 모아 단결하도록 지파동맹을 이끌었다. 나아가 히브리 지파동맹 민병대를 조직하고 싸움을 지휘했다. 평온할 때에는 히브리 지파들마다 자치권을 행사했다. 심지어 사울 왕까지도 히브리 지파동맹 사사의 역할을 넘어서지 않았다. 무엇보다도 히브리 지파마다 노느매기 땅들을 직접 관리 경작하면서 경제적으로 다른 지파들에게 종속되지 않았다. 가나안 노느매기 땅은 히브리 지파동맹의 독립과 결속을 지속가능하게 했다. 무엇보다 히브리 지파동맹은 야훼 하나님과 함께 희년신앙 행동계약을 맺은 주체로써 행동법규에 따라 희년신앙 행동서사를 이어갔다.

그러나 히브리 지파동맹은 다윗왕조 솔로몬 왕국시대에 이르러 유명무실해졌다. 다윗왕조는 용병중심의 상비군으로 군대조직을 재편함으로써 히브리 지파동맹 민병대를 소외시켰다. 정치와 행정체제도 중앙집권화 되었고 관료화 되었다. 그러면서 히브리 지파동맹 자치정치가 그 기능을 잃게 되었다. 다윗왕조 소 제국주의 지배체제 아래서 히브리 지파동맹 자치권은 완전히 묵살되었었다. 다윗왕조는 수도 예루살렘으로 중앙집권화를 튼튼하게 완결했다. 그러면서도 히브리지파 지역마다 촘촘하게 관료체제를 세웠다. 그럼으로써 히브리 지파동맹의 사회경제·정치기능을 완전히 해체했다.

희년신앙 행동계약 아나키즘을 꿈꾸며

모든 국민은 자신에게 걸맞은 정부를 가진다. 이 말은 유럽의 근대 민주주의 국가건설의 유명한 명제인데 도리어 21세기에 딱 들어맞는 말이다. 그 시대 유럽사회보다 민주주의가 더 높은 수준에 다다른 21세기 지구촌 정치상황에서 그 뜻이 더 뚜렷하게 드러난다.

이와 관련하여 1987년 6월 대한민국 풀뿌리 시민들은 민주항쟁을 통해서 군사독재정권을 몰아내고 절차 민주주의를 이뤄냈다. 그러나 그 절차 민주주의는 참으로 허약했다. 독점재벌·맘몬권력 지배체제 기득권세력과 마름관료 적폐를 전혀 청산하지 못했다. 그러다보니 선거로 정권을 잡은 민주정부들마다 내놓는 국가정책들은 '독점재벌·맘몬권력 지배체제 기득권세력들의 사익'을 보장할 뿐이었다. 정부들마다 국가공권력을 사적권력으로 뒤집기 하는 '독점재벌·맘몬권력 지배체제'의 내부자세력으로 내달렸다. 이러한 시대상황에서 절차 민주주의의 밑바탕인 국회도 자기역할을 하지 못했다. 그야말로 국회는 '독점재벌·맘몬권력 지배체제의 여의도 출장소'일 뿐이다. 여의도 국회의원들은 아예 독점재벌·맘몬권력 지배체제의 내부자들로 자리매김했다. 사적국가 친위세력으로써 독점재벌·맘몬권력 지배체제 사익에 이바지하는 푸들강아지 역할에 만족할 뿐이었다. 따라서 독점재벌·맘몬권력 지배체제에 강탈당한 사이비 공권력은 대한민국 주권자인 풀뿌리 시민들을 주권자로 대우하지 않았다. 주권자이기는커녕 사람으로서 사람답게 대우하지도 않았다. 그야말로 개·돼지 취급을 했다. 그럼에도 불구하고 민주공화국 대한민국 국회는 전혀 풀뿌리 시민주권의 발판이 되지 못했다.

어쩌면 그것은 21세기 지구촌 의회 민주주의 역사 속에서 대한민국의 문제만은 아닐 것이다. 의회 민주주의가 풀뿌리 시민주권을 배신하는 정치현상은 절차 민주주의를 떠받들어온 국가들에서 똑같이 겪어온 문제이다. 왜냐하면 지구촌 나라들마다 의회 민주주의 정치는 언제 어디서든

'돈과 권력과 정치를 하나로 묶어내는 맘몬·자본 지배체제 내부자'이기 때문이다. 이렇듯이 독점재벌·맘몬권력 지배체제에서는 '여·야 정치와 정책이데올로기'가 서로 다르지 않다. 서로 다른 듯이 보여 지기위해 서로서로 '역할가면'을 뒤집어쓰고 있을 뿐 속내는 똑같다. 21세기 이 땅의 독점재벌·맘몬권력 지배체제는 풀뿌리 시민주권 생활정치가 두고두고 끝까지 투쟁해야 할 만큼 무지막지하다.

21세기 지구촌 제국주의

오래도록 지구촌에서 민주주의의 핵심은 풀뿌리 시민주권國民主權이었다. 풀뿌리 시민이 곧 국가다. 21세기 민주주의 국가에서는 '구세주 메시아'를 열망하지 않는다. 풀뿌리 시민주권 스스로 권리와 의무와 책임을 결정하는 것이 민주주의다. 그래서 21세기 민주주의의 요체要諦를 '데모 Demo + 크라시Cracy= 시민정치'라고 한다. 민주주의는 풀뿌리 시민들의 생활정치를 통하든 또는 의회정치를 통하든 반드시 '데모스δῆμος + 크라토스 κράτος =시민권력'을 실현해야 한다.

이제 바야흐로 지구촌제국 미국에서는 2024년 대선 판이 다가오고 있다. 21세기 민주주의 선거정치에서 '시대의 메시아를 대망하는 것은 노예근성'일 뿐이다. 지구촌제국 미국의 대선은 21세기에도 여전히 기독교 정치메시아를 대망한다. 지금도 여전히 군산 복합체軍産複合體와 월가 금융경제와 제국주의 이데올로기Ideologues 지배체제가 좌지우지 한다. 뒤에 숨어서나, 앞에 나서거나 지구촌제국 미국의 대선 판에는 언제나 제국주의자들이 날뛴다. 이제 필자는 21세기 지구촌제국 미국에서는 '참된 민주주의가 불가능하다'고 판단한다. 한 예로 미국연방 상하원 의원수가 5백35명인데 이들을 상대하는 로비스트만 5만여 명이 넘는다. 21세기 지구촌에서 유일하게 제멋대로 전쟁을 벌일 수 있는 나라는 지구촌제국 가운데 미국뿐이다. 지구촌제국 미국이 제멋대로 전쟁국가라는 명백한 이유는 이렇다.

첫 번째 지구촌제국 미국 지배체제의 내부자들은 지구촌 어떤 전쟁에서도 직접 피를 흘리지 않는다.

두 번째 지구촌제국 미국 지배체제는 어떤 경우라도 미국영토 안에서 전쟁을 억제 할 수 있다고 자신한다.

세 번째 지구촌제국 미국 지배체제는 지구촌 모든 전쟁에서 예외 없이 천문학적 사익을 챙긴다. 또한 지구촌제국 미국은 달러 기축통화 지위를 이용해서 얼마든지 전쟁비용을 충당할 수 있다.

네 번째 지구촌제국 미국의 풀뿌리 사람들은 이미 오래전부터 전쟁을 거부할 만큼의 민주주의 시민주권정치 행동의지와 힘을 잃었다.

먼 미래일수 있겠지만 언젠가는 지구촌제국 미국도 쇠락의 길을 갈 것이다. 그것은 사필귀정이다. 인류사 속에서 거대한 제국들의 탄생과 소멸이 다 그랬다. 모든 제국들이 사회변혁을 통한 지배체제 개혁이 아니라 지배체제 쇠락의 길을 걸어갔다. 21세기 지구촌제국 미국의 미래도 마찬가지일거다.

지구촌 전쟁과 죽임과 폭력을 통하여 제국의 권력을 누려온 미국의 군산복합체.

지구촌 가난한 사람들의 삶을 착취하여 부와 권력을 쌓아온 미국 월가의 카지노 금융자본.

'유라시아 심장지대'니 '동아시아 갈등구조'니 입 방아질이나 하면서 지구촌 체스놀이나 일삼는 제국주의 이데올로기.

21세기 지구촌제국 미국 '군산 복합체와 월가 금융자본, 제국주의 이데올로그 지배체제'는 끝판 쇠락의 길을 밟고 있다. 미국은 지구촌 곳곳에서 매일 매일의 대리전쟁을 도발한다. 또한 미국 국내에서는 중무장 경찰국가를 완성해가고 있다. 기업국가 맘몬숭배 바벨탑을 하늘 끝까지 쌓아 올렸다. 미국의 크고 작은 선거들은 절차 민주주의 통과의례로써 우민화愚民化 축제로 전락했다. 미국 내에서 풀뿌리 시민주권 실현가능성을 찾는 것은 무망한 일이다. 사실 이런 현상은 충분히 예상됐던 일이다. 로마제국 등 인류역사 속에서 유명했던 제국들이 그렇게 쇠락의 길을 걸어갔기 때문이다.

물론, 내일의 지구촌 제국을 꿈꾸는 중국도 마찬가지 일 것이다.

사사 기드온

기드온은 히브리 지파동맹 역사에서 참으로 위대한 사사이다. 기드온은 히브리 지파동맹 민병부대 3백 명으로 메뚜기처럼 많은 미디안과 아말렉 연합 약탈부대를 무찔렀다. 실제로 미디안과 아멜렉 사람들은 사막부족으로서 온갖 약탈전쟁에 익숙한 전사들이었다. 그러나 히브리 민병대는 전쟁보다는 농사일에 익숙한 사람들이었다. 사사 기드온은 히브리 지파동맹 결사대를 이끌고 미디안과 아말렉 연합 약탈부대와 벌인 대항전쟁에서 믿기 어려운 위대한 승리를 거두었다.

아멜렉은 어떤 무리였기에 히브리 지파동맹과 약탈전쟁을 벌였을까?

아멜렉은 유다 남부 네게브 지역에 거주하는 여러 유목 부족들을 싸잡아 일컫는 용어다. 이들의 주요한 생존방식은 약탈이었다. 아멜렉은 평소 여러 부족으로 흩어져 살지만 주변의 떠돌이 부족들을 습격하고 약탈할 때는 나름대로 연합체를 이루곤 했다. 그러다가 때론 여러 부족이 한꺼번에 연합해서 주변의 제법 큰 민족을 공격하고 약탈하기도 했다. 따라서 이제 야훼 하나님의 해방과 구원세상을 이루어가는 히브리들에게 떼강도 아말렉이야말로 가장 큰 위협이었다. 아말렉은 히브리들의 해방과 자유, 정의와 평등, 생명평화세상 훼방꾼이었다.

이와 반대로 히브리 지파동맹은 오합지졸이었다. 쓸 만한 전쟁무기도 없이 그저 맨손이었고 전쟁경험도 없는 무지렁이들이었다. 하지만 아말렉은 날이면 날마다 약탈 전쟁이 손에 익은 떼강도들 이었다. 히브리들은 야훼 하나님의 도우심이 없다면 속수무책 아말렉에게 약탈당하고 죽임당할 수밖에 없었다. 실제로 히브리 성서 곳곳에서 떼강도들의 약탈전쟁에 맞서는 히브리들의 전쟁역사를 기록하고 있다. 어떤 때는 떼강도 약탈전쟁에서 승리를 얻기도 하지만 신명기 25장 17절에서 19절까지의 본문에서는 히브리 지파동맹이 참패를 당한다. 사사기 6장 기드온의 전쟁에서는 미디안과 아말렉 연합부대가 참패를 당한다. 사무엘상 15장 사울왕의 전쟁에서 핵심내용도 아말렉의 약탈전쟁 이었다. 사무엘상 30장에서 아말렉은 시글락에 있던 다윗의 용병부대 캠프를 습격하기도 했다. 물론 다윗도 시글락에 용병부대 캠프를 세우고 주변에 거주하는 작은 부족들을 약탈하며 세력을 키웠다.

이렇듯이 미디안과 아말렉 연합부대가 히브리들을 약탈하려고 몰려왔을 때 히브리들이 느끼는 위기감과 두려움은 너무도 컸다. 또한 미디안과 아말렉 연합 약탈부대와 대항전쟁에서 얻은 놀라운 승리의 기쁨도 한없이 컸다. 이 모든 위기와 두려움과 승리의 여운이 오래도록 히브리 지파동맹 안에서 맴돌았다. 그 여운은 너무도 크고 깊었다. 그래서 히브리 지파동맹이 사사 기드온에게 왕이 되어줄 것을 요청했다. 그러나 기드온은 사사기 8장 23절에서 한마디로 이 요청을 거절하였다.

기드온이 그들에게 말했다. 나는 여러분을 다스리지 않겠소. 나의 아들도 여러분을 다스리지 않을 것이오. 야훼께서 여러분을 다스리실 것입니다.

기드온의 답변은 히브리 지파동맹의 사회경제·종교·정치 기능과 정체성을 증언한다. 히브리들은 야훼 하나님의 출애굽 해방과 구원사건을 경험한 하나님의 사람들이다. 히브리 지파동맹은 야훼 하나님의 다스리심만 인정한다. 히브리 노예들의 하나님 야훼께서 히브리 지파동맹의 임금이시다. 히브리 지파동맹의 사회경제·종교·정치 체제는 야훼 하나님의 다스리심 안에서 지파자치를 보장하는 자유평등세상이다.

그러나 기드온이 죽고 나서 그의 아들들 가운데서 아비멜렉이 히브리 지파동맹 사사를 넘어 왕을 꿈꿨다. 아비멜렉은 경쟁자인 자기형제 칠십 명을 죽이고 자기 고향 세겜사람들의 추대를 받아 스스로 히브리 지파동맹의 왕이 되었다. 아비멜렉은 기드온의 아들 70명을 한 바위에서 죽였으나 숨어버린 막내아들 요담은 죽이지 못했다. 사람들이 요담에게 그 일을 알렸다. 요담은 그리심 산 꼭대기로 올라가서 목소리를 높여 아비멜렉과 세겜 사람들을 비난했다. 아비멜렉의 결말도 비참했다. 한 평범한 여인이 이층에서 맷돌 위짝을 아비멜렉의 머리 위에 내려 던졌다. 그 맷돌 위짝에 맞은 아비멜렉의 두개골이 깨졌다. 아비멜렉은 결국 여인이 던진 맷돌에 맞아 죽고 말았다.

실제로 21세기 예수신앙인들이나 성서독자들은 사사기를 읽으면서 확인했을 것이다. 히브리 지파동맹은 스스로 평화와 안전의 밑바탕을 든든하게 세우지 못했다. 카리스마 넘치는 사사들이 있었던 기간들에만 히브리 지파동맹이 안정과 평화를 유지했다. 예를 들면 옷니엘이 사사로 있었던 40년 동안사사기 3:11, 에훗이 사사로 활동하던 80년 동안사사기 3:30, 히브리 지파동맹이 평온을 누렸다. 또한 사사 드보라 때에 40년사사기 5:31 그리고 기드온이 살아있었던 40년 동안 히브리 지파동맹이 태평하였다. 이렇듯이 힘 있고 카리스마 넘치는 사사들이 활동하는 시기에 히브리 지파동맹은 평화를 누렸다. 그러나 그 평화가 오래도록 지속가능한 것은 아니었다. 평화의 시대이후 또다시 약탈전쟁에 휩쓸렸고 히브리 지파동맹은 다시 사회경제·정치 혼란과 위기의 소용돌이 속으로 빨려들어 갔다. 이것이 사사기시대 히브리 지파동맹의 한계와 희망과 정체성이 교차하는 절절한 역사였다.

풍요다산 바알 신을 숭배하는 사람들

세월이 흐르면서 시나브로 히브리 지파동맹 안에서도 풍요다산의 바알숭배가 널리 퍼져서 자리를 잡았다. 또 부와 권력과 정치에 대한 독점 욕망이 싹트고 드러나지 않게 자라나고 있었다. 히브리들이 풍요다산과 부와 권력욕망에 빠져들면서 저마다의 자기욕망에 몰두하게 되었다. 파라오 노예제국 지배체제로부터 해방된 히브리들이 풍요다산 바알신앙에 유혹 당했다. 오랜 세월 가나안 땅에 정착해 살면서 독점 사익과 권력에 마음을 빼앗겼다. 일부 히브리들은 희년신앙 행동법규들을 헐뜯는 권력 야심가들의 선전 선동에 넘어가 왕정체제로 마음이 기울었다. 삶의 안전과 부를 가져다 줄 독점정치와 권력을 행사하는 왕정을 열망하게 되었다.

이러한 사실은 사사 기드온의 이야기와 이어지는 본문의 상황에서 여실히 증언된다. 기드온의 출신가문도 일찍부터 바알신앙을 숭배해왔다.

기드온의 아버지 요아스는 므낫세 지파 아비에셀 사람으로 히브리들의 희년신앙 행동서사에서 등을 돌렸다. 버젓이 집안에 바알신당을 차리고 온 가문이 함께 바알숭배에 열을 올렸다. 기드온은 아예 히브리 노예들의 하나님 야훼에 대한 아무런 신앙인식도 없었다. 따라서 기드온은 야훼 하나님을 만나서 여러 가지 기상천외한 방법으로 야훼 하나님의 존재를 실험해야만 했다. 그렇게 겨우 겨우 억지를 써서 야훼 하나님의 실체를 깨달은 후에라야 히브리 지파동맹의 사사로 부르심을 받았다. 기드온은 히브리 지파동맹 사사로 부르심을 받은 후에야 집안의 바알신당을 폐쇄했다. 기드온은 집안에 모셔진 바알과 아세라 우상을 때려 부수면서 '예룹바알'이라는 별명을 얻었다. 예룹바알의 본래 의미는 '바알이 그를 위해 싸운다'는 뜻인데 사람들은 말장난으로 '바알이 그와 다투다'라고 이해했다. 기드온은 히브리 지파동맹의 사사로써 야훼 하나님의 도우심을 얻었다. 기드온은 미디안과 아멜렉의 연합 약탈부대와 전투에서 여러 차례 놀라운 승리를 거뒀다. 그러나 여전히 기드온은 과거 바알숭배 폐습을 벗어던지지 못했다. 또다시 금으로 된 우상아마도 바알신상을 만들어 오브라 자기 집안에 차려놓은 바알신당에 모셔놓고 숭배했다.사사기 8:27

기드온은 비록 자기 스스로가 왕이 되기를 거부했지만 40년 동안 왕처럼 독점정치·권력을 누렸다. 그런 가운데 많은 아내를 얻어서 낳은 아들만도 칠십 명에 이르렀다. 기드온이 죽은 후 기드온의 칠십 명의 아들들은 저마다 기드온의 독점정치·권력을 이어 받으려 했던 것 같다. 본문은 이러한 상황을 여실하게 증언한다. 본문에서 아비멜렉은 세겜 출신 기드온의 첩이 낳은 아들이었다. 그의 이름 '아베멜렉'은 '내 아버지가 왕이다'는 뜻이다. 기드온의 칠십 명의 아들들이 제각각 왕처럼 행세했음을 알 수 있다. 실제로 아비멜렉은 세겜에 있는 외가를 찾아가서 이렇게 선동한다.

> "당신들은 세겜의 모든 주민들의 귀에 대고 말하세요. 여러분에게 무엇이 좋겠습
> 니까? 예룹바알의 모든 아들들 곧 칠십 명이 여러분을 지배하는 것이 좋겠습니
> 까? 아니면, 한 사람이 여러분을 지배하는 것이 좋겠습니까? 그러나 내가 여러분
> 의 뼈와 살을 나눈 혈육이라는 것을 기억하십시오."

세겜에 뿌리내린 아비멜렉의 외가는 바알신앙을 숭배하는 사람들이
었다. 아마도 그들은 가나안 사람들 이었을 수도 있다. 그들은 '언약의 바
알'바알 브리트신전에서 은덩이 70개를 꺼내 아비멜렉에게 쿠데타 자금으
로 주었다. 아비멜렉은 그 돈으로 건달들과 불량배들을 모았다. 아비멜
렉은 그들을 거느리고 오브라에 있는 자기 아버지 집으로 쳐들어갔다. 그
는 왕 같은 사내들 곧 그의 형제들이며 예룹바알의 아들들 칠십 명을 한
바위 위에서 몰살시켰다. 그런 후에 그는 세겜 주민들의 지지를 받아 왕
이 되었다.

요담의 우화

본문읽기는 '여룹바알의 막내아들 요담은 살아남았다. 왜냐하면 그가
가만히 숨어 있었기 때문이다' 라고 증언한다. 이러한 본문의 보도는 무엇
을 증언하는 것일까? 여룹바알의 막내아들 요담은 여룹바알의 아들로써
'왕 같은 사내' 이기를 거부한 것이다. 그래서 요담은 오브라에 있는 여룹
바알의 집에서 함께 살지 않았다. 그리심 산 산골에서 소박하고 한적하게
'스스로 숨어'네흐바 살았다. 그럼으로써 아비멜렉이 벌인 형제살해 쿠데
타 참극에서 살아남을 수 있었다. 사람들이 그 쿠데타 참극사건을 그리

심 산속에서 살고 있던 요담에게 전달했다. 요담은 그 소식을 듣고 그리심 산 꼭대기에 올라가 그 유명한 요담의 우화를 소리쳐 외쳤다.

너희는 나에게 들어라, 세겜 주민들아.

그래야만 하나님께서도 너희에게서 들으실 것이다.

참으로, 나무들이 찾아 갔다, 그들 위에 왕을 기름 부어 세우려고.

그들이 올리브나무에게 말했다, 우리 위에 왕이 되시오.

올리브나무가 그들에게 말했다.

내가 나의 기름을 포기하란 말인가?

나로 인해, 신들과 사람들이 영화롭게 된다네.

그러니 내가 가야겠는가, 나무들 위에서 흔들리려고.

나무들이 무화과나무에게 말했다.

당신이 와서, 우리 위에 왕이 되시오.

무화과나무가 그들에게 말했다.

내가 나의 달콤한 맛을 포기하란 말인가?

내가 좋은 열매 맺는 것을 포기 하란 말인가?

그러니 내가 가겠는가, 나무들 위에서 흔들리려고.

나무들이 포도나무에게 말했다.

당신이 와서 우리 위에 왕이 되시오.

포도나무가 그들에게 말했다.

내가 나의 포도주를 포기하란 말인가?

내가 신들과 사람들을 기쁘게 하는 것을 포기하란 말인가?

그러니 내가 가겠는가, 나무들 위에서 흔들리려고.

모든 나무들이 가시나무에게 말했다.

당신이 와서 우리 위에 왕이 되시오.

가시나무가 그 나무들에게 말했다.

만일 진실로 너희가 나에게 기름을 부으려 한다면, 너희 위에 왕으로.

너희는 와서 나의 그늘 안에 숨어라.

만일, 그렇게 하지 않는다면

불이 가시로부터 나와서

레바논의 백향목들을 삼킬 것이다.

요담의 우화는 히브리 지파동맹이 희년신앙 행동계약을 배신하고 풍요다산 바알종교를 숭배했을 때 닥칠 위험을 경고한다. 해방과 자유, 정의와 평등, 생명평화세상의 꿈 희년신앙 행동법규들을 배신하지 말라고 호소한다. 독점정치·독점권력 왕정을 열망하는 히브리들에게 들이닥칠 삶의 유혹과 그 위험을 절절하게 증언한다. 풀뿌리 사람들이 소 제국주의 독점정치와 권력자 왕을 자기구원자로 내세우는 일이 얼마나 어리석은지 꾸짖는다. 왜냐하면 오롯이 왕은 풀뿌리 사람들을 억압하고 착취할 것이기 때문이다. 소 제국주의 독점정치·독점권력 지배체제는 폭력과 전쟁과 죽임을 통하여 풀뿌리 사람들의 굴복만을 요구할 것이다. 소 제국주의 독점정치·독점권력 지배체제에 굴복함으로써 주어지는 삶의 안정 속에는 정의와 평등이 없다. 해방과 자유와 구원도 없다. 그런 세상은 결코 생명평화 세상이 아니다. 오롯이 억압과 착취와 폭력이 난무하는 반평화 그리고 반 생명세상 일 뿐이다.

희년신앙 행동계약 아나키즘

이제 필자는 요담의 우화를 읽으면서 '희년신앙 행동계약 아나키즘,

내 인생은 나의 것'이라는 신앙은유를 증언하려고 한다. 여기서 아나키즘의 사전적 의미는 '개인을 지배하는 모든 정치조직이나 권력 그리고 사회·정치권위를 부정하고 개인의 자유와 평등과 정의와 형제애를 실현하고자 하는 사상이나 운동'이다. 이러한 의미는 히브리 지파동맹 희년신앙 행동계약이 꿈꾸는 해방과 자유, 정의와 평등, 생명평화 세상과 닮았다. 파라오 노예제국을 탈출한 히브리들이 가나안 노느매기 땅에서 꿈꾸던 해방과 구원세상이다. 요담의 우화는 이러한 히브리 해방노예들의 꿈을 생생하게 그려낸다. 히브리들의 희년신앙 행동계약이야말로 풀뿌리 사람들을 해방과 자유, 정의와 평등세상으로 이끄는 참 길임을 증언한다.

이제 요담의 우화의 내용들을 자세히 살펴보자. 요담의 우화에서 왕이 되기를 거부하는 나무들은 어떤 나무들일까? 하나같이 자신의 사회경제 책임과 달란트와 노동의 가치를 정확하게 깨달아 마음에 새긴다. 올리브 나무는 자기의 기름이 사회와 이웃들에게 주는 이로움으로 만족한다. 올리브 나무에게는 제국주의 독점정치·독점권력 욕망이 없다. 마찬가지로 무화과나무도 자신의 달콤한 열매를 자랑스러워한다. 무화과나무는 자신이 좋은 열매를 맺는 일을 포기할 생각이 없다. 포도나무 역시도 자신의 포도주가 사람들을 기쁘게 하고 행복하게 하는 것을 자랑으로 여기고 포기하려 하지 않는다.

그러나 가시나무는 전혀 다르다. 가시나무는 사회와 이웃을 위해 내어놓을 만한 '선한 것'이 전혀 없다. 오직 교만하고 염치도 없는 탐욕과 권력욕망으로 가득 찬 야심가와 같다. 부와 권력의 욕망을 채우기 위한 독점정치·독점권력 그 자체만을 열망한다. 마치 21세기 지구촌 제국주의 지배체제 정치모리배들의 전형典型과 같다. 만약 가시나무에게 독점정치·권력을 쥐어 준다면 가시나무는 무한권력을 휘두를 것이다. 무자비한 폭력과 억압을 통하여 풀뿌리 사람들에게 굴복만을 요구할 것이다. 소 제국주의 독점정치·독점권력 탐욕의 가시로부터 불이 쏟아져 나와 레바논의 아름다운 백향목을 불태울 것이다. 풀뿌리 사람들의 아름답고 올곧은 생각과 사상들을 모두 불태워 잿더미로 만들 것이다. 이처럼 요담의 가시나무 우화는 희년신앙 행동서사를 이어가려는 히브리 지파동맹의 독점정치·독점권력 왕정을 향한 저항의지를 드러낸다. 이집트제국 파라오 노예세상으로부터 탈출한 히브리 해방노예들은 제국주의 독점정치·독점권력 왕정의 폐해를 누구보다 잘 알고 있었다. 따라서 왕정에 대한 저항의지도 높았다.

그러므로 히브리 지파동맹은 희년신앙 행동계약 아나키스트 동맹이다. 히브리 지파동맹은 해방과 구원, 정의와 평등, 생명평화 세상을 세우고 누리며 지켜나가기를 꿈꾼다. 야훼 하나님과 함께 맺은 희년신앙 행동계약 행동법규들을 통하여 '내 인생은 나의 것'이라고 노래하는 자유인들이다. 히브리 지파동맹은 요담의 우화에서처럼 소 제국주의 왕정체제에 대한 대항세상을 열망한다.

이렇듯이 요담의 우화는, 시대의 제국주의 지배체제가 그 땅 풀뿌리 사람들에게 폭력과 죽임의 독점정치·독점권력을 휘둘러왔음을 증언한다. 소 제국주의 왕정체제가 풀뿌리사람들의 삶과 생명생태계를 파괴하고 말살시킬 것이라고 경고한다.

내 인생은 나의 것

'모든 국민은 자신에게 걸맞는 정부를 가진다.' 이 명제는 본문읽기의 히브리 지파동맹의 삶의 자리에서나 21세기 시대상황에서나 똑같이 진실하다. 본문에서 아비멜렉은 무자비한 형제살육 쿠데타를 일으키고 히브리 지파동맹의 왕이 되려는 음모를 꾸몄다. 그런데 아비멜렉의 형제 살육 쿠데타의 밑바탕은 그 땅 풀뿌리 사람들의 풍요다산 바알신앙 숭배 다. 부와 권력에 대한 독점욕망과 소 제국주의 독점정치·독점권력 욕망' 때문이다. 히브리 해방노예들이 해방과 구원세상의 꿈 희년신앙 행동법 규에 따라 행동하지 않고 도리어 배신했기 때문이다.

이제 21세기 시대상황에서 예수신앙인들은 '옛 히브리 지파동맹의 희 년신앙 행동계약 아나키즘, 내 인생은 나의 것' 노래를 부를 때다. 필자는 이 노래를 '예수의 하나님나라 복음운동'으로 새롭게 되새김 질 하기를 제안한다. 예수는 '희년신앙 행동법규들을 예수의 하나님나라 복음운동 으로 새롭게 재구성'했다. 예수는 하나님나라 복음운동을 선포하고 스스 로 행동모범을 보임으로써 하나님나라 복음운동의 길을 놓았다.

무엇보다도 21세기 시대상황에서 예수의 하나님나라 복음운동은 단 순한 희년신앙 행동법규들의 리코딩이 아니다. 21세기 예수의 하나님나 라 복음운동은 맘몬·자본세상 속에서 예수신앙인들의 신앙행동 표지다. 맘몬·자본세상 독점정치·독점권력을 향한 대항행동이다. 한두 번 발끈 성내며 씩씩대는 우연하고 개인적인 돌출행동이 아니다. 시대의 예수신 앙인들의 소통과 공감과 연대를 통한 공동체신앙 깨달음이며 신앙의지 이다. 21세기 예수신앙인들의 희년신앙 행동서사로써 해방과 자유, 정의 와 평등, 형제애를 실천하는 대항세상 삶이다. 이제 21세기 예수신앙들 의 하나님나라 복음운동이야말로 우리시대에 다시 잇는 희년신앙 행동 서사다.

11. 다윗왕조 신학 대항자 여로보암, 히브리 지파동맹 희년신앙 행동서사를 잇다.

열왕기상 11:26-33, 열왕기상 11:40-12:24

본문읽기 1. 다윗왕조 신학 대항자 여로보암 열왕기상 11:26-33

에프라임 사람 네바트의 아들 '야로브암'은 체레다 출신이었다. 그의 어머니 이름은 '체루아'인데 그 여자는 과부였다. 야로브암은 솔로몬의 종이었다. 그런데 그가 왕에게 손을 들어 항거抗拒했다.

이것은 '야로브암이 솔로몬 왕에게 손을 들어 항거한 그 일'이다. 솔로몬이 밀로를 건설하고 그의 아버지 다비드성의 허물어진 곳을 단단하게 메웠다. 그런데 그 사내 곧 야로브암은 힘센 사나이였다. 솔모몬은 그가 일을 잘하기 때문에 그 젊은이를 눈여겨보았다. 솔로몬이 요세프의 집의 모든 강제노역을 위해 그를 감독자로 임명했다.

그 즈음에 야로브암이 예루살렘으로부터 나가다가 길에서 실로사람 예언자 '아히야'를 만났다. 아히야는 새 옷을 입고 있었는데 그때 그들 두 사람만 따로 들에 있었다. 아히야가 자신이 입고 있던 새 옷을 잡아당겨서 그 옷을 열두 조각으로 찢었다. 그러고 나서 야히야가 야로브암에게 말했다.

"당신이 열 조각을 취하시오. 왜냐하면, 이스라엘의 하나님 야훼께서 이와 같이 말씀하셨기 때문이오.

'보아라, 내가 솔로몬의 손에서 그 왕국을 찢어 열 지파를 너에게 주겠다. 그러나 나의 종 다비드와 내가 택한 성 예루살렘을 위하여 그 성과 함께 이스라엘 모든 지파 가운데서 한 지파가 그에게 속해 있을 것이다. 왜냐하면, 그들이 나를 버렸기 때문이다. 그들이 시돈의 신 아쉬토레트와 모압의 신 크모쉬와 암몬자손의 신 밀콤을 경배했기 때문이다. 그들은 나의 길로 걷지 않았다. 나의 눈에, 나의 규례와 공의를 바르게 행하지 않았다. 그의 아버지 다비드 같지 않았다.'"

본문읽기 2. 히브리 지파동맹 희년신앙 행동서사를 잇다. 열왕기상 11:40-12:24

그러므로 솔로몬이 야로브암을 죽이려고 찾았다. 그래서 야로브암이 일어나 이집트 왕 '쉬샤크'에게 도망쳤다. 그는 솔로몬이 죽을 때까지 이집트에 있었다. 나머지 솔로몬의 일들과 그가 행한 모든 것과 그의 지혜 그것들은 솔로몬의 실록에 기록되어 있지 않느냐? 솔로몬이 예루살렘에서 모든 이스라엘을 다스린 날들이 사십년이었다. 솔로몬이 그의 조상들과 함께 누워 그의 아버지 다비드성에 매장되었다. 그의 아들 '레하브암'이 그의 뒤를 이어 왕이 되었다.

레하브암이 '쉐켐'으로 갔다. 왜냐하면, 모든 이스라엘이 그를 왕으로 세우기 위해 쉐켐으로 왔기 때문이다. 네바트의 아들 야로브암이 그 소식을 들었을 때 그는 아직 '솔로몬 왕 앞으로부터 도망쳐 나왔던 이집트에' 있었다. 그때, 야로브암은 이집트에서 살았다. 온 이스라엘이 사람을 보내서 그를 불렀다. 그리고 야로브암과 온 이스라엘 총회가 쉐켐에 가서 레하브암에게 말했다. 말하기를.

"당신의 아버지께서 우리의 멍에를 무겁게 하셨습니다. 그러나 이제 당신은 '당신의 아버지께서 무겁게 한 강제노역'을 가볍게 하십시오. 우리 위에 지운 무거운 당신아버지 멍에를 가볍게 하십시오. 그러면 우리가 당신을 섬기겠습니다."

레하브암이 그들에게 말했다.

"너희는 가서 삼일 후 까지 나에게 돌아오라"

그래서 그 풀뿌리 사람들이 흩어졌다. 레하브암 왕이 자기 아버지 솔로몬이 살아 있을 때에 앞에 서서 섬기던 장로들에게 조언을 구했다.

"말하기를. 당신들은 어떻게 생각하시오? 이 백성을 돌아오게 하기위해서 어떤 말을 조언하시겠소?"

그들이 레하브암 왕에게 말했다. 말하기를.

"만일 오늘 당신께서 이 백성을 위해 종이 되어 그들을 섬기려고 하신다면, 당신께서 그들에게 대답하여 좋은 말들을 말씀하십시오. 그러면 그들도 모든 날들 동안 당신을 위해 종들이 될 것입니다."

그러나 레하브암은 자신에게 조언해 준 장로들의 충언을 저버렸다. 레하브암은 자신과 함께 자라나 자기 앞에 서있는 소년들에게 조언을 구했다. 그가 그들에 말했다.

"너희는 무엇을 조언하겠느냐? 당신의 아버지께서 우리 위에 지운 멍에로부터 가볍게 하라'는 말로 나에게 요구하는 이 풀뿌리 사람들을 우리가 어떤 말로 돌아오게 하겠느냐?"

레하브암과 함께 자라난 소년들이 레하브암 왕에게 말했다. 말하기를.

"'당신의 아버지께서 우리의 멍에를 무겁게 하셨으니 당신은 우리의 위를 가볍게 하라'는 말로 당신께 요구하는 이 풀뿌리 사람에게 당신은 이렇게 말씀하십시오. 당신께서 그들에게 이렇게 윽박지르십시오.
'내 새끼손가락이 내 아버지의 허리보다 더 굵다. 이제 나의 아버지께서 너희 위에 무거운 멍에를 지우셨으니 나는 너희의 멍에 위를 더 무겁게 할 것이다. 나의 아버지께서 채찍들로 너희를 몰아치고 벌하셨으니 나는 전갈들로 너희를 몰아치고 벌할 것이다.'"

'너희는 삼일 안에 내게로 돌아오라'고 왕이 명령한 대로 야로브암과 모든 백성들이 삼일 만에 레하브암에게 왔다. 왕이 백성들에게 사납고 모질게 대답했다. 장로들이 조언한 충언을 버리고, 소년들이 조언한 대로 풀뿌리 사람들에게 윽박질렀다.

"말하기를. 나의 아버지께서 너희의 멍에를 무겁게 하셨으니 나는 너희의 멍에 위를 더 무겁게 하겠다. 나의 아버지께서 채찍들로 너희를 몰아치고 벌하셨으니 나는 전갈들로 너희를 몰아치고 벌할 것이다."

이와 같이 왕이 풀뿌리 사람들의 말을 듣지 않았다. 왜냐하면 그것이 야훼로부터 온 뜻이었기 때문이다. 야훼께서 실로사람 아히야를 통하여 네바트의 아들 야로브암에게 약속한 그의 말씀을 이루시기 위해서였다.

온 이스라엘이 '왕이 자기들을 듣지 않는 것'을 보았다. 그러므로 풀뿌리 사람들이 왕에게 돌아서서 말했다. 말하기를.

"다비드 안에 우리의 몫이 무엇이냐? 이쇄이의 아들 안에 노느매기 몫이 없다. 이스라엘아, 너희 천막들로 돌아가라. 다비드여, 이제 네 집이나 돌보라."

그리하여 이스라엘이 자기 천막들로 갔다. 그러나 예후다의 성읍들에 거주하는 이스라엘 후손들, 그들 위에 레하브암이 통치했다.

레하브암 왕이 강제노역 책임을 맡은 아도람을 보냈다. 그러자 온 이스라엘이 그에게 돌을 던져 그가 죽었다. 레하브암이 허둥대며 급하게 전차에 올라타고 예루살렘으로 도망쳤다. 이후 이스라엘이 다비드의 집을 반역하여 오늘까지 이르렀다.

온 이스라엘이 '야로브암이 돌아왔다는 것'을 들었을 때에, 그들이 사람을 보내어 총회에 그를 불렀다. 그들은 야로브암을 모든 이스라엘 위에 왕으로 세웠다. 홀로 예후다 지파 뿐 그 외에 다비드 집안을 따르는 지파가 없었다.

레하브암이 예루살렘으로 와서 모든 예후다 집안과 빈야민 지파를 불러 모으고 전쟁을 할 만한 사람 십팔만 명을 뽑았다. 이스라엘 집안을 상대로 전쟁을 벌여서 그 왕국을 솔로몬의 아들 레하브암에게 되돌리기 위해서였다. 그러나 하나님의 말씀이 하나님의 사람 '쉐마아야'에게 있었다. 말씀하시기를.

"너는 솔로몬의 아들 예후다 왕 레하브암과 예후다 모든 집안과 빈야민과 나머지 백성들에게 이와 같이 말하라. 야훼께서 이렇게 말씀하셨다.

'너희는 올라가지 마라. 너희는 이스라엘 후손 너희 형제들을 상대로 전쟁하지 마라. 너희는 사람마다 따로 자기 집으로 돌아가라. 왜냐하면 이 일이 나로부터 일어났기 때문이다."

그들이 야훼의 말씀을 듣고 야훼의 말씀대로 떠나 돌아갔다.

본문 이해하기
다윗왕조 소 제국주의 위상

사무엘시대에 이르러 히브리 지파동맹 희년신앙 행동서사는 위기를 맞는다. 히브리 지파동맹 안에서 왕정을 요구하는 세력들이 등장했기 때문이다. 이런 세태는 히브리 지파동맹과 이웃해서 도시왕국체제를 이루고 있었던 블레셋과 잦은 전쟁 때문이었다. 왕정으로 전환해서 블레셋 등 주변 도시 왕국들과의 분쟁에 효율적으로 대응하기 위해서였다. 그러나 히브리 지파동맹 사사이자 예언자였던 사무엘은 처음부터 왕정을 지지하지 않았다. 사무엘뿐만 아니라 야훼 하나님께서도 분해하시면서 사무엘에게 이렇게 하소연 하셨다.

"참으로, 그들이 너를 거부한 것이 아니다. 참으로, 그들은 자기들을 다스리는 나를 거부했다."사무엘상 8:7

사무엘도 답답한 마음으로 왕을 세워달라는 히브리들에게 왕정의 폐해를 이렇게 구구절절 설명했다.

"왕이 너희 아들들을 징병해서 전차병과 기병을 삼을 거다. 너희 아들들을 전차 앞에서 달리게 할 것이고 그러기 위해서 너희 아들들을 천부장과 오십 부장으로 삼을 거다. 너희 아들들에게 왕의 밭을 갈게 할 것이고 왕의 수확물을 거두게 할 거다. 너희 아들들에게 전쟁무기와 전차와 병기들을 만들게 할 거다. 또한 왕이 너희 딸들을 빼앗아서 향료를 만드는 사람들과 요리하는 사람들과 빵 굽는 사람들로 삼을 거다. 왕이 너희 밭들과 포도원들과 올리브농장 가운데 좋은 것을 빼앗아서 자기 신하들에게 줄 거다. 왕이 너희 곡식들과 포도원 생산물에 십분의 일 세금을 물려서 자기 군대 지휘관들과 관료들에게 줄 거다. 너희 남종과 여종들과 아름다운 청년들과 나귀들을 빼앗아서 왕을 위해 일을 시킬 거다. 왕이 너희 양떼들의 십분의 일을 빼앗을 거다. 너희는 왕의 종들이 될 거다"사무엘상 8장

　그러나 마침내 베냐민지파 사람으로서 사울이 첫 번째 왕으로 기름부음을 받게 되었다. 이후에는 다윗왕조가 세워졌다. 사울왕은 히브리 지파동맹의 첫 번째 왕이었으나 활동은 사사와 다르지 않았다. 사울은 베냐민지파에 속한 도시 기브온 자기 집에서 살았다. 전쟁이 벌어졌을 때에나 히브리 지파동맹 민병대를 지휘했다. 사울은 평생 블레셋과 싸웠다. 그러다가 끝내는 블레셋 군대에게 치명상을 입고 자신의 칼날위에 스스로 엎어져 목숨을 끊었다. 그러면서 사울왕정은 완전히 끝장이 나고 말았다.

　다윗왕조는 사울왕국과 전혀 달랐다. 히브리 성서는 다윗이 어렸을 때부터 양치기 일을 했다고 보고한다. 그러다가 다윗은 우연히 블레셋과의 전쟁에 휘말리게 되었다. 소년다윗은 블레셋장군 골리앗을 쳐 죽이면서 크게 이름을 날렸다. 이후 다윗은 사울 왕과 본격적인 권력다툼을 벌이게 되었다. 그러는 사이 다윗은 강력한 전투력을 가진 용병부대를 이끌게 되

었다. 다윗의 용병부대는 일찍이 아둘람굴 결사체로부터 시작되었다. 그후 오랫동안 다윗과 함께 약탈전쟁을 벌이면서 끈끈한 충성심을 갖춘 다윗의 사병부대가 되었다. 다윗왕조가 만들어진 후에는 히브리 지파동맹 민병대와는 관련 없는 다윗왕조의 강력한 상비군 역할을 담당했다.

다윗은 사울 왕이 전사한 이후 헤브론에서 유대사람들의 지지를 받아 유대왕위에 올랐다. 또 다윗은 자신의 용병부대를 동원해서 난공불락이라고 여겨지던 예루살렘을 점령하고 독점 사유 영토로 만들었다. 다윗은 예루살렘에 다윗 성을 건설하고 예루살렘 왕위에 올랐다. 그리고 마침내 모든 히브리 지파동맹이 다윗을 이스라엘 왕으로 추대했다. 이후 다윗 왕은 블레셋을 완전히 정복하고 주변나라 에돔과 암몬과 모압과 시리아까지 정복했다. 그런 후에 에돔과 시리아 다메섹에 상비군부대를 배치했다.

다윗왕조 신학

다윗왕조 신학은 야훼 하나님께서 이스라엘 열두지파 가운데서 다윗을 뽑으시고 영원토록 다윗가문에서 이스라엘 왕을 세울 것이라는 정치 신학 이데올로기다. 성서 주변세계의 제국주의 가부장 이데올로기와 전혀 다르지 않다. 고대 지중해세계 노예제국에서 신의 아들 또는 신의 대리자들이 왕과 권력자로 세움을 받는 것과 똑 닮았다. 그로 인해 다윗왕조 유다왕국에서는 히브리 지파동맹 사회경제·정치 공동체 자치제도가 몰락할 수밖에 없었다. 옛 희년신앙 행동계약 행동법규들에 따르는 신앙과 삶의 방식이 설 자리를 잃었다.

그럼에도 불구하고 시대마다 유다왕국 예언자들은 왕국의 위기 앞에서 먼 훗날 이스라엘을 다시 일으킬 다윗후손을 열망한다. 유다왕국이 제국들의 침략으로 멸망의 위기에 처할 때마다 다윗왕조가 영원하리라는 다윗왕조 신학의 약속은 더 크고 깊이 확대되었다. 이사야와 에스겔 등 다윗왕조 궁정예언자들은 정의롭고 자비로운 다윗후손 정치메시아를 예언했다. 그럴수록 옛 히브리 지파동맹 희년신앙 행동계약 전통은 소멸되어갔다. 이렇듯이 다윗후손 정치메시아 대망은 유대 풀뿌리 사람들의 새로운 사회경제·종교·정치 희망이 되었다. 유대교와 유대 사람들은 21세기에도 다윗왕조 신학에 따른 종말의 정치메시아 대망을 버리지 않는다. 초대교회조차도 다윗왕조 신학 시온궁정계약이 '다윗후손 메시아' 예수 그리스도 안에서 성취되었다고 믿었다.누가복음 1:32-33

다윗왕조 신학에 따른 시온궁정계약

서구교회 계약신학자들은 히브리 성서 안에서 몇 개의 도드라지는 계약들을 이야기한다. 요약하면, 처음사람 아담의 행동계약, 노아의 무지개계약, 아브라함의 믿음의 계약, 희년신앙 행동계약또는 모세의 계약, 다윗의 시온 궁정계약 등이다. 필자는 서구교회의 이런 계약들에 대하여 일일이 설명하거나 자세히 살펴보지 않으려고 한다. 하지만 본문이해와 관련하여 다윗왕조 신학을 밑바탕으로 맺어진 시온 궁정계약의 실체를 살펴보지 않을 수 없다. 사실 다윗왕조 신학에 따른 시온궁정계약은 계약이라는 직접표현을 쓰지 않는다. 다만 하나님이 일방적으로 선언한다. 하나님이 다윗에게 예언자 나단을 보내서 하나님의 말씀을 선포할 뿐이다. 따라서 맨 처음 맺어진 다윗왕조 궁정계약은 간략하게 다윗계약 이라고 불러도 무방하다.

"내가 네 몸에서 날 후손을 네 뒤에 세워서 그 왕국을 튼튼하게 할 것이다. 그가 내 이름을 위하여 집을 건축할 것이요. 나는 그 왕국과 왕위를 영원히 튼튼하게 할 것이다. 네 집과 네 왕국이 내 앞에서 영원히 보전되고 네 왕위가 영원히 튼튼할 것이다."사무엘하 7:12-13, 16

하나님은 다윗계약을 아무런 조건도 없이 영원하게 하실 거라고 약속한다. 출애굽기에서 히브리 지파동맹과 야훼 하나님이 더불어 맺은 희년신앙 행동계약과는 전혀 다르다. 희년신앙 행동계약은 야훼 하나님이 제시한 행동법규들을 철저하게 지켜야만 계약을 유지할 수 있다. 그러나 다윗계약에는 그러한 계약조건이 붙지 않았다. 따라서 다윗계약은 히브리 지파동맹 희년신앙 행동계약 전통에 비추어 의아함이 생길 수밖에 없다. 무엇보다도 다윗계약은 '야훼 하나님이 왕이시다, 그분이 친히 다스리신다'는 희년신앙 행동계약을 무효화해야만 성립할 수 있었다.

그래서 다윗왕은 다윗계약을 향한 히브리 지파동맹의 의구심을 해소하고 이스라엘 풀뿌리 사람들을 결속시킬 수 있는 길을 찾아야만 했다. 그것은 바로 히브리 지파동맹의 희년신앙 행동법규총칙 십계명법궤를 예루살렘 다윗 성으로 모셔오는 일이었다. 히브리 지파동맹의 십계명법궤를 예루살렘으로 옮겨옴으로써 다윗왕조의 정체성을 튼튼하게 세울 수 있었다. 또한 예루살렘 다윗 성을 히브리 지파동맹 옛 성소들보다 더 거룩한 종교성소를 만들 수 있었다. 그러나 다윗은 야훼 하나님으로부터 예루살렘 성전건설을 거부당했다. 그럼에도 불구하고 다윗왕은 재빨리 옛 이방도시였던 예루살렘 여부스 족의 성전제사종교 체제를 받아들였다. 그리고 온갖 복잡한 성전제사 의식들을 도입했다.

이렇듯이 하나님은 일방적으로 다윗계약을 선포했다. 이후 다윗왕조 솔로몬왕국이 예루살렘성전을 건설하면서 다윗계약은 다윗왕조 신학에 따른 시온궁정계약으로 찬란하게 변화되었다. 히브리 지파동맹이 야훼 하나님과 함께 희년신앙 행동계약을 맺었던 거룩한 산은 '시나이에서 시온산으로' 대체되었다. 시온산은 다윗왕조 신학 시온 궁전계약에서 온 우주의 으뜸 산으로 미화되었다. 시온은 온 세상에서 가장 아름답고 거룩한 장소로 미화되었다. 시온은 하나님의 거룩함과 온전함이 머무시는 곳으로써 시온성전 제사종교체제를 통해서만 하나님과 사람이 만날 수 있게 되었다.

참으로 다윗왕조 신학에 따른 시온 궁정계약은 옛 히브리 지파동맹 희년신앙 행동계약 전통으로 따지면 터무니없는 일이었다. 야훼 하나님은 언제 어디서든 계시고 스스로 원하실 때 언제든지 히브리 지파동맹 성소들을 찾으셨다. 특별히 히브리 지파동맹의 거룩한 총회에 함께하셨다. 실제로 다윗왕조 신학에 따른 시온궁정계약은 성서주변세계 노예제국 궁정계약들과 전혀 다르지 않았다. 시온궁정계약은 소 제국주의 다윗왕조 유다왕국이 독점하는 거룩한 절대왕권에 대한 보증이었다. 성서 주변세계에서처럼 거룩한 독점왕권과 권력의 보증수표로써 다윗왕조 신학에 따른 시온궁정계약은 이데올로기 변화를 계속했다.

실제로 시온이라는 이름은 여부스 족의 성전제사종교 체제를 보증하는 예루살렘의 옛 이름이었다. 사무엘하 5:7 옛 히브리 지파동맹의 희년신앙 행동서사에서는 아무런 성소로서의 이미지를 찾을 수 없다. 또한 이스라엘 민족관념에서도 시온성은 그저 듣도보도 못했던 이름이었다. 그럼에도 불구하고 다윗왕조 신학에 따른 시온궁정계약은 시대마다 히브리 성서의 편집과 성장역사 속에서 더 많이 더 높게 숭배되었다. 다윗왕조의 독점 사유자산인 시온성과 시온성전은 날이 갈수록 더 깊이 더 크게 유대인들의 숭배와 찬양을 받았다.

"야훼께서 요셉의 천막을 싫어하셨다.

에프라임 지파를 선택하지 않으셨다.

예후다 지파와 야훼께서 사랑하시는 치온산을 선택하셨다.

야훼께서 지으셨다

자기의 성소를 높디높은 치온산처럼

영원하도록 그 밑바탕을 놓으신 땅처럼." 시편 78편 67-69절

이제, 야훼 하나님께서 요셉의 후손들로써 히브리 지파동맹 소속 에프라임의 천막 따위는 거들떠보지도 않으신다. 예루살렘 성전제사종교 체제 이데올로기가 히브리 지파동맹의 희년신앙 행동계약을 완벽하게 무효화 했다. 옛 히브리 지파동맹 성소들의 천막들은 해체되었다. 야훼 하나님께서 히브리 지파동맹을 해체하시고 에프라임을 버리셨다. 오롯이 야훼 하나님께서 유대지파 다윗왕조를 선택하셨다. 다윗왕의 독점사유 영토로써 옛 여부스 족이 성전제사를 모셔왔던 시온산을 골라 뽑으셨다. 야훼 하나님께서 스스로 영원히 갇혀 계실 거룩한 성전을 시온산에 세우셨다. 야훼 하나님께서 높디높은 시온산처럼 나아가 영원하도록 그 밑바탕을 놓으셨던 그 땅처럼 당신의 새로운 시온성전을 지으셨다. 그리고 스스로 그 성전지성소에 영원히 갇히셨다. 참으로 옛 히브리 지파동맹의 희년신앙 행동계약 전통에서는 낯설고 괴기하기 짝이 없는 일이 벌어졌다.

북 이스라엘의 역사

기원전 9백31년 히브리 지파동맹이 북이스라엘과 다윗왕조 남유다 왕국으로 나누어졌다. 북이스라엘은 히브리 지파동맹에서 유다와 베냐민 지파를 빼고 르우벤, 스불론, 시므온, 므낫세, 단, 잇사갈, 아셀, 에브라

임, 납달리, 갓 등 열 지파가 뭉쳤다. 북이스라엘 영토는 옛 야훼성소였던 벧엘 북쪽지역인데 유대 땅 보다 훨씬 비옥해서 농사짓기에 좋았다. 그러나 북 이스라엘에서는 왕권다툼이 끊이지 않았고 번갈아 여러 왕조들이 들어섰다. 북이스라엘은 2백9년 동안 나라를 유지했는데 그사이에 19명의 왕들을 맞이했다. 북이스라엘은 기원전 7백22년에 아시리아 제국의 침략으로 멸망했다. 북이스라엘은 맨 처음에 히브리 지파동맹의 옛 도시 세겜에서 총회를 열어 여로브암을 왕으로 뽑았다. 여로브암은 히브리 지파동맹의 옛 도시 디르사로 수도를 옮겼다. 이후 오므리 왕조가 들어서면서 또 다시 사마리아로 수도를 옮겼다. 오므리 왕은 다윗 왕처럼 사마리아 산을 사유지로 매입해서 성을 쌓고 수도를 옮겼는데 북이스라엘이 멸망할 때까지 수도였다.

기원전 7백32년에 이르러서 아시리아제국 디글랏 빌레셋 3세가 북이스라엘을 침략했다. 이때 아시리아 제국은 시리아 아람 땅과 북이스라엘의 많은 영토를 아시리아 제국의 영토로 병합했다. 또 수많은 북이스라엘 사람들이 아시리아제국 포로로 끌려갔다. 북이스라엘에서 포로로 끌려간 사람들은 티그리스 샛강이었던 하부르 강 언저리에서 터를 잡았다. 이후 북이스라엘은 나라명맥만 유지하다가 기원전 7백22년 아시리아제국의 침략을 받아 완전히 멸망했다. 그때 사마리아 성은 아시리아 군대에게 3년간 포위공격을 받으면서 전쟁막바지까지 버텼다. 그러면서 처음에 아시리아 제국 군대를 이끌었던 살만에셀 5세가 죽고 사르곤 2세가 왕위에 올랐다. 아시리아제국의 사르곤 2세는 전쟁비석에 사마리아 정복자로 자기이름을 새겼다. 이렇게 북이스라엘이 완전히 멸망하면서 2만7천2백80명의 주민들이 아시리아제국의 포로로 끌려갔다. 이때 끌려간 사람들이 하부르와 메디아와 엑바타나 등에 흩어져서 히브리공동체를 이뤘다.

다윗왕조 신학과 본문 편집자들의 목소리

이제 자세히 본문읽기를 하려고 할 때 21세기 성서독자들은 다윗왕조 신학 신봉자로써 본문편집자들의 목소리를 듣게 될 수밖에 없다. 그 목소리들은 본문을 바르게 읽고 해석하는 데 어려움을 줄만큼 요란스럽다. 그 목소리들은 히브리 성서 본문들 속에서 끊임없이 유대 민족정신을 들 춰낸다. 그럼으로써 유대 사람들의 열망이었던 다윗왕조 신학을 통해서 미래세계로 자신들의 희망을 이어가려고 한다. 예를 들어 '너는 내 아들, 오늘 내가 너를 낳았다'라는 다윗왕조 신학 이데올로기는 바벨론포로 유 대 사람들에게 위로와 희망이었다. 따라서 유대교는 다윗왕조 신학 이데 올로기 안에서 '다윗후손 정치메시아 신앙'을 이끌어냈다. 그것은 유대 사람들에게 아주 자연스러웠다.

그리고 훗날 예수 부활사건 이후 초대교회는 '유대교 다윗후손 정치메 시아 신앙'을 고스란히 이어받았다. 그러나 이제 21세기 교회들에서 '유 대교 다윗후손 정치메시아 신앙'을 신봉해야 할 이유가 전혀 없다. 왜냐 하면 기독교회가 '예수를 하나님의 아들 그리스도'로 신앙고백 하는 것은 다윗왕조 신학 이데올로기와는 아무런 연관도 없기 때문이다. 오히려 예 수의 하나님나라 복음운동이 '히브리 지파동맹의 희년신앙 행동법규들 을 새롭게 재구성하고 완결'했기 때문이다. 실제로 예수는 지금 여기 이 땅에서 억압받는 가난한 죄인들에게 하나님나라 복음을 선포했다. 그럼 으로써 다윗왕조 신학 이데올로기와 거기에서 파생된 다윗후손 정치메 시아 신앙을 폐기처분했다. 21세기 예수신앙인들은 예수의 하나님나라 복음운동 안에서 서로가 서로에게 하나님의 아들딸들이며 하나님나라 시민이다. 이렇듯이 예수의 하나님나라 복음운동은 옛 희년신앙 행동계 약 행동법규들을 완벽하게 재구성하고 완결한다.

본문풀이

다윗왕조 신학 대항자 여로브암, 히브리 지파동맹 희년신앙 행동 서사를 잇다
히브리 지파동맹의 희년신앙 행동계약의 의미

히브리 해방노예들이 시나이 산에서 야훼 하나님과 더불어 맺은 희년 신앙 행동계약이야말로 히브리 성서 계약신앙의 원형archtype이다. 시나이 산 희년신앙 행동계약은 시대마다 가난하고 힘없는 풀뿌리 사람들의 사회경제·종교·정치 정체성을 변혁하고 재구성하는 신앙행동 모델이다. 어떤 시대이든 어디서든 옛 히브리 지파동맹의 희년신앙 행동서사를 잇고 경험할 수 있는 밑바탕이다. 수 천 년 시간과 공간으로 멀리 떨어졌더라도 옛 희년신앙 행동계약은 가교架橋역할을 떠맡는다. 21세기 교회와 교우들은 2천년 기독교역사 속에서 완전히 잃어버린 희년신앙 행동법규들의 신앙의미를 다시 살려낼 수 있다. 무엇보다도 필자는 '예수가 희년신앙 행동계약 행동법규들을 이 땅의 하나님나라 복음운동으로 완벽하게 재구성했다'고 믿어 의심치 않는다. 물론 필자는 이 책 2부 '신약성서 속에서 희년신앙 행동서사 읽기'를 통해서 더 자세한 신앙진실을 찾을 것이다.

성서 속 '다윗왕조 신학'의 실체

다윗왕조 신학은 히브리 해방노예들의 '희년신앙 행동계약'에 대한 왜곡이며 배신이다. 왜냐하면 다윗왕조 신학이 해방과 구원, 정의와 평등세상을 꿈꾸던 히브리들의 희년신앙 행동계약을 해체했기 때문이다. 다윗왕조 신학은 히브리 지파동맹으로부터 해방과 자유를 빼앗고 그들을 다시 노예세상 속으로 몰아넣었다. 억압과 착취가 마구잡이로 벌어지는 노예제국 지배체제 올무를 씌웠다. 실제로 성서 주변세계 제국주의 노예세상은 히브리 노예들에게 억압과 폭력과 죽음의 고통을 경험하게 했다. 이렇듯이 다윗왕조 신학은 히브리 해방노예들의 해방과 자유, 정의와 평등 세상 꿈을 완벽하게 무너트렸다. 그럼으로써 소 제국주의 다윗왕정체제를 든든하게 세웠다. 히브리 해방노예들의 하나님 야훼를 예루살렘성전 지성소에 유폐하였고, 히브리 노예들의 하나님 야훼를 소 제국주의 다윗왕조의 수호신으로 독점하였다. 히브리들의 해방과 구원, 정의와 평등세상 밑바탕으로써 희년신앙 행동계약을 '다윗왕조 신학 시온궁정계약'으로 바꿔치기 했다. 사무엘서와 몇몇 시편에 나타난 다윗왕조 신학 시온궁정계약의 핵심은 '다윗후손을 영원도록 이스라엘의 왕으로 세운다는 것'이다. 다윗왕조 신학에서 다윗 후손의 왕들은 대대로 하나님의 아들이 된다. 혹여 다윗후손들이 야훼 하나님의 뜻을 어기더라도 다윗후손들은 대대로 하나님의 아들로서 이스라엘을 지배할 수 있다.

그러므로 다윗왕조 신학에 따라 히브리 지파동맹은 스스로 희년신앙 행동계약 행동법규들을 지켜나갈 수 없게 되었다. 스스로 사회경제·종교·정치 공동체자치를 주장할 수 없게 되었다. 왜냐하면 그것은 다윗왕조 신학에 대한 뚜렷한 반역이기 때문이다.

그러나 히브리 성서 속에서 또는 이스라엘 역사에서 다윗왕조 신학 시온 궁정계약은 실패했다. 유대 사람들과 유대교 신자들이 아니라면 현실세계에서 다윗왕조 신학에 따른 시온궁정계약은 끝장났다. 21세기 기독교회와 예수신앙인과 성서독자들은 다윗왕조 신학에 대한 비판과 해석에서 자유로워야 한다. 그럼에도 불구하고 21세기 한국교회와 교우들은 끊임없이 '다윗왕조 신학에 따른 시온궁정계약'을 복원하려고 열을 올린다. 심지어는 21세기 '백 투 더 예루살렘'Back to Jerusalem 등 다윗왕조 신학 시온궁정계약에 대한 망상을 실현하려는 무모한 신앙행동을 서슴지 않는다. 참으로 말로 다 할 수 없는 괴상하고 야릇한 사이비 신앙행태다. 아마도 이러한 신앙행태는 '한국교회의 뿌리 깊은 제국주의신앙, 정복신앙, 영웅주의 메시아신앙' 때문일 것이다.

사독과 솔로몬은 어떤 관계였을까?

사독차도크이라는 이름은 히브리 성서에서 매우 친숙한 이름이다. 왜냐하면 사독이라는 이름이 히브리어 낱말 '차디크정의'와 동음어처럼 들려지기 때문이다. 그만큼 사독은 다윗왕조 신학과 시온 성전제사종교 체제의 핵심위치를 차지하는 제사장가문이다. 실제로 사독은 '다윗이 자기 용병부대를 동원해서 정복한 예루살렘 여부스 족 제사장'이었을 것이다. 사독은 여부스 족 성전제사종교체제 제사장으로써 예루살렘의 새로운 주인으로 등장한 다윗을 만났다. 사독은 다윗에게 충성을 맹세하고 제사장직을 허락받았다. 그러면서 사독은 다윗왕조 신학에 딱 들어맞는 성전제사종교 체제를 이어갈 수 있었다. 오랜 세월이 흘러 다윗왕이 죽은 후 솔로몬이 왕위에 오를 때 사독은 예루살렘 성전제사 종교체제 제사장으로써 솔로몬에게 기름을 부었다. 옛 히브리 지파동맹 희년신앙 행동계약 전통의 에비아달 제사장은 다윗왕조 종교권력으로부터 멀찌감치 밀려났다. 그럼으로써 다윗왕조 신학과 예루살렘성전에서는 옛 히브리 지파동맹 희년신앙 행동계약전통과 성전제사 종교체제 혼합주의가 완벽하게 터를 잡았다.

실제로 히브리 성서는 예루살렘성전 찬양대가 3천여 명이었다고 증언한다. 21세기에는 상상조차 할 수 없는 어마어마한 규모다. 이러한 상황이 벌어진 이유는 옛 히브리 지파동맹 희년신앙 행동계약 전통을 따르는 지역 성소들이 모두 폐쇄되었기 때문이다. 야훼성소에서 일자리를 잃어버린 수많은 레위사람들이 밥벌이를 위해 예루살렘성전으로 몰려들었다. 레위사람들에게는 사회경제·정치 자립을 위한 노느매기 땅이 주어지지 않았기 때문이다. 그러나 이미 예루살렘성전 제사장직은 레위사람들로 차고 넘쳤다. 그러면서 예루살렘성전 찬양대원으로 수많은 레위사람들을 고용할 수밖에 없었다. 이러한 현상과 상황들은 히브리 성서 본문들 곳곳에 기록으로 남아 있다.역대기상 25장, 역대기하 5장

이와 관련하여 솔로몬은 히타이트사람으로 다윗의 용병부대 장교였던 우리아의 아내였다가 다윗왕의 왕비가 된 밧세바에게서 태어났다. 다윗왕의 왕비로 위치가 바뀐 밧세바는 야심가였다. 다윗 왕이 늙기 전에 이미 유대지파 노느매기 땅 헤브론에서 태어난 왕자들은 이런저런 이유로 모두 죽임을 당했다. 이제 다윗 왕이 늙어 숨을 거둘 때 다윗왕조 유다왕국에서 적법한 왕위계승자는 아도니야 뿐이었다. 밧세바는 예언자 나단과 손을 잡고 다윗 왕을 설득해서 아도니야 대신 예루살렘출신 솔로몬을 왕으로 세웠다. 이렇듯이 밧세바는 권력의지가 강하고 정치야망과 담력도 매우 컸다.

밧세바는 솔로몬왕의 어머니로써 모든 권력을 맘껏 누렸다. 솔로몬왕이 옛 히브리 지파동맹 희년신앙 행동법규들을 벗어나 온갖 종교타락과 부패에 빠지도록 부추겼다. 또한 솔로몬왕국에서 수많은 외국인 관료들과 용병들도 세력을 얻을 수 있었다. 나아가 예루살렘 성전제사종교 체제 사독제사장에게 종교권력을 몰아주었다. 사독제사장에게 히브리 지파동맹 야훼신앙 행동계약 전통의 제사장들을 예루살렘에서 몽땅 몰아낼 수 있는 힘이 주어졌다.

그러므로 솔로몬 사후 다윗왕국은 납북으로 나뉠 수밖에 없었다. 본

문읽기에서 솔로몬왕국이 남북으로 나뉜 것은 야훼 하나님의 뜻이었다. 또한 남북왕국에서 예루살렘 성전제사종교 체제와 히브리 지파동맹 희년신앙 행동계약 전통사이의 갈등이 끊이지 않았다.

여로보암은 그 땅 풀뿌리 사람이었다

이러한 현실상황에서 본문을 읽고 해석하면서 필자는 '다윗왕조 신학 대항자 여로보암, 히브리 지파동맹 희년신앙 행동서사를 잇다'라고 제목을 달았다. 이제 이 주제로 본문읽기를 해보자. 먼저, '다윗왕조 신학 대항자 여로보암'은 어떤 사람인가?

본문읽기 내용대로라면 그는 소년가장이었다. 본문은 '그 여자는 과부였다'이샤 알마나라고 여로보암의 어머니 체루아를 소개한다. 만약에 남편이 늘그막에 죽었다면 그녀를 과부라고 했을 리 없다. 실제로 여로보암은 북이스라엘의 체레다라는 시골마을에서 청상과부 어머니를 모시고 소년가장으로 살았을 것이다. 어린 시절부터 여로보암의 가족은 고아와 과부로 구성된 빈곤층이었다. 여로보암은 그 땅 풀뿌리 사람으로서 어린 시절부터 가난하고 고통스러운 삶을 살았을 것이다.

그러다가 청년이 되어 여로보암은 솔로몬왕국의 강제노역장에 끌려와 노예생활을 했다. 실제로 본문읽기는 '그는 솔로몬의 종이었다'에베드 리쉘로모라고 보고한다. 이처럼 다윗왕조 솔로몬왕국에서 여로보암의 삶의 상황은 옛 히브리 노예들의 삶의 상황을 떠올리게 한다.

그럼에도 불구하고 여로보암은 힘센 사내로 성장했다. 그 만큼 힘든 노동도 잘 해냈을 것이다. 솔로몬왕은 그런 여로보암을 지켜보았다. 그래서 여로보암을 북이스라엘에서 강제노역장으로 끌려온 히브리들 위에 감독관으로 세웠다. 이렇듯이 여로보암은 북이스라엘에서 촌뜨기 소년

가장으로 자라서 솔로몬의 노예로 전락했다. 그리고 마침내 솔로몬왕국의 실력자가 되는 성공신화를 썼다. 마치 이집트에서 노예로 태어나 공주의 눈에 들어 이집트제국의 왕자로 장성하는 모세를 기억나게 한다.

다윗왕조 신학 대항자 여로보암

본문읽기는 여로보암이 솔로몬왕에게 '손을 들어 항거했다'야렘 야드라고 보고한다. 어떤 항거였을까? 솔로몬왕국에 대한 반란이었을까? 북이스라엘에서 강제노역장으로 끌려온 히브리사람들을 선동해서 일으킨 대항봉기였을까? 아니면 파라오 노예제국에서 모세가 했던 것처럼 북이스라엘 사람들의 권리를 위한 비밀투쟁을 벌였을까? 본문읽기 1.은 여로보암의 항거의 내용을 한마디도 보고하지 않는다. 그렇더라도 21세기 성서독자들은 '여로보암이 강제노역장에 끌려온 히브리 사람들을 선동해서 솔로몬왕국에 항거했을 것'이라고 추측할 수 있다. 그러나 여로보암의 항거는 완벽한 실패로 끝났다. 그는 솔로몬 왕으로부터 도망쳐 나와서 이집트로 피신해야만 했다.

그럼에도 불구하고 여로보암의 항거는 본문을 제대로 읽고 해석하기 위해 빼놓을 수 없는 핵심요소이다. 그 점에서 여로보암은 '다윗왕조 신학 대항자'였다. 다윗왕조 신학은 '옛 히브리 지파동맹의 희년신앙 행동법규들을 배신함'으로써 튼튼해질 수밖에 없었다. 왜냐하면 히브리 지파동맹 희년신앙 행동법규는 히브리 형제들을 노예로 부리지 못하도록 못박았기 때문이다. 히브리들은 누구라도 희년신앙 행동법규에 따라 다시는 노예가 될 수 없었다. 누구라도 히브리들을 노예로 삼을 수 없었다. 왜냐하면 히브리들의 하나님 야훼는 소 제국주의 다윗왕조 신학에 매여 노예세상의 하나님이 되실 수 없기 때문이다. 야훼 하나님은 '다윗왕조 솔로몬왕국의 부와 권력을 위한 도구'로 이용되어서는 안 되기 때문이다. 따라서 솔로몬왕조가 히브리들을 억압하고 착취해서 부를 쌓고 권력을 행사하며 영광을 누리는 일에 야훼 하나님이 끼어들 틈이 없었다. 다윗왕조 솔로몬왕국의 강제노역동원 행태는 옛 희년신앙 행동계약 행동법규에 대한 명백한 배신행위다. 따라서 여로보암의 항거는 솔로몬왕국의 희년신앙 행동법규 배신행동에 대항하는 히브리들의 봉기였을 것이다.

이제 본문읽기에서 야훼 하나님은 스스로 모든 것을 판단하시고 결정하시며 그에 따라 남북분단 사건들을 일으키셨다. 실제로 본문은 실로 사람 예언자 아히야의 입을 통하여 여로보암의 항거가 야훼 하나님의 뜻이라고 증언한다. 다윗왕조 솔로몬왕국이 해방과 자유, 정의와 평등세상을 꿈꾸는 희년신앙 행동법규를 배신했다고 꾸짖는다. 주변 노예왕국들에서 수입한 전쟁과 폭력의 신들과 부와 권력의 신들을 섬겼다고 비난한다. 실제로 솔로몬 왕은 바로의 딸 등 이방인 아내를 거느렸고 밀콤숭배 등 숱한 노예세상 신들을 섬겼다. 그러므로 야훼 하나님은 솔로몬왕국을 '찢어서' 코레아 북 이스라엘을 여로보암에게 주시겠다고 선언한다.

이렇듯이 '다윗왕조신앙 대항자 여로보암, 히브리 지파동맹 희년신앙 행동서사를 잇다'라는 본문읽기 주제는 옳고 마땅하다. 나아가 이 신앙 주제는 21세기 맘몬·자본숭배에 매몰된 한국교회와 교우들을 향한 야훼 하나님의 뜻이기도 하다.

실로 사람 예언자 야히야

이와 관련하여 '실로 사람 야히야'라는 이름에는 몇 가지 희년신앙 행동계약 전통이미지를 담고 있다. 먼저는 '실로'라는 지명에 담겨있는 희년신앙 행동계약 전통이미지다. 실로는 히브리 지파동맹이 마지막으로 가나안 땅 노느매기 동맹 총회를 개최한 곳이다. 실로에서 히브리 지파들에게 나눠줘야 하는 모든 땅들이 제비뽑기를 통해 모두 결정되었다. 또한 실로는 세겜에 이어 히브리 지파동맹 희년신앙 행동계약 행동법규총칙 십계명법궤를 모셨던 '야훼의 회막會幕성소'였다. 히브리 지파동맹은 40여 년 광야생활 때부터 십계명법궤를 모셨던 '야훼의 회막'會幕에서 야훼 하나님을 만났다. 야훼의 회막성소에서 히브리 지파동맹 총회를 열고 희년신앙 행동계약 행동법규에 따른 실천행동의지를 다져왔다. 히브리 지파동맹은 광야시대로부터 가나안 땅 정착시기를 거쳐 다윗왕조에 이르기까지 '야훼의 회막성소'에 함께 모여 총회를 열었다. 이로써 '실로'는 다윗왕조 신학 이전 히브리 지파동맹 희년신앙 행동계약 전통과 역사에 매우 중요한 역할을 수행했다. 여호수아 18:1, 사사기 21:19, 사무엘상 1-3장

두 번째 실로의 예언자 '아히야'라는 이름이 갖는 희년신앙 행동계약 전통이미지다. 이 이름의 뜻은 '야훼의 외침'이라고 이해할 수 있다. 실로의 예언자 아히야는 다윗왕조 솔로몬왕국의 '희년신앙 행동법규 배신행위에 대한 야훼의 외침'으로 등장했다. 다윗왕조 솔로몬왕국은 야훼 하나님의 사람들인 히브리들을 대규모로 징용徵用해서 강제노역장의 노예로 부렸다. 솔로몬왕국은 히브리 지파동맹 희년신앙 행동법규들을 정면으로 배신하는 소 제국주의 노예왕국이었다. 또 한편 '여로보암'이라는 이름은 '풀뿌리 사람들의 왕 또는 풀뿌리 사람들의 힘'이라고 이해할 수 있다.

그럼에도 불구하고 본문에서 여로보암의 항거는 실패로 끝났다. 솔로몬왕은 다윗왕조 신학 대항자 여로보암을 잡아서 처단하려고 그를 찾았다. 그래서 여로보암은 이집트 왕 쉬샤크에게로 도망쳤다. 여로보암은 솔로몬이 죽을 때까지 이집트에 숨어 있었다. 그는 솔로몬이 죽은 이후에

야 비로써 북이스라엘로 돌아 올 수 있었다. 솔로몬 왕이 죽은 후 다윗왕조에 대한 북이스라엘의 대항혁명이 무르익었을 때였다. 아마도 본문은 히브리 지파동맹의 희년신앙 행동서사를 여로보암의 삶을 통해서 그려내려고 했던 것 같다. 실제로 본문은 '히브리들이 고난 속에서 이집트로 내려가고 다시 이집트로부터 불러내지는 해방과 구원 서사'를 여로보암의 행적을 통해서 그려냈다. 그럼에도 불구하고 본문에는 다윗왕조 신학 신봉자들의 편집행위로 인해 '여로보암의 행적을 통한 희년신앙 행동서사'가 흐려져 있다.

히브리 지파동맹 전통 안에서 스스로 왕을 뽑을 권리

다윗왕조 솔로몬왕국은 유대와 히브리 지파동맹과 예루살렘 세 왕국을 함께 통치했다. 일찍이 다윗은 유대변방 아둘람 굴에서 온갖 도망자와 떠돌이들을 모아 세력을 결집했다. 이후 블레셋지역을 약탈하고 그 전리품으로 유대 주민들의 환심을 샀다. 또한 유대지역 마을들을 약탈자들로부터 보호했다. 다윗은 사울 왕과 그의 아들들이 블레셋과의 전투에서 장렬하게 전사한 이후 유대 헤브론에서 유다왕국의 왕위에 올랐다. 또 한편 사울의 후손 못난이 왕들과 전쟁을 통해서 히브리 지파동맹의 왕이 되었다. 나아가 다윗은 자신의 용병부대를 동원해 예루살렘 성을 빼앗고 예루살렘 왕이 되었다. 이로써 다윗왕은 히브리 지파동맹 희년신앙 행동계약 행동법규들을 훼방하고 배신하는 다윗왕조 신학체계를 세웠다. 다윗이 죽은 이후 솔로몬왕국 시대에는 예루살렘 성전제사종교 체제가 터를 잡았고 히브리 지파동맹 야훼 하나님을 독점했다.

그러나 이제 솔로몬 왕이 죽고 나서 다윗왕조는 분열의 길로 내달렸다. 솔로몬왕의 뒤를 이어 왕위에 오른 레흐브암은 부랴부랴 세겜으로

가야만 했다. 왜냐하면 히브리 지파동맹이 모든 이스라엘 풀뿌리사람들을 세겜으로 불러 모았기 때문이다. 이스라엘 풀뿌리사람들이 세겜에서 레흐브암을 왕으로 세우는 조건을 내걸고 협약을 맺으려했기 때문이다. 실제로 세겜은 이스라엘 땅 한 가운데에 자리를 잡은 도시였다. 또한 세겜은 희년신앙 행동법규총칙 십계명법궤를 모셨던 히브리 지파동맹의 옛 '야훼의 회막 성소'였다. 이때 본문읽기는 '콜-카할 이스라엘 온 이스라엘 총회'라는 히브리어 문구를 사용한다. 히브리 지파동맹 총회에서 희년신앙 행동법규에 따라 '해방과 정의와 평등실행 약속'을 받고 새로운 왕을 세우려고 했기 때문이다. 실제로 본문읽기에서 히브리 지파동맹은 사울 왕 때처럼 이스라엘 풀뿌리 사람들의 총회를 열어 여로보암을 왕으로 세웠다.

이와 관련하여 유대와 예루살렘 사람들은 다윗왕조 신학 이데올로기에 따라 아무런 조건도 없이 레흐브암을 왕으로 인정했다. 그러나 옛 히브리 지파동맹은 희년신앙 행동법규들을 밑바탕으로 다윗과 협약을 맺고 다윗을 히브리 지파동맹 왕으로 세웠다. 그 협약의 핵심 내용은 '왕은 이스라엘의 목자다'라는 희년신앙 행동계약 공동체 위탁이었다. 그 위탁은 '이스라엘 풀뿌리 사람들에게 왕의 올바르고 따뜻한 통치를 약속하는 것'이었다. 이러한 희년신앙 행동계약 공동체 위탁과 왕의 협약이야말로 이스라엘 풀뿌리 사람들이 스스로 왕을 뽑을 권리 근거였다.사무엘 하 5장 이스라엘 풀뿌리 사람들은 지금도 그렇게 해야 한다고 주장했다.

사실 다윗이 죽은 이후 솔로몬왕의 즉위는 다윗왕가의 살벌한 왕위쟁탈 쿠데타 속에서 다윗왕조 신학 이데올로기에 따른 통과의례였다. 이스라엘 풀뿌리 사람들은 '히브리 지파동맹 전통 안에서 스스로 왕을 뽑을 권리'를 박탈당했다. 이스라엘 풀뿌리 사람들은 솔로몬왕국의 포학한 소

제국주의 지배체제에 매여 억압과 착취와 노예의 삶을 강요받았다. 그러나 이제는 다르다. 이미 다윗왕조 신학 대항자 여로보암이 솔로몬왕국의 폭정에 대한 이스라엘 풀뿌리 사람들의 대항봉기 물꼬를 텄다. 비록 실패로 끝났지만 히브리 지파동맹 풀뿌리 사람들의 대항봉기는 분명하게 야훼 하나님의 뜻이었고 계획이었다. 이제 본문읽기는 히브리 지파동맹 풀뿌리 사람들이 희년신앙 행동계약 행동법규들을 회복하는 길잡이와 같다.

히브리 지파동맹의 희년신앙 행동계약 전통에 대한 배신, 다윗왕조 신학

이제 필자가 본문읽기 2.에서 이어지는 '레하브암 왕과 늙은 관료들과 젊은 관료들'이 옥신각신 떠드는 내용들을 일일이 다 설명할 필요는 없을 것 같다. 그렇더라도 한 가지 의문이 남는다. 레하브암이 '왕은 이스라엘의 목자다'라는 희년신앙 행동계약 공동체 위탁에 따르는 협약을 거부한 이유는 무엇일까? 실제로 이스라엘 풀뿌리 사람들에게 '왕의 올바르고 따뜻한 통치를 약속하지 못하는 것'은 다윗왕조 신학 적폐를 고스란히 드러낸다. 다시 다윗왕조 신학 이데올로기를 정리하면 이렇다. 첫째, 다윗 후손이 대대로 이스라엘의 왕이다. 둘째, 다윗후손 왕들은 대대로 홀로 하나님의 아들이다. 셋째, 다윗후손들이 야훼하나님의 뜻을 어겨도 다윗 후손들은 대대로 하나님의 아들로 남아 이스라엘을 지배한다.사무엘하 7장

이와 관련하여 아마도 레하브암 왕을 모시는 늙은 관료들은 히브리 지파동맹전통을 지지하는 경험 많은 관료들이었을 것이다. 반면에 젊은 관료들은 다윗왕조 솔로몬왕국에 충성스러웠던 외국인 가신가문臣家門들에서 배출한 젊은 관료들이었을 것이다. 젊은 관료들은 외국인으로서 옛 히브리 지파동맹 전통을 소홀하게 여겼다. 그러면서 성서주변세계 노예

왕국 지배체제에 더 많은 생각과 판단이 쏠렸다. 따라서 다윗왕조 신학 이데올로기는 필연코 본문과 같은 상황을 불러올 수밖에 없었다. 왜냐하면 희년신앙 행동계약 전통은 이스라엘 풀뿌리 사람들의 삶의 마당에 뿌리내려 있기 때문이다. 이 희년신앙 행동계약 뿌리로부터 풀뿌리 예언자들의 희년신앙 예언전통이 만들어졌다.

이렇듯이 다윗왕조 신학은 히브리 지파동맹과 야훼 하나님이 함께 맺은 희년신앙 행동법규들에 대한 배신일 수밖에 없었다. 다윗왕조 신학에 따른 시온궁정계약으로는 히브리 지파동맹의 희년신앙 행동계약 행동법규들을 대신할 수 없었다. 다윗왕조 신학은 히브리 해방노예들의 해방과 자유, 정의와 평등, 생명평화 세상을 훼방했다. 희년신앙 행동법규들을 배신하지 않고는 다윗왕국으로 모든 부와 권력을 몰수할 수 없었다. 희년신앙 행동법규들이 꿈꾸는 해방과 자유, 정의와 평등사회를 깨부수지 않고는 소 제국주의 다윗왕조 신학체제를 세울 수 없었다. 히브리 지파동맹의 하나님 야훼를 예루살렘 성전제사종교체제에 가두어 두지 않고는 다윗왕조 신학에 따른 시온궁정계약을 맺을 수 없었다.

그러나 히브리 노예들의 하나님 야훼를 소 제국주의 다윗왕조의 수호신으로 삼아서 예루살렘성전 지성소 안에 들어앉히는 일은 불가능했다. 따라서 이스라엘 풀뿌리 사람들은 다윗왕조 신학 안에서 그들의 희년신앙 행동계약에 따른 신앙과 삶의 몫이 무엇인지 물었다. 이때 본문은 '로—나할라유산遺産이 없다'라는 문장을 사용한다. 히브리 지파동맹은 북이스라엘과 남유다왕국이 함께 물려받을 노느매기 몫이 없다고 결론지었다.

여기서 물려받을 노느매기 몫 또는 유산이 무엇일까? 히브리 지파동맹은 '희년신앙 행동계약 행동법규들과 다윗왕조 신학 이데올로기'를 놓고 저울질을 했을 것이다. 그러면서 다윗왕조 신학 이데올로기 안에는 희년신앙 행동계약 행동법규전통이 전무하다고 확신했을 것이다. 물론 그 진실은 다윗왕국에 이어 솔로몬왕국에서 이미 처절하게 경험했던 바였다. 솔로몬 왕국이 북이스라엘 풀뿌리 사람들에게 지운 강제노역과 무거운 세금은 감내하기 어려웠다. 실제로 다윗왕조 신학 이데올로기는 히브리 해방노예들의 해방과 자유, 정의와 평등세상을 꿈꾸는 희년신앙 행동계약전통과 전혀 달랐다. 오롯이 다윗왕조 신학은 성서주변세계의 노예왕국에서처럼 다윗왕정으로 모든 정치권력과 부를 몰수하는 정치이데올로기였다. 히브리 노예들의 하나님 야훼의 해방과 구원세상을 무력화하는 독점 성전제사종교 체제로 퇴행일 뿐이었다.

야훼의 말씀을 들어라.

본문읽기에 따르면 레하브암 왕은 북이스라엘 지파동맹과 한판 '다윗왕조 노예왕국 지키기 전쟁'을 벌이려고 했다. 이를 위해 레하브암 왕은 모든 유대집안과 베냐민지파 가운데서 전쟁할 만한 청장년 십팔만 명을 징병했다. 그러나 그때 하나님의 사람 '쉐마아야'가 야훼 하나님의 명령을 선포했다. '쉐마아야'라는 이름의 뜻은 '야훼께 들어라, 야훼의 말씀을 들어라'는 뜻이다. 말씀하시기를.

> "너는 솔로몬의 아들 예후다 왕 레하브암과 예후다 모든 집안과 베냐민과 나머지 백성들에게 이와 같이 말하라. 야훼께서 이렇게 말씀하셨다.
> '너희는 올라가지 마라. 너희는 이스라엘 후손 너희 형제들을 상대로 전쟁하지 마라. 너희는 사람마다 따로 자기 집으로 돌아가라. 왜냐하면 이 일이 나로부터 일어났기 때문이다.'"

유대와 베냐민지파의 모든 전사들이 '쉐마아야' 예언자의 입을 통해 선포된 야훼 하나님의 말씀을 들었다. 모든 사람들이 다 듣고 그 야훼 하나님의 말씀을 마음으로 깊이 생각하고 판단했다. 이 모든 사태가 야훼 하나님의 뜻이라는 것을 알아채게 되었다. 야훼 하나님께서 계획하고 벌이신 사태라는 것을 깨달았다. 그래서 모든 사람들이 야훼하나님의 말씀을 따라 모두 흩어졌다. 그리고 사람마다 자기 집으로 돌아갔다.

북이스라엘 왕국의 히브리 지파동맹 희년신앙 행동서사 잇기의 실패

히브리 성서에서 '다윗왕조 신학 대항자 여로보암, 히브리 지파동맹 희년신앙 행동서사를 잇다'라는 주제는 실패다. 히브리 성서는 '여로보암'의 실패를 거칠고 사납게 비판한다. 물론, 그것은 히브리 성서 안에서 다윗왕조 신학 신봉자들의 편집목소리가 너무도 요란스럽기 때문일 수도 있다. 그럼에도 불구하고 북이스라엘 왕국에는 온갖 사회경제·종교·정치 체제의 죄악들과 불평등이 넓고 깊게 자리 잡았다. 북이스라엘 왕국의 희년신앙 행동법규 배신행태는 다윗왕조 신학만큼이나 타락일변도였다. 북이스라엘은 입으로만 '희년신앙 행동법규들을 따르자'고 외치고 삶으로는 부와 권력을 탐하는 바알신앙에 몰두했다. 불의와 불법, 억압과 착취 그리고 억울한 피 흘림을 통해 쟁취한 부와 권력을 야훼 하나님의 복으로 거짓선전하고 찬양했다.

반신앙의 한계와 폐해를 향한 대항신앙對抗信仰

그렇다면 '다윗왕조 신학 대항자 여로브암, 히브리 지파동맹 희년신앙 행동서사를 잇다'라는 주제를 통한 본문읽기와 해석은 무의미한가? 전혀 그렇지 않다. 모든 대항신앙 행동은 마땅히 대항해야만 하는 반신앙의 한계와 폐해가 존재하기 때문이다. 모든 대항신앙 행동은 반신앙의 한계와 폐해를 향한 대항신앙 투사投射를 통해서 성장한다. 시대의 신앙인으로써 시대의 반신앙의 한계와 폐해에 대항하지 않는다면 그는 신앙인이 아니다. 오롯이 진실한 신앙만 있고 반신앙의 한계와 폐해가 전혀 존재하지 않는 세상은 없다. 이 땅에서 그러한 신앙만을 설파하는 종교는 가짜다. 아마도 그런 세상은 사람 사는 세상이 아니라 좀비들의 세상일 것이 틀림없다. 그러므로 히브리들의 해방과 자유, 정의와 평등세상의 꿈으로써 희년신앙 행동법규들은 모든 반신앙의 한계와 폐해에 대항한다. 무엇보다도 21세기 지구촌 제국주의 정복신앙과 맘몬·자본세상 번영신앙에 힘 있게 대항한다.

12. 나봇의 포도원 사건,
히브리들의 끈질긴 희년신앙 행동서사를 증언하다.

열왕기상 21:1-27

그 일들 후에 이 사건이 벌어졌다. 이즈레엘에 자리 잡은 이즈레엘 사람 나봇의 포도원이 사마리아 왕 아합의 궁전 곁에 있었다. 아합왕이 라봇에게 이렇게 말했다.

"너는 네 포도원을 나에게 주라.
그 포도원은 나를 위한 식물원이 될 것이다.
왜냐하면, 그 포도원이 내 궁 곁에 가깝기 때문이다.
내가 너에게 그 포도원 대신에 그것보다 더 좋은 포도원을 주겠다.
만일, 네 눈에 좋다면 내가 너에게 그 땅 매매 가격만큼 돈을 주겠다."

나봇이 아합왕에게 말했다.

"내가 왕에게 내 조상들의 노느매기 땅을 주는 것이야말로 야훼 때문이라도 나에게 가당치도 않습니다."

그러자 아합왕은 '이즈레엘 사람 라봇이 그를 향해 내뱉은 말 때문에' 못마땅하고 화가 치밀어서 자기 궁으로 돌아왔다. 나봇이 '나는 나의 조상들의 노느매기 땅을 왕에게 줄 수 없습니다'라고 말했다.

아합왕은 자기 침대에 누워 자기얼굴을 파묻고 음식을 먹지 않았다. 그의 아내 이세벨이 아합왕에게 와서 그를 향해 말했다.

"무엇 때문에 왕의 마음이 못마땅하십니까? 무엇 때문에 왕께서 식사를 하지 않으십니까?"

아합왕이 이세벨에게 말했다.

"참으로 내가 이즈레엘 사람 나봇에게 말했소.
'너는 돈을 받고 네 포도원을 나에게 주라.
또 만일 네가 좋다면 내가 그것대신에 다른 포도원을 네게 주겠다.'
그런데도 라봇이 '나는 내 포도원을 왕에게 주지 않겠습니다'라고 대답했소."

그의 아내 이세벨이 아합왕에게 말했다.

"당신이 이제 이스라엘 위에 왕국을 만드세요.
일어나서 식사를 하시고 당신 마음껏 즐거움을 누리세요.
내가 그 이즈레엘 사람 라봇의 포도원을 당신에게 주겠어요."

이세벨이 아합 왕의 이름으로 편지들을 써서 그의 옥쇄로 봉인했다. 그리고 그 편지들을 그 도시에서 라봇과 함께 살고 있는 장로들과 귀족들에게 보냈다. 이세벨은 그 편지들 안에 이렇게 썼다.

"너희는 금식을 선포하고 나봇을 풀뿌리 사람들의 제일 높은 자리에 앉혀라. 또 너희가 불량배 두 사람을 나봇의 맞은편에 앉혀라. 그리고 그 불량배들로 하여금 '네가 하나님과 왕을 저주했다'라고 증언하게 하라. 그런 후에 너희가 라봇을 끌고 나가 그를 돌로 쳐서 죽여라."

그 도시의 사람들 곧 그 도시에 사는 장로들과 귀족들은 '이세벨이 그들에게 보낸 편지들에 쓴 대로, 이세벨이 그들에게 보낸 명령'을 따라 행동했다. 그들이 금식을 선포하고 나봇을 그 풀뿌리 사람들의 제일 높은 자리에 앉혔다. 그때 불량배 두 사람이 와서 나봇의 맞은편에 앉았다. 그 불량배들이 그 풀뿌리 사람들의 맞은편에서 나봇에 대해 이렇게 증언했다.

"나봇이 하나님과 왕을 저주했습니다."

장로들과 귀족들과 불량배들이 나봇을 그 도시 밖으로 끌고나갔다. 그들이 나봇을 돌로 쳤다. 그리고 나봇이 죽었다. 그들이 이세벨에게 이렇게 보고 올렸다.

"나봇이 돌에 맞아 죽었습니다."

이세벨은 '나봇이 돌을 맞아 죽었다'는 보고를 듣자마자 아합 왕에게 말했다.

"일어나세요. 돈으로도 당신에게 내어줄 수 없다던 이즈레엘 사람 나봇의 포도원을 차지하세요. 참으로 나봇이 살아있지 않습니다. 나봇은 죽었어요."

아합왕은 '나봇이 죽었다'는 소식을 듣자마자 벌떡 일어나서 그 포도원을 차지하려고 이즈레엘사람 나봇의 포도원을 향해 내려갔다. 그때 야훼의 말씀이 디셉 사람 엘리야에게 임했다. 말씀하시기를.

"너는 일어나라. 사마리아에 있는 이스라엘 왕 아합을 맞이하러 내려가라. 보라, 아합 왕이 그 포도원을 차지하려고 거기로 내려가서 나봇의 포도원에 있다. 너는 아합 왕에게 이렇게 선포하라. '야훼께서 이와 같이 말씀하셨다. 네가 사람을 죽이고 또 빼앗느냐? 그러므로 너는 이렇게 아합 왕에게 선포하라. '야훼께서 이와 같이 말씀하셨다. 개들이 나봇의 피를 핥은 곳에서 그 개들이 네 피 또한 핥을 것이다."

아합왕이 엘리야를 향해 외쳤다.

"네가 나를 찾았느냐? 나에게 대항하는 자여."

엘리야가 대답했다.

"당신이 스스로 팔려서 야훼의 눈에 악한 일을 저질렀기 때문에 내가 찾아왔소. '여기 보라, 내가 반드시 너에게 악을 가져오겠다. 내가 네 후손을 없애버릴 것이다. 내가 아합에게 속한 사내를 억류된 자든 놓여난 자든 이스라엘 가운데서 끊어낼 것이다. 그리고 네가 이스라엘을 화나게 부추겨서 죄를 짓게 만든 그 원한

으로 인해 내가 네 집을 느밧의 아들 여로보암의 집처럼, 아히야의 아들 바사의 집처럼 되게 할 것이다.'

또한 야훼께서 이세벨에게도 이렇게 말씀하셨소. '개들이 이즈레엘 바깥 성벽에서 이세벨을 뜯어먹을 것이다. 아합에게 속한 자로써 그 성 안에서 죽은 자를 그 개들이 뜯어먹을 것이고 들에서 죽은 자를 하늘의 새가 쪼아 먹을 것이다.'"

오롯이 야훼 눈에 악을 저지르려고 스스로 팔린 아합 왕과 같은 자는 없었다. 왜냐하면 아합 왕의 아내 이세벨이 그를 꾀었기 때문이다. 아합 왕이 '야훼께서 이스라엘 후손들 앞에서 쫓아내신 아모리 사람들이 행동했던 모든 것'을 따랐다. 우상들의 뒤를 쫓아 걸으며 매우 가증스럽게 행동했다.

아합 왕이 이 말씀들을 들었을 때에 그는 자기 옷들을 잡아 찢었다. 그리고 아합 왕은 자기 몸에 굵은 베옷을 걸치고 금식했다. 아합 왕이 굵은 베옷차림으로 누우며 천천히 걸어 다녔다.

본문이해하기
토지공공성이란 무엇인가?

고대성서 주변세계에서 땅은 제국주의 왕이나 신전제사장의 독점 소유물이었다. 실제로 고대 수메르 도시국가들에서 땅은 그 도시를 수호하는 신들의 것이었다. 땅뿐만 아니라 노예들과 가축들까지 그 도시 수호신의 소유였다. 따라서 도시들마다 성전제사장이나 왕들이 그 도시의 수호신을 대신해서 땅과 가축들과 노예들 곧 그 도시의 모든 자산들을 독점 관리했다. 그 도시의 풀뿌리 사람들은 오롯이 왕이나 신전제사장 등 소제국주의 지배체제로부터 가혹한 억압과 착취에 시달리는 소작농노들이었다.

히브리 성서 창세기 꿈의 사람 요셉이야기에서도 똑 같은 상황들이 벌어진다. 어느 날 파라오는 온 땅의 풀뿌리 농부들을 채무노예화 하는 채무노예 세상을 꿈꾼다. 놀랍게도 꿈의 사람 요셉은 파라오의 채무노예제국 꿈을 완성하고 이집트제국 온 땅을 파라오의 독점 사유자산으로 만든다. 이집트 땅 모든 풀뿌리 농부들을 파라오가 마음대로 처분할 수 있는 떠돌이 소작농노 집단으로 떨어트린다. 이때 이집트 땅 제사장들은 파라오 노예세상 지배체제의 가장 중요한 내부자 집단이다. 제사장들은 파라오의 벼슬아치들로써 자기 땅을 소유하면서 파라오가 주는 벼슬아치 몫을 받아먹는다.

또 한편 이집트 파라오 노예제국의 지배를 받던 가나안 땅 봉건군주들도 자기영역 안에서 모든 것들을 독점하고 사유화한다. 가나안땅에 봉건군주들은 그 땅 풀뿌리 소작농노들을 억압하고 착취하며 부와 권력을 누린다. 가나안 땅 봉건군주들은 그렇게 독점한 불로소득으로 파라오 지배체제에 조공을 바쳤다. 파라오의 제국주의 전쟁을 위해 군사도로를 닦고 용병을 보내고 군수물자를 댔다.

그러나 히브리 성서는 누구라도 땅을 영구히 사유하거나 독점하지 못한다고 선포한다. 왜냐하면 '땅은 하나님의 것'이기 때문이다. 히브리 지파동맹은 '야훼 하나님으로부터 필요와 쓰임에 따라' 가나안 노느매기 땅을 선물 받았다. 히브리 지파동맹은 '야훼 하나님으로부터 선물 받은 땅'을 제멋대로 처분할 권리가 없다. 실제로 지구촌 모든 사람에게 땅은 '어제나 오늘이나 하나님의 것'으로써 사람마다 쓰임과 필요에 따라 빌려 쓸 권리만 있을 뿐이다. 누구라도 땅을 아주 팔아치울 권리가 없다. 지구별에 태어난 모든 사람들은 어쩌다 백세를 살면서 한낱 지구별의 나그네와 거주자일 뿐이다. 그러므로 필자는 다시 한 번 더 레위기 25장 23절에서 24절 본문을 소개하면서 21세기 토지공공성 제도를 설명하려고 한다.

"그러므로 그 땅을 아주 완전히 팔아넘기지 못한다. 왜냐하면, 그 땅은 내 것이기 때문이다. 참으로 너희는 나그네와 거주자로 나와 함께 있을 뿐이다. 너희는 너희 노느매기 땅 모든 곳에서 땅 무르기를 실행하라."

사람은 누구라도 땅으로부터 은혜를 입고 땅에 의지해서 자기 삶을 산다. 흙에서 태어나고 흙과 함께 살다가 흙으로 돌아간다. 사람은 누구도 땅을 이기고 지배하고 독점하며 제멋대로 처분할 능력과 비전이 없다. 사람은 어떤 재주를 부리더라도 자기 손으로 땅을 만들어 낼 능력이 없다. 21세기 첨단과학기술이 아무리 발달해도 사람은 땅을 만들어낼 수 없다. 더불어 성서는 히브리 지파동맹이 생계가족마다 필요와 쓰임에 따라 가나안 땅을 노느매기 하는 상황을 증언한다. 또한 가난한 형제들의 빼앗긴 땅에 대한 '무르기 의무' 등을 증언한다. 히브리 해방노예들의 가나안 땅 노느매기는 야훼 하나님의 해방과 구원세상을 이루는 히브리 지파동맹 희년신앙 행동계약 행동법규들의 밑바탕이다. 히브리 성서에서 기업 또는 산업 등으로 표현된 '가나안 노느매기 땅'은 히브리 지파동맹의 해방과 구원, 정의와 평등세상을 보장하는 필요충분 삶의 조건이다.

따라서 맨 처음부터 가나안 땅 노느매기는 히브리 지파동맹의 해방과 구원, 정의와 평등사회를 지속가능하게 하는 매우 중요한 과제였다. 여호수아서에 따르면 히브리 지파동맹은 정탐꾼들을 뽑아서 가나안 땅 노느매기를 위한 실측조사를 벌인다. 장차 히브리 지파동맹이 노느매기 할 가나안 땅을 탐사하고 분배지도를 그렸다. 그러한 과정을 거쳐서 가나안 땅 노느매기 동맹을 결성했다. 히브리 지파마다 생계가족들의 필요와 쓰임에 따라 제비뽑기로 가나안땅 노느매기를 실행했다. 고대 유대역사가 요세푸스에 따르면 히브리 지파동맹의 가나안 땅 노느매기는 토지의 크기보다 토지의 쓰임과 필요가치에 따라 분배되었다고 설명한다.

대한민국 헌법과 토지공공성 제도

1879년 미국의 헨리 조지는 '진보와 빈곤'이라는 책을 펴내고 토지공공성을 주창했다. 헨리 조지는 19세기 지구촌 사회경제가 빠르게 발전함에도 불구하고 극심한 가난을 해결하지 못하는 문제에 주목했다. 지구촌 사회경제에서 빈곤이 사라지기는커녕 때마다 사회경제불황이 몰아치는 이유를 토지사유제도 때문이라고 설명했다. 토지를 사유화하고 독점하는 소수의 지주들에게 토지지대 불로소득이 몰수되기 때문이라는 것이다. 따라서 빈곤과 가난의 문제를 해결하려면 국가가 토지지대 불로소득을 세원으로 삼아서 세금을 물려야 한다고 주장했다. 이후 21세기에 이르기까지 지구촌 나라들마다 상황에 맞게 토지공공성개념을 법으로 적용해 왔다. 지구촌 나라들은 이미 토지사유화가 이루어진 상황에서 공공이익과 목적에 따라 합리적인 토지이용에 관한 법과 제도를 보완을 해왔다. 대한민국도 헌법을 통해서 토지공공성을 규정하고 있다.

헌법 제23조 ①모든 국민의 재산권은 보장된다. ②재산권의 행사는 공공복리에 적합하도록 하여야 한다. ③공공필요에 의한 재산권의 수용 사용 또는 제한 및 그에 대한 보상은 법률로써 하되, 정당한 보상을 지급하여야 한다.
제121조 ① 국가는 농지에 관하여 경자유전의 원칙이 달성될 수 있도록 노력하여야 하며, 농지의 소작제도는 금지된다.

제122조 국가는 국민 모두의 생산 및 생활의 기반이 되는 국토의 효율적이고 균형 있는 이용 개발과 보전을 위하여 법률이 정하는 바에 의하여 그에 관한 필요한 제한과 의무를 과할 수 있다

19세기에 이르러 유럽사회의 오랜 봉건제도가 끝장나고 근대사회의 문이 활짝 열렸다. 그에 따라 유럽 사회경제체제 안에서 사유재산 권리가 빠르게 자리매김했다. 유럽사회의 근대자본주의 체제에서 토지사유화 권리가 절대사유재산권絕對私有財産權으로 뿌리내렸다. 실제로 근대자본주의자들은 지구촌 사회경제의 무한번영과 발전을 위해 자유계약과 사유재산권리가 보장되어야 한다고 주창했다. 그러나 반대로 지구촌 날품팔이 노동자들과 소작농들은 독점대지주들에게 속절없이 억압당하고 착취당하며 빈곤층으로 떨어졌다. 그러므로 21세기에 이르러는 토지의 독점과 사유화를 더 이상 절대권리로 인정하지 않아야 한다. 이제 21세기에는 공공복리와 공공이익을 위해 토지사유화와 독점이용을 제한하거나 의무부담을 강제해야 한다. 토지독점과 사유화를 통한 지대 불로소득에 대한 높은 세금을 부과해야 한다. 이것이 바로 21세기 지구촌 나라들마다 내세우는 '토지공공성에 따른 정부정책개념'이다.

그럼에도 불구하고 한국교회와 교우들은 토지공공성에 대해 반 신앙 또는 반사회 비난을 퍼붓는다. 토지공공정책들을 공산주의 또는 사회주의 경제정책이라고 헐뜯는다. 참으로 21세기 한국교회와 교우들의 사회맹社會盲 절뚝발이 반 신앙행태가 안타깝기 짝이 없다. 이제 한국교회와 교우들은 성서가 증언하는 희년신앙 행동서사에 눈과 귀와 마음을 열어야 한다. 성서가 증언하는 '땅은 하나님의 것이고 누구라도 땅을 빌려 쓸 수 있을 뿐 온전히 사유할 수 없다'는 희년신앙 행동계약진실을 깨달아야

한다.

실제로 현실상황에서 땅은, '누구라도 새로 만들거나 다른 것들로 바꿔 쓰기'가 불가능하지 않은가? 무엇보다도 한반도의 땅은 인구수에 비해 이용할 수 있는 땅의 크기가 아주 작지 않은가? 그러므로 이 땅에 발을 딛고 사는 모든 풀뿌리 사람들은 크게 모자라는 작은 땅덩어리에 의지해서 모두의 삶을 살아야만 한다. 이 땅에 사는 모든 사람들의 삶의 밑바탕으로써 토지이용의 합리성과 공공성을 강화해야만 한다. 이 땅 풀뿌리 사람들은 앞으로 더 많이 토지공공성 회복을 위한 토지독점과 개발이용규제를 외쳐야만 한다.

이렇듯이 옛 히브리들의 희년신앙 행동법규로써 토지공공성은 창세기 천지창조 이야기에서 매우 큰 뜻으로 나타난다. 맨 처음에 하나님께서 하늘과 땅과 바다를 지어내실 때 사람은 흙 한줌 보탠바가 없다. 21세기 첨단과학 의료기술 덕분에 사람의 생존수명이 크게 늘어났지만 야훼 하나님의 창조의 시간을 따라잡을 수는 없다. 땅의 시간 또는 지구역사와는 비교할 수조차 없다. 그러므로 맨 처음 하나님께서 지어내신 땅은 마땅히 유한한 사람의 사유자산목록에 올려놓아서는 안 된다. 땅은 과거와 현재와 미래의 모든 인류와 더불어 모든 생명체가 함께 공유하는 야훼 하나님의 창조생명생태계의 공공자산이다. 미래의 모든 인류와 생명체들의 삶을 저당 잡아 장물아비 향락을 누리는 21세기 지구촌현실이 암담하고 처참할 뿐이다. 코앞으로 들이닥친 지구촌 기후위기 상황에서는 더 더욱 그렇다.

대한민국 법피아 커넥션의 사법농단

본문읽기에서 나봇의 포도원 사건상황은 21세기 대한민국의 사법농단 상황과 똑 닮았다. 이 땅 풀뿌리 사람들은 21세기 대한민국 사법농단 상황을 나봇의 포도원 사건상황과 전혀 다를 바 없다고 이야기 할 것이다.

첫 번째, 21세기 대한민국의 대표적인 반사회·반인권 사법농단 폐해는 '유전무죄 무전유죄有錢無罪 無錢有罪'다. 독점재벌·맘몬권력 지배체제 기득권세력들은 어떤 죄를 지어도 줄줄이 풀려나 자유를 누린다. 그러나 가난하고 힘없는 사람들의 생계형범죄는 무겁고 큰 죄로 처벌받는다. 실제로 대한민국 풀뿌리 사람들의 80%정도가 '유전무죄 무전유죄'에 동의한다.

두 번째, 21세기 대한민국의 사법농단 폐해는 '사법전관예우司法前官禮遇'다. 현직을 떠난 '고위직 판사와 검사출신 변호사들'이 검찰의 수사와 법원의 재판에 영향력을 행사하고 고액의 수임료를 받는다. 사법전관들이 현직을 떠나 변호사를 개업하고 2년 이내에 수십억 또는 수백억 원의 수임료 대박을 터트리는 관행이다. 이렇듯이 사법전관예우는 현직검사와 판사 그리고 사법전관예우 변호사 사이에서 긴밀한 소통과 연대 없이는 불가능하다. 법과 양심 따위는 상관없이 오롯이 사법전관예우 관행만을 지켜내려는 '판사들의 통정通情재판을 통한 참여와 연대'가 밑바탕이다. 또한 사회정의와 사건진실에는 눈을 감고 오롯이 검찰 권력과 사법전관예우 관행을 지키기 위해 온힘을 다하는 현직검사들이 함께해야 한다. 이제 21세기 사법전관예우 변호사들은 개업보다 대형로펌에 들어가 활동한다. 그럼으로써 사법전관 예우는 더욱 교묘하고 촘촘하게 조직된 '법피아 커넥션' 속에 숨어서 범국가적인 사법폐해들을 양산한다. 이렇듯이 사법전관 예우는 유전무죄 무전유죄 사법폐해와 크고 넓고 깊게 연결되어 있다.

세 번째, 대한민국의 사법농단폐해는 '법피아'다. 법비法匪라고 불리는 사법카르텔의 밑바탕 권력으로써 대한민국 검사나 판사들은 '시민들이 직접 선출'하지 않는다. 그럼에도 불구하고 풀뿌리 시민주권자들을 대상으로 무소불위 국가사법 권력을 휘두를 수 있다. 실제로 대한민국 사법부는 일본제국주의 시대로부터 군사독재 시절까지 권력의 시녀로 또는 사냥개로 길들여져 왔다. 그러나 사회정치 민주화시대 이후에는 권력의 시녀 또는 사냥개 올무를 벗어던졌다. 그러면서 민주화시대의 성찰과 반성은커녕 '법치'라는 깃발을 치켜들고 국가 최종심판자로써 위세를 떨쳐왔다. 선량한 풀뿌리 시민주권 위에서 안하무인眼下無人 막무가내로 군림君臨해 왔다. 또 한편으로 독점재벌·맘몬권력 지배체제 내부자들의 반인륜·반인권·반사회 범죄에는 면죄부를 남발했다. 그럼으로써 사법전관예우 화수분河水盆을 크고 튼튼하게 만들었다.

무엇보다도 21세기에 이르러서 '대한민국 법피아 커넥션'은 상상을 불허할 만큼 교묘해지고 복잡해졌다. 21세기 법피아 커넥션은 그 실체를 파악하기조차 어렵다. 이와 관련하여 법률시장에서는 판검사와 변호사 등 법조삼륜에 더해서 '법조사륜'法曹四輪이라는 표현을 사용한다. 판사, 검사, 변호사에 더해서 법조기자 또는 유명 로스쿨의 학맥까지 더해서 법조사륜이라는 이름으로 불려진다. 실제로 21세기 법피아 커넥션은 법조사륜에 더해서 '독점재벌, 금융모피아, 대형로펌, 대한민국정부, 고위관료, 언론, 여의도정치권'까지 총망라總網羅한다. 이들은 서로의 이익에 따라 '21세기 대한민국 법피아 커넥션의 날줄과 씨줄'로 은밀하고 꼼꼼하게 얽혀져 있다. 따라서 21세기 대한민국 사법부에는 '법리 또는 논리'는 간데없고 오롯이 '법피아 커넥션의 연고'緣故만 난무할 뿐이다.

네 번째, 대한민국의 사법농단폐해는 '사법공화국 또는 검찰공화국'이다. 20세기 말 대한민국 풀뿌리 시민주권자들은 절차 민주주의 또는 선거 민주주의를 쟁취했다. 그러나 21세기 들어 풀뿌리 시민주권자들이 '사회경제 민주주의와 풀뿌리 정치투쟁'에서 손을 놓았다. 그러는 사이 21세기 대한민국 사회경제·정치에서 풀뿌리 시민주권 민주주의는 아무런 실체도 없이 공허해졌다. 그 빈자리에 사법부권력이 재빠르게 '법치라는 깃발'을 세웠다. 그러면서 대한민국 사회는 시나브로 '사법공화국 또는 검찰공화국'으로 정체성을 바꾸었다.

21세기 대한민국 사회에서는 정치도, 국가행정도, 민생도 모두다 사법부가 좌지우지 한다. 선출 국가권력의 꼭지를 차지한 대통령이야 기껏 임기 5년이면 끝이다. 국회의원 임기도 4년뿐인데 금배지를 달자마다 곧장 '법치라는 깃발' 아래서 사법공화국 또는 검찰공화국의 들러리로 전락한다. 그러나 판사와 검사 사법부권력은 임기가 없다. 그래서 '정권은 유한하지만 판사와 검사 사법부권력은 영원하다'는 말이 헛말이 아니다. 무엇보다 '21세기 대한민국 법피아 커넥션'은 법조사류 등 대한민국사회 모든 엘리트기득권 세력들의 '총망라'總網羅이다. 대한민국 법피아 커넥션은 판사와 검사 등 사법부권력의 법치를 앞세워 21세기 대한민국을 사법파쇼국가로 이끌고 있다. 이제 21세기 대한민국 사회에서 '법치'는 정의도 아니고 민주주의도 아니다. 대한민국 독점재벌·맘몬권력 지배체제에서 법치는 시류에 따라 사익에 따라 이리저리 구부러진다. 풀뿌리 시민주권과 풀뿌리 생활정치가 곧고 바르게 펴주어야만 한다.

풀뿌리 시민주권 생활정치의 의미

이제 21세기 '촛불정치, 생활경제정치, 여성정치, 소수자정치' 등 풀뿌리 시민주권 민주주의의 진실을 되찾아야 한다. 지구촌 민주주의에서 일찌

감치 사라져 버린 '풀뿌리 시민주권 민주주의 생활경제정치'를 오롯이 되살려내야 한다. 이제야말로 여의도 정치가들은 '을乙들의 정치, 약자들의 정치, 풀뿌리 생활경제정치'에 의지하여 국가정책을 운용해야 마땅하다. 그래야만 이 땅에서 독점재벌·맘몬권력 지배체제가 주도하는 법피아 커넥션의 사법 파쇼정치를 몰아낼 수 있을 것이다.

이제 성서로 돌아가서 이러한 사법농단 폐해를 낱낱이 밝혀서 드러내는 성서본문들은 수도 없이 많다. 그 가운데 대표적인 사법농단사건은 열왕기상 21장 본문읽기의 '나봇의 포도원 사건'이다. 그럼으로써 본문읽기의 사법농단사건은 의심의 여지없이 또렷하게 '히브리사람 나봇의 치열한 희년신앙 행동서사'를 증언한다.

본문풀이
나봇의 포도원 사건, 히브리들의 끈질긴 희년신앙 행동서사를 증언하다.

나봇의 포도원 사건은 한국교회와 교우들에게 읽고 해석하기 매우 곤혹스러운 본문이다. 만약 21세기 성서 독자들이라면, 마치 스릴러 소설처럼 흥미진진할 수도 있을 것이다. 하지만 예수신앙인들은 나봇의 포도원 사건에서 히브리 지파동맹의 처절한 희년신앙 행동서사를 읽을 수 있다. 실제로 라봇의 포도원은 히브리 조상들로부터 물려받은 '가나안 노느매기 땅'이었을 것이다. 야훼 하나님께서 히브리 지파동맹 생계가족들마다 쓰임과 필요에 따라 가나안 노느매기 땅을 선물로 주셨다. 히브리 지파동맹은 희년신앙 행동법규로써 토지공공성 제도에 따라 이 땅을 끝까지 지켜내야만 했다. 이러한 뜻에서 본문은 나봇의 포도원을 '나봇에게 있었던 포도원'케렘 하야 레나보트이라고 표현한다.

나봇의 포도원과 관련한 사법농단사건

이와 관련하여 본문읽기의 실제내용은 '나봇의 포도원과 관련한 사법 농단사건'이다. 그런데 나봇의 포도원 사건 본문은 '그 일들 후에 이 사건 이 벌어졌다'라는 문장으로 이야기를 시작한다. 도대체 무슨 일들이 있었 을까?

본문읽기에 앞선 열왕기상 20장에서는 두 번에 걸친 큰 전쟁을 보고한 다. 시리아 아람 왕 벤하닷이 두 차례나 대군을 이끌고 북이스라엘을 쳐 들어 왔다. 그때마다 아합 왕은 소수의 히브리 지파동맹 민병대를 이끌고 아람 왕 벤하닷의 대군에 맞서서 전투를 벌였다. 그래서 두 차례 다 대승 을 거뒀다. 그 전투에서 아합 왕은 시리아 아람 왕 벤하닷을 포로로 잡아 항복을 받은 후에 놓아주기도 했다.

이렇듯이 열왕기상 20장에서 두 번의 큰 전쟁이 끝난 후에 21장에서 나봇의 포도원과 관련한 사법농단사건이 벌어졌다. 이때 아합 왕과 왕 비 이세벨은 나봇의 포도원을 차지하기 위해 사악하고 불의한 사법농단 을 벌인다. 그리고 아무런 죄도 없는 나봇을 돌로 쳐 죽이는 반사회·반신 앙·반인륜 죄악을 저지른다. 이후 열왕기상 22장에서 아합 왕은 아람왕 국과 또다시 전쟁을 벌였다. 이 전쟁에서 아합 왕은 남유다왕국과 북이스 라엘 연합군을 이끌고 길르앗 라못으로 올라가 아람 왕과 싸웠다. 아합 왕은 이 전쟁에서 참혹한 죽음을 맞이했다.

히브리 성서는 아합 왕의 인생에서 가장 빛나는 업적으로써 큰 승리거 둔 '아람 왕 벤하닷'과의 전쟁본문인 열왕기상 20장 뒤에 21장 나봇의 포 도원과 관련한 사법농단사건 본문을 놓았다. 이어서 나봇의 포도원과 관 련한 사법농단사건 뒤에 길르앗 라못에서 벌어진 '아합 왕이 죽음을 맞이 하는 22장 전쟁본문'을 놓아두었다. 물론 이러한 사건본문들의 배치는

'사건들의 시간에 따른 자연스러운 배치'였을 것이다. 그럼에도 불구하고 이 세 개의 사건본문들을 하나로 꿰는 '본문읽기와 해석의 인과관계와 신앙은유'는 너무도 뚜렷하다.

나봇의 포도원

북이스라엘 아합 왕은 남유다왕국을 비롯한 가나안 지역과 시리아 아람지역에서 강력한 소 제국주의 권력을 누렸다. 아합 왕은 모압 왕으로부터 어린양 십만 마리와 숫양 십만 마리가 생산하는 양털을 조공으로 받았다. 또 히브리 성서는 북이스라엘 수도 사마리아의 아합 왕궁을 상아궁이라고 불렀다. 그것도 모자라 아합 왕은 사마리아로부터 북쪽으로 38km쯤 떨어진 이즈레엘 평원에 별궁을 지었다. 이스르엘 평원은 비옥한 땅이라서 온갖 농산물이 생산되고 경치도 뛰어난 곳이었다.

아합 왕은 별궁에서 내려다보이는 좋은 땅을 눈에 담았다. 그 땅은 이즈레일 사람 나봇의 포도원인데 아합왕의 이즈레엘 별궁 곁에 붙어있었다. 아합 왕은 별궁을 확장하고 '식물원을 만들기 위해'레간-야라크 나봇에게 포도원을 내놓으라고 명령했다. 그러면서 나봇에게 그것보다 더 좋은 포도원을 줄 수도 있다고 제안했다. 그것도 아니라면 매매가격만큼 돈을 주겠다는 조건도 제시했다. 그러나 나봇은 히브리 선조들로부터 물려받은 노느매기 땅을 내줄 수는 없다고 거절했다. 히브리 지파동맹이 노느매기한 땅을 아합 왕에게 내어주는 것은 가당치도 않다고 항변했다.

야훼 때문에라도

이때 본문은 '하릴라 리 메흐바'야훼 때문이라도 나에게 가당치않다라는 히브리어 문구를 사용한다. 여기서 '할랄'이라는 히브리어 동사는 '더럽히다, 욕되게 하다'라는 뜻이다. 히브리 지파동맹의 가나안 노느매기 땅은 희년신앙 토지공공성 행동법규에 따라 누구라도 온전히 사유화할 수 없다. 야훼 하나님께서 주신 노느매기 땅의 소유권을 사고파는 행동은 야훼 하나님의 명예를 더럽히고 욕되게 하는 것이다. 따라서 히브리사람 누구라도 다른 사람에게 노느매기 땅의 소유권을 팔아넘기는 것이 불가능하다. 아합 왕이라도 나봇에게 히브리 선조로부터 물려받는 노느매기 땅 포도원을 팔라고 요구할 수 없다. 나봇의 포도원을 팔아넘기라는 아합 왕의 요구는 히브리 지파동맹 희년신앙 행동법규 배신행위로써 불법이다. 히브리 지파동맹과 야훼 하나님사이에서 맺어진 희년신앙 행동계약을 더럽히고 욕되게 하는 것이다. 그러므로 나봇은 아합 왕에게 '야훼 때문이라도'라는 완곡한 표현을 통해 아합 왕의 요구를 거절한다.

그러나 아합 왕은 나름대로 나봇에게 가장 좋은 제안을 내놓았다. 아합 왕은 북이스라엘 왕들 가운데서 가장 강력한 왕이었다. 가나안 땅은 물론 아람지역에까지 소 제국주의 권력을 마음껏 누렸다. 모압 왕 등 주변 작은 왕국들로부터 조공을 받기도 했다. 아마도 아합 왕은 힘으로 나봇의 포도원을 뺏을 수도 있었을 것이다. 그러나 아합 왕은 나름대로 정당한 수단을 통해서 나봇의 포도원을 넘겨받으려고 했다. 왜냐하면 북이스라엘에는 아직 히브리 지파동맹의 사회경제·종교·정치 공동체자치 틀 거지가 살아있었기 때문이다. 아합 왕 스스로도 아람 왕 벤하닷이 쳐들어 왔을 때 두 차례 모두 히브리 지파동맹 민병대를 소집해서 전쟁을 치렀다.

그렇더라도 오므리 왕조는 히브리 지파동맹에 속하지 않았다. 아마도 오므리왕조는 가나안 토박이 혈통이었을 것이다. 오랜 세월이 지났지만 히브리 지파동맹 사회경제·종교·정치 공동체자치가 매우 낯설었을 것이다.

본문읽기에서 나봇은 어쩌면 자신의 목숨마저 위태로운 상황에서 희년신앙 토지공공성 행동법규 지킴이로 나섰다. 레위기 25장 희년본문은 히브리 지파동맹 희년신앙 토지공공성 행동법규의 내용을 의심의 여지없이 뚜렷하게 밝힌다.

> "그러므로 그 땅을 아주 완전히 팔아넘기지 못한다. 왜냐하면, 그 땅은 내 것이기 때문이다. 참으로 너희는 나그네와 거주자로 나와 함께 있을 뿐이다. 너희는 너희 노느매기 땅 모든 곳에서 땅 무르기를 실행하라."

그렇더라도 나봇은 '네 포도원을 팔라'는 아합 왕의 요구를 거부하기 쉽지 않았을 것이다. 왜냐하면 나봇은 '잘못되면 자기목숨을 잃을 수도 있다는 것'을 잘 알았을 것이기 때문이다. 또한 아합 왕이 나봇에게 더 좋은 땅을 대토로 내어주거나 정당한 값을 쳐주겠다고 했기 때문이다. 실제로 아합 왕은 북이스라엘 역사에서 가장 큰 힘을 가지고 가장 큰 영토를 통치한 왕이었다. 얼마 전까지만 해도 히브리 지파동맹 민병대와 함께 국가운명이 걸린 두 차례의 전쟁을 큰 승리로 이끌었다. 그 절체절명의 국가위기 속에서 소수의 히브리 지파동맹 민병대를 이끌고 시리아 아람대군을 맞이해서 기적 같은 승리를 일궈냈다. 그럼으로써 아합 왕을 향한 북이스라엘 지파동맹의 열화와 같은 지지와 성원을 이끌어냈다.

그럼에도 불구하고 나봇은 '야훼 때문이라도 나에게 가당치않다'라며 '네 포도원을 달라'는 아합 왕의 요구를 일언지하에 거절했다. 무엇이 나봇에게 이러한 만용에 가까운 용기를 북돋웠을까? 그것은 의심의 여지없이 뚜렷하게 히브리 지파동맹과 야훼 하나님이 함께 맺은 희년신앙 행동계약 전통 때문이었다. 무엇보다도 북이스라엘에는 오롯이 히브리 지파 동맹의 사회경제·종교·정치 공동체자치가 살아있었다. 또한 희년신앙 행동계약 토지공공성 행동법규도 지켜지고 있었다. 나봇은 수백 년 전 시나이 산에서 히브리 지파동맹과 야훼 하나님이 함께 맺은 희년신앙 행동계약을 삶의 밑바탕으로 삼아 살고 있었다.

"내가 왕에게 내 조상들의 노느매기 땅을 주는 것이야말로 야훼 때문이라도 나에게 가당치도 않습니다."

이세벨과 귀족들과 장로들이 함께 꾸민 사법농단 및 법정살인

아합 왕은 '이즈레엘 사람 나봇이 그를 향해 내뱉은 말 때문에' 못마땅하고 화가 치밀어서 사마리아 자기 궁전으로 돌아왔다. 아합 왕도 북이스라엘 히브리 지파동맹 상황을 잘 알고 있었기에 사마리아의 자기궁전으로 돌아가 끙끙 앓기만 했다. 아합 왕은 자기 침대에 누워 얼굴을 파묻고 음식도 먹지 않았다. 아합 왕의 아내 이세벨이 그에게 와서 '무엇 때문에 그러고 있느냐'고 물었다. 아합 왕은 자기 아내 이세벨에게 나봇의 포도원에 대해 말했다. 그러자 이세벨은 아합 왕에게 이렇게 말했다.

"당신이 이제 이스라엘 위에 왕국을 만드세요.
일어나서 식사를 하시고 당신 마음껏 즐거움을 누리세요.
내가 그 이즈레엘 사람 라봇의 포도원을 당신에게 주겠어요."

이때 본문이 사용한 히브리어 문구는 '멜루카 알-이스라엘 이스라엘 위에 왕국을'이라는 뜻이다. 아합 왕의 왕비 이세벨은 페니키아

시돈왕국의 공주로서 바알신앙 선교사를 차처하며 북이스라엘로 시집을 왔다. 이제야말로 이세벨은 히브리 지파동맹의 희년신앙 행동법규들을 끝장낼 때라고 여겼을 것이다. 이세벨은 바알신앙 선교사로서 히브리 지파동맹 사회경제·종교·정치 공동체 틀거지를 도무지 이해할 수 없었을 것이다. 오므리왕조 아합 왕의 통치에 번번이 시비를 거는 희년신앙 행동계약 전통을 박살낼 때라고 여겼을 것이다. 따라서 이세벨은 히브리 지파동맹의 정의로운 재판 행동법규에서는 상상조차 할 수 없는 사악하고 불의한 사법농단 및 법정살인을 음모한다. 사법농단 및 법정살인 음모를 통해서 나봇을 돌로 쳐 죽이고 나봇의 포도원을 빼앗으려고 계획한다. 이제 이세벨은 아합 왕에게 '이스라엘 위에 당신의 왕국을 건설하라'고 부추긴다.

실제로 이세벨은 아합 왕의 이름으로 편지들을 써서 옥쇄로 봉인했다. 그리고 그 편지들을 나봇과 함께 살고 있는 이즈레엘 도시의 장로들과 귀족들에게 보냈다. 이세벨은 그 편지들 안에 이렇게 썼다.

"너희는 금식을 선포하고 나봇을 그 풀뿌리 사람들의 제일 높은 자리에 앉혀라. 또한 너희가 불량배 두 사람을 나봇의 맞은편에 앉혀라. 그리고 그 불량배들로 하여금 '네가 하나님과 왕을 저주했다'라고 증언하게 하라. 그런 후에 너희가 나봇을 끌고나가 그를 돌로 쳐서 죽여라."

나봇을 쳐 죽이다.

이즈레엘 도시에 사는 장로들과 귀족들은 '이세벨이 그들에게 보낸 편지들에 쓰여 있는 대로' 행동했다. 그들이 금식을 선포하고 나봇을 풀뿌리 사람들의 제일 높은 자리에 앉혔다. 그때 불량배 두 사람이 와서 나봇

맞은편에 앉았다. 그 불량배들이 풀뿌리 사람들의 맞은편에서 나봇을 향해 이렇게 증언했다.

"나봇이 하나님과 왕을 저주했습니다."

장로들과 귀족들과 불량배들이 나봇을 이즈레엘 도시 밖으로 끌고나갔다. 그들이 나봇을 돌로 쳐 죽였다. 장로들과 귀족들과 불량배들의 돌팔매질에 맞아 죽은 나봇은 그들이 던진 돌무더기 안에서 피를 흘린 채 주검으로 묻혔다. 그들이 이세벨에게 '나봇이 돌에 맞아 죽었습니다'라는 보고를 올렸다.

이제 21세기 예수신앙인들이나 성서독자들은 본문을 읽으면서 경악하지 않을 수 없을 것이다. 그래서 이렇게 질문할 수밖에 없을 것이다. 어떻게 한 도시에 사는 장로들과 귀족들이 한 마음 한 뜻으로 평생이웃인 나봇을 사악하고 불의한 사법농단을 통해 법정살인 할 수 있었을까?

첫 번째 생각은 '아합 왕과 북이스라엘 장로들과 귀족들이 이미 오래 전부터 사익과 권력을 공유해 온 한 통속'이었을 거라는 생각이다. 두 번째는 오므리왕조 아합 왕 때에 이르러 북이스라엘 풀뿌리 사람들에게 '희년신앙 행동계약 전통과 신앙정체성이 희미해졌을 것'이라는 생각이다.

실제로 나봇의 포도원 사건에서 이즈르엘 도시에 사는 장로와 귀족들의 사법농단 및 법정살인은 참으로 놀라운 일이다. 아마도 그들은 나봇을 잘 알고 있었을 것이다. 친밀한 관계를 맺고 있었던 사람들도 있었을 것이다. 그런데 어떻게 이세벨 왕비가 아합 왕의 이름으로 보낸 편지한통으로 이 엄청난 죄악을 거리낌 없이 저지를 수가 있었을까? 무엇보다도 히브리 지파동맹에서 정의와 평등을 지키는 주체는 그 지역의 장로들과 귀족들이지 않았을까? 그럼에도 불구하고 그 도시의 장로들과 귀족들은 아무거리낌도 없이 희년신앙 토지공공성 행동법규를 무력화하는 죄악을 저질렀다. 도대체 북이스라엘 히브리 지파동맹의 희년신앙 행동계약 전통이 이렇게 무참하게 무너진 이유가 무엇일까?

시리아 아람 왕 벤하닷과의 전쟁

필자는 앞서서 본문읽기를 통해서 추측해 볼 수 있는 시대와 역사상황을 이야기했다. 오므리 왕조 아합 왕은 왕위에 올라 22년 동안 북이스라엘을 통치했다. 실제로 본문읽기에 앞선 상황에서 시리아 아람 왕 벤하닷이 대군을 이끌고 북이스라엘을 침략했다. 아합왕은 시리아 아람왕의 사자에게 항복의사를 전달했다. 그러면서 자기 전 재산을 다 바치겠다고 약속했다. 그러나 아람 왕은 그것으로는 턱없이 모자란다며 북이스라엘 풀뿌리사람들을 약탈하겠다고 선포했다. 아람 왕이 약탈전쟁을 선포한 후 북이스라엘 풀뿌리 사람들은 풍전등화 위기상황으로 내몰렸다. 아합 왕은 북이스라엘 히브리 지파동맹에게 도움을 요청했다. 북이스라엘 풀뿌리 사람들은 곧바로 히브리 지파동맹 민병대를 소집했다. 아합왕은 북이스라엘 지파동맹 민병대를 이끌고 아람왕의 군대와 맞서 싸워서 대승을 거뒀다. 아람군대 12만 7천명을 쳐 죽이고 벤하닷을 사로잡아 항복을 받아낸 후에 놓아주었다. 이때부터 북이스라엘 도시들의 장로들과 귀족들이 아합 왕에게 호감을 갖게 되었을 것은 불을 보듯 빤하다.

무엇보다도 도시의 장로들과 귀족들은 아합 왕의 사마리아 상아궁전의 호화로움을 보았을 것이다. 북이스라엘 주변의 작은 왕국들에게 떨치는 아합 왕의 소 제국주의 위상과 부와 권력에 크게 마음을 빼앗겼을 것이다. 나아가 히브리 지파동맹의 희년신앙 행동법규들보다는 바알신앙의 부와 권력에 몸과 마음을 빼앗겼을 것이다. 그럼으로써 도시의 귀족들과 장로들은 아합 왕의 편지를 받고 거리낌 없이 사법농단 및 사법살인 음모에 가담할 수 있었을 것이다. 실제로 예언자들은 북이스라엘 장로들과 귀족들의 불로소득 탐욕과 부와 권력의 남용을 신랄하게 비판했다. 아모스 선지자는 북이스라엘의 장로들과 귀족들이 일으키는 사회경제·종교·정치 폐해를 이렇게 비판했다.

"가난한 사람을 짓밟는 자들아. 땅에 매여 사는 사람들, 겸손한 사람들을 끝장내려는 자들아."아모스 8:4

이렇듯이 아합왕과 이세벨 그리고 장로들과 귀족들이 법과 제도를 악용해서 벌이는 사법농단 및 사법살인은 사악하고 불의하다. 이세벨은 나봇의 포도원 사건과는 전혀 별개로 '네가 하나님과 왕을 저주했다'는 사회·종교·정치 거짓 죄를 나봇에게 뒤집어 씌웠다. 그리고는 나봇을 공개 처형했다. 21세기 대한민국 사법상황에서라면, 소위 '별건수사와 재판'을 통해서 권력에 밉보인 자들을 제거하는 사법농단 행태와 똑 같다.

그러나 '나봇의 포도원사건'은 북이스라엘 지파동맹 사회경제·종교·정치 공동체자치에서 전혀 죄가 되지 않는다. 도리어 히브리 지파동맹의 토지공공성 행동법규는 반드시 지켜내야 할 희년신앙 행동과제다. 아합왕이라도 토지공공성 행동법규를 어기면 히브리 지파동맹의 처절한 대항행동에 직면할 수밖에 없다. 그래서 이세벨과 그 도시의 장로들과 귀족들은 불량배 두 명을 증인으로 매수해야만 했다. 그들은 나봇의 포도원 사건과는 전혀 관계없는 반신앙·반사회정치 죄목을 날조하고 뒤집어씌워서 나봇을 사법살인 했다.

이때 사용하는 히브리어 문장은 '키레우—촘너희는 금식을 선포하라'이라는 명령이었다. 도시의 모든 풀뿌리 사람들에게 선포하는 공동체금식 선포였다. 이 금식선포는 '죽음의 죄 또는 재앙을 불러올만한 죄를 지은 자의 회개'를 촉구하는 금식선포였다. 이제 이 금식선포야말로 이세벨과 귀족들과 장로들의 사법농단 및 사법살인의 사악함과 불의함을 의심의 여지없이 뚜렷하게 증언한다. 이세벨과 그 도시의 장로들과 귀족들은 히브리 지파동맹의 '희년신앙 정의로운 재판 행동법규를 악용'하는 가증스러움을 보여주었다. 도시전체에 금식을 선포하고 죄 없는 나봇을 풀뿌리 사람들 가운데 높이 앉게 한 후에 매수한 거짓증인 두 명에게 나봇의 거짓 죄를 고발토록 사주했다.

"네가 하나님과 왕을 저주했다."

두 세 사람의 증인으로는 사법농단을 막을 수 없다

"어떤 사람이 저지른 모든 잘못과 범죄와 죄악에 대해 한 증인만으로는 확정할 수 없다. 두 사람의 증인들 또는 세 사람의 증인들의 입으로 그 사건을 확정해야 한다."신명기 19:15

히브리 지파동맹의 희년신앙 정의로운 재판 행동법규는 사법농단을 막기 위해 반드시 두 명이상의 증인을 요구한다. 그러나 이세벨과 부와 권력에 눈먼 장로들과 귀족들이 함께 사악하고 불의한 사법농단을 음모한다면 정의로운 재판을 기대하기 어렵다. 나봇의 포도원과 관련한 사법농단 사건에서처럼 두 세 사람의 거짓증인들이야 얼마든지 매수할 수 있다. 아합 왕처럼 무한권력과 지배체제의 신뢰를 확보했다면 얼마든지 사악하고 불의한 사법농단을 음모할 수 있다. 나봇과 아합왕 사이에서 벌어진 포도원사건과 전혀 관계없는 별건으로 반신앙·반사회·정치 반역죄를 뒤집어씌워서 처형할 수 있다.

실제로 21세기 대한민국 사회에서 이러한 사악하고 불의한 사법농단을 가장 능숙하게 해내는 집단이 판사·검사·경찰·국정원 등 대한민국 법피아 커넥션이다. 대한민국 법피아 커넥션이 즐겨 사용하는 사법농단 폐해가 소위 별건수사다.

만약, 본문읽기에서 나봇에게 죄가 있다면 나봇의 포도원사건이다. '네가 하나님과 왕을 저주했다' 라는 나봇의 반신앙·반사회 거짓 반역죄는 나봇의 포도원사건과 아무런 관련이 없다. 그러므로 히브리 성서는 히브리 지파동맹의 사법농단 폐해를 예방하는 희년신앙 사법정의 행동법규를 이렇게 제안한다.

"너는 네 가난한 사람의 소송에서 판결을 빗나가게 하지 마라. 너는 거짓 증언으로부터 멀리하여 죄 없는 사람과 정의로운 사람을 죽이지 마라. 왜냐하면, 나는 악한 사람을 의로운 사람이 되게 하지 않을 것이기 때문이다. 너는 뇌물을 받지 마라. 왜냐하면 그 뇌물이 눈뜬 사람들을 눈멀게 하기 때문이다. 또한 그 뇌물이 정의로운 사람들의 증언들을 뒤집어엎기 때문이다." 출애굽기 23:7-8

이때 히브리 성서는 '쉐마 쇠베거짓 증언 또는 거짓말' 이라는 히브리어 문구를 사용한다. 실제로 동서고금의 모든 사법농단 폐해의 밑바탕에는 거짓증언을 참된 증언으로 꾸며내는 사악한 음모가 깔려 있다. 이렇게 거짓증언이 참된 증언으로 꾸며지는 사법농단으로 정의로운 사람이 죽어나간다. 본문읽기에서 사법농단 및 사법살인 폐해는 두말할 필요도 없이 21세기 대한민국 사법농단 폐해들과 똑 닮았다. 그러므로 야훼하나님은 위 출애굽기 본문에서 '나는 악한 사람을 의로운 사람이 되게 하지 않을 것'이라고 못 박는다. 그것은 곧 21세기 대한민국사회 여기저기서 외쳐지는 '사필귀정事必歸正'이다.

아합 왕과 이세벨을 향한 야훼 하나님의 처벌선언

아합왕은 이세벨과 장로들과 귀족들의 사악한 사법농단 음모와 술수를 통해서 나봇을 법정살인 했다. 아합왕은 '나봇이 죽었다'는 소식을 듣자마자 벌떡 일어나서 나봇의 포도원을 차지하려고 길을 나섰다. 그때 야훼 하나님의 예언자 엘리야가 아합 왕 앞에 나타났다. 엘리야는 아합 왕의 죄악을 고발하고 야훼 하나님의 처벌을 선포했다.

'야훼께서 이와 같이 말씀하셨다. 개들이 나봇의 피를 핥은 곳에서 개들이 네 피 또한 핥을 것이다."

엘리야는 나봇의 포도원을 차지하려고 이즈레엘로 내려온 아합 왕을 찾아가서 '네가 사람을 죽이고 또 빼앗느냐'라고 비난한다. 이때 본문이 사용하는 히브리어 동사가 '라차흐사람을 죽이고'이다. 여기서 '라차흐'라는 동사의 문자의미는 '계획적으로 사람을 죽이는 것'이다. 우연히 과실로 사람을 때려죽이는 '나타'와 전혀 다르다. 이때 본문이 사용하는 또 다른 히브리어 동사는 '야라쉬'로 '누군가의 소유물을 폭력으로 빼앗다'라는 뜻이다. 야훼 하나님은 엘리야의 예언을 통해서 사악하고 불의한 사법농단을 통해 나봇을 죽이고 또 그의 포도원을 빼앗은 아합 왕과 이세벨에 대한 처벌을 선포했다.

"'여기 보라, 내가 반드시 너에게 악을 가져오겠다. 내가 네 후손을 없애버릴 것이다. 내가 아합에게 속한 사내를 억류된 자든 놓여난 자든 이스라엘 가운데서 끊어낼 것이다. 그리고 네가 이스라엘을 화나게 부추겨서 죄를 짓게 만든 그 원한으로 인해 내가 네 집을 느밧의 아들 여로보암의 집처럼, 아히야의 아들 바사의 집처럼 되게 할 것이다.'

또한 야훼께서 이세벨에게도 이렇게 말씀하셨소.

'개들이 이즈레엘 바깥 성벽에서 이세벨을 뜯어먹을 것이다. 아합에게 속한 자로서 그 성안에서 죽은 자를 그 개들이 뜯어먹을 것이고 들에서 죽은 자를 하늘의 새가 쪼아 먹을 것이다.'"

아합왕이 야훼 하나님의 처벌선포를 들었을 때 그는 자기 옷을 잡아 찢었다. 그리고 아합왕은 자기 몸에 굵은 베옷을 걸치고 금식했다. 아합왕이 굵은 베옷차림으로 누우며 천천히 걸어 다녔다. 이때 본문이 사용하는 히브리 낱말은 '아트'인데 느릿느릿 또는 온순하게 거동하는 모양을 나타낸다. 아합 왕은 '원수처럼 여기던 희년신앙 행동계약 전통지킴이 엘리야'의 선포를 듣고 회개의 몸짓을 드러냈다. 참으로 아합왕의 회개가 거짓인지 진실인지는 알 수 없다. 그러나 아합왕은 히브리 지파동맹의 희년신앙 행동계약 토지공공성과 정의로운 재판 행동법규들을 뼈저리게 깨달았을 것이다.

나봇의 포도원 사건, 히브리들의 끈질긴 희년신앙 행동서사를 증언하다.

나봇은 왜, 무엇 때문에 자기목숨을 걸고 처절하게 희년신앙 토지공공성 행동법규를 따랐을까? 나봇은 어리석을 사람이었을까? 실제로 나봇이 어리석게 행동했을 수도 있다. 아합왕은 강제로 빼앗으려는 마음을 먹은 것 같지 않다. 보상해주겠다는 생각도 있었다. 나봇이 아합왕의 말을 들었더라면 나봇에게는 더 좋은 기회가 왔을지도 모른다. 아합왕과 좋은 관계를 맺는 일은 나봇에게 좋은 일이었지 나쁜 일은 아니었다. 그러나 나봇은 히브리 지파동맹의 희년신앙 행동법규를 좇아 사는 그 땅의 히브리 사람이었다. 히브리 지파동맹의 희년신앙 행동계약전통에서 나봇 신앙의지와 행동은 마땅하고 옳았다.

"땅은 야훼하나님의 것이니 영원히 팔지 못한다."

사람은 지구촌 나그네로서 필요와 쓰임에 따라 땅을 빌려 쓸 뿐 처분권이 없다. 참으로 오므리왕조 아합왕과 바알신앙 선교사 이세벨의 혹독한 탄압 속에서도 희년신앙 행동법규들은 여실하게 살아있었다. 나봇의 포도원 사건이야말로 그 땅 히브리 사람들의 희년신앙 행동서사를 사실 그대로 증언한다.

13. 유다왕국의 처음이자 마지막 '빚 탕감과 노예해방 선포'

예레미야 34:8-22

본문읽기

시드기야 왕이 예루살렘에 있는 모든 풀뿌리 사람들과 함께 '그들에게 해방을 선포하는 언약'을 맺은 후에 야훼로부터 예레미야에게 왔던 말씀이다. 그 언약은 사람마다 자기 히브리 남종과 히브리 여종을 해방하여 놓아 보내는 것이었다. 또 사람마다 그의 형제 예후다인을 그들의 종으로 부리지 않는다는 것이었다. 그 언약에 동참하는 모든 귀족들과 모든 풀뿌리 사람들이 '사람마다 그의 남종과 여종들을 해방하여 내보내고 다시는 그들을 종으로 부리면 안 된다는 것'을 귀담아 들었다. 그래서 그들이 순종하고 내보냈다.

그러나 그렇게 하고나서 그들이 그 일을 뒤집었다. 그들이 해방해서 내보냈던 남종들과 여종들을 도로 잡아와서 그들을 복종시켰다. 그들이 남종들과 여종들을 짓밟았다. 그때에 야훼의 말씀이 야훼께로부터 예레미야에게 이르렀다. 말씀하시기를.

"이스라엘의 하나님 야훼께서 이렇게 말씀하셨다.

내가 너희조상들을 '종살이 하던 집 곧 이집트 땅'으로부터 나오게 하던 날에 나는 너희조상들과 함께 계약을 맺었다. 이르기를, '칠년 째에 너희는 각 사람마다 너에게 팔려온 히브리형제를 놓아 보내야 한다. 육년 동안 너에게 종살이 했으니, 너는 그를 너로부터 해방하여 내어보내야 한다.'

그러나 너희 조상들이 내말을 듣지 않았다. 그들이 그들의 귀를 기울이지 않았다. 그런데 오늘날 너희가 돌이켰다. 너희가 서로 이웃에게 자유를 선포하여 내 눈에 올바른 일을 행했다. 내 이름이 높이 불리는 그 집 곧 내 앞에서 너희가 언약을 맺었다.

그러나 너희가 돌이켜서 내 이름을 더럽혔다. 너희가 사람마다 '그들의 바람대로 해방하여 내어 보냈던 자기 남종과 여종들'을 도로 잡아들였다. 너희가 남종들과 여종들을 너희에게 돌아오게 해서 그들을 짓밟았다.

그러므로 야훼께서 이렇게 말씀하셨다.

너희가 '서로 자기형제와 이웃에게 자유를 선포하라'는 내말을 듣지 않았다. 보라, 내가 너희에게 - 야훼의 말씀 - 칼과 전염병과 굶주림의 자유를 선포한다. 내가 그 땅의 모든 왕국들에게 공포와 학대의 표적으로 너희를 내어줄 것이다. 내가 '나의 언약을 어긴 자들'을 내어주겠다.

그들이 언약의 말들의무들을 지키지 않았기 때문이다. 그들이 둘로 쪼개고 그 두 조각 사이로 지나간 그 송아지 제물 앞에서 언약을 맺었기 때문이다. 곧 그 송아지의 두 조각 사이로 지나간 '유대의 귀족들과 예루살렘의 귀족들과 왕궁 벼슬아치들과 제사장들과 그 땅의 모든 풀뿌리 사람들'이다.

내가 '그들의 원수들과 그들의 생명을 찾는 자들의 손에 그들을 내어주겠다. 그들의 시체가 하늘의 새와 땅의 짐승들에게 먹잇감이 될 것이다.

내가 유다왕 시드기야와 그의 귀족들을 '그들의 원수들과 그들의 생명을 찾는 자들과 너희를 떠나 올라간 바벨론 왕 군대의 손'에 내어주겠다.

보라, 내가 명령할 것이다 - 야훼의 말씀 - 내가 그들을 이 성으로 돌아오게 하겠다. 그들이 이 성에 맞서서 전쟁을 벌이고 이성을 빼앗아 불로 이성을 태울 것이다. 내가 유다의 성들을 '사는 사람이 없는 황무지'로 만들겠다."

본문이해하기
예레미야는 누구인가?

예레미야는 베냐민지파 노느매기 땅 아나돗의 제사장출신 예언자였다. 예레미야의 옛 조상은 히브리 지파동맹의 성소였던 실로를 지키던 엘리제사장에게까지 거슬러 올라간다. 엘리제사장 가문은 야훼 하나님과 히브리 지파동맹이 함께 맺은 '희년신앙 행동계약 행동법규 총칙 십계명법궤'를 지켜왔다. 희년신앙 행동계약 십계명법궤는 히브리 지파동맹에게 야훼 하나님의 현존과 임재의 상징이었다. 그러나 엘리제사장의 아들들은 히브리 지파동맹의 사회경제·종교·정치 공동체규약을 무시하고 야훼 하나님을 배신했다. 그럼으로써 십계명법궤를 불레셋에게 빼앗겼다.

그렇게 오랜 세월동안 히브리 지파동맹의 희년신앙 행동법규총칙 십계명법궤는 이곳저곳을 떠돌았다. 이후 다윗왕조가 자리 잡은 이후 다윗왕은 다윗왕조 신학의 정통성을 돋보이기 위해 십계명법궤를 다윗 성으로 모셔왔다. 이때 다윗왕은 십계명법궤를 다윗 성으로 모셔오기 위해 히브리 지파동맹 민병대 3만 명을 소집했다. 다윗왕은 히브리 지파동맹 민병대 3만 명과 함께 장엄한 호위행렬을 만들어 십계명법궤를 다윗 성으로 들여왔다.

다윗왕은 온 몸과 뜻을 다해 다윗 성으로 모셔온 희년신앙 십계명법궤 관리책임자로 에비아달 제사장을 뽑았다. 에비아달은 히브리 지파동맹의 옛 성소였던 실로의 엘리제사장가문의 후손이었다. 에비아달은 옛 엘리제사장 가문을 다시 일으켜 세운 제사장으로써 예레미야의 직계조상이었다. 에비아달은 다윗왕의 아들들 곧 솔로몬과 아도니야 사이에서 왕권다툼이 벌어졌을 때 아도니야 편에 섰다. 그러나 솔로몬이 왕권다툼에서 승자가 된 후 에비아달은 겨우 목숨만을 건져 아나돗으로 쫓겨났다. 히브리 지파동맹의 실로성소에서 희년신앙 행동법규·총칙 십계명법궤를 모시던 제사장세력은 완전히 패망했다. 예루살렘 성전제사종교체제 터줏대감 사독제사장 세력이 완벽한 승리를 거뒀다. 따라서 예루살렘 성전제사종교체제 제사장세력은 옛 히브리 지파동맹 전통의 제사장들을 철저하게 소외시켰다. 옛 희년신앙 행동법규 지킴이로써 아나돗 제사장세력과 예루살렘성전 제사장들 사이에서 팽팽한 긴장관계가 유지되어왔다.

예루살렘 성전제사종교체제 대제사장 사독

사독은 다윗왕조 신학의 핵심인 예루살렘 성전제사종교체제 대제사장가문이다. 사독은 예루살렘 여부스족 제사장으로서 예루살렘을 정복한 다윗 왕에게 충성을 바쳤다. 그리고 마침내 사독은 솔로몬이 왕위에 오를 때 예루살렘 제사장으로서 에비아달 제사장 대신에 솔로몬에게 기름을 부었다. 그럼으로써 솔로몬 왕은 옛 히브리 지파동맹의 희년신앙 행동계약 전통에서 벗어나 소 제국주의 왕권을 강화했다. 예루살렘 성전제사종교체제 밑바탕을 튼튼하게 세웠다. 또한 솔로몬 왕국에서 수많은 외국인 관료들과 용병들도 세력을 키울 수 있었다.

나아가 사독은 예루살렘 성전제사종교체제 대제사장으로서 예루살렘에서 옛 히브리 지파동맹의 희년신앙 행동계약 전통을 따르는 제사장들을 몽땅 몰아낼 수 있었다. 그래서 마침내 솔로몬 왕이 죽자마자 이스라엘 왕국은 남북으로 나뉘었다. 유다왕국에서도 내내 예루살렘 성전제사 종교체제와 옛 히브리 지파동맹의 희년신앙 행동계약 전통 사이에서의 갈등이 끊이지 않았다.

예레미야의 예언활동

히브리 성서에서 예레미야는 '이르메야후'라고 표현된다. 이 이름의 뜻은 '야훼께서 높이신다 또는 밑바탕을 놓으신다'라고 이해할 수 있다. 예레미야는 기원전 6백27년 경 유다왕국 요시야 왕 때에 야훼 하나님으로부터 예언자로 부름을 받았다. 이후 예레미야는 '여호아하스, 여호야김, 여호야긴, 시드기야' 등 다섯 왕들이 유다왕국을 다스리던 시절 약 40년 동안 예언활동을 했다. 그는 남유다왕국이 몰락하는 시대상황에서 예루살렘을 중심으로 활동했던 예언자였다.

성서학자들은 대체로 예레미야서를 그의 저작물로 이해한다. 아마도 예레미야애가 역시 직접 저술했을 것이라고 여긴다. 또한 많은 성서학자들이 어린 시절 예레미야가 북이스라엘 예언자 호세아가 남긴 예언들을 공부했을 것으로 믿는다. 실제로 예레미야의 예언들에는 호세아로부터 영향 받은 야훼 하나님의 자비와 사랑 그리고 용서의 이미지가 드러나 있다. 성서학자들은 예레미야 예언서를 세 부분으로 나눈다. 첫 번째 부분은 예레미야가 직접 예언한 것들인데 3인칭의 산문체로 이루어졌다. 두 번째 부분은 예레미야의 친구이자 서기관이었던 바룩이 기록한 것으로 여겨진다. 예레미야 36:4 세 번째 부분은 이방 민족들의 죄악을 고발하고 심판을 예언한다.

예레미야는 아나돗 제사장 출신으로서 예루살렘을 중심으로 예언활동을 했으나 다윗왕조 궁정예언자는 아니었다. 그럼에도 불구하고 예레미야는 자기시대의 국제정세와 유다왕실의 사회경제·종교·정치 상황에 밝았고 또한 예민했다. 실제로 예레미야 시대는 가나안과 메소포타미아 등 비옥한 초승달 지대 전체가 격동하는 시대였다. 기원전 7백22년 북이스라엘을 멸망시키고 한때 제국의 위력을 떨쳐오던 아시리아 제국이 몰락했다. 그러면서 기원전 6백21년경 바벨론제국이 그 모습을 드러냈다.

이 무렵 유다왕국은 멸망당한 북이스라엘의 레위인 등 수많은 히브리 지파동맹 희년신앙 행동법규 지킴이들을 받아들였다. 그러면서 소위 유명한 요시야의 종교개혁이 일어났다. 실제로 유다왕국은 다윗왕조 신학과 예루살렘 성전제사종교체제에 매몰되어 왔다. 그러면서 히브리 지파동맹의 희년신앙 행동계약 전통을 완전히 잃어버렸다. 그런 상황에서 신명기학파라고 불리는 히브리 지파동맹 희년신앙 행동법규 지킴이들의 영향아래 종교개혁이 불붙었다. 예레미야가 예언자로 부름 받을 무렵에 유다왕국에서는 요시야 종교개혁이 한창 진행 중이었다. 그러나 요시야 왕은 이집트제국 파라오 느고2세의 북방원정 길을 막아서려고 나섰다가 므깃도 전투에서 허망하게 전사했다. 그러면서 유다왕국의 처음이자 마지막 희년신앙 행동계약 전통에 따른 종교개혁도 끝장나고 말았다.

이러한 시대상황에서 예레미야는 유다왕국 역사의 마지막 40년 동안 예언활동을 하면서 온갖 험한 예언들을 쏟아내야만 했다. 또한 자신도 야훼 하나님의 명령에 따라 결혼을 하지 못하는 등 매우 비인간적인 삶을 요구받았다. 예레미야 예언은 대부분 험한 말로 유다왕국의 죄악들을 지적하고 심판을 선포하는 것들이었다. 예레미야의 험한 예언들은 왕과 권력자들에게 비난과 배척을 받았다. 뿐만 아니라 그가 사랑하는 풀뿌리 사람들에게도 달갑지 않은 대접을 받았다. 그럼에도 불구하고 예레미야는 왕과 권력자들의 죄악을 고발하고 심판을 예언하지 않을 수 없었다.

실제로 예레미야 예언의 내용들은 '옛 히브리 지파동맹이 시나이 산에
서 야훼 하나님과 함께 맺은 희년신앙 행동계약 행동법규들'에 뿌리내리
고 있었다. 예레미야가 선포하는 예언들의 대부분은 유대와 예루살렘 풀
뿌리 사람들에게 옛 히브리 지파동맹의 희년신앙 행동법규들을 지키라
는 요청이었다. 만약 유대 풀뿌리 사람들이 회개하고 돌이켜 옛 희년신앙
행동법규들을 실천하지 않는다면, 야훼 하나님께서 책임을 물을 것이라
는 경고였다. 곧 바벨론제국이 쳐들어와서 패망의 아픔과 참극을 겪게 되
리라는 예언이었다.

그러면서 한편으로 야훼 하나님께서 새롭게 자기 사람들과 더불어 희
년신앙 행동계약을 맺으실 거라고 예언했다. 또 돌 판에 새긴 희년신앙
행동계명이 아니라 마음에 새긴 행동계명을 주실 거라고 선언했다.예레미
야 31:31-33 예레미야는 야훼 하나님으로부터 유대와 예루살렘 사람들에
게 히브리 지파동맹의 희년신앙 행동법규들을 지키도록 외치라고 명령받
았다.예레미야 11:1-5 아마도 예레미야는 유대와 예루살렘 풀뿌리 사람들
에게 히브리 지파동맹의 희년신앙 행동법규들을 새롭게 가르쳤을 것이
다. 실제로 예레미야는 예루살렘 성전제사종교체제를 비판하는 유명한
'성전설교'를 했다.예레미야 7:1-15, 26:1-24 예레미야는 예루살렘 성전제사
종교 체제에만 의지해서 안녕을 얻으려는 유대와 예루살렘 풀뿌리 사람
들의 신앙행태를 비판했다. 그러면서 과부와 고아와 나그네를 압제하고
착취하는 죄악을 고발했다. 유대와 예루살렘 풀뿌리 사람들에게 히브리
지파동맹의 희년신앙 행동법규들을 따라 정의와 평등을 실행하라고 경
고했다. 만약 정의와 평등을 실행하지 않는다면, 야훼 하나님께서 옛 히
브리 지파동맹의 실로성소를 무너뜨렸듯이 예루살렘성전도 무너뜨릴 것
이라고 예언했다.

이렇듯이 예레미야는 유대와 예루살렘 풀뿌리 사람들마저 자기 삶의 마당에서 히브리 조상들의 희년신앙 행동법규들을 따르지 않는 것을 매우 안타까워했다. 그런 가운데 예루살렘 성전제사종교체제의 겉모양만을 바꾸려는 요시야와 신명기학파 개혁에 결코 만족하지 않았다. 예레미야는 '요시야와 신명기학파 개혁이 히브리 지파동맹의 희년신앙 행동계약 행동법규를 크게 벗어나서 헛된 것을 좇는 것'을 보고 크게 낙담했다. 예레미야 2-7장, 열왕기하 23장 참조

시대에 부는 제국주의 패권전쟁 광풍

고대 성서주변세계에는 시대마다 끊이지 않고 제국주의 패권전쟁 광풍이 몰아쳤다. 두말할 필요도 없이 21세기에도 여전히 지구촌 제국주의 패권전쟁 광풍은 끊이지 않는다. 그럴 때마다 지구촌 제국주의 패권전쟁 광풍에 휩쓸릴 수밖에 없는 약소국의 고통은 이루 말할 수 없다. 실제로 21세기 한반도를 둘러싸고 벌어지는 미국과 중국의 지구촌제국주의 패권경쟁 광풍도 예사롭지 않다. 또한 주변의 소 제국주의 국가들인 일본과 러시아 그리고 유럽과 인도 등 소 제국주의 지역이익까지 얽혀서 지정학 갈등 구조가 복잡하기 짝이 없다.

본문읽기에서는 기원전 6백64년 예레미야 예언자 시대에 이르러 이집트제국에 제26왕조가 들어섰다. 그러나 이집트제국은 이집트 땅을 넘어 비옥한 초승달지역에서 제국의 위상을 펼치지 못했다. 도리어 아시리아 제국이 쇠퇴하면서 새로운 제국으로 떠오르는 세력은 바벨론 제국이었다. 유다왕국은 북이스라엘 멸망 전부터 아시리아 제국의 속국이었으나 아시리아 제국이 쇠퇴하면서 잠시잠간 독립을 누렸다. 그러나 다시 새로운 제국으로 떠오른 바벨론과 이집트제국 사이에서 왔다갔다 의지하다

가 바벨론제국의 속주가 되었다.

이 무렵 이집트제국의 파라오 느고2세는 이참에 이집트 땅을 넘어서 비옥한 초승달 지역에서 제국주의 패권을 쟁취하려고 하였다. 파라오 느고2세는 기원전 6백9년 아시리아잔당들을 도와서 바벨론제국과 한판 제국주의 패권전쟁을 벌이려고 했다. 그래서 해변 길을 따라 올라와서 메소포타미아 하란 땅으로 출정했다. 이 때 유다왕국은 아시리아 제국의 쇠퇴와 함께 잠시잠깐의 독립을 누리고 있었다. 아마도 요시야왕은 아시리아 잔당들의 부흥과 더불어 이집트제국의 힘이 커지는 상황을 마음에 두었을 것이다. 요시야 왕은 무모하게 이스라엘 땅 므깃도로 올라가서 파라오 느고2세의 제국주의 패권전쟁 출정을 막아섰다. 그러나 요시야왕은 이집트제국의 파라오 느고2세와 무깃도 전투에서 허망하게 전사했다. 그 이후 요시야 왕의 아들 여호야하스가 왕위를 이어받았다.

한편 이집트제국 파라오 느고2세의 원정을 실패로 끝났고 아시리아 제국은 완전히 멸망했다. 이집트제국 파라오 느고2세는 바벨론과 제국주의 패권전쟁에서 실패를 맛보았다. 그러나 파라오 느고2세는 이번 출정으로 가나안 땅과 시리아지역의 지배권을 회복했다. 여호야하스는 파라오 느고2세에게 왕위를 승인받으려고 그가 머물던 하맛 땅 리블라로 올라갔다. 그러나 파라오 느고2세는 여호야하스를 삼 개월 만에 폐위시키고 그의 형 여호야김을 왕으로 세웠다.

이 때 예레미야는 여호야김 왕의 이기심과 탐욕 때문에 일어나는 온갖 사회 불의와 죄악들을 호되게 비판했다. 예레미야는 기원전 6백5년 유프라테스 강 언저리 갈그미스와 하맛에서 벌어진 바벨론과 이집트의 두 번째 제국주의 패권전쟁 '카르케미시전투'를 자세히 분석했다. 그런 후에 유다왕국이 이집트제국에 기대는 것을 절대 반대했다. 그러나 기원전 6

백1년 여호야김 왕은 이집트제국에 기대서 바벨론제국에 바치던 조공을 중단했다. 예레미야는 바벨론제국의 침략을 경고했다. 그리고 마침내 기원전 5백97년 바벨론제국 느부갓네살 왕이 여호야김의 배신을 응징하기 위해 군대를 보내 예루살렘을 포위했다. 한편 바벨론제국 군대가 예루살렘을 포위하기도 전에 여호야김은 원인모를 죽음을 맞았다. 아마도 살해당했을 가능성이 크다. 이어서 그의 아들 여호야긴이 어린나이에 왕위에 올랐다. 여호야긴은 바벨론군대에게 성문을 열어주고 만 여 명 예루살렘 주민들과 함께 바벨론포로로 잡혀갔다.

바벨론제국은 요시야 왕의 셋째아들로서 여호야긴의 삼촌인 시드기야를 유다 왕으로 앉혔다. 그러나 시드기야 왕은 정치판단이 서투르고 줏대도 없는 사람이었다. 시드기야의 궁정은 친 바벨론세력과 친 이집트세력들로 인해 늘 시끄러웠다. 시드기야 왕은 여러 해 동안 바벨론제국에 조공을 바치며 평온을 유지했다. 그러나 기원전 5백94년에 가나안 땅 주변 작은 왕국들이 시드기야 왕에게 밀사를 보내 바벨론제국에 대항하는 군사동맹을 제안했다. 예레미야는 자신의 목에 멍에를 메는 상징행위를 통해서 유다왕국과 주변왕국들은 반드시 바벨론제국의 멍에를 메게 될 것이라고 예언했다.

그러나 마침내 시드기야 왕은 바벨론제국을 배반하고 이집트제국을 중심으로 주변 왕국들과 반 바벨론제국 군사동맹을 맺었다. 그러자 바벨론제국 느부갓네살 왕은 기원전 5백88년 두 번째로 예루살렘 출정을 벌였다. 이번에는 느부갓네살 왕이 직접 예루살렘 출정에 참여했다. 바벨론제국 군대는 유다왕국 온 땅을 파멸시켰고 예루살렘 성과 성전을 완전히 파괴했다.

유다왕국은 바벨론제국에게 완전히 파멸당하기 전까지 온갖 혼란과 피 흘림의 고통을 겪었다. 유대왕국의 살길을 찾아서 친 이집트세력과 친 바벨론세력이 끊임없이 힘 대결을 벌였다. 그리고 마침내 기원전 5백87년 예루살렘성과 성전이 바벨론제국 군대에 의해 완전히 파괴되었다. 시드기야왕과 귀족들과 함께 수많은 사람들이 바벨론포로로 끌려갔다. 그런 와중에도 예레미야는 유대 땅에 그대로 남았다. 그 후 예레미야는 바빌론제국이 유다와 예루살렘 총독으로 임명한 그달야가 과격파들에게 암살당한 후 과격파들의 손에 이끌려 이집트제국으로 갔다. 예레미야는 이집트 제국에서도 옛 히브리 지파동맹의 희년신앙 행동법규들에 따라 행동하라는 예언을 멈추지 않았다. 예레미야는 이집트 제국에서 남은 생을 마감한 것으로 보인다.

예레미야는 다윗왕조 유다왕국의 멸망을 막으려고 옛 히브리 지파동맹의 희년신앙 행동계약 행동법규들을 소리 높여 외쳤다. 참으로 예레미야 시대상황은 안타깝게도 21세기 한반도를 둘러싼 지구촌 제국주의 패권경쟁 상황과 똑 닮았다. 주변나라들의 소 제국주의 탐욕상황도 빼다 박은 듯 똑같다. 이제 21세기 한국교회와 교우들은 우리시대 상황 속에서 무엇을 외치려나?

본문풀이
유다왕국의 처음이자 마지막 '빚 탕감과 노예해방 선포'

예레미야는 다윗왕조 유다왕국역사 속에서 '히브리 지파동맹의 희년신앙 빚 탕감과 노예해방 행동법규가 전혀 지켜지지 않았음'을 비판한다. 유다왕국 권력자들과 고관들과 부자들이 과부와 고아와 나그네 등 가난하고 힘없는 사람들을 억압하고 착취해서 채무노예로 삼았다고 고발한다. 실제로 유다왕국의 권력자들과 고관들은 가난하고 힘없는 사람들을 억압하고 착취해서 부와 권력을 늘려왔다. 물론 유다왕국 예루살렘에는 여러 인종들이 오고갔지만 같은 히브리 사람이라면 말도 잘 통하고 노예로 부리기에 참 좋았다. 본문상황에서라면 유다왕국 예루살렘에서 '히브리 사람들이 히브리 노예를 부리는 일'이 아주 흔했음을 드러낸다.

그러나 이제 위기의 때가 닥쳐왔다. 시대의 제국주의 패권전쟁 광풍 그 한가운데서 유다왕국은 풍전등화의 위기상황을 맞이했다. 시드기야가 왕위에 오르고 10년째 되는 해, 기원전 5백88년에 또 다시 바벨론제국 군대가 유다왕국에 쳐들어 왔다. 두 번째 침략전쟁에서 바벨론제국 느부갓네살 왕은 군대를 둘로 나누었다. 첫 번째 부대는 요단강을 건너 여리고성을 무너뜨리고 빠르게 진군해서 예루살렘 성을 외워쌓다. 두 번째 부대는 해변 길을 따라 내려와 유대 땅으로 진군해서 군사요충지 라기스성과 아세가성을 공격했다. 또 한편 반 바벨론제국 군사동맹의 맹주인 이집트제국 군대의 출정통로를 봉쇄했다. 바벨론제국 군대는 온 유대 땅을 초토화하고 예루살렘 성마저 에워싸서 공격을 퍼부었다. 다행히 유대 땅 군사요충지 라기스 성과 아세가 성이 끝까지 항전하며 버텨주는 덕에 예루살렘성도 한숨을 돌리고 있었다.

이 절체절명의 위기의 때에 이르러 시드기야 왕과 유다왕국의 귀족들은 예루살렘에서 '빚 탕감과 노예해방 선포'를 논의했다. 그리고 마침내 시드기야 왕이 예루살렘에 있는 모든 풀뿌리 사람들과 함께 '빚 탕감과 노예해방 선포 언약'을 맺었다. 시대의 제국주의 패권전쟁 한가운데서 풍전등화 위기상황을 해결하는 방법으로써 예루살렘을 '빚 탕감과 노예해방구'로 선포했다.

"시드기야왕이 예루살렘에 있는 모든 풀뿌리 사람들과 함께 그들에게 해방을 선포하는 언약을 맺은 후에 야훼로부터 예레미야에게 왔던 말씀이다.

그 언약은 사람마다 자기 히브리 남종과 히브리 여종을 해방하여 놓아 보내는 것이었다. 또 사람마다 그의 형제 예후다인을 그들의 종으로 부리지 않는다는 것이었다. 그 언약에 동참하는 모든 고관들과 모든 풀뿌리 사람들이 '자기의 남종과 여종들을 해방하여 내보내고 다시는 그들을 종으로 부리면 안 된다는 것'을 귀담아 들었다. 그래서 그들이 순종하고 내보냈다."

본문은 유다왕국과 예루살렘 성전이 멸망하기 딱 1년 전인 기원전 5백88년 예루살렘에서 선포된 '빚 탕감과 노예해방 선언'을 증언한다. 본문은 '예루살렘 사람들이 노예로 삼은 히브리 남종과 여종들에게 해방을 선포하는 언약'을 기록으로 남겼다. 유다왕국 시드기야 왕이 예루살렘 성의 모든 풀뿌리사람들과 함께 '빚 탕감과 노예해방을 선포하는 언약'을 맺었다고 보고한다. 아마도 다윗왕조 유다왕국 역사에서 이러한 '빚 탕감과 노예해방 선포'는 애당초 처음이자 마지막이었을 것이다. 이때 본문은 '데로르 해방 또는 자유'라는 히브리어 낱말을 사용한다. 또한 '베리트 언약 또는 계약'라는 낱말도 사용한다.

이렇듯이 시드기야 왕과 예루살렘 풀뿌리 사람들과 맺은 언약은 사람마다 '히브리 남종과 여종을 해방하여 놓아 보내는 것'이었다. 또 사람마다 '자기형제 유대인들을 종으로 부리지 않는다는 것'이었다. 나아가 해방하여 내어보낸 후 '다시는 그들을 종으로 부리면 안 된다는 것'이었다. 유다왕국의 모든 고관들과 풀뿌리 사람들이 '해방을 선포하는 언약'에 동참했다. 예루살렘의 모든 풀뿌리 사람들이 '히브리 형제자매 남종과 여종을 해방하는 언약선포'를 마음에 새겼다. 그래서 모든 예루살렘 사람들이 다 함께 결의하고 순종하며 노예들을 해방하여 내보냈다.

시드기야 왕과 유대왕국의 귀족들과 모든 풀뿌리 사람들이 예루살렘 성을 빚 탕감과 노예해방구로 선포했다. 이 선포는 유다왕국과 예루살렘에서 '히브리 지파동맹의 희년신앙 빚 탕감과 노예해방 행동법규'를 다시 되살리는 언약이었다. 그럼으로써 '야훼하나님께서도 유다왕국과 예루살렘을 바벨론제국 침략으로부터 지켜 달라'는 요청이었다. 유다왕국과 예루살렘 풀뿌리 사람들이 바벨론제국의 노예가 되지 않게 해달라고 야훼하나님께 드리는 기도였다.

빚 탕감과 노예해방선포 언약을 뒤집다.

그러나 유대왕국 시드기야 왕은 '해방을 선포하는 언약'을 곧바로 무효화했다. 왜냐하면 바벨론군대가 예루살렘을 둘러쌌을 때 반 바벨론제국 군사동맹의 맹주인 이집트군대가 출정했기 때문이다. 이집트제국의 파라오 '호브라'는 가나안 땅 해변 길을 따라 출정하면서 반 바벨론제국 군사동맹군과 합류하려고 했다. 그리고 예루살렘 남서쪽으로부터 바벨론제국 군대를 쳐부수려고 계획했다.예레미야 37:5 따라서 예루살렘 성을 에워싸고 있던 바벨론제국 군대는 배후에서 공격해오는 이집트제국 군대와 싸우기 위해 예루살렘 성 포위를 풀어야만 했다.예레미야 37:11

바벨론제국 군대가 예루살렘 성 포위를 풀고 물러나자 시드기야 왕과 유다왕국의 귀족들의 마음이 돌아섰다. 유대 땅 군사요충지 라기스 성과 아세가 성도 잘 버텨주고 있었다. 무엇보다도 반 바벨론제국 군사동맹의 맹주인 이집트제국 군대가 예루살렘 성을 구하려고 출정했기 때문이다. 이제야말로 절체절명의 위기는 해소되었고 살 길이 열렸으니 '빚 탕감과 노예해방의 큰 손해'를 되돌려야만 했다.

실제로 다윗왕조 유다왕국에서 히브리 지파동맹의 희년신앙 행동계약 전통은 까마득히 잊혀 진 구시대 신앙유물일 뿐이었다. 다윗왕조 유다 왕국의 예루살렘성이 '희년신앙 행동법규에 따른 빚 탕감과 노예해방구' 여야 할 이유가 전혀 없었다. 시드기야 왕과 유대왕국의 귀족들과 예루살 렘 부자들은 빚 탕감과 노예해방 선포를 말끔하게 취소시켰다. 빚을 탕 감하고 해방하여 내어보낸 히브리형제 남종과 여종을 다시 잡아들여 복 종시키고 그들을 짓밟았다.

그렇다면 왜, 시드기야 왕과 유대왕국의 귀족들과 예루살렘 풀뿌리 사 람들은 빚 탕감과 노예해방을 선포했을까? 무엇 때문에 다윗왕조 유다왕 국 역사에서 단 한 차례도 선포되지 않았던 예루살렘 성 빚 탕감과 노예 해방구 선포를 해야만 했을까?

실제로 시드기야 왕과 유대왕국의 고관들과 예루살렘 부자들은 히브 리 노예들의 반란을 걱정했을 것이다. 히브리 노예들이 바벨론제국 군대 를 편들어서 노예반란을 일으키고 해방과 자유를 얻으려고 하지 않을까 걱정했을 것이다. 그래서 그들은 지레 겁을 먹고 예루살렘성의 모든 노예 들에게 빚 탕감과 노예해방을 선포했을 것이다. 또 한편 시드기야 왕과 유대왕국의 귀족들과 예루살렘 부자들은 히브리 노예들을 해방하여 전 쟁 방패막이로 동원하려고 했을 것이다. 왜냐하면, 바벨론제국 군대가 예루살렘 성 포위를 풀자마자 시드기야 왕과 유대왕국의 고관들과 예루 살렘 부자들이 빚 탕감과 노예해방선포를 완전히 되돌렸기 때문이다.

> "그들이 그 일을 뒤집었다. 그들이 해방해서 내보냈던 남종들과 여종들을 도로 잡
> 아와서 그들을 복종시켰다. 그들이 남종들과 여종들을 짓밟았다."

이때 본문은 '야크비슈유다왕국의 귀족들이 그들을 복종시켰다 또는 짓밟았다'

이라는 히브리어 동사를 사용한다. 본문읽기는 '짓밟다 또는 복종시키다'라는 히브리어 동사 '카바쉬'를 두 번 연거푸 사용했다. 그러면서 매우 사납고 철저하며 거친 폭력상황을 강조해서 묘사하고 증언했다. 유대왕국 시드기야 왕과 귀족들과 예루살렘 부자들은 풍전등화風前燈火의 위기상황을 모면하려고 해방하여 내보냈던 노예들을 다시 잡아들였다. 그들을 다시 노예로 부리기 위해 상상할 수조차 없는 무자비한 폭력을 사용했다. 한번 해방했던 노예들을 다시 잡아들여 노예로 삼으면서 철저하게 짓밟아서 복종시켰다.

히브리 지파동맹의 희년신앙 행동계약 '빚 탕감과 노예해방 행동법규'

참으로 다윗왕조 유다왕국에서는 예루살렘성전에서 맺어진 빚 탕감과 노예해방 언약조차 손바닥 뒤집듯이 엎어지기 십상이었다. 옛 히브리 지파동맹의 희년신앙 행동계약 빚 탕감과 노예해방 행동법규는 오래전에 이미 무효화되었다. 그러나 이제야말로 유다왕국과 예루살렘성과 예루살렘 성전제사 종교체제마저 깡그리 망해서 무너질 날이 눈앞으로 들이닥쳤다. 그래서 망연자실茫然自失한 예레미야에게 유다왕국과 예루살렘을 향한 야훼 하나님의 말씀이 임했다.

"이스라엘의 하나님 야훼께서 이와 같이 말씀하셨다. 내가 너희조상들을 '종살이 하던 집 곧 이집트 땅'으로부터 나오게 하던 날에 나는 너희 조상들과 함께 계약을 맺었다. 이르기를, '칠년 째에, 너희는 각 사람마다 너에게 팔려온 히브리형제를 놓아 보내야 한다. 육년 동안 너에게 종살이 했으니, 너는 그를 너로부터 해방하여 내어보내야 한다.' 그러나 너희 조상들이 내말을 듣지 않았다. 그들이 그들의 귀를 기울이지 않았다."예레미야 34:12-14

예레미야는 본문읽기에서 옛 히브리 지파동맹의 희년신앙 행동계약 '빚 탕감과 노예해방 행동법규'를 소환한다. 출애굽기 21장 야훼 하나님은 유다왕국과 예루살렘 풀뿌리사람들의 조상 히브리 노예들을 '종살이 하던 집 곧 이집트 땅으로부터' 해방하고 구원하셨다고 증언한다. 그리고 히브리 노예들 곧 히브리 지파동맹과 함께 희년신앙 행동계약을 맺으셨다고 증언한다. 히브리 지파동맹의 희년신앙 행동계약 핵심은 빚 탕감과 노예해방 행동법규라고 강조한다. 실제로 희년신앙 빚 탕감과 노예해방 행동법규는 히브리형제를 종으로 부리는 경우, 동거인처럼 또는 형제처럼 대하라고 명령한다. 또한 칠년 째에는 무조건 값없이 해방하여 내어보내라고 명령한다. 이때 '값없이'라는 조건은 곧 '고엘, 무르는 값'조차 필요 없다는 뜻이다. 이것이 바로 히브리 성서에서 유대인들이 '율법'이라고 부르는 출애굽기 21장에서 23장까지의 핵심내용이다. 이와 관련하여 신명기 15장은 칠년 째 해를 '야훼의 빚 탕감 해'쉐밑타 라예흐바라고 못박는다.

칠년 째에 너희는 각 사람마다 너에게 팔려온 히브리형제를 놓아 보내야 한다.

히브리 지파동맹의 희년신앙 행동법규는 '칠년 째에' 빚 탕감과 노예해방을 명령한다. 왜냐하면 그 종이 육년 동안 주인을 위해 종노릇했기 때문이다. 히브리 지파동맹의 희년신앙 행동법규에서 노예해방은 칠년이 맥시멈이다. 칠년 째에는 값없이무르지도 말고 해방하고 놓아주어야 한다. 그러나 유다왕국의 귀족들과 예루살렘 부자들은 그렇게 하지 않았다. 예레미야는 본문읽기에서 '유다왕국역사 속에서 희년신앙 행동법규로써 빚 탕감과 노예해방 선포가 전혀 없었다'고 질책한다. 유다왕국은 수많은 야훼 하나님의 예언자들이 귀에 못박이도록 떠들어 댔지만 아무도 귀 기울이지 않았다.

사실, 옛 히브리 지파동맹과 야훼 하나님이 함께 맺은 희년신앙 행동계약 전통에서는 애당초 노예제도가 없었다. 왜냐하면 히브리 지파동맹은 야훼 하나님의 출애굽 해방과 구원사건을 함께 체험한 히브리 해방노예 공동체였기 때문이다. 실제로 히브리 지파동맹은 '파라오 노예제국을 탈출한 히브리들이거나 가나안땅 봉건왕국의 하비루 또는 소작농노들' 이었다.

그러나 히브리 지파동맹이 가나안 노느매기 땅에서 오래도록 터 잡고 살면서 시나브로 주변왕국들의 노예제도에 휩쓸리게 되었다. 젖과 꿀이 흐르는 가나안 땅에서 삶의 풍요를 누리는 가운데 사회경제 불평등과 양극화가 발생했다. 예를 들어 가난하고 힘없는 사람이 남의 물건을 훔치다가 들키면 갑절의 배상금을 무는 대신 노예가 되었다. 또 과부와 고아와 떠돌이들이 자기 노느매기 땅을 잃고 생계수단이 없어서 어쩔 수 없이 빚을 내기도 했다. 그리고 빚을 갚지 못하는 경우 다른 사람의 노예가 될 수밖에 없었다. 나아가 흉년이나 전쟁 등 사회경제·정치위기 속에서 부자에게 제 몸뚱어리를 노예로 팔기도 했다. 무엇보다도 다윗왕조 유다왕국에서는 다윗왕조 신학에 따라 옛 히브리 지파동맹의 희년신앙 행동계약이 완전히 무력화되었다. 그러면서 더욱더 노예제도가 활성화 되었다.

그러나 너희가 돌이켜서 내 이름을 더럽혔다

"너희가 '서로 이웃에게 자유를 선포하여 내 눈에 올바른 일을 행했다. 내 이름이 높이 불리는 그 집 곧 내 앞에서 너희가 언약을 맺었다. 그러나 너희가 돌이켜서 내 이름을 더럽혔다. 너희가 사람마다 '그들의 바람대로 해방하여 내어 보냈던 자기 남종과 여종들'을 도로 잡아들였다. 너희가 '남종들과 여종들을 너희에게 돌아오게 해서' 그들을 짓밟았다."

야훼 하나님은 시드기야 왕과 유다왕국의 귀족들과 예루살렘 부자들에게 예레미야 예언자를 보냈다. 옛 히브리 지파동맹의 희년신앙 행동계약 행동법규를 따라 빚 탕감과 노예해방을 선포하라고 설득했다. 그런데 뜻밖에도 시드기야 왕과 귀족들이 예레미야의 요청을 받아들였다. 모든 예루살렘 풀뿌리 사람들과 함께 '빚 탕감과 노예해방을 선포하는 언약'을 맺었다. 참으로 믿기지 않는 놀라운 일이 벌어졌다. 다윗왕조 유다왕국 역사에서 단 한 번도 없었던 빚 탕감과 노예해방이 선포되었다. 본문읽기에서 야훼 하나님은 너희가 내 눈에 '올바른 일'에트-하야쇠르을 했다며 칭찬하셨다. 유다왕국의 귀족들과 예루살렘 부자들이 '희년신앙 빚 탕감과 노예해방 행동법규'에 따라 마땅한 신앙행동을 했기 때문이다. 유다왕국과 예루살렘 풀뿌리 사람들도 옛 히브리 조상들의 희년신앙 행동법규들이 무엇인지는 어렴풋이 알고 있었을 것이다. 그것은 곧 히브리 지파동맹의 희년신앙 행동계약에 따라 히브리 형제자매들을 사랑하고 돌보는 것이었다. 노예가 아니라 사람으로 대접하고 서로가 서로에게 자유와 해방을 선포하는 것이었다.

그러나 시드기야 왕과 유대왕국 귀족들의 예루살렘성 노예해방구 선포는 하룻밤의 꿈으로 끝났다. 매우 안타깝게도 그것은 풍전등화와 같은 다윗왕조 유다왕국과 예루살렘의 멸망위기를 모면하기 위한 속임수였다. 이제 반바벨론제국 군사동맹의 맹주인 이집트제국 파라오 호브라가 예루살렘을 구원하기 위해 출정했기 때문이다. 이 소식을 들은 바벨론제국 느부갓네살 왕은 급하게 예루살렘 성 포위를 풀었다. 이집트제국 군대와 맞서 싸우러 내려갔다.

그렇다면 시드기야 왕과 유다왕국 귀족들과 예루살렘 풀뿌리 사람들과 해방을 맞이한 히브리 노예들이 다함께 힘을 모아야 하지 않았을까? 그래서 다음전투에 대비해야 하지 않았을까? 그러나 도리어 시드기야 왕과 유다왕국 귀족들과 예루살렘 부자들은 해방하여 내어보낸 히브리 남종과 여종들을 다시 잡아들였다. 그리고 처절하게 짓밟아서 복종시켰다. 도대체, 왜 그렇게 했을까?

시드기야 왕과 유다왕국 귀족들과 예루살렘 부자들이 빚 탕감과 노예해방으로 인한 당장의 손해를 싫어했기 때문이다. 다윗왕조 유다왕국 역사 속에서 옛 히브리 지파동맹의 희년신앙 행동법규들은 이미 다 무효화되었다. 오롯이 고리대금업과 채무노예제도를 통한 이자와 이윤 등 불로소득만이 현실이었다. 유대왕국의 귀족들과 예루살렘 부자들은 옛 히브리 지파동맹의 희년신앙 행동법규들을 다시 회복할 뜻이 전혀 없었다. 다윗왕조 유다왕국 예루살렘 성을 빚 탕감과 노예해방구로 지켜나갈 뜻이 전혀 없었다. 다윗왕조 유다왕국의 귀족들과 예루살렘 부자들은 스스로를 옛 히브리 지파동맹의 희년신앙 행동계약 당사자로 생각하지 않았다.

내가 너희에게 칼과 전염병과 굶주림의 자유를 선포한다

"너희가 '서로 자기형제와 이웃에게 자유를 선포하라'는 내말을 듣지 않았다.
보라, 내가 너희에게 - 야훼의 말씀 - 칼과 전염병과 굶주림의 자유를 선포한다.
내가 그 땅의 모든 왕국들에게 공포와 학대의 표적으로 너희를 내어줄 것이다.
내가 '나의 계약을 어긴 자들을 내어주겠다.

그들이 계약의 의무들을 지키지 않았기 때문이다.

그들이 둘로 쪼개고 그 두 조각 사이로 지나간 그 송아지제물 앞에서 언약을 맺었기 때문이다. 곧 그 송아지의 두 조각 사이로 지나간 '유대의 귀족들과 예루살렘의 귀족들과 왕궁 벼슬아치들과 제사장들과 그 땅의 모든 풀뿌리 사람들'이다.

내가 '그들의 원수들과 그들의 생명을 찾는 자들의 손에 그들을 내어주겠다. 그들의 시체가 하늘의 새와 땅의 짐승들에게 먹잇감이 될 것이다.

내가 유다 왕 시드기야와 그의 귀족들을 '그들의 원수들과 그들의 생명을 찾는 자들과 너희를 떠나 올라간 바벨론 왕 군대의 손에 내어주겠다.

보라, 내가 명령할 것이다 - 야훼의 말씀 - 내가 그들을 이 성으로 돌아오게 하겠다. 그들이 이 성에 맞서서 전쟁을 벌이고 이성을 빼앗아 불로 이성을 태울 것이다. 내가 유대의 성들을 '사는 사람이 없는 황무지'로 만들겠다."

본문은 시드기야 왕과 유다왕국의 귀족들과 예루살렘 풀뿌리 사람들에게 참으로 무서운 경고를 보낸다. 실제로 이런 모든 일들은 바벨론제국 느부갓네살 왕이 예루살렘 성 포위망을 풀고 물러 난지 만 일 년 만에 실제와 똑 같이 벌어졌다.

칼과 전염병과 굶주림의 자유, 이것이야말로 동서고금을 막론하고 시대에 부는 모든 '제국주의 패권전쟁 광풍'의 실체다. 실제로 21세기 지구촌 제국주의 패권전쟁으로써 '러시아와 우크라이나 전쟁'이 뚜렷하게 증명한다. 모든 시대마다 모든 곳에서 빚꾸러기들에게 '빚 탕감과 노예해방을 선포하지 않는다'면 머잖아 '시대의 칼과 전염병과 굶주림의 자유'를 맞이하게 될 것이다. 21세기 한반도에서는 더더욱 그렇다.

다윗왕조 유다왕국의 마지막 임금 시드기야와 귀족들과 예루살렘 부자들은 잠시잠간 야훼 하나님의 눈과 귀를 속였다. 제국주의 패권전쟁 광풍 속에서 야훼 하나님의 눈에 '올바른 일을 하는 것'처럼 보이도록 술수를 부렸다. 예루살렘 성을 '빚 탕감과 노예해방구'로 선포하는 사기행각을 벌였다. 그러나 위기상황이 물러가자마자 예루살렘성전 야훼하나님 앞에서 맺었던 빚 탕감과 노예해방언약을 헌신짝처럼 내던졌다. 그런 후에 곧바로 다윗왕조 유다왕국과 예루살렘 성과 예루살렘 성전이 다함께 바벨론제국 군대에게 멸망당했다. 시드기야 왕과 유대왕국 귀족들과 수많은 예루살렘 풀뿌리 사람들이 바벨론에 포로로 끌려갔다. 야훼 하나님께서 빚 탕감과 노예해방선포를 뒤집어버린 유다왕국과 예루살렘 성에서 '전쟁과 전염병과 굶주림이 맘껏 자유를 누리도록' 풀어 놓으셨다.

14. 바벨론포로 귀환시대, 다시 희년신앙 행동서사를 잇다.

느헤미야 5:1-13

본문읽기

그때 풀뿌리 사람들과 그들의 아내들이 그들의 형제 유다사람들에게 맞서서 크게 울부짖었다.

"우리 아들들과 딸들이 많으니 우리가 곡식을 구걸해야겠구나, 그렇게라도 연명하며 살아야겠구나, 라고 울부짖는 이들이 있었다.

또 우리의 밭들과 우리의 포도원들과 우리의 집들을 저당 잡혀서라도 우리가 이 굶주림을 위하여 곡식을 얻어야겠구나, 라고 울부짖는 이들이 있었다.

또 우리가 왕의 세금을 위하여 우리의 밭들과 포도원들을 잡히고 돈을 빌렸소, 라고 울부짖는 이들이 있었다.

또 이제 우리형제들의 몸뚱어리와 우리의 몸뚱어리가 같고 그들의 자녀들도 우리 자녀들과 같다. 그런데 보라, 우리가 우리의 아들들과 딸들을 종들채무노예들로 파는구나, 우리 딸들 가운데는 이미 팔려간 딸들이 있으나 우리 손에 구할힘이 없구나, 우리의 밭들과 포도원들도 다른 사람들의 것이 되었구나, 라고 울부짖는 이들이 있었다."

나는 그들의 울부짖음과 이런 말들을 들었을 때에 나 스스로에게 더할 수 없이 화가 났다. 내 마음이 나를 깊이 생각하게 해서 대책을 세웠다. 나는 귀족들과 관리들을 꾸짖으며 그들에게 말했다.

"당신들은 저마다 자기형제들에게 이자를 받고 고리대금업을 하고 있잖소."

내가 그들 때문에 큰 공동체마당을 열었다. 내가 그들에게 말했다.

"우리는 우리 힘닿는 대로 이방민족들에게 팔린 우리형제 유대사람들을 몸값까지 치르고 구출했소. 그럼에도 불구하고 당신들은 당신들의 형제들을 팔려고 하잖소. 더구나 그들이 우리자신에게 팔리고 있잖소."

그러나 그들은 말없이 가만히 있었다. 그들이 할 말을 찾지 못했다. 내가 거듭해서 말했다.

"당신들이 하는 이 일은 선하지 않소. 우리의 원수 이방민족들의 비난 때문이라도, 당신들은 우리하나님을 경외하며 뒤따라야 하지 않겠소? 나도 내형제와 내 아랫사람들도 그들에게 돈과 곡식을 주었소. 바라건대, 우리가 그 빚을 포기합시다. 당신들이 제발 그들에게 오늘이라도 그들의 밭들과 그들의 포도원들과 그들의 올리브나무 농장들과 그들의 집들을 되돌려줍시다. 그리고 당신들이 그들에게 빚으로 놓은 것들 곧 돈이나 곡식이나 새 포도주나 기름을 포기합시다."

그러자 그들이 화답했다.

"우리가 되돌려 주겠습니다. 그리고 우리가 그들에게 요구하지 않겠습니다. 당신이 말씀하신 것을 따라 우리가 그대로 행동하겠습니다."

그래서 내가 제사장들을 불러서 그 말처럼 행동할 것을 그들에게 맹세시켰다. 또한 내가 내 옷자락을 털며 말했다.

"하나님께서 이와 같이 그 말을 지키지 않는 모든 사람을 털어낼 것이오. 하나님께서 그의 집으로부터, 그의 일터로부터 이와 같이 털어내실 것이오. 그래서 빈털터리가 되게 하실 것이오."

온 공동체가 '아멘'이라고 화답했다. 그들이 야훼를 찬양했다. 그리고 풀뿌리 사람들이 그 말대로 행동했다.

본문이해하기
바벨론포로 유대인들의 예루살렘 귀환

바벨론제국을 무너뜨리고 들어선 페르시아제국은 종교 관용정책을 펼쳤다. 바벨론포로로 끌려간 유대인들도 고향 예루살렘으로 귀향할 수 있었다. 유대인들은 네 차례에 거쳐 바빌론으로부터 고향땅 예루살렘으로 돌아왔다.

기원전 5백37년 다윗왕조 유다왕국이 멸망한 후 50여년 만에 스룹바벨과 예수아가 이끄는 1차 바벨론 포로귀환 유대인들이 예루살렘으로 돌아왔다. 1차 바벨론 포로귀환 유대인 숫자는 약 5만 명에 이르렀는데 이들은 예루살렘성전 재건임무를 가지고 귀향했다. 그 뒤로 기원전 4백58년 두 번째 귀환은 유대교의 아버지라고 불리는 에스라가 이끌었다. 함께 온 유대인 숫자는 1천 8백 명 뿐이었지만 금 1백 달란트와 은 7백50달란트 등 많은 재물을 가지고 귀향했다. 에스라는 제사장이고 서기관이며 당대의 율법학자로서 모세의 법전을 가지고 돌아왔다. 에스라는 여러 제의 규정에 맞게 예루살렘 성전제사종교체제를 세우고 유대인들이 모세율법에 따라 생활하도록 이끌었다. 에스라의 뒤를 이어 약 14년 후 기원전 4백 44년에 페르시아제국의 고위관료 출신인 느헤미야가 3차 귀환을 이끌었다. 느헤미야는 공식 유대총독으로서 예루살렘성벽을 재건하는 등 에스라와 함께 예루살렘 종교개혁에 힘을 쏟았다.

에스라와 느헤미야가 이끄는 예루살렘 사회경제·종교·정치 개혁

에스라와 느헤미야는 서로 힘을 모아 유대와 예루살렘 사회경제·종교·정치 개혁에 힘을 쏟았다. 개혁의 주요내용은 유대인들의 혈통과 유대교 종교전통의 순수성을 지키기 위해 주변 이방인과 통혼을 금지하는 것이었다.

한편으로 에스라와 느헤미야는 '토라모세의 율법 또는 가르침'의 편집완성을 위해 노력했다. 실제로 다윗왕조 유다왕국과 예루살렘성전이 멸망당한 후 '토라'가 유대인들에게 더할 나위 없이 소중해졌다. 토라에 대한 유대인들의 사랑과 열정이 더욱 더 깊어졌다. 포로가 되어 살고 있던 바벨론에서 유대 서기관들은 열정으로 토라를 연구했다. 모호한 부분을 고치고 뜻을 분명하게 하며 새롭게 토라를 편집했다. 바벨론 창조신화로부터 영향을 받아 새로운 창조이야기를 쓰기도 했다. 에스라는 바벨론 포로기 유대인 서기관이며 율법학자로서 바벨론 토라를 가지고 예루살렘으로 귀환했다. 아마도 에스라는 포로귀환 이후에 예루살렘 사회경제·종교·정치 상황 속에서 토라의 편집완성을 위해 노력했을 것이다.

무엇보다도 성서학자들은 '레위기 25장 희년본문'이 바벨론포로 예루살렘 귀환 시대 상황과 경험들을 반영했다고 생각한다. 바벨론포로에서 예루살렘으로 돌아온 유대인들과 유대 땅에 남아 살아왔던 풀뿌리 사람들의 사회경제·종교·정치 상황을 드러낸다고 믿는다. 더불어서 옛 히브리 지파동맹의 희년신앙 행동계약 행동법규를 되살리려는 회개와 새로운 부흥의 열정을 담았다. 야훼 하나님의 출애굽 해방과 구원사건으로부터 이어져 온 희년신앙 행동법규들을 시대상황에 맞게 되살리거나 편집했다.

그러나 시대상황에 맞추어서 희년신앙 행동법규들을 편집하는 과정에서 일부 퇴행규정이 새로 만들어졌다. 예를 들면 안식일과 안식년과 희년까지 하나로 꿰어지는 희년신앙 행동계약 개념을 억지로 완성했다. 그럼으로써 안식일의 거룩한 쉼과 노동은 '안식일 자체의 거룩함'을 증언하는 것으로 퇴행했다. 무엇보다도 7년 안식년을 7곱 번이나 헤아리는 50년 희년은 옛 희년신앙 행동법규를 배신하는 터무니없는 퇴행규정이다. 실제로 출애굽기의 희년신앙 행동계약 전통에서 '빚 탕감과 노예해방'은 7년째 해에 이루어져야 한다. 신명기 15장 희년본문에서도 '야훼의 빚 탕감의 해'는 7년째 해에 이르러 반드시 실행되어야 한다.

그러므로 오롯이 50년 희년은 바벨론 포로귀환시대 상황 속에서 통절한 회개와 새로운 부흥을 표상할 뿐이다. 철저한 회개와 새로운 부흥이 곧 50년 희년의 핵심 신앙정신이다. 희년에는 모든 빚이 탕감되고 채무노예가 해방되어야 한다. 모든 노느매기 땅이 맨 처음 사람에게로 돌아가야 한다. 안식일과 안식년과 50년 희년제도는 모든 사회경제 불평등과 양극화를 한꺼번에 치유하는 장점이 있다.

이렇듯이 에스라와 느헤미야는 '토라'에 새로운 편집과 완결에 대한 공로가 크다. 성서학자들은 에스라에 의한 '토라완결'에 대해 대체로 동의한다. 기원전 7백22년 아시리아제국에 의해서 북이스라엘이 멸망했다. 그리고 기원전 5백87년 바벨론제국에 의해 다윗왕조 유다왕국과 예루살렘성전이 멸망당했다. 그러면서 바벨론 포로기 유대 지식인들은 '토라–율법'을 통해 새로운 유대사회·종교 공동체건설을 꿈꿨다. 바벨론포로기에 시작된 토라에 대한 새로운 해석과 고침 그리고 편집과정이 예루살렘귀환 유대지식인들의 손에서 마무리과정에 접어들었다. 이처럼 바벨론 포로기와 예루살렘 귀환시기의 유대지식인들은 예루살렘과 바빌론 토라를 핵심으로 삼는 유대교 틀거지를 새롭게 세웠다.

이 무렵에 '토라를 시대에 맞게 해석하고 적용'하려는 '미드라쉬'가 생겼다. 미드라쉬는 '찾다 또는 묻다'라는 히브리어 동사 '다라쉬'에서 유래한다. 따라서 미드라쉬는 토라를 연구하고 해석하는 방법가운데 하나다. '토라를 문자대로 읽고 해석하는 것을 넘어 더 깊은 뜻과 의미를 상상하고 연구하려는 방법'이다. 이후 '미드라쉬'가 발전하고 더 풍성해져서 '탈무드'의 밑바탕이 되었다.

본문풀이
다시, 희년신앙 행동서사를 잇다

"그때 풀뿌리사람들과 그들의 아내들이 그들의 형제 유대사람들에게 맞서서 크게 울부짖었다."

느헤미야 5장 1절에서 13절 본문은 히브리 성서에서 옛 히브리 지파동맹의 '희년신앙 행동서사'를 찾아서 선택한 마지막 본문이다. 본문은 느헤미야의 예루살렘성벽 건설을 힘들어하는 유대 땅과 예루살렘 풀뿌리 사람들의 삶의 마당을 까발린다. 유대 땅과 예루살렘에서 아주 오래된 사회경제 불평등과 양극화의 참혹한 문제들을 끄집어낸다. 흉년과 굶주림 속에서 가난하고 힘없는 이들의 삶을 약탈하는 유대귀족들과 부자들의 죄악을 고발한다. 그러면서 옛 히브리 지파동맹의 희년신앙 행동계약 행동법규의 아름다운전통을 어떻게 되살려 낼 수 있는지? 21세기 예수신앙인들에게 또는 성서독자들에게 새로운 제안과 도전을 던진다.

예루살렘 풀뿌리 사람들의 참혹한 사회경제·종교·정치 상황과 불평등과 양극화 폐해

느헤미야가 예루살렘성벽을 새로 쌓는 공사를 한참 진행하고 있을 때 그 땅 풀뿌리사람들의 울부짖는 소리를 들었다. 예루살렘 성벽공사는 시작한지 두 달도 채 지나지 않았던 것 같다. 물론 예루살렘 성벽건설은 가뜩이나 어려운 풀뿌리 사람들의 삶을 더 힘들게 했을 수도 있다. 그래서 느헤미야는 유대 땅 총독으로써 급여를 한 푼도 받지 않았다. 또 전임 총독들처럼 풀뿌리 사람들을 억압하거나 착취하지도 않았다. 느헤미야는 하나님 앞에서나 사람 앞에서 스스로 당당한 자부심을 드러냈다. 그러나 느헤미야 역시도 예루살렘 성벽공사 때문에 풀뿌리 사람들에게 주어지는 부역이 무겁다는 사실을 부정하지 않는다.

그런데 느헤미야가 듣는 유대와 예루살렘 풀뿌리 사람들의 울부짖음은 예사롭지 않았다. 느헤미야가 듣게 된 예루살렘 풀뿌리 사람들의 울부짖음은 더 복잡하고 뿌리 깊은 사회경제·종교·정치 상황과 폐해들을 폭로한다. 왜냐하면 울부짖는 풀뿌리 사람들의 삶의 마당이 너무도 참혹하고 고통스러웠기 때문이다. 유대 땅과 예루살렘의 사회경제·종교·정치 상황과 불평등과 양극화의 폐해가 고스란히 드러났기 때문이다.

　실제로 느헤미야시대의 유대와 예루살렘은 바벨론포로에서 귀환한 유대사람들이 주도하는 사회경제·종교·정치 공동체체제가 자리를 잡았다. 남유다왕국에서 바벨론포로로 끌려간 사람들은 대부분 왕족과 귀족 또는 기술자 등 유대와 예루살렘의 상류층이었다. 유대와 예루살렘 풀뿌리 사람들은 그 땅에 남겨져서 주인 없는 땅들을 관리하고 농사를 지었다. 수십 년이 흘러서 바벨론 포로들의 예루살렘 귀환이 이루어졌다. 예루살렘으로 귀환한 유대사람들은 자기가문의 옛 땅들을 수소문해서 찾아냈을 것이다. 그 땅들은 유대와 예루살렘에 남겨진 풀뿌리 사람들이 수십 년 동안 점유하고 농사를 짓고 있었다.

　이러한 시대상황에서 예루살렘으로 귀환한 유대인들 가운데는 많은 돈을 가지고 온 사람들도 있었다. 아마도 그들은 자기가문의 옛 땅을 돈을 주고 사들였을 것이다. 하지만 많은 땅들의 소유권이 불분명한 상황에서 풀뿌리 농부들의 손에 점유된 채로 있었다. 남유다왕국이 망하고 땅마저 버려둔 채 바벨론포로로 끌려갔던 귀환포로들은 눈앞에서 자기가문의 옛 땅을 바라보면서 어떤 생각을 했을까?

　한편 유대와 예루살렘 풀뿌리 사람들은 페르시아제국 '왕의 세금'을 바쳐야만 했다. 또 바벨론포로 귀환이후 새로 들어선 두 번째 예루살렘 성전세금과 십일조를 바쳐야 했다. 그러는 사이 흉년이 들어 굶주림에 시달리면서 농사짓는 땅을 헐값에 옛 주인들에게 팔아야만 했다. 그것도 모자라 아들딸들까지 노예로 팔아야만 했다. 또 한편 바벨론포로 귀환시대 상황에서 유대와 예루살렘 풀뿌리 사람들은 율법과 성전제사제도를 까마득히 잊어버렸다. 따라서 예루살렘귀환 유대인들은 유대와 예루살렘 풀뿌리 사람들의 유대교 신앙정체성을 의심했다. 나아가 그 땅 풀뿌리 사람들의 유대혈통도 의심했다. 예루살렘귀환 유대인들은 풀뿌리 사람들의 유대교 신앙정체성과 혈통을 철저하게 따지고 시험하고 차별했다. 이러한 억압과 차별과 갈등상황들은 에스라와 느헤미야서에서 여실하게 살펴볼 수 있다. 따라서 성서학자들은 바벨론 포로귀환시대의 유대와 예루살렘의 사회경제·종교·정치 상황 속에서 50년 희년조항을 이해한다.

무엇보다도 유대와 예루살렘 풀뿌리 사람들의 삶을 고통스럽게 만드는 사회경제 병폐는 오래전부터 차곡차곡 쌓여져 온 문제였다. 옛 희년신앙 행동계약 전통이 무효화되었을 때 나타날 수밖에 없는 채무노예세상의 폐해가 고스란히 드러났다. 이제 유대와 예루살렘 풀뿌리 사람들은 흉년의 굶주림을 스스로 해결할 수 없었다. 가난하고 힘없는 풀뿌리 사람들은 힘세고 부유한 바벨론 포로귀환 유대사람들에게 맞서서 크게 울부짖었다. 먹을 것은 없고 새끼들이 굶는 꼴은 못 보겠으니 '우리가 구걸이라도 해야 겠구나'라고 탄식했다. 이때 본문이 사용한 '라카흐'라는 히브리어 동사는 '취하다, 얻다'라는 뜻인데 본문읽기의 문맥에 맞게 '구걸하다'라고 번역했다. 또 어떤 사람은 옛 히브리 지파동맹의 선조들로부터 노느매기 땅을 물려받아 포도밭과 집을 가지고 있었다. 그들도 흉년 굶주림 때문에 우리가 포도원과 집을 '저당 잡혀서'오레빔 굶주림을 면하자라고 부르짖는다.

또 한편 유대와 예루살렘은 페르시아제국 식민지였다. 옛 히브리 지파동맹의 노느매기 땅을 대대로 물려받은 풀뿌리 사람들도 페르시아제국에 내야하는 많은 세금 때문에 파산상황에 내몰렸다. 그들은 '왕의 세금'레믿다트 함멜레크 때문에 땅과 집을 저당 잡혀 빚을 낼 수밖에 없었다고 울부짖었다. 또 바벨론포로귀환 유대 귀족들과 부자들에게 땅과 집을 저당물로 내주고 빚을 갚지 못하는 사람들도 많았다. 하루벌이 날품팔이들은 고리이자조차 물수 없었다. 그들은 채권자인 유대귀족들과 부자들이 자기자녀들을 노예로 끌고 가는 것을 막아낼 힘이 없었다. 그들은 이렇게 땅을 치며 울부짖을 수밖에 없었다. 우리와 우리형제 유대인들은 '다 같은 몸뚱어리'키베사르를 가졌다. 그런데도 우리의 아들딸들만 '노예로 팔았다'고 부르짖었다. 또 우리의 땅과 집은 오래전에 다른 사람의 것이 되었구나. 우리 손에 힘이 없어 '우리 딸들을 구해올 수 없구나'라고 울부짖었다. 이때 본문이 사용한 '카바쉬'라는 히브리어 동사는 '짓밟다'라는 뜻이다. 본문은 이 동사를 분사형으로 사용했는데 이 동사에서 '케베쉬발등상'라는 낱말이 나왔다. 이 동사의 쓰임은 우리의 아들딸들을 '노예로 짓밟히도록 내어주었구나'라는 통한의 울부짖음을 증언한다.

참으로 본문이 그려내는 사회경제·종교·정치 상황과 양극화와 불평등 폐해는 눈과 귀를 열고 제대로 보거나 듣기조차 힘든 참혹한 상황이다. 물론, 본문내용은 느헤미야 개인의 감정표현과 자책의 언어로 쓰여졌다. 그렇더라도 이제 유다왕국과 예루살렘성전이 완전히 망해버린 세월이 어언 1백50여년이었다. 바벨론 포로생활에서 귀환한 유대인들에게 유대 땅과 예루살렘의 사회경제·종교·정치 상황은 옛 히브리들의 희년 세상과는 전혀 다른 세상이었다. 더구나 유대 땅은 '젖과 꿀이 흐른다는 가나안에서 가장 척박한 땅'이다. 늘 건조한 지역이어서 농사보다는 목축에 적합한 땅이다. 무엇보다 예루살렘 성은 높은 언덕이라 전쟁에 유리한 군사 요충지이기는 하지만 자급자족이 불가능하다. 만약 유대 땅에 흉년이라도 오면 예루살렘성 풀뿌리 사람들의 굶주림은 배가 될 수밖에 없었다. 또한 당연히 유대 땅과 예루살렘은 페르시아 제국의 식민지이었기 때문에 왕의 세금을 내야만 했다. 본문읽기에서 풀뿌리 사람들은 왕의 세금을 내느라고 땅과 집을 잡히고 돈을 빌렸다고 울부짖었다.

또 한편 유대 땅과 예루살렘 풀뿌리 사람들의 참혹한 사회경제·종교·정치 상황과 폐해의 밑바탕은 고리대금업과 노예제도였다. 고리대금업과 노예제도는 옛 히브리 지파동맹의 희년신앙 행동법규에서 가장 큰 죄악이었다. 본문읽기에서 유대와 예루살렘 풀뿌리 사람들은 거듭되는 흉년과 사회경제·정치 불안정 때문에 시나브로 빈곤의 나락으로 떨어져 내렸다. 이렇듯이 빈곤에 시달리는 사람들에게도 어김없이 페르시아제국 왕의 세금은 면제될 리가 없었다. 가난하고 힘없는 풀뿌리 사람들은 힘 있고 돈 많은 유대인 귀족들과 관리들과 제사장들에게 고리채를 얻어 쓸 수밖에 없었다. 그 고리채 때문에 가진 땅과 집을 모두 빼앗기고 마침내 아들딸들마저 힘 있고 돈 많은 이들에 짓밟히도록 노예로 내어줄 수밖에 없었다.

유대 땅과 예루살렘의 총독 느헤미야

유대와 예루살렘의 풀뿌리 사람들의 울부짖음을 듣고 느헤미야는 크게 분노했다. 유대와 예루살렘의 총독으로서 느헤미야는 스스로에게 더할 나위 없이 화가 났다. 느헤미야는 페르시아제국 왕에게 유대총독으로 공식임명을 받아 예루살렘으로 귀환했다. 이미 예루살렘 성벽공사를 시작한지 한참인데 유대와 예루살렘 풀뿌리 사람들의 참혹한 사회경제·종교·정치 상황과 불평등과 양극화 폐해를 전혀 알지 못했다.

그래서 느헤미야는 스스로를 자책했다. 되짚어보면 느헤미야가 예루살렘 성벽공사를 시작하자마자 외부사람들과 이방인들의 위협과 모함이 마구잡이로 벌어졌다. 예루살렘 성벽이 점점 더 제 모습을 갖춰가면서 사마리아 총독 산발랏과 암몬 땅을 관리하던 도비야가 시비를 걸어왔다. 예루살렘 성 주변지역에서 많은 방해꾼들이 벌떼처럼 들고 일어났다. 물

론 그까짓 방해꾼들이야 닥쳐오는 대로 처리하면 그만이다. 느헤미야를
향한 페르시아제국 왕의 신임이 깊으니 큰 문제가 될 것도 아니었다.

그러나 느헤미야는 유대 땅과 예루살렘 풀뿌리 사람들의 삶의 절망과
고통을 잘 알지 못했다. 이제 자세히 들어보니 유대와 예루살렘의 사회경
제·종교·정치 상황과 불평등과 양극화의 골이 깊어 질대로 깊어진 상황
이었다. 참으로 절박하고 걱정스런 큰 사회경제·종교·정치 문제였다. 느
헤미야는 마음속으로 이 모든 상황을 깊이 헤아리고 판단했다. 이때 본문
은 '내 마음이 나를 깊이 생각하게 해서 대책을 세웠다'^{이말레크 립비 알라이}
라고 표현한다.

사실, 이 문제가 간단하게 해결될 수 있는 문제일까? 느헤미야가 바벨
론포로귀환 유대귀족들과 부자들에게 자기이익과 불로소득을 내려놓으
라고 강요할 수 있을까? 아마도 엄청난 저항을 불러일으킬 수도 있을 것
이다. 차라리 느헤미야가 유대와 예루살렘 총독으로써 풀뿌리 사람들을
억압하고 착취하는 행동이 훨씬 더 쉬울 수도 있었다.

그렇지만 느헤미야는 유대와 예루살렘 풀뿌리 사람들의 참혹하고 고
통스러운 부르짖음을 듣고 마음속에 분노가 들끓었다. 만약 유대총독의
권한을 내세워 강압과 폭력으로 이 상황을 처리한다면 더 큰 혼란에 빠질
수도 있었다. 느헤미야는 유대와 예루살렘 풀뿌리 사람들의 처절한 삶의
상황 때문에 끓어오르는 분노를 스스로 삭여야 했다. 미움과 분노 또는
보복보다는 소통과 연대와 참여의 지혜로움을 이끌어 내야만 했다.

따라서 본문읽기에서 소개하는 느헤미야의 자기고백 문장을 이렇게
바꾸어 번역할 수 있다. 나의 마음이 나를 '다스렸다.'^{이말레크} 느헤미야는
유대와 예루살렘 풀뿌리 사람들의 사회경제·종교·정치 상황과 불평등과
양극화의 골을 메우고 치유하는 방법을 곰곰이 생각했다. 실제로 모세율

법에는 옛 히브리 지파동맹의 희년신앙 행동계약 행동법규들을 고스란히 담고 있었다. 옛 히브리 지파동맹의 희년신앙 행동법규는 이자를 금지한다. 이자와 이익을 얻으려고 과부와 고아와 나그네에게 빚을 놓는 행위는 불법이다. 야훼 하나님께서 선물하신 노느매기 땅을 저당물로 가로채서 독점하는 행위는 큰 죄악이다. 히브리 형제자매를 채무노예로 삼는 것도 불법이다. 도리어 누구라도 나의 생활경제 그늘아래서 사회경제 능력을 잃고 쓰러지는 형제가 없어야한다. 만약 그런 형제가 있다면 얼른 부추겨서 일으키고 동거인처럼 돌보아 주어야 한다. 만약 노예로 팔려왔다 해도 육년 동안만 종으로 부려야한다. 칠년 째에는 반드시 아무런 값도 없이 자유롭게 해방하여 내어보내야 한다. 출애굽기 21-23장, 레위기 25장

그러나 본문읽기에서 예루살렘 유대인 귀족들과 부자들의 삶의 태도는 이방인들의 풍요다산 바알신앙에 딱 들어맞는다. 옛 히브리 지파동맹의 희년신앙 행동계약 전통과는 전혀 맞지 않는다. 나아가 느헤미야와 에스라가 새롭게 연구하고 편집 완성해가고 있는 모세율법을 거스르는 철저한 반신앙 행태다. 그러므로 느헤미야는 유대와 예루살렘의 유대인 귀족들과 관리들과 부자들을 꾸짖지 않을 수 없었다.

당신들은 저마다 자기형제들에게 이자를 받고 고리대금업을 하고 있잖소.

느헤미야가 유대와 예루살렘의 유대인 기득권세력들의 잘못을 꾸짖고 그들의 불로소득을 비판하는 일은 쉽지 않았을 것이다. 그러나 유대인들은 같은 히브리형제에게 돈을 꾸어주고 고리이자를 받아서는 안 된다. 가난하고 힘없는 이들에게 이자와 이윤을 얻으려고 필요와 쓰임 또는 돈과 양식을 꾸어주는 것은 불법이다. 모세율법이나 옛 희년신앙 행동계약

전통을 따른다면 고아와 과부와 나그네 등 사회약자들을 대상으로 고리대금업을 해서는 안 된다. 출애굽기 23:21-25, 신명기 23:19-20 그런데도 유대와 예루살렘의 유대인 귀족들과 부자들은 모세율법 또는 희년신앙 행동계약 행동법규들을 아랑곳 하지 않았다. 가난하고 힘없는 히브리 형제들에게 돈을 꾸어주고 높은 이자를 받았다. 너도나도 '고리대금업노쉬임을 하면서' 불로소득을 얻었다. 가난하고 힘없는 사람들의 삶을 착취하고 빼앗고 쌓아서 독점했다.

내가 그들 때문에 큰 공동체마당을 열었다.

느헤미야는 유대와 예루살렘의 귀족들과 부자들 그리고 모든 풀뿌리 사람들을 함께 불러 모았다. 옛 히브리 지파동맹의 '큰 공동체 마당'케힐라 게돌라을 열었다. 여기서 '케힐라'는 '카할모으다 또는 소집하다'라는 히브리어 동사에서 왔다. 카할은 옛 히브리 지파동맹을 소집하여 거룩한 총회를 연다는 뜻이다. 옛 히브리 지파동맹은 사회경제·종교·정치 정책들과 법규 그리고 책임과 의무를 결의하기 위해 큰 공동체마당을 열어왔다. 실제로 북이스라엘이 떨어져 나가고 남유다 왕국에서는 히브리들의 큰 공동체마당을 열지 않았다. 유다왕국에서는 전쟁 등 위기상황이 아니라면 큰 공동체마당을 소집할 이유가 없었다. 아마도 바벨론 포로시대에는 유대 땅이나 예루살렘에서 케힐라가 열린 일이 거의 없었을 것이다.

느헤미야는 다윗왕조 유다왕국과 예루살렘성전이 멸망한 이후 예루살렘에서 처음으로 유대인 귀족들과 부자들 그리고 풀뿌리 사람을 불어 모았다. 느헤미야는 옛 히브리 지파동맹을 본받아 '케힐라 게돌라'라는 큰 공동체 총회를 열었다. 그리고 모세율법 곧 희년신앙 행동계약 행동법규들을 밝혀서 설명했다. 다윗왕조 유다왕국에서 오래도록 잊혀져온 히브리 지파동맹의 희년신앙 행동법규에 따른 신앙행동을 요청했다.

> "우리는 우리 힘닿는 대로 이방사람들에게 팔린 우리형제 유대사람들을 몸값까지 치르고 구출했소. 그럼에도 불구하고 당신들은 당신들의 형제들을 팔려고 하잖소. 더구나 그들이 우리자신에게 팔리고 있잖소."

본문은 의심할 필요 없이 뚜렷하게 느헤미야 등 예루살렘 귀환공동체가 옛 희년신앙 행동법규들을 다시 살려냈다는 사실을 증언한다. 실제로 느헤미야와 에스라는 자기사재를 털어서 이방사람들에게 노예로 팔려간 히브리형제들을 무르는 노예해방운동을 실천 왔다. 느헤미야와 예루살렘귀환 공동체는 '우리 힘닿는 대로'케데 바누 이방사람들에게 팔린 유대인 노예들의 '몸값을 물어주고 구출했다'고 주장했다. 옛 히브리 지파동맹 희년신앙 행동법규에 따라 '무르는 사람'고엘으로서 희년실천행동을 해왔다고 설명했다.

이와 관련하여 일찍이 아시리아 제국은 북이스라엘을 멸망시킨 후 이방사람들을 대거 사마리아로 이주시켰다. 이어서 유다왕국도 바벨론제국에 멸망당하고 수많은 유대인들이 바벨론포로로 잡혀갔다. 그러면서 유대와 예루살렘에는 북이스라엘 혼혈들과 에돔, 암몬, 모압 등 많은 이방민족들이 몰려들어 함께 살았다. 또한 유대와 예루살렘은 오랫동안 사마리아 총독관할에 맡겨졌다. 그러면서 가난하고 힘없는 히브리 형제들이 이방사람들에게 채무노예로 팔려나갔다.

그런데 이차 예루살렘귀환 유대인들을 이끌었던 에스라는 바벨론으로부터 모세율법과 많은 돈을 가지고 예루살렘으로 귀환했다. 그 후 삼차 예루살렘 귀환공동체를 이끌고 온 느헤미야는 페르시아제국 황제에게 술을 따르는 고위관료로서 황제와 친밀한 관계였다. 느헤미야는 페르시아제국 황제로부터 처음으로 유대와 예루살렘총독으로 임명받았다. 느헤미야와 더불어 예루살렘 귀환공동체가 모세율법 곧 옛 히브리 지파 동맹의 희년신앙 행동법규들을 다시 살려내려는 것은 당연한 일이었다.

이제 느헤미야는 옛 희년신앙 행동법규를 근거로 예루살렘 귀족들과 부자들의 신앙과 삶의 행태를 비판한다.

우리는 이방사람들에게 노예로 팔려간 유대인 형제들을 구출하느라 온 힘을 다했다. 그러나 당신들은 무엇을 했느냐? 당신들은 가난하고 힘없는 유대인 형제들을 고리대금으로 호려서 이방인들에게 노예로 팔아먹지 않았느냐?

이때 본문은 '베감–아템' 그럼에도 불구하고 당신들은이라는 히브리어 문구를 사용한다. 이 문구에는 느헤미야의 마음속으로부터 끓어오르는 분노가 서려 있다. 실제로 느헤미야 등은 모세율법 또는 희년신앙 행동법규에 따라 이방사람들에게 팔린 히브리 형제들을 해방하려고 애썼을 것이다. 그럼에도 불구하고 '예루살렘 귀족들과 부자들은 유대인 형제들을 이방사람들에게 노예로 팔아서' 티무케루 불로소득을 챙겼다. 과부와 고아와 나그네 등 가난하고 힘없는 사람들에게 고리의 빚을 지워 갚지 못하는 상황을 만들었다. 그런 후에 빚을 갚지 못하는 유대 풀뿌리 사람들을 이방사람들에게 노예로 팔아넘겼다. 고리대금업을 통해서 가난하고 힘없는 유대형제들을 사고 팔수 있는 거래물품으로 만들어 불로소득을 챙겼다. 심지어 예루살렘 귀족들과 부자들은 가난하고 힘없는 유대인 형제들을 스스로 노예로 삼아 부려먹는 일에 거침이 없었다. 느헤미야는 정말 화가 치밀어서 예루살렘 귀족들과 부자들의 반 신앙 반인권행태를 꾸짖었다.

"더구나 유대인 형제들이 우리 자신에게 팔리고 있잖소."

유대와 예루살렘의 귀족들과 부자들은 아무 말도 못하고 꿀 먹은 벙어리처럼 가만히 있었다. 그들이 한마디도 변명할 말을 찾지 못했다. 느헤미야는 더 거세고 사납게 예루살렘 귀족들과 부자들의 반신앙 행태를 따지고 몰아붙였다.

"당신들이 하는 이 일은 선하지 않소. 우리의 원수 이방민족들의 비난 때문이라도, 당신들은 우리 하나님을 경외하며 뒤따라야 하지 않겠소?"

예루살렘 성전건설과 예루살렘 성벽재건으로 인한 갈등

페르시아 제국은 모든 식민지의 종교들과 종교의식을 되살림으로써 식민지역을 안정시켜서 분쟁 없이 통치하려고 했다. 바벨론제국이 없애버린 제국 내 모든 종교들을 부활시키고 다양한 종교의식들을 다시 되살리는 것이 페르시아 제국의 종교정책이었다. 여러 민족들의 종교와 종교의식들을 부활시킴으로써 페르시아 제국의 평화와 번영과 안정을 위해 기도하도록 했다. 페르시아제국 고레스왕은 재위 1년 만에 예루살렘성전건설과 종교의식을 재건하도록 조서를 내렸다. 고레스왕은 바벨론제국의 곳간에 쌓아놓은 옛 예루살렘성전 기구들을 스룹바벨에게 내어주었다. 스룹바벨이 예루살렘으로 돌아가서 성전과 종교의식을 재건하도록 힘을 북돋았다.

그런데 스룹바벨이 예루살렘 성전건설을 시작하자 사마리아 사람들도 성전건설에 참여하겠다고 나섰다. 자신들도 야훼 하나님을 섬기고 있으니 예루살렘 성전건설에 함께 참여할 권리가 있다고 주장했다. 그러나 스룹바벨 등 예루살렘귀환 유대인 공동체는 사마리아 사람들의 요구를 단호히 거절했다. 그러면서 사방에서 성전건설 대항자들이 나타났다. 그렇게 수많은 훼방꾼들의 온갖 방해를 무릅쓰고 기원전 5백15년 예루살렘에서 스룹바벨 성전이 완성되었다.

그 후 세월이 흘러 기원전 4백44년 페르시아제국 고위관료출신으로써 느헤미야가 예루살렘으로 귀환했다. 느헤미야는 페르시아제국 아닥사스 왕으로부터 유대총독으로 임명받았고 예루살렘 성벽건설도 허락받았다. 그러나 여전히 느헤미야와 유대인들은 예루살렘 성벽건설 때문에 주변이방인 세력들로부터 위협을 당하고 있었다. 느헤미야와 예루살렘 유대인들을 위협하는 주요 인물들은 산발랏과 도비야와 세겜이었다. 산발랏은 사마리아 총독으로써 느헤미야가 유대총독으로 부임하기 전까지 유대 땅과 예루살렘을 다스렸다. 산발랏은 예루살렘 귀족들과 부자들에게 느헤미야를 모함하는 공개편지를 보내기도 했다. 느헤미야가 페르시아 제국을 배반하고 유대 왕을 꿈꾸고 있다며 예루살렘 귀족들과 부자들을 선동했다.

암몬사람 도비야는 암몬의 총독이었거나 고위관료였을 것이다. 그런데 도비야는 야훼신앙 또는 여호와신앙 전통을 이어왔을 수도 있다. 왜냐하면 '토비야'라는 그의 이름이 '야훼는 선하시다'라는 뜻이기 때문이다. 실제로 도비야는 예루살렘 귀족들과 혼인관계를 맺었다. 또한 그들과 편지를 주고받으며 그들을 스파이로 이용하기도 했다. 심지어 예루살렘 스룹바벨 성전 안에는 도비야를 위한 큰 방이 마련되어 있었다. 느헤미야가 이 일을 알게 된 후에는 도비야의 세간을 모두 내다버리고 제사장들을 위한 공간으로 되돌렸다. 느헤미야 13장

아라비아 사람 게셈은 아마도 대 상인이었을 것이다. 그런데 느헤미야

가 유대총독으로 부임하고 예루살렘 성벽재건 등으로 예루살렘성의 지정학위치가 강화되기 시작했다. 성서학자들은 '게셈도 자기 상업이익을 빼앗기지 않으려고 노력했을 것'이라고 생각한다.

이런 상황에서 느헤미야는 유대와 예루살렘 유대인 귀족들과 부자들이 모세율법 또는 옛 희년신앙 행동계약 전통을 따르지 않는 것을 '선하지 않다'로-토브고 꾸짖었다. 본문읽기의 문맥을 좇아 읽으면 '옳지 않다 또는 유리하지 않다'라고 이해할 수 있다. 왜냐하면 느헤미야가 예루살렘 귀족들과 부자들의 반신앙 행태에 대한 이방세력들의 비난과 조롱을 염려했기 때문이다. 이방세력들이 예루살렘 귀족들과 부자들의 반신앙 행태를 비난하며 페르시아 제국에 고발할 수도 있었기 때문이다. 실제로 유대인들이 자기종교에 대한 반신앙 행태를 보임으로써 예루살렘성전과 성벽건설의 당위성과 위상位相이 훼손될 될 수 있었다. 페르시아제국도 예루살렘성전과 성벽재건 자체를 페르시아제국의 종교정책에 반하는 것으로 판단 할 수 있었다.

다시 희년신앙 행동계약으로

이제야말로 느헤미야는 의심의 여지없이 뚜렷하게 그리고 힘 있게 자신의 뜻을 밝혔다. 그리고 야훼 하나님 앞에서 다시 희년신앙 행동계약 행동법규에 따른 실천행동을 제안했다. 그것은 바로 희년신앙 행동법규 또는 모세율법를 따라 과부와 고아들에게 해를 끼치지 않는 것이었다. 이웃을 사랑하고 사회경제약자들을 보호하며 돕는 것이었다. 옛 히브리 지파동맹의 희년신앙 행동법규를 따라 빚 탕감과 노예해방을 선포하는 것이었다.

"나도 내 형제와 내 아랫사람들도 그들에게 돈과 곡식을 주었소. 바라건대 우리가
그 빚을 포기합시다."

이때 본문읽기에서 느헤미야는 '바라건대 우리가 그 빚을 포기합시
다'나아즈바-나라고 제안한다. 느헤미야는 모세율법 곧 옛 희년신앙 행동
법규들에 따라 예루살렘 귀족들과 부자들에 앞서서 본보기로 나선다. 실
제로 느헤미야는 12년 동안 유대와 예루살렘의 총독자리에 있었다. 그동
안 느헤미야는 총독으로써 임금을 한 푼도 받지 않았다. 총독으로써 임
금을 핑계로 풀뿌리 사람들로부터 더 많은 세금을 뜯어 낼 수 있었다. 그
러나 그는 그렇게 하지 않았다. 오히려 느헤미야는 사재를 털어서 예루살
렘 풀뿌리 사람들과 매일 밥상공동체를 벌였다. 느헤미야는 유대와 예루
살렘 풀뿌리 사람들과 함께 소통하고 연대하는 일에 힘썼다.느헤미야 5:14-
19

이와 관련하여 출애굽기 21잘 1절에서 11절 본문은 옛 히브리 지파동
맹의 희년신앙 행동법규로써 '빚 탕감과 노예해방'을 지시한다. 출애굽
기 22장 21절에서 27절 본문은 '이자금지와 사회경제약자 돌봄'을 지시한
다. 출애굽기 23장 1절에서 9절 본문은 '사법정의와 사회공동체 규약'을
지시한다. 출애굽기 20장 8절에서 11절 본문은 '쉼이 있는 노동제도'를
지시한다. 출애굽기 23장 10절에서 13절 본문은 '안식년제도'를 지시한
다. 레위기 25장 23절에서 24절 본문은 '토지는 하나님의 것'이라는 희년
신앙 토지공공성 행동법규를 증언한다.

이렇듯이 본문읽기에서 느헤미야는 '다시 희년신앙 행동서사를 잇다'
라는 본문읽기 신앙주제의 실체를 증언한다.

나도 내 형제도 예루살렘 풀뿌리 사람들에게 돈도 꾸어주고 곡식도 꾸

어주었소. 내 아랫사람들도 풀뿌리 사람들에게 쓰임과 필요들을 빌려주었소. 바라건대 우리가 '그 빚을 포기 합시다'라고 제안한다.

여기서 우리말 성서는 본문에서 '빚'이라는 의미로 사용한 '마쇼'라는 히브리어 낱말을 '이자'라고 번역했다. 또한 '그 빚을 포기 합시다'라는 말을 '이자 받기를 그치자'라고 번역했다. 그러나 본문읽기에서 사용된 히브리어 동사 '아자브'는 '포기하다 또는 내버리다'라는 뜻이다. 따라서 우리말 성서의 번역은 오역에 가깝다. 실제로 본문읽기에서 느헤미야가 유대와 예루살렘의 유대인 귀족들과 관료들과 부자들에게 퍼붓는 꾸짖음은 한껏 분노가 어렸다. 또한 그들에게 빚 탕감을 제안하는 느헤미야의 태도가 딱 부러지게 엄하다. 그래서 느헤미야는 옛 히브리 지파동맹 전통에 따라 유대 땅 모든 풀뿌리 사람들을 불러 모아 한마당 큰 유대인 공동체 총회를 열었다. 또 더 나아가 느헤미야는 예루살렘 귀족들과 부자들에게 '더 크게, 더 많이 내어놓으라'고 요청하며 제안한다.

"당신들이 제발 그들에게 오늘이라도 그들의 밭들과 그들의 포도원들과 그들의 올리브나무 농장들과 그들의 집들을 되돌려줍시다. 그리고 당신들이 그들에게 '빚으로 놓은 것들' 곧 돈이나 곡식이나 새 포도주나 기름을 포기합시다."

이때 본문은 '하쉬부 나'제발 되돌려줍시다라는 히브리 동사구를 사용한다. 빚을 포기하는 것뿐만 아니라 '빚을 주고 저당 잡았거나 빼앗은 밭들과 포도원들과 올리브나무 농장들과 집들'을 되돌려 주라고 요청한다. 느헤미야는 매우 진실하고 엄하게 모세율법 곧 희년신앙 행동법규로써 온전한 빚 탕감을 다시 제안한다. 또 이자뿐만 아니라 빚으로 놓은 것들 곧 돈이나 곡식이나 포도주나 기름을 모두 포기하자고 요청한다. 더욱이나 히브리 형제를 노예로 팔거나 노예로 삼는 것을 절대금지 한다(레위기 25:39-42) 무엇보다도 느헤미야가 소집한 유대와 예루살렘 유대인총회에서는 '모든 것들을 되돌려 주자'고 제안한다. 그런데 앞에서처럼 우리말 성서번역의 오해를 지적하지 않을 수 없다. 우리말 성서는 느헤미야 5장 11절을 한 문장으로 묶어서 '돌려보내라'라고 번역했다.

> "그런 즉 너희는 오늘이라도 그 밭과 포도원과 감람원과 집이며 취한바 돈이나 곡식이나 새 포주나 기름의 백분의 일을 돌려보내라 하였더니"

어떤 목회자들은 우리말 성서의 위 문장을 '연 12%의 고리이자를 감면해서 되돌려주는 빚 탕감제안'이라고 해석한다. 참으로 이해하기 어려운 번역이고 해석이다. 본문읽기에서 느헤미야가 솟구치는 분노의 언어로 외치는 '다시 희년신앙 행동서사를 잇자'라는 뜻을 깡그리 무시하는 번역이고 해석이다. 그러나 의심의 여지없이 뚜렷하게 위 문장은 문맥에 따라 두 개의 문장으로 나누어 번역해야 한다. 그런데 느헤미야 5장 11절 두 개의 문장에서는 '돌려주다'(슈브)라는 동사하나만 사용한다. 하지만 두 번째 문장에서는 '빚으로 놓은 것들'이라는 뜻의 '노쉼'이라는 히브리어 분사를 사용한다. 따라서 이 분사의 쓰임 때문이라도 두 번째 문장 속에서 동사역할은 앞선 10절에서 '포기하다'라는 동사 '아자브'가 받는 것으로 이해해야 한다.

> "당신들이 제발 그들에게 오늘이라도 그들의 밭들과 그들의 포도원들과 그들의 올리브 나무 농장들과 그들의 집들을 되돌려줍시다. 그리고 당신들이 그들에게 빚으로 놓은 것들 곧 돈이나 곡식이나 새 포도주나 기름을 포기합시다."

더 큰 오해는 두 번째 문장에서 '메아트'백분의 일라는 히브리어 낱말 번역이다. 이 낱말은 '불변화사 에트~을 + 전치사 민~부터'로 이루어진 낱말인데 '~을 또는 ~로부터'라는 목적격 조사로 번역해야한다. 우리말성서는 이 낱말을 숫자 '백'을 의미하는 히브리어 낱말 '메아'의 연계형 '메아트'로 오해했다. 그래서 이 낱말을 '백분의 일'이라고 번역했다. 이에 따라 우리말 성서는 '그들의 밭들, 포도원들, 올리브농장들, 집들, 돈이나 곡식, 새 포도주나 기름을 백분일 씩 돌려보내자'라고 번역했다.

이처럼 우리말 성서번역과 해석은 본문읽기에서 느헤미야가 부르짖는 '다시 희년신앙 행동서사를 잇자'라는 뜻을 크게 훼손한다. 실제로 느헤미야는 북이스라엘이 망하고 유다왕국마저 망한 후 오랜 바벨론 포로시대를 보내고 예루살렘으로 귀환하였다. 느헤미야는 참으로 까마득했던 옛 히브리 지파동맹 시절에나 열렸음직한 유대인 공동체의 거룩한 총회를 열었다. 유대 땅과 예루살렘의 귀족들과 부자들과 모든 풀뿌리 사람들을 불러 모아 옛 히브리 지파동맹 때처럼 '다시 희년신앙 행동서사'를 이었다. 이 총회는 유대 예루살렘 귀족들과 풀뿌리 사람들이 까마득히 잊었던 '모세율법 곧 희년신앙 행동법규들'을 다시 되살리는 총회였다. 모세율법에서나 또는 희년신앙 행동법규에서나 '여러분이 빼앗은 것들 가운데서 백분의 일씩 돌려줍시다' 따위의 내용은 단 한마디도 없다.

실제로 에스라와 느헤미야가 유대 땅과 예루살렘에서 활동한 내용은 모세율법 또는 희년신앙 행동법규들을 강조하며 삶으로 지켜내도록 독려하는 것이었다. 어쩌면, 히브리 성서 역사에서 에스라와 느헤미야의 활동이 없었다면 희년신앙 행동계약 행동법규들의 맥이 끊겼을지도 모를 일이다.

그러자 그들이 화답했다

느헤미야는 유대인들의 거룩한 총회에서 예루살렘 귀족들과 부자들과 모든 풀뿌리 사람들에게 '다시 희년신앙 행동서사를 잇자'라고 제안했다. 유대 땅과 예루살렘 성 모든 풀뿌리 주민들이 다함께 한 목소리로 화답했다.

"우리가 되돌려 주겠습니다. 그리고 우리가 그들에게 요구하지 않겠습니다. 당신이 말씀하신 것을 따라 우리가 그대로 행동하겠습니다."

이때 본문은 '우리가 그들에게 요구하지 않겠습니다'라는 뜻의 '로 네바케쉬'라는 히브리어 동사구를 사용한다. 유대 땅과 예루살렘 귀족들과 관료들과 부자들이 '그들에게 요구하지 않겠다'라고 선언한 것은 참다운 회개이며 새로운 부흥이다. 예루살렘 귀족들과 관료들과 부자들은 가난하고 힘없는 히브리 형제들을 고리대금업으로 유혹해서 돈과 땅과 집을 빼앗았다. 빚을 갚지 못하는 히브리 형제들을 이방인들에게 노예로 팔거나 자기 종으로 삼았다. 이제 귀족들과 부자들은 한 목소리로 '모든 불로소득을 다 되돌려주고 다시는 요구하지 않겠다'고 맹세했다. 이때 사용한 히브리어 동사 '바카쉬'는 사람의 '욕구와 욕망 또는 탐욕'과 관련된 동사다. 따라서 '다시는 그들에게 요구하지 않겠다'는 맹세는 자기욕망과 탐욕을 포기하는 선언이다. 예루살렘 귀족으로써 또는 부자로서 자기욕망과 탐욕을 포기하겠다는 '사회경제·종교·정치 공동체 회개이며 부흥'이다. 모세율법 또는 옛 히브리 지파동맹 희년신앙 행동법규에 따른 히브리 형제애의 회복이다.

"그래서 내가 제사장들을 불러서 그 말처럼 행동할 것을 그들에게 맹세시켰다. 또한 '내가 내 옷자락을 털며' 말했다. 하나님께서 이와 같이 그 말을 지키지 않는 모든 사람을 털어낼 것이오. 하나님께서 그의 집으로부터, 그의 일터로부터 이와 같이 털어내실 것이오. 그래서 빈털터리가 되게 하실 것이오."

마침내 새로 지은 스룹바벨 성전 제사장이 유대 땅과 예루살렘 풀뿌리 사람들의 거룩한 총회 앞에 섰다. 그리고 느헤미야와 유대 풀뿌리 사람들이 '다시 세우는 희년신앙 행동계약 행동법규'을 집전했다. 유대 땅과 예루살렘 귀족들과 관료들 그리고 부자들과 풀뿌리 사람들이 다함께 맹세했다. 모든 사람들이 다함께 야훼 하나님 앞에서 제사장의 제의를 통해 되돌릴 수 없는 '다시 희년신앙 행동계약'을 세웠다. 이렇듯이 모든 계약에는 계약조건들이 주어지고 계약의 주체들에게 책임과 의무가 발생한다. 계약을 파기한 사람들에게는 징벌이 뒤따른다. 과거 유다왕국 시드기야 왕과 귀족들과 부자들은 야훼하나님 앞에서 맺은 '빚 탕감과 노예해방 계약'을 되돌렸다. 그 징벌로써 시드기야 왕과 귀족들과 부자들 그리고 유다왕국과 예루살렘 성과 성전이 처참하게 멸망당했다. 더 멀리 유대 사람들의 조상 옛 히브리 지파동맹도 희년신앙 행동계약 행동법규들을 배신함으로 그 흔적도 없이 사라져버렸다.

이와 관련하여 느헤미야는 '다시 희년신앙 행동계약'을 세운 유대인 공동체 총회에서 '자기 옷자락을 털어내는' 호츠니 나아르티 퍼포먼스를 벌였다. 그럼으로써 유대와 예루살렘 귀족들과 관료들과 부자들에게 계약 위반 징벌을 경고했다. 이때 '옷자락'을 표현하는 히브리어 낱말의 원형이 '호첸'인데 '품 또는 가슴'이라는 뜻이다. 여기서 옷자락이란, 허리띠로 둘러맨 겉옷의 윗부분인데 옷자락을 벌려서 큰 가슴주머니를 만들 수 있었다. 실제로 유대목동들은 그 큰 가슴주머니로 어린양을 싸안아 보호했다. 이사야 40:11 느헤미야는 '다시 희년신앙 행동계약'을 배신하는 사람을 '큰 가슴주머니 안에서 보호받던 어린양을 털어내듯' 야훼 하나님께서 내팽개칠 것이라고 경고했다. 그러므로 느헤미야는 본문읽기에서 '다시 희년신앙 행동계약'을 배신하는 사람들은 자기 집과 일터를 몽땅 털려서 빈털터리가 될 거라고 경고한다. 이때 본문이 사용하는 '레크'라는 낱말의 뜻은 '바싹 마른 또는 여윈'이라는 뜻이다. 한마디로 유대와 예루살렘의 사회경제·종교·정치 공동체에서 쫓겨나 어디로도 갈 곳 없는 처량한 신세가 될 거라는 이야기다.

> "온 공동체가 '아멘'이라고 화답했다. 그들이 야훼를 찬양했다. 그리고 풀뿌리 사람들이 그말대로 행동했다."

이렇듯이 유대와 예루살렘의 귀족들과 관료들과 부자들과 모든 풀뿌리 사람들이 '거룩한 총회'로 모였다. 그래서 '다시 희년신앙 행동계약'을 맺었다. 또한 모두가 함께 야훼를 찬양했다. 되짚어 보면, 기원전 7백22년 북이스라엘이 아시리아 제국에 멸망하고 기원전 5백87년 남유다왕국이 바벨론제국에 멸망당했다. 그리고 3백여 년이 흘러 예루살렘에서 '다시 희년신앙 행동계약'이 재현되는 놀라운 기적이 일어났다. 아마도 이러한 기적의 밑바탕은 느헤미야와 에스라 등 모세율법 곧 희년신앙 행동법규전통을 향한 열정과 헌신이었을 것이다. 느헤미야와 에스라는 모세율법 또는 옛 히브리 지파동맹 희년신앙 행동법규들에 대한 철저한 본보기를 보였다.

그러므로 느헤미야가 유대와 예루살렘 풀뿌리 사람들의 고통과 절망을 이해하고 소통하며 연대하지 않았다면 '다시 희년신앙 행동서사를 잇자'라는 약속은 없었을 것이다. 또한 느헤미야가 자기이익을 포기하는 빚탕감 본보기를 보이지 않았다면 예루살렘 귀족들과 부자들의 회개와 부흥도 일어나지 않았을 것이다. 나아가 유대와 예루살렘 풀뿌리 사람들의 '다시 희년신앙 행동계약 재현'이 없었다면 21세기 예수신앙인들에게도 희년신앙 행동서사를 바랄 수 없었을 것이다.

그러나 본문읽기에서 느헤미야와 예루살렘 모든 풀뿌리 사람들의 '다시 희년신앙 행동계약 재현'은 오히려 한 가지 빼먹은 것이 있다. 그것은 바로 유대와 예루살렘 모든 풀뿌리 사람들의 가난과 빈곤의 핵심문제인 페르시아제국 왕의 세금문제 해결이었다. 페르시아제국 왕의 세금문제는 한마디 말도 꺼내지 못했고 해결방법을 내어놓지도 못했다. 사실 이 문제는 21세기 지구촌 제국주의 독점금융, 독점경제, 독점권력 등 모든 상황에서 똑 같다. 지구촌 제국주의 지배체제 북반구 나라들이 누리는 독점부와 권력으로 인해 지구촌 남반구 풀뿌리 사람들이 가난과 절망 속에서 허덕인다. 지구촌 제국주의 패권경쟁에 휩쓸리는 작은 나라들은 전쟁과 피 흘림의 고통 속에서 헤어나지 못한다. 지구촌 제국주의 전쟁과 지구촌 초과소비 때문에 지구촌 풀뿌리 사람들이 가난의 나락으로 떨어진다. 21세기 지구촌 제국주의 패권권력과 전쟁과 착취를 해결하지 못한다면, 온전한 희년세상은 아직 미완성이다.

15. 남은 자 신앙 그리고 그루터기 신앙

열왕기상 19:1-18, 이사야 11:1-9, 6:13

본문읽기 1. 남은 자 신앙 열왕기상 19:1-18

아합왕이 이세벨에게 '엘리야가 벌인 모든 일들과 그가 칼로 바알의 모든 예언자들을 도살한 사실'을 알렸다. 그러자 이세벨이 엘리야에게 사자를 보내어 경고했다.

> "이와 같이, 신들이 행동하시고 또 이렇게 더하시리라. 참으로 내일 이맘때까지, 내가 네 목숨을 바알예언자들 중 한사람의 목숨과 같게 하리라."

엘리야가 상황을 알고 일어나 자기 목숨을 구하려고 도망쳤다. 그는 유대 땅에 속한 브엘세바로 들어가 거기에 자기 시종을 남겨두었다. 그리고 그는 광야로 들어가서 하루 길을 달려 한 로템나무 아래 주저앉았다. 그는 자신의 목숨 줄을 끊어달라고 간청하며, 외쳤다.

> "야훼여, 이제 충분합니다. 제 목숨을 거둬주십시오. 참으로, 저는 제 조상들보다 나을 것이 없습니다."

그러다가 엘리야는 홀로 로템나무 아래 누워 잠이 들었다. 자, 그런데 보라. 천사가 그를 어루만지며 그에게 속삭였다.

"일어나 먹어라."

엘리야가 퍼뜩 눈을 뜨고 바라보았다. 보라, 그의 머리맡에 불에 달군 돌 위에서 구워낸 떡과 물이 있지 않은가. 엘리야는 떡을 먹고 물을 마셨다. 그리고 주저앉아 누웠다. 그러자 야훼의 사자가 다시 돌아와서 엘리야를 어루만지며 말했다.

"일어나 먹어라. 참으로 너의 길이 멀다."

엘리야가 일어나 먹고 마셨다. 그리고 그 먹은 힘으로 밤낮 사십일 동안 하나님의 산 호렙까지 걸어갔다. 엘리야가 한 동굴에 들어가 거기서 밤을 샜다. 그런데 보라, 야훼의 말씀이 그에게 들려왔다. 야훼께서 엘리야에게 말씀하셨다.

"엘리야야. 왜, 네가 여기에 있느냐?"

엘리야가 대답했다.

"저는 만군의 하나님 야훼를 열렬히 옹호 했습니다. 왜냐하면 이스라엘 자손들이 당신과 맺은 계약을 잊었기 때문입니다. 그들은 당신의 제단을 헐었을 뿐만 아니라, 당신의 예언자들을 칼로 쳐 죽였습니다. 그리고 오직 나만 홀로 남겨졌습니다.

그들이 내 생명마저 취하려 쫓아옵니다."

다시 야훼께서 말씀하셨다.

"너는 나가서 야훼 앞, 산에 서라."

그런데 보라. 야훼께서 지나가시는데 크고 강한 바람이 일어나 야훼 앞에 있는 산들을 쪼개고 바위들을 부수었다. 그러나 바람 속에 야훼가 계시지 않았다. 또한 바람 후에 지진이 일어났으나 지진 속에 야훼께서 계시지 않았다. 이어서 지진 후에 불이 일어났으나 불속에도 야훼께서 계시지 않았다. 그런데 불 뒤에 잔잔하고 여린 소리가 있었다. 엘리야가 듣고 그의 겉옷으로 얼굴을 가리고 나가서 동굴 어귀에 섰다. 보라, 엘리야에게 한 소리가 들려와 말씀하셨다.

"엘리야야. 왜, 네가 여기 있느냐?"

엘리야가 말했다.

"저는 만군의 하나님 야훼를 열렬이 옹호했습니다. 왜냐하면 이스라엘 후손들이 당신과 맺은 계약을 잊었기 때문입니다. 그들은 당신의 제단을 헐었을 뿐만 아니라 당신의 예언자들을 칼로 쳐 죽였습니다. 그리고 오직 나만 홀로 남겨졌습니다. 그들이 내 생명마저 취하려고 쫓아옵니다."

야훼께서 엘리야에게 말씀하셨다.

"네 길을 광야로 돌이켜 다메섹으로 가라. 너는 가서 하자엘에게 기름을 부어 아람 위에 왕으로 세워라. 또한 님시의 아들 예후에게 기름을 부어 이스라엘 위에 왕으로 세워라. 그리고 아벨므홀라 출신 사파트의 아들 엘리사에게 기름을 부어 네 뒤를 이을 예언자로 세워라. 하자엘의 칼로부터 살아난 자는 예후가 죽일 것이고 예후의 칼로부터 살아난 자는 엘리사가 죽일 것이다.

그러나 내가 이스라엘 안에 칠천 사람을 남겨 놓았다. 그 모든 무릎들이 바알을 향하여 꿇지 않은 무릎들이다. 그 모든 입술이 바알에게 입 맞추지 않은 입술이다."

본문읽기 2. 그루터기 신앙 이사야 11:1-9

이새의 그루터기로부터 새싹이 나온다.

그루터기의 뿌리들로부터 나온 가지가 열매를 맺을 것이다.

야훼의 영이 그 위에 내리신다.

지혜와 통찰의 영

연대와 힘의 영

지식과 야훼를 경외敬畏하게 하는 영이다.

그러므로 야훼의 즐거움은 야훼를 경외하는 것 안에 있다.

야훼께서는 그의 눈에 보이게 하는 것만을 따라서 재판하지 않으신다.

그의 귀에 들리게 하는 것만을 따라서 편들지 않으신다.

힘없는 이들을 정의로 재판하신다.

땅의 비천한 이들을 진실하게 재판하신다.

그의 입술에 물린 막대기만으로도 땅을 때려 부수신다.

그의 입김만으로도 악인을 죽이신다.

정의가 그의 허리띠이다.
진실이 그의 무장武裝의 띠이다.

그때에, 늑대와 어린양이 함께 자리 잡고 살며
표범이 새끼염소와 함께 누우며
송아지와 젊은 사자와 살찐 가축이 함께 있어
어린 아이가 그들을 몰고 다니리라.
암소와 곰이 함께 초원에서 풀을 뜯으며
그들의 새끼들이 함께 누우며
사자가 소처럼 여물을 먹으리라.
젖먹이는 독사 굴에서 장난질 하며
젖 뗀 아이는 독사 굴에 그의 손을 넣으리라.
그들이 서로에게 악을 행하지 않으며
서로 망하게 하지도 않으리라
나의 모든 거룩한 산에서.

참으로 이것은,
그 땅이 야훼를 아는 지식으로 가득하기 때문이다,
바다를 덮는 물처럼.

본문읽기 3. 그루터기 이사야 6:13

아직 그 땅에 십분의 일이 남아 있다 해도 도리어 그것이 돌이켜 불쏘시개가 될 것이다. 그러나 잘려 넘어진 밤나무와 상수리나무처럼 나무들의 그루터기는 남아 있을 것이다. 그 땅의 그루터기가 거룩한 씨다.

본문풀이

남은 자 신앙, 다시 야훼의 산 앞에 서다

갈멜산 대회전의 승리는 카리스마 넘치는 야훼 하나님의 예언자 엘리야의 잠시잠깐 영웅담이었을 뿐이다. 실제로 엘리야는 갈멜산 대결의 통쾌한 승리에도 불구하고 바알신앙으로 돌아선 북이스라엘 히브리 지파동맹 풀뿌리 사람들을 희년신앙 행동계약전통으로 돌이키는 일에 실패했다. 도리어 엘리야의 갈멜산 승리로 인해 더 악독하고 험악한 탄압이 북이스라엘 곳곳으로 몰아쳤다. 바알신앙의 열렬한 수호자인 이세벨은 폭력과 죽임과 탄압으로 엘리야의 뒤를 쫓았다. 북이스라엘 풀뿌리 사람들도 하나같이 엘리야를 거부하였다.

불꽃같은 야훼의 예언자 엘리야의 번아웃 증후군

본문읽기에서 갈멜산 대회전大會戰이후의 엘리야 이야기는 놀라운 반전을 맞이한다. 갈멜산 대결 이후 엘리야의 상황을 다룬 본문이야기는 17장과 18장의 '엘리야 이야기'와 사뭇 다르다. '갈멜산 대회전'에서 카리스마 넘치던 영웅 엘리야는 간데없고 너무도 낯선 엘리야 이야기가 전개된다. 이런 상황변화 때문에 본문이야기를 '신명기학파 역사편집자들의 창작'으로 이해하는 성서학자들도 많다. 따라서 본문은 북이스라엘 풀뿌리 사람들 사이에서 떠돌던 엘리야 영웅설화에 대한 신학 수정작업이라고 할 수 있다. 풀뿌리 사람들의 영웅주의 예언신앙 설화에 대한 새로운 신학반성이며 깨달음이라고 이해할 수 있다. 이제 본문내용을 좀 더 자세히 들여다보기로 한다.

갈멜산 대회전 이후 엘리야는 두려움과 절망에 휩싸여 북이스라엘 땅에서 도망쳤다. 그리고 남유다왕국에 속한 땅 브엘세바로 들어가 숨었다. 그러고도 엘리야는 두려움과 절망감을 떨쳐내지 못했다. 엘리야는 자신의 시종을 브엘세바에 남겨서 북이스라엘 상황을 살피게 한 후 다시 광야로 도망을 쳤다. 엘리야는 하루 온종일 광야 길을 내달아 어떤 외진 곳 로템나무 아래서 지쳐 쓰러졌다. 두려움과 절망에 지친 엘리야는 야훼 하나님께 죽게 해 달라고 간청했다.

"야훼 하나님, 이제 저는 할만큼 했고 살만큼 살았습니다. 제 목숨을 거두어 주십시오. 저는 다른 누구보다도 잘난 것 없는 무지렁이입니다. 이제 저는 지쳤습니다."

야훼 하나님은 이런 엘리야에게 당신의 천사를 보내서 어루만지며 힘을 내게 하셨다. 엘리야는 두려움과 절망의 자리에서 야훼 하나님의 위로와 은총의 손길을 통해 새 힘을 얻었다. 그리고 야훼 하나님을 향해 나아갔다. 마침내 엘리야는 옛 히브리 해방노예들이 야훼 하나님과 함께 희년 신앙 행동계약을 맺었던 '호렙산'에 이르렀다. 여기서 호렙산은 야훼 하나님께서 히브리 해방노예들에게 십계명을 주셨던 곳이다.출애굽기 3장 그래서 계명誠命산이라고 부르기도 하는데, 성서학자들은 시나이산과 호렙산을 같은 산이라고 이해한다.

다시 야훼의 산 앞에 서다.

엘리야는 마침내 호렙산에서 히브리들의 해방과 구원세상을 열고 지키시는 야훼 하나님을 만났다. 그런데 갈멜산 대회전의 영웅이며 카리스마 넘치는 예언자 엘리야가 만난 야훼 하나님은 전혀 상상할 수 없는 분이셨다. 그래서 너무도 놀랍고 신비했다. 엘리야는 산을 쪼개고 바위를 부수는 폭풍 속에서 야훼 하나님을 찾을 수 없었다. 또한 땅을 가르는 지진 속에서도, 무엇이든 삼켜버리는 강력한 불길 속에서도 야훼 하나님을 찾을 수 없었다. 그런데 폭풍과 지진과 불길 뒤에 '잔잔하고 여린 소리'콜 데마마 카가 있었다. 이때 본문이 사용한 '데마마'라는 히브리어 낱말은 '잔잔함, 속삭임, 살랑거림'이라는 뜻이다. 또 '닥카'라는 낱말은 '보드랍게 빻은, 연한, 여린'이라는 뜻이다. 참으로 21세기 성서독자들도 이런 이미지의 야훼 하나님은 상상 밖일 것이다. 사실, 어떤 성서독자라도 성서 속에서 만나는 다양한 하나님의 이미지를 한통으로 만나서 이해하기는 쉽지 않다. 엘리야는 너무도 낯선 그 소리를 따라 동굴 어귀로 나가서 참으로 새로운 야훼 하나님을 경험할 수 있었다.

실제로 엘리야는 영웅이었고 카리스마 넘치는 야훼 예언자였다. 그런 엘리야에게 야훼 하나님께서 크고 강한 힘으로 힘차게 자신을 드러내지 않으신다는 사실은 너무도 놀라운 체험이었다. 무엇보다도 더 놀라운 것은 야훼 하나님께서 아주 잔잔하고 여린 소리로 엘리야를 찾아 오셨다는 사실이다. 엘리야는 폭풍 같은 열정과 카리스마로 바알신앙에 맞서서 해방과 구원, 정의와 평등세상을 여는 희년신앙 행동계약 전통을 지켜왔다. 엘리야에게는 잔잔하고 여린 소리로 찾아오시는 야훼 하나님이 너무도 낯설었다. 엘리야는 너무도 낯선 상황에 깜짝 놀라 자신의 겉옷으로 얼굴을 가리고 야훼 하나님 앞에 나섰다. 그때 야훼 하나님은 엘리야에게 부드럽고 연한 소리로 이렇게 말씀 하셨다.

"엘리야야. 왜, 네가 여기 있느냐?"

그 연하고 잔잔한 목소리로 야훼하나님께서 엘리야에게 묻는 물음은 도리어 사람의 존재성을 묻는 묵직한 질문이었다. 태초에 첫 사람 아담에게 하신 말씀 '사람아, 너는 어디 있느냐'라는 물음과 무겁게 교차한다. 그렇다면 본문에서 '엘리야야, 왜, 네가 여기 있느냐'라고 묻는 야훼 하나님의 물음은 어떤 의미일까? 엘리야는 스스로의 낙심과 절망감을 더해서 이렇게 대답했다.

> "저는 만군의 하나님 야훼를 열렬히 옹호 하였습니다. 왜냐하면 이스라엘 후손들이 당신과 맺은 계약을 잊었기 때문입니다. 그들은 당신의 제단을 헐었을 뿐만 아니라, 당신의 예언자들을 칼로 쳐 죽였습니다. 그리고 오직 저만 홀로 남겨졌습니다. 그들이 내 생명마저 취하려 쫓아옵니다."

여기서 불꽃같은 희년신앙 행동계약 전통지킴이 엘리야의 '번아웃 이유'를 세 가지 정도로 꼽아볼 수 있다. 하나는, 엘리야가 아주 열렬하게 야훼 하나님을 편들고 두둔해왔다는 것이다. 이때 본문은 '칸노 키네티'나는 열렬히 편들고 두둔했다라는 히브리어 동사를 사용한다. 본문은 똑같은 동사를 연거푸 사용함으로써 크게 강조하는 표현으로 본문동사를 이용했다. 그런데 본문이 사용한 '카나'라는 동사는 '질투하다'라는 뜻을 가지고 있다. 야훼 하나님을 향한 엘리야의 열정이 지나쳐서 마치 질투하는 것처럼 보여 질 수도 있었다. 무엇보다도 엘리야의 질투하는 열정은 스스로의 욕망으로써 자신과 다른 사람들을 힘들게 했을 수도 있다.

또 하나 엘리야의 번아웃 이유는, 이스라엘 풀뿌리 사람들이 야훼 하나님과 맺은 계약을 잊었기 때문이다. 이때 본문은 '아제부 베리테카그들이 당신과 맺은 계약을 잊었다'라는 히브리어 동사구를 사용한다. 어떤 계약일까? 옛 히브리 지파동맹과 야훼 하나님께서 함께 맺은 '희년신앙 행동계약이다. 엘리야시대의 북이스라엘 풀뿌리 사람들이 희년신앙 행동법규들을 잊어버렸을 뿐만 아니라, 아예 내버렸다. 이때 사용한 '아자브'라는 동사는 '잊다 또는 내버리다'라는 뜻이다.

마지막 하나는, 북이스라엘 바알숭배자들 곧 아합왕국이 야훼의 제단을 헐고 야훼의 예언자들을 칼로 쳐 죽였기 때문이다. 그 탄압과 학살이 얼마나 크고 집요했을까? 엘리야는 야훼 예언자들 가운데 오직 '나만 홀로 남았다'고 여겼다. 여기서 본문이 사용한 '바드'라는 히브리어 낱말은 '부분, 조각'이라는 뜻이다. 불꽃같은 열정의 야훼예언자 엘리야조차도 '스스로를 조각이거나 부분이라고 느끼는 고립과 고독감'을 참고 견디기가 어려웠다. 그래서 이제 아합왕국은 오롯이 자신의 생명만을 빼앗으려고 쫓아오고 있다고 생각했다.

남은 자 신앙

"너는 네 길을 광야로 돌이켜 다메섹으로 가라. 너는 가서 하자엘에게 기름을 부어 아람 위에 왕으로 세워라. 또한 님시의 아들 예후에게 기름을 부어 이스라엘 위에 왕으로 세워라. 그리고 아벨므홀라 출신 사파트의 아들 엘리사에게 기름을 부어 네 뒤를 이을 예언자로 세워라. 하자엘의 칼로부터 살아난 자는 예후가 죽일 것이고, 예후의 칼로부터 살아난 자는 엘리사가 죽일 것이다."

야훼 하나님은 두려움과 절망에 쌓여 있는 엘리야에게 새로운 사명을 주셨다. 그런데 야훼 하나님이 엘리야에게 주신 말씀은 기대한 것과 달리 엉뚱한 사명들이었다. 야훼하나님은 엘리야에게 '죽음의 메신저가 되라'고 하신다. 엘리사에게 기름을 부어 후계자로 삼으라는 것 외에는 긍정할

만한 것이 하나도 없다. 물론 엘리야의 갈멜산 대회전도 끔찍한 살상으로 막을 내렸다. 또한 그 때문에 북이스라엘 곳곳에서 야훼 하나님의 예언자들이 보복살육을 당하는 참상이 빚어졌다. 엘리야의 말대로라면 북이스라엘에서는 단 한명의 야훼 예언자도 살아남지 못했다. 그러나 야훼 하나님은 실망하는 엘리야에게 '남은 자 신앙'을 밝히신다. 남은자 신앙이야말로 시대의 모든 야훼의 종들이 온갖 두려움과 절망과 낙심 속에서라도 마침내 깨닫고 다시 일어서게 되는 신앙은총이다.

> "그러나 내가 이스라엘 안에 칠천 사람을 남겨 놓았다. 그 모든 무릎들이 바알을 향하여 꿇지 않은 무릎들이다. 그 모든 입술이 바알에게 입 맞추지 않은 입술이다."

남은 자 '칠천 명'쉬브아트 알라핌 카리스마 넘치는 야훼 예언자였으나 지금 번아웃 증후군에 시달리는 엘리야의 넋두리에 야훼 하나님께서 답하셨다. 남은 자 칠 천명, 그 정도로는 아무것도 할 수 없는 작은 숫자일까? 칠천 명이라면 무엇이라도 해볼 수 있는 힘 있는 숫자일까? 이제라도 엘리야는 뒤돌아서 칠천 명을 만날 수 있을까? 그들과 함께 바알신앙 숭배 악당 오므리왕조 아합 왕을 끝장낼 수 있을까? 침체되었던 희년신앙 행동계약 전통을 되살리는 위대하고 힘 있는 희년신앙 행동 대사건을 일으킬 수 있을까?

그러나 남은 자 칠천 명은 야훼 하나님께서 숨겨놓으신 숫자다. 이제라도 엘리야를 다시 한 번 더 폭풍 같은 야훼 예언자로 불꽃처럼 일어서게 하는 도구로써 남겨진 숫자가 전혀 아니다. 남은 자 칠천 명은 시대마다 야훼 하나님의 때를 위해서 시대 안에 숨겨진 숫자다. 시대마다, 희년신앙 행동법규들이 실행될 때마다 한 사람 한사람 다시 세워지는 숫자다.

시대마다, 희년신앙 행동서사가 끊이지 않고 이어지도록 남겨진 숫자다. 넘어지고 밟히며 쓰러지는 시대의 모든 희년신앙 행동서사를 다시 세우기 위해 남겨진 숫자다. 그러므로 남은 자 칠천 명은 시대마다 오롯이 '야훼 하나님께로 숨은 위대하고 힘 있는 희년신앙 행동서사'다.

그렇다면, 시대의 억압과 절망과 고난 속에서 '희년신앙 행동서사 이음이로 남은 자들'은 누구일까? 바로 시대마다 자기 삶에 충실한 그 시대 그 땅 풀뿌리 사람들이다. 왜, 그 시대 그 땅의 풀뿌리 사람들이 남은 자들인가? 시대마다 꿋꿋하게 그 땅에 살아가는 풀뿌리 사람들은 시대의 억압과 절망과 고난 속에서 살아가기 때문이다. 시대마다 그 땅의 지배체제 바깥에서 대항세상을 열고 누리며 살아가는 대항자들이기 때문이다. 시대의 풀뿌리 사람들은 시대의 지배체제로부터 얻어먹을 떡고물조차 없는 사람들이다. 시대의 풀뿌리 사람들은 시대의 지배체제에 매이지 않고 자유롭다. 그래서 시대의 지배체제를 향한 대항세상을 꿈꿀 수 있다. 예를 들어 21세기 대한민국 사회에서 엘리트 기득권세력들은 '독점재벌·자본·정부·관료·사법부·종교·언론·정치 지배체제'를 개혁할 수 없다. 독점재벌·맘몬권력의 돈주머니 은혜를 기대할 수조차 없는 풀뿌리 사람들이라야 한국사회를 개혁할 수 있다.

이와 관련하여 본문은 '로-카르우 라바알' 그들은 바알에게 무릎을 꿇지 않았다 이라는 히브리어 문장을 사용한다. 여기서 '카라아'라는 동사의 관용 의미는 '무릎을 꿇어 경배하다'라는 뜻이다. 또 이 때 본문은 '로-나솨크 로' 그 입술이 바알에게 입 맞추지 않았다 이라는 문장도 사용한다. 이때 본문읽기에서 사용한 '나솨크'라는 동사는 '서로 입 맞추다 또는 손으로 만져서 우상에게 입맞춤을 보내다'라는 뜻이다. 실제로 남은 자 칠천 명은 바알신전을 찾아가서 바알우상에게 무릎을 꿇고 경배하거나 입맞춤 행동을 하지 않았다는 뜻이다.

그러나 북이스라엘 오므리왕조 아합왕국에서는 온 세상이 다 바알세상이었다. 어떻게 '그 모든 무릎들이 바알을 향하여 꿇지 않은' 칠천 사람이 남았을까? 어떻게 '그 모든 입술로 바알에게 입 맞추지 않고' 버틸 수 있는 사람들이 있었을까?

이와 관련하여 남은 자 칠천 명에 대해서는 두 가지 상황을 생각할 수 있을 것이다. 첫 번째, 남은 자 칠천 명은 드러내놓고 야훼 예언자로 활동하지는 않지만 자기 삶의 마당에서 희년신앙 행동법규들을 따르는 사람들이다. 희년신앙 행동법규에 따라 해방과 구원, 정의와 평등세상을 사는 사람들이다. 두 번째, 칠천 명 남은 자들은 철저하게 희년신앙 행동법규를 따라 살면서 바알세상 지배체제와 무관하게 사는 풀뿌리 사람들이다. 그 뚜렷한 예로 열왕기 21장의 이스르엘 사람 '나봇'을 들 수 있다. 나봇은 철저하게 히브리 지파동맹의 희년신앙 행동법규를 따라 사는 사람이다. 야훼 하나님을 신앙하는 사람으로서 철저하게 희년신앙 토지공공성 행동법규를 지켜냈다. 그러나 마침내 아합 왕과 이세벨 그리고 귀족들과 장로들의 사법농단 및 법정살인 사악한 음모에 걸려 죽임을 당했다.

물론 엘리야는 몰아치는 폭풍과 지진과 화산처럼 불붙는 희년신앙 영웅이며 카리스마 넘치는 야훼 예언자였다. 그러나 바알세상 또는 맘몬·자본세상에서 희년신앙 행동서사는 한 순간에 폭발하는 퍼포먼스 투쟁으로는 불가능하다. 한 개인의 놀라운 카리스마와 영웅행동만으로는 부족하다. 얼마 못가서 지치고 낙망한다. 그렇게 지치고 낙심한 사람은 두려움과 절망의 나락으로 곤두박질치기 십상이다. 무엇보다도 시대의 영웅으로서 카리스마 넘치는 퍼포먼스 투쟁은 풀뿌리 사람들을 '친절한 파시즘'에 이끌리게 할 위험이 크다.

그러므로 올바른 희년신앙 행동서사는 시대의 깨어있는 신앙인들의 네트워크다. 희년신앙 행동서사의 깨달음과 소통 그리고 참여와 연대다. 지금 누군가는 시대의 상황 속에서 낙망하고 절망할지라도 남은 자 칠천 명의 희년신앙 행동서사를 통하여 새 힘을 얻을 수 있다. 남은 자 칠천 명이 있으므로 누구라도 시대의 고난과 억압 때문에 결코 낙망하고 절망하지 않는다. 야훼 하나님께서 이 땅에 바알종교에 무릎 꿇지 않은 그리고 시대의 맘몬·자본에게 빌어먹지 않은 칠천 명을 남겨두셨다. 희년신앙 행동법규에 따라 해방과 구원, 정의와 평등, 생명평화 세상을 함께 이끌어 갈 신앙동지들을 남겨 놓으셨다.

그루터기 신앙

히브리 성서의 역사는 파라오 노예제국로부터 해방된 히브리 노예들의 희년신앙 행동역사다. 히브리 해방노예들은 해방과 자유, 정의와 평등, 생명평화세상을 세우고 누리며 살았다. 히브리 해방노예들의 해방과 구원세상 밑바탕은 야훼 하나님과 함께 맺은 희년신앙 행동계약이다. 야훼 하나님은 파라오 노예제국에서 종살이하던 히브리들을 해방하고 구원하셔서 젖과 꿀이 흐르는 가나안 땅으로 인도하셨다. 히브리 해방노예들이 희년신앙 행동법규에 따라 해방과 구원세상을 이루어 살도록 부추기셨다. 그 생생한 기록들이 히브리 성서의 역사다. 예를 들어 사사시대는 희년신앙 행동법규에 따라 살도록 은총을 입은 히브리 지파동맹 공동체자치 체제였다.

물론 엄청난 반동이 있었다. 히브리 해방노예들의 희년신앙은 행동계약 행동법규들은 권력야심가들에게 커다란 걸림돌이었다. 희년신앙 행동법규들을 훼손하거나 폐기하지 않고는 히브리 해방노예들의 왕이 될 수 없었다. 따라서 히브리 해방노예들의 희년신앙 행동법규들을 훼손해서 왕조신학으로 퇴행시키려는 시도들이 끊이지 않았다. 또한 풍요다산과 권력욕망을 부추기는 바알신앙으로 히브리 해방노예들을 끊임없이 유혹했다. 그럼으로써 해방과 자유, 정의와 평등, 생명평화세상 희년신앙 행동법규를 배신하도록 부추겼다.

본문읽기의 시대상황에서 북이스라엘 풀뿌리 사람들은 희년신앙 행동법규들을 배신하고 풍요다산 바알숭배에 몰두했다. 다윗왕조 남유다왕국은 아예 해방과 자유, 정의와 평등세상을 꿈꾸던 히브리들의 희년신앙 행동법규들을 폐기처분했다. 그 빈자리를 다윗왕조 신학과 예루살렘 성전제사종교체제 이데올로기로 채웠다. 그럼에도 불구하고 북이스라엘에서는 희년신앙 행동계약 예언자전통 속에서 '남은 자 신앙'이 싹텄다. 또한 다윗왕조 남유다왕국에서도 '그루터기 신앙'이 나타났다.

'남은 자 신앙'과 '그루터기 신앙'은 어둠과 절망과 고난 속에서 야훼 하나님의 풀뿌리 사람들이 밝힌 희년신앙 행동촛불이다. 너나없이 바알을 숭배하는 상황에서 바알에 무릎 꿇지도 입 맞추지도 않은 칠천 명 희년신앙 행동법규 지킴이들이 남았다. 큰 나무가 둥치까지 베어 넘어지듯 다윗왕조가 끝장난 상황에서 그루터기 희년신앙 행동서사가 나타났다. 따라서 남은 자 신앙과 그루터기 신앙은 시대의 어둠과 절망과 고난 속에서 희년신앙 행동서사를 꿈꾸는 풀뿌리 사람들의 신앙의지이며 행동이다. 히브리 성서는 바알에게 빌붙어 볼 엄두조차 못 내고 빌붙어봤자 떡고물조차 기대할 수 없는 풀뿌리 사람들을 주목한다. 그 풀뿌리 사람들을 '그 땅의 사람들'암 하아레츠이라고 부른다. 속절없이 그 땅에 매인 채 살아갈 수밖에 없는 풀뿌리 사람들을 말한다. 실제로 다윗왕조 남유다왕국에서 아무런 몫도 찾을 수 없었던 그 땅의 사람들은 옛 히브리들의 희년신앙 행동법규들을 열망했다. 이렇듯이 북이스라엘의 남은 자 신앙과 남유다왕국의 그루터기 신앙은 예언자들을 통하여 하나님의 뜻으로 선포되었다. 그것은 곧 시대의 어둠과 절망과 고난 속에서 그 땅 풀뿌리 사람들이 깨닫는 희년신앙 행동서사이고 신앙행동의지이며 신앙투사投射다.

특별히 다윗왕조 유다왕국 풀뿌리 사람들의 그루터기 신앙의지와 신앙투사는 예언자 이사야의 출신배경 때문에 더욱 새롭다. 이사야는 다른 풀뿌리 예언자와 달리 대표적인 다윗왕조 궁정예언자다. 그럼에도 불구하고 이사야는 다윗왕조 신학의 허구성을 폭로하고 심판과 징벌을 선포한다. 더불어 시대의 어둠과 절망과 고난 속에서 풀뿌리 사람들이 꿈꾸는 희년신앙 행동서사를 증언한다. 이제 본문을 자세히 읽고 살펴서 시대의 어둠과 절망과 고난 속에서 피워낸 희년신앙 행동촛불의 의미와 내용들을 살펴보자.

야훼 하나님께서 다윗왕조 신학을 폐기하다

본문읽기 2.에서 야훼 하나님은 다윗왕조를 끝장내려고 하신다. 야훼 하나님께서 옛 히브리들의 희년신앙 행동법규에 대한 배신으로써 다윗왕조 신학을 심판하시려고 한다. 히브리 해방노예들의 해방과 자유, 정의와 평등세상을 훼손하고 말살해온 다윗왕조를 끝장내려고 하신다. 왜냐하면 야훼는 히브리 노예들을 파라오 노예제국으로부터 해방하고 구원하신 히브리 노예들의 하나님이다. 다윗왕조는 히브리 노예들의 하나님 야훼를 소 제국주의 지배체제의 하나님으로 왜곡했다. 다윗왕조는 왕실 사유지 예루살렘에 야훼 하나님의 성전을 짓고 온갖 제사의식을 통해서 히브리 노예들의 하나님 야훼를 탈취했다. 다윗왕조 신학에 따른 시온궁정계약과 예루살렘 성전제사종교체제 이데올로기를 선동했다. 그럼으로써 히브리 노예들의 하나님 곧 그 땅 풀뿌리 사람들의 하나님 야훼를 다윗왕조의 수호신으로 독점하고 사유화했다. 그러나 이제 야훼 하나님은 '다윗과 다윗후손들에게 대대로 왕권을 주셨다'는 다윗왕조 신학을 해체하신다. 본문읽기 2.는 의심의 여지없이 뚜렷하게 이 사실을 증언한다.

> "이새의 그루터기로부터 새싹이 나온다. 그루터기의 뿌리들로부터 나온 가지가
> 열매를 맺을 것이다."

이때 본문은 '믹게자아 이쇠이이새의 그루터기'라는 히브리어 문구를 사용한다. 이 문구는 소 제국주의 다윗왕조에 대한 연민과 동정이 아니다. 나무가 밑동까지 싹둑 잘려나가 넘어진 후 하릴없이 남겨진 그루터기이다. 다윗왕조의 돌이킬 수 없는 멸망을 의미한다. 이새의 그루터기는 오롯이 다윗왕조가 터 잡은 유대와 베냐민지파의 풀뿌리 사람들이다. 더 또렷한 실체로써 그루터기는 이스라엘 열두지파 곧 히브리 지파동맹이다. 그 이새의 그루터기에서 나온 '새싹'호테르은 소 제국주의 다윗왕조 신학의 완전한 해체를 의미한다. '새로운 희년신앙 행동서사'의 시작을 선언한다. 이점에서 '호테르'의 또 다른 뜻은 '회초리'다. 잠언 14:3

나아가 본문읽기 2.는 명토 박아서 '그루터기의 뿌리들로부터 나온 가지와 열매'를 선포한다. 이때 본문은 '쇠레쉬뿌리들'라는 히브리어 낱말을 사용한다. 여기서 이새의 그루터기의 뿌리들은 '이새의 줄기와 가지와 열매로써 다윗왕조'가 아니다. 이새의 그루터기의 뿌리들은 이스라엘 열두지파에 속한 풀뿌리 사람들이다.

이제 본문읽기에서 해방과 구원, 정의와 평등세상을 꿈꾸던 옛 히브리

들의 희년신앙 행동법규들을 배신한 다윗왕조 신학은 밑동까지 잘려 넘어졌다. 이제 오롯이 남은 그루터기의 뿌리들은 바로 옛 히브리 지파동맹의 희년신앙 행동계약 행동법규에 따라 행동하는 사람들이다. 밑동까지 잘려나간 '이새의 그루터기 뿌리들로부터 새롭게 자라나온 새싹들'이 새로운 희년신앙 행동서사를 이어갈 것이다. 새롭게 희년신앙 행동서사 열매를 맺게 될 것이다. 여기서 어떤 신학자는 이새의 그루터기 뿌리들에서 자라난 '가지'네체르에 대한 말놀이로 '나자렛'을 연결 짓기도 한다. 그러면서 예수가 이새의 그루터기 뿌리들로부터 나온 가지이며 열매라고 해석한다.

이 점에서 그루터기신앙은 남은 자 신앙과 더불어 새로운 희년신앙 행동서사의 출발점이다. 히브리 해방노예들과 야훼 하나님이 함께 맺은 희년신앙 행동계약 행동법규에 따른 새로운 실천행동이다. 시대의 어둠과 절망과 고난을 헤치고 나오는 풀뿌리 사람들의 희년신앙 희망이고 촛불이다. 시대의 어둠과 절망과 고난을 물리치기기 위해 밝히는 시대의 풀뿌리 사람들의 희년신앙 행동촛불이다. 어둠과 절망과 고난을 뚫고 솟구치는 그 땅 풀뿌리 사람들의 희년신앙 깨달음이고 행동의지다. 그 땅 풀뿌리 사람들의 해방과 자유, 정의와 평등세상의 밑바탕으로써 옛 희년신앙 행동법규에 따른 실천행동이다.

참으로 아이러니하게도 그루터기신앙은 다윗왕조 궁정예언자였던 이사야의 입을 통하여 선포되었다. 그럼으로써 그루터기신앙은 이스라엘 열두지파 곧 그 땅 풀뿌리 사람들에게 임하시는 야훼 하나님의 뜻이다. 어둠과 절망과 고난 속에서 그 땅 풀뿌리 사람들에게 내려진 희년신앙 행동계약 행동법규 은총이며 깨달음이다. 다윗왕조 신학과 예루살렘 성전 제사종교체제에 짓눌려온 그 땅 풀뿌리 사람들의 신앙과 삶의 투사投射

다.

그러므로 남은 자 신앙과 그루터기 신앙은 철저하게 해방과 자유, 정의와 평등세상을 꿈꾸던 히브리 해방노예들의 희년신앙 행동계약 전통에 뿌리내려져 있다. 본문은 이러한 신앙진실을 의심의 여지없이 뚜렷하게 증언한다.

> "야훼의 영이 그 위에 내리신다. 지혜와 통찰의 영, 연대와 힘의 영, 지식과 야훼를 경외敬畏하게 하는 영이다. 그러므로 야훼의 즐거움은 야훼를 경외하는 것 안에 있다."

실제로 '야훼의 영'루아흐 예흐바은 히브리들의 집단영성과 집단지성을 위해 지혜와 통찰을 이끄신다. 그 땅 풀뿌리 사람들이 야훼의 영을 통하여 시대의 어둠과 절망과 고난을 '통찰'빈나하고 이해한다. 그럼으로써 시대의 어둠과 절망과 고난에 저항하고 그것들을 물리치는 지혜를 얻게 된다. 그 땅 풀뿌리 사람들이 야훼의 영을 통하여 깨닫는 다양한 지식과 지혜와 통찰이 모여서 '연대하고 세력을 키우면'에체 부게부라 그것이 곧 집단영성 또는 집단지성이다. 그러한 신앙공동체 연대야말로 히브리 노예들의 하나님 곧 '야훼를 경외하는 것'이르하트 예흐바이다.

그러므로 야훼의 즐거움은 '야훼를 경외하는 것' 안에 있다. 시대의 어둠과 절망과 고난 속에서 그 땅 풀뿌리 사람들은 언제든 '해방과 자유, 정의와 평등세상을 위한 희년신앙 행동촛불'을 밝힌다. 그것이 곧 야훼 하나님에 대한 진정한 예배다. 그럼으로써 야훼 하나님이 기뻐하고 즐거워하신다. 여기서 히브리어 문자로 '하리호야훼의 즐거움'란, 야훼께서 제물 냄새를 흠향하셨다는 '제의祭儀의미'를 갖는다. 그러므로 그 땅 풀뿌리 사람들이 해방과 구원, 정의와 평등세상을 꿈꾸며 희년신앙 행동법규에 따라 행동함으로써 야훼께 드리는 모든 제사행위를 대체한다.

그렇다면 시대의 어둠과 절망과 고난 속에서 그 땅 풀뿌리 사람들이 깨닫게 되는 '희년신앙 행동실체'는 무엇일까? 그것은 곧 시대의 어둠과 절망과 고난의 현장 속에서 벌어지는 모든 불의와 불법들을 뒤집어엎는 것이다. 왜냐하면 '야훼께서는 그의 눈에 보이게 하는 것만을 따라서 재판하지 않으시기' 때문이다. 야훼는 어둠의 세력이 '야훼의 눈에 보이게 하는 것'만을 따라서 그 땅 풀뿌리 사람들에게 억울한 판결을 내리지 않으신다. 야훼 하나님은 감추어진 어둠의 세력과 온갖 불의와 불법들을 꿰뚫어 보시고 심판하신다. 또한 야훼 하나님은 '그의 귀에 들리게 하는 것들만을 따라서' 편들지 않으신다. 어둠과 절망과 고난 현장에서 야훼 하나님은 어둠의 세력들이 들려주는 모든 음모와 술수들을 분쇄하신다. 따라서 그 땅 풀뿌리 사람들은 희년신앙 행동을 통해서 시대의 불의와 불법들 그리고 음모와 술수들을 파헤치고 폭로해야 한다.

> 야훼께서는 그의 눈에 보이게 하는 것만을 따라서 재판하지 않으신다.
> 그의 귀에 들리게 하는 것만을 따라서 편들지 않으신다.
> 힘없는 이들을 정의로 재판하신다.
> 땅의 비천한 이들을 진실하게 재판하신다.
> 그의 입술에 물린 막대기만으로도 땅을 때려 부수신다.
> 그의 입김만으로도 악인을 죽이신다.
> 정의가 그의 허리띠이다.
> 진실이 그의 무장武裝의 띠이다.

그럼으로써 야훼 하나님은 힘없는 이들을 정의로 재판하신다. 땅의 비천한 이들을 진실하게 편드신다. 야훼 하나님은 시대의 어둠과 절망과 고난 속에서 '힘없는 이들'을 억압하고 착취하는 불의한 법과 질서를 쳐부수신다. 해방과 자유, 정의와 평등, 생명평화세상으로 힘없는 이들을 이끌어 내신다. 야훼 하나님은 어둠의 세력이 지배하는 땅에서 '땅의 비천한 이들을 오롯이 편드시는 분'이다. 야훼 하나님은 '땅의 비천한 이들을 편애'하신다. 이 땅의 어둠과 절망과 고난 속에서 그리고 어둠의 세력이 지배하는 세상 속에서 '땅의 비천한 이들을 오롯이 편드는 것'이야말로 야훼 하나님의 '정의'이다.

이제 야훼 하나님은 땅의 비천한 이들을 오롯이 편드시는 당신의 정의로 어둠의 세력이 지배하는 이 땅을 심판하신다. 야훼 하나님은 그의 입술에 물린 막대기만으로도 땅을 때려 부수신다. 그의 입김만으로도 악인을 죽이신다. 야훼 하나님은 어둠과 절망과 고난 속에서 허덕이는 땅의 비천한 이들을 오롯이 편드시는 정의로 허리를 질끈 동여매신다. 야훼 하나님은 어둠의 세력이 지배하는 이 땅으로 쳐들어오신다. 정의가 그의 허리띠다. 진실이 그의 무장武裝의 띠다. 야훼 하나님은 어둠의 세력이 지배하는 세상에서 불의한 법과 질서 따위는 깡그리 걷어차 버리신다. 어둠 속에서 꾸미는 온갖 음모와 술수들을 쳐부수신다. 야훼 하나님은 어둠과 절망과 고난 속에서 땅의 비천한 이들이 밝혀 든 희년신앙 행동 촛불만을 '당신의 무장의 띠'에조르 마테나브로 삼으신다. 그러기에 어둠의 세력이 지배하는 절망과 고난의 현장에서 그 땅 풀뿌리 사람들은 야훼 하나님의 생명평화세상을 꿈꾸며 노래 할 수 있다.

그때에, 늑대와 어린양이 함께 자리 잡고 살며

표범이 새끼염소와 함께 누우며

송아지와 젊은 사자와 살진 가축이 함께 있어

어린 아이가 그들을 몰고 다니리라.

암소와 곰이 함께 초원에서 풀을 뜯으며

그들의 새끼들이 함께 누우며

사자가 소처럼 여물을 먹으리라.

젖먹이는 독사 굴에서 장난질 하며

젖 뗀 아이는 독사 굴에 그의 손을 넣으리라.

그들이 서로에게 악을 행하지 않으며

서로 망하게 하지도 않으리라

나의 모든 거룩한 산에서.

이렇듯이 그 땅 풀뿌리 사람들이 꿈꾸는 새로운 희년세상 도래의 밑바탕은 무엇일까? 그 땅이 '야훼를 아는 지식'데아 에트-예흐바으로 가득하기 때문이다. 여기 야훼를 아는 지식이란 유대인들에게 '율법'이다. 그런데 율법의 밑바탕은 히브리 지파동맹과 야훼 하나님이 함께 맺은 희년신앙 행동계약 행동법규들이다. 그러므로 21세기 예수신앙들은 '옛 히브리 지파동맹이 꿈꾸던 해방과 자유세상'을 여는 희년신앙 행동법규 실천행동으로 연대하고 힘을 모아야 한다. 그래서 이 땅의 어둠 세력들을 몰아내야 한다. 마치 '바다를 덮은 물처럼' 이 땅 풀뿌리 신앙인들의 희년신앙 행동서사가 이 땅 위로 넘쳐흐르게 해야 할 것이다.

남은 자 신앙과 그루터기 신앙, 실천행동을 위하여

"아직 그 땅에 십분의 일이 남아 있다 해도 도리어 그것이 돌이켜 불쏘시개가 될 것이다 그러나 잘려 넘어진 밤나무와 상수리나무처럼 나무들의 그루터기는 남아 있을 것이다. 그 땅의 그루터기가 거룩한 씨다."

21세기 희년신앙 행동서사는 나 홀로의 영웅적인 행동일 수 없다. 언제나 마지막에 이르러는 같은 시대를 살아가는 풀뿌리 신앙인들의 소통과 연대와 참여일 수밖에 없다. 여럿이 함께 시대의 어둠과 절망과 고난을 통찰하고 이해함으로써 시대의 어둠을 밝히는 집단지혜와 집단영성을 깨달아야 한다. 이 땅 풀뿌리 사람들의 고난과 절망은 나와 너와 우리 모두의 고난과 절망이다. 나만 힘들지 않았구나. 너도 그랬구나. 서로의 삶의 고난과 고통 그리고 부끄러움에 대하여 소통하고 공감하며 이해를 넓혀야 한다. 함께 분노하고 연대하며 함께 문제를 해결하려는 희년신앙 행동의지와 힘을 모아야한다. 서로의 삶의 고난과 고통을 공유함으로써 21세기 지구촌제국 지배체제의 실체를 깨닫고 들춰내야 한다. 어렴풋이 말로만 듣고 느끼며 경험하던 21세기 지구촌 제국주의 사악한 지배체제를 고발하고 분쇄하며 새로운 희년세상을 만들어 가야 한다.

사악한 어둠의 세력들이 지배하는 이 땅에서 풀뿌리 신앙인들이 깨닫는 희년신앙 행동서사가 모여 소통하고 연대해야한다. 그럼으로써 희년세상 여는 힘을 만들 수 있다. 그것이 곧 21세기 희년신앙 행동서사의 집단영성이고 집단지성이다. 이 땅 풀뿌리 신앙인들이 피워 올리는 희년신앙 행동서사의 집단영성과 집단지성이 이 땅의 어둠과 절망을 몰아내게 될 것이다. 사람이 사람답게 사는 대동세상大同世上을 이루어 내고야 말 것이다. 그것은 마치 옛 히브리 해방노예들이 꿈꾸었던 해방과 자유, 정의와 평등, 생명평화세상과 같을 것이다. 이러할 때 그 땅 풀뿌리 사람들은 언제 어디서든 남은 자 신앙과 그루터기 신앙의 뿌리이고 밑바탕이다.

16. 오라, 임마누엘 해방과 구원세상.

이사야 7:10-17

본문읽기

더하여, 야훼께서 아하즈에게 이렇게 말씀하셨다.

"너는 너를 위하여 야훼하나님의 함께하심으로부터 표징을 요청하라. 지옥만큼 깊고 신비한 곳으로부터 든, 아니면 위로 높고 위대한 곳으로부터 든 표징을 요청 하라."

아하즈가 대답했다.

"아닙니다. 나는 표징을 요구하지 않겠습니다. 또한 야훼를 시험하지도 않겠습니다."

그러자 이사야가 큰 소리로 꾸짖었다.

"다윗 왕실이여. 제발 들어라. 너희 때문에 풀뿌리 사람들을 괴롭게 하는 것이 작은 일이냐? 참으로 너희가 나의 하나님도 역시 괴롭게 하려느냐?

그러므로 주님께서 직접 너희에게 그 표징을 주실 것이다. 보라. 젊은 여자가 임신해서 아들을 낳을 것이다. 그리고 그 여자는 아들의 이름을 '임마누엘'이라고 부를 것이다. 그 아이가 나쁜 것을 버리고 좋은 것을 고를 줄 알게 될 때까지 양젖버터과 꿀을 먹을 것이다. 왜냐하면, 그 아이가 나쁜 것을 버리고 좋은 것을 고를 줄 알게 되기 전에, 네가 두려워 떨었던 땅의 두 왕들 면전에서, 그 땅이 버려지게 될 것이기 때문이다.

그러나 야훼께서 너와 네 풀뿌리 사람들과 네 아비 왕실위에 '에브라임이 유대를 떠나던 날부터 이때까지' 그들이 겪어보지 않았던 날들을 이르게 할 것이다. 곧 아시리아 왕을 오게 할 것이다"

본문이해하기
이사야 예언자

기원전 8세기 무렵 이사야가 남유다 왕국에서 예언자로 활동했다. 이사야의 이름은 히브리로 '예쉬야후'라고 표현되는데 '야훼께서 구원 하신다'는 의미이다. 이사야는 유다왕국의 궁정예언자라고 할 수 있는데 유다왕국 사정과 주변 국제상황에 대한 이해가 밝았다. 아마도 이사야는 '유다왕국의 왕족이 아니었을까' 추측해 볼 수 있다. 실제로 이사야는 시대의 위기와 불의한 죄악들 속에서 다윗왕조 유다왕국의 심판과 징벌을 예언했다. 그러나 결론은 언제나 새로운 희망 또는 새로운 세상에 대한 비전으로 끝을 맺는다. 그런데 이사야가 예언하는 미래의 새로운 세상은 희년신앙 행동법규에 따르는 해방과 구원, 정의와 평등, 생명평화세상이다. 이사야는 유다왕국 주변 국제상황에 밝은 만큼 무조건 외세반대를 외치는 국수주의자는 아니었다. 본문의 '임마누엘 예언'처럼 미래의 크고 새로운 해방과 구원, 정의와 평등 생명평화세상을 예언했다. 그러면서 유다왕국을 위해 국제정세와 시대흐름에 맞는 조언을 아끼지 않았다.

이렇듯이 모든 이사야서 예언들은 그 시대 남유다왕국과 북이스라엘과 관련한 국제정치배경을 깔고 있다. 또한 후대의 바벨론포로기의 상황까지 밑바탕에 깔려있다. 따라서 이사야서 예언들은 남북왕국 및 옛 히브리 지파동맹의 후손으로써 유대 사람들에게 들려주는 야훼 하나님의 말씀이다. 그러나 이사야서의 예언은 유대 사람들을 넘어서 유대교를 넘어서 예수에게로까지 야훼 하나님의 예언으로 받아들여졌다. 더 나아가 초대교회와 21세기 교회와 교우들에게도 야훼 하나님의 예언으로 이해의 터를 넓혔다. 예를 들어 본문의 '임마누엘 예언'은 옛 히브리들의 희년신앙 행동계약의 완성으로써 21세기에 걸맞는 새로운 희망이며 비전이다. 이사야서의 임마누엘 예언은 예수의 하나님나라 복음운동으로 그 뜻한 바가 완결되었다.

무엇보다도 이사야서는 가난한 사람들과 힘없는 사람들의 삶의 고통과 절망을 이해한다. 과부와 고아와 힘없는 이들이 억압당하고 착취당하는 사회경제·종교·정치 지배체제의 모순과 폐해를 잘 안다. 더불어 기득권세력과 부자들의 오만과 방탕 그들의 죄악을 너무도 잘 안다. 이사야서는 거짓증인을 내세워 불법재판을 일삼는 재판관들을 향해 야훼 하나님의 심판을 예언한다. 가난하고 힘없는 이들에게 빚을 지워 땅을 독점하는 부자들에게 야훼 하나님의 심판과 징벌을 예언한다. 사리사욕에 눈이 멀어 불의한 세상에서 책임을 회피하는 종교·정치엘리트들에게 야훼 하나님의 심판을 선포한다.

본문읽기 시대의 주변 국제정세

고대 성서주변세계로서 '비옥한 초승달지대'는 인류문명사의 맨 처음을 기록했다. 비옥한 초승달지대의 메소포타미아에서는 기원전 3천 년대부터 수많은 도시국가들이 탄생했다. 티그리스 강 언저리 가운데쯤에 자리 잡은 아슈르Ashur도 그런 도시들 가운데 하나였다. 이 도시는 태양신 아슈르를 수호신으로 모셨는데 도시 이름도 태양신에서 유래되었다. 또한 이 도시를 통해서 제국으로 발돋움한 민족의 이름도 아시리아였다. 아시리아는 기원전 8백 년대에 이르러서야 비로소 비옥한 초승달 지대에서 제국으로 그 모습을 드러내기 시작했다. 아시리아는 살만에셀 3세기원전 859~824년때에 이르러 다메섹과 시리아지역을 모두 정복했다. 이 무렵부터 아시리아제국은 강력한 군사제도와 일사불란한 관료체계로 재편되었다. 그러면서 오래도록 꿈꾸어 오던 비옥한 초승달지대의 새로운 제국으로 모습을 드러냈다. 실제로 아슈르나시르팔 2세 때에 이르러 아시리아제국은 서아시아 전체를 지배하게 되었다. 제국의 수도 역시 아슈르에서 님루드로 또다시 니느웨로 옮겨졌다.

히브리 성서에서 북이스라엘과 남유다왕국에 큰 위기를 몰고 온 아시리아제국의 왕은 '디그랏빌레셋 3세'기원전 746~727년다. 그는 잠시 주춤했던 아시리아제국의 정복전쟁에 다시 불을 붙였다. 디그랏빌레셋 3세는 상비군 중심으로 군대를 재편하고 처음으로 기병부대를 활용해서 전쟁을 벌였다. 그는 전쟁을 벌일 때마다 큰 승리를 거두었다. 그는 시리아와 페니키아지역 작은 왕국들을 차례차례 정복했다. 또한 평화조약을 맺었던 메소포타미아 고대도시 바벨론마저 정복했다. 디그랏빌레셋 3세는 아시리아제국 왕으로서 태양신 아슈르와 바벨론 왕으로서 마르두크Marduk 신의 대리자가 되었다. 명실상부한 제국의 황제로서 위엄을 떨쳤다. 디글랏빌레셋 3세 이후 기원전 7백22년 살만에셀 5세는 북이스라엘을 멸망시켰다. 북이스라엘의 마지막 왕 호세아를 비롯해서 수많은 사람들을 포로로 붙잡아 니느웨로 끌고 갔다.

그러나 기원전 6백12년 아시리아제국도 멸망했다. 비옥한 초승달 지대에서 새로운 제국 바벨론이 등장했다. 고고학자들은 아시리아제국이 이렇게 빨리 쇠퇴하게 된 이유를 매우 궁금해 한다. 여러 이유가 있겠지만 아시리아제국의 정복전쟁 일변도의 군국주의가 제국으로써 내실을 다지기 어려웠을 것으로 추측한다. 또한 잔혹한 전쟁을 부추기는 전투부대 중심의 군대구조와 살상殺傷중심의 군사 활동도 문제였고, 정복한 나라에 대한 잔혹한 이주정책도 문제였다.

이렇듯이 아시리아제국이 빠르게 쇠퇴하여 완전히 소멸된 주된 이유는 정복전쟁 일변도의 확대정책으로 내실을 굳히지 못했기 때문이었다. 또한 잔혹한 군사정책으로 인해 정복민의 신뢰를 얻지 못했기 때문이었다. 아시리아제국은 주변 나라들을 정복하면서 정복한 땅의 민족자치를 완전히 뿌리 뽑았다. 모든 식민지 풀뿌리 사람들의 생활터전을 다시 재구성했다. 아울러 모든 정복한 땅을 속주로 편입시켜 아시리아제국의 왕이 파견한 총독들이 다스리게 했다. 아시리아제국 군대가 곳곳에 주둔했다. 그렇게 아시리아제국은 '비옥한 초승달 지대'을 완전히 통합한 최초의 제국으로 기록되었다.

군국주의軍國主義 Militarism

군국주의 제국은 '명령과 복종'에 따라 잔혹한 정복전쟁에 몰두하게 마련이다. 호전적인 군사제도와 전쟁수행을 위한 행정과 관료조직을 갖추는 것이 특징이다. 아마도 고대 아시리아제국은 인류문명사에서 최초의 군국주의 제국이었을 것이다. 이어서 헬라시대 알렉산더 제국과 그 후예인 셀류쿠스 제국도 군국주의 제국이라고 할 수 있다. 물론 두말할 필요도 없이 로마제국은 지구촌 제국주의 역사에서 대표 군국주의 제국이었다. 아시아 몽골제국도 전쟁제국이었다. 20세기 초에 이르러는 독일 히틀러정권과 이탈리아 무솔리니 정권, 제국주의 일본 등이 전형적인 군국주의 국가였다.

마찬가지로 21세기 지구촌제국 미국의 위상도 100% 군국주의다. 그 파괴와 살상위력을 가늠조차 할 수 없는 핵폭탄들, 항공모함들, 최첨단 과학으로써 미사일 무기들, 오롯이 전쟁만을 훈련하는 군대, 군산복합체, 천문학적 전쟁비용에도 끄떡없는 지구촌 기축통화 금융시스템 등으로 보아 당연히 그렇다.

무엇보다도 군국주의 국가는 자기나라 풀뿌리 사람들뿐만 아니라 주변나라들에게 감당하기 어려운 고통을 떠넘기게 마련이다. 실제로 아시리아제국 사람들은 민족우월의식에 사로잡혀 주변민족들을 멸시했다. 정복한 나라들의 문명과 도시를 파괴하고 풀뿌리 사람들을 포로로 끌고 가서 제국의 이곳저곳으로 흩어 놓았다. 아시리아제국 점토판 문서에 따르면 항복을 거부하는 나라의 풀뿌리 사람들을 죽여서 해골 탑을 쌓았다고 한다. 항복한 나라에서도 왕과 귀족들의 몸뚱어리를 훼손하고 쇠사슬로 묶어 끌고 가는 모습을 돌에 새겨 넣었다. 아시리아의 고대유적지에서 발굴된 사르곤2세의 부조들에서 이런 모습들을 발견할 수 있다. 히브리 성서도 아시리아제국의 이러한 정복전쟁 행태에 대한 두려움과 반발심을 생생하게 묘사한다.

아시리아는 군국주의 제국답게 뛰어난 전쟁기술을 갖고 있었다. 아시리아 군대는 최초로 철기 군사문명을 꽃피웠다. 전차를 아주 새롭게 개량하고 최초로 기병부대를 운용했다. 전차를 끌던 말들을 기병이 탈수 있는 말들로 품종개량 했다. 기병이 직접 말을 타고 전투를 치를 수 있도록

여러 가지 승마기술을 연구했다. 또한 최초로 병참부대 개념을 이해하고
전쟁을 벌였다. 전투부대와 지원부대를 나누어 전쟁을 수행했다. 나아가
제국의 모든 행정을 언제든 전쟁을 치를 수 있도록 준비하고 거기에 맞는
유능한 관료체계를 갖추었다. 군대도 전투부대 중심체제로 운용했다.

이와 관련하여 성서 고고학자들은 고대 성서주변 문명세계에서 아시
리아제국의 유적을 처음부터 많이 발굴했다. 아시리아 사람들은 셈족언
어를 썼고 고대 도시국가로부터 시작해서 제국으로 망하기까지 수많은
역사흔적을 남겼다. 고대도시에 도서관을 건설하는 등 수많은 자료들을
보관했다. 또한 본문에서처럼 아시리아제국의 역사는 히브리 성서 역사
와 밀접한 관계를 가졌다.

본문풀이
오라, 임마누엘 해방과 구원세상!

본문은 남유다왕국과 북이스라엘 사이에서 벌어지는 전쟁위기 상황
을 배경으로 삼는다. 그런데 남유다왕국과 북이스라엘은 대한민국처럼
형제나라이다. 히브리 지파동맹으로써 해방과 구원, 정의와 평등사회를
함께 꿈꾸는 한 형제들이다. 그러나 이제 서로 갈라져 피 흘리고 전쟁하
는 주적이 되었다. 북이스라엘은 포학무도한 아시리아 제국으로부터 국
가존립을 위협받는 상황에서 주변나라 시리아 아람왕국과 동맹을 맺었
다. 반대로 남유다왕국은 아시리아제국과 동맹을 맺었다. 히브리 형제사
이에서 주적으로 바뀐 북이스라엘을 패망시키려고 계획했다. 이때 남유
다왕국의 예언자 이사야는 부랴부랴 '임마누엘 신앙'을 선포하기에 이른
다.

"하나님이 우리와 함께하신다."임마누엘

임마누엘 신앙은 제국주의 전쟁과 죽임과 피 흘림에 대항하는 '희년신앙 행동계약'의 핵심내용이다. 이제 필자는 이 땅 한반도의 전쟁위기 속에서 본문의 임마누엘신앙 의미를 밝히려고 한다.

이와 관련하여 본문은 아시리아제국의 위협에 처한 북이스라엘과 유다왕국의 사회·종교·정치·외교 상황 또한 풀뿌리 사람들의 신앙과 삶의 상황을 생생하게 그려낸다. 실제로 아시리아제국은 인류역사에서 가장 비인도적인 제국주의 정복전쟁을 벌였다. 정복한 땅 풀뿌리 사람들을 사로잡아서 먼 타국으로 끌고 갔다. 또한 새로 정복한 식민지에는 멀리 떨어진 예전 식민지에서 그 땅 풀뿌리 사람들을 강제로 끌어다가 정착시켰다. 이러한 전쟁제국 아시리아에 맞서서 북이스라엘과 시리아 아람왕은 작은 왕국 열두 나라를 끌어들여서 반아시리아제국 동맹을 맺었다. 그리고 남유다왕국의 참여를 강요했다. 그러나 남유다왕국 아하즈 왕은 도리어 아시리아제국의 군대를 끌어들여서 평소부터 분쟁과 경쟁 상대였던 두 왕국을 멸망시키려는 외교 전략을 세웠다. 이에 대해 남유다왕국 궁정 예언자 이사야는 유다왕실과 풀뿌리 사람들에게 참담한 마음으로 '임마누엘 신앙'을 선포했다.

'임마누엘 신앙'은 무엇일까?

히브리 지파동맹의 사사시대 이후 소 제국주의 세력을 다진 다윗왕조는 희년신앙 행동법규들을 무력화시켰다. 이스라엘 풀뿌리 사람들에게 다윗왕조 신학과 시온궁정계약 이데올로기를 퍼트리고 세뇌했다. 다윗왕은 외국인 용병부대 등 사병중심으로 상비군을 편성해서 예루살렘을 정복하고 왕실사유지로 삼았다. 다윗왕조 솔로몬 왕은 왕실사유지인 예루살렘에 성전을 짓고 옛 여부스 족의 성전제사종교체제를 도입했다. 무엇보다 다윗왕조 신학의 핵심은 '야훼 하나님께서 다윗혈통에게 대대로 왕위를 주셨다'는 사회·종교·정치 이데올로기였다. 성서주변세계 제국주의 정치종교와 정치신앙을 그대로 본 따서 '하나님의 아들교리'를 다윗왕조 신학의 핵심으로 도입했다. 여기로부터 유대교 정치메시아 신앙 곧 '다윗혈통을 통한 메시아 내림신앙'이 생겨났고 시대마다 재해석 되어왔다.

이렇듯이 다윗왕조 솔로몬 시대에 이르러서야 구전으로 전해져 온 '야훼 하나님과 히브리 지파동맹이 함께 맺은 희년신앙 행동계약 행동법규들이 문서화 되었을 것'이다. 또한 다윗왕조의 문서화작업 과정에서 히브리 지파동맹의 희년신앙 행동계약이 다윗왕조 신학으로 몰수되고 왜곡되었을 것이다.

"그 시절에는 이스라엘에 왕이 없었다. 사람이 제 보기에 옳은 것을 행했다." 사사기 21:25절

다윗 왕조 신학은 히브리 지파동맹의 희년신앙 행동계약을 문서화하면서 왜곡과 폄훼에 몰두했다. 히브리 지파동맹이 해방과 구원, 정의와 평등세상을 꿈꾸며 야훼 하나님과 함께 맺은 희년신앙 행동계약 행동법규들을 무력화 시켰다. 시나브로 다윗왕조를 향해 부와 권력이 몰수됨으로써 해방과 구원, 정의와 평등세상 히브리 지파동맹 공동체자치가 해체되었다. 무엇보다도 다윗왕조는 옛 여부스 족의 성전제사종교체제를 도입함으로써 히브리 지파동맹의 희년신앙 행동계약을 독점사유화고 훼손했다. 옛 여부스족 성전제사종교체제 제사장이었던 사독에게 예루살렘성전 제사장직을 맡겼다. 그럼으로써 예루살렘성전제사를 계급화하고

권력화 했다. 다윗왕조 지배체제 권력자들과 부자들은 예루살렘 성전제사를 통해 의로움을 얻었고 가난하고 힘없는 풀뿌리 사람들은 죄인으로 버림받았다. 히브리 지파동맹의 희년신앙 행동법규들에 따르는 신앙행동을 예루살렘 성전제사로 갈라치기하고 차별하며 배제했다. 예루살렘 성전제사종교체제의 구별과 차별, 배제를 통해 그 땅 풀뿌리 사람들을 억압하고 착취했다. 이러한 예루살렘 성전제사종교 체제에서 '시온신앙'이 돌출 되어 나왔다. 예루살렘 성전제사 종교체제에서 구별되고 차별당하는 풀뿌리 사람들은 시온신앙 공동체에서도 배제 당했다. 이렇듯이 다윗왕조 신학과 예루살렘 성전제사종교체제는 히브리 지파동맹의 희년신앙 행동법규들을 배신했다. 야훼 하나님의 해방과 구원, 정의와 평등, 생명평화세상을 배신했다. 다윗왕조는 히브리 지파동맹과 야훼 하나님이 함께 맺은 희년신앙 행동법규들을 무력화시켰다. 그럼으로써 히브리 해방노예들의 삶의 마당을 노예세상으로 퇴행시켰다.

이제 본문읽기는, 다윗왕조 남유다왕국의 아하즈왕이 어떻게 '임마누엘 신앙'을 외면하고 거부하는지 자세하게 보고한다. 그러나 임마누엘 신앙은 유대와 예루살렘 풀뿌리사람들이 마땅히 누려야 할 해방과 구원, 정의와 평등, 생명평화세상이다.

"너는 너를 위하여 야훼 너의 하나님의 함께하심으로부터 징조를 요청하라. 지옥만큼 깊고 신비한 곳으로부터 든 높고 위대한 곳으로부터 든 징조를 요청하라.
아닙니다. 나는 징조를 요구하지 않습니다. 또한 야훼를 시험하지도 않겠습니다."

실제로 사람의 삶 속에서 '하나님이 나와 함께하심의 징조를 구하는 것'은 임마누엘 신앙의 마땅하고 올바른 신앙태도다. 왜냐하면 임마누엘 신앙은 우리와 함께 하시는 하나님을 우리의 삶속에서 이해하고 깨닫고 행동하는 신앙이기 때문이다. 우리의 삶의 성찰과 회개 그리고 그것을 통한 삶의 변혁을 이끌어 내는 희년신앙 행동서사의 모범이기 때문이다. 그러므로 본문읽기에서 다윗왕조 남유다왕국의 아하즈왕이 내뱉는 말들은 경건처럼 보이나 가장 지독한 불신앙이다. 아하즈왕은 '임마누엘 신앙'을 외면하고 거부하며 '아시리아 제국'을 향하여 온 몸과 마음을 기울였다. 실제로 다윗왕조 신학과 예루살렘 성전제사종교체제는 철저하게 '임마누엘 신앙'을 외면하고 거부할 수밖에 없었을 것이다. 왜냐하면 야훼 하나님은 '임마누엘'보다 예루살렘성전 지성소에 계셔야했기 때문이었다. 그러나 본문은 유다왕국 아합왕의 '임마누엘 신앙 외면과 거부의 폐해'를 실감나게 보고한다.

> "다윗왕실이여. 제발 들어라. 너희 때문에 사람들을 괴롭게 하는 것이 작은 일이냐? 참으로 너희가 나의 하나님도 역시 괴롭게 하려느냐?"

다윗왕조는 출발 때부터 이때까지 그 땅 풀뿌리 사람들의 '임마누엘 신앙'을 외면하고 거부해 왔다. 그럼으로써 히브리 지파동맹과 남유다왕국의 풀뿌리 사람들의 삶을 괴롭게 하고 절망스럽게 해왔다. 이때 본문은 '괴롭게 하는 것'이라는 뜻의 히브리어 분사역형 부정사 '할레오트'를 사용한다. 여기서 '라아'라는 동사는 '용기를 잃다 또는 지치다'라는 뜻이다. 이제껏 다윗왕조는 그 땅 풀뿌리 사람들의 삶의 마당에서 임마누엘 하나님을 탈취해서 예루살렘 성전지성소에 유폐시켰다. 그럼으로써 그 땅 풀뿌리 사람들의 삶의 마당에는 해방과 구원이 없었다. 정의와 평등도 없었다. 생명평화는 더더욱 없었다. 그 땅의 풀뿌리 사람들은 희년신앙 행동서사의 뜻과 의지와 용기를 잃었고 모두 지쳤다. 더불어 그 땅 풀뿌리 사람들의 하나님께서도 지치셨다. 다윗왕조와 예루살렘 성전제사종교체제 기득권세력은 그 땅 풀뿌리 사람들의 임마누엘 신앙을 무력화시켰다. 그럼으로써 그 땅 풀뿌리 사람들과 그들의 하나님 야훼께서 함께 괴로움을 당했다. 그것은 결코 야훼 하나님의 뜻이 아니다. 다윗왕조와 유다왕국 아하즈 왕의 선택이었다. 이와 관련하여 본문은 이렇게 예언한다.

> "그러므로 주님께서 직접 너희에게 그 표징을 주실 것이다. 보라. 젊은 여자가 임신해서 아들을 낳을 것이다. 그리고 그 여자는 아들의 이름을 '임마누엘'이라고 부를 것이다. 그 아이가 나쁜 것을 버리고 좋은 것을 고를 줄 알게 될 때까지 양 젖버터과 꿀을 먹을 것이다. 왜냐하면, 그 아이가 나쁜 것을 버리고 좋은 것을 고를 줄 알게 되기 전에, 네가 두려워 떨었던 땅의 두 왕들 면전에서, 그 땅이 버려지게 될 것이기 때문이다.
> 그러나 야훼께서 너와 네 백성과 네 왕실 위에, 에브라임이 유대를 떠나던 날부터 이때까지 그들이 겪어보지 않았던 날들을 이르게 할 것이다. 곧 아시리아 왕을 오게 할 것이다."

아시리아제국 군대는 구원자가 아니라 침략군대 일 뿐이다. 아시리아제국의 날들로 인한 고난과 절망은 너무도 빤한 일이었다. 북이스라엘은 아시리아제국과 삼년간 전쟁을 치른 후 처절한 패망을 당했다. 남유다왕국도 역시 아시리아제국 군대가 쳐들어 올 때 마다 위기와 고난을 겪어야만 했다. 본문읽기는 이러한 국가위기와 그 땅 풀뿌리 사람들의 고통과 절망 속에서 '임마누엘 신앙'이야말로 '평화'라고 증언한다.

실제로 '그 젊은 여자'하알마가 아이를 낳고 기르는 상황은 '평화'에 대한 현실과 실존 증언이다. 예를 들어 21세기 지구촌상황을 살펴보자. 지중해 아시아지역 이스라엘의 예루살렘과 팔레스타인 가자지구, 시리아와 쿠르드 땅에서 벌어지고 있는 전쟁은 언제 끝날지 가늠조차 어렵다. 그로 인한 난민들의 처참한 삶의 상황은 말로 표현하기조차 어렵다. 지중해 서쪽 유럽도 온갖 테러위험과 테러보복전쟁 등 늘 안보불안증을 안고 산다. 최근에 벌어진 러시아와 우크라이나 전쟁은 지구촌 모든 나라들의 정치외교 및 경제이익이 난마처럼 얽혔다. 도대체 언제 어떻게 전쟁을 끝내고 평화를 회복할지 지구촌 전체가 이러지도 저러지도 못하는 상황이다.

그러므로 본문읽기에서 '임마누엘 신앙'은 생명평화세상을 향한 그 땅 풀뿌리 사람들의 가장 절절한 표현이며 외침이다. 생명평화의 하나님 야훼께서 우리와 함께 하신다는 신앙고백은 21세기 예수신앙인들의 가장 절절하고 생생한 희년신앙 행동서사다. 이때 임마누엘의 전치사 '임~함께'는 시간과 공간과 관계 안에서 '우리와 함께하시는 하나님을 강조'한다. 하나님께서 우리와 같은 시간에, 우리와 같은 공간에서, 우리와 친밀한 관계로 함께 하신다는 신앙고백이다. 그래서 예수는 임마누엘 하나님을 '아빠'라고 부르실 수 있었다. 또 '임마누우리와 함께'라는 의미는 '하나님의 생명평화 세상이 나와 너 우리 사이에서 이루진다'는 신앙성찰이다. 나아가 '나와 너와 우리와 하나님 사이에서 이루어진다'는 신앙 확신이다. 곧 '임마누엘'은 나와 너와 우리가 하나님과 더불어 해방과 구원, 정의와 평등. 생명평화세상을 누리는 것이다.

한편 본문에서 '알마'에 덧칠해진 '처녀'라는 이미지는 그저 덧붙여진 해석 일뿐이다. 문자와 문맥으로도 '젊은 여자 또는 성숙한 여성'을 가리키는 여성명사일 뿐이다. 또한 '그 아이가 나쁜 것을 버리고 좋은 것을 고를 줄 알게 될 때까지'라는 구절을 비상非常하게 해석하려는 사이비한 신앙욕구들도 많다. 사이비 이단들은 이 구절을 '원죄를 벗고 하나님의 아들로서 버터와 꿀 곧 생명말씀을 먹고 자라서 악을 극복했다'라는 엉터리 해석을 한다. 본문읽기에서 이 구절은 있는 그대로 '임마누엘 신앙'을 저버린 유다왕국 아하스 왕을 향한 시한時限경고일 뿐이다. 실제로 이사야는 아하스 왕에게 북이스라엘 왕과 아람 왕이 반 아시리아제국 군사동맹에 참여하라고 강요하지만 걱정하지 말라고 조언한다. 그러면서 임마누엘 하나님을 신뢰하라고 권고한다. 엄마 품에서 양젖과 꿀을 먹던 임마누엘 아기가 '나쁜 것을 버리고 좋은 것을 고를 줄 아는 아이로 자라나기 전'에 그 두 왕들이 불에 타버린 부지깽이가 될 거라고 예언한다. 아하스 왕이 그토록 두려워 떨었던 두 왕들 면전에서 그 땅들이 버려지게 될 거라고 예언한다.

곧 아시리아 왕이 오게 하겠다

그러나 아하스 왕은 임마누엘 하나님을 신뢰하지 않았다. 아하스 왕과 남유다왕국은 임마누엘 하나님을 외면하고 거부했다. 끝내는 군국주의軍國主義 아시리아제국과 군사동맹을 맺었다. 그리고 아시리아제국 군대를 끌어들였다. 그러나 이사야는 남유다왕국과 아하스 왕에게 곧 들이닥치게 될 혹독한 고통의 날들을 경고했다.

"이제 야훼하나님께서 일찍이 아하스 왕과 유다왕국이 겪어보지 않았던 날들을 이르게 할 거다. 야훼 하나님께서 너와 네 풀뿌리 사람들과 네 왕실 위에서 떠나던 날부터 지금까지 경험해보지 못했던 날들이 올 거다. 그 날들은 에브라임또는 북이스라엘이 유대를 떠나던 날부터 이때까지 한 번도 겪어보지 않았던 날들이다. 곧 아시리아 왕을 오게 할 거다.

참으로 아하스 왕과 유다왕국과 풀뿌리 사람들이 천천히 흘러 마시기 좋은 맑고 깨끗한 '쉴로아흐' 물을 거부했다. 그래서 야훼하나님께서 거세게 흐르는 강물로 그들 위에 덮치게 할 거다. 아시리아 왕과 그의 군대의 모든 위력으로 그들 위에 덮치게 할 거다. 그것들이 모든 시내위로 넘칠 것이고 모든 둑 위로 넘쳐흐를 것이다. 그것들이 유다에 재빨리 들어와 쏟아지며 목에까지 차서 흐를 거다."

참으로 이 모든 재앙의 날들은 아하스 왕과 남유다왕국이 스스로 끌어들였다. 남유다왕국과 아하스 왕은 임마누엘 하나님을 신뢰하지 않았을 뿐만 아니라 따돌리고 소외시켰다. 이사야는 다윗왕조 궁정예언자임에도 불구하고 본문읽기에서 남유다왕국에 대한 징벌을 경고한다. 이제 북이스라엘과 남유다왕국이 나뉘었을 때부터 이날까지 경험해보지 못했던 혹독한 날들이 남유다왕국과 왕과 풀뿌리 사람들에게까지 몰아칠 것이다.

그러나 야훼 하나님은 그들을 가혹한 징벌의 날들 안에 마냥 버려두시지 않으신다. 그들에게 구원을 베푸신다. 임마누엘 곧 야훼 하나님이 우리와 함께하신다는 신앙고백이다. 그것이 바로 그 땅 풀뿌리 사람들의 신앙의지이며 신앙행동이다.

더하여, 야훼께서 다시 내게 말씀하셨다.
참으로 이 백성이 천천히 흐르는 '쉴로아흐' 물을 거부하고
'르친과 르말야후의 아들'을 기뻐하기 때문에.
그러므로 보라.
나, 주가 그들 위에 덮치게 하겠다

강하고 많은 그 강의 물을

아시리아 왕과 그의 군대의 모든 위력을.

그것이 그 모든 시내 위로 넘칠 것이고

그 모든 둑 위로 넘쳐흐를 것이다.

그것이 유다에 재빨리 들어와 쏟아지며

목에까지 차서 흐를 것이다.

그러나 그 분의 펼친 한 쌍의 날개가 있어

네 땅을 가득히 채울 것이다.

'임마누엘' 하나님이 우리와 함께 하신다.

너희는 동맹을 맺으라, 민족들아!

그러나 너희는 산산조각 날것이다.

너희는 귀를 기울여라, 땅의 먼 곳으로부터 모든 민족들아!

너희는 무장하라, 그러나 너희는 산산히 부수어질 것이다.

너희는 스스로 무장의 띠를 매라, 그러나 너희는 겁에 질려 깨어질 것이다.

너희는 함께 계획을 세우라, 그러나 너희 계획은 무산될 것이다.

너희는 할 일을 논의하라, 그러나 너희는 이루지 못할 것이다.

왜냐하면 '임마누엘' 하나님께서 우리와 함께 하시기 때문이다. 이사야 8:5-10

와서, 보라.

야훼의 하신 일들을

그 땅을 고독하게 하신.

야훼께서 그 땅 끝까지

전쟁들을 그치게 하셨다.

창을 꺾고, 활을 부러뜨리고, 전차들을 불사르셨다.

너희는 멈추어라, 깨달아라

내가 하나님이라는 것을.

내가 높임을 받으리라

모든 민족들로부터

그 땅에 있는 모든 이들로부터.

만군의 야훼께서 우리와 함께하신다.

야곱의 하나님은 우리에게 피난처이시다.시편 46: 8-11

본문은 임마누엘 신앙을 통하여 얻게 되는 야훼 하나님의 평화를 예언한다. 또 참으로 놀랍게도 임마누엘 평화를 위한 '야훼 하나님 스스로의 실천행동들'을 제시한다. 야훼는 그 땅을 고독하게 하시는 하나님이다. 야훼 하나님께서 땅 끝까지 전쟁들을 그치게 하신다. 창을 꺾고, 활을 부러뜨리고, 전차들을 불사르신다. 야훼 하나님께서 제국의 전쟁들을 그치게 하심으로써 그 땅을 고독하게 하신다.

이렇듯이 야훼는 해방과 구원, 정의와 평등, 생명평화세상 하나님이시다. 야훼 하나님께서 옛 히브리 해방노예들과 함께하셨던 것처럼 시대마다 그 땅 풀뿌리 사람들의 삶의 마당에 함께하신다. 모든 땅 모든 민족 모든 풀뿌리 사람들과 더불어 해방과 자유, 정의와 평등, 생명평화세상을 꿈꾸신다. 21세기 지구촌 모든 풀뿌리 사람들과 함께 새로운 희년신앙 행동계약을 맺는 것이야말로 야훼 하나님의 참뜻이다.

그럼에도 불구하고 21세기 한국 대형교회 목회자들은 교우들에게 제국주의 정복신앙과 자본주의 번영신앙만을 따르도록 설교한다. 자본주의 번영신앙의 무한경쟁·독점·쌓음의 탐욕을 멈추어서 깨닫게 되는 '희년신앙 행동서사'를 결코 가르치지 않는다.

17. 하나님과 하나로 창조생명생태계,
이것 좀 봐! 참, 아름답구나!

창세기 1:1~2:3

본문읽기

한 처음에, 하나님께서 하늘과 땅을 지어내셨다. 땅은 아무 모양도 없었고, 아무것도 생겨나지 않았으며, 깊음의 물위에 깜깜한 어둠만 있었다. 하나님의 '생명 기운'이 그 위를 휘돌고 있었다. 하나님이 냅다 소리치셨다.

"빛이 생겨라."

그러자 마침내 빛이 생겨났다. 하나님께서 그 빛을 보셨다. 참, 아름답구나! 하나님께서 그 빛과 어둠사이를 나누셨다. 하나님은 빛을 '낮'이라고, 어둠을 '밤'이라고 부르셨다. 이렇게, 저녁이 되고 아침이 되어 첫날이 지났다. 하나님이 또 소리치셨다.

"물 가운데 둥근 천장天障이 생겨서 물과 물이 갈라져라."

그러자 그대로 되었다. 하나님께서 둥근 천장을 만드시고 천장아래 있는 물과 천장위에 있는 물을 나누셨다. 하나님께서 그 둥근 천장을 하늘이라고 부르셨다. 이렇게, 저녁이 되고 아침이 되어 이튿날이 지났다. 하나님께서 또 다시 소리치셨다.

"하늘 아래 있는 물은 한곳으로 모이고 마른 땅이 나타나거라."

그러자 그대로 되었다. 하나님은 마른 땅을 '뭍'이라고 부르고 물이 모인 곳을 '바다'라고 부르셨다. 하나님께서 보셨다. 참, 아름답구나! 이어서 하나님께서 이렇게 명령하셨다.

"땅은 푸른 새싹이 돋아나게 하라. 씨 맺는 풀과 곡식과 채소와 그 종류에 따라 그 안에 씨를 가진 열매를 생산하는 과일나무가 땅위에 돋아나게 하라."

그러자 그대로 되었다. 땅이 풀과 낱알을 맺는 곡식들과 씨 있는 과일나무들을 자라나게 했다. 하나님께서 보셨다. 참, 아름답구나! 이렇게, 저녁이 되고 아침이 되어 셋째 날이 지났다. 하나님이 소리치셨다.

"하늘 천장에 빛나는 것들이 생겨서 낮과 밤이 나뉘게 하라. 절기와 나날과 해를 나타내는 표가 되어라. 하늘 천장에서 땅위를 비추어라."

그러자 그대로 되었다. 하나님께서 큰 등불 두개를 만드셔서 더 큰 등불로 낮을 책임지게 하시고 작은 등불로 밤을 책임지게 하셨다. 또 별들도 만드셨다. 하나님께서 땅위를 비추도록 이것들을 하늘 창공에 늘어놓으셨다. 하나님께서 해와 달에게 낮과 밤을 맡기시고 빛과 어둠을 나뉘게 하셨다. 하나님께서 보셨다. 참, 아름답구나! 이렇게, 저녁이 되고 아침이 되어 넷째 날이 지나갔다. 하나님께서 명령하셨다.

"물들은 물고기가 생겨나 우글거리게 하라. 땅 위 푸른 하늘에는 새들이 날아다녀라."

하나님께서 큰 물고기와 물속에서 우글거리는 온갖 물고기들을 만드시고, 하늘에 날아다니는 온갖 새들을 지어내셨다. 하나님께서 보셨다. 참, 아름답구나! 하나님은 그것들에게 복을 주시며 명령하셨다.

"새끼를 많이 쳐서 번성하라. 물과 바다를 가득 채워라. 새도 땅위에서 번성하라."

이렇게, 저녁이 되고 아침이 되어 다섯째 날이 지났다. 하나님께서 명령하셨다.

"땅은 살아있는 동물들을 내어라. 그 종류에 따라 집짐승과 길짐승과 들짐승을 내어라."

그러자 그대로 되었다. 하나님이 온갖 들짐승과 집짐승과 땅위를 기어 다니는 길짐승을 만드셨다. 하나님께서 보셨다. 참, 아름답구나! 그런 다음에 하나님께서 말씀하셨다.

"우리가 우리 모습을 따라 우리와 닮은꼴로 사람을 짓자. 그러면 사람들이 바다의 고기와 하늘의 새와 집짐승과 모든 들짐승과 땅위를 기어 다니는 모든 길짐승을 보살피겠지."

하나님께서 당신의 모습을 따라 사람을 지으시기로 하셨다. 그래서 하나님의 모습을 따라 사람을 지으셨는데, 남자와 여자로 지어내셨다. 하나님께서 그들에게 복을 주시며 말씀하셨다.

"자식을 많이 낳고 번성해라. 땅을 가득 채워라. 너희는 땅을 딛고 다니면서 바다의 고기와 하늘의 새와 땅 위를 돌아다니는 모든 살아있는 것들을 보살펴라."

하나님은 또 말씀하셨다.

"보라. 내가 너희를 위하여 온 땅위에 있는 씨 뿌리는 모든 곡식뜨는 채소과 그 안에 있는 씨를 심어서 열매를 맺는 모든 과일 나무를 주겠다. 그것이 너희를 위한 먹을거리다. 또 땅에 모든 들짐승과 하늘의 새와 땅위를 기어 다니는 모든 살아있는 것들에게는 온갖 푸른 풀을 먹이로 주겠다."

그래서 그렇게 되었다. 하나님께서 만드신 모든 것들을 바라보셨다.

"이것들 좀 봐! 참, 아름답구나!"

저녁이 되고 아침이 되어 여섯째 날이 지났다. 이렇게 해서 하늘과 땅과 그 안에 있는 모든 것들이 다 이루어졌다. 하나님이 하시던 당신의 모든 일들을 여섯째 날에 다 마치셨다. 그리고 이레 날에는 하시던 모든 일로부터 손을 떼시고 쉬셨다. 하나님께서는 이레 날을 복 주시고 거룩하게 하셨다. 왜냐하면 하나님께서 만드시고 지으시던 모든 일로부터 손을 놓으시고, 이날 푹 쉬셨기 때문이다.

본문 이해하기
바벨론 창조신화 '에누마 엘리쉬'

성서주변세계 고대 메소포타미아 지역은 21세기 자연환경과는 다르게 '물도 많고 나무와 숲도 우거진 비옥한 땅'이었다고 한다. 그래서 메소포타미아 지역에는 기원전 3천5백년 무렵부터 어디서 왔는지 조차 잘 알려지지 않은 수메르 사람들의 문명이 꽃을 피웠다. 이어서 수메르문명을 밑바탕으로 셈 족계 아카드문명이 뒤를 따랐다. 수메르와 아카드문명을 이어받은 메소포타미아 지역의 맨 처음 제국이 바로 '고대 바빌로니아' 였다. 고대 바빌로니아 제국은 기원전 1천8백95년부터 기원전 1천5백95년까지 약 3백년간 지속되었다.

이러한 문명역사 과정에서 메소포타미아 지역은 유목민사회에서 농경사회로 바뀌었다. 다양한 민족들 또는 종족사회에서 신전제사장 지배체제가 튼튼하게 뿌리내렸다. 또 한편 힘 있는 민족이 정복전쟁을 통해서 강력한 제국주의 지배체제를 건설하기도 했다. 이렇듯이 메소포타미아 지역 고대종교·문명사 속에서 '신전제사장 체제 또는 제국주의 지배체제'를 튼튼하게 세우기 위한 창조신화가 만들어졌다. 그렇게 만들어진 창조신화는 고대 성서주변세계에 널리 알려져 뿌리내렸다. 그러면서 창조신화 내용들이 더 풍성해지기도 하고 새로워지기도 했다. 이와 관련하여 성서학자들은 히브리 성서의 천지창조이야기 줄거리를 바빌로니아 창조신화 '에누마 엘리쉬'에서 찾는다. 에누마 엘리쉬는 메소포타미아 고대도시 니느웨 아슈르바니팔 도서관에서 점토판 문서로 발견되었다. 이 토판문서는 고대 바빌로니아제국 수호신이었던 마르둑의 창조이야기를 담고 있다. 그런데 이 토판문서는 셈족언어인 아카드어로 기록되었지만 실제로는 고대 수메르문명 창조신화로부터 이어져왔다. 그리고 그 핵심 내용은 '노동하는 노예인간 창조'다. 필자는 여기서 거칠게나마 '에누마 엘리쉬'에 대한 내용을 살펴보려고 한다.

맨 처음부터 있었던 신 '압수_{민물}와 티아마트_{바닷물}' 사이에서 여러 세대에 걸쳐 수많은 신들이 생겨났다. 그들로 인해 신들의 세계가 매우 소란스러워졌다. 그러다가 마침내 신들의 세계에서 큰 전쟁이 일어났다. 신들의 전쟁은 두 차례에 걸쳐 벌어졌다. 첫 번째 전쟁에서 모든 신들의 아버지 '압수'가 살해되었다. 두 번째 전쟁에서 모든 신들의 어머니인 '티아마트'마저 죽임을 당했다.

신들의 세계에서 벌어진 전쟁에서 마지막 승자는 바빌론제국 수호신 '마르둑'이었다. 마르둑은 티아마트의 시체를 갈라서 반쪽으로 하늘을 만들고 하늘 위에 있는 물과 하늘 아래 있는 물을 나누었다. 다른 반쪽으로는 바다와 강과 지하수를 나누었다. 또한 두개골을 빻아서 하늘의 별들을 만들었다. 머리카락으로 대지를 만들고 유방으로 높은 산들을 만들었다. 그런 다음 마르둑은 '지혜의 신 에아'에게 '노동하는 노예인간 창조'를 지시하며 이렇게 선언했다.

"나는 맨 처음 인간을 만들어 그의 이름을 '사람'이라고 부르겠다. 나는 사람을 만들어 그에게 하급 신들의 모든 강제노동을 떠넘기고 하급 신들이 자유로이 숨 쉴 수 있도록 하겠다."

지혜의 신 에아는 티아마트 군대 사령관 '킹구'를 죽여서 그 피로 살덩이를 반죽했다. 그리고 그 반죽으로 '노동하는 노예인간'을 만들었다. 또한 온갖 동물들을 만들었다. 그럼으로써 이제껏 고급 신들을 위해서 온갖 강제노동에 허덕이던 하급 신들을 그들의 노동으로부터 해방시켰다. 실제로 하급 신들은 산과 들과 광산에서 온갖 험한 노동을 도맡음으로써 고급 신들의 평온한 삶을 받들어야만 했다. 하급 신들은 힘겨운 노동의 짐을 지고 진흙이 섞인 밥을 먹으며 먼지로 더러워진 물을 마셨다. 이렇듯이 고통스러운 강제노동에 지친 하급 신들은 때때로 폭동을 일으키곤 했다.

그러나 이제 모든 강제노동은 오롯이 노동하는 인간노예들의 몫으로 넘겨졌다. 노동하는 노예인간이 하급 신들을 대신하여 산과 들과 광산에서 험한 강제노동을 도맡아야만 했다. 이제, 노동하는 노예인간은 하급 신들을 대신하여 어둠 속에서 일하고 진흙 섞인 밥을 먹으며 먼지로 더러워진 물을 마셔야만 한다.

고대 바빌로니아 제국 이후 기원전 6백12년부터 기원전 5백39년까지 메소포타미아 지역을 비롯해서 비옥한 초승달지대를 지배한 제국은 신 바벨론제국이었다. 바벨론제국은 히브리 성서의 성장과 편집과정에 큰 영향을 미쳤다. 히브리 성서가 그려내는 바벨론제국은 그 시대의 최고 최대 문명을 이룩한 위대한 제국이었다. 고대 '비옥한 초승달지대'는 지중해세계로 뻗어 나가는 군사 또는 상업적인 밑바탕이었다. 그래서 비옥한 초승달 지대 한쪽 끝에 위치한 메소포타미아 문명지역은 늘 다양한 민족들로부터 침략을 받았다. 바벨론제국은 타민족들의 침략전쟁을 압도하는 제국주의 정복전쟁을 스스로 앞장서서 벌여나갔다. 바벨론제국은 잘 훈련된 제국의 군대를 앞세워서 '비옥한 초승달지대'는 물론이고 고대 지중해세계 전체로까지 위대한 제국의 힘을 떨쳤다.

바벨론제국의 왕들은 '하늘 으뜸 하나님 마르둑Marduk의 아들'로서 제국의 종교와 정치 그리고 부와 권력을 독점했다. 바벨론제국의 왕들은 자신들의 왕권을 강화하기 위해 제국의 행정·관료체제를 중앙집권적으로 가다듬는 일에 힘을 쏟았다. 제국의 수도 바벨론은 제국의 사회경제·종교·정치를 독점하고 '거룩한 도성'으로써의 위상을 겹겹이 쌓아 올릴 수 있었다.

반생명과 반인륜 노예인간 창조신화, 제국주의 창조신앙 이데올로기에 대항하다

이제 21세기 성서독자들이 성서를 읽으려 할 때, 성서가 지중해세계 제국주의 사회경제·종교·정치 맥락 속에서 쓰여 졌음을 이해해야한다. 또한 오랜 세월 성서가 후세에 전해지는 가운데 새로운 내용이 보태지거나 편집되면서 성장해 왔음을 인정해야한다. 실제로 서구교회는 성서의 다양한 이야기들과 사건들에 대한 '전승과 문서와 역사비평 그리고 양식과 편집비평' 등 수백 년에 거친 연구 결과물들을 내어놓았다. '더 이상 새로운 학설이 나올까' 싶을 만큼 넓고 깊게 성서를 연구해왔다. 성서의 모든 내용들에 관련한 '사회경제·종교·정치·문화 맥락'의 실체들을 밝혀냈다. 성서 본문들의 역사상황과 배경도 더 이상 밝혀낼 것이 없을 만큼 다양하게 연구되어 왔다.

그렇더라도 필자는 히브리 성서 성장배경과 관련해서 바벨론 포로시절 유대 서기관들의 역할에 대한 현대 성서학자들의 연구에 관심이 많다. 실제로 맨 처음 히브리 성서가 만들어질 때, 옛 히브리들의 희년신앙 행동계약 전승들이 수집되고 문서로 만들어지면서 시대상황에 맞게 편집되고 수정되었다. 그 일들을 감당한 이들은 오롯이 소수의 지식인 그룹이었던 서기관들이었다. 성서학자들의 연구에 따르면 서기관들의 활동은 기원전 9백50년경 솔로몬 궁정에서부터 시작되었다. 솔로몬궁정의 서기관들은 '다윗왕조 신학 이데올로기'를 새로 만들면서 옛 히브리들의 희년신앙 행동계약전승들을 모았다. 또 그렇게 모아진 희년신앙 행동계약 전승들을 문서로 만들면서 새롭게 고쳐 쓰거나 편집했다. 솔로몬궁정 서기관들의 이러한 신학 작업 흔적들은 히브리 성서 주요 본문들 안에 고스란히 드러나 있다. 또한 남유다왕국 요시야 왕 종교개혁 때 '히브리 성서를 신명기사상에 맞게 편집하고 저술하는 과정'에서 핵심역할을 한 이들도 서기관들이었다. 나아가 바벨론 포로시절 히브리 성서 편집과 저술과정에서 서기관들의 역할도 의심의 여지없이 뚜렷하다.

그런데 바벨론포로기 시절 유대 서기관들은 바벨론제국의 압도적인 폭력과 거대한 문명 앞에서 자기 뜻을 굽혀야만했다. 나아가 아주 오랜 옛날부터 전해 내려온 제국주의 종교·문명 앞에 머리를 조아려야만 했다. 이렇듯이 유대 서기관들은 제국주의 종교와 문명을 배우고 따르며 제국의 관료로 봉사했다. 실제로 바벨론 포로시대 유대 서기관들이 처한 삶의 상황은 동서고금을 막론하고 똑 같다. 제국주의 지배체제의 부와 권력에 기대어 생존할 수밖에 없었던 지식인들의 정해진 운명이었다.

그럼에도 불구하고 유대 서기관들은 유다왕국 시대에서나 바벨론포로 때에도 희년신앙 행동계약 행동법규들에 대한 전문가일 수밖에 없었다. 따라서 유대 서기관들은 희년신앙 행동법규 전통에 따라 눈에 띄지 않게 제국주의 종교·문명에 대항했다. 히브리 성서 편집이나 저술활동을 통해서 바벨론제국의 전쟁과 폭력과 죽임 그리고 반생명 반인륜적 종교와 문명을 비판했다. 그러한 유대 서기관들의 제국주의 종교와 문명을 향한 대항과 반란의 흔적들은 히브리 성서 주요 본문들의 문맥 속에 고스란히 숨겨져 있다.

이와 관련하여 히브리 성서 창세기1장 천지창조 이야기는 유대인들의 바벨론제국 포로시대 상황과 현실 삶의 내용들을 낱낱이 드러낸다. 제국주의 전쟁과 죽임, 반생명 지배체제와 노예노동의 밑바탕을 까발린다. 반생명 노예노동 제국주의 지배체제와 노동하는 노예인간 창조신화 종교 정치 이데올로기에 대항하며 반란을 꾀한다. 노동하는 노예인간 창조라는 반생명 반인륜 종교 정치 이데올로기를 밑바탕으로 세워진 바벨론제국 지배체제를 향한 대항을 선언한다. 창세기1장 천지창조 이야기는 성서 독자들에게 반생명과 반인륜 노예노동과 바벨론제국 지배체제에 대항하는 희년신앙 행동서사를 세세하고 생생하게 증언한다. '생명존엄, 해방과 구원, 쉼 있는 노동세상' 등 또렷하게 깨우칠 수 있도록 넓고 깊으며 여유로운 희년신앙 은유들을 제안한다.

그렇다면 히브리 성서 천지 창조이야기의 주요한 의미는 무엇일까? 히브리 성서 여러 책들의 순서에 따라 성서 독자들이 맨 처음 창조주 하나님을 대면하는 신앙고백이다. 특별히 기독교회가 하나님의 존재를 인식하는 밑바탕이다. '하나님은 무엇인가, 어떤 분이신가, 무엇을 하시는가'라는 질문에 대한 답을 천지창조 이야기에서 찾게 된다. 그럼으로써 기독교인들의 신앙관념 속에서 '하나님과 하나로 창조생명생태계 신앙체계'를 갖추게 된다.

그러나 히브리 성서에서 히브리 노예들의 맨 처음 신앙고백은 '창조신앙'이 아니라 '희년신앙'이었다. 인류종교 문명사에서 그 흔적조차 찾을 수 없었던 히브리 노예들의 하나님 야훼께서 나타나셨기 때문이다. 야훼 하나님께서 파라오 노예제국에서 종살이 하던 히브리 노예들을 해방하시고 구원하셨기 때문이다. 야훼 하나님께서 히브리 해방노예들과 함께 희년신앙 행동계약을 맺으시며 계약의 조건으로써 '행동법규들'을 주셨기 때문이다. 그리고 야훼하 나님께서 히브리 해방노예들을 가나안땅으로 이끄셨기 때문이다. 희년신앙 행동계약 행동법규들이 꿈꾸는 해방과 구원, 정의 평등세상을 건설하고 누리게 하셨기 때문이다. 이러한 히브리 해방노예들의 신앙체험과 고백들이 희년신앙의 내용이고 '희년신앙 행동서사'다. 모든 희년신앙 행동법규와 내용들은 히브리 출애굽기에 자세하게 기록되고 증언되었다.

이러한 관점으로 필자는 21세기 예수신앙인의 삶의 마당에서 히브리 성서 창세기 본문 천지창조 이야기를 읽고 해석하려고 한다. 필자는 사람과 동물, 사람과 자연, 온 우주만물까지 '하나님과 하나로 창조생명생태계'라는 주제로 본문을 읽고 풀이하려고 한다. 이제 성서 독자들도 '하나님과 하나로 창조생명생태계'라는 신앙고백을 통하여 본문에서 다양한 희년신앙 행동은유들을 찾을 수 있을 것이다.

본문풀이
하나님과 하나로 창조생명생태계, 이것 좀 봐! 참, 아름답구나!

먼저 분명하게 짚어야 할 것은 본문을 '21세기의 자연과학으로 읽고 해석할 수 없다'는 사실이다. 본문의 핵심은 '하나님께서 우주만물을 창조하셨다'는 고대 히브리들의 창조신앙 고백이다. 히브리 성서 천지창조 이야기가 증언하는 히브리들의 신앙고백을 21세기 과학 실증주의적 관점으로만 이해할 수는 없다. 만약 그렇게 하려고 고집하는 사람이 있다면 그 사람은 무지몽매한 사람이거나 아니면 지극히 오만한 사람일 것이다. 본문에 대한 사람들의 무지하고 오만한 이해가 21세기 지구촌 생명생태계 파괴와 죽음을 가져왔다. 그리고 마침내 21세기 지구촌 기후위기를 불러왔다. 지구촌 독점자본과 기득권집단의 사익과 탐욕으로 인해 지구촌 생명생태계가 파괴와 죽음과 멸절의 위기로 뒤덮이게 되었다. 이제 필자는 '하나님과 하나로 창조생명생태계'라는 창조신앙 고백을 통하여 본문을 읽고 풀이하려고 한다. 자 이제, 히브리 성서가 이끄는 대로 하나님의 창조의 때, 한 처음으로 가보자.

땅은 혼돈混沌하고

"한 처음에, 하나님께서 하늘과 땅을 지어내셨다. 땅은 모양도 없었고, 아무것도 생겨나지 않았으며, 깊음의 물위에 깜깜한 어둠만 있었다. 하나님의 '생명기운'이 그 위를 휘돌고 있었다."

천지창조 이야기의 첫 낱말은 '베레쉬트한 처음에'이다. 이 낱말은 히브리어 성서의 '첫 낱말'이기도 하다. 우리말 성서는 '태초에'라고 번역했는데 필자는 '한 처음에'라고 새겼다. 영어성서는 '시작 또는 출발'beginning이라는 의미로 번역했다. 이러한 번역은 서구인들의 직선 시간개념과 역사관 때문이다. 하지만 히브리 성서의 시간개념은 서구인들의 직선 시간개념과 다르다. 히브리 성서의 시간개념에서 '과거'는 화석처럼 굳어져 보존되는 것이 아니다. 끊임없이 생동하고 새로워지며 메아리쳐 오는 현재다. 나아가 히브리 성서에서 '미래란' 직선과 물리의 시간이 흘러 마침내 도달하는 유토피아가 아니다. 현재를 사는 사람들의 하나님을 향한 바람과 노력에 '응답하시는 하나님의 때'가 닥쳐오는 것을 말한다. 따라서 천지창조 이야기의 첫 낱말 '베레쉬트'는 사람의 경험으로는 도저히 닿을 수 없는 까마득한 때로부터 메아리쳐 온 하나님의 '때'다. 까마득한 '하나님의 창조사건'에 대한 히브리들의 현재의 깨달음을 신앙으로 고백하는 표현이다. 필자는 이러한 히브리 성서의 시간개념을 따라 우리말로 '한 처음에'라고 새겨 읽었다.

한 처음에 땅은 '아무 모양'토후도 없었다. 우리말 성서는 '땅은 혼돈하고'라고 번역했다. 서구교회의 종교심성 속에 자리 잡은 카오스 곧 무질서'를 마음에 둔 번역이다. 하지만 히브리어 성서 천지창조 이야기에서 '땅은 하나님의 창조생명공동체 생태계의 밑바탕'으로써 아직 나타나지 않았을 뿐 혼돈混沌하지 않다. 그래서 고대 헬라어 70인 역 성서는 '나타나지 않았고 또는 드러나지 않았고'아오라토스라고 번역했다. 또 땅은 '아무것도 생겨나지'보후 않았다. 우리말 성서는 '공허空虛하며'라고 번역했는데 '빌 공空, 빌 허虛'다. 고대 헬라어 70인 역 성서도 '아무것도 생산하지 않았으며'아카타스큐아토스 라고 번역했다.

하나님의 천지창조의 참뜻은 '생명'이다

한 처음에는 오롯이 '깊음의 물'테홈이 모든 것을 뒤덮고 있었다. 여기서 깊음의 물은 '깊음의 바다'라고 이해할 수 있다. 이 깊음의 바다가 '하나님과 하나로 창조생명생태계의 밑바탕인 땅' 위를 뒤덮고 있었다. 그렇다면 이 깊음의 바다야말로 '태초의 반생명 깊음의 바닷물'로써 '혼돈의 바다 카오스'가 아닐까? 더해서 그 깊음의 물위에 '깜깜한 어둠'호쉐크만 있었다. 여기서 '호쉐크'는 생명과 그 어떤 생명의 가능성마저도 찾아 낼 수 없는 '짙은 어둠'이다. 이 태초의 반생명 깜깜함과 더불어 그 어떤 생명가능성마저 말살해 버리고야 말 깊음의 바다가 함께 있었다. 그것들이 '하나님의 창조생명체들의 삶을 뒤받쳐야 할 땅' 위를 뒤덮어 짓누르고 있었다. 이로써 히브리어 성서 천지창조 이야기의 도드라지는 참뜻은 '생명'이다.

그런데 한줄기 희망이 있었다. '하나님의 영루아흐 엘로힘'이 깜깜한 어둠과 깊음의 물위를 휘돌아 젖히고 있었다. 여기서는 히브리어 '루아흐'를 우리말로 '영'이라고 번역했는데 '얼'이라고 번역할 수도 있겠다. 그런데 루아흐는 '바람, 영, 생명' 등 여러 가지 의미로 사용된다. 히브리어 성서는 '루아흐'라는 낱말에 여러 가지 수식어를 붙여서 '살아있는 영, 거룩한 영' 등 다양한 뜻으로 사용한다.

빛이 생겨라

"하나님이 냅다 소리치셨다. '빛이 생겨라.' 그러자 마침내 빛이 생겨났다. 하나님께서 그 빛을 보셨다. 참, 아름답구나! 하나님께서 그 빛과 어둠사이를 나누셨다. 하나님은 빛을 '낮'이라고, 어둠을 '밤'이라고 부르셨다. 이렇게, 저녁이 되고 아침이 되어 첫날이 지났다."

본문은 옛 히브리들의 창조신앙고백으로써 하나님의 첫 창조 행동을 '빛이 있으라'는 '한 소리'로 증언한다. 이 '빛이 있으라'는 하나님의 한 소리야말로 온 우주에 '생명'을 계시하는 말씀이다. 따라서 히브리들의 창조신앙 고백에서 '빛오르'은 그냥 '햇빛'이 아니다. 바로 반생명의 깜깜함과 그 어떤 생명 가능성마저 말살하는 깊음의 물을 향한 하나님의 생명선언으로서의 '빛'이다. 반생명의 깜깜함과 깊음 바다가 표상하는 '생명 없음'을 몰아내는 하나님의 '생명의 빛'이다. 그러므로 이제 히브리 성서 천지창조 이야기에서 '반생명 깜깜함'은 '하나님과 하나로 창조생명생태계'에서 영원히 쫓겨났다. 이제 반생명 깜깜함은 하나님의 생명세계에서 '하나의 실체'로 자리매김 할 수 없다. 한 처음에 하나님의 창조생명 세계에서 '반생명 깜깜함'은 그저 '하나님의 창조생명의 빛'에 대한 '반영'일 뿐이다. 하나님은 이 빛을 '낮욤'이라고 불렀다. 이 히브리어 낱말 '욤'은 '날'이란 뜻으로 사용되는데 복수형 어미를 붙여서 '야밈생명의 나날들'이라고 이해할 수도 있다. 또한 '밤라옐라'은 생명의 빛인 '낮에 대한 반영'일 뿐이다. 그러기에 하나님과 하나로 창조생명생태계 생명의 빛 안에서 모든 생명들은 '반생명 깜깜함'을 마음에 둘 필요조차 없다. 21세기에 이르러서 반생명 깜깜함을 '생명에 대한 지배와 해코지의 상징'으로 조작하는 모든 종교행태는 단연코 사이비다.

이렇게 하나님의 천지창조에서 '빛이 있으라'는 한 소리가 온 우주의 '생명계시'라는 뜻은 하나님의 창조사건 이전세계에 대한 은유다. 이것은 창조사건 이전의 반생명 또는 생명의 가능성조차 전혀 없는 '태초의 깜깜함'에 대한 대비로 더욱 분명해진다. 성서는 21세기 과학상식에 반하여 태양 또는 별들이 창조되기 전에 이미 생명의 근원으로써 '빛'을 계시한다. 이로써 성서는 하나님의 창조행위의 도드라진 특징이 '생명'이라는 사실을 깨닫게 한다. 또한 생명은 자연과학이거나 우연함이 아니라 하나님의 창조계시라는 진실을 이해하게 한다. 이렇듯이 하나님의 천지창조에 대한 신앙고백과 하나님의 '생명계시' 이해의 밑바탕은 하나님의 모든 창조세계가 '하나님과 하나로 창조생명생태계'라는 관점이다. 하나님은 '빛이 있으라'는 한 소리를 통하여 반생명의 깜깜한 어둠을 몰아내셨다. 그럼으로써 마침내 온 우주에 새로운 생명세계를 계시하셨다. 이후에 하나님은 하나하나 창조생명생태계에 필요한 조건과 내용들을 하나하나 만들어 내셨다. 하나님과 하나로 창조생명생태계를 완성해 나가셨다. 하나님은 당신과 하나로 창조생명생태계를 완성해 가시는 과정에서 다양하고 주요한 창조생명 계시들을 드러내셨다. 무엇보다 주요한 계시는 '하나님과 사람, 사람과 자연, 그리고 우주만물 모두'가 하나님의 하나로 창조생명생태계라는 창조신앙 진실이다.

참, 아름답구나!

하나님은 당신이 창조하신 생명의 빛을 보면서 '참, 아름답구나'라고 감탄하신다. 우리말 성서는 '그 빛이 하나님의 보시기에 좋았더라'라고 번역했다. 하나님께서 '당신의 창조물인 생명의 빛을 좋게 보셨다'라는 뜻이다. 그러나 본문은 그렇게 말하지 않는다.

> "야라 엘로힘 에트 하오르 키-토브
> 하나님께서 그 빛을 보셨다. 참, 아름답구나."

다르게 번역한다면 '하나님께서 참 아름다운 그 빛을 보셨다'라고 번역할 수 있다. 하나님께서 당신의 창조물인 '생명의 빛'이 그 자체로 아름다운 것을 보시고 감탄하셨다. 따라서 천지창조 이야기에서 의심에 여지없이 또렷이 드러나는 것은 하나님의 창조생명의 빛이 '키 토브 그 자체로 참, 아름다웠다'라는 증언이다. 이어지는 하나님의 모든 창조사역에서 하나님은 당신의 창조물 하나하나를 살펴보시고 '창조물 그 자체로써 아름다움'을 알아채셨다. 그러면서 감탄해 마지않으셨다. 본문은 이러한 하나님의 감탄을 일곱 차례나 보고한다. '하나님과 하나로 창조생명생태계 완성' 때에는 '이것들 좀 봐, 너무너무 아름답구나'라고 감격하신다. 이렇듯이 본문은 하나님의 생명세계에 대한 감탄을 가감 없이 전달해 준다. 이점에서 우리말 성서의 '하나님이 보시기에 좋았더라'는 번역은 매우 아쉽다. 하나님과 하나로 창조생명생태계는 '하나님께서 좋게 보셔서 좋은 것'이 아니다. 하나님께서는 당신의 창조물 하나하나가 너무도 아름답다는 것을 직접 보시고 느끼시며 확인하신 후 감탄하셨다. 그러므로 하나님이 '아름답다'고 감탄하신 하나님과 하나로 창조생명생태계를 파괴하는 사람들의 모든 행위들은 '불신앙 가운데 불신앙'이다.

성서 주변 세계의 우주관 '세 개의 하늘들'

"하나님이 또 소리치셨다. '물 가운데 둥근 천장天障이 생겨서 물과 물이 갈라져라' 그러자 그대로 되었다. 하나님께서 둥근 천장을 만드시고 천장 아래 있는 물과 천장 위에 있는 물을 나누셨다. 하나님께서 그 둥근 천장을 하늘이라고 부르셨다. 이렇게, 저녁이 되고 아침이 되어 이튿날이 지났다."

하나님은 당신의 생명의 빛으로 반생명의 깜깜함을 몰아냈다. 그런 후에 생명의 가능성을 가로막고 있는 깊음의 물을 갈라치기하셨다. 하나님은 '둥근 천장라키아'을 만드셔서 생명의 가능성을 막아서는 깊음의 물을 나누었다. 반생명 깊음의 물은 둥근 천장 위의 물과 둥근 천장 아래의 물로 나뉘었다. 그러면서 하나님과 하나로 창조생명 생태계 생명가능성이 한층 더 커졌다. 이렇듯이 히브리 성서 천지창조 이야기는 하나님께서 반생명 세력들 곧 생명의 가능성을 막아서는 세력들을 하나하나 몰아내는 과정을 생생하게 묘사한다. 그럼으로써 생명의 깊고 크고 넓은 뜻을 또렷하게 증언한다. 하나님의 생명창조 이야기는 반생명 노예노동 바벨론제국 지배체제 종교 이데올로기와 정반대다. 생명의 크고 소중함을 강조하는 만큼 창조생명생태계 구성의 어렵고 힘든 과정과 기다림을 계시한다.

본문읽기에서 하나님은 당신이 만드신 라키아 곧 둥근 천장을 '솨마임 하늘'이라고 불렀다. 여기서 '라키아'는 망치로 두드려서 얇고 둥글게 펼친 금속판이다. 이 때 '라카아'라는 히브리어 동사는 '쳐서 얇게 펼치다'라는 뜻이다. 그런데 본문읽기에서 솨마임은 복수형어미를 가지고 있어서 '하늘들'이라 불러야 한다. 그래서 이제 히브리 성서 독자들은 본문읽기를 위해 고대 지중해세계 우주관을 이해할 필요가 있다. 고대 지중해 세계에서 하늘은 세 개다. 이 세 개의 하늘 우주관은 메소포타미아 문명세계에서 널리 알려진 우주관이다. 다른 지중해 세계도 비슷한 우주관을 가지고 있다. 먼저 본문에서 하나님이 만드신 '라키아 곧 둥근 천장이 첫 번째 하늘'이다. 그리고 라키아 둥근 천장 하늘 때문에 '라키아 위의 하늘'이 생겼다. 또한 '라키아 둥근 천장하늘과 그 아래 땅 사이에서 하늘'이 생겨났다.

마른 땅이 나타나라

"하나님께서 또 다시 소리치셨다. '하늘 아래 있는 물은 한곳으로 모이고 마른 땅이 나타나거라.' 그러자 그대로 되었다. 하나님은 마른 땅을 '뭍'이라고 부르고 물이 모인 곳을 '바다'라고 부르셨다. 하나님께서 보셨다. 참, 아름답구나! 이어서 하나님께서 이렇게 명령하셨다.

'땅은 푸른 새싹이 돋아나게 하라. 씨 맺는 풀과 곡식과 채소와 그 종류에 따라 그 안에 씨를 가진 열매를 생산하는 과일나무가 땅위에 돋아나게 하라.' 그러자 그대로 되었다. 땅이 풀과 낱알을 맺는 곡식들과 씨 있는 과일나무들을 자라나게 했다. 하나님께서 보셨다. 참, 아름답구나! 이렇게, 저녁이 되고 아침이 되어 셋째 날이 지났다."

하나님은 한 번 더 생명의 가능성을 가로막는 깊음의 물을 갈라 치셨다. 하늘아래 물들을 한곳으로 모으셨다. 그럼으로써 '그 마른 땅이 나타나라'고 명령하셨다. 하나님은 마른 땅을 나타나게 하심으로써 생명의 가능성을 가로막는 깊음의 물을 '땅위에 모인 물과 땅 아래 물 곧 지하수'로 나누셨다. 그럼으로써 이제 생명의 가능성을 가로막던 깊음의 물의 '반생명 가능성'은 완전히 사라졌다. 이제 본격적으로 생명탄생의 길이 열렸다. 생명의 가능성을 가로막던 깊음의 물은 이제 없어서는 안 될 '생명의 물 지하수'로 바뀌었다. 지하수에 힘입어 땅도 뭇 생명들을 내어놓을 준비를 마쳤다. 하나님은 때를 맞추어 라키아 둥근 천장 하늘 문을 여시고 '이른 비 늦은 비'를 내리실 것이다.

"땅은 푸른 새싹이 돋아나게 하라"

이제 마침내 하나님은 땅에게 '푸른 새싹데쉐'을 돋아나게 하라고 명령하신다. 온갖 '씨 맺는 곡식들과 채소들조레아'을 돋아나게 하라고 명령하신다. 그 종류에 따라 그 안에 '씨를 가진 열매를 생산하는 과일나무제레아'가 땅위에 자라나게 하라고 명령하신다.

하나님께서 자신의 생명력의 일부를 땅더하여 바다와 하늘에게 위임하셨다. 하나님의 창조사역에서 주목할 것은 식물들을 직접 창조하시지 않고 땅으로 하여금 돋아나게 하도록 맡기셨다는 점이다. 하나님이 땅에게 자신의 생명력의 일부를 위임하셨다. 땅이 푸른 풀과 곡식과 채소 그리고 과일나무 등을 스스로 내어놓았다. 실제로 인류사의 맨 처음을 화려하게 수 놓았던 수백 년 수렵채취 원시공산사회는 하나님으로부터 위임받은 땅의 생명력을 밑바탕으로 삼았다. 따라서 땅은 히브리 지파동맹의 희년 신앙 행동계약 행동법규에서 '하나님의 것'이다. 사람이 사유하거나 독점할 수 없다. 21세기 현실 세계에서조차 사람은 땅을 완전하게 사유하거나 독점할 수 없다. 사람의 생명은 유한하다. 땅을 사유화하거나 독점할 이유도 자격도 없다.

'생명씨앗의 한 살이'를 되살려라

또 하나 하나님의 창조사역에서 주요한 의미는 모든 창조생명체들에게 하나님의 생명력을 위임하셨다는 사실이다. 모든 하나님의 창조생명체들은 스스로 생명을 유전할 능력을 가지게 되었다. 씨 맺는 모든 풀들과 곡식들과 채소들이 그렇다. 이후로 이야기하게 될 바다의 모든 물고기들과 하늘을 나는 모든 새들과 사람들이 그렇다. 모든 창조생명체들은 하나님의 창조생명 유전능력을 위임받았다.

하나님은 사람에게 온갖 씨 맺는 채소와 곡식과 그 안에 씨가 있어 열매를 맺는 모든 과일나무를 먹을거리로 주셨다. 동물은 들에서 자라나는 모든 풀들이 먹을거리다. 하나님이 사람과 동물에게 주신 이 모든 '먹을거리'는 스스로 생명유전능력을 가졌다. 그러나 21세기에 이르러 다양한 창조생명체들은 스스로 생명유전 능력을 말살 당했다. 왜냐하면 사람들의 무분별한 탐욕으로 인해 하나님의 창조생명생태계가 파괴되었기 때문이다. 이제 사람의 먹을거리의 대부분은 '씨 없는 채소와 과일과 곡식들'이다. 설사 씨를 가졌더라도 스스로의 생명유전능력이 파괴된 불임씨앗이다. 그것들은 바로 슈퍼교잡종 동물과 식물종자 또는 'GMO 유전자조작 곡물과 유전자조작 가축과 물고기들'이다. 이로 인해 지구촌 모든 과일과 곡물들은 스스로의 생명유전 능력을 상실한지 오래다. 21세기 축산 농부들이 기르는 수많은 가축들은 유전자가 조작된 새로운 생명체들이다. 그 가축들의 먹을거리는 1백% GMO 유전자조작 곡물사료다.

무엇보다 큰 문제는 하나님이 주신 '생명씨앗'이 21세기 농부들의 손에 한 톨도 남아 있지 않다는 사실이다. 하나님과 하나로 창조생명 생태계 안에서는 누구라도 하나님의 생명씨앗을 독점하거나 사유화할 수 없었다. 그러나 21세기 지구촌 맘몬·자본 독점경제체제에서 모든 씨앗들은 초국적 종자회사로 몰수되었다. 지구촌 독점자본·맘몬권력이 하나님과 하나로 창조생명생태계를 가득 채웠던 모든 생명씨앗을 독점하고 사유화했다. 풀과 채소와 곡식 그리고 물고기와 새와 가축들의 모든 생명 유전 능력을 몰수했다. 이러한 상황은 하나님과 하나로 창조생명생태계에 대한 반역이다. 하나님과 하나로 창조생명생태계 안에서 생명씨앗을 조작하고 파괴하고 말살하는 행위는 결코 용서받지 못할 죄악이다. 이제라도 하나님이 땅과 바다와 하늘 그 안에 가득한 생명들에게 위임하신 생명 유전능력을 지켜내야 한다. 하나님과 하나로 창조생명생태계 안에서 '생명씨앗'을 지키고 보존해야 한다. 21세기 지구촌 거대 종자회사의 슈퍼교잡종 불임씨앗과 유전자 변형씨앗 및 터미네이터 자살씨앗에 대항해야한다. 슈퍼교잡종 불임씨앗과 유전자변형 터미네이터 자살씨앗으로 생산된 먹거리에 대한 불매운동을 벌여야 한다.

그런데 '생명씨앗'을 온전히 지키고 보존하는 것은 '생명씨앗의 한 살이'를 되살리는 것이다. 씨앗이 땅에 떨어져 발아되어 싹을 틔우고, 줄기를 내어 자라며 다시 씨앗을 맺어 곡식과 채소와 과일이 되는 과정이 온전하게 순환되어야한다. 그래야만 생명씨앗이 온전히 보존될 수 있다. 씨앗이 죽어 다시 생명씨앗이 되는 창조생명 순환과정에서 사람을 비롯한 뭇 생명들의 건강한 생명삶이 보존되기 때문이다. 그러나 21세기 창조생명생태계는 '씨앗이 다시 생명씨앗이 되지 못하도록 창조생명 순환과정'이 완벽하게 망가졌다. 이것이 바로 21세기 뭇 생명피조물들의 절망이며 죽음이다.

이렇듯이 하나님은 '씨 맺는 풀과 곡식과 채소, 그 종류에 따라 그 안에 씨를 가진 열매를 생산하는 과일나무'를 사람과 동물 그리고 뭇 생명피조물들에게 먹을거리로 주셨다. 하나님께서 사람과 동물과 뭇 생명 피조물들에게 생명유전능력을 가진 먹거리를 주신 이유는 무엇일까? 하나님의 모든 생명피조물들은 하나님의 생명유전능력 위탁에 따라 온 땅과 하늘과 바다를 가득 채워야 할 생명의무가 있기 때문이다. 그것이 바로 모든 생명 피조물에게 주는 하나님의 복으로써 각각의 독특한 창조생명 유전능력이다.

해와 달과 별들의 비밀을 밝히다

"하나님이 소리치셨다. '하늘 천장에 빛나는 것들이 생겨서 낮과 밤이 나뉘게 하라. 절기와 나날과 해를 나타내는 표가 되어라. 하늘 천장에서 땅위를 비추어라.' 그러자 그대로 되었다. 하나님께서 큰 등불 두개를 만드셔서 더 큰 등불로 낮을 책임지게 하시고 작은 등불로 밤을 책임지게 하셨다. 또 별들도 만드셨다. 하나님께서 땅위를 비추도록 이것들을 하늘 창공에 늘어놓으셨다. 하나님께서 해와 달에게 낮과 밤을 맡기시고 빛과 어둠을 나뉘게 하셨다. 하나님께서 보셨다. 참, 아름답구나! 이렇게, 저녁이 되고 아침이 되어 넷째 날이 지나갔다."

하나님이 해와 달과 별들을 만드셨다. 그리고 그것들을 '라키아, 둥근 천장 하늘'에 늘어서 달아 매셨다. 그런데 동서고금을 막론하고 '하늘 발광체들 또는 일월성신日月星辰'은 하나님으로 섬김을 받고 숭배되었다. 성서주변 고대 지중해 세계에서는 더욱 그렇다. 그러나 히브리어 성서 천지

창조 이야기는 성서주변세계의 모든 신神존재들을 비신화화 한다. 하나님의 창조세계에서 일월성신은 그저 '빛나는 것들또는 발광체들'로 창조 되었을 뿐이다. 이렇듯이 히브리 성서는 하나님으로 우상화 된 '메오로트일월성신신화세계'를 비신화화 했다. 그럼으로써 신의 아들 또는 신의 대리자로서 권력을 위임받은 제국주의 황제권력 지배체제의 밑바탕을 해체했다. 그럼으로써 노예제국 지배체제의 노예로 살아가는 그 땅 풀뿌리 사람들에게 해방과 자유를 선포했다.

실제로 고대세계 사람들은 높은 하늘에서 빛나는 것들을 신으로 받들어 숭배하는 것을 당연하게 여겼다. 무엇보다도 깊은 밤을 보내고 아침이 되면 하늘높이 솟아올라 온 땅을 밝히는 태양을 하나님으로 섬겼다. 비옥한 초승달지대의 모든 제국들은 하나같이 태양을 하나님으로 섬겼다. 이집트제국의 파라오는 '태양신 라Ra 또는 레Re'가 모습을 바꾸어 나타난 하나님이었다. 고대 이집트제국 풀뿌리 사람들은 태양을 모든 생명의 밑바탕으로 여겼으며 우주를 움직이는 실체로 이해했다. 메소포타미아 지역의 아시리아제국도 '태양신쉐메쉬'을 숭배했다. 바벨론제국의 수호신 마르둑도 함무라비 법전에는 태양신의 상징으로 소개되었다. 로마제국은 '솔 인빅투스 Sol Invictus 무적무패의 태양신'을 섬겼다. 그 밖에도 비옥한 초승달지대에서는 '레판 Rephan 달 신'이 숭배되기도 했다.

하나님으로부터 위임받은 '생명유전 능력'

"하나님께서 명령하셨다. '물들은 물고기가 생겨나 우글거리게 하라. 땅 위 푸른 하늘에는 새들이 날아다녀라.' 하나님께서 큰 물고기와 물속에서 우글거리는 온갖 물고기들을 만드시고, 하늘에 날아다니는 온갖 새들을 지어내셨다. 하나님께서 보셨다. 참, 아름답구나! 하나님은 그것들에게 복을 주시며 명령하셨다.

'새끼를 많이 쳐서 번성하라. 물과 바다를 가득 채워라. 새도 땅위에서 번성하라.'
이렇게, 저녁이 되고 아침이 되어 다섯째 날이 지났다."

여기서 또 다시 하나님은 자신의 '창조생명 유전능력'을 바다와 물들에게 넘겨주신다. 깊음의 물 또는 깊음의 바다는 한 처음에 생명의 가능성을 막아섰던 반생명의 존재였다. 그러나 이제 물들 또는 바다는 하나님의 뭇 창조생명들을 뒤받치는 밑바탕이다. 하나님은 물들 또는 바다에게 '물고기가 생겨나 우글거리게 하라고 명령'한다. 이때 본문은 '쉐레츠 살아서 꿈틀대다 또는 우글대다'라는 히브리어 동사를 사용한다. 물들 또는 바다에 사는 뭇 생명들이 한없이 많아지고 불어나는 상황을 표현하는 동사다. 여기서 하나님은 자신의 창조생명능력을 뭇 창조생명들에게 넘겨주신다. 그것은 하나님의 창조생명생태계 안에서 뭇 창조생명체들에게 주시는 하나님의 생명축복이다.

"새끼를 많이 쳐서 번성하라. 물과 바다를 가득 채워라. 새도 땅위에서 번성하라."

하나님의 자기생명능력을 '하나님과 하나로 창조생명생태계'에 넘겨주심으로써 하나님과 사람과 동물과 자연까지 당신의 창조세계와 하나가 되셨다. 이렇듯이 하나님은 땅과 바다와 하늘 그 안에 가득한 뭇 생명체에게 당신의 생명력과 창조능력을 위탁하셨다. 모든 생명피조물에게 주시는 하나님의 복이다. 따라서 하나님과 하나로 창조생명생태계 안에서 모든 창조생명체들은 하나님의 생명위탁에 따라 자기 생을 살아야 한다. 땅과 바다와 하늘을 하나님의 생명력과 창조능력으로 가득 채워야만 한다.

그럼으로써 하나님은 땅과 바다와 하늘 그 안에 가득한 생명들에 대한 창조주의 소유권을 포기하셨다. 뭇 생명들은 하나님께 위임받은 스스로의 생명력으로 온 땅을 새로운 생명으로 가득 채울 것이다. 하나님의 하나로 창조생명공동체 안에서는 날마다 경이로운 생명창조활동이 끊이지 않을 것이다.

그럼에도 불구하고 도대체 무슨 권리로? 하나님과 하나로 창조생명생태계의 한 부분인 사람이 하나님의 창조생명체들을 이토록 무참하게 멸종시킬 수 있단 말인가? 오히려 사람은 하나님과 하나로 창조생명생태계 안에서 올곧은 청지기의 책임을 다해야하지 않을까? 실제로 사람은 하나님과 하나로 창조생명생태계 안에서 살아가면서 생태계를 돌보고 가꾸어야 할 청지기로써 책임과 의무가 있다. 하나님의 선한 청지기인 사람이 하나님의 하나로 창조생명생태계를 사익과 탐욕의 대상으로 여기는 것은 죄악이다. 의심의 여지없이 뚜렷하게 하나님의 생명창조신앙에 대한 배신이다.

우리가 우리 모습을 따라 우리와 닮은꼴로 사람을 짓자

"그런 다음에 하나님께서 말씀하셨다. '우리가 우리모습을 따라 우리와 닮은꼴로 사람을 짓자. 그러면 사람들이 바다의 고기와 하늘의 새와 집짐승과 모든 들짐승과 땅위를 기어 다니는 모든 길짐승을 보살피겠지.'

하나님께서 당신의 모습을 따라 사람을 지으시기로 하셨다. 그래서 하나님의 모습을 따라 사람을 지으셨는데 남자와 여자로 지어내셨다. 하나님께서 그들에게 복을 주시며 말씀하셨다.

'자식을 많이 낳고 번성해라. 땅을 가득 채워라. 너희는 땅을 딛고 다니면서 바다의

고기와 하늘의 새와 땅위를 돌아다니는 모든 살아있는 것들을 보살펴라.'

하나님은 또 말씀하셨다. '보라. 내가 너희를 위하여 온 땅위에 있는 씨 뿌리는 모든 곡식뜨는채소과 그 안에 있는 씨를 심어서 열매를 맺는 모든 과일 나무를 주겠다. 그것이 너희를 위한 먹을거리다. 또 땅에 모든 들짐승과 하늘의 새와 땅위를 기어 다니는 모든 살아있는 것들에게는 온갖 푸른 풀을 먹이로 주겠다.'"

본문읽기에서 하나님은 '우리가 우리모습을 따라 우리와 닮은꼴로 사람을 짓자'라고 말씀하신다. 그렇다면 하나님이 여러 명인가? 그렇다. '엘로힘'이라는 하나님 이름은 복수다. 히브리 성서는 '엘'이라는 단수하나님 이름도 쓰는데 거기에 복수어미 '임'붙여서 '엘로힘'이라는 하나님 이름으로 사용한다. 여기서 필자는 하나님 이름에 대한 신학적 설명을 하려고 하지 않는다. 다만 본문읽기에서 하나님의 이름이 복수인 것은 '사람을 지으시는 것과 관련하여 어떤 신앙은유들을 드러내는가' 찾아보려고 한다.

본문에서 하나님은 '우리가 우리모습을 따라 사람을 짓자'라는 자기논의와 자기결단을 하신다. 우리말 성서는 '우리의 형상形象을 따라'라고 번역을 했는데 형상은 '생긴 모양이나 상태'를 말한다. 이때 본문이 사용하는 '첼렘 모습 또는 형상'은 영어로 '이미지'image라고 번역되기도 하고 '모형'model이라고 번역되기도 한다. 필자는 '이미지와 모형'으로 통합한 '하나님의 실체'라는 의미로서 '모습'이라고 새겨서 읽었다. 따라서 필자는 '하나님의 모습을 따라 지어진 수많은 사람들 가운데서 수많은 하나님의 모습들을 경험할 수 있겠다'라고 이해한다.

또 한편 '하나님은 우리와 닮은꼴로 사람을 짓자'라고 말씀하신다. 이때 본문이 사용하는 '데무트'라는 낱말은 '~와 같은, 닮은'이라는 의미로 쓰인다. 또 다르게는 '복제, 베낌'이라는 뜻으로도 읽을 수도 있다. 본문 읽기에서는 히브리어 전치사구 '키드무테누'라고 쓰였는데 우리말 성서 는 '우리 모양대로'라고 번역하였다. 고대 헬라어 70인 역 성서는 ' ~닮 게, 비슷하게카트 호모이오신'라고 표현했다.

그러므로 사람은 하나님의 실체로써 '첼렘-모습'이다. 사람은 하나님 과 가장 '닮은꼴'로 최대한 '비슷하게' 지어졌다. 왜냐하면 하나님께서 손 수 그렇게 사람을 지으셨기 때문이다.

사람은 노동하는 노예인간으로 창조될 수 없다

그러므로 사람은 바벨론제국 허깨비 창조신화에서처럼 '노동하는 노 예인간'으로 창조될 수 없다. 더불어 사람의 노동은 결코 바벨론제국 노예 세상에서처럼 '강제노동, 억압과 착취노동, 노예노동'이어서는 안 된다. 사람의 노동은 오롯이 노동하시는 하나님을 따라 '생명노동, 돌봄노동, 행복노동, 자유노동'이어야 한다. 무엇보다도 사람은 하나님의 모습으로 하나님과 가장 닮은꼴로 지어졌기에 '하나님의 하나로 창조생명생태계'의 청지기이어야 한다. 하나님과 더불어 희년신앙 행동계약을 맺고 해방과 구원, 정의와 평등, 생명평화 세상을 꿈꾸며 건설할 수 있어야 한다.

물론 여기서 필자는 '사람과 하나님사이의 존재유비存在類比을 따져서 동일성'을 강조하거나 논쟁하지 않는다. 왜냐하면 히브리 성서 천지창조 이야기에서 사람은 분명하게 하나님의 창조생명이기 때문이다. 사람은 하 나님의 생명창조섭리에 따라 존재할 뿐이다. 그렇더라도 히브리 성서 천지 창조 이야기에서 사람은 하나님과 '근친관계'近親關係를 가지고 있다. 하나 님이 사람을 '자기모습'을 따라 '자기와 닮은꼴'로 지으셨기 때문이다.

"우리가 우리의 모습을 따라 우리와 닮은꼴로 사람을 짓자."

이 문장은 하나님이 스스로에게 하시는 말씀 곧 하나님의 '자기논의 또는 자기결단'이다. 이로써 사람은 하나님과 하나로 창조생명생태계 안에서 '하나님의 대리인'으로써 하나님 앞에 서게 된다. 자유와 책임성을 가진 하나님의 창조세계 지킴이로써 온 존재를 통해서 하나님의 말씀을 듣고 응답할 수 있게 되었다.

하나님께서 남자와 여자, 그들을 지으셨다

이제 여기서 성서독자들은 의심할 여지없이 뚜렷하게 '하나님이 남자와 여자 그들을 지으셨다'는 창조신앙 진실을 깨닫게 된다. 하나님이 남자와 여자 그들을 지으셨다. 하나님이 그들에게 복을 주시며 그들에게 말씀하셨다. 더더욱 분명한 것은 '하나님이 남자 한쪽에게만 또는 한 사람에게만 말씀하시지 않았다는 사실'이다. 하나님은 남자와 여자 그들에게 말씀하신다. 이처럼 남자와 여자 두 사람에게 하나님이 말씀하시고 복을 주신다. 따라서 남자와 여자 두 사람이 똑같이 하나님의 모습을 따라 하나님과 닮은꼴로 지어졌다. 남자와 여자가 똑같이 하나님의 하나로 창조생명생태계의 청기지 역할을 감당해야한다.

서구 제국주의 교회의 '정복신앙과 번영신앙'을 폐기처분하라

이제 히브리 성서 천지창조 이야기를 읽고 해석하면서 서구제국주의 교회들의 정복신앙과 번영신앙을 폐기처분해야 한다. 이천년 기독교역사에서 서구 제국주의 교회가 떠들어 온 '땅을 정복하라, 다스려라'라는 해석용어를 폐지해야 할 때다. 그런 해석용어들은 '하나님과 하나로 창조생명생태계 신앙'을 배신하는 언어로 지구촌 교회들에 널리 퍼졌다. 실제로 이천년 기독교역사에서 서구제국주의 교회들의 '정복신앙'은 교회를 더럽히고 지구촌에 말로 다할 수 없는 해악을 끼쳐왔다. 이제 21세기 한국교회와 교우들은 서구제국주의 교회들의 창조신앙 배신언어로 본문을 읽고 해석해서는 안 된다. 서구 제국주의 교회들의 '정복신앙 또는 번영신앙' 행태를 더 이상 답습해서는 안 된다.

이제 21세기 한국교회와 교우들은 '하나님과 하나로 창조생명생태계'라는 창조신앙 주제에 맞게 새로운 본문읽기 신앙언어를 찾아내야 한다. 먼저 본문읽기에서 하나님이 스스로에게 다짐하시는 '자기논의와 자기결단' 1장 26절 말씀을 새롭게 새겨서 읽어야한다. 실제로 하나님과 하나로 창조생명생태계 신앙문맥 안에서 '이르두다스려라'라는 말을 '보살펴라'는 해석언어로 바꾸어 읽을 수 있다. 왜냐하면 본문읽기 문맥 안에서 '다스리다'라는 말은 '보살피다'라는 말과 동의어이기 때문이다. 하나님의 창조세계에서 사람은 하나님의 모습을 따라 하나님과 닮은꼴로 지음 받음으로써 하나님의 창조세계에 대한 대리인으로 위촉되었다. 하나님의 대리인으로써 하나님의 창조세계를 억압하고 착취할 수 없다. 오롯이 잘 가꾸고 보살펴야만 한다.

또한 하나님께서 사람에게 주시는 복의 말씀 가운데 창세기 1장 28절 말씀도 새롭게 새겨 읽어야 한다. 이때 본문읽기에서 표현된 히브리어 동사 '키브슈하땅을 정복하라'는 서구 제국주의 교회들의 창조신앙 배신언어를 폐기처분해야 한다. 그럼으로써 '땅을 따르게 하라 또는 가꾸어라'라고 새롭게 새겨 읽어야 한다. 실제로 '정복하는 목적은 따르게 하는 것'이다. 무엇보다도 하나님과 하나로 창조생명생태계 안에서 뭇 생명의 생生을 뒤받치는 땅은 정복의 대상이 될 수 없다. 결코 파괴와 착취의 대상일 수 없다. 도리어 사람이 잘 가꾸고 돌보아야 할 하나님과 하나로 창조생명 생태계에게 주신 하늘은총이다. 무엇보다도 서구제국주의 교회들의 해석언어 '땅을 정복하라'로 인해 지구촌 생명생태계가 얼마나 큰 해악을 입었는지 기억해야 한다.

이제 필자는 본문에서 '카바쉬'라는 히브리어 동사의 새로운 해석의미를 제안한다. '카바쉬'라는 히브리어 동사의 뜻은 문맥에 따라 '딛다, 디디다'라고 해석할 수 있다. 따라서 이 동사에서 '케베쉬' 의자에 앉을 때 발을 올려놓는 '발등상'이라는 낱말이 나왔다. 히브리 성서 천지창조이야기의 문맥에서라면 당연히 키브슈하는 '땅을 디뎌라, 딛고 다녀라'라고 해석할 수 있다. 사람은 하나님의 모습을 따라 하나님과 닮은꼴로 지어졌다. 그럼으로써 사람은 하나님의 창조세계에 대한 하나님의 대리인이다. 하나님과 하나로 창조생명생태계 곳곳으로 땅을 딛고 다니면서 그 땅을 가꾸고 그 땅의 뭇 생명들을 돌보아야 한다.

그런데 창조주 하나님은 왜, 굳이 자기실체의 일부를 내어주면서까지 사람을 창조하셨을까? 그것은 바로 하나님과 하나로 창조생명생태계 안에서 뭇 생명체들의 생명 삶과 생명유전 활동을 북돋우기 위해서다. 하나님의 창조세계의 땅과 바다와 하늘 그 안에 살아있는 모든 생명피조물들은 각각의 하나님의 생명창조 위탁을 받았다. 온 땅과 바다와 하늘을 생명들로 가득 채워야 할 생명의무가 있다. 그것은 바로 모든 생명피조물에게 주는 하나님의 복으로써 각각의 독특한 생명유전능력이다. 하나님은 당신의 생명실체의 일부를 떼어내어 사람을 지으셨다. 그렇게 지으신 사람에게 하나님의 창조세계를 가꾸고 돌보도록 청지기 직분을 주셨다. 그래서 하나님은 사람에게 특별한 생명의 복을 주셨다.

"자식을 많이 낳고 번성해라. 땅을 가득 채워라. 너희는 '땅을 딛고 다니면서' 바다의 고기와 하늘의 새와 땅위를 돌아다니는 모든 살아있는 것들을 보살펴라."

이제 사람은 하나님과 하나로 창조생명생태계 안에서 하나님과 뭇 생명들과 피조물들 사이의 '생명연결 고리'다. 사람은 하나님과 뭇 생명들과 자연 사이의 '생명 순환 고리'다. 그러므로 하나님과 하나로 창조생명생태계 안에서 사람의 모든 활동은 사私적인 것이 없다. 하나님의 창조세계 안에서 사람의 모든 행위는 창조생명생태계 청지기 신앙행동이어야 한다. 오롯이 사람은 하나님과 하나로 창조생명 생태계 안에서 하나님의 대리인이며 청지기라는 신앙의무를 잊지 않아야 한다. 그 신앙의무를 잊었기에 21세기 지구촌 환경생태계가 신음을 하게 되었다. 지구촌 기후위기를 불러오고야 말았다.

하나님과 하나로 창조생명 생태계, 이것들 좀 봐! 참, 아름답구나!

하나님과 하나로 창조생명생태계를 향해 하나님은 스스로 기쁨과 탄성을 외치셨다.

"이것들 좀 봐! 참, 아름답구나!"

한 처음에 터져 나온 하나님의 생명사랑 외침이다. 이 하나님의 생명사랑 외침이야말로 마땅히 21세기 예수신앙인들이 '하나님과 하나로 창조생명생태계를 대하는 신앙태도'이어야 마땅하다. 21세기 예수신앙인들은 하나님의 창조세계 생명청지기로써 하나님의 창조생명의 뜻을 거스를 수 없다. 하나님과 하나로 창조생명생태계를 향한 '하나님의 기쁨과 탄성'에 반하는 가치판단을 할 자격이 없다. 예수신앙인들은 하나님의 창조세계 안에서 하나님이 생명창조의 선한 뜻을 좇아 대리인으로서 청지기 의무와 책임을 다할 따름이다.

쉼이 있는 노동

"저녁이 되고 아침이 되어 여섯째 날이 지났다. 이렇게 해서 하늘과 땅과 그 안에 있는 모든 것들이 다 이루어졌다. 하나님이 하시던 당신의 모든 일들을 여섯째 날에 다 마치셨다. 그리고 이레 날에는 하시던 모든 일로부터 손을 떼시고 쉬셨다. 하나님께서는 이레 날을 복주시고 거룩하게 하셨다. 왜냐하면 하나님께서 만드시고 지으시던 모든 일로부터 손을 놓으시고 이날 푹 쉬셨기 때문이다."

이제 21세기 희년신앙 행동법규를 따르려는 예수신앙인들은 '하나님의 노동 곧 쉼이 있는 거룩한 노동'에 참여해야 한다. 히브리 성서 천지창조 이야기 끝에서 하나님은 자신의 생명창조 노동을 다 끝내고 '푹 쉬셨다이쉬보트'고 보고한다. 하나님께서 이 날을 복주시고 거룩하게 하셨다고 증언한다. 이날이 곧 '안식일솨바트'이다. 안식일은 '쉬는 날'이다. 왜냐하면 하나님이 엿새 동안 생명창조 노동을 끝내시고 이렛날에 푹 쉬셨기 때문이다. 따라서 안식일은 '쉼이 있는 노동을 보장하는 날'이다. 하나님은 안식을 거룩하게 하셨다. 그런데 안식일이 거룩한 이유는 쉼이 있는 노동을 보장하는 날이기 때문이다. 따라서 21세기의 노동역시 '쉼'이 있어야 거룩하다. 그런데 여기서 주요한 사실은 어떤 경우라도 어떤 사람이라도 '노동과 쉼의 거룩함'에서 소외될 수 없다는 사실이다. 그 무엇으로도 하나님의 창조생명 노동의 완성으로서 '쉼'거룩함을 훼손할 수 없기 때문이다. 히브리 성서는 옛 히브리들의 희년신앙 행동법규총칙 십계명을 통해서도 '노동과 쉼에 대한 하나님의 뜻'을 강력하게 선포한다. '쉼이 없는 노동'은 어떤 시대에서나 어떠한 경우에라도 노예노동일 뿐이다.

그러므로 하나님과 하나로 창조생명 생태계 안에서 사람의 노동은 하나님의 생명 창조노동을 닮아야 한다. 그것은 곧 생명노동, 돌봄노동, 공동체노동, 자유노동이다. 사람은 하나님의 창조생명 노동을 닮음으로써 하나님과의 존재유비存在類比를 이해하고 깨닫는다. 사람은 하나님의 모습을 따라 하나님과 닮은꼴로 지어진 뜻을 자기신앙과 삶의 마당에 새겨 넣어야 한다. 사람은 하나님의 창조생명 노동을 닮아감으로써 하나님과 사람사이의 관계유비關係類比를 만들고 넓혀가야 한다.

그러나 안타깝게도 21세기 맘몬·자본세상에서 '쉼이 없는 노동을 강요'함으로써 '하나님 없는 노예노동 세상'을 두둔하고 편드는 수많은 기독교인들을 본다. 그들은 결코 기독교 신앙인이라고 할 수 없다. 그래서 예수는 이렇게 또렷하게 선포한다.

"안식일은 사람을 위하여 생겨났다. 그러나 사람은 안식일을 위하여 태어나지 않았다. 그러므로 사람의 아들이 안식일의 주인이다."

예수는 '안식일, 쉼이 있는 생명노동'의 주인이 사람이라고 선언했다. 사람이 안식일을 위해서 있는 것이 아니라, 안식일이 사람을 위해 있는 것이라는 선포했다.

그러므로 천지창조 본문읽기에서 안식일의 핵심신앙 은유는 '쉼이 있는 생명노동세상'이다. 21세기 '쉼이 있는 생명노동세상'은 의심의 여지 없이 뚜렷하게 21세기의 '희년신앙 행동서사'다.

18. 야훼의 빛 탕감의 해,
내가 너에게 오늘 이 빚 탕감 행동을 명령한다.

신명기 15:1-15

본문읽기

일곱 번째 해 끝에 너는 빚 탕감을 실천하라. 이 빚 탕감 명령은 '자기 이웃에게 빚을 놓은 모든 채권자의 손 안에 있는 빚'을 탕감하는 것이다. 채권자는 자기 이웃이거나 또는 형제에게 빚 독촉을 하지마라. 참으로 야훼께서 '야훼의 빚 탕감 해'를 선포하셨기 때문이다. 너는 이방인에게 빚 독촉을 할 수 있다. 그러나 너에게 있는 네 형제에게 놓은 빚을 네 손이 놓아 버리게 해야 한다.

참으로 네 가운데 가난한 사람이 없어야 한다. 참으로 네 하나님 야훼께서 땅을 차지하도록 너에게 노느매기로 주신 그 땅에서, 야훼는 반드시 너에게 복 주실 것이기 때문이다. 오롯이 네가 네 하나님 야훼의 음성을 바르게 새겨듣는다면, 내가 오늘 너에게 명령한 이 모든 명령을 지켜 행하기만 한다면, 참으로 네 하나님 야훼께서 네게 말씀하신 대로 네게 복을 주시리라. 네가 많은 나라들에게 꾸어줄 것이다. 그러나 너는 꾸지 않을 것이다. 너는 많은 나라들을 다스릴 것이다. 그러나 그들은 너를 다스리지 못할 것이다.

참으로 네 하나님 야훼께서 너에게 주신 네 땅 안에 있는 너의 성문들 한 곳에 네 형제들의 어느 한사람 가난한 이가 너와 함께 있다면, 너는 네 마음을 모질게 하지 마라. 너는 네 가난한 형제에게 네 손을 움켜쥐지 마라. 왜냐하면 너는 반드시 그에게 네 손을 펴야하기 때문이다. 너는 반드시 그에게 없는 그의 모자람을 넉넉하게 꾸어주어야 하기 때문이다.

너는 '네 마음이 악을 함께 생각하지 않도록' 너 스스로에게 조심하라. '말하기를, 일곱 번째 해 곧 빚 탕감 해가 가까이 왔구나'라며, 네 눈이 가난한 네 형제를 향해 악하고, 네가 가난한 형제에게 모자라는 것을 주지 않는다면, 가난한 네 형제가 너로 인해 야훼께 부르짖을 것이다. 그것이 너에게 '죄'다

너는 반드시 가난한 네 형제에게 주어야한다. 네가 네 가난한 형제에게 줄때에 네 마음이 악하지 않아야 한다. 참으로 이러한 행동 때문에 네 하나님 야훼께서 너에게 복을 주실 것이다. 네가 하는 모든 것 가운데서 그리고 네 손이 닿은 모든 것 가운데서 너에게 복을 주실 것이다. 왜냐하면 그 땅 가운데 가난한 사람이 그치지 않을 것이기 때문이다. 그러므로 나는 너에게 이렇게 명령한다.

"너는 반드시 '네 땅 가운데서 고단하고 가난한 네 형제를 위하여' 네 손을 펴라."

참으로 네 형제 히브리 남자이거나 여자가 너에게 팔렸다 하자. 그가 여섯 해 동안 너를 섬기고 나서 일곱 번째 해에 너는 너로부터 자유롭게 하여 그를 놓아 보내야 한다. 너로부터 자유롭게 하여 네가 그를 놓아 보낼 때, 너는 그를 빈손으로 보내지 마라. 너는 반드시 그에게 '네 하나님 야훼께서 너에게 복 주신 네 양떼와 네 타작마당과 네 포도주 틀로부터'

넉넉하게 그의 어깨에 메워주어야 한다. 너는 그에게 주어야만 한다.

너는 이집트 땅에서 노예였던 것과 네 하나님 야훼께서 너를 해방하셨던 것을 기억하라. 그러므로 내가 너에게 오늘 이 빚 탕감 행동을 명령한다.

본문이해하기
신명기에 나타난 희년신앙 행동서사

히브리 성서에서 신명기는 '모세가 젖과 꿀이 흐르는 가나안 땅을 바라보며 히브리 지파동맹에게 남긴 마지막 장엄한 고별연설'이다. 모세는 이 연설에서 히브리 지파동맹에게 다시 한 번 더 희년신앙 행동계약 행동법규들을 선포한다. 희년신앙 행동법규들이 히브리 지파동맹의 생각과 마음과 의지에 스며들도록 장엄하면서도 간절한 어조로 호소한다. 모세는 야훼 하나님께서 선물하신 가나안땅에 들어가 살아야 할 히브리들에게 '야훼께서 그들과 함께 맺은 희년신앙 행동계약 뜻을 되짚고 행동법규 실천을 또렷하게 강조'한다. 이때 신명기 본문은 '베에르'라는 히브리어 동사를 사용하는데 우리말 성서는 '설명하다'라고 번역했다. 하지만 모세의 고별연설 문맥에 따른다면 '뚜렷하게 하다 또는 강조하다'라고 번역할 수 있다.

실제로 히브리 성서 '토라'또는 모세오경의 마지막 다섯 번째 책의 히브리어 이름은 '데바림말씀들'이다. 그런데 고대 헬라어 70인 역에서는 '듀테로노미온두 번째 율법'이라고 번역했다. 라틴어 성서는 헬라어 70인 역을 쫓아서 라틴어로 '듀테로노미움'Deuteronomium이라고 옮겼다. 우리말 성서는 어려운 한자말로 거듭 '신'을 사용해서 신명기申命記라고 번역했다. 이처럼 두 번째 율법이라는 의미 또한 희년신앙 행동계약 행동법규들의 뜻을 뚜렷하게 강조하는 것으로 이해할 수 있다.

이와 관련하여 21세기에도 유대인들은 '우리는 파라오 노예제국의 노예였다, 야훼께서 우리를 해방하고 구원하셨다'라고 자기 정체성을 고백한다. 실제로 히브리 성서시대의 이집트는 태양신으로 신격화된 파라오가 통치하는 노예제국이었다. 그래서일까, 히브리 성서에는 수많은 노예들의 서사들이 전승되어 오고 있다. 대표적으로 요셉이야기와 모세이야기 등이 그렇다.

그런데 놀라운 것은 파라오 노예제국에서 종살이 하던 히브리들에게 그들의 하나님이라고 큰소리치는 야훼가 나타났다는 사실이다. 야훼 하나님은 파라오 노예제국에서 타고난 노예들로 살아가는 히브리 노예들을 당신의 사람들이라고 주장했다. 야훼 하나님은 파라오 노예제국의 억압과 착취로부터 히브리 노예들을 해방하시고 구원하셨다. 그리고 히브리들을 약속의 땅으로 이끌어내셨다. 히브리들과 함께 해방과 구원, 정의와 평등, 생명평화 세상을 건설하려고 하셨다. 이를 위해 야훼 하나님은 히브리 해방노예들과 함께 희년신앙 행동계약을 맺었다. 그리고 야훼 하나님은 히브리 해방노예들에게 희년신앙 행동법규 총칙으로써 십계명을 주셨다. 더해서 꼭 지켜서 행동해야 할 희년신앙 행동계약 '행동법규들'을 주셨다. 유대인들과 유대교는 이 희년신앙 행동계약 행동법규들을 '율법'이라고 부르며 신성시해왔다.

이렇듯이 희년신앙 행동법규들에 따른 히브리들의 삶의 역사와 신앙고백과 신앙행동이 바로 히브리 성서의 핵심내용이다. 출애굽기와 레위기의 희년신앙 행동법규들은 야훼하나님의 해방과 구원, 정의와 평등세상을 여는 대헌장이다. 그리고 이 대헌장의 주요내용들은 빚 탕감과 노예해방, 이자금지와 사회경제 약자 돌봄, 정의로운 재판과 사회공동체규약, 안식일과 안식년 등 쉼이 있는 노동세상, 토지공공성이다.

따라서 '야훼의 빚 탕감의 해' 신명기본문 상황에서 히브리 지파동맹은 '파라오 노예제국으로부터 야훼하나님의 출애굽 해방과 구원사건을 공동체험 했다. 야훼 하나님께서 히브리들과 함께 맺은 희년신앙 행동계약을 행동법규들을 공유했다. 히브리 지파동맹은 희년신앙 행동법규들에 따라 해방과 구원, 정의와 평등세상을 건설하고 누리기 위해 노력해왔다. 21세기 성서독자들은 그 실체적 증언들을 히브리 성서 사사기를 통해서 확인할 수 있다.

그러나 히브리 지파동맹은 시나브로 희년신앙 행동계약이 꿈꾸던 해방과 구원, 정의와 평등세상 뜻과 의지를 상실했다. 그리고 마침내 희년신앙 행동법규들이 무력화되고 소 제국주의 다윗왕조가 세워졌다. 이제 히브리 지파동맹 희년신앙 행동계약의 꿈은 다윗왕조 신학 시온궁정계약으로 대체되었다. 다윗왕조에서는 희년신앙 행동계약 행동법규들이 시나브로 잊혀졌다. 모든 부와 권력은 다윗왕조로 몰수되었다. 이스라엘 풀뿌리 사람들은 양극화 불평등사회로 떨어졌다.

그러나 끝내 소 제국주의 다윗왕조는 남유다왕국과 북이스라엘로 갈라섰다. 북이스라엘은 다윗왕조 신학과 차별화를 위해 옛 히브리 지파동맹의 희년신앙 행동계약 전통을 앞세웠다. 그러나 북이스라엘도 야훼 하나님의 해방과 구원, 정의와 평등, 생명평화 세상과는 거리가 멀었다. 북이스라엘 풀뿌리 사람들은 풍요다산 바알종교를 숭배하며 희년신앙 행동법규들을 배신했다. 권력 야심가들은 왕권을 차지하기 위해 피를 흘리며 권력다툼에 몰두했다. 북이스라엘은 2백9년 동안 나라를 유지하면서 아홉 번이나 왕조가 바뀌었고 19명이 왕위를 차지했다. 가난하고 힘없는 이들이 감당할 수 없는 빚을 지고 옛 히브리 조상들의 노느매기 땅을 빼앗겼다. 땅을 빼앗긴 풀뿌리 사람들은 소작농노로 떨어졌다.

그러므로 이제 희년신앙 행동계약 전통을 수호하는 예언자들은 옛 히브리들의 해방과 구원, 정의와 평등, 생명평화 세상의 꿈을 되살리려고 노력했다. 희년신앙 행동계약 행동법규들을 자세히 밝혀서 선포했다. 희년신앙 행동계약 행동법규 지킴이들은 다시 '야훼의 빚 탕감의 해'를 선포했다. 일곱 번째 해에 이르러 '빚 탕감과 노예해방 그리고 땅 무르기 희년신앙 행동법규들'을 다시 선포했다.

특별히 신명기 15장 '야훼의 빚 탕감의 해' 본문은 북이스라엘이 멸망하고 남유다 왕국으로 망명한 신명기학파의 저술이다. 기원전 7백22년 아시리아제국의 침략으로 북이스라엘이 멸망한 이후 수많은 희년신앙 행동계약 전통 지킴이들이 남유다왕국으로 망명했다. 따라서 본문읽기는 북이스라엘에서 망명한 신명기학파 레위제사장들이 주도했던 요시야왕의 희년신앙 종교개혁 상황을 사실 그대로 보여준다. 이제 신명기 15장 '야훼의 빚 탕감의 해' 본문을 자세히 읽고 그 뜻과 의미를 살펴보자.

본문풀이
야훼의 빚 탕감의 해, 내가 너에게 오늘 이 빚 탕감 행동을 명령한다

"일곱 번째 해 끝에 너는 빚 탕감을 실천하라. 이 빚 탕감 명령은 '자기 이웃에게 빚을 놓은 모든 채권자의 손 안에 있는 빚'을 탕감하는 것이다. 채권자는 자기 이웃이거나 또는 형제에게 빚 독촉을 하지마라. 참으로 야훼께서 '야훼의 빚 탕감 해'를 선포하셨기 때문이다."

본문은 '일곱 번째 해 끝에' 빚 탕감을 실천하라고 명령한다. 실제로 히브리 지파동맹 희년신앙 행동계약 '빚 탕감 노예해방 행동법규'에는 칠년째에 이르러 아무런 몸값도 없이 노예를 해방해야 한다고 명령한다. 따라서 신명기15장 본문도 일곱 번째 해의 빚 탕감을 '빚 탕감 명령 또는 빚 탕 감 행동법규'라고 소개한다. 이스라엘이 꼭 지켜야 할 '칠년 째 해 빚 탕감 행동'을 히브리들의 희년신앙 행동법규로 강조한다. 참으로 칠년 째 해 빚 탕감이야말로 야훼께서 선포하신 '야훼의 빚 탕감 해'라고 못 박는다.

채권자, 그 이름은 곧 바알이다

일곱 번째 해에는 '모든 채권자의 손 안에 있는 빚콜－바알 마쉐 야도'들 을 탕감해야 한다. 이때 본문읽기에서는 채권자를 '바알'이라고 부르는데 매우 의미심장하다. 바알은 가나안과 이집트 그리고 아시아 지역에서 풍 요 다산의 신으로 널리 알려졌다. 바알은 고대 셈족언어로 '주인 또는 소 유자'라는 뜻이다. 바알은 히브리들의 부와 권력욕망을 부추김으로써 희 년신앙 행동법규들을 배신하게 만드는 주범이었다. 히브리 성서는 바알 숭배야말로 히브리 지파동맹 희년신앙 행동계약을 가로막는 배신행위로 여겼다.

그럼으로써 본문은 히브리들의 희년신앙 행동법규에 따라 고리대금 업을 하는 채권자들을 '바알'이라고 경멸한다. 또한 채권자들의 억압과 착취, 나아가 가난하고 힘없는 채무자들에게 행사하는 고압적 위세를 바 알에 비유한다. 그러므로 모든 채권자들은 자기 손안에 있는 채권을 탕 감함으로써 '바알'이라는 경멸과 더럽혀진 명예'를 씻어낼 수 있다. 또한 가난하고 힘없는 이들을 억압하고 착취하며 업신여기고 짓밟아 온 죄악 을 용서받을 수 있다.

그러므로 채권자들이 이미 자기 이웃이나 형제들에 빚을 놓았다면 '빚 독촉을 하지 말아야' 한다. 이때 본문이 사용한 히브리어 동사 '나가스'는 '몰아치다, 박해하다'라는 뜻이다. 히브리 성서는 '나가스'라는 동사의 분사형 '노게스'라는 낱말을 자주 사용하는데 '전문추심업자, 세금징수원'을 가리킨다. 이 낱말은 본문의 시대상황에서 채권자들의 거칠고 사나운 빚 독촉 실태를 잘 표현한다. 실제로 성서시대의 채무노예 세상에서나 21세기 금융자본 경제체제에서나 채권자들의 추심행위는 사납고 거칠기 짝이 없다. 채권자들의 빚 독촉이 가난하고 힘없는 채무자의 삶을 망가뜨리고 죽음의 대열로 내몰기 일쑤다.

네 손이 네 형제에게 놓은 빚을 놓아 버리게 하라

이렇듯이 본문읽기에서 채권자들이 빚 독촉을 하지 못하도록 명령하는 근거는 무엇일까? 참으로 야훼 하나님께서 '야훼의 빚 탕감 해'를 선포하셨기 때문이다. 히브리 해방노예들과 야훼 하나님이 함께 희년신앙 행동계약을 맺으면서 '야훼의 빚 탕감의 해'를 첫 번째 행동법규로 내걸었다. 그러므로 본문은 네가 가지고 있는 네 형제의 채권을 '네 손이 놓아 버리게 해야 한다타쉐메트 야데카'라고 명령한다. 우리말 성서는 '네 손에서 면제하라'며 헷갈리게 번역했다. 그런데 본문읽기에서 사용한 '솨마트'라는 히브리어 동사를 사역형으로 쓰면 '손이 무엇을 놓게 하다'라는 뜻이다.

실제로 본문은 히브리들에게나, 21세기 교회와 교우들에게나, 또는 성서독자들에게나 쉽지 않은 신앙행동 문제를 내어놓는다. 실제로 내 손이 움켜쥐고 있는 내 형제의 채권을 어떻게 해야 내 손이 놓아버리게 할 수 있을까? 본문은 '내 손이 움켜쥔 내 형제의 채권을 내던지게 할' 쉽고 특별한 방법을 제안하지 않는다. 오히려 야훼 하나님께서 칠년 째 해에 이르러 '야훼의 빚 탕감의 해'를 선포하셨다고 강력하게 증언할 뿐이다. 다짜고짜 일곱 번째 해 끝에 빚 탕감을 하라고 명령한다.

그러므로 본문은 이스라엘 사람들 또는 유대인들을 옛 조상 히브리들의 희년신앙 행동법규들로 이끌어간다. 옛 히브리들의 희년신앙 행동계약 첫 번째 행동법규가 '칠년 째 해 빚 탕감과 노예해방'이기 때문이다. 출애굽기 21:1-11 실제로 히브리 성서는 옛 히브리 지파동맹 희년신앙 행동계약의 밑바탕을 이렇게 증언한다.

> "정녕, 내가 보았노라
> 이집트에서 종살이 하는 내 사람들의 고통을.
> 자신을 박해하는 자들 앞에서
> 울부짖는 내 사람들의 외침을
> 내가 들었노라.
> 정녕, 내가 알았노라
> 내 사람들의 아픔을.
> 내가 내려가겠노라
> 이집트의 손아귀로부터 내 사람들을 해방하기 위하여
> 그 땅으로부터 내 사람들을 이끌어내기 위하여
> 넓고 좋은 땅, 젖과 꿀이 흐르는 땅으로." 출애굽기 3:7-8a

> "나는 네 하나님 야훼다. 곧 노예들의 집으로부터, 이집트 땅으로부터 너를 이끌어 낸 네 하나님 야훼다." 출애굽기 20:2

> "나는 '너희에게 가나안 땅을 주려고, 너희에게 하나님이 되려고 이집트 땅으로부터 너희를 이끌어낸' 너희 하나님 야훼다." 레위기 25:38

히브리 해방노예들은 야훼 하나님과 함께 희년신앙 행동계약을 맺기 전에 광야에서 하늘양식 만나훈련을 받았다. 만나훈련의 핵심은 '많이 거둔 이도 남지 않게, 적게 거둔 이도 모자라지 않게'이다. 히브리들은 하늘 양식 만나훈련을 광야생활 사십년 동안 매일매일 계속했다. 하늘양식 만나훈련의 핵심 신앙행동을 자신들의 삶의 마당에서 뼈 속까지 깊게 새겨넣었다. 그리고 마침내 히브리들의 하늘양식 만나훈련은 '예수의 하나님 나라 일용할 양식선포'에서 완결되었다. 따라서 내 손이 움켜쥔 내 형제의 채권을 놓아버리게 하는 힘은 히브리들의 하늘양식 만나훈련이었다. 실제로 광야에서 히브리들의 만나훈련영성은 '많이 거둔 이도 남지 않게, 적게 거둔 이도 모자라지 않게'이기 때문이다. 이것이 바로 예수의 하나님나라 복음운동의 일용할 양식 훈련으로써 예수신앙인들의 생활영성신앙의 핵심이다.

한편 본문에는 풀이하기 어려운 문장도 있다. '너는 이방인에게 빚 독촉을 할 수 있다'라는 문장이다. 이때 본문은 '노케리이방인'이라는 히브리어 낱말을 사용한다. 그런데 이 낱말은 성서에서 보호하라고 강조하는 '떠돌이 나느네게르'와 다르다. 아마도 본문읽기에서 '노케리'는 여러 나라들을 오가며 무역을 하는 장사꾼들이었을 것이다. 그들은 '창세기 요셉이야기'에서처럼 작은 부족들을 약탈 또는 착취하면서 불로소득을 쌓았다. 히브리 사람들도 그들을 상대로 상업거래를 하면서 빚 독촉을 하지 않을 이유가 없었을 것이다. 무엇보다도 본문읽기에서는 '히브리 형제들에게 빚 독촉을 하지 않아야 하는 경우'와 대비해서 이방인 장사꾼들의 경우를 이야기 했을 것이다. 왜냐하면 히브리들의 희년신앙 행동법규에서 '떠돌이 나그네'는 히브리 형제들과 똑같은 보호 대상이었기 때문이다.

"너는 떠돌이 나그네를 억압하지 말고 그들을 괴롭혀 쫓아내지 말라. 왜냐하면 너희들도 이집트 땅에서 떠돌이 나그네들이었기 때문이다."출애굽기 22:21

참으로 네 가운데 가난한 사람이 없어야 한다

필자는 21세기 예수 신앙인으로서 강도만난 사람들과 다름없는 빚꾸러기들의 삶의 고통에 연대하는 것이 21세기 '희년신앙 행동서사'라고 이해한다. 본문읽기에서 '야훼의 빚 탕감의 해'야말로 희년신앙 행동계약 '빚 탕감 노예해방 행동법규의 확대'라고 이해한다. 따라서 신명기15장 본문은 꼭 집어서 '참으로 네 가운데 가난한 사람이 없어야 한다'라고 선포한다. 왜냐하면 야훼 하나님께서 히브리 지파동맹에게 쓰임과 필요에 따라 가나안 노느매기 땅을 주셨기 때문이다. 히브리 지파동맹이 희년신앙 행동법규들에 따라 산다면 야훼 하나님께서 그들에게 복을 주실 것이기 때문이다.

오롯이 야훼 하나님의 뜻을 따라 '야훼의 빚 탕감의 해를 선포'하면, 야훼 하나님께서 그 땅 위에 복 주실 것이다. 히브리 지파동맹은 많은 나라들에게 쓰임과 필요들을 꾸어줄 것이다. 그러나 히브리 지파동맹은 꾸지 않아도 될 만큼 충분하게 복을 받을 것이다. 많은 나라들이 존경하고 두려워 할 것이다. 감히 히브리 지파동맹을 침략할 엄두조차 내지 못할 것이다.

그러므로 야훼 하나님께서 주신 히브리들의 노느매기 땅에서 또한 그들의 생활경제 그늘 아래서 가난한 히브리 형제가 없어야 한다. 어떤 히브리사람의 생활경제 그늘 아래로 가난한 히브리 형제가 떠돌아 온다면, 그는 자기 마음을 '모질게 하지아마츠' 않아야 한다. 이때 '아마츠'라는 히브리어 동사는 '딱딱하게 하다, 강하게 하다'라는 뜻이다. 실제로 가난한 형제에게 '내 마음이 딱딱하지 않아야 하는 까닭'은 가난한 형제에게 내 손을 움켜주지 말아야 하기 때문이다. '가난한 히브리 형제들에게 반드시 내 손을 펴야하기파토아흐 티프타흐' 때문이다. 여기서 '파타흐'라는 히브리어 동사는 '열다'라는 뜻이다. 본문은 이 동사를 '곡식창고 또는 곡식자루를 열다'라는 의미로 사용한다. 이때 본문은 '파타흐'라는 히브리어 동사를 두 번 거듭해서 사용한다. '곡식창고 또는 곡식자루를 여는 행동'을 크게 강조해서 표현하기 위한 어법이다. 왜냐하면 가난한 히브리 형제의 쓰임과 필요를 모자라지 않게 넉넉히 나누어 주어야 하기 때문이다. 이렇게 가난한 히브리 형제에게 내 마음을 열고 그의 쓰임과 필요를 나누어주려 할 때 조심해야할 것들이 있다.

"너는 '네 마음이 악을 함께 생각하지 않도록' 너 스스로에게 조심하라. '말하기를, 일곱 번째 해 곧 빚 탕감 해가 가까이 왔구나'라며, 네 눈이 가난한 네 형제를 향해 악하고, 네가 가난한 형제에게 모자라는 것을 주지 않는다면, 가난한 네 형제가 너로 인해 야훼께 부르짖을 것이다. 그것이 너에게 죄다."

본문은 가난한 형제에게 꾸어줄 때, 네 마음이 '베리야알 악'을 생각하지 않도록 조심하라고 경고한다. 이때 '베리야알'이라는 낱말은 '베리:없다 + 야알:이익'으로 이루어진 합성어다. 가난한 히브리 형제에게 쓰임과 필요를 꾸어주면서 '나에게 이익이 있을까, 없을까' 속마음으로 계산하는 것이 '베리야알'이다. 그런 계산들은 히브리 지파동맹 희년신앙 행동계약 행동법규들 안에서 '악'이다. 히브리 사람들이 이런 계산에 마음을 빼앗기는 까닭은 '일곱 번째 해 곧 야훼의 빚 탕감의 해'가 가까이 왔기 때문이다. 그럴 때에라도 가난한 형제에게 꾸어주는 것이 '나에게 이익일까 손해일까를 계산'하는 악을 행해서는 안 된다. 칠년 빚 탕감해가 가까이 왔더라도 가난한 형제에게 모라는 것을 반드시 주어야 한다. 만약 '악'을 행한다면, 가난한 형제가 고통 속에서 야훼 하나님께 부르짖을 것이기 때문이다. 그러면 반드시 야훼 하나님께서 가난한 사람의 고통과 절망의 부르짖음을 들으실 것이기 때문이다. 실제로 히브리 지파동맹의 희년신앙 행동법규들 안에서 그러한 모진 행동은 곧 '죄헤트'다. 이때 본문이 사용하는 '헤트'는 희년신앙 행동법규에 대한 배신으로써 '야훼 하나님께 죄를 짓는 것'이다. 또 한편 가난한 형제에게도 그리고 히브리 지파동맹에게도 사회경제·공동체 '죄악'을 저지르는 행동이다.

그러므로 히브리들은 자기 생활경제 그늘 안으로 들어온 가난한 형제의 모자라는 쓰임과 필요를 채워주어야 한다. 가난한 형제에게 줄 때에는 마음속으로 이익일까 손해일까 계산하지 않아야 한다. 참으로 희년신앙 행동법규에 따라 가난한 형제에게 쓰임과 필요를 나누는 행동 때문에 야훼 하나님께서 복을 주실 것이다. 야훼 하나님께서 희년신앙 행동법규에 따라 행동하는 사람에게 '그의 모든 것을 통해서 복을 주실 것'이다. 그의 '손이 닿는 모든 일을 통해서 복을 주실 것'이다. 이때 본문은 '쌀라흐'라는 히브리어 동사를 사용하는데 '손을 펴다, 뻗치다'라는 뜻이다. 야훼 하나님께서 복을 주실 때에 '그 사람이 손을 펴서 붙잡거나 손을 대는 모든 일들 위에 복을 주신다'는 뜻이다. 그야말로 만사형통萬事亨通의 복을 주시겠다는 약속이다. 이 복은 희년신앙 행동계약 행동법규에 따라 가난한 형제의 모자라는 것을 채워주는 사람들에게 주는 야훼 하나님의 복이다.

그렇다면 야훼 하나님께서는 왜 이런 복을 내리실까?

실제로 희년신앙 행동계약 행동법규들은 이 땅의 부자들에게 내리는 하늘은총이다. 왜냐하면 그 땅 가운데서 '가난한 사람이 그치지 않을 것로-예흐달 에브욘'이기 때문이다. 야훼 하나님은 그 땅의 억압과 착취 속에서 풀뿌리 사람들이 끊임없이 가난의 나락으로 떨어질 것을 아셨다. 야훼 하나님은 가난한 사람의 쓰임과 필요를 채워주라고 누군가에게 부와 재물을 주셨다. 실제로 부자들은 자기 곳간에 넘치는 부와 재물들을 가난한 사람들에게 나누어 줌으로써 야훼 하나님에게 더 큰 복을 받는다. 야훼 하나님의 빚 탕감의 해에 참여하게 되고 야훼 하나님께 '큰 기쁨'을 드릴 수 있다. 그럼으로써 부자들도 마침내 맘몬·자본 숭배로부터 해방과 구원을 얻게 된다. 사실 희년신앙 행동법규들은 그 땅의 부유한 사람들의 신앙의지와 실천행동을 요구한다. 부유한 사람들이라야 '빚을 탕감하고 노예를 해방'할 수 있다. 그럼으로써 부자들은 '야훼의 빚 탕감의 해'를 활짝 열 수 있다. 이 땅에서 '야훼의 기쁨의 해'를 선포할 수 있다. 의심의 여지없이 뚜렷하게 희년신앙 행동계약 행동법규들은 이 땅의 부자들에게 내리는 하늘은총이다. 그러므로 야훼 하나님은 히브리 지파동맹에게 이렇게 명령한다.

너는 반드시 '네 땅 가운데서 고단하고 가난한 네 형제를 위하여' 네 손을 펴라

그런데 본문읽기에서 빼어놓을 수 없는 의문이 하나있다. 왜, 그 땅 가운데 가난한 사람이 그치지 않을까? 이때 본문이 사용한 '하달'이라는 히브리어 동사는 '포기하다'라는 뜻을 가지고 있다. 그 땅에서 가난한 사람이 그치지 않은 이유는 부자들의 탐욕이 가난한 사람들을 억압하고 착취함으로써 얻게 되는 불로소득을 '포기하지 않기' 때문이다. 무한경쟁·독점·쌓음·소비의 탐욕을 포기하지 못하기 때문이다. 이 땅 풀뿌리 사람들이 희년신앙 행동법규를 따라 살면서 꿈꾸는 해방과 구원세상 건설과 누림을 훼손하고 억압하기 때문이다. 희년신앙 행동법규에 따른 정의와 평등, 생명평화 세상의 꿈을 그냥 내버려 두지 않고 쫓아와서 말살하려고 하기 때문이다.

> "참으로 네 형제 히브리 남자이거나 여자가 너에게 팔렸다 하자. 그가 여섯 해 동안 너를 섬기고 나서 일곱 번째 해에 너는 너로부터 자유롭게 하여 그를 놓아 보내야 한다. 너로부터 자유롭게 하여 네가 그를 놓아 보낼 때, 너는 그를 빈손으로 보내지 마라. 너는 반드시 그에게 '네 하나님 야훼께서 너에게 복 주신 네 양떼와 네 타작마당과 네 포도주 틀로부터' 넉넉하게 그의 어깨에 메워주어야 한다. 너는 그에게 주어야만 한다."

출애굽기 희년신앙 행동계약의 첫 번째 행동법규는 '빚 탕감과 노예해방'이다. 실제로, 히브리 지파동맹은 히브리 형제자매들을 종으로 부릴 수 없었다. 만약, 히브리 지파동맹에서 누군가가 다른 히브리 형제를 노예로 살 경우 육년 동안만 종으로 부리면 충분하다. 육년이 지나 칠년 째에는 반드시 값없이 해방되어야 한다. 실제로 히브리 성서는 채무노예제도를 인정하지 않는다. 따라서 히브리 성서가 채무노예제도를 말할 때는 대부분 '참으로 또는 만일' 등 가정법을 사용한다. 히브리 지파동맹이라도 주변세계에 널리 퍼져 있는 노예제도에 휩쓸릴 수 있는 위험성을 잘 알고 있기 때문이다.

그러므로 어떤 경우라도 돈을 주고 노예를 샀다면 육년 동안만 노예로 삼아야한다. 칠년 째에는 무르는 값없이 채무노예를 해방해야 한다. 이때 본문은 '하페쉬자유롭게' 라는 뜻의 히브리어 낱말을 사용한다. 이 낱말은 '하파쉬'라는 동사에서 나왔는데 '채권으로부터 자유롭게 되다'라는 뜻이다. 실제로 누구든지 히브리 형제를 노예로 삼았다면 육년 종살이 이후 칠년 째에는 아무런 값도 없이 자유롭게 해방시켜야 한다. 왜냐하면 칠년 째 해에 이르러 야훼의 빚 탕감의 해는 '온전한 빚 탕감을 통한 노예해방의 해'이기 때문이다.

너는 넉넉하게 그의 어깨에 메어 보내라

한편 신명기15장 본문은 출애굽기 희년본문의 칠년 째 해의 빚 탕감 노예해방을 확장해서 '노예를 빈손으로 내보내지 말라'고 명령한다. 노예를 놓아 보낼 때에 '너는 넉넉하게 그의 어깨에 메어 보내라'고 명령한다. 이 때 본문은 '아나크어깨에 얹다'라는 동사를 연거푸 사용함으로써 꼭 그렇게 해야만 한다고 강조한다. 야훼 하나님께서 복 주신 네 양떼로부터 넉넉히 떼어서 해방노예에게 주어야 한다. 네 타작마당과 포도주 틀로부터 거두어들인 곡식과 포도주도 넉넉하게 내어주어야 한다. 실제로 이러한 상황은 야곱이 외삼촌 라반의 집에서 나올 때의 상황으로 충분히 상상해 볼 수 있다. 창세기 30장

이렇듯이 옛 히브리 지파동맹의 희년신앙 '빚 탕감 노예해방 행동법규'는 신명기15장 본문읽기에서 더 확장되고 더 크게 강조되었다. 이제 필자는 신명기 15장을 읽고 풀이하면서 '칠년 째 해 야훼의 빚 탕 감의 해' 행동법규가 옛 히브리 지파동맹의 '오랜 희년신앙 행동서사'였음을 깨닫는다.

19. 희년, 너는 소리 높여
해방 뿔 나팔 소리를 울려 퍼지게 하라.

레위기 25:1-7, 25:8-22, 25:23-34, 25:35-38, 25:39-43, 25:47-55

본문읽기 1. 안식년, 그 땅도 쉬게 하라 레위기 25:1-7

야훼께서 시나이 산에서 모세에게 이렇게 말씀하셨다.

"너는 이스라엘 아들들에게 말해라. 너는 그들에게 '내가 너희들에게 선물한 땅으로 너희가 들어 갈 것'이라고 일러라. 그러므로 야훼의 안식년에 그 땅도 쉬게 하라. 육년 동안, 너는 네 밭에 씨를 뿌려라. 또 육년 동안, 너는 네 포도원에 포도 순을 치고, 그 포도원의 생산물을 거두어라.

그러나 칠 년째에는 그 땅을 위한 온전한 안식이 있어야 한다. 곧 야훼에 대한또는 야훼의 안식이 있어야 한다. 너는 네 밭에 씨를 뿌리지 마라. 네 포도원의 포도 순을 치지마라. 너는 저절로 자라난 것들을 추수하지 마라. 너의 가꾸지 않은 포도나무의 포도송이를 따지 마라. 그 땅을 위한 안식년이 있어야 한다. 그 땅의 안식은 너희모두를 위한 것이다. 너와 너의 남자종과 여자종과 네 품꾼과 네 집에 거주하는 이들과 너와 함께하는 나그네들의 먹을거리를 위한 것이다. 또한 네 가축과 네 땅에 있는 들짐승들도 그 땅의 모든 생산물을 먹게 될 것이다."

본문읽기 2. 해방 뿔 나팔의 해 레위기 25:8-22

너는 너의 일곱 햇수를 일곱으로, 일곱 번 안식년을 세어라. 이렇게, 너에게 일곱 번의 안식년 날들이 이르러 마흔아홉 해가 된다. 너는 그 해를 넘겨서 일곱 번째 되는 달 그 달 열흘에 소리 높여 나팔소리를 울려 퍼지게 하라. 그 속죄의 날에, 너희는 너희 온 땅에 나팔소리를 울려 퍼지게 해야 한다. 너희는 그 쉰 번째 해를 거룩하게 하라. 그 땅에, 그 땅에 거주하는 모든 이들에게 해방을 외쳐라.

그것은 너희를 위한 해방뿔나팔이다. 너희는 저마다 자기 토지로 돌아가며 저마다 자기 가문으로 돌아가야 한다. 쉰 번째 해 그 해가 너희에게 해방뿔나팔의 해다. 너희는 씨를 뿌리지 마라. 그 땅에 저절로 자란 것들을 추수하지 마라. 그 땅의 포도나무 가지에 열린 포도송이를 따지 마라. 왜냐하면 그 해는 너희에게 거룩한 해방 뿔 나팔의 해이기 때문이다. 너희는 그 밭으로부터 그 밭의 생산물을 먹을 것이다. 이 해방 뿔 나팔의 해에 너희는 저마다 자기 토지로 돌아가야 한다.

참으로 너희가 네 이웃에게 팔 것을 팔거나 혹은 네 이웃의 손으로부터 살 경우, 너희는 저마다 자기 형제를 속이지 마라. 너는 '그 해방 뿔 나팔 이후의 햇수 계산에 따라' 네 이웃으로부터 땅을 살 것이며 파는 이도 '생산물의 햇수계산에 따라' 너에게 팔아야 한다. 그 햇수가 많으면 너는 그 땅의 값을 많게 하고, 그 햇수가 적으면 너는 그 땅의 값을 적게 해야 한다. 왜냐하면 파는 이도 생산물에 대한 계산에 따라 너에게 팔 것이기 때문이다. 너희는 저마다 네 이웃을 속이지 말고, 네 하나님을 두려워하라. 참으로, 나는 너희의 하나님 야훼다.

너희는 나의 규례를 행하라. 나의 법규를 지켜라. 너희가 그것들을 행함으로써 그 땅위에서 안전하게 살 것이다. 그 땅이 그 땅의 열매를 내어

줄 것이고, 너희가 배부르게 먹을 것이며, 너희가 그 땅위에서 안전하게 살 것이다. 참으로, 너희는 서로 수근 댈 것이다.

"보자, 우리가 씨를 뿌리지도 못하고, 우리의 생산물을 거두지도 못하게 될 것인데, 일곱 번째 해에는 우리가 무엇을 먹으란 말이냐?"

그러나 내가 여섯 번째 해에 너희에게 나의 복을 명하겠다. 삼년동안 먹을 생산물을 나게 하겠다. 너희가 여덟 번째 해에 씨를 뿌릴 것이며, 묵은 생산물을 먹을 것이다. 아홉 번째 해 까지, 그 땅의 생산물이 나올 때 까지 너희가 묵은 생산물을 먹게 될 것이다.

본문읽기 3. 토지공공성 레위기 25:23-34

그러므로 그 땅을 아주 완전히 팔아넘기지 못한다. 왜냐하면, 그 땅은 내 것이기 때문이다. 참으로 너희는 나그네와 거주자로 나와 함께 있을 뿐이다. 너희는 너희 노느매기 땅 모든 곳에서 땅 무르기를 실행하라. 참으로 네 형제가 가난하여 자기 노느매기 땅 가운데 얼마를 팔았을 때, 그에게 가까운 이가 그의 무르는 이로 와서 자기형제가 판 것을 물러야 한다.

참으로 어떤 사람이 자기를 위해 무르는 이가 없고, 자기 손 안에 부를 늘려 그 땅을 무를만한 힘을 얻었다고 하자. 그 사람은 그 땅을 판 햇수를 계산하여 자기가 팔았던 그 사람에게 남은 값을 돌려줘라. 그러면 그 사람은 자기 노느매기 땅으로 돌아갈 것이다. 또 만일 자기 손이 팔았던 땅을 되돌릴 힘을 얻지 못했다 하자. 그러면 그 판 땅은 그 해방나팔의 해까지 그 땅을 산 사람의 손에 있을 것이다. 그러나 그 땅을 판 사람은 그 희년에 나와서 자기 노느매기 땅으로 돌아갈 것이다.

참으로 어떤 사람이 성벽 있는 도시에 자리 잡은 집을 팔았다 하자. 그 사람은 자기 집을 판지 만 일 년까지 자기 집 무르기를 할 수 있다. 그 기간이 자기 집 무르기 기한이다. 만일 그 사람이 만 일 년이 차기까지 집을 무르지 못한다면, 성벽 있는 도시 안에 있는 그 집은 집을 산 사람에게 대대로 완전한 소유로 확정된다. 그 집을 산 사람은 그 해방나팔 때에라도 나가지 않을 것이다.

그러나 그들을 위해 둘러친 성벽이 없는 마을들의 집들은 그 땅에 딸린 밭으로 여겨서 그것에 대한 무르기를 해야 할 것이다. 따라서 그 집을 산 사람은 그 해방나팔 때에 나가야 할 것이다.

한편 레위사람들의 도시들 곧 그들의 노느매기 도시들의 집들은 레위사람들에게 언제든지영원히 무를 권리가 있다. 그러나 만약 레위사람들이 무르지 아니 한다면, 그 집을 산 사람은 그 해방나팔 때에 레위사람의 노느매기 성 곧 팔린 집으로부터 나가야한다. 참으로 레위사람들의 도시들의 집들, 그것은 이스라엘 자손들 가운데서 레위사람들의 노느매기 몫이기 때문이다. 또 레위사람들의 도시들 주변 목초지는 팔리지 말아야 한다. 참으로 그것은 레위사람들에게 영원한 노느매기 몫이기 때문이다.

본문읽기 4. 이자금지와 사회경제 약자 보호 레위기 25:35-38

참으로 네 형제가 가난하여 그의 손이 네 곁에서 축 처져 있을 때, 너는 그를 붙잡아 나그네 또는 동거인처럼 너와 함께 살아야 한다. 너는 그로부터 이자나 이윤을 거두지 마라. 너는 네 하나님을 두려워하라. 그 사람은 네 형제로 너와 함께 살아야한다. 너는 그에게 이자 때문에 너의 돈을 꾸어주지 마라. 이윤 때문에 네 양식을 꾸어주지 마라. 나는 '너희에게 가나안 땅을 주려고, 너희에게 하나님이 되려고 이집트 땅으로부터 너희를 이끌어 낸' 너희 하나님 야훼다.

본문읽기 5. 채무노예 해방 레위기 25:39-43

참으로 너와 함께 있는 네 형제가 가난해서 너에게 팔릴 때, 너는 결코 그를 종으로 부리지 마라. 그가 품꾼이나 동거인처럼 너와 함께 있게 하고 그 해방뿔나팔의 해까지만 너와 함께 일하게 하라. 그런 후에 그는 자신과 자기 자녀들과 함께 너로부터 나와서 자기 가문에게로 돌아가야 한다. 그는 자기 조상들의 노느매기 땅으로 돌아가야만 한다.

왜냐하면 내가 이집트 땅으로부터 그들을 이끌어 내었으니 그들은 나의 일꾼들이기 때문이다. 그들이 노예매물로 팔려나가지 않아야 하기 때문이다. 그러므로 너는 그를 폭력으로 다스리지 마라. 너는 네 하나님을 두려워하라.

본문읽기 6. 채무노예 무르기 제도 레위기 25:47-55

참으로 너와 함께하는 나그네나 거류민의 손이 미치게 해서사업을 하게 해서 그와 함께 있는 네 형제가 가난해지고, 너와 함께하는 거류민 나그네에게 혹은 나그네 가문 가족에게 네 형제가 팔렸다하자. 그가 팔린 후에 곧 무르는 이가 그를 무를해방할수 있다. 팔린 사람의 형제들 가운데 한 사람이 그를 무를 수 있다. 혹은 팔린 사람의 삼촌 혹은 팔린 사람의 삼촌의 아들이 그를 무를 수 있다. 혹은 팔린 사람의 가문가운데서 팔린 사람의 살붙이가 그를 무를 수 있다. 말할 것도 없이 자기 손이 미치게 해서 팔린 사람이 스스로를 무를 수도 있다.

무르는 이가 그를 노예로 산자와 함께 '그가 팔린 해로부터 해방뿔나팔의 해까지' 그 햇수를 계산하고, 햇수들 가운데서 '그를 산자와 함께 있을 품꾼의 날들 만큼' 팔린 사람의 몸값을 정해야 한다. 만일 아직 그 햇수가 많으면 그 햇수들에 따라 그를 무르는 이가 그의 매매가격 가운데서 그를 해방하는 몸값을 돌려주게 하라. 또한 만일 해방뿔나팔의 해까지 남아있는 햇수가 적으면 속량하는 이가 그 남은 햇수에 따라 그를 산 자에게 그를 해방하는 몸값을 돌려주게 하라. 그를 산 자는 그와 함께 있을 햇수 동안 매년 품꾼처럼 여겨서 그를 폭력으로 다스리지 말아야 한다.

그러나 만일 팔린 사람이 이 햇수 동안에 해방되지 못한다면, 그 사람은 그 해방 뿔나팔의 해에 그 자신과 그의 자녀들도 함께 자유롭게 나와야한다. 왜냐하면 내가 이집트 땅으로부터 그들을 이끌어 내었으니 그들은 나의 일꾼들이다, 이스라엘 자손들은 내 것이다. 나는 너희 하나님 야훼다.

본문이해하기
50년 희년의 의미

성서학자들은 레위기25장 50년 희년본문에 바벨론포로 예루살렘 귀환시대의 사회경제·종교·정치 경험과 상황들이 반영되었다고 생각한다. 예루살렘으로 귀환한 사람들과 유대 땅에 남았던 풀뿌리 사람들이 함께 겪었을 사회경제·종교·정치 상황을 담았다고 여긴다. 더해서 필자는 옛 히브리 지파동맹의 희년신앙 행동계약 행동법규들을 되살리려는 회개와 부흥의 열정도 담았다고 이해한다. 실제로 본문은 야훼 하나님의 출애굽 해방과 구원사건으로부터 이어져 온 희년신앙 행동법규들을 시대상황에 맞게 고치고 다듬었다. 안식일과 안식년과 희년까지 하나로 꿰어지는 희년신앙 행동법규들을 완성했다. 안식일의 거룩한 쉼은 안식년의 '빚 탕감

및 채무노예해방과 땅의 쉼'으로까지 이어졌다. 더해서 빚 탕감 및 채무
노예해방을 위해 7년 안식년을 7곱 번씩이나 손꼽아야 하는 '50년 희년의
통절한 회개와 부흥'으로 이어졌다. 50년 희년에는 모든 빚이 탕감되고
채무노예가 해방되며 모든 노느매기 땅이 맨 처음 사람에게로 돌아가야
한다. 안식일과 안식년과 50년 희년조항은 모든 사회경제 불평등과 양극
화를 때에 따라 한꺼번에 치유한다는 장점도 있다.

그러나 출애굽기21장에서 23장에 나타난 희년신앙 행동계약 행동법
규들은 레위기 25장에서 말하는 50년 희년조항과 전혀 다르다. 서로 도
무지 합칠 수 없을 만큼 큰 차이와 모순을 드러낸다. 야훼 하나님께서 히
브리 지파동맹과 더불어 맺으신 희년신앙 행동계약 행동법규들은 50년
희년조항과 전혀 어울리지 않는다.

무엇보다도 히브리사람이 형제 히브리사람을 종으로 삼을 경우, 어느
때에 빚을 탕감하고 해방시켜야 하는가? 출애굽기 21장에서는 6년 동안
만 종으로 부리고 7년째에는 무조건 값없이 해방시켜 내보내야 한다. 신
명기15장 본문에서도 7년째에는 아무런 조건 없이 '야훼의 빚 탕감의 해'
를 선포해야한다. 그러나 레위기25장 희년본문에서는 50년 희년에 이르
러서야 빚을 탕감하고 해방시키라고 말한다. 출애굽기 희년본문또는 신명
기15장과 레위기25장 희년본문읽기가 히브리 지파동맹의 희년신앙 '빚 탕
감 채무노예해방 행동법규'를 서로 아주 다르게 주장한다. 무엇이 올바
른 희년신앙 행동계약 행동법규일까?

남유다왕국 시드기야 왕이 빚 탕감과 노예해방 선포를 뒤집다.

이와 관련하여 유대왕국 시드기야 왕은 바벨론제국 군대가 예루살렘
성을 에워싸고 있는 위기상황에서 마지못해 '빚 탕감 채무노예해방'을 선

포했었다. 야훼 하나님은 시드기야 왕과 귀족들과 부자들의 빚 탕감 채
무노예해방 선포를 매우 기뻐하셨다. 왜냐하면 오래전부터 유대 땅에 반
희년신앙으로 다윗왕조 신학과 시온 궁정계약 이데올로기가 터를 잡았
기 때문이다. 그러면서 유대 땅에서는 '옛 히브리 지파동맹의 희년신앙
행동계약 행동법규'가 완전히 자취를 감췄기 때문이다. 실제로 다윗왕조
신학과 시온궁정계약 이후에는 유대 땅에서 '6년 종살이 후 7년째에 빚
탕감과 노예해방'이 전혀 이뤄지지 않았다. 다만 북이스라엘이 멸망한 이
후 남유다왕국으로 망명한 신명기 학자들이 '칠년 째 야훼의 빚 탕감의
해'를 주창했을 뿐이다. 신명기 15장 따라서 야훼 하나님은 시드기야 왕과
예루살렘 귀족들과 부자들의 빚 탕감과 노예해방선포를 매우 기뻐하실
수밖에 없었다. 왜냐하면 마침내 유다왕국에서도 옛 출애굽기 희년신앙
행동서사를 되살려 이어갈 수 있었기 때문이다. 그러나 곧바로 시드기야
왕과 귀족들과 부자들이 빚 탕감과 노예해방선포를 뒤집었다. 값없이 해
방해서 내어보낸 히브리형제 노예들을 다시 잡아들여 짓밟은 후에 다시
복종시켰다. 그러므로 남유다왕국과 예루살렘 성과 예루살렘 성전이 한
꺼번에 바벨론제국에게 멸망당했다. 시드기야 왕과 예루살렘 귀족들과
부자들이 바벨론포로로 끌려갔다.

왜, '50년 희년조항'이 레위기25장 희년본문에 들어가게 되었을까?

그럼에도 불구하고 왜, '50년 희년조항'이 레위기25장 희년본문에 들
어가게 되었을까? 50년 희년에 이르러서야 빚 탕감과 노예해방을 하게
되면 노예 당사자들에게 어떤 좋은 일이 있을까? 실제로 50년 희년조항
은 고대 사회경제·정치 체제에서 노예당사자들에게 아무런 좋은 뜻도 의
미도 실효성도 전혀 없다. 실제로 고대사회에서 50년을 넘겨서까지 살아

남는 풀뿌리 사람들은 거의 없었을 것이다. 고대사회에서 평균연령은 30년에서 40년을 넘기지 못했다. 평균30년을 살기도 어려운 고대사회에서 같은 히브리형제를 50년 동안 노예로 부려도 된다는 50년 희년제도는 반희년신앙 행태로 비쳐질 수 있다. 실제로 50년 희년은 야훼 하나님의 출애굽 해방과 구원사건의 실체를 거부하는 것과 같다. 옛 히브리 지파동맹과 야훼 하나님과 함께 맺은 희년신앙 행동계약 행동법규에 대한 배신처럼 보일뿐이다.

그러므로 수많은 성서학자들은 히브리 성서역사 속에서 50년 희년의 실행 흔적을 전혀 찾을 수 없다고 주장한다. 충분히 이해할 수 있는 주장들이다.

이와 관련하여 레위기25장 희년본문의 시대상황은 남유다왕국이 멸망하고 오랜 세월이 흘러 바벨론포로로 끌려갔던 유대인들이 유대와 예루살렘으로 귀환했을 때이다. 예루살렘 귀환 유대인들은 '율법'또는 희년신앙 행동법규들을 새롭게 편집·저술하거나 되살리는 일에 몰두했다. 그럼으로써 유대 사회경제·종교·정치 공동체 부흥운동에 열을 올렸다. 이런 부흥운동은 이미 바벨론 포로시절부터 불 붙어왔다. 그렇다면 예루살렘 귀환 유대인들이 새롭게 편집해 낸 50년 희년에는 어떤 유대 공동체부흥의 뜻이 숨어 있을까?

실제로 남유다왕국이 바벨론제국의 침략을 받아 멸망당한 후 바벨론 포로로 끌려간 유대사람들은 대부분 왕족과 귀족들과 부자들이었다. 1차 포로들은 여호야긴 왕과 왕족들과 귀족들 그리고 기술자들이다. 2차 포로로 끌려간 사람들도 시드기야 왕과 왕족들과 귀족들 그리고 예루살렘 상류계층이었다. 바벨론제국은 유대와 예루살렘 풀뿌리 사람들은 남겨서 버려진 땅들을 관리하고 농사를 짓게 했다. 3차포로 때에도 예루살렘에 남아있던 상류층을 끌고 갔다.

세월이 흘러 기원전 5백37년 남유다왕국과 예루살렘성이 망하고 50년 만에 첫 번째 바벨론 포로들의 예루살렘귀환이 이루어졌다. 예루살렘으로 귀환한 유대 사람들은 유대와 예루살렘에서 자기 가문에 속했던 많은 땅들을 찾아냈을 것이다. 그러나 모든 땅들을 점유하고 농사짓는 사람들은 유대와 예루살렘에 남겨진 풀뿌리 사람들이었다. 물론, 예루살렘귀환 바벨론포로 유대사람들 가운데는 일부 많은 돈을 가지고 온 사람들도 있었다. 아마도 그들은 돈으로 자기가문에 속했던 땅을 되찾았을 것이다. 그렇더라도 많은 땅들이 소유권을 주장하기 마땅치 않은 풀뿌리 농부들의 손에 점유된 채로 있었을 것이다. 유대왕국이 망하고 땅마저 버려둔 채 바벨론포로로 끌려갔던 귀환포로들 또는 후손들은 눈앞에서 자기 땅들을 보면서 어떤 생각을 했을까?

따라서 많은 성서학자들이 바벨론포로 귀환시대의 유대와 예루살렘의 사회경제·종교·정치 상황 속에서 50년 희년을 이해하려고 한다. 바벨론포로 귀환시대의 유대와 예루살렘의 풀뿌리 사람들은 '율법 곧 희년신앙 행동법규들'을 거의 잊어버렸다. 그래서 에스라와 느헤미야 등 예루살렘으로 귀환한 율법학자들과 지식인들이 바벨론 율법을 가지고 왔다. 그리고 유대와 예루살렘에서 새롭게 바벨론 율법이 적용되면서 그에 따른 여러 갈등들이 드러났다. 또한 바벨론포로 귀환이후 예루살렘에서 더 진보된 율법연구와 편집들이 이루어졌다.

그러므로 레위기25장의 50년 희년은 여러 갈등 가운데 하나인 땅 문제를 해결하는 가장 쉽고 빠른 길 이었을 수 있다. 50년이 흘러 희년에 모든 땅들은 처음 소유했던 사람에게 흘려보내야 했기 때문이다. 50년 희년이야말로 예루살렘으로 귀환한 바벨론포로 유대인들의 모든 삶의 문제를 한꺼번에 해결할 수 있는 수단이었다. 또 한편 돈만 있다면 누구든지 50년 동안 맘껏 토지를 독점하고 사익을 뽑아낼 수도 있었다. 마찬가지로 누구든지 돈만 있다면 히브리 형제들이든, 이방사람들이든 50년 동안 맘껏 노예로 부릴 수 있게 되었다.

이렇듯이 50년 희년은 6년 종살이 이후에 7년째에는 반드시 빚 탕감과 노예해방을 선포해야한다는 옛 희년신앙 행동법규를 철저하게 무력화 시켰다. 더불어 칠년 째에 이르러 반드시 실행해야만 하는 '야훼의 빚 탕감 해 선포'를 완벽하게 훼방할 수 있었다. 50년 희년은 옛 히브리 지파동맹의 희년신앙 행동계약 행동법규들을 철저하게 배신하는 신앙행위였다. 실제로 남유다왕국에서 처음이자 마지막이었던 시드기야 왕의 빚 탕감과 노예해방 선포에서조차 50년 희년이라는 말은 전혀 없다.예레미야 34장 또 50년 희년은 옛 희년신앙 행동법규들을 새롭게 연구하고 편집했던 바벨론 포로귀환 시대에서도 마찬가지로 낯설다. 느헤미야가 예루살렘에서 바벨론포로 귀환 유대인들을 불러 모아 거룩한 총회를 열고 '빚 탕감을 선포했을 때'에도 '50년 희년'은 전혀 나타나지 않는다.

이제 필자는 레위기25장의 50년 희년 본문읽기 내용을 자세히 읽고 풀이 하고자 한다. 그러면서 옛 히브리 지파동맹의 희년신앙 행동법규들에 담긴 야훼 하나님의 뜻을 되새기려고 한다. 왜냐하면 히브리 노예들의 하나님 야훼는 옛 히브리 지파동맹만을 해방하고 구원하시는 하나님이 아니기 때문이다. 야훼 하나님은 모든 이방인 노예들에게까지 해방과 구원을 선포하신다. 또한 많은 재물을 가진 사람들은 희년신앙 행동법규들에 따라 행동함으로써 야훼 하나님께 희열喜悅을 바칠 수 있다. 그럼으로써 맘몬·자본숭배의 올무를 벗어나 해방과 자유, 정의와 평등, 생명평화 세상의 복을 누릴 수 있다. 따라서 히브리 성서와 율법또는 희년신앙 행동법규들을 자신들의 신학사상에 맞게 편집했던 시대의 손길들도 야훼 하나님의 희년신앙 행동법규들의 참 뜻까지 편집하지는 못한다.

> "그 땅에, 그 땅에서 거주하는 모든 이들에게 해방을 외쳐라.레위기25:10
> 너는 이방사람 나그네를 억압하지 말고 그들을 괴롭혀 쫓아내지 마라. 왜냐하면
> 너희들도 이집트 땅에서 이방사람 나그네들이었기 때문이다."출애굽기22:21

만인의 해방과 자유 그리고 구원이야말로 야훼 하나님께서 히브리 지파동맹과 더불어 맺으신 희년신앙 행동계약의 진실이다. 희년신앙 행동계약 행동법규들은 온전하게 이방인 나그네들에게까지 그 뜻이 실현되어야 한다. 이것이 곧 야훼 하나님의 출애굽 해방과 구원사건의 진실이다. 왜냐하면 야훼 하나님은 세상 모든 히브리 노예들의 하나님이시기 때문이다. 실제로 야훼 하나님은 파라오 노예세상에서 종살이 하던 히브리 노예들을 해방하고 구원하셨다. 히브리들을 젖과 꿀이 흐르는 가나안 노느매기 땅으로 이끄시기 위해 히브리들과 함께 희년신앙 행동계약을 맺으셨다. 히브리들과 더불어 해방과 구원, 정의와 평등세상을 펼치시기 위해 그들에게 희년신앙 행동법규들을 주셨다.

본문풀이
희년, 너는 소리 높여 해방 뿔 나팔 소리를 울려 퍼지게 하라 그 땅도 쉬게 하라.

먼저 레위기 안식년 본문읽기에 더해서 출애굽기 '안식년쉐나트 쏴바톤' 본문을 자세히 살펴보기로 한다. 안식년은 '안식일의 쉼이 있는 생명노동'이 이어져서 확대되는 것을 의미한다. 안식년은 사람과 땅과 자연 곧

하나님과 하나로 창조생명생태계에 쉼을 제공하라는 명령이다. 작게는 일주일에 한번 누구라도 '안식일의 쉼'을 누려야 한다. 더 나아가 7년마다 온 땅에 '안식년의 쉼'을 제공해야한다. 하나님과 하나로 창조생명생태계의 모든 피조물이 쉴 뿐만 아니라 야훼 하나님도 쉬시겠다고 한다. 야훼 하나님은 이 쉼이 거룩하다고 하신다. 또한 이 쉼에 복 주시겠다고 한다. 참으로 안식년 성서본문에서 '창조생명 공동체 모든 피조물들의 쉼'이야말로 희년신앙 행동서사의 핵심내용이다. 하나님과 하나로 창조생명생태계 모두에게 미치는 놀라운 하나님의 은총이다.

그런데 여기서 야훼 하나님이 명령하신 안식년에는 너무도 뚜렷한 사회경제·종교·정치 의미가 있다. 실제로 히브리 성서에서 '쉼'이라는 히브리어 용어는 '솨바트'인데 그 뜻은 '그치다 또는 멎다'이다. '부의 독점과 쌓음의 욕망을 쫓는 사람들의 모든 활동을 멈추라는 것'이다. 사익과 탐욕을 따르는 과도한 활동을 멈추고 이웃과 공동체의 필요를 돌아보라는 것이다. 그 실천행동으로써 안식년에는 파종을 하지 말라고 명령하신다. 그럼으로써 이제 내 밭에 저절로 자란 곡물은 내 것이 아니라 이웃과 공동체의 것이 된다. 또한 포도원의 포도나무 가지도 손질하지 말라고 하신다. 네가 가꾸지 않은 포도나무의 포도송이를 따지 말라고 한다. 그럼으로써 이제 안식년에는 내 포도원의 포도나무 가지에 열린 포도송이도 내 것이 아니다. 안식년의 모든 생산물은 가난한 이웃들과 공동체의 것이다. 나아가 가축과 나의 토지에 기대어 사는 모든 들짐승들까지도 안식년에 나의 토지의 생산물을 먹을 수 있다.

이와 관련하여 안식일은 '쉼이 있는 생명노동, 돌봄노동, 자유노동'의 밑바탕이다. 안식일에는 나그네와 가축들까지 편히 쉬는 날이다. 이제 안식년은 안식일의 쉼을 이어서 그 땅도 쉬어야 한다. 안식년에는 그 땅에서 저절로 난 모든 생산물을 그 땅의 주인이 거두지 못한다. 하나님과 하나로 창조생명생태계 뭇 생명들이 공유한다. 이점에서 레위기 안식년 본문에서는 '쇠바트 쇠바톤온전한 안식'이라는 표현을 사용한다. '쇠바트' 라는 히브리어 낱말을 거푸 사용함으로써 강조의 뜻을 표현했다. 따라서 온전한 안식은 곧 '쇠바트 라예흐바야훼의 안식'이다. 그런데 야훼의 안식의 확대된 의미는 곧 '쇠바트 하아레츠그 땅의 안식'이다. 땅은 하나님의 것이고 하나님은 그 땅에게 하나님의 창조능력을 위임했기 때문이다.창세기 1:11 야훼 하나님은 본문읽기에서 '그 땅도 쉬게 하라'고 명령하신다.

50년 희년의 실체, 희년신앙 공동체 회개와 새로운 부흥

본문읽기 2.에서는 7년 안식년을 치르고 일곱 번 안식년을 세어서 그 해를 넘겨 50년째 해를 희년禧年이라고 한다. 또 그해 7월 10일, 온 땅에 '해방 뿔 나팔을 불라'고 명령한다. 그런데 본문읽기에서 7월은 '티스리또는 에다님월'이라고 부르는 '종교월'이다. 유대 민간달력으로는 1월이고 태양력으로는 9월과 10월에 반반씩 걸쳐있다. 이때 유대교의 7월 10일은 속죄의 날인데, 히브리 성서에서 '베욤 하키푸림속죄의 날'이라는 표현은 흔하지 않다. 나아가 50년 희년과 함께 묶여있는 '속죄의 날'은 본문읽기 2.에서만 찾을 수 있다. 그런데 야훼 하나님은 50년 희년 속죄의 날에 이르러 '온 땅에, 그 땅에 거주하는 모든 이들에게 해방'을 외치라고 명령한다.

이렇듯이 바벨론포로에서 예루살렘으로 귀환한 유대인들에게 '50년 희년 속죄의 날'은 야훼 하나님께 대한 통절한 회개와 부흥의 날이다. 50년 희년 속죄의 날에 이르러 모든 사회경제·종교·정치 공동체 행위들을 성찰하고 회개해야한다. 이 속죄의 날에 유대인들은 '그 땅에, 그 땅에서 거주하는 모든 이들에게' 해방을 선포해야 한다. 유대 사람들이 유대 형제에게만이 아니라 이방사람 노예들에게까지 빚 탕감 노예해방을 선포해야 한다.

또 한편 7년 안식년을 일곱 번 씩 하나하나 손꼽아 헤아리라는 명령은 50년 희년 속죄의 날에 이르러 '더 철저하고 더 절절한 회개와 부흥'을 강조한다. 왜냐하면 옛 희년신앙 행동법규들은 하나같이 '빚 탕감과 노예해방의 최장기간을 7년'으로 못 박았기 때문이다. 6년 동안 종노릇하면 7년째에는 반드시 값없이 해방해야 하기 때문이다. 7년째에 이르면 모든 채권자들은 히브리 형제들에게 빚으로 놓은 돈이나 쓰임과 필요들에서 모두 손을 놓아야하기 때문이다. 7년째에는 빚으로 빼앗거나 담보로 잡은 땅에서 모두 손을 떼어야만하기 때문이다.

이렇듯이 50년 희년 속죄의 날에는 '7년 안식년에도 불구하고 부를 독점하고 쌓으려는 욕망'에 휘둘려 온 사회경제·종교·정치 공동체의 온갖 죄악들을 성찰하고 회개해야 한다. 희년신앙 행동법규로써 '칠년 째 해, 빚 탕감과 노예해방'을 배신해온 세월들을 하나하나 손꼽아 반성하고 회개해야 한다. 그럼으로써 50년 희년은 새로운 희년신앙 공동체 행동서사를 통하여 회개와 부흥을 요구한다. 21세기 시대언어로 말한다면, '하나님과 하나로 창조생명생태계' 전체에 대한 성찰과 회개와 부흥이다. 21세기 예수신앙인들의 희년신앙 행동서사는 사람과 땅과 자연에 대한 사익과 탐욕을 성찰하고 재구성하는 것이다. 그것이 21세기 교회와 교우들의 참된 회개이고 부흥이다. 야훼 하나님이 옛 히브리 지파동맹과 더불어 맺으신 희년신앙 행동계약 행동법규의 참 뜻이다.

이와 관련하여 성서학자들은 레위기를 바벨론포로시대 제사장 편집자들의 '성결법전'이라고 설명한다. 실제로, 야훼 하나님이 뽑아서 세우신 다윗왕조 유다왕국이 멸망당했다. 야훼 하나님이 선택하신 예루살렘 성 곧 시온 성과 시온성전마저 멸망했다. 이제 바벨론포로 시대 상황에서 유대인 공동체가 야훼 하나님의 거룩한 사람들로 회복되는 길은 무엇일까? 야훼 하나님의 율법또는 희년신앙 행동법규들에 따라 행동함으로써 성결하게 구별된 삶을 사는 것이다.

이처럼 레위기 편집자들은, 야훼 하나님의 사람들이 비록 바벨론포로로 살지만 거룩한 삶을 살아야 한다고 이해했다. 그들에게 첫 번째 거룩함의 표지는 안식일이었다. 야훼 하나님께서 안식일에 복 주시고 거룩하게 하셨기 때문이다. 또한 안식일의 거룩함은 안식년의 거룩함으로 이어진다. 그럼으로써 야훼 하나님의 거룩한 사람들은 안식년의 거룩함을 지켜온 증언으로써 일곱 번 안식년을 손꼽아 지켜낼 수 있어만 했다. 그리고 다음 해에 50년 희년 속죄의 날에는 모든 사회경제·종교·정치 공동체 행위들에 대한 통절한 회개와 부흥을 이루어야만 했다.

바벨론 포로시대 히브리 성서 편집자들의 목소리 '성결법전'

이렇듯이 본문읽기 2.에서 50년 희년은 7년 안식년을 일곱 번씩이나 손꼽아 헤아려가면서 야훼 하나님의 사람들의 거룩함을 한껏 북돋운다. 따라서 50년 희년은 바벨론포로 예루살렘 귀환시대 상황에서 유대인 공동체의 절절한 회개이며 부흥이다. 예루살렘귀환 시대상황에서 유대인 공동체는 다시 거룩해지고 다시 야훼 하나님의 사람들로 변혁되어야만 했다. 그들은 옛 희년신앙 행동계약 행동법규들을 한껏 북돋워서 50년 희년 행동법규로 표현했다.

그러므로 21세기 교회들과 목회자들은 성서 속에서 50년 희년선포의 근거를 찾을 수 없다고 주장할 수밖에 없다. 누구라도 충분히 그렇게 이해하고 그렇게 해석할 수 있다. 50년 희년은 바벨론 포로시대와 예루살렘 귀환시대 사회경제·종교·정치 상황에서 유대인들의 성결신앙 도그마로부터 생겨났기 때문이다.

그러나 옛 히브리들의 희년신앙 행동서사는 히브리 성서에서 신약성서에까지 끊어지지 않고 이어져왔다. 예수는 히브리 성서의 옛 희년신앙 행동계약 행동법규들을 완벽하게 재구성했다. 그것이 바로 예수의 하나님나라 복음운동이다. 그리고 초대교회는 예수의 하나님나라 복음운동을 자신들의 신앙생활 속에서 공유경제 공동체 또는 연보신앙 공동체로 실현해 냈다. 필자는 이 책 2부 '신약성서 속 희년신앙 행동서사 읽기'에서 더 자세한 이야기를 이어가려고 한다.

해방뿔나팔

본문읽기에서 야훼 하나님은 50년 희년 속죄의 날에 '너희 온 땅에 소리 높여 나팔소리를 울려 퍼지게 하라'고 명령한다. 온 땅에 또는 그 땅에 그리고 그 땅에 거주하는 모든 이들에게 '해방'을 외치라고 명령한다. 그 쉰 번째 해를 거룩하게 하라고 명령한다. 이때 본문은 '데로르해방'이라는 히브리어 낱말을 사용한다. 이 '데로르' 해방은 고대 바빌로니아 함무라비 법전에도 기록되어 있는 '채무노예 해방'을 의미한다.

본문읽기는 이 해방나팔을 '요벨:해방뿔나팔'이라는 낱말로 표현했다. 그런데 요벨은 숫양의 뿔로 만든 나팔이다. 이 뿔 나팔은 숫양의 양쪽 뿔로 만들기 때문에 '요벨림─양각나팔'이라고 부른다. 그런데 요벨이라는 히브리어 낱말은 '야발은 흐르다 또는 보내지다'라는 동사의미를 가지고 있다. 따라서 '해방뿔나팔의 해쉐나트 하요벨'에 이르러 나팔이 울려 퍼지면 모든 빚을 탕감해야 한다. 노예로 팔렸던 사람들이 자기가족의 품으로 돌려보내져야 한다. 팔려나간 땅들도 처음 사람에게로 돌려보내져야 한다. 이렇듯이 해방뿔나팔은 히브리들의 해방과 구원, 정의와 평등, 생명평화세상을 향하는 튼튼한 발판이다. 히브리들의 사회경제·종교·정치 공동체의 모순들과 폐해들을 풀어 없애는 '거룩한 해방뿔나팔요벨 코데쉬'이다. 가난하고 힘없는 그 땅 풀뿌리 사람들에게는 '야훼의 기쁨의 해쉐나트-라촌 라흐바'이다. 야훼 하나님께서 자기사람들과 함께 맺으시는 희년신앙 행동계약 행동법규에 따른 실천행동이다.

요벨-해방뿔나팔-요벨레우스-주빌리Jubilee

희년禧年이란 글자 그대로 '기쁨의 해'다. 어떤 기쁨일까? 해방과 자유, 그리고 구원의 기쁨이다. 레위기 25장에서는 희년기쁨을 '요벨:해방뿔나팔'이라고 표현했다. 라틴어 성서는 히브리어 '요벨'을 음역해서 '요벨레우스 Iobeleus'라고 표현했고. 영어성서는 '주빌리'라고 표현한다.

또 한편 출애굽기는 희년기쁨을 파라오 노예세상에서 종노릇하던 '히브리 노예들의 해방과 구원사건'으로 증언한다. 무엇보다도 히브리 성서에서 희년기쁨은 마땅히 '히브리들이 건설하고 누리며 살아가야 할 해방과 구원세상'이다. 히브리들의 해방과 구원세상에서 벌어지는 '빚 탕감과 채무 노예해방'이다. 레위기 희년본문은 이 기쁨의 해를 '해방뿔나팔의 해쉐나트 하요벨'라고 표현한다. 신명기 15장의 희년본문은 '야훼의 빚 탕감의 해'라고 부른다. 이사야서 61장 희년 본문에서는 '야훼의 기쁨의 해'라고 증언한다.

이 때 모든 희년기쁨은 희년신앙 행동계약 행동법규에 따라 '칠년 째 야훼의 빚 탕감의 해'에 맞추어져야한다. 출애굽기 21장~23장, 신명기 15장 빚 탕감과 노예해방 등 모든 희년기쁨을 50년 희년으로 몰아붙이는 신앙행태는 희년신앙 행동계약 행동법규에 대한 배신이다. 히브리형제와 이웃들을 속이는 반 희년禧年 신앙행위다.

"너희는 제마다 네 이웃을 속이지 말고 네 하나님을 두려워하라. 참으로 나는 너희의 하나님 야훼다."레위기 25:17

토지공공성, 땅은 하나님의 것이다.

"그 땅을 아주 완전히 팔아넘기지 못한다. 왜냐하면, 그 땅은 내 것이기 때문이다. 참으로 너희는 나그네와 거주자로 나와 함께 있을 뿐이다." 레위기 25:23

본문읽기 3.은 옛 희년신앙 행동계약 행동법규로써 토지공공성을 명령한다. 히브리 지파동맹에서 누구도 땅을 아주 팔아넘길 수 없다. 땅은 야훼 하나님의 것이기 때문이다. 어떤 사람이라도 또 21세기 과학기술이 아무리 발달한다 해도 땅을 만들어 낼 수는 없다. 따라서 누구라도 땅을 아주 팔아넘길 수 없다. 히브리 지파동맹은 하나님이 선물하신 가나안 노느매기 땅에서 땅의 이용권과 수익 권리만을 누릴 뿐이다. 히브리 해방노예들은 야훼 하나님이 선물하신 그 땅의 나그네요 거주자일 뿐이었다. 야훼 하나님과 함께 야훼의 땅에서 야훼 하나님을 삶의 이웃으로 모시고 야훼로부터 땅의 이용권과 수익권을 빌려 쓰면서 살아간다.

야훼 하나님은 파라오 노예제국에서 종살이 하던 히브리 노예들을 해방하고 구원하셨다. 히브리 해방노예들을 광야훈련으로 이끄시고 젖과 꿀이 흐르는 가나안 땅에 들어가게 하셨다. 그래서 히브리들은 지파들마다 생계가족단위로 쓰임과 필요에 따라 가나안 땅 노느매기를 했다. 히브리 지파동맹의 가나안 땅 노느매기는 히브리들의 안정적인 생존을 위한 땅의 이용권리 또는 수익권리였다. 히브리들은 야훼 하나님이 선물하신 땅을 빌려 쓸 뿐 처분권이 없다. 기껏해야 땅의 이용권을 잠시 다른 사람에 넘겨 줄 수 있을 뿐이다. 그나마도 '칠년 째 야훼의 빚 탕감의 해'에 이르면 무르는 값없이 원래의 땅주인에게 되돌려주어야 한다. 히브리 지파동맹은 가나안 노느매기 땅의 공공성을 지키기 위해 희년신앙 행동법규들을 철저하게 따랐다. 히브리 지파동맹은 '땅은 하나님의 것'이라는 희년 신앙고백을 통해서 해방과 구원, 정의와 평등, 생명평화세상을 세우고 누릴 수 있었다.

그러므로 21세기 예수신앙인들은 희년신앙 행동법규들에 따라 토지공공성을 지지해야한다. 자기생활경제 그늘 안에서 토지공공성을 실천하려고 노력해야한다. 참으로 기독교 국가라고 자처하는 서구국가들에서 토지 절대사유권을 하늘이 내린 권리로 주장하는 것을 이해할 수 없다. 토지 절대사유권을 진리라고 선언하고 그것을 지키고 보호하려는 신앙행동은 철저하게 반기독교 반신앙 행태다. 21세기 예수신앙인으로써 땅의 절대사유권을 하나님 복이라고 주장하며 땅을 독점하고 늘려가는 행위는 반신앙이고 반사회경제 죄악이다. 이제 21세기 지구촌 나라들마다 토지공공성을 받아들이지 않고는 미래를 설계할 수 없을 것이다.

땅 무르기

"너희는 너희 노느매기 땅 모든 곳에서 땅 무르기를 실행하라. 참으로 네 형제가 가난하여 자기 노느매기 땅 가운데 얼마를 팔았을 때 그에게 가까운 이가 그의 무르는 이로 와서 자기형제가 판 것을 물러야 한다." 레위기 25:24-25

이때 본문은 '땅 무르기게올라'라는 히브리어 낱말을 사용한다. 이 히브리어 낱말의 원형동사는 '가알'인데 '도로 찾다 또는 값을 치르고 되찾다'라는 뜻이다. 이 히브리어 동사를 분사로 바꾸면 '고엘'인데 '무르는 사람, 구속자, 구원자'라는 뜻으로 사용된다. 히브리 형제의 땅이 빚 때문에 다른 사람에게 넘어갔을 때 그 빚을 대신 갚아 주고 그 땅을 무르는 사람을 '고엘'이라고 한다. 더 나아가서 노예로 팔린 형제를 대신해서 몸값을 치르고 노예로부터 해방시키는 이를 '고엘, 구속자, 구원자'라고 부른다.

이렇듯이 히브리들의 희년신앙 행동법규로써 토지공공성은 땅 거래계약에서 무르기를 허락한다. 땅은 하나님의 것으로써 사람이 완전히 팔아넘길 수 없기 때문이다. 히브리들의 희년신앙 행동법규에 따라 누구나 언제든지 토지거래 계약에서 땅 무르기를 허락해야한다. 만약 땅을 판 사람이 도무지 땅 무르기를 할 힘이 없다면 다른 사람이 대신 땅 무르기를 할 수 있다. 희년신앙 행동법규에서는 땅 무를 힘이 없는 형제를 대신해서 땅 무르기를 하라고 명령한다. 그렇게 무르기를 한 땅은 처음 주인이었던 힘없는 형제에게 돌려져야만 한다. 물론 땅을 판 사람이 손수 돈을 모아서 빚으로 넘긴 자기 땅을 무르기 할 수도 있다.

그런데 본문에서 땅 무르기의 실제내용이 놀랍다. 땅 무르기를 할 때 '그 땅을 판 햇수를 계산'해서 땅을 산 사람에게 남은 값만 되돌려 주면 되기 때문이다. 이때 그 땅을 판 햇수를 어떻게 계산한다는 말일까? 실제로 히브리들의 토지거래 계약은 땅을 완전히 팔아넘길 수 없다. 다만 토지의 이용권 또는 수익권을 넘기는 거래만 할 수 있다. 따라서 땅을 파는 사람과 사는 사람이 함께 토지의 생산성을 따지고 거기에 맞게 매년 이용료를 매긴다. 땅 무르기를 할 때도 이미 지나간 매년 이용료를 계산해서 땅 거래대금에서 제하고 '남은 이용료'만 땅을 산 사람에게 되돌려주면 된다.

이때 옛 히브리 지파동맹의 희년신앙 행동계약 행동법규로는 땅 매매의 최대연수를 칠년으로 정해야 한다. 왜냐하면 빚을 주고 칠년이 흘렀거나 또는 칠년 째 빚 탕감의 해에 이르면 모든 빚을 탕감하고 채무노예도 해방해야 하기 때문이다. 하지만 빚 때문에 다른 사람에게 자기 노느매기 땅을 넘기거나 돈을 받고 땅을 판 사람들이 땅 무르기를 하지 못하는 경우도 많다. 그러나 땅을 넘긴지 칠년 째에 또는 칠년 째 '야훼의 빚 탕감의 해'에 이르러는 그 땅을 되돌려 받아야 한다.

물론 레위기 희년본문에서는 토지매매 최대연수를 50년 희년에 맞춘다. 그러나 본문에서 토지거래 최대연수를 50년 희년에 맞추는 것은 희년신앙 행동계약 행동법규에 대한 배신행위일 뿐이다.

집 무르기

또 본문은 성벽으로 둘러싸인 도시 안에 있는 집 무르기에 대해 이야기한다. 그런데 집 무르기의 기한은 집을 판지 일 년 이내다. 일 년이 지나도록 집 무르기를 하지 않으면 그 집은 산 사람에게 소유권이 넘어간다. 7년 안식년이 되어도 일 년 이내에 무르기를 하지 않으면 그 집은 산 사람의 소유다. 이때 집 무르기 기한을 일 년으로 정한 것은 도시에 있는 집들을 사유재산으로 여겼기 때문일 것이다. 그러나 마을에 있는 집들은 그 땅에 딸린 밭으로 여겨진다. 마을에 있는 집은 땅 무르기 조건에 따르면 된다.

또 한편 레위사람들이 노느매기로 차지한 도시들에 있는 집들은 레위사람들에게 '영원히 무를 권리게울라 올람'가 있다. 만약 레위사람들이 무르지 못한다면 그 집을 산 사람은 해방뿔나팔이 울릴 때에 그 집에서 나가야 한다. 레위 사람들의 도시들 주변 목초지도 사고 팔 수 없다. 왜냐하면 레위 사람들에게는 노느매기 땅이 없기 때문이다. 오롯이 레위사람들에게는 그들의 도시들에 딸린 주변 목초지가 영원한 노느매기 몫이다.

이자금지, 네 형제의 손이 네 곁에서 축 쳐져 있을 때

"참으로 네 형제가 가난하여 그의 손이 네 곁에서 축 쳐져 있을 때, 너는 그를 붙잡아 나그네 또는 동거인처럼 너와 함께 살아야 한다."레위기 25:35

본문읽기 4.는 히브리들에게 희년신앙 행동계약으로써 꼭 지켜야할 '이자금지와 사회경제약자 돌봄' 행동법규들을 명령한다. 만약 가난한 형제가 자기 손을 축 늘어뜨리고 내 곁에 있다면 나는 어떻게 해야 할까? 야훼 하나님은 앞뒤가리지 말고 가난한 네 형제를 붙잡아 일으키라고 명령한다. 그런 후에 그 가난한 형제를 내 손님 또는 동거인처럼 여겨서 함께 살라고 명령한다. 이 명령이야말로 '희년신앙 행동계약 약자 돌봄 제도'의 핵심이다. 이때 본문은 '네 형제의 축 처진 손마타 야도'이라는 히브리어 문구를 사용한다. 여기서 '마타'라는 히브리어 낱말은 '밑으로 또는 아래로'라는 뜻이다. 또 본문이 사용하는 '네 곁에임마크'라는 문구를 문맥에 따라 해석한다면 '네 생활경제 그늘아래'라고 이해할 수 있다. 그렇다면 가난한 형제가 모든 것을 잃고 죽을 지경에 이르러 내 생활경제 그늘아래 들어왔을 때 나는 어떻게 해야 할까? 나는 얼른 손을 뻗어서 그 형제를 붙들어 일으켜야 한다. 그리고 그 형제가 힘을 얻어 다시 일어설 때 까지 내 손님으로 동거인으로 함께 살아야 한다. 이때 '나그네'는 고대 성서주변 세계 문화 속에서 '내 손님'이다. 야훼 하나님은 왜 히브리들에게 이렇게 하라고 명령하실까? 야훼는 가난하고 힘없는 약자들의 하나님 곧 히브리 노예들의 하나님이시기 때문이다. 더불어 히브리들은 파라오 노예제국에서 종살이 하던 노예였었기 때문이다.

> "너는 그로부터 이자나 이윤을 거두지 마라. 너는 네 하나님을 두려워하라. 그 사람은 네 형제로 너와 함께 살아야한다. 너는 그에게 이자 때문에 너의 돈을 꾸어주지 마라. 이윤 때문에 네 양식을 꾸어주지 마라." 레위기 25:36-37

앞서 토지공공성에서 살펴보았듯이 히브리들은 희년신앙 행동법규에 따라 땅 무르기를 할 수 있다. 누구든 다른 사람의 땅을 샀다면 언제든 땅을 판 사람의 땅 무르기 요구에 응해야 한다. 또 제삼자가 땅을 판 사람을 대신해서 땅 무르기를 요구 할 때도 그 땅을 물러주어야 한다. 그런데 만약 땅 무르기를 할 때 처음 땅을 거래한 시점부터 땅값에 대한 높은 이자를 계산해야 한다면 땅 무르기가 어려워진다. 가난한 원래의 땅주인이 땅을 되찾는 것이 불가능해 진다. 이 때 실제로 필요한 것이 희년신앙 행동법규로써 이자금지 제도다. 히브리 해방노예 사회경제 공동체에서는 이자가 없다. 히브리들이 히브리형제에게 '이자나 이윤 또는 불로소득네쉐크 베타르비트'을 위해 돈이나 물품을 빌려주는 것은 불법이다. 이 때 '네쉐크'라는 낱말의 히브리어 원형동사는 '나솨크'인데 '물어뜯다' 라는 뜻을 가지고 있다. 고리대금업이 가난하고 힘없는 풀뿌리 사람들의 삶의 마당에서 얼마나 큰 위협이 되는지를 경고하는 동사다. 또한 '타르비트'의 원형동사는 '라바'인데 '번식하다'라는 뜻을 가지고 있다. 돈이 돈을 낳는 독점과 쌓음의 욕망을 나타내는 동사다.

그러나 실제로 야훼 하나님의 사람들로써 히브리 평등사회에서도 이런 부조리가 늘 있어 왔다. 히브리 지파동맹 평등사회를 기록한 사사기에도 이러한 부조리들이 자주 나타난다. 따라서 희년신앙 행동계약 행동법규에서는 이자금지를 명령한다. 사실, 히브리들의 사회경제 공동체를 지켜내는 밑바탕은 이자금지 제도다. 히브리들이 자기 노느매기 땅을 잃고 그 땅에서 쫓겨나서 농노로 전락하는 과정에서 반드시 '빚'이 발생한다.

이와 관련하여 고대 지중해세계에서 '빚'은 종종 '죄'를 가리키는 상징어로써의 역할을 해왔다. 가난한 사람들에게 빚을 지우고 그 빚을 갚지 못하는 상황을 '죄'라고 몰아붙였다. '빚을 죄로 몰아붙이는 것'은 성서 주변세계 노예제국 지배체제의 이데올로기였다. 따라서 성서주변 고대 지중해세계에는 채무 노예제도가 널리 퍼져 있었다. 고대 이집트와 메소포타미아 문명지역 그리고 그리스와 로마문명 지역에서도 노예를 사고파는 노예시장이 활발했다. 성서주변 고대 지중해세계에서는 가난하고 힘없는 사람들을 고리대금업으로 낚아서 채무노예를 만드는 것이야말로 아주 손쉬운 불로소득이었다. 그러므로 파라오 노예제국 지배체제를 탈출한 히브리 지파동맹은 이자금지제도를 사회경제 공동체 밑바탕으로 삼았다.

이와 관련하여 본문읽기 4.의 마지막 문장은 산문으로 번역하는 것이 맞갖잖다. 의미전달은 분명히 시詩의 운율인데 산문으로 쓰여 있다. 나름대로 시 운율로 꾸며서 옮겨 적었다.

"나는 너희를 위한 하나님이 되고 싶어서
너희에게 가나안 땅을 주려고
너희를 이집트 땅으로부터 이끌어 낸
너희 하나님 야훼다." 레위기 25:38

채무노예 해방, 너는 네 하나님을 두려워하라.

"참으로 너와 함께 있는 네 형제가 가난해서 너에게 팔릴 때, 너는 결코 그를 종으로 부리지 마라." 레위기 25:39

실제로 히브리들은 같은 히브리 형제자매들을 노예로 삼을 수 없다. 그러나 고대 사회에서는 빚에 내몰린 사람들의 끝판은 항상 채무노예였다. 고대사회에서 노예주인은 노예를 인간자산으로 취급했다. 마음대로 사고팔고 뜻대로 처분할 수 있는 생명자산에 지나지 않았다. 이러한 시대 상황에서 레위기 희년본문이 채무노예상황을 강조하는 것은 바벨론포로 귀환시절 예루살렘은 이미 채무 노예사회였다고 이해할 수 있다. 그렇더라도 옛 히브리들의 희년신앙 행동법규에 따르면 육년 동안 종살이를 한 후에 칠년 째에는 값없이 노예를 해방해서 내보내야한다. 왜냐하면 히브리 노예들은 야훼께서 파라오 노예제국으로부터 해방하고 구원하신 야훼 하나님의 사람들이기 때문이다. 히브리들은 야훼하나님의 해방과 자유, 정의와 평등세상의 일꾼들이기 때문이다. 히브리들은 결코 노예매물로 이리저리 팔려나가지 않아야 하기 때문이다. 그러므로 노예주인이라도 히브리 형제자매 노예들을 폭력으로 다스릴 수 없다. 노예주인이라도 야훼 하나님을 두려워하며 행동해야 한다.

나아가 본문은 빚 탕감과 노예해방의 해까지 히브리 노예들을 '품꾼처럼케사키르' 대우해야 한다. 여기서 '사카르'라는 히브리어 동사는 '품꾼을 고용하다'라는 뜻이다. 비록 노예일지라도 최소한 하루살이 품꾼대우는 해야 한다는 뜻이다. 또한 히브리 형제자매 노예들과 마치 '동거인처럼케 토쇄브' 함께 살아야한다. 여기서 '토쇄브'라는 히브리어 분사는 '마치 연인을 자기 집에 살게 하거나 또는 가족이나 친지를 자기 집에 들여서 함께 사는 것을 말한다. 히브리 노예들은 그렇게 해방뿔나팔의 해까지만 주인을 위해 노동해야 한다. 해방뿔나팔의 해에는 반드시 노예자신과 자녀들이 다함께 주인의 집으로부터 해방되어야한다. 해방되어 나와서 자기 가문으로 돌아가야 한다. 노예들은 자기조상들의 노느매기 땅을 되찾고 그 땅 으로 돌아가 그 땅 풀뿌리 사람들로서 자유롭게 살 수 있어야 한다.

채무노예로 팔린 히브리 형제들을 해방무르기하라

"참으로 너와 함께하는 나그네나 거류민의 손이 미치게 해서사업을 하게 해서 그와 함께 있는 네 형제가 가난해지고, 너와 함께하는 거류민 나그네에게 혹은 나그네 가문가족에게 네 형제가 팔렸다하자. 그가 팔린 후에 곧 무르는 이가 그를 무를해방할수 있다." 레위기 25:47-48

히브리 노예들의 하나님 야훼는 히브리 지파동맹과 함께 희년신앙 행동계약을 맺으셨다. 야훼 하나님은 계약당사자인 히브리 지파동맹에게 계약의무와 책임으로써 행동법규들을 주셨다. 희년신앙 행동법규야말로 히브리들의 해방과 구원, 정의와 평등세상을 건설하고 누리는 필요불가결 제도다. 바로 히브리 성서가 21세기 교회와 교우들에게 계시하는 희년신앙 행동서사의 밑바탕이다. 그러할 때 '이자금지와 사회경제약자 돌봄 행동법규'가 매우 중요해 졌다. 왜냐하면 기원전 5백87년 남유다 왕국이 멸망한 이후 유대와 예루살렘에는 수많은 이방사람들이 들어와 함께 살았기 때문이다. 실제로 바벨론포로귀환시절 유대와 예루살렘에서는 소수 외국인들의 사업성공 신화가 널리 퍼졌다. 그에 비례해서 유대와 예루살렘 풀뿌리 사람들로써 수많은 히브리들은 점점 더 가난해졌다. 그렇게 부와 권력을 독점한 외국인들의 손이 히브리 형제자매에게 다다라서' 히브리들을 노예로 삼았다. 이때 본문이 사용한 히브리어 동사 '수그'는 '울타리 바깥으로 밀쳐내다 또는 떨어트리다'는 뜻이다. 이렇듯이 부와 권력을 독점한 소수 외국인이 히브리 형제자매를 희년신앙 행동법규 울타리 바깥으로 밀쳐 떨어뜨려서 노예로 삼았다. 왜냐하면 유대와 예루살렘 풀뿌리사람들 사이에서 희년신앙 행동법규들이 까맣게 잊혀졌기 때문이다. 이렇듯이 바벨론 포로귀환 시대상황에서 유대사람들은 희년신앙 행동계약 행동법규 울타리를 다시 되살리려고 노력했다. 끊어진 희년신앙 행동서사를 다시 이으려고 애를 썼다. 무너지고 훼손된 희년신앙 행동법규 울타리를 고치고 다시 튼튼하게 세우려고 행동했다. 그러한 노력의 첫 번째 행동이 외국인에게 노예로 팔려간 히브리 형제들의 몸값을 물어주고 해방하는 것이었다.느헤미야 5장

이때 무르는 사람은 노예로 팔린 사람의 형제들 가운데서 한 형제가 무를 수 있다. 또 노예로 팔린 사람의 삼촌 등 친족들이 무를 수 있다. 나아가 노예로 팔린 사람의 가문 사람들 가운데 피붙이가 무를 수 있다. 말할 것도 없이 노예로 팔린 사람이 스스로 자기 몸값을 구해서 스스로를 무를 수도 있다. 무르는 사람은 노예로 팔린 해부터 해방뿔나팔의 해까지 남은 햇수를 따라 품꾼 품삯만큼을 계산해서 무르는 노예의 몸값을 정해야 한다. 해방뿔나팔의 해까지 남은 햇수가 많으면 많은 만큼 노예매매 가격에서 무르는 몸값을 정해서 노예주인에게 돌려줘야 한다. 만일 해방 뿔 나팔의 해까지 남아있는 햇수가 적으면 적은만큼 해방하는 몸값을 정해서 돌려주면 된다. 만일 노예로 팔린 사람에게 무르는 이가 없다면

그 노예는 해방뿔나팔의 해에 자유롭게 풀려나와야 한다.

이렇듯이 야훼 하나님은 옛 히브리 지파동맹과 함께 희년신앙 행동계약을 맺으시고 계약조건으로써 행동법규들을 주셨다. 희년신앙 행동계약 행동법규야말로 히브리들의 해방과 구원, 정의와 평등세상을 위한 밑바탕이다. 마찬가지로 희년신앙 행동법규는 21세기 교회와 교우들에게 계시하는 야훼 하나님의 출애굽 해방과 구원신앙의 핵심이다.

이제 히브리 성서 옛 히브리 지파동맹의 희년신앙 행동서사는 복음서에서 예수의 하나님나라 복음운동으로 넘겨졌다.

그러므로 이제 21세기 예수신앙인들도 옛 히브리 지파동맹의 희년신앙 행동서사를 계승할 수 있게 되었다. 예수신앙인들이 자기 삶의 마당에서 예수의 하나님나라 복음운동을 펼침으로써 옛 희년신앙 행동서사를 이어 갈수 있게 되었다. 실제로, 예수신앙인들은 21세기 금융시스템 속에서 희년 빚 탕감과 채무노예해방을 선포할 수 있다. 옛 희년신앙 행동법규에 따른 빚 탕감과 채무노예해방 선포야말로 가장 확실한 예수신앙의 길이기 때문이다. 이제 필자는 '21세기 희년신앙 행동서사 잇기'야말로 이 땅에서 예수의 하나님나라 복음운동을 가장 힘차게 펼쳐내는 신앙 행동이라고 믿는다.

2부

신약성서 속 희년신앙 행동서사를 찾아서

1. 하나님 영의 사람, 참사람, 임마누엘 예수

마가복음 1:1-11, 마태복음 1:20-23

본문읽기 1. 마가복음 1:1-11

하나님의 아들 예수 그리스도의 복음의 시작이다.

예언자 이사야에 기록된 것처럼

"보라, 내가 나의 사자를 네 앞에 보내리라.

그가 너의 길을 닦을 것이다.

그는 광야에서 외치는 소리이다.

너희는 주님의 길을 예비하라.

너희는 그의 오솔길들을 손질하라."

세례요한이 죄 탕감을 위한 회개의 세례를 선포하며 광야에 나타났다.

그러자 유다의 온 마을과 예루살렘 모든 사람들이 그에게로 나아왔다.

그리고 그들은 자신들의 죄악들을 고백하면서

요단강에서 요한으로부터 세례를 받고 있었다.

그런데 요한은 낙타 털옷을 입었고

그의 허리에는 가죽 띠를 매었으며

메뚜기와 석청을 먹었다.

그가 이렇게 선포 하곤 했다.

"나보다 더 힘이 있는 분이 내 뒤에 오시오.

나는 구부려 그분의 신발 끈을 풀 자격도 없소.

나는 물로 당신들에게 세례를 주었소.

그러나 그분은 거룩한 영으로 여러분들에게 세례를 베풀 것이오."

그리고 마침내 그날에 이르러

예수가 갈릴리 나사렛으로부터 왔다.

예수는 요단강에서 요한으로부터 세례를 받았다.

그런데 예수가 물에서 나오자 곧바로

하늘이 열리면서 영이 비둘기처럼 자신에게 내려오는 것을 보았다.

그러면서 하늘로부터 소리가 있었다.

"너는 나의 사랑하는 아들이다.

내가 너를 기뻐하였노라."

본문읽기 2. 마태복음 1:20-23

요셉이 이 일들을 생각하고 있을 때. 보라, 주님의 천사가 꿈에 나타나 요셉에게 말했다.

"다윗의 후손 요셉아! 너는 네 아내 마리아 데려오기를 두려워하지 마라. 왜냐하면 그녀 안에서 잉태된 아기는 거룩한 영에서 잉태된 것이다. 그녀가 아들을 낳을 것이다. 그리고 너는 그의 이름을 예수라고 불러라. 왜냐하면 그가 자기사람을 그들의 죄들로부터 구원할 것이기 때문이다."

이 모든 일들은 주님께서 예언자의 예언을 통하여 말씀하신 것이 이루어지게 하기 위함이다.

"보라, 처녀가 잉태해서 아들을 낳을 것이다. 그리고 그들이 그의 이름을 임마누엘이라고 부를 것이다. 임마누엘을 번역하면 '하나님께서 우리와 함께 하신다'이다."

본문이해하기
복음서

복음이란, 신약성서 헬라어로 '좋은 소식유앙겔리온 Ευαγγέλιον'이라는 뜻이다. 따라서 복음서란, '복음의 책'인데 우리말 성서는 한자말로 '福音書'복음서라고 번역했다. 그런데 고대 헬라어에서 '유앙겔리온'은 관공서의 공문들을 가리키는 용어였다. 물론 나중에는 풀뿌리 사람들이 주고받는 생활편지까지 '유앙겔리온'이라고 불렀다. 이 헬라어 '유앙겔리온'은 로마 공화정시대에 이르러 상류층 사람들 사이에서 주고받는 편지를 가리키는 용어로 쓰였다. 이후 로마제국에서는 로마황제의 칙령을 '유앙겔리온'이라고 불렀다. 로마제국 황실에서 축하할 일이 생기거나 황제의 명령을 전달할 때 '유앙겔리온'이라는 이름의 황제칙령을 전파했다. 또 로마제국은 라틴어로 '에반젤리움'Evangelium이라는 이름의 황제칙령을 전파하기도 했다.

그러나 초대교회의 복음서에서 '유앙겔리온'은 로마제국 상류층사람들 사이에서 서로 오가는 기쁜 소식이 아니었다. 또 당연히 로마제국황제의 칙령도 아니었다. 오롯이 복음서의 '유앙겔리온'은 처음 예수신앙 공동체로부터 전파된 '예수에 대한 복음'이었다. 실제로 복음서 내용들은 예수의 십자가처형 이후 처음 예수신앙공동체 안에서 구전이나 어록 등으로 전해오던 예수전승이었다.

성서학자들은 신약성서 마태복음서부터 요한복음서까지의 네 개의 복음서를 사복음서라고 분류한다. 또한 요한복음서 외에 세 복음서는 공관복음서共觀福音書라고 부른다. 왜냐하면, 하나의 예수신앙관점으로 저술된 흔적들이 세 복음서에 서로 맞닿아 나타나기 때문이다. 이러한 관점에서 공관복음서 가운데 맨 처음에 저술된 복음서는 마가복음서다. 성서학자들은 '마태와 누가복음서 저자들이 먼저 저술된 마가복음을 원본으로 삼아서 자기복음서'를 저술했다고 믿는다.

중세 서구교회 성서학자들은 복음서들의 내용을 역사사실로 이해했다. 복음서가 예수의 말과 행동과 삶을 있는 그대로 기록한 역사책이라고 여겼다. 그러나 이후로 성서학의 발전과 편집비평과 성서고고학 등 실증주의 성서연구가 꽃을 피웠다. 성서학자들은 복음서 저자들마다 자기신앙관점에 따라 자기복음서를 편집했다는 사실을 이해하기 시작했다. 복음서 저자들마다 처음 예수신앙공동체 안에 전파된 예수전승들을 자기신앙관에 맞게 편집했기 때문이다. 따라서 복음서들은 처음 예수신앙 공동체의 서로 다른 그리스도론에 맞추어 편집 저술한 신학문서다.

이와 관련하여 현대 성서학자들은 복음서 저자들마다 자기신앙 동아리 안에서 정리한 예수의 말씀자료들이 있었을 것으로 여긴다. 또한 실재했었는지는 잘 모르지만 예수의 말씀이라고 확정할만한 '예수의 어록 Q 문서'를 복음서 저자들이 참고했다고 믿는다. 성서학자들은 그 실증으로 마태복음서에 주목한다. 실제로 마태복음 팔복선언은 예수의 하나님나라 대헌장의 전문으로써 마태복음의 주요본문인데 Q문서의 내용과 일치한다. 물론, 공관복음서들은 저술과정에 마가복음을 원본으로 삼았다. 그럼에도 불구하고 자기신앙 공동체의 관점에서 편집하거나 고쳐 썼을 것이다. 그렇더라도 세 개의 공관복음서에는 많은 부분이 서로 같거나 비슷한 내용들로 채워져 있다. 또한 복음서들은 처음 예수신앙 공동체 안에서 자기복음서와 다른 복음서들을 필사해서 퍼트릴 수밖에 없었다. 그 과정에서 새로 고치거나 추가하는 일이 심심찮게 벌어졌다. 자연스레 세월이 흐르면서 내용들의 차이가 생길 수밖에 없었다.

따라서 현대 성서학자들은 원본과 사본을 비교하는 본문비평을 발전시켜왔다. 성서학자들은 더 오래된 사본과 후대의 사본을 비교하는 등 복음서 저자들이 쓴 실제내용들을 찾아내려고 했다. 나아가 역사 속 예수의 실체와 예수의 말과 행동과 삶의 실체를 알아내려고 노력했다. 그러나 현대 성서학자들은 복음서에서 역사 속 예수진실과 예수의 말과 행동과 삶의 실체를 알아내는 신학 작업을 포기한 것 같다. 그럼에도 불구하고 21세기 성서 독자들에게 복음서는 예수의 진실 곧 예수의 말과 행동과 삶을 이해할 수 있는 유일한 자료다.

그러나 한편 21세기 교회와 교우들은 '교리 또는 종교 감수성만을 위한 큐티'로 복음서를 읽으려고 한다. 일부교회와 교우들은 복음서의 글자 하나하나가 하나님의 영감으로 쓰여 졌다는 소위 '축자영감설'逐字靈感說에 치우치기도 한다. 실제로 대부분의 이단들은 축자영감설로 '복음서 읽기'를 한다. 이단들은 복음서를 문자 그대로만 읽고 해석해야한다고 떠들면서 '온갖 상징과 암시暗示'로 꿰어 맞추기에 급급하다. 무엇보다도 21세기 이단들은 영적 열광과 신비주의보다 성서를 내세우며 문자주의 성서읽기에 몰두한다. 그러나 이단들의 성서읽기는 성서의 문장들과 문맥을 전혀 따르지 않는다. 성서의 문장과 문맥을 따라 읽고 해석할 신앙의지도 뜻도 능력도 없다. 그저 성서에 나타나는 수많은 상징과 비유를 제멋대로 비틀어 읽고 사리사욕에 따라 제멋대로 해석한다.

이제 필자는 세 가지 질문을 가지고 복음서읽기를 하려고 한다. 첫 번째는 '예수는 누구인가'라는 질문이다. 필자는 복음서읽기에서 역사실증주의의 예수를 찾지 않는다. 그렇다고 처음 예수신앙 공동체 안에서 한껏 북돋아 높여놓은 금관의 그리스도 예수를 곧이곧대로 복사하지도 않을 것이다. 오롯이 21세기 예수신앙인으로서 따라 배우고 신앙할 만한 '참사람 예수'를 찾아 나설 것이다. 땅의 사람이며 하늘사람이었던 예수 그리고 임마누엘 하나님의 사람이며 영과 생명사람이었던 예수'를 찾을 것이다.

두 번째 질문은 이렇다. 예수는 어떻게 옛 희년신앙 행동계약 행동법규들을 예수의 하나님나라 복음운동으로 완벽하게 재구성할 수 있었을까? 이 질문의 실제적인 내용들은 예수의 하나님나라 대헌장 전문인 팔복선언과 하나님나라 행동강령인 주기도문 읽기에서 찾을 것이다. 또한 예수가 가르친 말씀과 사람들과의 관계 속에서 '예수의 신앙 밑바탕'을 관찰할 것이다.

세 번째는 '예수의 하나님나라 복음운동의 실체는 무엇인가'라는 질문이다. 이를 위해 필자는 복음서에 나타난 예수의 행동과 예수가 일으키는 사건들 속에서 예수의 하나님나라 복음운동의 진실을 쫓아 갈 것이다. 필자는 오롯이 이 세 가지 질문을 통해서 복음서를 읽고 풀이하려고 한다. 옛 희년신앙 행동계약 행동법규들을 새롭게 재구성한 예수의 하나님나라 복음운동의 실체를 찾아 체감할 수 있기를 기대한다. 또한 예수의 말과 행동과 삶을 한편의 생생한 드라마처럼 즐겨보려고 한다. 생동하는 역사의 예수와 삶의 실체를 그려볼 수 있게 되기를 기대한다.

성령이란 무엇인가?

우리말 성서가 '영' 또는 '성령'으로 번역한 히브리어 낱말은 '루아흐'이다. 신약성서 헬라어로는 '프뉴마πνεῦμα'라고 한다. 문자적으로는 '바람 또는 숨'을 뜻한다. 특별히 히브리 성서 창세기 1장 2절에서는 '하나님의 생명바람 또는 생명기운'이다. 창세기 2장 7절에서는 '살아있는 하나님의 숨'으로 표현되기도 한다. 히브리 성서는 하나님의 창조활동을 보고하면서 태초에는 '깜깜함'만 있었다고 진술한다. 한 올 생명의 가능성마저도 발견 할 수 없는 반 생명의 깜깜함을 히브리어로 '호쉐크'라고 한다. 히브리 성서는 이 깜깜함이 넘실거리는 '깊음의 물' 위를 짓누르고 있었다고 표현한다. 그러면서 하나님의 생명기운 또는 생명바람이 그 모든 것들의 위를 휘돌고 있었다고 보고한다.

히브리 성서는 하나님께서 당신의 생명의 바람또는 생명의 영으로 반 생명의 깜깜함과 넘실대는 깊음의 물들을 몰아내셨다고 증언한다. 그럼으로써 천지만물 곧 생명생태계를 창조하셨다고 증언한다. 하나님은 진흙으로 사람을 빚으신 후 코에 '살아있는 하나님의 숨'을 불어넣으셨다. 이로써 사람이 '살아있는 생명체네페쉬 하이야'가 되었다고 보고한다. 여기서 히브리어 '네쉐마'는 숨 또는 호흡을 의미한다. 또한 '네페쉬'라는 히브리어 낱말의 문자의미는 목구멍인데 곧 '살아있는 생명'이다. 그러므로 하나님의 영 또는 성령이란, '하나님의 생명바람이며 생명의 숨'이다. 하나님은 자신의 생명바람을 사람에게 주셨고 이로써 사람은 살아있는 생명이 되었다. 사람의 생명은 자연으로부터가 아니라 살아있는 하나님의 영, 생명의 바람, 생명의 숨을 빌려서 얻은 것이다. 사람이 하나님의 생명

바람 또는 살아있는 하나님의 숨을 힘입어서 '생명'이 되었다는 것은 곧 '하나님과 사람이 더불어 하나로 생명공동체'가 되었다는 말이다.

이렇듯이 성서가 증언하는 생명과 영의 진실을 헬라문명 사유思惟의 틀 속에서 이원론으로 '육체 / 영혼'으로 나누어서 이해하는 것은 큰 오해다. 실제로 헬라시대의 이원론 사유체계는 '이데아라는 본질의 세계'와 '코스모스라는 무가치하고 악한 현상의 세계'가 철저하게 단절되어 있다는 세계관이다. 이러한 세계관은 로마제국을 거쳐 오늘날 서구문명의 토대가 되었다. 물론 21세기에 이르러는 지구촌이 서구문명의 영향 아래에 있다. 사람을 육체와 영혼으로 구분해서 이해하는 것이 자연스러울 수도 있다. 그렇다할지라도 육체와 영혼은 따로따로가 아니다. 사람은 하나님의 영, 생명바람, 생명의 숨으로 인한 온전한 생명체이기 때문이다.

그러나 21세기 한국교회는 하나님의 영 또는 성령을 사람의 생명에서 떼어냄으로써 사이비한 마술도구로 만들었다. 하나님의 영을 사익을 위한 돈벌이로 도구로 사용하는 뻔뻔한 종교행태를 드러냈다. 이렇듯이 한국교회들이 하나님의 영을 특별하고 사적인 종교 카리스마로 은폐하는 것은 하나님의 뜻이 전혀 아니다. 그것은 의심의 여지없는 종교사기로서 사이비 종교행위일 뿐이다.

성령의 역할과 활동은 무엇인가?

성서의 가르침대로 하나님의 영 또는 성령은 '하나님의 생명바람 또는 생명의 숨'으로써 모든 '사람의 생명의 근거이고 실체'다. 하나님과 사람과 자연 그리고 하나님과 하나로 창조생명생태계 생명살림의 밑바탕이다. 사람은 아주 자연스럽게 성령의 역할과 활동을 통하여 하나님의 거룩한 성령을 체험하고 분별할 수 있다.

이렇듯이 하나님의 영은 사람들의 절망과 죽음의 삶의 마당에서 놀라운 삶의 변혁운동을 일으킨다. 피 흘림과 전쟁과 죽임 그리고 절망과 공포에 대항하는 생명평화세상을 꿈꾸게 한다. 맘몬·자본 노예세상에서 부와 권력에 기대어 사익과 탐욕을 추구하던 삶을 청산할 수 있게 한다. 야훼 하나님의 해방과 구원, 정의와 평등세상을 꿈꾸게 한다. 하나님의 영은 '하나님 없는 노예세상'을 향한 대항행동으로써 하나님의 생명노동 세상을 꿈꾸게 한다. 하나님의 영으로 충만한 사람들이 희년신앙 행동서사를 이어가도록 부추기고 도우신다. 하나님의 해방과 구원, 정의와 평등, 생명과 평화세상을 건설하고 누리도록 힘과 지혜를 주신다. 이렇듯이 하나님의 영으로 충만한 사람들이 이 땅에서 하나님나라 복음운동을 이끌어 간다. 참으로 하나님은 당신의 영으로 충만한 사람들과 함께 맘몬·자본세상을 향한 대항세상 예수의 하나님나라 복음운동을 이끌어 가신다.

이제 본문읽기는 21세기 성서독자들에게 하나님의 영으로 충만했던 분을 소개한다. 그는 바로 하나님 영의 사람, 참사람으로서 '갈릴리 나사렛사람 예수'다. 21세기 교회와 교우들은 그 예수를 삶의 동지로, 스승으로, 주님으로 모시고 살아간다. 21세기 예수신앙인으로서 교회와 교우들은 '하나님 영의 사람이며 하늘의 아들인 예수'를 전수받았다. 예수는 21세기를 사는 예수신앙인들의 삶의 동지이고, 스승이시며, 주님이시다. 나아가 21세기 예수신앙인들은 시대의 하나님 영의 사람으로서 동지이고 스승이시며 주님이신 예수를 미래로 전수해야 한다.

본문풀이
하나님 영의 사람, 참사람, 임마누엘 예수
예수는 갈릴리 나사렛사람이다.

본문은 예수가 요한에게 세례를 받기 위하여 '갈릴리 나사렛으로부터 왔다'고 보고한다. 예수가 갈릴리 나사렛에서 나고 자란 사람이라는 증언이다. 그런데 '갈릴리 나사렛'은 예수시대의 유대사회·종교·정치 체제에서 멸시와 천대의 땅이었다. 히브리 성서는 일찍부터 갈릴리지역을 '이방인들의 땅'미가서 5:15이라고 멸시했다. 나아가 '나사렛'은 유대인들의 수많은 종교·역사문서 어디에도 나타나지 않는 외지고 궁벽한 산골마을이다. 그래서 유대인들은 '나사렛에서 무슨 좋은 것이 나올 수 있겠냐'라고 반문한다. 실제로 갈릴리는 히브리 지파동맹 때부터 끊임없이 이방 민족들의 침략을 받았다. 이방 민족들의 침략으로 인해 옛 희년신앙 행동법규에 따른 해방과 구원, 정의와 평등세상 건설과 누림을 위협 당했다. 그러면서 시나브로 히브리 지파동맹 정체성이 희미해지고 혈통마저도 불분명해졌다. 그럼에도 불구하고 갈릴리는 농사짓기에 좋은 기름진 땅들이 많았다. 하늘이 베푼 은혜를 받은 갈릴리 호수는 온갖 물고기들로 풍성했다.

그런데 복음서 갈릴리이야기에서 빼놓을 수 없는 시대상황과 역사가 있다. 그것은 바로 가나안 땅에서 유대 사람들이 마지막으로 세운 '마카비 왕조'다. 기원전 1백65년 헬라시대 끝판 무렵에 세워진 마카비 왕조는 갈릴리와 옛 에돔 땅을 되찾았다. 그런 후에는 율법과 할례를 통해 그 땅 풀뿌리 사람들을 유대인으로 혈통세탁을 한 후 마카비 왕국 영토에 포함시켰다. 실제로 갈릴리지역은 기원전 7백22년 북이스라엘이 멸망한 후 마카비 왕조시대까지 전혀 유대 사람들의 땅이 아니었다. 완전한 이방사람들의 땅이었다. 마카비 왕조시대 이후 예수시대에 이르러 갈릴리지역은 로마제국의 분봉왕 헤롯 안티파스가 다스렸다. 마카비왕조 이야기는 개신교 성서에는 빠져 있으나 고대 헬라어 70인 역 성서와 카톨릭 성서에는 경전으로 포함되었다.

이러한 시대의 사회경제·종교·정치 상황과 역사 속에서 갈릴리는 피라미드 사회계층구조가 뚜렷했다. 최상층부에는 소수의 왕족과 귀족 그리고 대지주와 대상인무역거래이 자리 잡았다. 중간층에는 최상층에 봉사하는 하급관리들과 세리와 또는 마름들이 자리 잡았다. 그리고 소규모 자영농과 어부와 수공업자들도 있었다. 최하층에는 한해살이 소작농과 소작농노들 그리고 천민들과 날품팔이 등 풀뿌리 사람들이 자리 잡았다.

그러나 또 한편 갈릴리는 유대 사람들의 사회경제·종교·정치 대항운동의 산실이었다. 기원전 63년 로마제국 폼페이우스가 갈릴리지역을 침략한 이후 유대인들의 수많은 항쟁봉기가 갈릴리로부터 시작되었다. 갈릴리는 로마제국 식민통치에 대항하여 폭력항쟁을 벌였던 젤롯당또는 열심당과 자객암살단시카리오이의 활동무대였다. 고대 유대역사가 요세푸스의 유대전쟁사에 따르면 기원전 47년 이방인 헤롯대왕이 유대 왕이 되었을 때 갈릴리로부터 항쟁봉화가 타올랐다. 또한 기원전 4년 헤롯대왕이 죽었을 때에도 갈릴리로부터 항쟁의 불길이 타올랐다. 나아가 서기 66년에서 70년까지 예루살렘 독립전쟁 때에도 그리고 서기 1백32년 '바코흐바' 독립전쟁 때에도 항쟁의 불길이 타오른 곳은 갈릴리였다. 이렇듯이 예수는 짧은 생애를 사는 동안 오롯이 '갈릴리 나사렛사람'이라고 불렸다.

그 땅 풀뿌리 사람들의 하늘이 열리다

예수는 세례요한으로부터 요단강에서 세례를 받았다. 그때 예수는 '하늘이 열리고 영이 자신에게 내려오는 것'을 보았을까? 하늘의 소리를 들었을까? 인류역사에 대한 과학실증주의 편집증에 사로잡히지 않는다면, 21세기 성서독자들에게 '이 하나님 영의 사건'은 진실이다. 마가복음서는 장엄하게 이 하나님 영의 사건을 묘사한다.

"하늘이 열렸다. 그리고 하나님의 영이 비둘기처럼 나사렛 사람 예수에게 내려왔다."

이제야말로 하늘위에 계신 하나님과 땅을 딛고 사는 사람이 서로 통하게 되었다. 예수는 분명히 하늘이 열리고 자신에게 하나님의 영이 내려오는 것을 보았을 것이다. 하나님이 말씀하시는 것을 들었을 것이다. 그것은 예수의 분명한 종교체험이었다. 이때의 종교체험이 예수에게 강한 소명의식을 일깨웠을 것이다. 그 이후 예수는 가족과 친척 그리고 목수라는 직업마저 버리고 이 땅의 하나님나라 복음을 선포했다. 이 하나님 영의 사선이 곧 예수의 하나님나라 복음운동의 출발이다. 예수는 이 땅의 하나님나라 복음운동에 헌신하는 삶을 살았다. 예수는 이 땅의 하나님나라 복음운동을 위해서 십자가처형도 마다하지 않았다. 나아가 예수는 하나님을 '아빠ᾈββᾶ'라고 불렀고 사람들에게도 가르쳤으며 그렇게 부르라고 요청했다. 아빠는 아람어로 정겹게 아버지를 부르는 아이들의 언어다.마가복음 14:36, 갈라디아서 4:6

그런데 본문은 히브리 성서의 우주관 또는 성서주변세계 우주관을 고스란히 드러낸다. 고대 성서주변세계 우주관에서 하늘은 판판하고 얇고 둥근 금속판으로써 하늘궁창 또는 천장이라고 불렀다.창세기 1:7-8, 말라기 3:10 그 둥근 금속판 하늘이 '사람또는 땅과 하늘또는 하나님세계'를 나누고 있었다. 실제로 고대 성서주변세계 신학에서 하나님은 절대타자로 계셔야만 했다. 그 절대타자로써 하나님의 유배지가 곧 하늘이었다. 따라서 하나님은 때때로 하늘 문을 열어서 땅을 간섭하셔야 했는데 대부분은 심판을 통한 간섭이었다.노아홍수, 소돔과 고모라 불의 심판, 미래 아마겟돈 최후심판까지 그러나 마가복음서는 하늘이 '열리고' 하나님 영이 '비둘기처럼'

예수에게 내려왔다고 증언한다. 마가복음서는 이때의 놀라운 광경을 '하늘이 열리면서 스키조멘누스 σχιζομένους'라는 '헬라어 동사 수동태분사'로 표현했다. 이때 사용된 헬라어 동사 '스키조σχίζω'는 '찢다'라는 뜻을 갖는다. 하나님이 스스로 하늘을 찢으셨다. 이제 하나님은 찢어진 하늘을 수리 할 생각이 전혀 없으시다. 하나님은 그 찢어진 하늘 곧 절대타자로서의 유배지를 탈출해서 사람들의 삶 속으로 오셨다. 특별히 가난하고 힘없는 풀뿌리 사람의 아들 갈릴리 나사렛사람 예수의 인생 속으로 오셨다. 갈릴리 나사렛사람 예수를 통하여 이 땅 풀뿌리 사람들의 하나님이 되셨다. 이제 하나님은 예수를 통해서 21세기 이 땅 풀뿌리사람들의 삶의 마당에 오셔서 가난하고 힘없는 풀뿌리 사람들과 함께 사신다.

이렇듯이 야훼 하나님께서도 그 옛날 파라오 노예제국에서 종살이하던 히브리 노예들의 하나님으로 이 땅에 나타나셨다. 야훼 하나님께서 파라오 노예제국으로부터 히브리 노예들을 해방하고 구원하셨다. 야훼 하나님은 히브리 해방노예들과 함께 희년신앙 행동계약을 맺으시고 그들에게 해방과 구원, 정의와 평등세상을 꿈꾸게 하셨다. 히브리 해방노예들을 젖과 꿀이 흐르는 가나안 땅으로 이끄셨다.

그러므로 이제 야훼 하나님은 당신이 지으신 하늘궁창을 찢으시고 갈릴리 나사렛사람 예수의 인생 속으로 오셨다. 이 땅의 가난하고 힘없는 풀뿌리 사람들의 삶 속으로 오셨다. 이제 야훼 하나님은 절대타자로써 당신의 유배지 하늘세계로 돌아가실 뜻이 전혀 없으시다.

하나님 영의 사람, 하늘사람, 참사람 예수

이제 21세기에는 하나님 영의 은총을 거부하지 않는 사람이라면 누구든지 이 땅에서 하나님 영의 사람으로 살 수 있다. 마가복음서는 예수에게 하나님 영이 비둘기처럼 내려오는 가운데 하나님의 말씀이 있었다고 증언한다.

"너는 나의 사랑하는 아들이다. 내가 너를 기뻐하였노라!"

유대사회·종교·정치 체제에 따르면 '야훼 하나님의 예언자'가 새로운 왕에게 기름을 붓고 '너는 내 아들이다' 라고 선포했다. 시편 2:7 그럼으로써 하나님과 새로운 왕 사이에 양자관계가 맺어졌다. 이제 새로운 왕은 하나님의 양자로써 유대 풀뿌리 사람들 위에 왕으로 세워지고 통치 권력을 갖게 된다.

그러나 마가복음서는 '야훼 하나님께서 갈릴리 나사렛사람 예수에게 육성으로 직접 말씀하셨다' 고 보고한다. 야훼 하나님께서 친히 예수에게 '너는 나의 사랑하는 아들이다' 라고 선언하셨다고 증언한다. 야훼 하나님께서 유폐 당하셨던 하늘궁창을 찢으시고 친히 갈릴리 나사렛사람 예수에게 내려오셨다. 오셔서 직접 육성으로 '너는 양자가 아니라 내 사랑하는 아들이다' 라고 소리치셨다. 이로써 예수는 평생 하나님을 아빠 Ἀββᾶ 라고 부르며 누구에게나 그렇게 가르치고 그렇게 부르라고 요청했다.

야훼 하나님 생명의 종 예수, 온 세상에 생명정의를 외치다

이 때 마가복음서는 놓쳐서는 안 될 매우 주요한 신앙진실을 증언한다. 하나님께서 예수에게 '내가 너를 기뻐하였노라' 라고 외치셨다는 보고다. 야훼 하나님께서 아주 특별한 일을 맡기시려고 갈릴리 나사렛사람 예수를 골라서 뽑았다는 의미다. 이와 관련하여 마가복음서는 '기뻐하였노라'는 야훼 하나님의 말씀을 이사야 42장 1절에서 가져왔다. 여기서 이사야 본문을 자세히 살펴보자.

"보라, 나의 종이다.

내가 그를 붙들었다.

내 생명이 내가 뽑은 종을 기뻐하노라."

히브리 성서 이사야 42장 본문은 '내 생명나프쉬'이라는 히브리어 낱말을 사용한다. 그럼으로써 마가복음서는 야훼 하나님께서 예수에게 맡긴 역할을 '야훼 하나님의 생명의 종'으로 강조한다. 예수는 야훼하나님 영의 사람 또는 생명사람으로서 이 땅 풀뿌리 사람들에게 '야훼 하나님의 생명의 종'으로 보냄을 받았다. 야훼 하나님의 생명의 종은 이 땅 풀뿌리 사람들을 위한 '해방과 구원, 정의와 평등, 생명평화세상의 종'이다. 예수는 온 세상에서 야훼 하나님의 생명정의를 실천행동 하는 야훼 하나님의 생명의 종이다. 야훼 하나님의 생명의 종 예수는 '부러진 갈대'를 꺾지 않고 '꺼져가는 심지'를 끄지 않는다. 온 세상에 생명정의를 세울 때까지 예수는 약해질 수 없다. 부러지지도 않을 것이다. 온 세상이 '예수의 생명정의'을 열망할 것이다. 이제 예수는 옛 히브리 지파동맹의 희년신앙 행동법규들을 온전하게 재구성했다. 한마디로 그것은 '예수의 생명정의 계명'레토라토이다. 예수의 생명정의 계명은 예수의 팔복선언 또는 행복선언 누가복음 그리고 주기도문에 세세하고 생생하게 표현되었다. 이제 예수의 생명정의 계명을 통해서 옛 희년신앙 행동계약이 꿈꾸던 해방과 구원세상의 문이 활짝 열렸다. 새로운 희년신앙 행동법규로써 예수의 생명정의 계명이 온 세상에 해방과 구원, 정의와 평등, 생명평화세상 문을 열었다. 이제 21세기 예수신앙인들도 야훼 하나님의 생명의 종 예수가 외치는 생명정의 계명을 쫓아 희년신앙 행동서사를 이어갈 것이다.

이제, 갈릴리 나사렛사람 예수의 '하늘이 열리는 종교체험과 하나님 영의 체험'은 결코 예수만의 것일 수 없다. 실제로 예수의 종교체험과 영성체험은 예수제자들에게 예수 신앙 체험으로 되살아났다. 나아가 마가복음서 예수신앙공동체 사람들의 신앙체험으로 이어졌다. 또한 21세기 한반도 땅 풀뿌리 사람들의 신앙과 삶의 체험으로 전수되었다. 실제로 예수제자들은 예수의 선포와 행동 그의 삶을 통하여 예수의 종교체험과 영성체험에 동참할 수 있었다. 또한 이후로 예수제자들은 예수의 십자가죽음과 부활에 참여하는 예수 부활신앙을 증언했다. 이러한 예수제자들의 신앙체험은 예수가 '야훼하나님 영의 사람, 생명의 종'으로서 '하나님의 아들'이라는 증명이었다. 초대교회도 예수제자들로부터 '야훼하나님 영의 사람, 생명사람, 하나님의 아들'이었던 예수를 전수받았다. 초대교회는 복음서를 통해서 초대교회의 예수신앙을 증언했다. 그러므로 21세기 예수신앙인들은 본문을 통해서 '하나님께서 기뻐하셨던 생명의 종, 사랑하는 아들 예수'를 신앙으로 체험하고 고백하게 된다. 나아가 스스로의 신앙과 삶의 행동을 통해서 그 예수를 미래세대로 전수한다.

그렇다면 야훼 하나님의 생명의 종 핵심이미지는 무엇일까?

그것은 단연코 시대의 고난 받는 야훼의 종 이미지다. 실제로 시대마다 야훼 하나님의 생명정의를 세우기 위해 그 땅 풀뿌리 사람들이 고난을 당한다. 그 땅 풀뿌리 사람들의 고난은 야훼 하나님께서 위기에 처한 시대를 붙드시고 지키시며 다시 세우시는 과정이다. 그 땅 풀뿌리 사람들이 시대의 고통과 절망을 버티고 일어설 때 시대의 사회경제·종교·정치 체제가 해방과 자유를 얻는다. 이러할 때 야훼 하나님의 생명의 종들은 하나님으로부터 받은 시대의 소명을 따라 행동하면서 고난을 받는다. 무엇보다도 야훼 하나님의 생명정의를 훼손하려는 시대의 사회경제·종교·정치 엘리트계층으로부터 외면당한다. 그들에게 온갖 욕설을 듣고 찔림을 당하며, 채찍을 맞으며, 억울한 누명을 뒤집어쓴다.

그러므로 시대마다 야훼 하나님의 생명의 종들이 당하는 고난들은 시대의 불의와 폭력 그리고 모순과 위기를 까발린다. 그러하기에 야훼 하나님의 생명의 종이 당하는 고난은 그 시대 그 땅 풀뿌리 사람들이 겪어야만 하는 고난과 하나다. 야훼 하나님의 생명의 종은 시대마다 그 땅 풀뿌리 사람들의 고난을 온몸으로 대변한다. 시대마다 그 땅 풀뿌리 사람들에게 해방과 구원, 정의와 평등세상 열망을 키우고 퍼트린다. 그렇게 야훼 하나님의 생명의 종이 당하는 고난은 시대마다 그 땅 풀뿌리사람들의 희년신앙 행동서사를 잇는 출발점이다.

하나님 영의 사람 예수, 임마누엘 세상을 열다

본문읽기 2.에 따르면 예수는 동정녀 마리아를 어머니로 목수 일을 했다는 요셉을 양아버지로 삼아 세상에 태어났다. 따라서 예수는 여지없는 사생아다. 마태복음서는 예수가 '거룩한 영으로부터에크 프뉴마토스 하기우 ἐκ πνεύματος ἁγίου' 잉태되었다고 증언한다. 이때 21세기 성서독자들이 예수의 동정녀 탄생이야기를 역사과학 실증주의로 따져 묻는 것은 참으로 실없는 짓이다. 실제로 마태복음 예수신앙 공동체에게나 21세기 예수신앙인에게나 본문이야기는 '참'이기 때문이다. 그럼으로써 예수는 이 땅의 가부장家父長을 아버지로 삼지 않고 하늘의 '거룩한 영'을 아버지로 삼아 이 땅에 태어났다. 따라서 예수는 이 땅의 가부장 지배체제의 아들이 아니다. 하늘사람으로서 하나님의 아들이다. 실제로 옛날부터 아버지가 없는 사생아는 이 땅의 사람이 아니었다. 아버지 없는 사생아는 하늘사람이었다. 그 옛날 박혁거세가 그랬고 주몽이 그랬다. 나아가 버려진 아이가 세상의 으뜸 지위에 오르는 신화들도 많다. 고대 메소포타미아 아카드문명의 사르곤 왕이 그랬고 성서의 모세가 그랬다.

이와 관련하여 옛 다윗왕조 신학 전통에서 '왕이나 메시아 또는 대제사장'은 하나님의 예언자로부터 '기름부음^{마쉬아흐}'을 받았다. 그러나 본문읽기에서 예수는 아예 거룩한 영을 아버지로 이 땅에 태어난다. 이로써 마태복음서는 예수에게서 다윗후손이라는 유대사회·종교·정치 메시아 올무를 벗겨냈다. 처음부터 예수를 '하나님의 해방과 구원으로, 하늘사람으로, 하나님의 아들'로 자리매김 시켰다. 실제로 유대 사람들은 누구누구의 아들이라고 부르는 것으로써 좋은 혈통을 타고난 사람이라는 것을 드러낸다. 그러나 복음서들은 유대 풀뿌리 사람들의 입말을 빌려와서 예수를 다윗의 후손이라고 표현했을 뿐이다. 또한 유대 사람들은 자기출생지를 드러내는 것으로써 좋은 출신성분을 자랑했다. 그러나 예수는 유대 사람들에게 멸시당하는 땅 갈릴리 나사렛사람으로 불렸다.

이렇듯이 마태복음서는 땅의 사람이 아닌 하늘사람 예수를 '율법 곧 희년신앙 행동법규들을 완성하신 분으로 내세운다.^{마태복음 5:17} 이점에서 성서학자들은 마태복음 예수신앙 공동체를 유대계 그리스도인이라고 이해한다. 그들은 혈통으로써 유대사람이라고 스스로를 자랑하지 않았다. 도리어 유대사람들이 거부하고 탄압받는 예수신앙인으로 거듭난 참 '참 이스라엘'이라고 자부했다. 이처럼 처음 예수신앙 공동체로부터 21세기 교회들까지 예수신앙의 뿌리를 히브리 성서에서 찾았다. 그런데 히브리 성서의 신앙역사는 파라오 노예제국에서 종살이 하던 히브리 노예들의 하나님 야훼께서 나타나셨다는 것으로부터 시작한다. 야훼 하나님께서 히브리 노예들을 해방하고 구원하셔서 그들과 함께 희년신앙 행동계약을 맺으시는 사건으로써 절정에 이른다. 나아가 히브리 지파동맹을 가나안 땅으로 이끄심으로써 히브리 성서의 희년신앙 행동서사가 전개된다. 그럼으로써 마태복음서는 예수의 하나님나라 복음이 돌연히 나타난 새로운 복음이 아니라고 주장한다. 히브리 성서의 '임마누엘 신앙'을 가져와 예수의 하나님나라 복음으로 증언했다.

임마누엘 예수

마태복음서는 예수의 이름을 '예슈아'라고 부른다. 예슈아라는 이름은 '하나님의 구원 또는 도움'이라는 뜻으로 유대 사람들이 아주 좋아하는 이름이다. 또 아주 흔하게 짓는 이름이다. 예수시대 이전이나 이후에도 유대교 랍비들 가운데는 '예슈아'라는 이름을 쓰는 사람이 많았다. 복음서에서는 헬라어로 '이에수 Ἰησοῦς'라고 음역되었다. 한글성서는 '예수'라고 음역했다. 카톨릭 선교사들이 사용하던 라틴어 성서에서 'Iesus'라고 표현했기 때문일 것이다.

또 한편 본문읽기 2.는 예수탄생과 관련하여 아주 놀라운 증언을 한다. 예수가 하늘 사람 곧 하나님의 아들로 이 땅에 태어나는 뜻을 '임마누엘'이라고 증언했다. 임마누엘이란 곧 '하나님이 우리와 함께 하신다'라는 뜻이다. 마태복음서는 임마누엘 증언을 '이사야 7장 14절'에서 가져왔다. 히브리 성서 이사야 예언자는 자기시대에 남유다 왕국이 처해 있는 참혹한 제국주의 전쟁위기를 안타까워했다. 그러면서 유다왕국과 그 땅 풀뿌리 사람들에게 '임마누엘 신앙'을 부르짖었다. 이사야는 다윗왕조 남유다왕국 아하스 왕이 옛 희년신앙 행동법규들을 따라 행동하면 '남유다 왕국이 안전할 것이라'고 예언했다. 이사야는 제국주의 전쟁 위기상황에 대하여 '임마누엘 신앙'이야말로 '평화'라고 증언했다.

"그러므로 주님께서 너희에게 그 징조를 주실 것이다. 보라, 젊은 여자가 잉태해서 아들을 낳을 것이다. 그리고 그 여자는 아들의 이름을 임마누엘이라고 부를 것이다. 그 아이가 나쁜 것을 버리고 좋은 것을 고를 줄 알게 될 때까지 양젖버터과 꿀을 먹을 것이다."

이사야는 '젊은 여자'가 아이를 낳고 기르는 사회경제·종교·정치 상황을 통하여 '실존하는 평화'를 증언한다. 실제로 21세기 지구촌 곳곳에서 제국주의 전쟁과 살상으로 인한 울부짖음이 그치지 않는다. 언제쯤에서야 지구촌 제국주의 전쟁이 멈출지, 어떻게 해야 피 흘림과 죽임의 지구촌 제국주의 전쟁 상황이 마무리 될지 짐작조차 할 수 없다.

그러므로 본문읽기 2.에서 '임마누엘 신앙'은 해방과 구원, 생명평화 세상을 향한 가장 절절한 표현이다. 하나님과 하나로 창조생명생태계 안에서 '하나님이 우리와 함께 하신다'는 신앙고백이야말로 21세기 예수신앙인들의 실존신앙이다. 이때 본문읽기 2. 임마누엘의 '임'이라는 전치사는 시간과 공간 그리고 관계 안에서 우리와 함께하시는 하나님을 강조한다. 하나님께서 우리와 같은 시간에 우리와 같은 공간에서 우리와 친밀한 관계로 함께 하신다는 신앙고백이다. 그래서 예수는 야훼 하나님을 '아빠'Aββα라고 부른다. 또 '임마누'라는 히브리어 문구는 '우리와 함께'라는 뜻이다. 하나님의 생명평화세상이 '나'만의 문제가 아니라 '나와 너 그리고 우리사이의 문제'라는 성찰이다. 더 나아가서 하나님의 생명평화세상은 '나와 너와 우리와 하나님 사이의 문제'라는 신앙고백이다. 따라서 '임마누엘 평화'는 '나와 너와 우리와 하나님 사이'에서 해방과 구원, 정의와 평등세상을 누리는 평화다. 히브리 성서는 임마누엘 신앙을 통하여 얻게 되는 실존평화를 위해 '야훼하나님 스스로의 실천행동'을 계시한다. 이제 야훼 하나님께서 지구촌에서 제국주의 전쟁들을 그치게 하심으로써 그 땅을 쉬게 하실 것이다.

> 그 땅을 고독하게 하시는 하나님.
> 야훼께서 그 땅 끝까지 전쟁들을 그치게 하셨다.
> 창을 꺾고, 활을 부러뜨리고, 전차들을 불사르셨다.
> 너희는 멈추어라, 깨달아라, 내가 하나님이라는 것을.
> 만군의 야훼께서 우리와 함께하신다. 시편 46편

이렇듯이 2천 년 전 야훼 하나님께서 갈릴리 나사렛사람 예수의 인생 속으로 오셨다. 야훼 하나님께서 하나님 영의 사람, 생명의 사람, 참사람이며 하나님 아들인 갈릴리 나사렛사람 예수를 통하여 이 땅에 오셨다. 이 땅 풀뿌리사람들의 삶의 자리로 오셨다. 21세기 지구촌 곳곳에서 그 땅 풀뿌리 사람들과 함께 사신다. 이제 누구라도 하나님 영의 은총과 생명은혜를 거부하지 않는다면, 이 땅에서 하나님 생명의 종으로, 하늘사람으로 하나님과 함께 살 수 있게 되었다. 옛 히브리 지파동맹과 함께 희년신앙 행동계약을 맺으셨던 야훼 하나님께서 생명사람, 참사람, 하늘의 아들 예수와 함께 '임마누엘'하셨다.

2. 하나님나라 복음

누가복음 4:18, 마가복음 1:14-15

본문읽기 1. 누가복음 4:18

"주님의 영이 내게 내리셨다.

이는, 주님이 내게 기름을 부으셨기 때문이다.

가난한 자에게 복음을 전하게 하시려고

주님이 나를 보내셨다.

포로 된 자에게 해방을 선포하라고

또한 눈먼 자들에게 다시 봄을 선포하라고

억눌린 자들을 해방하여 보내라고

주님의 은혜의 해를 선포하라고."

예수가 성서를 둘둘 말아서 관리하는 사람에게 돌려주고 자리에 앉았다. 회당에 있는 모든 사람들의 눈들이 예수에게 모아졌다. 그러자 예수가 그들에게 말하기 시작했다.

"누구에게나, 오늘 이 성서의 말씀이 여러분의 귀에서 듣는 가운데 이미 이루어졌소."

본문읽기 2. 마가복음 1:14-15

요한이 체포된 후에

예수가 하나님의 복음을 선포하며 갈릴리로 갔다.

예수가 말하기를.

이미 때가 채워졌소.

이미 하나님의 나라가 이미 가까이 왔소.

여러분, 회개하시오.

여러분, 복음을 신앙하시오.

본문풀이
예수의 하나님나라 복음운동

복음서에서 '복음'이라는 말은 여러 가지 신앙은유를 내포한다. 첫 번째, 히브리 성서 옛 히브리 지파동맹의 희년신앙 행동계약 전통에서 복음의 신앙은유는 무엇일까? 그것은 바로 파라오 노예세상에서 종살이 하던 '히브리 노예들의 하나님 야훼'께서 나타나셨다는 소식이다. 또 하나, 야훼 하나님께서 히브리 노예들에게 베푸시는 '출애굽 해방과 구원세상'이다. 또 하나, 야훼 하나님께서 히브리 노예들을 해방하고 구원하시기 위해 싸우시는 '야훼의 거룩한 전쟁'이다.출애굽기 14장 또 하나, 야훼 하나님께서 히브리 지파동맹과 더불어 맺은 '희년신앙 행동계약'이다. 나아가, 히브리 해방노예들이 희년신앙 행동계약 행동법규들에 따라 '빚 탕감과 채무노예 해방을 선포하는 것'이다.

두 번째, 마가복음 신앙 안에서 복음은 '예수의 선포와 행동과 삶을 통하여 바야흐로 동터오는 하나님나라'다. 또한 예수의 십자가 죽음과 부활을 통하여 성취된 '예수의 하나님나라 복음'이다. 마가복음 신앙 안에서 복음의 신앙은유는 '예수를 통해 선포되고, 이루어진 예수의 하나님나라 복음'이었다. 나아가 그 예수의 하나님나라 복음의 신앙은유는 로마제국의 억압과 착취 속에서 '가난하고 힘없는 이들에게 값없이 주어지는 나라'였다. 그 나라는 값없이 주어지기 때문에 의인義人들의 나라가 아니다. 도리어 예수의 하나님나라는 죄인이라는 낙인이 찍힌 채 절망의 삶을 사는 모든 이들에게 내리는 '은총의 나라'이다. 마가복음 1:14-15, 마태복음 5:2-12, 누가복음 4:18-19, 6:20-26

하나님의 아들 예수 그리스도의 복음의 시작

마가복음서는 '하나님의 아들 예수 그리스도의 복음의 시작'이라는 놀라운 표현으로 이야기를 시작한다. 마가복음서는 이 표현을 이 땅 풀뿌리 사람들의 하나님나라 열망을 절절하게 드러내는 마가복음의 신앙 언표言表로 들고 나왔다. 실제로 초대교회와 마가복음서 독자들은 이 말을 매우 현실적으로 듣고 느끼며 받아들였을 것이다. 그것은 매우 위험한 일이었다. 1세기 로마제국에는 '살아있는 구세주소테르 아우구스토스 σωτήρ αὔγουστος'가 버티고 있었기 때문이다. 로마제국 황제 아우구스투스는 로마제국 모든 풀뿌리 사람들의 구세주이며 '주님퀴리오스 κύριος'이었다. 따라서 마가복음의 신앙언표야말로 로마제국에 대한 반역의 언어로써 로마제국에 대하여 매우 불경스럽다.

'예수의 하나님나라 복음운동'은 유언비어 신앙행동

그런 까닭으로 마가복음 신앙언표는 철저히 그 시대와 그 땅 풀뿌리 사람들의 언어일 수밖에 없다. 곧 '하나님의 아들 예수 그리스도의 복음'은 유언비어이며 괴담이다. 따라서 마가복음서는 자기복음서 안에서 예수에 대한 복음신앙 언표를 '메시아 비밀사상'이라는 수사학으로 위장해야만 했다.

그러나 예수의 하나님나라 복음운동 진실은 언젠가 뚜렷하게 드러나기 위해서 선포되었다. 만약 누군가 예수의 하나님나라 복음운동 진실을 감추려고 했다면 그것은 언젠가 예수의 하나님나라 복음운동 진실을 폭로하려고 했기 때문이다. 로마제국 지배체제는 '예수의 하나님나라 복음운동'을 유언비어이며 괴담이라고 치부했을 것이다. 그러나 1세기 예수신앙 공동체들은 예수의 하나님나라 복음운동을 해방과 자유와 구원으로 받아들였다. 예수의 하나님나라 복음운동은 마땅히 받아들이고 누리며 실천해야 할 예수신앙공동체 신앙이었고 삶이었다. 이점에서 '예수의 하나님나라 복음운동'은 옛 희년신앙 행동법규들을 완전하게 재구성한 풀뿌리 사람들의 생활신앙 행동이었다. 실제로 로마제국 지배체제와 예루살렘 성전제사종교체제 기득권세력들은 예수의 하나님나라 복음운동을 온전히 받아드릴 수 없었을 것이다. 오롯이 예수의 하나님나라 복음운동은 로마제국에서 억압받고 착취당하는 가난하고 힘없는 사람들과 죄인들의 신앙행동이었기 때문이다. 마가복음서는 예수의 하나님나라 복음운동을 완전한 희년세상 행동법규또는 율법의 성취로써 '하나님의 오심'이라고 선포한다. 히브리 성서에서 '하나님의 사자와 광야에서 외치는 소리'는 '하나님의 오심'에 대한 예고편이다. 출애굽기 23:20, 이사야 40:3, 말라기 3:1 따라서 '예수의 하나님나라 복음운동'은 옛 희년신앙 행동계약 행동법규들을 완벽하게 재구성하고 완결한다. 이 땅 풀뿌리 사람들이 죄와 벌 그리고 심판이라는 두려움과 공포를 벗어던지고 '하나님의 오심 곧 해방과 구원, 정의와 평등, 생명평화세상'을 맞이할 수 있게 되었다.

예수의 하나님나라 복음운동 출사표

하나님 영의 사람, 참사람 예수는 시대의 풀뿌리 사람들을 위한 '고난 받는 야훼 하나님의 종'으로 이 땅에 왔다. 본문읽기 2.에서 예수는 하나 님 영의 사람으로서 스스로 로마제국과 예루살렘 성전제사 종교체제를 향해 출사표를 던진다.

"주님의 영이 내게 내리셨다.

이는, 주님이 내게 기름을 부으셨기 때문이다.

가난한 자에게 복음을 전하게 하시려고

주님이 나를 보내셨다.

포로 된 자에게 해방을 선포하라고

또한 눈먼 자들에게 다시 봄을 선포하라고

억눌린 자들을 해방하여 보내라고

주님의 은혜의 해를 선포하라고.

본문읽기 1.은 예수가 갈릴리에서 하나님나라 복음운동을 시작하면서 고향 나사렛 회당에서 직접 뽑아 읽었다. 이 본문은 이사야 61장 1절에서 4절까지 말씀인데 옛 히브리들의 희년신앙 행동법규의 완성을 노래한 것 이다. 이 때 이사야서 61장 본문은 '쉐나트-라촌 라흐바야훼의 기쁨의 해'라 는 히브리어 문구를 사용한다. 여기서 '라촌'이라는 히브리어 낱말은 '기 쁨 또는 희열'이라는 뜻이다. 옛 희년신앙 행동법규들의 밑바탕인 '빚 탕 감과 노예해방 기쁨'을 증언한다. 그것은 옛 희년신앙 행동법규에 따라 '팔려온 노예들에게 빚 탕감과 노예해방을 선포하는 것'이다. 그럼으로써 빚에 매여 사는 채무노예들에게 빚 탕감과 해방의 기쁨을 선물하는 것이다.

신명기 15장에서도 '쉐밑타 라흐바야훼의 빚 탕감'이라는 히브리어 문구가 사용된다. 옛 히브리들의 희년신앙 행동법규에서 7년째 해는 '야훼의 빚 탕감과 노예해방의 해'다. 이렇듯이 히브리 성서의 희년신앙 행동법규들의 밑바탕은 히브리 노예들의 하나님 야훼께서 일으키시는 '출애굽 해방과 구원사건'이다. 출애굽기 12장 본문은 야훼의 출애굽 해방과 구원사건의 날 그 밤에 일어났던 신앙 기억들을 생생하게 증언한다. 따라서 시대마다 하나님 영의 사람은 자기시대의 고난당하는 사람들의 삶의 마당에서 함께 소통하고 연대하며 하늘위로를 나눈다. 그럼으로써 시대마다 풀뿌리 사람들 사이에서 하나님의 해방과 구원, 정의와 평등세상 열망을 키우고 확산시킨다. 그렇게 야훼하나님의 고난의 종은 시대상황을 변혁하고 풀뿌리 사람들의 삶의 자리를 새롭게 열어가는 출발점이다. 그러므로 예수는 하나님나라 복음운동의 출사표를 던지면서 이렇게 선언한다.

"누구에게나, 오늘 이 성서의 말씀이 여러분의 귀에서 듣는 가운데 이미 이루어졌소."

이때 또 하나 중요한 것은 '하나님의 오심이라는 하늘 사건'이 광야에서 일어나 그 땅 풀뿌리 사람들에게로 퍼져간다는 사실이다. 예수의 하나님나라 복음운동의 출발은 예루살렘성이나 성전이 아니라 광야로부터다. 물론 로마는 더 더욱 아니다. 실제로 광야는 억압받고 쫓기는 자들의 은신처다. 광야에 외진 은신처는 도망친 노예들과 차별받고 멸시당하는 사회경제 약자들의 도피처다. 따라서 '광야에서 외치는 소리'는 '풀뿌리 사람들의 소리'다. 풀뿌리 사람들의 열망과 분노의 소리다. 또 한편 본문 읽기에서 광야는 '여리고 언저리의 요단골짜기'가 분명하다. 이것은 파라오 노예세상에서 종살이 하던 히브리들을 이끌어내서 가나안 땅으로 인도한 야훼 하나님의 해방과 구원활동을 암시한다.

그렇다면 그 해방과 구원의 야훼 하나님이 오시는 길은 어디일까? 야훼 하나님의 해방과 구원, 정의와 평등세상은 고난당하는 그 땅 풀뿌리 사람들의 슬픔과 절망 속으로 온다. 가난한 사람들의 '쪼그라들고 움츠러든프토스소 πτωσσω' 삶의 마당으로 온다. 포로로 사로잡힌 사람들의 강제노동 현장으로 온다. 눈먼 사람들의 흐릿한 삶의 희망 속으로 온다. 억눌린 사람들의 해방과 구원세상의 꿈으로 온다. 그 땅 풀뿌리 사람들의 분노와 인내의 시간으로 다져지고 손질된 광야의 작은 오솔길들로 온다. 해방과 구원, 정의와 평등세상을 열망하는 그 땅 풀뿌리 사람들의 희년신앙 행동서사로 온다.

그러므로 넓고 곧은 '왕의대로'King's Highway로 오는 자들은 폭력과 죽임을 몰고 올 뿐이다. '제국의 대로'Via Maris로 오는 자들은 대상인들이거나 제국의 군대일 뿐이다. 그들이 오는 목적은 오롯이 착취하고 빼앗고 죽이며 파괴하려는 것이다.

마가복음서는 왜 예수의 '하나님나라 복음이야기'에 세례요한을 끌어들였을까?

마가복음에서 묘사하는 세례요한의 모습은 전형적인 북이스라엘 풀뿌리 예언자 엘리야의 모습 그대로다. 열왕기하 1:8 히브리 성서는 풀뿌리 예언자 엘리야가 죽지 않고 승천했다고 증언한다. 따라서 북이스라엘 풀뿌리 사람들 사이에서는 엘리야가 세상 끝에 다시 오리라는 믿음이 있었다. 말라기 3:23-24 그러면서 유대 풀뿌리 사람들 사이에는 '요한'이 하늘에서 내려온 엘리야라는 유언비어가 나돌았다. 마가복음 9:13 실제로 요한은 광야에서 유목민처럼 입고 먹고 살았다. 요한이 떡도 먹지 않고 포도주도 마시지 않았음으로 유대 지배계층은 그를 미친 사람으로 취급했다.마태복음 11:8, 누가복음 7:33 그러나 유대 풀뿌리 사람들은 요한에게서 새로운 풀뿌리 메시야의 그림자를 발견했고 그를 열렬히 추종했다.

죄 탕감을 위한 회개의 세례

마가복음서에 따르면 요한이 세례요한이라고 불린 것은 그의 활동 중에 두드러진 '죄 탕감을 위한 회개의 세례' 때문이었다. 요한은 단숨에 유대 풀뿌리 사람들의 환호를 받는 풀뿌리 예언자가 되었다. 요한의 세례는 온 유대사회에 엄청난 파장을 불러 일으켰다. 요한의 '죄 탕감을 위한 회개의 세례'가 예루살렘 성전제사종교체제를 무너뜨릴 위험이 컸기 때문이다. 이제 유대 풀뿌리 사람들은 예루살렘성전에서 값비싼 제사를 드리지 않고도 죄 용서를 받을 수 있게 되었다. 가난하고 힘없는 이들의 삶을 옥죄는 온갖 생활율법 올무를 벗어 던질 수 있게 되었다. 실제로 유대 사람들에게 '죄'는 '하나님께 등을 돌리는 것하마르타노 ἁμαρτάνω'이었다. 또한 죄에 대한 '회개'는 하나님께 등을 돌린 사람들이 '다시 하나님께로 돌아가는 것메타노에오 μετανοέω'이었다. 그런데 유대교 성전제사종교체제에서 '회개'란 곧 '죄 사함'이었다. 그리고 그것은 '예루살렘 성전제사와 유대교 생활율법체제' 없이는 불가능했다. 예루살렘 성전은 유대 사람들에게 거룩한 하나님을 가까이 할 수 있는 유일한 장소였다. 반드시 예루살렘 성전제사를 통해서라야만 '회개'를 요청하고 '죄 사함'을 경험할 수 있었다.

또 유대 사람들에게 '율법'은 그들의 모든 삶을 규정하고 이끄는 유일한 하나님의 계시였다. 오롯이 율법만이 '하나님께 대한 인간의 죄'를 규정하고 판단하며 심판할 수 있다. 이러한 율법은 히브리 성서 '모세오경'

을 가리키는 것인데 히브리어로는 '토라'교훈라고 했다. 그런데 바벨론 포로기에 율법이라는 개념이 히브리 성서 전체에까지 확대되었다. 율법과 선지자, 마태복음 5:17, 로마서 3:19 이어서 신약시대에 이르러는 할례와 안식일과 정결규정 등 총 6백13개 조항으로 성문화된 생활율법이 만들어졌다. 이로써 율법은 유대 사람들의 삶 전체를 하나하나 규정하고 지배하는 유일무이한 생활법전이 되었다.

희년신앙 행동계약 행동법규로서의 율법

원래 율법은 야훼 하나님께서 히브리 지파동맹과 함께 희년신앙 행동계약을 맺으면서 주신 계약의무와 책임으로써 행동법규들이다. 물론 야훼 하나님은 희년신앙 행동계약을 통해서 스스로에게도 책임과 의무를 지우셨다.

너는 야곱족속에게 이렇게 말하라. 이스라엘 후손들에게 알려라.

너희는 내가 이집트 사람들에게 행한 것을 보았다.

내가 독수리들의 날개로 너희를 업어서, 나에게로 너희를 이끌었다.

이제 만약 너희가 내 음성을 잘 듣고 따른다면

너희가 나와의 계약을 지킨다면

너희는 모든 민족들 가운데서 나의 소유가 될 것이다.

너희가 나에게 제사장들의 나라가 되고 거룩한 민족이 될 것이다.

이것들이 '네가 이스라엘 후손들에게 전할 말들'이다. 출애굽기 19:4-6

나는 네 하나님 야훼다. 노예들의 집으로부터, 이집트 땅으로부터 너를 이끌어 낸 네 하나님 야훼다. 출애굽기 20:1

나는 너희를 위한 하나님이 되고 싶어서

너희에게 가나안 땅을 주려고

너희를 이집트 땅으로부터 이끌어 낸

너희 하나님 야훼다. 레위기 25:38

야훼 하나님은 스스로를 히브리 노예들의 하나님이라고 못 박는다. 히브리 노예들을 야훼 하나님의 사람들로 받아들이신다. 이제 히브리들이 야훼 하나님과 맺은 희년신앙 행동계약 행동법규들을 잘 지키면 히브리들은 야훼 하나님의 사람들 곧 야훼의 '소유'다. 이때 히브리 성서는 '세굴라'라는 낱말을 사용하는데 '왕들의 보배'라는 뜻으로 사용된다. 희년신앙 행동계약 행동법규들 안에서 히브리 해방노예들은 야훼 하나님에게 '보배'다. 히브리 해방노예들은 그 무엇과도 바꿀 수도, 대체 할 수도 없는 야훼께 속한 사람들이다. 야훼 하나님의 자녀들이다. 실제로 히브리들은 파라오 노예세상으로부터 탈출한 해방노예들이다. 그러나 이제 히브리들은 야훼 하나님과 함께 맺은 희년신앙 행동계약 행동법규들을 통해서 해방과 구원세상을 약속받았다. 정의와 평등, 생명과 평화세상을 건설하고 누리며 지켜나갈 자유와 권리와 능력을 얻었다. 히브리 해방노예들은 희년신앙 행동법규들 안에서 야훼 하나님의 도우심과 보호를 약속받았다. 해방과 구원, 정의와 평등세상 주권자로써 삶을 보장받았다.

예수시대 예루살렘성전 제사종교와 생활율법 체제

예수시대 '예루살렘성전 제사종교와 생활율법체제'는 부득불 유대사회·종교 공동체 안에서 기득권계층과 소외계층을 낳을 수밖에 없었다. 실제로 거룩한 하나님을 뵈러 예루살렘 성전제사에 참여하려는 사람은 반드시 정결함과 의로움을 유지해야만 했다. 따라서 유대교 생활율법은 정결과 의로움에 대한 구체적이고 세세한 규정들로 채워졌다. 그러면서 '예루살렘성전 제사종교와 생활율법 체제'에 걸 맞는 배타적이고 독점적인 '의인'집단이 형성되었다. 그들은 유대교 신정체제神政體制안에서 흔들리지 않는 기득권집단으로 자리를 잡았다.

그 첫 번째 기득권 집단은 '예루살렘 성전제사 종교체제'에서 든든하게 기득권을 누려온 '사두개파'다. 사두개파라는 이름은 솔로몬왕국 예루살렘성전 제사장들의 우두머리 사독에서 유래한다.사무엘하 8:17, 열왕기상 2:35 주요 구성원들은 예루살렘 성전 대제사장가문과 세속 귀족들이다. 사두개파는 기득권을 지키기 위해 로마제국 권력자들에게 줄을 대고 대제사장직 독점을 부정청탁 했다. 이들은 로마제국에 기생해서 예루살렘 성전 제사종교권력을 사유화하고 유대 땅 풀뿌리 사람들을 지배했다. 따라서 사두개파는 유대 풀뿌리 사람들에게 매국노집단으로 비쳐지기도 했다.

두 번째 기득권 집단은 서기관 또는 율법사로 대표되는 '바리새파'다. 본래 서기관들은 유대 다윗왕조시대의 학자이거나 관리들이었다. 이후 바벨론제국의 침략으로 예루살렘성전이 멸망하고 율법만 홀로 남아 유대사람들의 종교와 생활지침이 되었다. 서기관들은 유대 지식인들로서 바벨론제국의 관료로 일하는 한편 전문율법학자로 행세했다. 이들은 촘촘한 생활밀착형 율법규정들을 만들어 유대 풀뿌리 사람들의 종교와 생활을 지배했다. 그럼으로써 자신들의 기득권을 튼튼하게 쌓아나갔다. 한편 일부 바리새파 사람들은 사두개파와 힘을 합쳐 '산헤드린'식민지 의회을 구성했다. 산헤드린은 로마제국으로부터 유대 식민지자치를 위임받은 통치기구였다. 로마제국으로부터 유대사회 종교 사법기능에 대한 일부 자치권을 위임받았다.

그러나 대부분의 유대 풀뿌리 사람들은 '예루살렘성전 제사종교와 생활율법체제'에서 소외당했다. 유대 풀뿌리 사람들은 예루살렘성전 기득권세력으로부터 착취의 대상이었다. 사두개파와 서기관과 바리새파는 '예루살렘 성전제사와 생활율법체제'를 통해서 가난하고 힘없는 유대 풀뿌리 사람들을 편 가르고 차별했다. 그럼으로써 그들의 기득권을 유지하려고 했다. 이렇듯이 예루살렘 성전제사와 생활율법 체제에서 소외되거나 배제된 유대 풀뿌리 사람들은 '하나님의 날'심판과 징벌의 날에 이방인들과 다를 바 없었다. 예레미야 51:47, 이사야 26:1, 27:1 풀뿌리 사람들은 이방인과 다름없는 죄인이었고 멸망 받아 마땅한 존재들이었다. 참으로 그들은 유대사람으로써 죄 용서를 받기 위해 '예루살렘 성전제사종교'에 참여하고 싶어도 제사비용이 없었다. 생활율법체제에 따라 정결하고 의롭게 살 수 있는 형편이 아니었다. 풀뿌리 사람들은 예루살렘성전 제사종교와 생활율법 체제로부터 '죄인'이라는 낙인이 찍힌 채 살아갈 수밖에 없었다. 다 같은 유대사람으로써 자기 종교로부터 소외당하며 죄인의 삶을 살아야하는 것은 비극 중에 비극이다.

신약성서는 그 대표적인 소외그룹을 '군중 또는 대중오클로스 ὄχλος'이라고 불렀다. 히브리 성서에서 '암-하아레츠그 땅의 사람들'라고 불리던 유대 하층민들이다. 이들은 '하루벌이 노동자'이거나 '천대받는 직업에 종사하는 사람들'이었다. 짐승몰이꾼, 목부, 푸줏간 일꾼, 무두장이, 분뇨수거자 등 이었다. 또 과부와 고아 등 구호금으로 살아가는 빈민들과 유대인 노예들이었다. 또 한편 '유대사회·종교·정치 공동체에서 처음부터 배제되는 사람들'이 존재했다. 사생아, 장애인, 난치성질환자, 세리, 창녀 등 불가촉 천민들이다. 이들은 아예 예루살렘 성전출입 자체가 거부되었다. 나아가 유대인으로서 순수한 혈통을 의심받는 사람들도 유대사회·종교·

정치 공동체에서 배제되는 사람들이었다. 실제로 유대 사람들은 '의인은 혈통을 따라서 난다'는 사회·종교·청치관념 속에서 살았다. 예수의 추종자들이 끊임없이 예수를 다윗왕조 혈통에 넣으려고 시도하는 것도 이러한 사회경제·종교·정치 관념 때문이었다.마가복음 12:35 무엇보다도 유대인들은 오랫동안 포로생활을 하면서 지중해세계를 떠도는 유랑민족이 되었기 때문에 순수한 혈통이 매우 중요했다. 유대교에서 순수한 혈통문제는 늘 사회경제·종교·정치 공동체 문제로 떠올랐다. 유대교 랍비들은 '의인혈통에 난 사람들의 기도가 불의한 혈통에서 난 아들들의 기도보다 낫다'고 가르쳤다.

이렇듯이 유대 풀뿌리 사람들은 유대 사회경제·종교·정치 공동체의 핵심인 '예루살렘성전 제사종교와 생활율법체제'의 피해자들로서 차별과 소외를 당했다. 따라서 이 시대 끝에 오고야 말 '하나님의 날'은 소수 유대 기득권 계층에게만 '하나님의 은총'이었다. 그 밖의 대다수 유대 풀뿌리 사람들에게 하나님의 날은 '심판과 징벌의 날'로써 공포와 절망일 수밖에 없었다.

그런데 어느 날 유대 광야로부터 유대 풀뿌리 사람들에게 놀랍고 새로운 '복음'이 들려왔다. 바로 세례요한의 '죄 탕감을 위한 회개의 세례 선포'였다. 세례요한의 선포는 유대 사회경제·종교·정치 공동체의 기득권을 한순간에 무너뜨렸다. 세례요한의 '죄 탕감을 위한 회개의 세례 선포'가 유대 사회경제·종교·정치 공동체의 핵심인 '예루살렘성전 제사종교와 생활율법체제'를 무용지물로 만들었기 때문이다. 그러나 세례요한의 선포에 힘입어 '자신들의 죄를 고백하고 세례를 받음으로써 죄에서 의롭게 되고 정결하게 된 유대 풀뿌리 사람들'은 환호했다. 그것은 지금까지와는 전혀 다르고 너무도 새로운 '유대 땅 풀뿌리 사람들의 메시야운동'

의 시작이었다.

마가복음서는 이러한 세례요한의 활동과 풀뿌리 사람들의 호응을 매우 긍정적으로 바라보았다. 마가복음서는 요한을 예수의 하나님나라 복음운동의 선구자로 여기는 것에 대해서도 주저하지 않았다. 물론 예수와 초기예수의 제자들도 세례요한 공동체에서 활동했을 것으로 여겨진다. 실제로는 1세기 예수신앙 공동체와 세례요한 공동체 사이에는 약간의 갈등과 대립이 있었다. 그것은 예수신앙 공동체가 세례요한 공동체에 대한 우월성을 주장하면서 생겨났다. 사도행전 19:1-7 이렇듯이 마가복음서는 예수신앙 공동체와 세례요한 공동체와의 관계성을 주장했다. 그럼으로써 예수신앙 공동체가 세례요한 공동체를 통해 유대 풀뿌리 사람들의 메시아운동의 출발과 전개와 성취를 승계했음을 선언했다.

요한이 체포된 후에

누가복음서에 의하면 세례요한은 로마제국 '티베리우스 황제' 15년에 활동을 시작했다고 보고한다. 누가복음 3:1 서기로 계산하면 27년에서 28년이다. 복음서들이 표현하는 세례요한 모습은 카리스마 넘치던 북이스라엘 예언자 엘리야를 똑 닮았다. 세례요한은 요단강 하류지역 유대 땅 황량한 계곡에서 거주했다. 또 세례요한은 약대 털옷을 입고 허리에 가죽띠를 매고 메뚜기와 벌꿀을 먹고 살았다. 세례요한은 유대 풀뿌리 사람들에게 '죄 탕감을 위한 회개의 세례'를 베풀었다. 그런데 유대 풀뿌리 사람들은 세례요한을 메시야 또는 엘리야의 환생으로 기대했던 것 같다. 실제로 예루살렘성전 제사장들과 바리새파 사람들도 세례요한을 엘리야의 화신으로 여겼다. 요한복음 1:19-20 왜냐하면 요한이 유대 사회경제·종교·정치 공동체의 기득권집단과 로마제국을 비판하고 대항하는 언행을 일

삼았기 때문이다. 특별히 요한은 로마제국에 기생해서 권력을 누리는 갈릴리 분봉 왕 '헤롯 안티파스'을 향해 사회경제·정치·종교·윤리의 비난을 퍼부었다. 그로 인해 헤롯 안티파스는 요한을 눈엣가시처럼 여겼다. 그리고 마침내 요한을 체포해서 사해동쪽의 마켈루스 요새에 가두어 두었다가 끝내는 처형했다.마가복음 6:17-29, 요세푸스『유대고대사』

이와 관련하여 마가복음서는 '요한이 체포되어 옥에 갇힌 이후에야 예수의 공식 활동이 시작되었다'라고 증언한다. 이것은 아마도 예수와 세례요한 공동체와의 관계 때문이었을 것이다. 따라서 본문은 마가복음 예수 신앙 공동체가 세례요한의 공동체운동을 승계하고 있음을 분명히 한다.요한복음 1:36-42 실제로 예수의 추종자들 가운데는 '세례요한이 예수를 통해 환생했다'고 착각하는 이들도 있었다.마가복음 6:14, 8:28 그러나 요한의 세례운동과 예수의 하나님나라 복음운동에는 너무도 확연한 차이가 있었다.

예수의 하나님나라 복음운동은 갈릴리로부터

먼저 장소의 차이다. 세례요한은 예루살렘과 멀지 않은 유대광야를 활동무대로 삼았다. 또한 세례요한의 '죄 탕감을 위한 회개의 세례' 선포대상은 온전하게 유대 풀뿌리 사람들이었다. 따라서 요한의 세례운동은 예루살렘 성전으로부터 유대광야로 이동이었다. 또 세례요한은 에세네파 쿰란공동체처럼 유대 풀뿌리 사람들을 피해서 운둔과 신비의 길로 나갔다. 성서학자들은 아마도 세례요한은 에세네파 출신이었을 것이라 여긴다. 이점에서 요한의 죄 탕감을 위한 세례운동은 유대교전통에서 '하나님의 날을 준비하는 것'이었다. 그리고 세례요한에게 있어서 하나님의 날의 핵심주제는 '죄인들에 대한 하나님의 심판과 징벌'이었다.

그러나 예수는 이스라엘의 최 변방 갈릴리를 하나님나라 복음운동의

무대로 삼았다. 예수의 하나님나라 복음운동은 갈릴리에서 일어났다. 이방인들과 다를 바 없는 불결하고 죄악으로 가득 찬 갈릴리 풀뿌리 사람들의 삶의 마당에서 하나님나라 복음운동이 시작되었다. 왜냐하면 예수의 하나님나라 복음운동은 하나님의 '심판과 징벌'이 전혀 아니었기 때문이다. 따라서 예수의 하나님나라 복음운동은 '죄인들을 심판하러 오실 하나님의 날'을 대비하지 않았다. 예수의 하나님나라 복음운동은 죄인들을 해방하고 구원하시는 야훼 하나님의 은총이다. 예수의 하나님나라 복음운동은 풀뿌리 사람들에게 '죄'라는 낙인으로 덧 씌워진 '삶의 빚을 탕감' 한다. 억압과 착취뿐인 유대 사회경제·종교·정치 노예올무를 벗겨내고 해방과 구원세상을 선포한다. 그러므로 예수의 하나님나라 복음운동의 은총과 능력은 아래로 흐른다. 야훼 하나님의 거룩한 해방과 구원의 은총과 능력이 물처럼 아래로 흘러 넘쳐서 하나님나라를 이룬다. 이러한 예수의 하나님나라 복음운동의 현상은 곧 희년신앙 행동계약 행동법규들의 재구성이고 완결이다.

이렇듯이 아마도 예수는 갈릴리 풀뿌리 사람으로서 유대 사회경제·종교·정치 공동체 이데올로기에 매이기를 거부했을 것이다. 예수는 유대 사람이라는 자긍심마저 포기한 갈릴리 풀뿌리 사람들에게 하나님나라 복음을 선포했다. 따라서 예수의 하나님나라 복음운동은 유대광야에서 이스라엘 변방 갈릴리로의 이동이었다. 한마디로 하나님나라 복음이 예루살렘 성전으로부터 최 변방 갈릴리 사람들의 삶의 마당으로 이동했다. 또한 예수의 십자가죽음과 부활이후 1세기 예수신앙공동체 안에서 하나님나라 복음운동은 갈릴리를 넘어 로마제국으로 퍼져나갔다. 나아가 예수의 하나님나라 복음운동은 마침내 세대를 넘어 2천 여 년 기독교역사 속에서 지구촌 풀뿌리 사람들에게 전파되었다. 21세기 대한민국 풀뿌리 사람들에게까지 전수 되었다.

　그렇다면 1세기 예수신앙공동체의 땅 끝까지 내달리려는 하나님나라 복음운동의 기세에 비유하여 21세기 '복음의 땅 끝'은 어디일까? 그것은 곧 인종을 넘어, 국가와 민족을 넘어, 문화와 세대의 차이를 넘어 '그 땅 풀뿌리 사람들의 고통과 억압의 현장'임이 틀림없다.

예수의 하나님나라 복음운동의 내용은 '야훼 하나님의 샬롬세상'이다

　두 번째, 요한의 세례운동과 예수의 하나님나라 복음운동은 장소뿐만이 아니라 내용에서 뚜렷한 차이가 있다. 요한은 '죄 탕감을 위한 회개의 세례'를 선포함으로써 예루살렘 성전제사종교와 생활율법체제에서 유대 풀뿌리 사람들을 해방시켰다. 나아가 요한은 다가오는 '하나님의 날'을 예감하고 유대 풀뿌리 사람들에게 '회개하라'고 요구했다. 그렇다면 요한에게 있어서 '하나님의 날'은 무엇일까? 그것은 의심의 여지없이 뚜렷하게 '하나님의 심판'이다. 세례요한에게 있어서 여전히 하나님의 날은 '하나님이 친히 세상을 심판하러 오시는 날'이다.마태복음 3:10-12 그러므로 요한이 보기에는 '하나님으로부터 멀리 돌아서 있는 유대 풀뿌리사람들'이 속히 하나님께로 돌아서야'만 했다. 다만 그러면서도 세례요한은 '유대 사회경제·종교·정치 공동체의 기득권집단들도 심판을 면할 수 없다는 것'을 확실히 했다.마태복음 3:7-8, 누가복음 3:7-9 나아가 세례요한은 유대 풀뿌리 사람들에게 '각자의 신분에 맞는 회개의 열매'를 촉구했다. 세례요한은 유대 풀뿌리 사람들에게는 나눔을, 관료나 세관원로마제국으로부터 위임받은 징세권자에게는 정직을, 군인들로마제국 분봉 왕 헤롯안티파스의 군인에게는 약탈금지를 요청했다.누가복음 3:10-14

　그러나 예수에게는 '가까이 와 있는 하나님의 날'이야말로 죄인에 대한 심판이 아니라 죄인을 향한 하나님의 사랑과 용서의 은총'이었다. 무엇보다도 예수는 유대교 전통에 따른 심판과 징벌의 하나님의 날을 거부했다. 예수는 심판과 징벌의 하나님의 날을 뒤집어서 '예수의 하나님나라 복음으로 완전하게 재구성'했다. 그러므로 예수의 하나님나라 복음은 '유대 풀뿌리 사람들에게 뿐만 아니라 온 인류에게 큰 기쁨의 좋은 소식'이었다. 물론 그것은 분명하게 '로마제국이나 유대 사회경제·종교·정치 공동체 기득권집단의 범죄행위에 대한 시대적이고 현실적인 징벌'이다. 왜냐하면 예수의 하나님나라 복음운동이 '제국주의 약탈과 독점과 사익의 토대를 해체'하기 때문이다. 오롯이 예수의 하나님나라 복음운동의 밑바탕은 '하나님의 자비와 사랑과 용서의 통치'다. 하나님의 자비와 사랑과 용서의 통치는 결코 심판일 수 없다. 그것은 오롯이 은총이며 사랑이다. 혹여 그것이 징벌로 보일지라도 궁극적으로는 자비와 용서와 사랑일 뿐이다. 왜냐하면 예수의 하나님나라 복음운동의 신앙진실은 '해방과 구원, 자유와 평등, 정의와 평화'이기 때문이다. 한마디로 예수의 하나님나라 복음운동은 '야훼 하나님의 샬롬온전한 평강세상'이다.

그럼에도 불구하고 다만 제국주의 독점 권력과 약탈과 독점사익에 목말라 있는 자들에게는 야훼 하나님의 샬롬세상이 한없이 불편할 수도 있을 것이다.

예수의 하나님나라 복음운동 밥상공동체

세 번째, 세례요한의 세례운동과 예수의 하나님나라 복음운동의 차이점은 내용에서뿐만이 아니라 실천행동에서도 큰 차이가 있다. 세례요한은 유대 풀뿌리 사람들에게 설교를 했다. 세례요한은 유대 풀뿌리 사람들에게 '죄 탕감을 위한 회개의 세례'를 선포했다. 그러나 정작 유대 풀뿌리 사람들이 그와 가까이 하기엔 거리가 멀었다.마가복음 1:4,6 그러나 예수의 하나님나라 복음운동은 설교가 아니었다. 예수의 하나님나라 복음운동은 실천행동의 영역으로써 현실 삶의 문제였다. 예수의 하나님나라 복음운동은 '풀뿌리 사람들의 삶의 마당에서 일어난다. 이를 위해 예수는 갈릴리 풀뿌리 사람들과 하나가 되었다. 예수는 유대 사회경제·종교·정치 공동체로부터 '죄인으로 낙인찍힌 사람들과 세리와 창녀들과 함께하는 공동체밥상을 꺼려하지 않았다.

사실 고대 지중해세계의 피라미드 제국주의 후원구조사회에서 공동체밥상은 아주 친밀한 형태의 사귐이다. 따라서 상류층은 상류층끼리, 중산층은 중산층끼리, 하층민은 하층민 끼리, 끼리끼리의 밥상공동체가 이루어질 수밖에 없었다. 물론 하층민일지라도 죄인들과 창녀들과는 공동체밥상을 함께 할 수 없었다. 그러므로 예수가 죄인들과 창녀들과 어울려 공동체밥상을 차린 것은 유대 사회경제·종교·정치 공동체에서 일대 '스캔들'이었다. 또한 더불어 그것은 유대 사회경제·종교·정치 공동체 안에서 가난하고 억눌린 사람들에게 하나의 기적과 같은 일이었다.

이렇듯이 예수는 먹보요 술꾼이라는 놀림에다가 세리와 죄인과 창녀의 친구라는 비난을 당하면서까지 갈릴리 풀뿌리 사람들과 공동체밥상을 차렸다.마태복음 11:19, 누가복음 7:34 그럼으로써 예수는 풀뿌리 사람들의 고단한 삶의 마당에서 그들과 친구였고 이웃이었으며 동지였다. 그렇게 예수는 풀뿌리 사람들과 어울려 그들에게 '씌워진' 죄인이라는 멍에를 벗기고 낙인을 지우며 그들을 하나님나라 복음운동 일꾼으로 일으켜 세웠다. 나아가 풀뿌리 사람들이 스스로 하나님나라 복음운동의 일꾼임을 자랑하게 했다. 그렇게 예수는 로마제국 폭력과 죽임의 권력으로부터 유대 사회경제·종교·정치 공동체 기득권세력들의 억압과 착취로부터 풀뿌리 사람들을 해방하고 구원했다.

하나님나라가 이미 가까이 왔다

예수는 '하나님나라가 이미 가까이 왔다'라고 선포했다. 이때 본문이 사용하는 헬라어 동사가 '엥키켄 ἤγγικεν'인데 현재완료 능동태동사로 사용되었다. 여기서 헬라어 현재완료 의미는 '옛 히브리 해방노예들로부터 오래도록 꿈꾸어 오던 하나님나라가 지금 막 완성되었다'는 뜻이다. 그래서 필자는 '하나님나라가 이미 가까이 왔다'라고 번역한다. 이러할 때 '가까이 왔다'라는 헬라어 동사는 '가까이 가게하다'라는 뜻을 내포한다. 따라서 본문읽기에서 '엥귀켄'이라는 동사는 '내가 이미 하나님나라에 가까이 다가섰다'라고 이해할 수 있다. 실제로 21세기 성서독자들은 '하나님나라가 이미 가까이 왔다'라는 예수의 선포를 '자기 삶 속에서 시간과 공간과 관계'로 읽고 풀이해야 한다. 그럼으로써 본문읽기에서 엥기켄은 '예수의 하나님나라가 내 삶의 시간과 공간과 관계 속에서 내 손에 닿을 듯이 바로 내 곁에 이미 와 있다'는 신앙은유다.

이제, 예수가 선포하고 행동하며 삶으로 살아낸 하나님나라 복음은 이미 충만하게 무르익었다. 도저히 가리고 감추고 억누를 수도 없다. 이미 온 세상으로 예수의 하나님나라 복음운동의 열망熱望과 열정熱情과 행동의지가 널리 퍼져나갔다. 따라서 갈릴리 나사렛사람 예수가 갈릴리 풀뿌리 사람들과 함께 먹고 마시고 삶을 나누는 하나님나라 복음운동은 참으로 유쾌하다. 또한 갈릴리 풀뿌리 사람들의 삶의 마당에서의 예수의 하나님나라 복음운동은 놀라운 전염성과 유전능력을 나타낸다. 실제로 예수의 하나님나라 복음운동은 인종과 세대와 문화와 역사를 넘었다. 그리고 마침내 21세기 한국교회와 풀뿌리 사람들에게까지 전염되고 유전되었다.

이제 21세기 한국교회는 서구제국주의 정복신앙·번영신앙 이데올로기와 맘몬 자본 숭배신앙과 단절해야 한다. 그럼으로써 21세기 이 땅 풀뿌리 사람들의 삶의 마당에 연대하고 참여하는 예수의 하나님나라 복음운동에 뛰어들어야 한다. 이제 21세기 한국교회가 이 땅의 풀뿌리 사람들과 함께 한판 큰 삶의 대동잔치를 벌려야 할 때가 가까이 다가오고 있다.

카이로스, 그 땅 풀뿌리 사람들의 때가 이르렀다

유대인들의 시간개념 또는 성서의 시간개념은 서구인들의 직선과 물리物理로서의 시간개념과 전혀 다르다. 물론 21세기 이르러 서구인들뿐만 아니라 모든 현대인들에게 현실 시간개념은 달력에 표시할 수 있고 계산해 볼 수도 있는 직선과 물리로서의 시간이다. 하지만 성서의 시간은 물리가 아니라 '삶'이다. 곧 사건의 시간이다. 성서의 시간은 '하나님무한과 사람유한'이 함께하는 활동의 여부 또는 그 여지餘地다. 그 실체는 '하나님과 사람이 함께 하는 삶의 활동과 무대와 장소'다. 이점에서 성서의 시간은 윤회처럼 느껴지고 이해되지만 그러기에는 전혀 새롭다. 성서의 시간은 하나님의 새로운 사건에 대한 기대와 하나님이 새로운 사건을 일으키신다는 믿음 때문에 전혀 윤회와 다르다.창세기 1:1, 6:1, 9:20

신약성서는 이러한 삶의 시간 그리고 사건의 시간 개념을 표시하는 용어로 '때카이로스 καιρός'라는 낱말을 사용한다. 또한 일정한 기간이나 한정된 시간을 표시하는 것으로써 '호라 ὥρα'라는 낱말을 사용한다.마가복음 14:37, 요한복음 2:4 그리고 일반적인 시간과 연대를 표시하는 것으로써 '크로노스 χρόνος 시간'이라는 낱말을 사용한다.마태복음 2:7, 히브리서 11:32 이때 본문이 사용한 '카이로스καιρός는 바야흐로 무르익은 하나님의 사건으로써 '하나님나라의 때'다. 여기서 하나님나라의 때는 '시간이 흘러서 그리고 세대가 지나서 마치 윤회의 경과로 또는 직선과 물리의 순차를 따라 오는 것'이 아니다. 바야흐로 하나님나라의 때는 하나님께서 일을 벌이실 기회가 무르익었고 마침내 시대상황이 맞아 떨어졌기 때문이다. 그러므로 예수의 하나님나라 복음운동은 이미 예수의 복음 선포와 행동과 예수의 삶의 현실에서 그 기운이 차고 충만해 졌다. 도저히 가릴 수도, 감출 수도, 억제할 수도 없게 되었다.

무엇보다도 예수의 하나님나라의 때는 '종말 또는 심판의 때'가 아니다. 묵시론 자들이 기대하는 배타와 독점을 통한 우주권리도 보상도 기득권도 아니다. 물론 우주 불 쇼를 통해서 세상이 멸망당하고 종말을 맞은 이후에 오는 새로운 시대도 아니다. 예수의 하나님나라의 때는 안으로부터의 충실充實이고, 아래로부터의 성장이며, 과거로부터 현재에 미치는 충만充滿이다. 동시에 그것은 위로부터 쏟아져 들어오는 간섭이며 미래로부터 가까이 달려오는 침투다.

예수의 하나님나라 복음운동의 때에 대한 성격

이렇듯이 파라오 노예세상에서 종살이 하던 히브리 노예들의 출애굽 해방과 구원사건은 '예수의 하나님나라 복음운동의 때에 대한 성격'을 잘 나타내준다. 히브리 성서는 히브리 노예들이 4백30년 동안이나 파라오 노예세상의 노예로 살았다고 한다. 그 오랜 세월동안 히브리들은 파라오 노예세상의 억압과 착취에 대하여 어떻게 봉기했을까? 그 대표적인 것이 모세이야기다. 실제로 모세이야기는 파라오 노예세상에서 히브리 노예들의 삶을 영속화하는 히브리 노예 성공신화다. 하지만 모세는 파라오 노예세상 성공신화로 미화된 자신의 삶을 토대로 반 노예세상 투쟁을 벌인다. 그런데 히브리 성서는 이러한 모세의 투쟁성격이 히브리로서의 권리투쟁인지 혹은 해방투쟁인지 설명해 주지 않는다. 하지만 분명한 것은 모세의 투쟁은 해방과 구원의 하나님을 배제한 투쟁이었다. 무엇보다도 아래로부터 히브리 노예들의 공동체 해방투쟁은 더더욱 아니었다출애굽기 2:13-14 따라서 모세의 투쟁은 허망하게 그 막을 내리게 되고 말았다.

그러므로 하나님 없는 노예세상에서의 모세의 투쟁 실패는 모세뿐만 아니라 모든 히브리 노예들의 실패이며 절망이었다. 그러나 모세의 투쟁은 나름대로 의미가 있다. 왜냐하면 히브리 노예들의 해방투쟁은 하나의 화산맥과 같기 때문이다. 그럼으로 언제든 어떤 형태든 그 땅 풀뿌리 사람들의 해방투쟁은 하나님나라의 때를 가늠할 수 있게 하는 척도이며 희망이다. 실제로 히브리 노예들은 모세의 투쟁이 실패로 돌아 간 후 본격적으로 파라오 노예제국에 대항하는 해방투쟁을 전개한다. 그것은 바로 '야훼 하나님의 해방과 구원을 요청하는 절규'다. 때로는 크고 요란스럽게 때로는 애처롭게 '하나님 없는 노예세상의 삶의 절망과 고통을 절규'했다. 이러한 절규야말로 '하나님 없는 노예세상에서의 근원적인 삶의 투쟁'이다. 이러한 절규는 '하나님 없는 노예세상의 작은 이익과 권리에 대한 경쟁과 다툼을 포기할 때'에라야만 터져 나온다. 하나님 없는 노예세상 지배체제와 허망한 권리투쟁에서 처참하게 패망한 타고난 노예들의 삶의 마당을 통해서 솟구쳐 나오는 속절없는 절규다.

히브리 성서는 이러한 히브리 노예들의 절규 끝에 마침내 '야훼 하나님께서 이스라엘자손들을 굽어보시고 그들의 형편을 아셨다'라고 보고 한다. 그런데 야훼 하나님은 비로써 히브리들을 돌아보시고 그들의 상황을 알게 되셨을까? 아니다. 야훼 하나님은 끊임없이 파라오 노예세상에서 종살이하는 히브리들을 돌아보셨다. 히브리 노예들의 삶의 상황을 안타까워하셨다. 그러기에 야훼 하나님은 절규하는 히브리들에게 아브라함

과 이삭과 야곱의 언약을 들먹이며 장황하게 당신의 속마음을 표현하셨
다.출애굽기 3장

그러므로 '이미 때가 채워졌다.'

하나님 없는 파라오의 노예세상에서 히브리들의 고난과 절망이 하늘
끝까지 이르렀다. 히브리들은 하나님 없는 파라오 노예세상의 유혹에 충
분히 속았다. 이제 파라오 노예세상의 작은 이익과 권리투쟁으로는 더 이
상 히브리들을 속일 수 없다. 아니 더 이상은 히브리 노예들이 속지 않는
다. 사실 지금까지 히브리 노예들은 오직 파라오만을 주인으로 섬기려했
다. 히브리 노예들의 삶의 마당에서 모든 문제의 핵심은 '파라오가 던져
주는 떡 한 덩어리와 고기 한 조각'이었다. 히브리들이 하나님 없는 노예
세상을 살면서 오롯이 파라오의 떡 광주리와 고기 가마에 목을 맨 채 그
것만을 갈망했다. 이 점에서 21세기 한국교회가 감히 이 땅에서 '하나님
나라 복음운동'에 발을 담그지 못하는 이유는 뚜렷하다. 한국교회가 '임
마누엘 하나님의 나라'를 사는 것보다 '하나님 없는 노예세상에서 돈 귀
신과 황소귀신 섬기기'를 갈망하기 때문이다. 그래서 21세기 한국교회는
이 땅에서 하나님나라를 저 세상의 천당으로 밀어붙이는 일에 몰두한다.

이제 본문읽기에서 예수는 21세기 예수 신앙인들에게 '이미 하나님나
라가 가까이 왔다'라고 선포한다. 지금, 여기, 이곳에 하나님의 나라가
예수 신앙인들의 손에 잡힐 듯이 예수 신앙인들의 눈앞으로 짓쳐들어오
고 있다. 해방과 구원, 정의와 평등, 생명평화세상의 하나님께서 예수신
앙인들에게 오셔서 손짓하신다. 이제 두말 할 필요도 없이 한국교회는 신
자유주의 맘몬·자본세상의 노예의 사슬을 벗어 던지고 두 팔 벌려 예수

의 하나님나라 복음운동을 맞이해야한다. 예수의 하나님나라 복음운동을 받아들여서 힘차게 행동을 하는 일만 남아 있을 뿐이다.

예수의 하나님나라, 그것은 바로 풀뿌리 사람들의 나라다

'하나님의 나라'는 문자적으로 하나님의 '통치 또는 왕권바실레이아 βασιλεία'이다. 사실, 하나님은 언제 어디서나 당신의 창조생명세계와 함께 하시는 임금이다.시편 47:2, 93:1 하나님은 임금으로서 우주와 인류역사를 주관하신다. 특별히 히브리들의 역사를 다스려 오셨다. 물론 하나님의 통치는 시대에 따라 불분명하고 흐릿하며 때로는 은밀하기도 했다. 하지만 야훼 하나님은 의심의 여지없이 뚜렷하게 파라오 노예제국에서 종살이 하던 히브리들을 해방하고 구원하셨다. 나아가 그 히브리 해방노예들이 이 땅위에서 해방과 자유, 정의와 평등세상을 세우고 누리기를 바라셨다. 마찬가지로 하나님께서는 때가 차면 언제든지 드러내 놓고 공공연하게 당신의 생명평화세상을 여실 것이다. 그리고 친히 다스리실 것이다. 따라서 마땅히 이 하나님의 다스리심은 온 누리에 미치는 것으로써 온 누리에 드러나게 될 것이다.시편 103:19-22 이것은 고대로부터 파라오 노예제국에서 종살이하던 히브리들의 열망이었다. 특별히 예수시대의 유대 풀뿌리 사람들이 학수고대해 왔던 일이다. 이와 관련하여 예수는 '이미 때가 찼고 하나님나라가 가까이 왔다'라고 선포한다. 하나님의 직접적이고 공공연하신 다스림이 눈에 보이게 손에 잡힐 듯이 사람들의 삶의 마당에 침투해 들어왔다는 것이다. 나아가 하나님 영의 사람으로서 예수의 자의식 속에서는 이미 하나님나라가 실현되고 있었다. 예수는 하나님이 자신의 선포와 신앙 실천행동을 통해 은연중에 하나님의 통치를 실현하고 계심을 깨달았다. 또한 머잖아 그 궁극적인 하나님의 통치가 온전하게 실현

될 것을 기대했다.마태복음 12:28, 누가복음 1:20

그러나 여기서 예수의 하나님나라 복음운동은 유대 사회경제·종교·정치 공동체의 기득권 집단들의 바람과는 전혀 다른 것이었다.

첫 번째, 예수의 하나님나라 복음운동은 유대 사회경제·종교·정치 공동체의 기득권집단들이 바라던 소 제국주의 다윗 왕조회복이 아니다. 사실 유대 사회경제·종교·정치 공동체의 기득권집단들은 다윗왕조 혈통에서 유대 종교·정치 메시아가 나타나기를 기대했다. 그들은 옛 시대부터 자신들의 사회경제·종교·정치 기득권을 보장해 주었던 다윗왕조가 마지막 시대의 주인공이길 간절하게 바랐다. 다윗왕조가 완전한 미래시대 제국으로 다시 태어나게 되리라고 굳게 믿었다.이사야 9:2-7 그러나 예수의 하나님나라 복음운동은 유대 사회경제·종교·정치 기득권집단의 소 제국주의 욕망성취일 수 없다. 도리어 시대의 풀뿌리 사람들의 현실 삶의 문제에 대한 하나님의 관심과 참여와 연대다. 따라서 예수의 하나님나라 복음운동은 그 땅 풀뿌리 사람들의 삶의 마당에서 행동하고 체험하며 누릴 수 있어야한다.

따라서 예수의 하나님나라 복음운동은 하나님의 직접통치를 열망한다. 실제로 야훼 하나님은 '옛 히브리 지파동맹이 왕조를 건설하고 소 제국주의의 길로 달려가는 것'을 매우 못마땅하게 여기셨다.사사기 8:23, 사무엘하 8장 이제 의심의 여지없이 뚜렷하게 예수의 하나님나라 복음운동은 '하나님께서 이 땅에 오심'이다. 야훼 하나님은 하늘 또는 예루살렘성전 보좌에 앉아서 다윗왕조의 왕들에게 위임하셨던 대리통치를 걷어치우셨다. 이렇듯이 예수의 하나님나라 복음운동은 하나님의 궁극적인 통치의 출발이다. 예수의 하나님나라 복음운동을 다윗왕조 소 제국주의 통치 이데올로기와 연관 짓는 것은 참으로 어불성설이다.

이점에서 예수의 하나님나라는 결코 영토와 경계가 아니다. 국가와 민족과 인종도 아니다. 그리고 무엇보다도 예수의 하나님나라는 죽어서 가는 저 세상나라천당가 결코 아니다. 유대인으로써 예수 신앙공동체들은 자신들의 관습에 따라 예수의 하나님나라를 '하늘나라'라고 불렀을 뿐이다.마태복음 그렇더라도 유대인 예수 신앙공동체들의 '하늘나라'는 하늘에 있는 국가를 의미하지 않는다. 유대인들은 야훼 하나님의 이름에 대한 경외심이 지나쳐 에둘러 하늘나라라고 표현했을 뿐이다.

두 번째, 예수의 하나님나라 복음운동은 요한의 경우에서처럼 또는 유대교 묵시주의자들이 기대한 것처럼 '의인들에 대한 보상이거나 악인들에 대한 심판'이 아니다. 또한 묵시주의자들의 신비체험 속에서처럼 우주불 쇼로 나타나는 '지구 종말'도 아니다. 나아가 예수의 하나님나라 복음운동은 유대 사회경제·종교·정치 공동체 기득권집단들의 요구처럼 '배타와 독점으로써 우주권리와 보상과 기득권'도 아니다.

그렇다면, 예수의 하나님나라 복음은 무엇일까? 그것은 바로 '예수의 말과 예수의 삶과 예수의 신앙행동 속에서 드러나는 하나님의 뜻'이다. 예수의 선포와 예수의 말과 행동 속에서 드러나는 '하나님아빠의 사랑과 은총'이다. 그것은 곧 가난하고 굶주리며 목마른 사람들이 배부르게 되는 세상이다. 평화를 사랑하고 정의를 위해 박해받는 사람들의 새 세상으로써 '그 땅 풀뿌리 사람들의 나라'다.마태복음 5:3-12 그것은 바로 가난한 이들에게 복음이 전파되고, 포로에게 해방이 선포되고, 눈먼 사람이 다시 보게 되고, 억압받는 이들이 해방되는 '야훼 하나님의 희년세상'이다.누가복음 4:18

이렇듯이 하나님은 시대의 죄인들을 심판하고 멸망시키기보다 그들의 구원을 바라신다. 특별히 하나님은 버림받은 이들과 억압당하는 이들의 해방과 구원을 열망하신다. 따라서 하나님 영의 사람으로서 갈릴리 나사렛사람 예수야말로 이 땅 풀뿌리 사람들의 친구일 수밖에 없다. 하나님 영의 사람으로서 예수의 하나님나라는 곧 '하나님 자신'이기 때문이다. 예수의 하나님나라가 도래한다는 것은 바로 이 땅 풀뿌리 사람들에게 하나님이 오신다는 뜻이다. 그 점에서 예수의 하나님나라는 시대와 때에 따라 아른 하고 은밀하게 '두 세 사람만으로도 가능한 나라'다. 왜냐하면 하나님의 뜻과 때를 쫓아 화산맥 같이 분출하는 풀뿌리 사람들의 해방과 자유와 투쟁 열망과 의지 때문이다. 예수의 하나님나라는 지구촌사회의 민족과 문화와 역사를 넘어 수천 수만 수억의 '그 땅 풀뿌리 사람들의 네트워크 나라'이기 때문이다.

그러므로 예수의 하나님나라는 지금 여기 나의 삶의 마당에서 시작되는 나라다. 무엇보다도 예루살렘이 아니라 갈릴리에서 선포되는 나라다. 나아가 예수의 하나님나라는 보상을 바랄 바가 전혀 없는 '나'로부터 시작하는 나라로써 오롯이 하나님 은총의 나라다. 보상이 아니기 때문에 가져올 수도, 상속할 수도, 매매할 수도, 억지로 들어갈 수도 없다. 그저 겸손히 영접할 밖에 없는 나라다. 그러기에 누구도 차별을 요청할 수 없는 만인의 나라 그 땅 풀뿌리 사람들의 나라다. 예수의 하나님아빠는 21세기 지구촌 모든 풀뿌리 사람들에게 차별 없는 희망의 빛이다.

여러분, 회개하시오.

전통적인 기독교사상에서 '회개'란, 하나님께 등을 돌린 죄를 범한 사람이 다시 하나님께로 돌아서는 것이다. 이로써 회개를 통하여 하나님께 돌아선 사람은 하나님으로부터 죄 탕감을 받고 하나님과의 관계가 정상화 된다. 히브리 성서에서는 이 회개개념을 '니함'이라는 동사로 표현했다. 문자의 의미는 '마음 또는 뜻을 바꾸다'라는 뜻이다. 욥기 42:6, 예레미야 31:19 마찬가지로 신약성서에서도 '메타노에오 μετανοέω 회개하다'라는 동사를 사용한다. 이 동사는 '메타 μετά 뒤 + 노에오 νοέω 성찰하다'로 이루어진 합성동사다. 따라서 회개란 자기 삶을 뒤돌아보고 성찰하며 반성하는 것이다. 그리고 자신의 '생각과 뜻을 바꾸는 것'이다.

그런데 21세기 교회들에서 '회개의 의미'는 아주 무미건조한 종교의식과 의례로 굳어졌다. 설사 무슨 흥취가 있다 해도 그것은 삶과 전혀 동떨어진 집단종교 관념이거나 개인감성의 문제 일뿐이다. 하나님 앞에서 잘못을 인정하고, 그것을 애통해 하며, 하나님께 용서해달라고 간구하는 집단 종교관념 또는 개인감수성 통과의례로 퇴행했다. 예수의 하나님나라 복음운동에 따른 실천행동으로써 '회개'가 서구교회의 제국주의 종교화과정에서 종교의례와 관례로 굳어졌다. '회개'가 종교입문을 위한 세례의 전 단계로써 교회의 입교의식을 준비하는 과정으로 전락했다. 한마디로 '회개'는 기독교라는 서구제국주의 종교에 입문하는 '세례의식을 치르기 위한 속죄과정'으로 퇴행했다.

이렇듯이 회개는 예수의 하나님나라 복음운동의 실천행동으로써 역동성을 잃어버렸다. 그저 기독교회에 입교하는 세례의식을 위한 고백과 넋두리로 전락했다. 그럼으로써 회개의 역동성과 삶의 변혁능력이 상실되는 폐해가 양산되었다. 그 폐해의 결과로 21세기 한국교회에는 터무니없는 자기비하와 말초적이고 감상적이며 미신적인 '회개의 기도문' 또는 '회개의 찬양'이 난무한다. 대형교회들의 새벽예배와 작은 기도원들의 철야예배에서 올바른 삶의 성찰과 반성을 도외시한 회개들이 토해진다. 과대망상과 피해의식, 몰상식하고 비이성적인 신앙자해가 열광적으로 자행된다. 그리고 그것들이 회개라는 종교 포장지에 싸여져서 점점 더 강렬한 중독성으로 무장한 채 치명적 영적자해로 소비된다.

그렇다면 도대체 참된 회개란 무엇인가? 그것은 곧 야훼 하나님의 해방과 구원세상을 배신하고 맘몬·자본세상의 노예로 타락한 시대의 풀뿌리 사람들이 자기 삶의 마당을 성찰하고 반성하는 것이다. 맘몬·자본지배체제 노예세상을 탈출해서 다시 야훼 하나님의 해방과 구원세상으로 돌아오는 것이다. 시대마다 맘몬·자본권력을 숭배하던 풀뿌리 사람들이 자신의 삶의 마당을 '메타노에오' 하는 것이다. 시대의 풀뿌리 사람들이 스스로 자기 삶의 마당을 뒤집어서 털고 쓸어내는 것이다. 그럼으로써 맘몬·자본세상 노예정체성을 씻어내고 예수의 하나님나라 복음에 맞게 마음과 생각을 바꾸는 것이다.

그러므로 예수는 갈릴리 풀뿌리 사람들에게 '여러분, 회개하시오'라고 명령조로 선언했다. 이제 21세기 풀뿌리 사람으로서 예수의 회개명령을 진지하게 듣는 사람이라면 누구라도 맘몬·자본세상 노예굴레를 벗어던져야 마땅하다. 그리고 해방과 자유, 정의와 평등세상을 꿈꾸는 예수의 하나님나라 복음운동에 참여하고 연대해야 한다. 이에 대한 히브리 성서의 적절한 용어가 바로 '쉬브'라는 동사다. 이 히브리어 동사의 문자의 미는 '길을 돌이키다 또는 원 위치로 돌이키다'라는 뜻이다.에스겔 3:18-21, 33:11-20 하나님 없는 맘몬·자본세상 노예의 길에서 돌이켜 해방과 구원의 하나님께로 돌아오는 것이다. 이것이 바로 본문읽기에서 예수가 '회개하라'라고 외치는 명령의 참뜻이다. 실제로 회개란 그저 생각과 뜻을 바꾸는 것으로 끝나지 않는다. 회개는 예수의 하나님나라 복음운동에 참여하고 연대하는 것으로써 그 땅 풀뿌리 사람들의 노예마당을 뒤집는 것이다. 예수의 하나님나라로 돌진해 들어가 해방과 구원, 정의와 평등세상의 삶의 마당을 펴는 것이다.

여러분, 하나님나라 복음을 신앙하시오

한편 예수는 본문읽기에서 또 한 번 명령조로 이렇게 선포한다. 여러분, 복음을 신앙信仰하시오.

우리말 성서는 위 예수의 선포를 '복음을 믿어라'believe라고 번역했다. 하지만 이러한 번역으로는 예수의 이 명령의 뜻을 제대로 전달 할 수 없다. 그렇다면 우리말 성서 번역에서 '믿는다'라는 것은 무엇일까?

만약 '믿는다는 것'이 어떠한 대상이나 사실에 대해 '인정하고 고개를 끄떡이는 것'이라면 본문읽기에서 예수의 명령을 크게 오해한 것이다. 사실 지금까지 한국교회는 '교우들이 자기 삶의 마당에서 던지는 신앙질문들'을 무시해왔다. 오히려 방해해 왔다. 교우들이 자기신앙과 삶의 주체로써 행동하는 것을 마땅치 않게 여겼다. 그저 오래전 서구 제국주의 교회들의 교리신학을 일방적으로 교육하고 세뇌했다. 그럼으로써 21세기 대한민국 풀뿌리 사람들의 신앙과 삶의 질문과 고민들을 묻어버렸다. 하지만 21세기에 이르러 80% 이상이 대학교육을 받는 한국사회에서 서구교회의 일방적인 교리신학은 너무나 단순하고 몰상식하다. 몰이성적이고 낡아빠진 제국주의 종교 패러다임일 뿐이다. 나아가 대다수 한국교회 목회자들은 서구교회의 비인격적이고 낡아빠진 교리신학에 매몰되었다. 그래서 '믿을 수 없는 것을 믿는 것이 참 믿음'이라고 교우들을 윽박지른다. 참으로 안타깝게도 한국교회에는 21세기 이 땅의 풀뿌리 사람들이 처한 절박한 신앙과 삶의 마당에 대한 신앙고뇌와 신앙성찰이 전무하다.

실제로 본문은 '피스튜에테 πιστεύετε:여러분 복음을 신앙하시오'라는 헬라어 동사를 사용한다. 이때 '복음을 신앙하라'는 예수의 선포는 복음에 대한 단순한 동의나 억지고개 끄덕임이 아니다. 예수의 신앙선포는 복음을 향해 자기인생과 삶을 걸라는 요구다. 실제로 신약성서 헬라어동사 '피스튜오, 내가 신앙 한다'라는 의미는 '내가 어떤 대상이나 또는 어떤 누구에게 설복 당하는 것'이다. 따라서 나는 '나를 설복시켜서'페이토 πείθω 나로 하여금 신앙하게 하는 '어떤 누구 또는 대상'에게 나의 모든 것을 걸게 된다. 그렇게 되는 이유는, 어떤 누구 또는 대상이 '신실한피스토스 πιστος' 것을 깨닫고 '신뢰피스티스 πίστις'하기 때문이다.

이렇듯이 '信仰'이라는 한자말을 우리말로 풀면 '신뢰하며 우러러 받드는 것'이다. 따라서 '신앙 한다'는 것은 이해하고 동의하며 고개를 끄떡이는믿는다 것으로는 부족하다. 신앙은 행동이다. 나의 존재와 삶을 거는 거다. 그런데 나의 인생을 걸고 나의 평생에 걸쳐 실천행동하고 따르려면 그 대상이 '신실'해야 한다. 신실한 구석이 있어야 신앙의 대상일 수 있다. 나아가 신실한 것은 실체가 있고 진실해야 한다. 그래야 걸 수 있기 때문이다.

실제로 21세기 대한민국 풀뿌리 사람들의 삶의 마당에서 서구 제국주의 교회들의 종교 관념과 감성으로만 포장된 종교 신화를 믿음의 대상이라고 부추기는 것은 종교사기다. 본문읽기에서 예수가 선포한 '하나님나라 복음'을 서구교회 종교 관념과 감성 그리고 지구촌 제국주의 맘몬·자본 성공신화로 포장해서 믿음을 강요하는 행위는 믿음의 오용誤用이고 오류誤謬이며 종교마약이다. 무엇보다도 예수의 하나님나라 복음운동을 맘몬·자본숭배와 번영신앙과 정복신앙으로 얼버무리는 것은 종교탐욕이고 종교타락이다.

3. 팔복선언, 예수의 하나님나라 복음 대헌장전문

마태복음 5: 1-12, 누가복음 6: 20-21

본문읽기 1. 팔복선언 마태복음 5: 1-12

예수가 군중들을 보신 후 산으로 올라갔다.

그가 앉자 그의 제자들이 그에게로 가까이 왔다.

예수가 그의 입을 열어 그들을 가르쳤다.

말하기를.

행복하여라, 영으로 가난한 사람들

하늘나라가 그들의 것이다.

행복하여라, 슬퍼하는 사람들

왜냐하면 그들이 위로를 받게 될 것이기 때문이다.

행복하여라, 온유한 사람들

그들이 자기 노느매기 땅몫을 받을 것이다.

행복하여라, 정의에 굶주리고 목마른 사람들

그들이 배부르게 될 것이다.

행복하여라, 자비를 베푸는 사람들

그들이 자비를 받게 될 것이다.

행복하여라, 마음이 깨끗한 사람들

그들이 스스로 하나님을 뵐 것이다.

행복하여라, 평화를 행동하는 사람들

그들이 하나님의 아들들이라고 불려 질 것이다.

행복하여라, 정의 때문에 박해받은 사람들

하늘나라가 그들의 것이다.

그대들은 행복하여라. 언제든지 나 때문에 거짓말쟁이들이 그대들을 모욕하고, 박해하며, 그대들을 반대하여 온갖 사악한 말들을 퍼 붓을 때, 그대들은 기뻐하고 또 기뻐하시오. 왜냐하면 하늘에서 그대들의 상이 크기 때문이오. 참으로 이와 같이 그들이 그대들에 앞서 예언자들을 그렇게 박해했소.

본문읽기 2. 행복선언 누가복음 6:20-21

그러자 예수께서 당신의 제자들을 향하여 당신의 눈을 치켜들고 말씀하셨다.

행복하여라, 가난한 이들이여!

왜냐하면 하나님의 나라가 그대들의 것이기 때문입니다.

행복하여라, 지금 굶주린 이들이여!

왜냐하면 그대들이 배부르게 될 것이기 때문입니다.

행복하여라, 지금 우는 이들이여!

왜냐하면 그대들이 웃을 것이기 때문입니다.

본문이해하기
예수의 하나님나라 복음 대헌장 전문

희년禧年은 글자그대로 '기쁨의 해'다. 히브리 성서 출애굽기는 희년기쁨을 파라오 노예세상에서 종노릇하던 '히브리 노예들의 해방과 구원사건'으로 증언한다. 또 희년기쁨은 마땅히 '히브리 해방노예들이 건설하고 누리며 살아가야 할 해방과 구원세상'이다. 이를 위해 야훼 하나님께서 히브리 지파동맹과 희년신앙 행동계약을 맺고 꼭 지켜야 할 행동법규들을 명령하셨다. 그 첫 번째가 히브리들의 해방과 구원세상에서 벌어지는 '칠년 빚 탕감과 노예해방'이다. 참으로 어떤 히브리 사람들이 다른 히브리형제를 노예로 산다면 육년 동안만 종으로 부려야 한다. 육년이 지나 칠년 째에는 반드시 값없이 해방되어 나가야 한다. 이렇듯이 '히브리들의 희년신앙 행동서사로써 희년의 기쁨'은 레위기25장 '요벨 쉐나트해방뿔나팔의 해'에서 분명하게 확인할 수 있다. 이사야 61장에서는 희년을 '야훼의 기쁨의 해'라고 증언한다. 이때 '라촌'이라는 히브리어 낱말의 뜻은 '기쁨 또는 희열'이다. 야훼 하나님의 참 기쁨은 빚으로 팔려온 노예들에게 '빚 탕감과 노예해방'을 선포하는 것이다. 이렇듯이 히브리들의 희년신앙 행동의 밑바탕은 야훼께서 일으키신 '출애굽 해방과 구원사건'이었다.

그러므로 야훼 하나님께서 히브리들에게 명령하신 희년신앙 행동법규들은 히브리들의 해방과 구원세상을 위한 사회경제영성이었다. 히브리 노예들의 생활공동체 지성이고 감성이며 행동의지였다. 이제 수많은 세월이 흘러 옛 히브리들의 희년신앙 행동법규들은 예수의 하나님나라 복음운동으로 재구성되었다. 그것은 곧 예수의 하나님나라 복음운동을 통해서 이 땅 풀뿌리 사람들의 삶을 기쁘게 하는 것이다. 가난한 사람들을 행복하게 하는 것이다. 마음이 꺾어진 사람들을 감싸주는 것이다. 사로잡힌 사람에게 해방을 선포하는 것이다. 묶인 사람들에게 놓임을 선포하는 것이다. 모든 애통하는 사람들을 위로하는 것이다. 이제 예수는 마태복음 5장에서 7장까지 산상설교와 누가복음 6장 평지설교에서 자신의 하나님나라 복음 대헌장을 설명한다. 그것은 야훼 하나님께서 옛 히브리 지파동맹과 함께 맺은 희년신앙 행동계약 행동법규들에 대한 재해석 또는 재구성이다. 예수는 이 땅의 하나님나라 복음 대헌장 전문으로써 마태복음5장 첫 문단에서 '팔복선언'누가복음 행복선언을 내어놓았다. 예수는 산상설교에서 유대교와 유대사람들의 율법에 대한 생각을 밝혔다. 나아가 '유대인들의 율법'으로써 옛 희년신앙 행동법규들을 새롭게 재구성했다.

예수가 희년신앙 행동계약 행동법규들을 하나님나라 복음운동으로 재구성하다

"내가 율법과 예언자들을 뒤집어엎으러 왔다고 생각하지 마라. 뒤집어엎으려고 온 것이 아니라 오히려 완성하려고 왔다. 아멘, 참으로 내가 너희에게 말한다. 하늘과 땅이 사라지기 전까지는 율법의 작은 뿔 하나, 획 하나도 없어지지 않을 것이다. 모든 것이 다 이루어지기 전까지는. 그러므로 누구든지 이 계명들 가운데 가장 작은 것 하나라도 버리거나, 그렇게 사람들을 가르치는 사람은 하늘나라에서 가장 작은 사람이라고 불려 질 것이다. 그러나 누구든지 이를 행하며 가르치는 사람은 하늘나라에서 큰 사람이라고 불려 질 것이다. 참으로 내가 너희에게 말한다. 만일 너희의 정의가 서기관들과 바리새인들 보다 더 넘치지 않는다면, 너희는 하늘나라에 들어가지 못할 것이다."마태복음 5:17-20

신약성서에서 예수는 예루살렘 성전제사종교체제 엘리트들인 서기관과 바리새인, 율법학자들과 적대적이었다. 그들을 향해 욕설을 퍼붓기도 했다. 그들도 예수를 '먹보요 술주정뱅이'라고 욕했다. 실제로 예수는 시대의 율법전문가로 행세하면서 야훼 하나님의 율법을 왜곡하고 퇴행시키는 자들과 싸웠다. 예루살렘 성전제사 종교체제를 통해서 그 땅 풀뿌리 사람들을 억압하고 착취하는 유대 사회경제 종교 정치 기득권 세력들과 투쟁했다. 제사장과 서기관과 바리새파와 율법학자들의 종교사익과 종교위선을 비판했다. 왜냐하면 서기관과 바리새파와 율법학자들이 옛 희년신앙 행동법규로써 율법을 왜곡하고 퇴행시켰기 때문이다. 이들은 야훼 하나님의 율법전문가 행세를 하면서 6백13개에 이르는 생활율법을 만들어 퍼트렸다. 이들이 만든 생활율법은 예수시대 유대와 갈릴리 땅 풀뿌리사람들의 신앙과 삶을 옥죄는 종교올무였다. 유대와 예루살렘과 갈릴리 땅 풀뿌리 사람들을 죄인으로 낙인찍어 유대교 공동체에서 쫓아냈다. 그러므로 무엇보다도 예수는 그 땅 풀뿌리 사람들을 죄인이라고 낙인찍는 왜곡과 퇴행으로서의 율법을 거부했다.

그럼에도 불구하고 예수는 산상설교에서 '내가 율법을 뒤집어 엎으려고 온 것이 아니라 도리어 완성하려고 왔다'고 선언한다. 이때 본문은 '플레로사이πληρῶσαι 완성하다'라는 헬라어 동사를 사용한다. 이 동사의 원형은 '플레토πλήθω'라는 동사인데 '가득 채우다, 온전하게 성취하다'라는 의미다. 물론 예수의 입말로 표현한 '율법의 작은 뿔 하나 획 하나도 없어지지 않을 것'이라는 말을 문자로만 이해하고 해석할 필요는 없다. 오롯이 예수는 이 선언을 통해서 '율법의 진실을 찾고 야훼 하나님의 뜻을 깨달아 행동하려는 의지'를 표현했을 뿐이다.

그래서 예수는 '율법'이라는 표현을 바꾸어 '계명'이라고 말한다. 여기서 계명은 '엔텔로ἐντέλλω:책임과 의무를 명령하다'라는 헬라어 동사에서 나왔다. 그럼으로써 예수의 '계명'은 '야훼 하나님께서 히브리 지파동맹과 함께 맺은 희년신앙 행동계약 미쉬파팀행동법규들'을 떠올리게 한다. 야훼 하나님은 히브리 지파동맹에게 희년신앙 행동계약 조건으로써 '미쉬파팀

행동법규들'을 명령하셨다. 유대교와 유대인들은 히브리 지파동맹의 희년신앙 행동계약 행동법규들을 '율법'이라고 불렀다. 또 본문읽기에서는 '예언자들'이라는 표현도 사용한다. 예언자들은 히브리 지파동맹이 희년신앙 행동법규들을 어길 때마다 야훼 하나님의 말씀을 선포하곤 했다.

그러므로 예수는 제자들에게 너희의 '정의'가 세상 사람들 보다 더 넘치지 못하면 너희는 하늘나라에 들어가지 못할 것이라고 선언한다. 이 때 야훼하나님께서 히브리들에게 요구하는 정의는 '가난하고 힘없는 사람들과 자기재물들을 나누는 것'이었다. 과부와 고아와 떠돌이 나그네를 보살피는 것이었다. 감당할 수 없는 빚을 지고 고통당하는 사람들의 '빚을 탕감해주고 채무노예를 해방하는 것'이었다. 이것이 바로 희년신앙 행동법규들로써 유대교와 유대인사람들이 떠받드는 '율법의 실체'다. 이제 예수는 옛 희년신앙 행동법규들을 재구성하고 완결完結하는 하나님나라 복음운동 '사랑의 이중계명'을 선포한다.

"너의 온 맘으로, 너의 온 생명으로, 너의 온 뜻으로 너의 하나님이신 주님을 사랑하라. 이것이 가장 크고 첫째가는 계명이다. 그런데 두 번째도 그와 똑같다. 너의 이웃을 너 자신처럼 사랑하라. 온 율법과 예언자들이 이 두 계명에 매여 있다"마태복음 22:37-40

사실, 예수의 하나님 사랑과 이웃사랑 계명은 예루살렘 성전제사종교와 생활율법체제에 대항하는 '새로운 희년세상 선포'이다. 예수의 사랑의 이중계명은 모든 율법과 예언들을 재구성하고 완결하는 신앙행동이다. 그런데 예수가 선포한 사랑의 이중계명은 아주 새롭고 중요한 신앙진실을 담고 있다. 예수는 하나님 사랑과 이웃사랑을 '같다'라고 선언한다.

'하나님 사랑과 이웃사랑이 하나임을 강조'한다. 하나님을 사랑하는 사람은 이웃을 사랑하지 않을 수 없다. 이웃을 사랑하는 사람은 당연히 하나님을 사랑하는 사람이다. 나아가 하나님을 사랑한다고 말하면서 이웃을 사랑하지 않는 사람은 결코 하나님을 사랑하지 않는 사람이다. 왜냐하면 참된 하나님 사랑은 참된 이웃사랑 이외의 다른 것으로는 도무지 헤아리거나 판단할 수 없기 때문이다. 사람들은 누구라도 '어떤 사람이 그 이웃을 사랑하는 것을 보고서야 비로서 그 사람이 하나님을 사랑한다는 것'을 알 수 있을 뿐이다. 또 하나 예수는 참으로 놀라운 이 땅의 하나님나라 복음운동의 황금률을 선포했다.

"너는 너에게 요구하는 모든 사람에게 주어라. 네 것들을 가져가는 사람들에게 다시 돌려달라고 요구하지 마라. 너희는 '사람들이 너희에게 베풀기를 바라는 대로' 그들에게 똑같이 베풀어라. 만일 너희가 너희를 사랑하는 사람들만 사랑한다면 너희에게 무슨 기쁨이 있겠느냐? 참으로 죄인들도 자기들을 사랑하는 사람들을 사랑한다. 만일 너희가 너희에게 선을 베푼 사람들에게만 선을 베푼다면 너희에게 무슨 기쁨이 있겠느냐? 죄인들도 같을 일을 한다. 만일 너희가 받는 것을 확신하는 사람들에게만 꾸어준다면 너희에게 무슨 기쁨이 있겠느냐? 죄인들도 같은 것들을 되돌려 받으려고 죄인들에게 빌려준다. 그러나 너희는 너희 원수를 사랑하고 선을 베풀어라. 너희는 아무것도 돌려받기를 바라지 말고 꾸어주어라. 너희의 상이 클 것이다. 너희가 지극히 높으신 분의 자녀들이 될 것이다. 왜냐하면 그분은 은혜를 모르는 자들과 악한 자들에게도 은혜로운 분이시기 때문이다. 너희 아버지께서 자비로우신 것처럼 너희도 자비로운 사람이 되어라."누가복음 6:30-36

"그러므로 무엇들이든지 만약 '사람들이 너희에게 베풀어주기를' 너희가 바라는

바가 있다면, 너희도 똑같이 그들에게 베풀어라. 참으로 이것이 율법이고 예언자들이다."마태복음 7:12

참으로 예수의 하나님나라 복음운동에서는 서로가 서로에게 기대는 상호의존 경제가 필수다. 서로가 서로에게 생활경제의 기쁨을 선물하고 은혜를 주고받는 공동체 세상임이 틀림없다. 예수는 마태복음 산상설교를 통하여 옛 히브리 지파동맹의 희년신앙 행동계약 행동법규들을 예수의 하나님나라 복음 대헌장으로 재구성했다. 이제 필자는 예수의 하나님나라 대헌장 전문 격인 팔복선언또는 행복선언을 읽고 풀이하려고 한다. 그러면서 예수의 하나님나라 복음운동의 실체를 좀 더 자세히 이해할 수 있을 것이라고 기대한다.

원시 예수신앙 공동체

맨 처음 기독교회는 가난하고 힘없는 이들의 '예수신앙 공동체'였다. 의심의 여지없이 뚜렷하게 원시 예루살렘 예수신앙 공동체가 그랬다. 1세기에서 3세기까지 지중해세계에 널리 퍼져있던 초대교회들이 그랬다. 무엇보다도 복음서에 나타난 예수와 함께하던 갈릴리 풀뿌리 사람들의 하나님나라 복음운동 공동체가 그랬다.

한반도의 맨 처음 교회들도 가난한 풀뿌리 사람들의 예수신앙 공동체였다. 이 땅의 초대교회들은 배고프고 고단한 삶을 사는 이들이 서로 가진 것을 나누고 서로의 굶주림을 채워주었다. 진실한 신앙과 삶의 관계를 맺어나가는 생활신앙 공동체였다. 분하고 억울한 일들과 슬프고 절망스러운 일들을 함께 거들고 나누는 것이 교회의 마땅한 신앙실천행동이었다. 필자는 지금도 어린 시절 우리 집 담장 위로 넘나들던 이웃집 권사님의 거칠고 두툼한 손을 기억한다. 평생 농사일로 마디마디에 굳은살 박인 늙으신 권사님의 거칠고 두툼한 손을 떠올린다. 우리 집 식구들이 굶고 있다는 것을 어찌 그리도 잘 아시는지? 고구마와 감자와 보리쌀을 가득 담은 바구니를 담장 위로 넘겨주시던 옛 시골교회의 그 권사님을 추억한다.

21세기 한국교회의 신앙표지

21세기 한국교회의 '신앙표지'信仰標識는 초대교회의 '가난하고 힘없는 사람들의 예수신앙 공동체'와 정반대다. 21세기 한국교회의 신앙표지는 '이웃들과의 경쟁에서 이기는 것'이다. '부와 권력을 더 많이 독점하고 착취하고 쌓는 것'이다. 독점재벌·맘몬권력 지배체제에서 '불로소득계층으로 우뚝 서는 것'이다. 따라서 21세기 한국교회와 교우들은 야훼 하나님의 '해방과 구원, 정의와 평등, 생명평화세상'을 배척한다. 예수의 하나님나라 복음운동을 대신해서 맘몬·자본세상의 부와 권력을 하나님으로 숭배한다. 그렇다면 21세기 한국교회와 시대상황 속에서 새로운 교회의 모습들을 어디서 어떻게 찾고 배워야 할까?

이제 필자는 마태복음서 팔복선언과 누가복음서 행복선언을 읽고 풀이하면서 답을 찾아보려고 한다. 실제로 팔복선언행복선언은 예수의 하나님나라 복음 대헌장 전문과 같다. 예수가 하나님나라 복음 대헌장 전문 속에서 옛 희년신앙 행동법규들을 어떻게 재구성했는지 살펴볼 수 있을 것이다. 그럼으로써 21세기 '교회는 무엇이어야 하는지'를 찾을 수 있을 것이다. 이를 위해 필자는 마태복음 '팔복선언' 본문과 누가복음 '행복선언' 본문을 서로 비교하며 살펴보려고 한다. 이와 관련해서 많은 성서학자들은 누가복음 행복선언의 뿌리를 'Q복음 곧 예수의 어록'으로 이해한다. 이에 반하여 마태복음 팔복선언은 누가복음 행복선언을 밑바탕삼아 마태복음서 저자가 창작했거나 다른 행복이야기 전승들을 보태 넣었을 거라고 이해한다.

그런데 한국교회와 교우들은 곧잘 마태복음서 팔복선언을 '산상보훈'이라고 부른다. 너무나도 귀하고 보배로운 말씀이라서 '보훈'寶訓이다. 그래서 사람들은 산상보훈을 한 구절 한 구절 떼어서 깊이 묵상하기를 즐겨한다. 누가복음서 '행복선언'도 마찬가지다. 그러나 한국교회와 교우들이 수도 없이 팔복선언을 읽고 묵상하지만 안타깝게도 실존신앙과 삶은 결코 이 말씀들에 설복당하지 않는다.

팔복선언행복선언 해석방법

마태복음서 팔복선언을 읽으면서 21세기 기독교 신앙인들은 이렇게 질문한다. 도대체 가난이 어떻게 행복으로 연결될 수 있단 말인가?

나아가 '영으로 가난한 사람들'이란 말과 함께 묵상한다면 더 많이 헷갈리게 마련이다. 도대체 마음 또는 심령으로 가난하다는 게 뭐야? 그러면서 나름대로 생각들을 뜯어 맞추거나 영 '모르겠다'라고 도리질을 해댈 수밖에 없다. 따라서 이천년 기독교역사 속에서 서구교회가 머리를 짜내고 생각들을 뜯어 맞춰서 얻은 마태복음서 팔복선언 해석방법은 두 가지다.

첫 번째, 마태복음서 팔복선언을 누가복음서 행복선언에 비교해서 해석하는 방법이다. 마태복음서가 누가복음서처럼 '가난한 사람들'이라고 하지 않고 '심령이 가난한 사람들'이라고 표현했기 때문이다. 이 때 심령이 가난한 사람들은 지금 춥고 배고프며 불행한 시절을 보내지만 이제 곧 하나님나라가 오면 '모든 고생 끝, 행복시작'이라는 현실해석을 할 수 있다. 그래서 많은 기독교인들이 '물질로는 가난해도 마음만은 풍요롭게 살아야지 마음조차 찌들어 산다면 그게 신앙인의 자세일까'라고 스스로를 위로한다. 한편 이해가 되고 현실에서 수긍할 말한 해석이다. 요즈음 유행하는 '힐링교회'에 딱 맞는 해석이기도 하다. 나아가 무한경쟁에서의 실패하고 가난과 절망에 찌들어 사는 사람들에게 종교피안彼岸을 제공한다. 아주 적절한 위로와 치유를 제공하는 해석이다.

그러나 마태복음 팔복선언에 대한 이런 해석은 누가복음 행복선언의 신앙진실과 사뭇 다르다. 행복선언의 '가난한 사람들'이라는 신앙언어'가 드러내는 '예수의 하나님나라 복음운동의 치열한 자기혁신과 신앙행동 의지'를 철저하게 외면한다. 예수의 하나님나라 복음운동을 아무런 실체가 없는 종교 이야깃거리로 만들어 버리기 십상이다. 이러한 해석은 21세기 맘몬·자본 지배체제의 대항세상對抗世上으로써 예수의 하나님나라를 살아가려는 예수신앙인들의 신앙행동 의지를 무력화 할 위험이 크다. 이러한 현실해석은 신앙인의 참된 신앙실천 행동과 그에 따르는 무한한 신앙신비와 역동성을 잃어버리게 한다. 그럼으로써, 우리의 삶의 마당으로 침투해오는 예수의 하나님나라 복음을 종교 관념과 표상으로 화석화해서 입에 발린 고백교리로 만들 위험성이 크다. 실제로 21세기 한국교회와 교우들은 팔복선언을 하나님나라 고백문서처럼 외워댄다. 그럼으로써 스스로 하나님나라 복음운동의 욕구불만 신앙발달장애 속으로 떨어져 내린다.

두 번째 마태복음서 팔복선언 해석방법은 서구교회로부터 전해져 온 풍유諷諭 또는 상징해석이다. 얼마가 됐든, 어떻게 벌었든, 넘치도록 사유재산을 가진 사람이라도 '영과 마음 또는 심령心靈 속에서 탐욕을 버렸다면 '자유롭고 행복하다'는 해석이다. 이러한 서구교회의 해석을 쫓아서 많은 기독교인들이 '영성수련 또는 마음 닦기'에 몰두한다. 그럼으로써 팔복선언에 따르는 사회경제·종교·정치 공동체 신앙행동의 치열함과 엄중함을 해소시키려고 노력한다.

　그러나 이러한 신앙도피는 예수신앙인으로서 이 땅의 하나님나라 복음운동을 무시하게 되는 위험이 크다. 그것은 곧 21세기 맘몬·자본 지배체제를 향한 대항세상으로써 예수의 하나님나라 복음운동에서 비켜서려는 신앙태도다. 그럼으로써 이 땅의 하나님나라 복음운동에서 자연스럽게 따라붙은 예수신앙 생활영성도 함께 잃어버리게 된다. 예수신앙 생활영성을 잃게 되면 팔복선언 속에 숨겨진 예수의 하나님나라 복음운동의 신앙행동계시도 깨닫지 못한다. 그것은 참으로 바르지 못한 반 신앙 잔꾀로써 사탄의 유혹일 수밖에 없다.

　이렇듯이 마태복음서 팔복선언에 대한 서구교회의 풍유 또는 상징해석들은 예수의 하나님나라 복음운동의 실체와 거리가 멀다. 팔복선언이 드러내는 예수의 하나님나라 복음은 이 땅의 가난한 이들에 대한 값싼 위로와 동정의 말장난이 아니다. 무슨 마음 닦기나 영성훈련의 표어도 아니다. 나아가 예수의 하나님나라 복음운동은 어떤 신비한 종교계시이거나 종교 신화도 아니다. 예수의 하나님나라 복음운동은 종교계시 또는 해석으로만 끝나지 않는다. 예수의 하나님나라 복음운동이야말로 예수신앙인들의 삶의 마당에서 마땅히 실천해야하는 신앙과 삶의 과제다. 예수의 하나님나라 복음운동은 지금 여기 이 땅에서 치열한 신앙행동이고 신앙삶이다. 21세기 교회와 교우들의 삶의 마당에서 드러내야 할 마땅하고 참된 '예수신앙표지'信仰標識다.

팔복선언에 나타난 '프뉴마티 πνεύματι 영또는 生으로 가난한 사람들'

　마태복음 팔복선언과 누가복음 행복선언에 나타나는 헬라어 용어들은 예수의 하나님나라 복음운동의 숨은 신앙은유들을 드러낸다. 숨겨져 있지만 분명하게 드러나는 신앙과 삶의 의미들을 담고 있다. 먼저, 팔복선언의 첫 낱말은 '마카리오스 μακάριος:행복한'라는 헬라어 형용사다. 필자는 '행복하여라'라는 서술문장으로 번역했다. 그런데 '도대체 가난이 어떻게 행복으로 연결될 수 있지'라는 당연한 현실질문을 피해갈 수 없다. 또 '프뉴마티 πνεύματι:영으로' 가난한 사람들이란 문구는 누구라도 헷갈리게 만든다. 특별히 우리말 성서는 '심령心靈'이라는 어려운 한자말로 번역했다.

실제로 신약성서에서 '프뉴마'라는 헬라어 낱말은 '바람·숨·생명·생명기운·영·혼' 등 여러 가지 의미를 나타낸다. 마태복음 팔복선언에서 '프뉴마'는 여러 의미들의 총체로써 '생生 또는 삶'을 은유한다. 나아가 '하나님과 하나로 창조생명생태계'의 밑바탕으로써 '하나님의 거룩한 생명의 영'을 의미한다. 예수신앙인들은 하나님이 거룩한 생명의 영을 힘입어 가난 속에서도 행복을 이끌어 낼 수 있다. 왜냐하면 마태복음 팔복선언에서 '생生으로 가난한 사람'이야말로 예수의 하나님나라 복음 대헌장전문으로써 팔복선언 신앙의미를 표상表象하기 때문이다.

그렇다면 팔복선언에서 생生으로 '프토코이 πτωχοί:가난한 사람들'는 누구일까? 이때 팔복선언에서 '가난한'이라는 헬라어 낱말에 숨겨진 신앙은유는 '성서독자들이 상상할 수 있는 만큼 그 의미'를 드러내준다. 실례로 '프토코스 πτωχός:가난한'라는 헬라어 형용사는 '프토스소 πτώσσω:움츠러들다 또는 웅크리다'라는 동사에서 왔다. 따라서 '프토코스'라는 용어는 한 끼 배부른 식사만으로도 생生의 모든 것을 만족하는 '가난한 이들의 움츠러든 욕망'을 드러낸다. 무엇에든, 무엇으로든 만족하는 움츠러든 삶의 욕망을 훈련한 것이야말로 '가난한 사람들의 행복은유'다. 그렇다면 '자기 생

生의 욕구와 욕망과 탐욕'을 웅크릴 수 있는 힘이 어디로부터 올까? 얼마만큼 자기 생生의 욕구와 욕망과 탐욕을 웅크려 작게 할 수 있을까? 사람마다 자기현실 삶의 문제로 남겨 둘 수밖에 없다.

이렇듯이 팔복선언에서 '생生으로 가난한 사람들'은 맘몬·자본권력 지배체제를 향한 대항세상對抗世上 Anti Society으로써 '하나님나라를 깨닫는 사람들'이다. 예수의 하나님나라 복음운동의 신비와 역동성을 체험함으로써 이 땅의 하나님나라를 살아가려는 사람들이다. 21세기 독점금융 자본주의 시장경쟁 체제의 '무한경쟁·독점·쌓음·소비'라는 생生의 구조를 벗어난 사람들이다. 하나님의 다스리심 안에서 옛 히브리들의 희년신앙 행동법규들을 행동하는 사람들이다. 야훼 하나님의 해방과 구원, 정의와 평등세상을 살면서 삶의 자유를 누리는 사람들이다. 21세기 금융시스템 불로소득 경제체제에서라도 '움츠러든 아주 작은 욕망'으로 자기 생을 살며 행복을 누리는 사람들이다.

이런 사람들은 무슨 무소유이니, 자발적 가난이니, 청부/청빈이니 하는 논쟁에 휘둘리지 않는다. 그런 논쟁에 관심도 없고 그렇게 논쟁할 이유도 없다. 생生으로 가난한 사람들은 그냥 그 삶 자체로 가난하고 소박하고 청빈하다. 팔복선언에서 생生으로 가난한 사람들은 부동산대박, 펀드대박, 일류학벌, 엘리트주의 따위가 있을 수 없다. 그런 따위에 대한 관심과 지식과 정보도 없다. 또한 부와 권력에 대한 숭배와 탐욕도 없다. 부와 권력의 결핍에 대한 불안과 절망과 두려움조차도 없다. 마태복음 팔복선언은 이런 사람들을 가리켜 '생生으로 가난한 이들'이라고 말한다.

그러므로 팔복선언은 '생生으로 가난한 사람들이 이 땅의 하나님나라에서 누리는 생生의 해방과 자유 그리고 행복'을 노래한다. 부유하고 독실한 기독교인들이라 해도 '생生으로 가난한 이들의 해방과 자유 그리고 행복'을 어찌 짐작이나 할 수 있으랴?

이 땅의 하나님나라는 생生으로 가난한 사람들의 것이다.

생生으로 가난한 사람들의 행복은 결단코 독점 금융자본주의 시장경쟁체제에서 자기욕망성취가 아니다. 따라서 21세기 '무한경쟁·독점·쌓음·소비'라는 신자유주의 삶의 구조에 목을 매는 사람들은 도저히 꿈꿀 수 없는 행복이다. 그것은 자본주의 고진감래苦盡甘來이거나 또는 소원성취所願成就가 아니기 때문이다. 맘몬 자본세상에서 부와 권력에 목을 맨 사람들은 결단코 생生으로 가난한 사람들의 행복을 넘볼 수 없다. 그들이 '이 땅의 하나님나라 복음운동으로 누리는 행복'을 넘보는 것은 가당치도 않다. 자기 삶의 마당을 부와 권력숭배의 제단으로 치장해 놓은 사람들에게 무슨 마음 닦기나 영성수련이 가능할까?

이렇듯이 생生으로 가난한 이들의 행복이란? 부와 권력숭배의 제단에 바쳐진 자신의 삶의 마당을 정화하려는 이들에게 주어지는 야훼 하나님의 은총이다. 21세기 독점 금융자본주의 시장경쟁체제에 목을 매던 삶의 구조를 무너트린 사람들에게 내리는 하늘사랑이다. 이 땅의 하나님나라 복음운동에 헌신하는 사람들이 누리는 신비로운 신앙과 삶의 능력이다. 이렇듯이 생生으로 움츠러진 욕망을 따라 자족하는 사람들에게 21세기 독점자본주의 시장경쟁체제는 도저히 두둔할 수 없는 사탄의 체제다. 생生으로 가난한 사람들은 세차고 꿋꿋하게 21세기 독점자본주의 시장경쟁체제를 향한 대항세상의 삶을 산다. 이 땅의 하나님나라를 선포하고 행동하며 누리는 생生의 모험을 즐거워한다. 그런 생生의 모험가운데서 기쁨과 행복을 누린다.

그러므로 마태복음 팔복선언은 생生으로 가난한 사람들에게 '하늘나라'가 그들의 것이라고 선언한다. 누가복음 행복선언에서는 '하나님나라가 그대들의 것'이라고 선포한다. 이때 팔복선언의 하늘나라는 행복선언의 '하나님의 나라'바실레이아 투 테우 βασιλεία τοῦ θεοῦ에 대한 유대인들의 은유다. 유대인들은 '하나님의 나라'를 대놓고 말하지 않고 에둘러서 '하늘나라'라고 말한다.

실제로 하나님나라는 '하나님의 다스리심 곧 임마누엘'이다. 고대 이집트 파라오 노예세상으로부터 야훼 하나님의 해방과 구원사건을 체험한 히브리들이 꿈꾸던 '해방과 자유, 정의와 평등, 생명평화나라'다. 야훼 하나님의 '샬롬:평화세상'이다. 이제 '하나님의 나라'는 생生으로 가난한 사람들의 것이다. 삶의 욕구와 욕망과 탐욕을 아주 작게 웅크려서 자기 생활경제를 만들어가는 사람들의 것이다. 맘몬·자본권력 지배체제의 무한경쟁·독점·쌓음·소비를 향한 대항세상을 살아가는 사람들의 것이다.

이렇듯이 예수는 그 땅 풀뿌리 사람들에게 하나님나라는 '엔토스 휘몬: 너희 안에' 있다고 선언한다.누가복음 17:21 이때 '엔토스'라는 헬라어 전치사는 '~안에, ~사이에, ~말미암아' 등 여러 가지 뜻으로 사용된다. 그런데 예수의 하나님나라 복음운동에서 '엔토스'는 시간과 공간 그리고 관계맺음을 모두 포괄한다. 하나님나라는 생生으로 가난한 사람들의 모든 활동과 삶의 시간 속에서 이루어진다. 그들의 활동과 삶의 공간에서 이루어진다. 그들의 활동관계와 삶의 관계로 말미암아 이루어진다. 생生으로 가난한 사람들로 말미암아 이 땅에서 하나님나라가 세우지고 커지고 넓어진다. 이 모든 생生으로 가난한 사람들의 하나님나라 복음운동의 시간과 공간과 관계 속에는 임마누엘 하나님이 함께하신다.

팔복선언행복선언과 교회의 행동역할 그림 1.

21세기 성서독자들은 마태복음 팔복선언 또는 행복선언에서 두 가지 교회들의 행동역할 그림을 찾을 수 있다. 먼저, 교회는 '슬퍼하는 사람들'에게 교회의 위로를 베풀 수 있다. 그럼으로써 교회는 그들을 행복하게 할 수 있다. 이때 팔복선언 본문은 '펜테오πενθέω: 애통하다'라는 헬라어 동사를 사용한다. 이 동사의 명사형이 '펜토스πένθος'인데 그 뜻은 '서럽고 슬픈 고통 또는 가슴이 찢어지는 아픔'이다.

또 누가복음 행복선언은 '지금 우는 이들이여'라고 표현한다. 이때 누가복음 행복선언 본문이 사용하는 '클라이오κλαίω'라는 헬라어 동사는 '통곡하며 울다'라는 뜻이다. 마찬가지로 교회는 '지금 우는 이들'을 돌보고 감싸줌으로써 그들을 웃게 할 수 있다. 교회는 애통하는 사람들과 우는 사람들에게 웃음을 찾아줌으로써 그들을 행복하게 할 수 있다. 이렇듯이 팔복선언행복선언에 따른 신앙행동이야말로 '슬퍼하는 사람들을 위로하고 우는 사람들을 웃게 하는 교회와 교우들의 행동역할 그림'이다.

이와 관련하여 마태복음 팔복선언은 '그들이 위로를 받게 될 것이다'라고 선언한다. 이때 팔복선언 본문은 '파라칼레오παρακαλέ 가까이 부르다'라는 헬라어 동사를 사용한다. 이 동사는 '파라παρά: 곁으로 또는 가까이 + 칼레오καλέω:부르다'로 이루어진 합성동사다. 따라서 슬퍼하고 애통하는 사람들을 위로하는 최선의 방법은 그들에게 가까이 다가가는 것이다. 그들의 곁으로 가까이 가서 그들의 슬픔과 고통에 소통하고 참여하며 연대함으로써 그들을 위로하는 것이다. 또는 때때로 슬퍼하고 애통하는 사람들을 교회로 또는 교우들의 삶의 마당으로 초대해서 위로하고 힘을 북돋울 수도 있다.

이런 의미에서 '파라칼레오'라는 동사로부터 '파라클레토스παράκλητος: 보혜사保惠師'라는 성령에 대한 새로운 신앙은유信仰隱喩가 나타났다. 보혜

사는 교회와 교우들에게 흔히 '위로자 또는 중보자'로 알려져 있다.

한편 누가복음 행복선언 본문은 '그대들이 웃을 것이오'겔라세테:γελάσετε 라고 선언한다. 따라서 지금 교회 안에서 또는 교우들 가운데서 우는 사람들이 있다면 교회와 교우들은 그들에게 웃음을 찾아 주어야 한다. 이 때 生으로 가난한 사람들의 신앙결사체로써 교회는 '맘몬·자본세상 웃음따라 하기'에 매몰되어서는 안 된다. 예수의 하나님나라 복음운동 신앙 공동체로써 교회와 교우들의 웃음은 '맘몬·자본세상 교만한 웃음'에 휩쓸릴 수 없다. 이 땅의 하나님나라 복음운동 공동체로 교회의 웃음은 스스럼없는 웃음, 거리낌 없는 웃음, 여럿이 함께 웃는 공동체 웃음이어야 한다.

이제 21세기 교회들의 바른 '신앙표지'信仰標識는 生으로 가난한 사람들이 만들어가는 '이 땅의 하나님나라 복음운동'이다. 나아가 21세기 교회의 바른 신앙행동 역할은 '지금 우는 이들의 삶속으로 침투하는 거침없고 스스럼없는 해방과 자유, 생명평화세상 웃음'이다.

그렇다면 21세기 애통하는 사람들의 삶의 자리는 어디일까? 두 말할 것도 없이 우리시대 우는 이들의 삶의 자리는 맘몬·자본지배체제 빚 세상경제다. 21세기 모든 눈물은 '무한경쟁·독점·축적·소비라는 삶의 구조 때문이다. 누군가는 맘몬·자본 지배체제의 폭압으로 인해 서러운 눈물을 흘릴 수도 있다. 또 누군가는 맘몬·자본 지배체제의 은총을 잃어버리고 억울함의 눈물을 흘릴 수 있다. 실제로 사람의 생명살이는 종교 관념과 철학 사유만으로는 모두 다 포섭하지 못한다. 지렁이도 밟으면 꿈틀하듯이 생명살이의 시작과 과정과 끝은 너무도 선명하고 절절하며 속절없다. 이제 이 땅의 뭇 생명들의 필요와 쓰임, 고통과 절망, 희망과 용기, 의지와 분노 등을 세밀하게 알아채고 깨달아야 한다. 그 알아챔과 깨달음이 뭇 생명살이 안에서의 신앙행동이고 진보행동이다. 더 이상은 뭇 생명살이의 마땅한 권리가 국가와 시장, 기업과 정치, 자본과 종교 이데올로기에 농락당하지 않아야 한다.

실제로 코로나19사태 속에서 '반지하방 세 모녀 자살사건, 청년들의 자살사건, 독거노인들의 자살사건, 차량 안 가족동반 자살사건' 등 가난과 빚에 짓눌려 생을 포기하는 사람들이 끊이지 않았다. 그럼에도 불구하고 21세기 애통하는 사람들의 삶의 마당에서 한국교회와 교우들을 찾아볼 수 없다.

안타깝게도 대한민국 사회는 2014년 4.16 세월호 참사를 경험했다. 4.16 세월호 참사는 3백 4명의 안타까운 목숨을 앗아갔다. 그럼에도 불구하고 대한민국 사회는 2022년 10.29 이태원참사를 막지 못했다. 4.16 세월호 참사가 우리사회 '안전'에 대한 근본적인 질문을 던졌다. 그러나 지난해 발생한 10.29 이태원참사로 대한민국 사회는 또 다시 1백59명의 소중한 목숨들을 떠나보냈다. 이 두 차례에 거친 사회참사의 고통과 슬픔에 참여하고 연대하는 교회와 교우들은 아주 적다. 그 반대로 대다수의 교회와 교우들은 이 두 번의 사회참사를 헐뜯고 모욕하는 일에 몰두한다.

그러나 이제 한국교회는 生으로 가난한 사람들의 신앙결사체로서 21세기 예수신앙정체성을 회복해야 한다. 교회는 예수의 하나님나라 복음운동 공동체로써 맘몬·자본질서와 가치로부터 완전히 결별해야 한다. '무한경쟁·독점·쌓음·소비'라는 맘몬·자본숭배 교리로부터 해방되어야 한다. 그래야만 한국교회와 교우들 그리고 이 땅에서 슬퍼하고 애통하는 사람들이 다함께 이 땅의 하나님나라를 누리며 파안대소破顔大笑할 수 있다.

팔복선언행복선언과 교회의 행동역할 그림 2

두 번째, 팔복선언_{행복선언}과 교회의 행동_{역할} 그림은 '지금 굶주리는 이들을 배부르게 하고 행복하게 하는 신앙행동 공동체'다. 이때 마태복음 팔복선언은 '정의에 굶주리고 목마른 사람들'이라고 말한다. 어떤 정의 일까? 서구교회는 오래도록 팔복선언에서 '메시아 종말론에 따른 새로운 구원질서로써 의義'를 찾았다. 임마누엘복음 시대상황에 걸맞지 않은 '다 윗후손에서 나오는 메시아를 대망하는 사람들의 태도'에서 의義를 찾았 다. 물론 서구교회는 에둘러서 예수 그리스도를 믿는 사람들에게 주어지 는 '의로움'이라고 선동했다. 필자는 기독교회의 교리로써 초대교회로부 터 현대 서구교회에서까지 팔복선언에서 찾아야만 했던 '의로움'을 나름 이해할 수 있다.

그렇다면 예수가 팔복선언 육성肉聲에서 정말로 그런 '정의'를 말했을 까? 전혀 그렇지 않다. 예수 시대에서도 그 땅 풀뿌리 사람들에게 정의 란, '가난하고 힘없는 이들이 착취당하지 않고 억압받지 않는 것'을 말한 다. 과부와 고아와 나그네 등 사회경제 약자들을 보호하는 것이 정의다. 옛 히브리 지파동맹의 희년신앙 행동법규들에 따라 행동함으로써 만들 어가는 '해방과 구원, 정의와 평등세상'이 정의다.

실제로 누가복음 행복선언은 '행복하여라, 지금 굶주리는 이들이여' 라고 단순하게 '정의'를 말한다. 가난하고 힘없는 이들을 편드시고 두둔 하는 야훼 하나님의 '정의'를 크게 드러내는 예수의 행복선언이다. 옛 희 년신앙 행동법규들을 완벽하게 재구성한 예수의 하나님나라 복음운동의 실체를 증언하는 행복선언이다. 왜냐하면, 예수의 하나님나라 복음운동 에서는 '가난하고 힘없는 사람들이 행복을 누리는 것이 정의'이기 때문이 다. 지금 굶주리는 이들이 배부르게 되고 행복하게 되는 것이 '정의'이기 때문이다.

따라서 팔복선언에서도 '디케δίκη: 마땅하고 올바른 일'에 굶주리고 목마른 사람들이 배부르게 될 것이라고 선언한다. 이때 마태복음 팔복선언이 사용한 '딥사오διψάω'라는 동사는 '갈망하다'라는 의미다. 맘몬 자본세상 속에서 '올바르고 마땅한 행동으로써 정의'를 갈망하고 목말라 하는 사람들이다.

이렇듯이 굶주림의 고통 속에서 정의를 갈망하는 사람들을 배부르게 하는 것이 교회의 마땅한 행동역할이다. 여기서 팔복선언 본문은 '그대들은 배부르게 될 것이다'χορτασθήσεσθε라는 헬라어 동사를 사용한다. 이 동사는 '콜토스χόρτος: 꼴을 먹이는 장소'라는 명사에서 유래한다.

실제로 21세기 교회들은 '지금 굶주리는 사람들을 배부르게 하는 밥상공동체'로써 그들을 행복하게 할 수 있다. 그럼으로써 교회들은 참된 예수신앙 공동체로써 이 땅의 하나님나라로 자리매김할 수 있다. 교회들이 차리는 시대의 밥상공동체야말로 '행복하여라, 지금 굶주린 이들이여, 그대들이 배부르게 될 것이다'라는 예수의 선언에 대한 응답이다. 21세기 교회들의 '마땅한 행동역할 그림'이다. 왜냐하면 교회는 생生으로 가난한 사람들의 신앙결사체로서 예수의 하나님나라 복음운동 공동체이기 때문이다. 지금 굶주린 사람들이 배부르게 되고 행복하게 되는 팔복선언에 응답해야하는 '시대의 밥상공동체'이기 때문이다.

행복하여라, 온유한 사람들이여! 그들이 땅을 받을 것이다.

한편 마태복음 팔복선언은 온유한 사람들에게 행복을 선언한다. 이때 본문은 '온유한'이라는 뜻으로 '프라에이스'라는 헬라어 형용사를 사용한다. 이 헬라어 형용사의 원형은 '프라우파티아온유'라는 명사다. 이 명사는 '푸라우스πραΰς: 너그러운 + 파스코 πάσχω 고통을 당하다'로 이루어진 합성어다. 따라서 온유한 사람이란 자기시대의 억압과 고통을 견디고 이겨낸 사람들이다.

예수시대 상황에서라면, 로마제국으로부터 자기 삶을 빼앗기고 약탈당하는 유대와 갈릴리의 풀뿌리 사람들이다. 예루살렘 성전제사종교 체제로부터 죄인이라고 낙인찍힌 채 살아가야만 하는 풀뿌리 사람들이다. 예수의 하나님나라 복음운동에 참여하는 가난하고 힘없는 그 땅 풀뿌리 사람들이다. 옛 히브리 지파동맹 전통에서라면, 희년신앙 행동법규들에 따라 노예제국 지배체제를 향한 대항세상을 선포하는 사람들이다. 해방과 구원, 정의와 평등, 생명평화세상을 여는 사람들이다. 21세기 상황에서라면, 금융자본경제 불로소득 대박욕망을 이겨내고 소박한 삶을 사는 신앙인들이다. 맘몬·자본세상에서 희년 빚 탕감과 채무노예해방을 실천 행동 하는 사람들이다.

이렇듯이 본문은 온유한 삶을 사는 사람들은 '자기 노느매기 땅또는 몫'을 받을 것이라고 선언한다. 이때 본문은 '클레로노메오κληρονομέω'라는 헬라어 동사를 사용한다. 이 동사는 '클레로스κλῆρος 몫 + 네모νέμω 나누다'로 이루어진 합성동사다. '제비를 뽑아서 또는 상속으로 자기 노느매기 땅또는 몫을 받다'라는 뜻을 갖는다. 이 헬라어 동사는 옛 히브리 지파동맹의 '가나안 땅 노느매기'나할라 뜻을 고스란히 드러낸다.여호수아기 13:1-8, 14:1-5 그러므로 시대의 억압과 고통을 견디고 이겨내는 온유한 사람은 이 땅의 하나님나라에서 자기 노느매기 몫또는 땅을 차지하게 될 것이다.

행복하여라, 자비를 베푸는 사람들이여! 그들이 자비를 받게 될 것이다

또 마태복음 팔복선언은 자비를 베푸는 사람들에게 행복을 선언한다. 이때 자비를 베푸는 사람이란, 두 가지 경우로 꼽을 수 있다. 첫 번째는 가난하고 힘없는 사람들 사이에서 주고받는 공유공동체 자비다. 실제로 인류역사는 '부와권력을 독점한 사람들이 가난한 사람들에게 베푸는 자비에 의지해 오지' 않았다. 오롯이 다수의 가난하고 힘없는 '그 땅 풀뿌리 사람들의 상부상조'로 버텨왔다. 마찬가지로 이 땅에서 예수의 하나님나라는 상호의존경제 공동체다. 서로가 서로에게 기대어 사는 세상이다.

두 번째는 가난하고 힘없는 사람들에게 선한 뜻을 품고 있는 부유한 사람들의 자비다. 물론, 부와 권력을 독점한 사람들에게 자비를 기대하기는 매우 어렵다. 도리어 부자들에게는 자린고비 절약이 미덕일 뿐이다. 실제로 21세기에 이르러 부유한 북반구 나라들과 가난하고 힘없는 남반구 나라들의 관계가 그렇다. 지구촌 북반구에서 잘사는 나라들은 지구촌 남반구의 가난한 나라들에게 쥐꼬리만큼도 못한 원조를 베푼다. 그러고도 지구촌 남반구의 가난한 나라들로부터 원조해 준 것보다 수십 배가 되는 가치들을 착취한다.

그렇더라도 사람 사는 세상에서 부자들의 자비는 스스로를 맘몬·자본 노예사슬에서 끊어내는 신앙결단이다. 그럼으로써 맘몬·자본세상 장물아비 인생에서 벗어나 해방과 자유를 누리게 된다. 뿐만 아니라 야훼 하나님께 '희열'을 바침으로써 이 땅에서 하나님나라의 은총과 구원을 누릴 수 있다. 이사야 61:2

그렇다면 이제 팔복선언에서 자비를 베푸는 사람들이 받을 자비는 무엇일까? 당연히 야훼 하나님께서 주시는 해방과 구원, 정의와 평등, 생명 평화세상이다. 실제로 야훼 하나님은 히브리 노예들의 하나님이시다. 출애굽기 3장 가난하고 힘없는 사람들을 편드시고 두둔하신다. 그들에게 한없는 자비를 베푸신다. 야훼 하나님은 과부와 고아와 떠돌이 나그네를 사랑하신다. 시편 68:5-6 억압당하고 착취당하며 고통당하는 사회경제 약자들의 삶의 마당에 함께하시며 연대하신다. 채무노예로 팔려가거나 제국주의 전쟁포로가 되거나 약탈노예가 된 히브리들을 해방하고 구원하신다.출애굽기 21:1-11 그들이 해방과 구원, 정의와 평등, 생명평화세상을 세우고 누릴 수 있도록 용기와 의지와 힘을 북돋우신다.

무엇보다도 야훼 하나님은 가난한 사람들의 빚을 탕감하고 채무노예를 해방하는 '부유한 사람들에게도 한없는 자비'를 베푸신다. 가난하고 힘없는 사람들을 붙들어 일으키고 새로운 삶을 살게 하는 사람들에게 하늘은총과 복을 내리신다. 야훼 하나님은 부유한 사람들의 선한 행동을 통해서 말할 수 없는 '희열 또는 기쁨'을 맛보신다. 야훼 하나님은 옛 히브리들과 함께 희년신앙 행동계약을 맺으시고 행동법규들을 주셨다. 그럼으로써 시대의 부유한 사람들을 위해 '선한사마리아 사람이 되는 길'을 활짝 열어놓으셨다. 출애굽기 21-23장

행복하여라, 마음이 깨끗한 사람들이여! 그들이 하나님을 뵐 것이다

또 마태복음서 팔복선언은 마음이 깨끗한 사람들에게 행복을 선언한다. 실제로 성서는 사람 또는 하나님에게만 '마음'을 적용한다. 동물이나 여타 생명체들에게는 '마음'을 적용하지 않는다. 실제로 사람에게서 마음은 감정이나 충동衝動들이 용솟음치는 자리다. 양심·사랑·욕구·욕망·탐욕·교만 등 온갖 것들이 자리를 잡고 있는 곳이다.

그렇다면 사람의 마음자리는 어떻게 깨끗해져야 할까? 히브리 성서는 현대 뇌과학腦科學에서 다루는 '기억, 통찰, 지식, 용기, 양심. 사랑, 선택, 지성'을 '레브:심장 곧 마음자리'에서 찾는다.전도서 10:2, 잠언, 욥기 그리고 사람의 마음자리는 하나님의 마음자리와 통한다.사무엘상 2:35, 요한복음 14:20 따라서 사람마다 하나님께로부터 물려받은 '깨끗한 마음자리'카타로스 καθαρός를 더럽혀지지 않도록 청소하면 된다. 사람들의 마음자리에

서 '교만과 탐욕'을 몰아내고 '사랑과 양심 그리고 회개와 선한행동'을 북돋우면 된다. 이러할 때 야훼 하나님께서 히브리들과 함께 맺은 희년신앙 행동계약 행동법규들을 길잡이로 삼을 수 있다. 예수는 옛 희년신앙 행동법규들을 예수의 하나님나라 복음운동으로 완벽하게 재구성했다.

여기서 마태복음 팔복선언은 '마음이 깨끗한 사람들이 하나님을 뵐 것이다'톤 테온 오프손타이 τόν θεὸν ὄψονται 라고 선언한다. 이때 사용된 헬라어 동사 '오프손타이'는 미래형 디포재귀동사이다. 그런데 이 동사의 어법과 의미를 살려 본문읽기를 한다면 '스스로 하나님을 뵙다'라고 이해할 수 있다. 이점에서 '오프손타이'의 원형동사는 '호라오όράω'이다. '호라오'라는 헬라어 동사는 '파노라마처럼 우러러 보다 또는 깨달음으로 보다'라는 의미를 갖는다. 실제로 고대 문명사회에서 하나님은 제국주의 지배체제 만신전 안에서만 볼 수 있었다. 만신전의 제국주의 하나님들은 제사장이거나 왕이거나 하나님을 독점한 자들만 볼 수 있었다.

그러나 이제 히브리 노예들의 하나님 야훼는 가난하고 힘없는 사람들이 고통과 절망 속에서 우러러 뵙고 절규하며 하소연할 수 있는 하나님이다. 자기욕망과 교만과 탐욕들을 작게 웅크려서 다스릴 줄 아는 사람들이 깨닫고 뵙게 되는 하나님이다. 하나님의 뜻을 좇아서 하나님께로부터 물려받은 깨끗한 마음자리를 되찾은 사람들이 우러러 뵐 수 있는 하나님이다.

그렇더라도 야훼 하나님은 21세기에 유행하는 종교 소비로써 마음훈련이나 영성수련으로는 뵙기 어려운 분이시다. 왜냐하면 21세기 웰빙well-being 영성으로는 사람의 마음자리에서 교만과 어리석음, 욕망과 탐욕들을 비워낼 수 없기 때문이다. 따라서 성서는 옛 히브리들이 희년신앙 행동법규들을 따른 매일 매일의 생활영성훈련을 제안한다. 예수의 하나님나라 복음운동에 자기 몸과 마음과 뜻을 다해서 참여하고 연대할 것을 제안한다. 그럼으로써 히브리 노예들의 하나님 야훼로부터 물려받은 깨끗한 마음자리를 자기 삶의 마당에서 매일매일 훈련하고 세워나가기를 제안한다.

행복하여라, 평화를 행동하는 사람들이여! 그들이 하나님의 아들이라고 불려 질 것이다.

또 마태복음 팔복선언은 평화를 실천하는 이들에게 행복을 선언한다. 그렇다면 팔복선언에서 말하는 평화란, 어떤 평화일까? 팔복선언 문맥은 분명하게 개인정서와 감상 속에서 평안을 말하지 않는다. 시대의 사회경제·종교·정치 공동체 평화를 강조한다. 이때 본문이 사용한 헬라어 동사는 '에이레노포이에오:평화를 만들다'이다. 이 동사는 '에이레네:평화 + 포이에오:만들다 또는 행동하다'로 이루어진 합성동사다. 그런데 '에이레네:평화'라는 헬라어 낱말은 '에이로:연합하다'라는 동사에서 나왔다. 따라서 팔복선언이 말하는 평화는 '서로 다른 사람들이 연합해서 만들어내는 사회경제·종교·정치 공동체 평화'다.

따라서 평화란 21세기 우크라이나와 러시아 전쟁 등 끊이지 않는 지구촌 제국주의 전쟁 상황에서 말한다면, '전쟁을 하지 않는 상태'다. 이와 관련하여 지구촌사회는 '세계평화지수'Global Peace Index를 통해서 지구촌 나라들의 평화상태를 평가한다. 방위비규모, 군수산업규모, 치안상황, 전쟁사상자, 죄수규모, 조직범죄, 테러위험, 사회·정치 갈등 등 23개 지표를 통해 평화를 수치화한다. 대한민국의 평화수준은 세계 55위 정도다. 실제로 대한민국은 분단국가인데다 지구촌 제국주의 전쟁세력들의 정치 참여가 매우 높다. 따라서 실제 전쟁위험성은 현재의 세계 55위보다 훨씬 더 높다. 그럼에도 불구하고 대한민국이 세계에서 50위대 평화지수를 유지하는 이유는 무엇일까? 그나마 경제가 선진국대열에 올라섰고 치안도 안전하기 때문이다.

이와 관련하여 히브리 성서는 '예흐바 샬롬:야훼 하나님의 평화'를 강조한다.사사기 6:24 히브리 지파동맹이 희년신앙 행동법규들을 따라 행동하면, 어떤 경우라도 평화를 지키고 보장하시겠다는 의미다. 실제로 야훼 하나님께서 그 땅 끝까지 반생명·반평화 제국주의전쟁을 그치게 하신다. 활을 꺾고 창을 부러트리며 전차를 불사르셔서 그 땅을 고독하게 하신다.시편 46편 이사야 예언자는 아시리아 제국의 반평화·반생명 제국주의 전쟁위협 속에서 임마누엘 평화를 선포했다.이사야 11장

무엇보다도 야훼 하나님의 평화는 그 시대, 그 땅의 풀뿌리 사람들의 평화행동을 위한 소통과 연대의 길을 따라 온다. 그 시대와 그 땅에서 평화의 사람들이 제국주의 전쟁의 길에 대항해서 닦아놓은 호젓한 평화의 오솔길을 따라 온다. 의심의 여지없이 뚜렷하게 평화의 왕 예수는 이 땅 풀뿌리 사람들이 닦아놓은 평화의 길을 따라서 이 땅에 왔다.마가복음 1:1-3, 이사야 40:3-4

그러므로 시대마다 평화를 위해 행동하는 사람들이 '하나님의 아들들이라고 불려 질 것'이다. 이때 본문읽기에서 사용하는 헬라어 동사는 '미래형수동태'다. 스스로 자신을 하나님의 아들이라고 선전 선동하는 것이 아니라, 그 땅 풀뿌리 사람들에게 그렇게 불려진다. 그러나 안타깝게도 21세기 지구촌 제국주의 내부자세력으로써 교회들은 반생명·반평화 제국주의 전쟁을 부추기느라 여념이 없다. 가증스럽게도 야훼 하나님의 이름을 팔아서 생떼 같은 생명들의 피 흘림과 죽임 당함을 축복한다. 그따위 반생명·반평화 지구촌 제국주의 교회들과 교우들을 누가 하나님의 아들들이라고 부르겠는가? 참으로 21세기 한국교회와 교우들은 세상으로

부터 평화를 행동하는 사람들이라고 야훼 하나님의 아들들이라고 불려질 수 있을까?

행복하여라, 박해받은 사람들이여! 하늘나라가 그들의 것이다.

또 마태복음 팔복선언은 박해받는 사람들에게 행복을 선언한다. 이때 팔복선언은 '디오코'라는 헬라어 동사를 사용하는데 문자로는 '달아나다'라는 뜻이다. 그런데 신약성서 속에서는 대부분 사역형으로 쓰이면서 '쫓겨나다, 박해받다, 핍박받다'라는 뜻을 갖는다. 실제로 시대마다 가난하고 힘없는 사람들은 시대의 지배체제로부터 억압당하고 착취당한다. 그리고 끝내는 채무노예 나락으로 떨어져 내린다. 히브리 성서에서 히브리 노예들이 그런 사람들이었다. 마찬가지로 예수의 하나님나라 복음운동 결사체로써 갈릴리 사람들도 가난하고 힘없는 풀뿌리 사람들이었다. 대규모 토지를 독점한 부재지주들의 땅에 매여서 억압당하고 착취당하는 소작농들이거나 소작농노들이었다.

그러나 예수는 하나님나라가 박해받는 사람들의 것이라고 선언했다. 하나님나라가 갈릴리의 가난하고 힘없는 소작농 또는 소작농노들 '안에 또는 그들 가운데 나아가 그들 사이에' 있다고 선포했다. 갈릴리 사람들의 하나님나라 복음운동 공동체 활동과 관계 속에 '임마누엘-하나님이 함께 하신다'고 선언했다. 예수는 하나님나라야말로 예수자신과 갈릴리 풀뿌리 사람들이 함께 벌이는 하나님나라 복음운동 안에서 이미 시작되었다고 확신했다. 그럼으로써 예수는 옛 히브리들의 희년신앙 행동법규들을 하나님나라 복음운동으로 완벽하게 재구성할 수 있었다.

한편 팔복선언 끝 단락에서 '나예수 때문에 박해받는 사람들'이라는 표현은 마태복음 공동체에 불어 닥친 박해상황을 반영했을 것이다. 성서학자들은 마태복음의 출처를 유대인들로 구성된 예수신앙 공동체라고 믿는다. 실제로 마태복음 동아리는 시리아지역에 있었을 텐데, 성서학자들은 서기 80년에서 90년대 사이에 마태복음이 쓰여 졌을 것으로 이해한다.

이와 관련하여 맨 처음 초대교회에 가해진 로마제국의 박해는 서기 64년 네로황제의 박해였다. 이어서 서기 90년대에 이르러 도미티아누스 황제 때 두 번째 기독교박해가 일어났다. 그밖에도 초대교회는 로마제국의 신생종교로써 유대교로부터 또는 주변 이방인들로부터 매일 매일의 생활박해로 고통을 받았을 것이다. 따라서 마태복음 팔복선언은 거짓말쟁이들로부터 모욕과 박해를 당하는 사람들은 행복하다고 선언한다. 온갖 사악한 말들로 위협당하는 사람들은 행복하다고 선언한다. 기뻐하고 기뻐하라고 선언한다. 왜냐하면 하늘에서 상이 크기 때문이다. 참으로 이와 같이 박해자들그들이 옛 예언자들을 박해했다고 위로한다.

그렇다면 옛 예언자들을 박해한 '그들은' 누구 일까? 옛 히브리들의 희년신앙 행동계약 전통에서라면, 파라오 노예제국 지배체제이다. 파라오 노예제국에서 부와 권력을 공유하는 지배체제 내부자들이다. 파라오 황실가족, 제사장 등 종교엘리트 그룹, 고위관료 그룹, 귀족과 장로 토호세력들이다. 이스라엘 왕조시대라면, 왕과 성전제사장과 장로와 귀족들이다. 그 땅 풀뿌리 사람들의 생활경제에 빨대를 꽂아서 불로소득을 빨아 올리며 장물아비인생을 살아가는 부유한 사람들이다. 예수시대라면, 로마제국과 헤롯왕가와 예루살렘 성전제사종교체제 제사장들과 성전관료들과 장로들과 귀족들이다.

만약 21세기 상황에서라면, 너무도 복잡해서 손으로 꼽을 수조차 없다. 실제로 풀뿌리 사람들이라 해도 불로소득 대박욕망에 불타오른다면, 주변 모든 이웃들의 생활을 박해하는 사람으로 떨어질 수 있다. 따라서

21세기 성서독자들은 예수의 팔복선언 속에서 재구성된 옛 희년신앙 행동법규들을 하나하나 되새겨보아야 한다. 빚 탕감과 채무노예해방, 이자금지와 사회경제약자보호, 사법정의와 사회공동체정의, 쉼이 있는 노동세상, 토지공공성 등이다. 그럼으로써, 21세기 예수신앙인들은 '예수의 하나님나라 복음운동의 실체와 진실'을 새롭게 이해할 수 있을 것이다.

예수의 '하나님나라 복음운동'이란?

'예수의 하나님나라 복음운동'은 이천년 기독교역사 속에서 수많은 교회들이 끊임없이 외쳐온 기독교선교 캐치프레이즈다. 그러나 21세기 교회들은 이 땅에서 또는 교우들의 신앙과 삶의 마당에서 벌어지는 '하나님나라 복음운동'을 전혀 돌아보지 않는다. 이 땅에서 하나님나라 복음운동에 참여하고 연대하는 신앙행동에 전혀 나서지 않았다. 그저 교회들은 예수의 하나님나라를 저 멀리 피안의 세계로 밀어붙이는 일에 몰두해왔다. 예수의 하나님나라 복음을 죽음이후에 맞이할 피안의 세계로만 선전선동 했다. 그러면서 교우들이 마땅히 이 땅의 하나님나라 복음운동을 통하여 누려야할 신앙은총과 행복을 후려쳐 빼앗았다.

> "예수 믿고 교회에 충성하며 이 땅에서 많은 물질축복을 받아야 한다. 그래서 십일조 등 헌금을 많이 바쳐야 한다. 그리하면 죽어서도 천당에 갈 수 있다."

그러나 일찍이 중세 종교개혁 무렵부터 팔복선언또는 행복선언에 나타난 예수의 하나님나라 복음을 몸으로 살아내려는 기독교 종파들이 나타났다. 이들을 재세례파 또는 메노나이트라고 부른다. 이들의 신앙실천행동은 중세교회에 대한 개혁만을 목표로 하지 않았다. 이들은 자신들의 삶의 자리에서 초대교회의 신앙과 삶을 복원하는 신앙공동체를 건설하려고 노력했다. 이들은 원시 예루살렘 예수신앙공동체를 쫓아서 서로의 사유재산을 공유하는 대항세상을 꿈꾸고 행동했다. 그러는 과정에서 이들은 종교개혁주의자들과 권력자들부터 무지막지한 탄압을 받았다. 화형당하거나 혹은 옥사하는 등 참혹한 죽임을 당했다. 그렇게 21세기에 이르러서도 이들은 맘몬·자본권력 지배체제에 맞서는 예수신앙 실천행동을 끊임없이 이어오고 있다. 이들 재세례파 또는 메노나이트에게 팔복선언행복선언은 예수의 하나님나라 복음운동의 알짬이며 알맹이다. 예수의 하나님나라 대헌장 전문과도 같다. 21세기에 이르러서는 예수의 하나님나라 복음운동이야말로 지구촌 제국주의 지배체제 맘몬·자본권력에 대항하는 대안세상Alternative Society이다.

이제 21세기 한국교회는 이천년 기독교역사 속에서 수많은 교회들이 구호처럼 외쳐온 '예수의 하나님나라 복음운동 진실'을 새롭게 이해해야만 한다. 지금 여기 예수신앙인들의 삶의 마당으로 짓쳐오는 예수의 하나님나라 복음을 이해하고 기뻐하며 영접해야한다. 지금 여기 예수신앙인들의 생활경제 그늘 안에서 예수의 하나님나라 복음운동에 참여하고 연대해야 한다. 그럼으로써 예수의 하나님나라는 죽어서 가는 천당 곧 기독교 피안세계가 아니라는 신앙진실을 드러내야 한다. 예수의 하나님나라 복음은 지금, 여기, 이 땅에서 가난하고 힘없는 사람들의 삶 가운데 살아 있다는 신앙진실을 증언해야 한다.

4. 주기도문, 예수의 하나님나라 복음운동 행동강령

마태복음 6:9-13

본문읽기

그러므로 여러분은 이렇게 기도하시오.

하늘에 계신 우리 아버지.

당신의 이름이 거룩하게 되소서.

당신의 나라가 오소서.

당신의 뜻이 하늘에서와 같이 땅 위에서도 이루어지소서.

당신께서 오늘 우리에게 우리의 일용할 양식을 주소서.

당신께서도 우리에게서 우리의 빚들을 탕감하소서

실제로 우리가 우리에게 빚진 이들을 탕감했던 것처럼.

또한 당신께서는 우리를 유혹시련 속으로 빠지지 않게 하소서.

오히려, 당신께서는 우리를 악에 속한 것으로부터 끌어내소서.

본문 이해하기

주기도문

신약성서에는 짧고 긴 두 가지 주기도문 본문들이 전해져 온다. 누가복음에는 짧은 본문으로, 마태복음에는 긴 본문으로 기록되었다. 그 가운데 마태복음의 긴 주기도문은 초대교회의 예배형식에 사용되면서 고정된 형태를 갖추게 되었다. 따라서 교회들은 마태복음 주기도문을 받아들여 일반적으로 쓰게 되었다.

주기도문은 한 마디로 주님이 가르쳐주신 기도다. 주기도문은 모든 기도의 모범이며 초대교회로부터 지금까지 예배의 주요 요소로 자리 잡았다. 주기도문은 모든 교회들의 예배에서 빠짐없이 암송되어 왔다. 그러다보니 일부 교회와 교우들 사이에서 주기도문이 예배순서의 일부로만 인식되기도 한다. 그리고 마침내 주술이나 주문처럼 변질되어가는 현상이 나타나기도 한다. 이러한 현상은 중세 서구교회들에서 심화되었다. 일부 교회들에서는 예배의식에서 주기도문 암송을 금지하기도 했다. 21세기 한국교회에서도 '주기도문으로 드리는 기도'를 '주문기도'라고 비아냥거리는 이들이 많다. 마음에서 우러나지도 않는 '주기도문을 중얼 중얼거린다면 참 기도가 아니라는 생각' 때문이다. 이와 같이 아무런 뜻도 없이 맹목적으로 주기도문을 암송하는 행위는 '일종의 주술이거나 주문呪文'이라 꼬집는 말이다.

마태복음 주기도문은 예수의 팔복선언과 산상설교마태복음 5장-7장 가운데 놓여있다. 예수의 팔복선언과 산상설교는 예수의 하나님나라 대헌장과 같다. 예수의 산상설교는 청중들에게 닥쳐오는 하나님나라를 마주하여 그 하나님나라에 걸맞은 신앙과 삶의 태도를 요구한다. 이 점에서 예수의 산상설교 가운데 자리 잡은 주기도문이야말로 예수의 하나님나라 복음운동 행동강령이라고 할 수 있다. 주기도문은 '예수의 팔복선언과 산상설교의 참 뜻을 어떻게 신앙과 삶으로 구체화하고 행동할까'에 대한 답이다. 주기도문에 따라 하나님나라 복음운동의 문을 열고 들어가서 주기도문에 따라 행동하면 된다.

주기도문은 예수의 하나님나라 복음운동을 위해 예수께서 직접 가르쳐 주신 모범기도이다. 21세기 성서독자들은 주기도문을 읽고 해석하면서 역사의 예수에게서 생생한 육성을 들을 수 있다. 그래서 주기도문은 21세기에서도 예수의 하나님나라 복음운동의 밑바탕이다. 실제로 초대교회는 주기도문으로 예수의 하나님나라 복음운동의 문을 열었다. 주기도문을 예수의 하나님나라 복음운동 행동강령으로 삼았다.

이제 주기도문이야말로 21세기 예수신앙인들이 예수의 하나님나라 복음운동의 진실을 깨닫게 하고 행동하게 하는 힘이다. 왜냐하면 주기도문에서 역사의 예수가 가졌던 신앙 곧 '예수의 하나님이해를 확인'할 수 있기 때문이다. 또 예수의 하나님나라 복음운동의 '신앙실체와 삶의 태도를 확인'할 수 있기 때문이다. 이제 필자는 주기도문 본문을 자세히 읽고 풀이하려고 한다. 예수가 21세기 신앙인들에게 전해주는 하나님이해를 통해서 드러나게 될 교회공동체의 신앙진실을 기대한다. 21세기 교회와 교우들이 주기도문을 따라 신앙행동을 펼침으로써 드러나게 될 예수의 하나님나라 복음운동의 실체를 기대한다.

본문풀이

주기도문, 예수의 하나님나라 복음운동 행동강령
주기도문의 위상

마태복음 주기도문은 '그러므로'라는 헬라어 접속사로 시작한다. 이 헬라어 접속사는 마태복음 5장에서 7장까지 예수의 산상설교 문맥으로 보아 '주기도문이 예수의 산상설교의 핵심'이라는 것을 드러낸다. 성서학자들도 마태복음 산상설교를 '예수의 하나님나라 대헌장'이라고 설명한다. 나아가 마태복음 6장 9절에서 13절까지 주기도문이 '예수의 산상설교의 핵심'이라고 주장한다.

어떻게 해야 예수의 산상설교 참 뜻을 우리의 신앙과 삶으로 구체화하고 실천할 수 있을까? 주기도문은 여기에 대해 답한다. 주기도문에 따라 하나님나라 복음운동의 문을 열고 들어가서, 주기도문에 따라 하나님나라 복음운동을 펼치면 될 것이다.

그런데 누가복음 11장 2절에서 4절까지는 마태복음 주기도문과는 달리 짧은 주기도문이 들어 있다. 성서학자들은 누가와 마태 모두 주기도문을 예수의 어록에서 옮겨 적었다고 설명한다. 그럼에도 성서학자들은 누가복음의 짧은 주기도문을 예수의 어록에 충실한 본문으로 여기는 반면, 마태복음의 긴 주기도문에는 마태의 첨가부분이 많다고 주장한다. 더하여 마태복음에 기록된 주기도문은 마태의 기록 이전에 이미 초대교회가 규범으로 정한 주기도문이라고 설명한다. 따라서 초대교회로부터 21세기 교회에 이르기까지 마태복음 주기도문을 기독교회의 정식 주기도문으로 사용한다.

마태복음 주기도문에는 일곱 개에 달하는 예수신앙인들 또는 예수신앙공동체의 기도 청원이 들어 있다. 앞선 세 개의 청원은 예수신앙인들의 하나님이해를 깨우치게 하는 청원들이다. 첫 번째, 당신의 이름이 거룩하게 되소서. 두 번째, 당신의 나라가 오소서. 세 번째, 당신의 뜻이 하늘에서와 같이 땅 위에서도 이루어지소서. 이 세 개의 청원은 예수신앙인들의 신앙핵심으로써 올바른 하나님이해의 밑바탕이다.

이어지는 두 개의 기도 청원은 예수신앙인들의 삶의 현실문제에 대한 청원이다. 네 번째, 당신께서 오늘 우리에게 우리의 일용할 양식을 주소서. 다섯 번째, 당신께서도 우리에게서 우리의 빚들을 탕감 하소서, 실제로 우리가 우리에게 빚진 이들을 탕감했던 것처럼. 의미심장한 것은 '우리의 빚들을 탕감해 달라'는 청원에 '우리가 우리에게 빚진 이들을 탕감했던 것처럼'이라는 전제가 붙는다는 점이다. 이로써 주기도문의 네 번째, 다섯 번째 기도 청원은 예수 신앙인들의 '신앙과 삶의 진실'을 또렷하게 드러내는 청원이다.

　마지막 두 개의 기도 청원은 예수신앙인들 또는 예수신앙공동체의 생활위기에 대한 청원이다. 여섯 번째, 당신께서는 우리를 유혹시런 속으로 빠지지 않게 하소서. 일곱 번째, 오히려, 당신께서는 우리를 악에 속한 것으로부터 끌어내소서. 이와 관련하여 예수신앙인들은 '예수조차도 이 세상에서의 빵과 권력과 명예의 유혹을 받으셨다는 사실'을 잘 알고 있다. 이 점에서 주기도문의 마지막 두 개의 기도 청원은 예수신앙인들의 '신앙과 생활영성'의 핵심주제다. 아주 능동적이고 적극적으로 신앙인들의 삶의 마당에 하나님의 참여와 행동을 요청한다.

　이렇듯이 마태복음 주기도문의 일곱 개 기도 청원들을 크게는 두 개 부분 나눌 수 있다. 첫째부분은 앞선 세 개의 청원들을 묶어서 '하나님에 대하여'라고 나눈다. 두 번째 부분은 나머지 네 개의 청원들을 묶어서 '사람에 대하여'라고 나눈다. 또 한편으로는 일곱 개 기도 청원들을 세 개의 기도주제로 구분할 수 있다. 첫 번째 기도주제는 예수신앙인들의 신앙핵심으로써 앞선 세 개 청원들을 묶은 '하나님에 대하여'이다. 두 번째 기도주제는 예수신앙인들의 신앙과 삶의 핵심으로써 가운데 두 개 청원들을 묶은 '예수신앙인들의 삶에 대하여'이다. 세 번째 기도주제는 예수신앙인들의 신앙과 생활영성의 핵심으로써 마지막 두 개 청원들을 묶은 '신앙과 생활영성에 대하여'이다.

　이제 필자는 마태복음 주기도문의 일곱 가지 기도 청원들을 의심의 여지없이 또렷하게 예수의 '하나님나라 복음운동 행동강령'이라고 이해한다.

예수 신앙인들의 하나님이해

예수는 주기도문에서 신앙인들에게 누구를 향하여 기도하고 청원하라고 가르칠까? 마태복음 주기도문에는 '하늘에 계신 우리 아버지'를 제시한다. 누가복음에서는 단순하게 '아버지'라고 부른다. 이와 관련하여 히브리 성서시대의 유대인들은 하나님께서 친히 알려주신 하나님의 이름 '야훼'를 감히 대놓고 부르지 못했다. 그랬던 유대인들도 신약성서 시대에 이르러서는 조심스럽게 야훼 하나님을 '아브:아버지'라고 부르게 되었다. 나아가 어떤 사람들은 야훼 하나님을 '아비누:우리 아버지'라고 부르는 것을 부담스러워하지 않게 되었다. 실제로 유대인들은 히브리어 '집회서'에 야훼 하나님을 '아비:나의 아버지 또는 아비누:우리 아버지'라고 불렀다. 이 점에서 '하늘에 계신 우리 아버지'라는 표현은 '유대인으로써 예수신앙 공동체'였을 마태복음 동아리가 늘 써오던 표현이었다.

그러나 유대인으로써 예수 신앙인들조차 아직 야훼 하나님은 하늘에 계신다. 실제로 예수시대 유대인들에게 야훼 하나님은 예루살렘성전 안에 계셨다. 왜냐하면 맨 처음 다윗왕조 예루살렘 성전제사종교체제가 히브리 노예들의 하나님 야훼를 성전지성소에 유폐시켰기 때문이다. 다윗왕조 예루살렘 성전제사종교체제는 오래전에 완전히 멸망했지만 예수시대 예루살렘에는 헤롯성전 제사종교체제가 자리를 차지했다. 원시 예루살렘 예수 신앙공동체는 예루살렘성전에 모여 예배를 드렸다. 물론 마태복음서가 쓰여 질 무렵에는 예루살렘 헤롯성전이 로마제국 군대에 의해 완전히 멸망한 이후였다. 그럼에도 불구하고 유대교와 유대인들은 예루살렘 헤롯성전 거처를 잃어버린 야훼 하나님을 다시 하늘로 돌려보냈다.

따라서 마태복음 주기도문 저자도 '하늘에 계신' 우리 아버지라고 부른다. 이때 유대인들의 하늘은 히브리어로 '솨마임'이다. 그런데 히브리어 '솨마임'은 복수어미가 붙어서 '하늘들'이다. 실제로 히브리 성서 천지창조 이야기에서 '솨마임'은 세 개의 하늘이다. 첫 번째 하늘은 '라키아: 하늘 천장'이다. 이 하늘천장으로 인해 하늘천장 너머 하늘과 하늘천장 아래 하늘 등 세 개의 하늘이 생겼다. 마태복음 주기도문에서 '하늘에 계신 우리아버지'는 하늘천장 너머 하늘에 계신 것으로 이해할 수 있다. 또한편 '하늘에 계신 우리아버지'라는 표현은 가족적이기는 하지만 가부장주의의 '명예와 존경'으로써 아버지를 드러낸다. 또한 '창조와 교조'라는 사회·정치 가부장 의미로써 '지배자 아버지'라는 뜻을 나타내기도 한다.

그렇더라도 유대인들에게 우주란, 하늘과 땅과 바다 그리고 그 안에 존재하는 뭇 생명이다. 하나님의 완전한 창조생명세계를 의미한다. 그럼으로써 유대인들에게 하나님은 당신의 창조생명 세계 곳곳에 어디서나 계신다. 이 점에서 유대인들의 하늘 '솨마임'은 헬라인들의 이원론 세계관인 '너머의 세계'이데아 ἰδέα와 다르다. 또한 유대인들의 하늘 '솨마임'은 현대과학의 우주그림처럼 무한대로 확장되지도 않는다. 도리어 유대인들의 하늘 '솨마임'은 '여기, 사이, 틈間'의 세계다. 그리고 하나님은 당신의 창조생명 세계 영역에서 모든 사이사이를 충만하게 채우시는 분이다.

예수의 하나님 '아빠'ἀββᾶ

예수는 유대인들과 전혀 달랐다. 예수는 하늘천장이 '열리고' 하나님의 영이 '비둘기처럼' 자신에게 내려오는 영의 체험을 했다. 이때 야훼 하나님은 스스로 하늘천장을 '찢으시고'스키조 σχίζω 예수의 인생 속으로 오셨다. 이제 하나님은 찢어진 하늘천장을 수리 할 생각이 전혀 없으시다. 하나님은 그 찢어진 하늘천장 너머의 하늘에서 스스로 탈출하셨다. 야훼 하나님은 갈릴리 나사렛 사람 예수를 통하여 이 땅 풀뿌리 사람들의 하나님이 되셨다. 따라서 예수는 대놓고 하나님을 '아빠'ἀββᾶ라고 부르고 그렇게 가르쳤다. 그런데 '아빠'라는 용어는 아람어로서 매우 친밀하고 정감이 넘치는 호칭이다. 이 호칭은 그 무엇도 끼어들 여지가 없는 아버지와 아이 사이의 무한한 신뢰와 친밀함 속에서 사용되어지는 '관계용어'이다. 한마디로 '아빠'는 아이들이 아버지를 부르는 '가정 용어'이며 또한 '아이 말'이다. 아버지와 아이 사이에 이러한 신뢰와 친밀함이 돈독하다면, 아이가 어른이 되었을 때에라도 '아빠'라고 부를 수 있다. 이 점에서 예수의 '아빠'는 가부장과 지배 권력으로써 사회용어인 '아버지'를 대체하는 '새로운 신앙언어'이다. 새로운 '신앙 가족'이며 '거룩한 가족'인 '예수 신앙 공동체 신앙가족 언어'이기도 하다.

이렇듯이 예수의 '하나님아빠'는 가부장주의 지배 권력으로써 심판과 처벌이라는 종교폭력 신앙관을 해체하는 인류종교·문명사의 혁명이다. 이점에서 역사의 예수와 관계설정이 불분명했던 바울조차도 교회들에게 하나님을 '아빠'라고 소개한 것은 의미심장하다로마서 8:15, 갈라디아서 4:6 실제로 역사의 예수로부터 하나님나라 복음운동을 이어받은 초대교회는 하나님을 '아빠'라고 부를 수 있었다. 왜냐하면 초대교회는 예수의 가르침과 제자도 안에서 하나님나라 복음운동의 한 가족이 되었기 때문이다. 스스로를 하나님의 귀하고 사랑스러운 자녀들이라고 인식했기 때문이다.

무엇보다도 예수의 '하나님아빠'는 세상의 모든 차별과 기득권, 계층과 특권, 억압과 폭력을 해체한다. 그 누구도 하나님의 아들딸들을 억압하고 착취하며 노예로 삼을 수 없다. 이로써 '예수의 하나님아빠 가르침'은 로마 제국주의와 거기에 기대어 기생하는 예루살렘 성전제사종교체제의 기득권을 뒤집어엎는 신앙혁명이다. 이 예수의 신앙혁명은 21세기 지구촌사회에서도 절절하게 요구되는 신앙과제다.

그러므로 예수는 지금, 여기 사람들의 하루하루 생활과 행동과 사건 사이에 현존하시는 하나님 '아빠'άββᾶ에게 기도한다. 그럼으로써 예수의 하나님아빠는 유대 땅 풀뿌리사람들의 식민지 신앙과 삶의 열망과 투사投射로 점철된 '우주심판과 징벌의 하나님'을 대체한다. 나아가 로마제국 권력과 거기에 기생하는 예루살렘 성전제사종교 체제의 밑바탕이었던 '가부장주의 하나님 아버지'마저 해체한다. 예수의 주기도문은 하나님아빠께 올리는 '하나님의 아들딸들의 기도 청원'이다.

하나님에 대하여

마태복음 주기도문에 나타난 첫 번째 기도주제는 '하나님에 대하여'이다. 이 기도주제는 '예수의 신앙 곧 예수의 하나님이해'을 깨닫게 한다. 이점에서 '하나님에 대하여'라는 기도주제는 '예수의 하나님나라 복음에 대하여'라고 이해할 수 있다. 이제 '하나님에 대하여'를 기도주제를 통해서 주기도문 첫 번째, 두 번째, 세 번째 청원내용들을 자세히 살펴보기로 한다.

제1청원, 하나님의 이름이 거룩하게 되소서.

주기도문의 첫 번째 기도 청원은 '당신의 이름이 거룩하게 되소서'이다. 그런데 야훼하나님의 거룩하심은 사람의 역할과 활동에 따라 좌지우지 되지 않는다. 사람은 야훼 하나님의 거룩하심을 훼손할 수 없다. 뿐만 아니라, 아무것도 더할 것이 없다. 야훼 하나님께 드리는 요란하고 찬란한 예배, 거대하고 휘황찬란한 예배당, 세련된 기독 교회문화와 교양, 그 무엇도 야훼 하나님의 자랑과 위엄일 수 없다. 오롯이 사람은 하나님의 창조세계 안에서 하나님의 거룩하심을 깨닫고 이해할 뿐이다. 우리의 삶 속에 현존하시는 야훼 하나님의 거룩하심을 느끼고, 이해하며, 기쁨으로 누리면 된다.

그렇다면, 야훼 하나님의 거룩하심의 내용은 무엇일까? 첫 번째는 히브리 성서 유대교와 유대인들의 신앙고백 속에서 하나님의 '생명창조사건'이다. 하나님은 자신의 생명의 힘으로 온 우주 만물을 창조 하셨다. 이로써 하나님은 당신의 거룩한 생명의 씨를 '온 생명'^{하나님과 하나로 창조생} 명생태계위에 드러내셨다. 그러므로 이 땅에서 '하나님의 아들딸들이 끊임없이 생명 삶을 이어가는 것'이야말로 '하나님의 거룩하심의 밑바탕'이다.

두 번째는 옛 히브리 노예들의 '해방과 구원사건'이다. 야훼 하나님은 히브리 노예들을 향한 자비와 사랑의 증언으로써 파라오 노예제국으로부터 히브리 노예들을 해방하고 구원하셨다. 히브리 노예들이 해방과 구원, 정의와 평등, 생명평화 세상을 살도록 보살피셨다. 야훼 하나님은 파라오 노예제국에서 종살이 하던 히브리들을 자기사람들로 삼으셨다. 하나님의 아들딸들로써 거리낌 없는 '생명 삶'을 누리도록 지켜주셨다. 이 땅에서 야훼 하나님의 거룩한 해방과 구원, 정의와 평등세상이 건설되기를 고대하셨다.

그렇다면 왜, 예수는 풀뿌리 사람들에게 야훼 하나님의 거룩하심을 청원하라고 할까? 그것은 곧 이 땅위에서 야훼 하나님의 거룩하심이 훼손되었기 때문이다. 예수시대에는 로마제국의 전쟁과 폭력, 착취와 억압

속에서 야훼 하나님의 아들딸들이 무고하게 희생되거나 죽임을 당했다. 로마제국 식민지주민으로 살면서 야훼 하나님의 해방과 구원, 정의와 평등세상은 조롱과 혐오의 대상이었다. 로마제국에 기생하는 예루살렘 성전제사종교체제 기득권세력의 착취와 멸시아래에서 야훼 하나님의 아들딸들의 거룩한 삶이 무참하게 짓밟혔다.

실제로 21세기에도 야훼 하나님의 아들·딸들은 맘몬·자본세상 사회경제체제 속에서 거룩한 '생명 삶'을 포기 당한다. 그러므로 21세기 교회들은 맘몬·자본 지배체제에서 야훼 하나님의 아들딸들의 거룩한 생명 삶의 버팀목이어야 한다. 교회는 마땅히 교우들에게 야훼 하나님의 해방과 구원, 정의와 평등, 생명평화세상 밑바탕이어야 한다. 이 땅에서 거룩한 하나님의 이름을 증언해야 한다. 실제로 21세기 교회와 교우들은 야훼 하나님의 아들딸들로써 거룩한 생명 삶을 통하여 야훼 하나님의 거룩하심을 증언할 수 있다. 예수의 하나님나라 복음운동을 통하여 이 땅위에서 '하나님의 거룩한 생명사건들'을 일으킬 수 있다. 그럼으로써 '하나님의 이름'이 거룩해지도록 청원할 수 있다.

그러므로 예수신앙인들의 이러한 신앙행동이야말로 주기도문의 첫 번째 청원 '당신의 이름이 거룩하게 되소서'의 참 뜻이다. 이점에서 본문은 '하기아스테토 ἁγιασθήτω'라는 헬라어 '수동태 명령형' 동사를 사용한다. 실제로 야훼 하나님의 거룩은 사람의 행동범위 너머에 있다. 그렇더라도 예수신앙인들은 스스로의 생명 삶을 통해서 주기도문의 기도 청원들을 하나하나 행동으로 나타낼 수 있다. 그럼으로써 하나님이름이 거룩하게 되기를 청원할 수 있다. 물론 예수신앙인들의 생명 삶을 통한 모든 청원들조차도 야훼하나님 임마누엘신앙 안에서만 가능한 일이다. 야훼 하나님께서 사람들의 신앙과 삶의 후원자시고 지지자시며 함께 하시는 분이라는 신앙고백 안에서만 가능한 청원들이다.

제2청원, 하나님의 나라가 오소서.

'하나님의 이름이 거룩하게 되소서' 라는 예수신앙인들의 생명 삶의 청원은 어떻게 이 땅위에서 그 모습을 드러내게 될까? '하나님의 나라'가 오면 그렇게 된다. 예수의 하나님나라 복음운동은 예수의 말과 행동과 삶을 통하여 실천되었다. 그리고 마침내 예수의 십자가죽음과 부활을 통하여 완성되었다. 그 예수의 하나님나라 복음운동이 지금 여기 '이 땅위에서 행동으로 나타나는 것이 야훼 하나님의 거룩'이다. 그래서 주기도문의 두 번째 청원은 '하나님나라가 오소서'헤 바실레이아 투 테우 ἡ βασιλεία τοῦ θεοῦ 이다. 이때 '바실레이아' 라는 헬라어 용어는 '왕권, 통치, 나라' 등 여러 가지 의미로 사용되는 용어다. 여기서 주기도문 두 번째 청원에서는 '엘테토 오소서'라는 헬라어 능동태동사를 사용한다. 하나님의 통치 또는 왕권이 오기를 간절하게 청원한다. 이로써 21세기 예수신앙인들은 주기도문의 두 번째 청원 속에서 '하나님이름이 거룩하게 되는 진실'을 이해하게 될 것이다.

그렇다면 주기도문의 두 번째 청원에서 '하나님나라'는 무엇일까? 유대교와 유대인들은 '야훼의 날 또는 하나님의 날'을 열망했다. 따라서 유대교 신앙전통 아래서 하나님나라는 '역사와 시대종말의 때'다. 한마디로 '야훼 하나님의 종말통치'라고 이해할 수 있다. 로마제국 황제가 통치하는 이 세상나라가 끝장나고 다윗후손 메시야가 왕위에 올라 다스리시는 나라'다.

그러나 예수는 '하나님나라를 역사와 시대 종말의 나라'로 여기지 않았다. 그래서 예수는 유대교와 유대인들처럼 무작정 '하나님의 날'을 기다리지 않았다. 또한 스스로 로마제국을 향한 메시아 대항봉기를 일으켜서 그때를 앞당기려 하지도 않았다. 예수는 비유와 말씀들 스스로의 행동과 사건과 삶을 통해서 지금 여기 이 땅에서 풀뿌리 사람들의 삶의 마당으로 침투해오는 하나님나라 복음을 선포했다. 예수는 로마제국과 예루살렘 성전제사종교 체제에 얽매여 억압받고 고난 받는 풀뿌리 사람들에게 여러 가지 '생활 기적들'을 베풀었다. 이 땅에서 하나님나라 복음운동의 핵심내용으로써 해방과 구원, 정의와 평등, 생명평화세상을 펼쳐냈다. 이제 예수의 존재와 삶, 말과 행동 그리고 십자가죽음과 부활 안에서 이미 하나님나라는 시작되었고 이루어졌다. 마태복음 11:1-6, 13:44-46, 누가복음 1:20 그럼으로써 이 땅에서 하나님나라 복음운동이 '해방과 구원, 정의와 평등, 생명평화세상'을 여는 열쇠임을 증언했다. 유대교와 유대인들의 '종말주의 하나님의 날' 역시도 이 땅에서 예수의 하나님나라 복음운동을 통해서 맞이할 수밖에 없다는 신앙진실을 증언했다.

그러므로 지금 여기 이 땅에서 예수의 하나님나라 복음운동과 마주선 사람들에게 요구되는 것은 자기 삶에 대한 회개다. 이때 회개란 '반성과 성찰을 통한 돌이킴'을 의미한다. 바로 자신의 생각과 뜻과 행동 등 모든 삶의 태도를 예수의 하나님나라 복음운동에 맞게 바꾼다는 뜻이다. 온몸과 온 맘을 다해 예수의 하나님나라 복음운동에 참여함으로써 지금 여기 이 땅에서 하나님나라를 세우고 누리는 것이다. 이렇듯이 예수의 하나님나라 복음운동의 참 뜻은 지금 여기 예수 신앙인들의 삶의 마당에서 하나님아빠의 현존을 경험하는 것이다. 그 하나님아빠의 현존경험을 통하여 사람 사는 세상에서 '해방과 자유, 정의와 평등, 생명평화의 밑바탕'을 세우고 누리며 지켜내는 것이다. 그것이 곧 임마누엘이고 오롯이 한 길 하나님의 이름이 거룩하게 되는 길이다.

제3청원, 하나님의 뜻이 이 땅위에서도 이루어지소서.

주기도문의 세 번째 청원은 '하나님의 뜻이 이 땅위에서도 이루어지소서'이다. 여기서 '하나님의 뜻'텔레마 테우 θέλημα θεοῦ 이라는 용어의 관용의미는 '하나님의 기쁨'이다. 하나님의 기쁨은 '하나님나라 도래에 대한 요청'으로써 하나님나라 복음의 온전한 완성이다. 이것은 오직 하나님만이하실 수 있는 일이다. 그런데 주기도문 세 번째 청원에는 '하늘에서와 같이'호스 엔 우라노 ὡς ἐν οὐρανῷ라는 전제가 붙어있다. 하나님의 뜻이 하늘에서 이루어지는 것과 같이 '땅에서도 이루어지리라'는 청원이다. 이때 세번째 주기도문 청원에서는 '게네테토γενηθήτω'라는 헬라어 '중간태수동명령형' 동사를 사용한다.

따라서 '하나님의 뜻'에는 '하나님이 사람들에게 바라시는 하나님 자신의 요청'이 내포되어 있다. 그 요청은 곧 '예수의 하나님나라 복음 대헌장예수의 산상설교을 구체적인 삶의 태도로 받아들이는 것'이다. 이것이야말로 예수의 하나님아빠가 바라시는 참 뜻이며 기쁨이다. 왜냐하면 모든예수신앙들이 예수의 하나님나라 복음운동을 자기 생명 삶으로 살아내는 것이 하나님의 뜻이기 때문이다. 그럼으로써 이 땅의 뭇 사람들이 하나님아빠의 거룩한 다스리심을 깨닫고 이해하며 받아들이게 될 것이기때문이다. 이제 21세기 예수신앙인들이 예수의 하나님나라 복음운동을자기 생명 삶으로 증언할 때 세상 사람들은 하나님의 거룩한 뜻을 깨닫게된다. 예수의 하나님나라 복음운동을 이해하게 되며 삶의 행동으로 받아들이게 될 것이다. 또한 예수신앙인들이 이루어가는 이 땅의 하나님나라복음운동을 통하여 온전하고 영원한 하나님나라에 참여할 수 있게 될 것이다.

이렇듯이 주기도문의 맨 처음 세 가지 기도 청원은 '하나님에 대하여'

라는 주제로 드리는 예수신앙인들의 기도다. 21세기 교회와 교우들의 하나님나라 복음운동의 신앙핵심이며 거룩한 교회의 표상이다. 이 땅에서 예수의 하나님나라 복음운동을 불러일으키는 예수신앙의 핵심이다. 이제 예수의 하나님나라 복음운동은 초대교회 예수신앙인들의 생명 삶을 통하여 21세기 예수 신앙인들에게까지 면면히 이어져 왔다. 따라서 21세기 한국교회와 교우들도 이 땅의 하나님나라로써 해방과 구원, 정의와 평등세상을 선포해야 한다. 스스로의 삶의 마당에서 예수의 하나님나라 복음운동을 펼쳐냄으로써 하나님의 뜻이 세상 사람들에게 전파되도록 행동해야 한다.

예수 신앙인들의 삶에 대하여

이제 주기도문 네 번째, 다섯 번째 기도 청원 '예수신앙인들의 삶에 대하여'을 살펴보자. 이 기도 청원들은 '예수 신앙인들의 신앙행동'에 대한 청원으로써 '신앙과 삶의 핵심내용'이다. 이 두 개의 청원들은 21세기 예수신앙인들에게 '예수의 하나님나라 복음운동 내용과 의미'를 분명하게 제시한다. 이 청원들은 21세기 맘몬·자본세상에서 늘 마주칠 수밖에 없는 예수신앙인들의 생명 삶의 결단과 행동에 대한 신앙청원이다.

제4청원, 오늘 우리에게 우리의 일용할 양식을 주소서

주기도문의 네 번째 기도 청원은 '당신께서 오늘 우리에게 일용할 양식을 주소서'이다. 여기서 '일용할'이라고 번역한 '에피우시오스ἐπιούσιος'라는 헬라어 형용사에 관해서는 두 가지 전통적인 해석들이 전해져오고 있다.

첫 번째, '생존을 위한 필수'라는 뜻이다. 이 뜻을 그대로 히브리어로 옮기면 '레헴 후케누, 우리 몫의 양식'이다. 헬라어로 표현하면 '크레마 χρῆμα 쓰임과 필요'이다. 크레마는 '삶을 위한 이런저런 쓰임과 필요'인데 '크라오마이χράομαι 쓰다, 필요하다'라는 동사에서 왔다. 또한 '크라오마이'라는 동사의 원형은 '크라오χράω 빌리다'이다. 이렇듯이 21세기 시대상황에서 내 삶의 쓰임과 필요는 거의 대부분 다른 이들로부터 빌려오게 마련이다. 물론 나도 나에게 주어진 달란트를 따라 여러 가지 활동과 노동에 참여함으로써 다른 사람들의 쓰임과 필요에 이바지한다. 여러 사람들이 매일 매일의 활동과 노동으로 모든 사람들의 필요와 쓰임이 만들어진다. 누구라도 '나의 쓰임과 필요'는 이웃들과의 사회경제 관계로부터 또는 자연으로부터 빌려온다. 나아가 예수신앙인에게 이 모든 쓰임과 필요들은 '야훼 하나님께서 주시는 일용할 양식'이다. 따라서 신약성서의 '부 또는 재물들'크레마타 χρήματα은 다른 이들로부터 빌려온 '쓰임과 필요들'을 되돌려주지 않고 나만을 위해 독점하고 쌓은 것이다. 신약성서의 '크레마타'에 대한 정당한 우리말 번역은 '독점사유재산 또는 독점사유자산'이다. 다른 사람들의 '쓰임과 필요 또는 생명의 몫'을 훔쳐서 쌓은 장물에 다름 아니다.

이렇듯이 '오늘 우리에게 일용할 양식을 주소서'라는 청원은 모든 사람들에게 너무도 당연하고 마땅한 사회경제 공동체 삶의 청원이다. 그럼에도 불구하고 왜, 예수는 그 땅 풀뿌리 사람들에게 당연하고 마땅한 일용할 양식을 청원하라고 요구할까? 예수시대 로마제국 지배체제에서 그 땅 풀뿌리 사람들이 자기 일용할 양식을 매일매일 수탈당하고 있기 때문이다. 실제로 21세기 예수신앙인들은 맘몬·자본 지배체제에서 일용할 양식을 향한 뚜렷한 이해와 깨달음도 없고 당당함도 잃었다. 우리시대 예

수신앙인들은 '나와 이웃들의 몫으로써 쓰임과 필요'를 빼앗아 가는 맘
몬·자본권력의 횡포에 대한 대항행동을 포기했다.

그러나 이제 예수신앙인들은 야훼 하나님에게 일용할 양식을 힘껏 청
원해야 한다. 그래서 주기도문 네 번째 청원에서 사용한 동사는 '도스,
우리게 일용할 양식을 주소서'라는 능동태 명령형이다. 야훼 하나님께서
예수신앙인들에게 주시는 일용할 양식에 대한 분명하고 당당한 요구를
맘몬·자본세상을 향하여 외쳐야 한다. 예수신앙인들이 앞장서서 일용할
양식을 향한 당당한 삶의 태도를 표명해야 한다. 그럼으로써 시대마다 제
국주의 노예세상을 향한 변혁의 바람을 불러일으켜야 한다. 왜냐하면 어
느 시대에나 '나의 일용할 양식' 이상을 탐하거나 소비하는 것은 돌이킬
수 없는 죄악이기 때문이다. 그것은 다른 이들의 '생명의 몫'을 착취하거
나 빼앗는 것에 다름 아니다.

그러할 때 일용할 양식청원은 마치 파라오 노예제국을 탈출한 히브리
해방노예들의 광야 만나훈련과 같다. 히브리 해방노예들은 해방과 자유,
정의와 평등세상 건설을 위해 광야의 만나사건 속에서 일용할 양식을 훈
련했다. 만나는 야훼 하나님께서 내리시는 하늘양식으로써 히브리 해방
노예들은 광야40년 생활동안 매일매일 일용할 양식훈련을 받았다. 히브
리 해방노예들은 광야의 일용할 양식훈련을 통해서 파라오의 고기 가마
와 떡 광주리에 대한 그리움을 떨쳐낼 수 있었다.

또한 일용할 양식청원은 예수와 갈릴리 풀뿌리 사람들이 함께 차린 광
야에서의 '오병이어 밥상공동체 기적'과 같다. 예수와 갈릴리 풀뿌리 사
람들은 아무것도 기댈 것 없는 광야에서 오병이어기적을 이뤄냈다. 그럼
으로써 로마제국 권력과 거기에 기생하는 예루살렘성전 종교기득권에 대
한 삶의 종속을 떨쳐냈다. 그리고 이 땅의 하나님나라 복음운동의 실체를

만들어 냈다.

　나아가 일용할 양식의 기도 청원은 21세기 맘몬·자본숭배의 시류를 떨쳐내고 당당한 신앙공동체를 실험하는 몇몇 작은 대안교회들의 활동과 같다. 21세기 대안교회들은 다양하고 자연스러운 신앙공동체 관계로써 네트워크를 중요하게 여긴다. 가난하지만 모두를 품고 세상 한가운데서 예수의 하나님나라 복음운동을 펼쳐나간다. 또한 성서가 가르치고 깨닫게 하는 생명평화가치를 행동하기 위하여 새로운 실험과 모험을 마다하지 않는다. 이들 대안교회들은 맘몬·자본세상의 무한경쟁·독점·쌓음·소비라는 삶의 구조를 거부한다. '일용할 양식'에 대한 신앙공동체의 실천행동을 고민하고 행동함으로써 이 땅의 하나님나라 복음운동을 펼친다.

　이렇듯이 '당신께서 오늘 우리에게 일용할 양식을 주소서'라는 기도 청원은 이 땅의 하나님 나라를 사는 이들의 가장 큰 신앙과 삶의 잣대다. 일용할 양식 이상을 탐하거나 쌓는 것은 예수의 하나님나라 복음을 정면으로 거부하는 불신앙이기 때문이다.

　두 번째, 주기도문의 일용할 양식청원은 '당신께서 오늘 우리에게 우리의 내일양식을 주소서'라고 해석할 수 있다. 실제로 '에피우시오스 ἐπιούσιος'라는 형용사는 '내일의'이라는 의미를 가지고 있다. '에피우시오스'라는 형용사의 어원이 '에페이미 ἔπειμι 다가오다'라는 동사이기 때문이다. 그런데 여기서 중요한 것은 모래나 글피 등 먼 앞날의 양식을 구하지 않는다는 사실이다. 먼 앞날의 양식을 구하는 행위는 예수의 하나님나라 복음운동에서 쓸데없는 짓이다. 예수의 하나님나라 복음운동에서는 누구나 일용할 양식을 청원할 수 있기 때문이다. 하나님나라에서는 탕감과 돌봄과 내어줌이 기초적인 '삶의 질서'이기 때문이다. 조금씩 모자라는 삶의 상황 속에서라도 여럿이 함께 모자람 없이 넉넉함을 누릴 수 있기 때문이다.

이처럼 주기도문 네 번째 청원의 구체적인 내용들은 옛 히브리 해방노예들의 '만나사건'에 잘 드러나 있다. 사실 히브리 해방노예들의 만나사건은 어떤 신비롭고 경이로운 종교사건이 아니었다. 또한 찬란한 종교 성공신화도 아니었다. 히브리 해방노예들은 광야생활을 하는 동안 야훼 하나님께서 주시는 일용할 양식으로써 만나사건을 경험했다. 만나는 야훼 하나님께서 히브리 해방노예들에게 주시는 하늘양식이었다. 많이 거둔 사람도 남을 만큼 가지 않고, 적게 거둔 사람도 모자라지 않게 하는 사회경제 공동체 훈련이었다. 옛 히브리 지파동맹이 반드시 지켜야만 하는 희년신앙과 행동법규에 따른 일용할 양식훈련이었다.

그러므로 야훼 하나님께서 주시는 하늘양식 또는 일용할 양식은 맘몬·자본권력을 숭배하는 사람들에게 도저히 이해할 수도 없는 일이다. 결코 가능하지도 않은 일이다. 하늘양식 또는 일용할 양식은 야훼 하나님의 해방과 구원, 정의와 평등세상을 사는 사람들만의 것이다. 하늘양식은 야훼 하나님의 아들딸들에게 주시는 일용할 양식으로써 신앙과 삶의 기쁨이고 자유다.

21세기 금융시스템 속에서 불로소득 대박을 탐하다

21세기 종교기득권자들은 신자유주의 시장경쟁체제의 승자독식을 하나님의 복이라고 떠들어댄다. 그러나 맘몬·자본세상의 무한경쟁과 독점 그리고 착취와 쌓음은 곧 썩어서 냄새가 나고 구더기가 들끓게 마련이다. 이와 관련하여 신자유주의 금융자본 경제체제의 가장 부도덕한 기술발전은 '독점과 쌓음의 기술'이다. 그 기술발전이 얼마나 놀랍던지 국가 사법기구들도 수백 조원에 이르는 지하 불법자금을 찾아내지 못한다. 실제로 수많은 독점재벌들과 기득권계층은 지구촌 곳곳의 조세피난처에 천문학적 불법자금을 비밀리에 쌓아놓았다. 그럼에도 불구하고 정부와 검찰과 사법부는 단 한 푼의 불법자금도 회수하지 못했다. 무엇보다도 승자독식의 착취와 쌓음은 또 다른 독점과 쌓음을 낳는다. 한마디로 돈이 돈을 만든다. 그렇게 해서 승자독식 자본은 마침내 맘몬 신神이 된다. 이제 독점 자본가라도 독점자본의 노예다. 독점 자본가들은 무한독식·착취·쌓음을 욕망하는 맘몬·자본 지배체제의 노예일 뿐이다. 결단코 독점 자본가들은 독점자본을 해체해서 가난한 이웃들에게 흩어주지 못한다.

이제 21세기 신자유주의 시장경쟁 체제에서는 옛 '소박한 자본주의'의 설자리가 없다. 작고 소박한 자본과 노동이 서로 도와서 필요한 재화를 생산해 내는 풀뿌리 경제체제가 말살되었다. 오롯이 신자유주의 시장경쟁 체제에서는 지구촌 독점자본들의 무한독식·착취·쌓음의 탐욕만 난무한다. 지구촌 독점자본들의 무지막지한 탐욕 때문에 지구촌 저개발국가의 노동자들은 지구촌 떠돌이 노예노동자로 전락할 수밖에 없다.

실제로 21세기에 이르러 저개발 국가들에 흩어져 있는 '애플 아이폰 생산 공장'에서 노동자들의 자살소동이 끊이지 않는다. 동남아시아 봉제공장 노동자들이 온갖 산업사고로 떼죽음을 당한다. 대한민국 삼성반도체 공장에서도 어린 여성노동자들이 이런 저런 산업재해로 죽어 나간다. 이렇게 맘몬·자본의 무한독점·착취·쌓음의 탐욕은 가난한 사람들의 일용할 양식을 탈취함으로써 노예의 삶을 영속화한다. 맘몬·자본의 탐욕은 기어코 야훼 하나님의 해방과 구원, 정의와 평등세상을 파탄 내고야 말 기세다. 지구촌 독점자본들이 쌓아올린 금권바벨탑은 이제 아무도 거스를 수 없는 성역이 되었다. 국가·종교·문화 등 대한민국은 이미 독점재벌·마름관료 지배체제의 금권바벨탑에 대하여 저항력을 상실한지 오래다.

그러므로 맘몬·자본세상에서 일용할 양식의 청원은 용기와 의지와 실천을 담보하는 부단한 삶의 훈련일 수밖에 없다. 그 훈련은 맘몬·자본권력의 독점과 쌓음의 구조 속에서 야훼 하나님의 해방과 구원, 정의와 평등세상을 염원하는 이들의 생명 삶의 권리다. 참으로 그 훈련은 여럿이 함께 이 땅의 하나님나라를 건설하고 누리려는 예수신앙인들의 피나는 신앙과 삶의 투쟁이다. 물론 맘몬·자본세상에서는 일용할 양식조차도 서로의 달란트에 따라 많고 적은 불평등이 발생할 수 있다. 그러나 하늘양식으로써 일용할 양식은 서로의 필요와 쓰임에 따라 남음도 없이, 모자람도 없이 나누어진다. 따라서 무한경쟁·독점·쌓음·소비를 욕망하는 맘몬·자본세상 속에서는 결코 일용할 양식을 청원할 수 없다. 21세기 신자유주의 시장경쟁체제에서 승자독식은 결코 하늘양식이 아니다. 승자독식·착취·쌓음은 하나님의 복이 아니라 맘몬·자본세상의 장물臟物일 뿐이다. 이점에서 예수신앙인들은 마태복음 주기도문의 다섯 번째 청원을 주목해야 한다.

제5청원, 우리에게서 우리의 빚들을 탕감 하소서
우리가 우리에게 빚진 이들을 탕감했던 것처럼

마태복음 주기도문의 다섯 번째 청원은 '우리에게서 우리의 빚들을 탕감 하소서'이다. 그런데 우리의 빚들을 탕감해 달라는 청원에는 '우리가 우리에게 빚진 이들을 탕감했던 것처럼'이라는 전제가 붙어 있다. 여기서 '빚'은 종종 '죄'를 가리키는 상징어로서 역할을 한다. 빚을 갚지 못하는 상황을 죄로 여기는 성서주변세계의 채무노예제도 때문이다. 고대 지중해 세계에서 채무노예는 빚을 갚지 못하는 사람들에 대한 마땅한 징벌이었다. 아리스토텔레스를 비롯한 고대 그리스 철학자들도 노예제도를 철학으로 정당화했다. 나아가 고대 그리스 철학자들의 노예제도 논리를 수용한 서구 제국교회들은 아프리카 흑인 등 이교도들을 노예로 삼는 일에 전혀 거리낌이 없었다.

이와 관련하여 예수시대의 아람어 '호브'라는 용어는 '빚 그리고 빚진 죄인'라는 이중의미를 갖는다. 또 이 아람어 낱말을 동사로 바꾸어도 '빚지다 또는 죄를 짓다'라는 이중의미를 갖는다. 실제로 고대 메소포타미아 문명에서부터 채무노예제도가 나타난다. 고대 지중해세계에서도 채무노예제도가 성행했다. 히브리 성서는 요셉이야기를 통해서 고대 이집트제국의 채무노예제도를 낱낱이 까발린다.

이렇듯이 21세기 성서독자들은 기원전 6세기 아테네 풀뿌리 사람들의 대항봉기를 통해서 그리스 도시국가들의 혹독했던 노예제도를 이해할 수 있다. 고대 그리스 도시국가들은 노예제도를 튼튼하게 세워나감으로써 민주공화정 체제를 지탱해왔다. 노예제도를 통해서 성장한 고대 그리스와 로마제국 도시들에서는 노예를 사고파는 노예시장이 활발했다. 전쟁 때에는 전쟁노예들이 공급되었고 시도 때도 없이 약탈노예들이 노예시장에 공급되었다. 또한 평화로울 때에는 빚으로 인한 채무노예들이 공급되었다. 특별히 로마제국이 지중해세계를 평정하면서부터 채무노예 비중이 빠르게 늘어났다. 따라서 로마제국의 평화시절에는 가난하고 힘없는 풀뿌리 사람들의 채무노예화가 활발했다. 로마제국 지배체제는 지중해세계 풀뿌리 사람들의 일용할 양식을 탈취하고 독점해서 쌓았다. 로마제국 기득권계층에게 일용할 양식을 빼앗긴 그 땅 풀뿌리 사람들은 고리의 빚을 지고 채무노예로 전락할 수밖에 없었다. 채무노예제도야 말로 로마제국 지배체제에게 아주 중요한 돈벌이 수단 가운데 하나였다.

그러므로 채무노예사회에서 가난한 이들의 빚을 탕감해주는 것은 매우 큰 선행이며 명예로운 일이었다. 일찍이 히브리 성서는 희년신앙 행동법규들을 통하여 가난한 이들을 위한 빚 탕감과 노예해방을 사회경제·종교·정치 의무로 규정했다. 히브리 성서는 '이웃들의 빚을 대신 탕감해주거나 되갚아주는 이'를 가리켜 '구속자'고엘라고 불렀다. 이제 주기도문은 히브리 성서의 옛 희년신앙 행동계약 행동법규들을 재구성하고 완결한다. 주기도문 다섯 번째 청원은 '우리가 우리에게 빚진 사람들을 탕감함으로써 하나님께 우리의 빚들을 탕감해 달라고 청원할 수 있다'고 못 박는다.

마찬가지로 21세기 예수신앙인들은 '자신에게 빚진 사람들을 탕감함'으로써 '그들에게 빚을 지워 그들을 괴롭혀온 자신의 더 큰 죄'를 용서받게 된다. 실제로 예수시대에나 21세기에나 모든 부유한 사람들은 알게 모르게 맘몬·자본세상 속에서 이자와 이윤을 얻는다. 그럼으로써 가난한 이들에게 빚을 지우고 그들의 삶을 괴롭히는 죄악을 저지르게 된다.

이때 주기도문 다섯 번째 기도 청원은 신약성서의 '죄'하마르티아 ἁμαρτία 라는 용어대신에 '빚'옵페일레 ὀφείλημα 이라는 용어를 사용한다. '옵페일레마'라는 헬라어 낱말은 '책임 또는 의무'라는 문자의미를 갖는다. 따라서 맘몬·자본 세상에서는 '채권자가 빚진 사람들에게 책임과 의무를 요구'한다. 그러나 주기도문에서는 오히려 '채권자들에게 책임과 의무'를 묻는다. 왜냐하면, 맘몬·자본 세상에서 부자들은 알게 모르게 '자기 몫' 이상의 일용할 양식을 탐하거나 쌓거나 허비하기 때문이다. 또 자기 일용할 양식 이상의 것들을 독점하고 쌓음으로써 자기 삶의 불안을 해소하고 자부심을 누리려고 하기 때문이다.

그렇게 대부분의 풀뿌리 사람들도 알게 모르게 가난한 이들의 '생명의 몫'을 빼앗는 죄악을 짓고 살아간다. 이러한 죄악들은 사람 사는 세상에서 생명 공동체성 또는 연대성을 파괴한다. 또한 자기 삶의 마당을 하나님 없는 맘몬·자본세상으로 떨어뜨린다. 나아가 가난한 사람들이 감당할 수 없는 빚더미를 지고 절망의 나락에 빠져 허덕이게 만든다. 그러므로 주기도문 다섯 번째 청원을 통해서 이 땅의 모든 예수신앙인들은 이렇게 기도해야한다.

"당신께서도 우리에게서 우리의 빚들을 탕감하소서. 우리가 우리에게 빚진 사람들을 탕감했던 것처럼."

이때 주기도문은 '탕감하소서'압페스라는 능동태명령형 동사를 사용한다. 주기도문 다섯 번째 기도 청원이 '자신에게 빚진 모든 사람들을 탕감함으로써' 드리는 예수신앙인의 마땅하고 당당한 기도이기 때문이다. 이제 21세기 교회와 교우들은 더 이상 맘몬·자본세상의 승자독식·착취·쌓음을 하나님의 복이라고 얼버무리고 속여 넘길 수 없다. 맘몬·자본세상의 독점·착취·쌓음은 탕감과 돌봄과 내어줌을 밑바탕으로 삼는 예수의 하나님나라 복음운동과 결코 공존할 수 없다. 예수신앙인들이 맘몬·자본세상의 승자독식과 쌓음을 포기하지 않는다면, 결코 예수의 하나님나라 복음운동에 참여할 수 없다. 예수의 하나님나라 복음운동에 참여할 수 없는 것은 물론이고 이해하거나 깨닫거나 꿈꿀 수조차 없다. 나아가 예수신앙인들이 맘몬·자본 지배체제에 기생해서 가난한 사람들을 편가르고 차별하며 배제한다면, 결코 야훼 하나님께 빚 탕감은총을 청원할 수 없다. 승자독식·착취·쌓음에만 몰두하는 맘몬·자본 지배체제를 향한 대항행동에 나서지 않는다면, 결코 하나님나라 빚 탕감은총을 누릴 수 없다. 이제 21세기 이 땅의 교회와 교우들이 '빚꾸러기 등 사회경제 약자들의 삶의 고통'을 돌아보지 않는다면, 결코 참된 하나님나라를 누리지 못할 것이다.

이러한 관점에서 마태복음 주기도문 여섯 번째, 일곱 번째 기도 청원은 '예수 신앙인들의 신앙과 생활영성'에 대한 청원이다.

예수 신앙인들의 신앙과 생활영성에 대하여

21세기에 이르러 한국 대형교회들의 큰 화두는 '영성'靈性 spirituality이다. 큰 교회에서부터 중형 교회들까지 이런 저런 영성 프로그램을 도입하여 목회사역에 적용한다. 그런데 한국 대형교회들이 수입하는 수많은 영성 프로그램들은 그 내용과 의미가 분명하지 않다. 21세기 한국교회와 교우들의 신앙과 삶을 관통하는 영성 프로그램인지 의심스럽다. 서구교회에서 유행하는 유명한 영성 프로그램들을 그대로 베껴왔다는 느낌이다. 한국교회와 교우들의 신앙과 삶의 마당에서 뿌리내리기 어려운 것이 현실이다.

이와 관련하여 주기도문의 마지막 기도주제는 '예수신앙인들의 신앙과 생활영성에 대하여'라고 할 수 있다. 이 기도 청원의 주제는 교회와 교우들의 신앙과 삶의 마당에서 능동과 긍정의 아주 긴밀한 '하나님의 참여와 행동'을 요청한다. 그 요청의 실체는 '우리를 유혹 속으로 빠지지 않게 하라는 것'과 '우리를 악한 것들로부터 끌어내라는 것'이다.

제6청원, 우리를 유혹또는시련 속으로 빠지지 않게 하소서.

주기도문 여섯 번째 기도 청원은 예수신앙인들의 '신앙영성'에 대한 청원이다. 이 청원은 신앙인들에게 '예수신앙영성의 내용과 의미'를 분명하게 제시한다. 그것은 곧 예수신앙인들의 생명 삶의 위기와 고난에 대한 매일 매일의 기도다. 이제 주기도문 여섯 번째 청원이 우리에게 제시하는 '신앙영성 내용'을 자세히 살펴보자.

"당신께서는 우리를 유혹시련 속으로 빠지지 않게 하소서."

여기서 말하는 유혹은 무엇일까? 한마디로 예수가 몸소 겪으셨던 유혹이다. 예수신앙인들은 '예수조차도 이 세상에서 돈과 권력과 명예의 유혹을 받으셨다는 사실'을 잘 안다. 마태복음4:1-11, 마가복음1:12-13, 누가복음 4:1-13

그러나 실제로, 예수가 신약성서의 유혹사화에서처럼 돈과 권력과 명예에 대한 유혹을 받으셨을까? 그렇다면, 이러한 유혹들은 하나님 없는 맘몬·자본세상에서 예수신앙들에게 닥치는 가장 강력한 유혹일 수밖에 없다. 그래서 이러한 유혹들은 곧 '사탄의 유혹'이다. 돈과 권력과 명예에 대한 사람의 탐욕은 그 자체에 마력魔力이 있다. 한 사람의 의지와 결기로는 도저히 감내하기 어렵다. 아무리 마음이 바르고 곧은 사람일지라도 '돈과 권력과 명예의 위력' 앞에서 무릎을 꿇게 마련이다.

그러나 예수는 하나님 영의 사람으로서 하나님의 뜻에 따르려는 신앙결의를 새롭게 함으로써 이 사탄의 유혹을 물리쳤다. 그렇다면, 예수가 하나님의 뜻에 따라 생명 삶을 살겠다고 결단한 신앙의지와 신앙결의의 실체는 무엇이었을까?

그것은 바로 맘몬·자본세상의 가치와 질서를 뒤집는 '예수의 하나님나라 복음운동'이다. 예수의 하나님나라 복음운동은 '이 땅에 하나님나라가 오게 하는 것'으로써 하나님께서 다스리시는 '임마누엘 나라에 대한 신앙열정이다. 맘몬·자본 지배체제의 '돈과 권력과 명예숭배'에 대항하는 해방과 자유, 정의와 평등, 생명평화세상을 향한 신앙행동이다. 따라서 예수에게 신앙영성이란? 이 땅에 도래하는 하나님나라에 대한 자신의 사명을 깨닫고 확신하는 것이었다. 그러므로 예수신앙인들도 예수의 제자로서 지금 여기 이 땅에서 하나님나라 복음운동에 대한 깨달음과 확신에 따라 행동해야한다. 그러할 때 예수신앙인들은 야훼 하나님에게 '우리를 유혹 속으로 빠지지 않게 하소서'라고 청원할 수 있다.

이때 본문은 '메 에이세넹케스μή εἰσενέγκῃς'라는 헬라어 동사를 사용한다. 이 동사는 '가정법 능동태'로 사용되었다. 우리말 성서는 '우리를 시험에 들게 하지 마옵시고'라고 번역했다. 그런데 '에이세넹케스'는 '에이스εἰς ~안으로 + 페로 φέρω 데려가다'라는 합성동사다. 따라서 필자는 주기도문 여섯 번째 기도 청원을 '당신께서 우리를 유혹또는 시련속으로 끌어드리지 마소서'라고 번역했다. 이러한 번역관용에 따라 필자는 이 기도 청원에 대한 신앙은유를 두 가지로 이해한다.

첫째는, 돈과 권력과 명예를 향한 예수신앙인들의 '욕망 다스리기'이다. 그것은 바로 맘몬·자본세상을 향한 대항행동으로써 예수의 하나님나라 복음운동에 대한 신앙과 삶의 태도다. 더 구체적으로는 맘몬·자본세상에서 예수의 하나님나라 복음운동에 참여하고 연대하는 것이다. 이 땅의 하나님나라 복음운동에 참여하고 연대함으로써 '일용할 양식'만을 바라는 신앙과 삶의 자족과 자존과 자유를 누리는 것이다.

이렇듯이 이 땅의 하나님나라를 사는 예수신앙인들은 '가난한 삶의 욕구'를 갖게 된다. 그것은 바로 예수의 팔복선언에서 가난한 사람들에게 내리는 하늘은총이며 행복이다. 이 때 복음서들은 이 땅의 하나님나라 신앙언어로써 '가난한 사람'프토코스 πτωχός이라는 헬라어 낱말을 사용한다. 이 헬라어 낱말에 숨겨진 하나님나라 신앙은유는 '움츠러든 욕망'이다. 무엇에든 무엇으로든 자족하는 '움츠러든 삶의 욕구'를 훈련하는 것'이야 말로 가난한 사람들의 행복 지름길이다. 따라서 '예수의 하나님나라 복음운동으로써 가난한 삶의 욕구'는 맘몬·자본세상 속에서 용감하고 끈질긴 신앙영성 훈련일 수밖에 없다. 왜냐하면 이 땅에서 예수의 하나님나라 복음운동은 '맘몬·자본권력 지배체제의 가치와 질서를 뒤집는 것이기 때문이다. 이 뒤집어엎음의 신앙과 삶의 소용돌이에서 예수신앙인으로써 하나님나라 복음운동의 참된 신앙영성이 살아난다.

그러므로 '당신께서 우리를 유혹 속으로 빠지게 않게 하소서'라는 기도 청원이야말로 예수신앙 영성의 밑바탕이다. 실제로 이 땅의 하나님나라에 대한 올바른 신앙영성의 실체는 맘몬·자본세상에서 '임마누엘'을 깨닫고 체험하는 신앙행동이다. 맘몬·자본권력에 대항하는 매일 매일의 신앙행동 속에서 '임마누엘 역동성과 신비'를 체험한다. 예수신앙인들은 맘몬·자본권력 지배체제를 향한 대항세상 깨달음과 체험 속에서 예수의 하나님나라 복음운동에 참여하고 연대한다. 가장 작게 움츠러든 가난한 사람들의 삶의 욕구와 욕망을 훈련한다.

두 번째는, '맘몬·자본권력 지배체제가 일으키는 신앙과 삶의 유혹과 시험 속에서 예수의 제자 됨에 관한 것'이다. 곧 예수신앙인들의 삶의 유혹과 시험을 통하여 예수의 제자 됨을 훈련하는 신앙영성이다. 실제로 맘몬·자본세상의 돈과 권력과 명예는 예수신앙인들에게 큰 유혹이기도 하지만 한편 신앙과 삶의 태도를 훈련하는 시험이기도 하다. 이때 본문이 사용한 '페이라스모스πειρασμός'라는 헬라어 낱말은 '유혹 또는 시련과 시험' 등 다양한 의미로 사용된다. 예수신앙인들은 맘몬·자본세상의 유혹과 시험 속에서 올곧은 신앙행동을 통해서 예수의 제자 됨을 증언해야 한다.

그렇다면 예수신앙인들은 무엇 때문에, 어떻게, 맘몬·자본세상에서 유혹과 시험을 당하게 될까? 예수의 하나님나라 복음운동에 소통하고 참여하며 연대할 때 그렇다. 예수와 제자들은 갈릴리 땅 풀뿌리 사람들 속에서 하나님나라 복음운동을 선언하고 행동하면서 온갖 유혹과 시험을 만났다. 그리고 끝내 예수는 로마제국과 예루살렘 성전제사종교체제 기득권세력들에게 십자가처형을 당했다. 그러나 야훼 하나님께서 그 십자가죽음의 시련 속에서 예수를 부활시키셨다. 그럼으로써 예수를 따르는 제자들과 갈릴리 풀뿌리 사람들의 삶도 부활시키셨다. 이 땅위에 하나님나라로써, 예수신앙 공동체로써 교회들이 세워졌다. 예수의 제자들은 예수신앙 공동체로써 교회를 통하여 예수의 하나님나라 복음운동을 실행함으로써 예수제자의 됨을 증언했다.

그럼에도 불구하고 초대교회 이후 이천년 기독교회역사 속에서 서구교회는 예수의 하나님나라 복음운동을 말로만 고백하는데 머물러 왔다. 교회를 위한 교리신학으로 '예수의 하나님나라 복음운동의 진실을 비틀어 꾸미고 선포'하는 일에 몰두해 왔다. 그러다보니 서구교회는 예수의 하나님나라 복음운동 신앙공동체로써 예수제자 됨의 신앙지표指標를 드러내지 못했다.

이점에서 21세기 한국교회와 교우들이 '예수의 제자 됨의 신앙과 삶의 실천행동'을 포기한다면 서구교회처럼 몰락의 길을 갈 것이다. 언제든 돈과 권력과 명예를 숭배하는 맘몬·자본종교로 전락하게 될 것이다. 교회와 교우들이 예수의 하나님나라에 대한 깨달음과 확신과 행동체험을 포기한다면, 교회는 맘몬·자본세상의 하수구로 전락할 것이다. 뿐만 아니라 교회와 교우들이 함께 돈과 권력과 명예를 좇아서 맘몬·자본권력의 노예로 떨어질 것이다. 실제로 맘몬·자본권력은 언제든지 교회와 교우들을 돈과 권력과 명예로 유혹하고 시험할 준비를 끝냈다.

그러므로 예수신앙인들은 맘몬·자본 세상 속에서 예수의 하나님나라 복음운동을 포기하지 말아야 한다. 예수의 하나님나라 복음운동 신앙실천 행동을 통하여 예수의 제자 됨을 증언해야 한다. 이러할 때 예수신앙인들은 야훼 하나님을 향하여 '당신께서 우리를 유혹 또는 시험 속으로 끌어들이지 마소서'라고 청원할 수 있다. 그럼으로써 예수신앙인들은 맘몬·자본세상 속에서 예수의 하나님나라 복음운동의 '가난한 사람 신앙은유를 훈련할 짬'을 얻게 된다. 예수의 제자 됨의 밑바탕을 튼튼하게 세우고 다지는 훈련을 하게 된다. 돈과 권력과 명예로 인한 예수신앙인들의 삶의 유혹과 시험을 유쾌하게 헤쳐 나가게 된다. 맘몬·자본세상 속에서 이 땅의 하나님나라를 건설하고 확장하며 지켜 나갈 수 있는 쉼을 누리게 된다. 무엇보다도 맘몬·자본세상 속에서 예수의 하나님나라 복음운동의 실체와 진실을 속속들이 탐구하는 신앙영성을 훈련할 수 있다.

제7청원, 우리를 악에 속한 것으로부터 끌어내소서.

마태복음 주기도문 일곱 번째 기도 청원은 '당신께서는 우리를 악에 속한 것으로부터 끌어내소서'이다. 이 청원은 예수 신앙인들의 삶의 위기와 고난 속에서 만나는 '악으로부터의 해방과 구원을 요청하는 기도다. 이 기도는 예수신앙인들에게 '예수의 하나님나라 복음운동에 따른 생활영성의 내용과 의미'를 분명하게 제시해준다. 이때 '악'이라고 번역한 헬라어 낱말은 '포네로스πονηρός'인데 형용사로써 '악한'이라는 뜻이다. 그런데 이 헬라어 낱말을 명사로 사용하면 '악한 것 또는 악한 자'라고 설명 할 수 있다. 따라서 주기도문 일곱 번째 기도 청원은 예수신앙인들의 다양하고 세세한 삶의 위기 속에서 맞닥치는 억압과 폭력을 향한 도움요청으로 들려진다.

실제로 마태복음 예수신앙 공동체는 자신들에게 몰아닥친 로마제국의 박해위기 속에서 주기도문을 기록했을 것이다. 이와 관련하여 성서학자들은 마태복음 예수신앙공동체를 '시리아지역에서 헬라어를 사용하던 유대인들'이라고 이해한다. 마태복음 저작연도는 서기 80년대에서 90년대 사이라고 추정한다. 그런데 이 무렵에는 로마제국 도미티아누스 황제에 의한 두 번째 기독교박해와 트라야누스가 일으킨 세 번째 대 박해가 겹쳐진다. 도미티아누스는 황제는 '주님이시며 하나님'도미누스 에트 데우스 Dominus et Deus이라는 로마제국 황제숭배 정책을 앞세워 초대교회를 박해했다. 트라야누스 황제는 사형 제도를 폐지하는 법률을 만들었으나 예수신앙인들을 사형폐지법률 적용대상에서 제외시켰다. 따라서 이 시대에 예수신앙인이라는 말은 곧 죽음을 의미했다. 트라야누스 황제는 예수신앙인으로 고발된 사람이 예수신앙을 부인하고 황제숭배를 인정하면 무죄로 방면했다. 반면에 예수신앙을 고수하는 이들은 짐승들의 먹이거리가 되거나 화형을 당했다.

이와 관련하여 신약성서 본문들은 '악'을 서로 정반대의 뜻을 가진 한 쌍의 낱말들과 함께 표현한다. 왜냐하면 사람 사는 세상에서 '선한 것과 악한 것'이 서로 뒤 엉켜 있기 때문이다.

"그러나 여러분은 모든 것들을 분별하여 선한 것을 붙잡으시오. 모든 것들로부터 악의 조건모양을 제거하시오." 데살로니가 전서 5:21-22

사람 사는 세상에서 '악'은 '선'을 껍데기로 삼는다. 또한 '선한 것'은 '악한 것들'에 가려져 있다. 따라서 맘몬·자본세상에서 '악'은 모든 선한 것들을 악하게 보이도록 만들 수 있다. 또한 '악한 자'는 모든 선한 사람들을 아주 손쉽게 유혹하고 동반자로 끌어 들인다. 나아가 '악한 자'는 수많은 선한 사람들을 학대하고 억압하며 죽음으로 몰아넣고도 아무런 죄책도 벌도 받지 않는다. 21세기 지구촌에 끊이지 않는 제국주의 전쟁들이 딱 그렇다. 그 땅 풀뿌리 사람들은 하나같이 야훼 하나님께 생명평화세상을 부르짖지만 제국주의 전쟁과 살육을 끝내지 못한다.

그러므로 사악하기 짝이 없는 제국주의 맘몬·자본권력에 맞서서 예수의 제자 됨을 행동하는 신앙인들에게 몰아치는 위기와 고난은 어쩌면 당연하고 마땅한 것이다. 그러기에 예수신앙인들은 '당신께서는 우리를 악에 속한 것으로부터 끌어내소서'라고 야훼 하나님께 청원할 수밖에 없다. 이때 주기도문 본문이 사용한 '흐뤼사이ρῦσαι 끌어내소서'라는 헬라어 동사는 '중간태재귀명령형'이다. 스스로 악한 것들과 맞서는 예수신앙인들이 자기 행동의지를 통하여 '야훼 하나님의 도우심의 실체'를 보여 달라고 청원할 수 있다.

"당신께서는 우리를 악에 속한 것으로부터 끌어내소서."

이 청원은 돈과 힘과 명예를 하나님으로 숭배하는 맘몬·자본세상을 향한 예수신앙인들의 '저항과 투쟁의 생활영성표어'다. 21세기 예수신앙인들은 이 생활영성표어를 통하여 '예수의 하나님아빠'를 가까이 불러 모시고 함께 살아 갈 수 있다. 이것이 곧 시대마다 예수제자 됨의 특권이며 행복이다.

주기도문을 통한 21세기 교회와 교우들의 생활영성

이제 21세기 교회와 교우들은 예수가 가르쳐주신 '주기도문'을 통하여 교회의 바른 모습을 되찾을 수 있다. 주기도문이야말로 맘몬·자본세상 속에서 이 땅의 하나님나라 복음운동에 참여하고 연대하는 21세기 교회와 교우들의 신앙과 삶의 표지다. 또한 주기도문은 맘몬·자본세상 속에서 교회와 교우들이 드리는 '삶의 기도'로써 신앙영성과 생활영성의 밑바탕이다. 이러할 때 주기도문의 첫 번째, 두 번째, 세 번째 청원은 초대교회로부터 21세기 교회들에 이르기까지 모든 예수신앙인들의 '신앙핵심'이다. 교회와 교우들이 하나님의 이름을 거룩하게, 하나님나라가 오게, 하나님의 뜻이 이 땅 위에서 이루어지게 기꺼이 신앙행동에 나서도록 하는 신앙 밑바탕이고 용기이며 은총이다.

주기도문 나머지 네 개 청원들은 예수신앙인들의 '신앙생활의 핵심'이다. 맘몬·자본 세상에서 신앙과 삶의 위기를 헤쳐 나가는 '예수신앙 공동체의 신앙영성이며 생활영성'이다. 21세기 교회와 교우들은 예수신앙 공동체이고 예수제자들이며 거룩한 하나님나라의 신앙가족이다. 예수신앙인들은 예수의 하나님아빠의 해방과 구원, 정의와 평등, 생명평화 세상을 살아간다. 예수신앙인들은 이 땅의 하나님나라 복음운동을 포기하지 않는다. 예수신앙인들은 이 땅의 하나님나라를 세우고 누려야 할 신앙권리와 의무를 가지고 있다. 이러할 때 예수신앙인들은 맘몬·자본세상으로부터 신앙과 삶에 대한 유혹과 도전 그리고 시련과 시험을 마주하게 된다. 이 때 예수신앙인들은 '예수조차도 이 세상에서의 빵과 권력과 명예의 유혹을 받으셨다는 사실'을 기억해야 한다. 그러므로 예수신앙인들은 매일 매일의 자기 신앙의지와 신앙행동을 통하여 야훼 하나님의 개입과 도우심을 요청드릴 수밖에 없다.

이제 예수신앙인들은 '매일 매일의 생활 속에서 신앙행동으로 드리는 주기도문'을 통하여 언제 어디서나 우리와 함께 하시는 '하나님아빠의 현존'을 경험해야한다. 예수신앙인들의 '하나님아빠'를 매일 매일의 삶의 마당에서 부르고 모시며 함께 살아가야 한다. 그럼으로써 예수신앙인들은 맘몬·자본세상 속에서 드리는 주기도문을 통하여 '거룩한 교회, 이 땅의 하나님나라, 매일 매일의 신앙영성과 생활영성'을 누리게 될 것이다.

5. 오병이어 밥상공동체, 예수의 하나님나라 복음운동과 사회경제 책임·의무

마가복음 6:30-44

본문읽기

사도들이 예수에게로 함께 모여 나와서 그들이 행하고 가르친 모든 것들을 예수에게 보고했다. 그러자 예수가 그들에게 말했다.

"여러분, 이리 오시오. 여러분은 따로 외딴 곳에서 잠간 쉬시오."

왜냐하면, 많은 사람들이 오고가고 있었기 때문에 그들이 밥 먹을 겨를조차 없었다. 그래서 그들은 배를 타고 따로 외딴 곳으로 떠나갔다. 그런데 사람들이 그들이 가는 것을 보았고 많은 사람들이 가는 곳을 알아차렸다. 그러자 사람들이 모든 마을들로부터 도보로 그곳에 함께 달려가 그들보다 먼저 갔다.

그 때 예수가 배에서 내리면서 많은 군중들을 보았다. 예수는 목자 없는 양떼와 같았던 그들 때문에 애간장이 녹아내렸다. 그래서 예수는 그들에게 많은 것들을 가르치기 시작했다. 그렇게 이미 많은 시간이 지나고 나서 예수의 제자들은 예수에게 가까이 다가가서 귀띔했다. 이곳이 빈들광야이고 이미 많은 시간이 흘렀다는 것을.

"사람들을 해산하세요. 사람들이 주변 농장들과 마을들로 가서 각자 스스로 먹을 것을 사게 하세요."

그러나 예수가 제자들에게 대답하여 말했다.

"여러분이 사람들에게 먹을 것을 주시오."

그러자 제자들이 예수에게 항변했다.

"우리가 가서 2백 데나리온 어치 떡을 사다가 사람들에게 먹도록 주라는 말씀입니까?"

그러나 예수께서 제자들에게 지시했다.

"여러분은 떡들을 얼마나 가지고 있소? 가서 알아보시오."

그래서 제자들이 알아보고 보고했다.

"떡 다섯 개와 물고기 두 마리입니다."

그러자 예수가 제자들에게 모든 사람들을 떼 지어 푸른 풀밭 위에 자리 잡도록 지시했다. 그렇게 해서 사람들이 백 명씩, 오십 명씩 무리지어

앉았다.

그런 후에 예수가 떡 다섯 개와 물고기 두 마리를 받아들고 하늘을 우러러 감사드렸다. 그리고는 떡들을 떼어서 사람들에게 나누어주도록 당신의 제자들에게 주었다. 이어서 물고기 두 마리도 모든 사람들과 함께 나누었다.

그렇게 모든 사람들이 먹고 배부르게 되었다. 그러고도 사람들이 부스러기 떡들과 물고기들로부터 12광주리에 가득 차게 거두었다. 그런데 떡을 먹은 사람들이 어른남자 오천 명이었다.

본문풀이
오병이어 밥상공동체, 예수의 하나님나라 복음운동과 사회경제 책임과 의무

한국교회의 대중적인 복음전도의 구호는 '성공하는 삶'이다. 한마디로 '예수 믿고 성공해서 부유하게 잘살아보자'는 것이다. 이와 관련하여 기독교 서점에는 '기독교자본주의성공신화'로 넘쳐난다. 신자유주의 시장경쟁체제 속에서 '무한경쟁·독점·쌓음·소비'를 찬양하고 축복하는 맘몬·자본 신앙이 한국교회들을 점거했다. 또 다른 전통적인 구호도 있다. 바로 '예수천당 불신지옥'이다. 이러한 구호는 비인격적이고, 비평화적이며, 비공동체적인 독선이다. 이러한 비 신앙행위 때문에 예수의 하나님나라 복음운동이 우리시대의 교회에서 설자리를 잃게 된다. 또한 교우들의 삶의 마당에서 예수의 하나님나라 복음운동이 아무런 영향력도 끼치지 못한다. 건전한 복음주의 신앙관을 가진 교우들조차도 하나님나라 복음전도의 의미를 오롯이 '개인영혼구원'으로만 이해한다. 한국교회와 교우들 대부분이 '개인영혼구원'만이 참된 복음전도라는 편향된 생각을 갖게 되었다. 따라서 한국교회와 교우들은 교회와 세상을 철저하게 구분한다. '개인영혼구원'만이 참이고 나머지는 별 것 아니라는 이원론신앙 관념에 사로잡히고 말았다.

그러나 개인영혼 구원에만 몰입하는 복음전도는 '예수의 하나님나라 복음운동'과 크게 어긋난다. 도대체, 어떤 방법으로 '하나님의 영과 하나님의 모습을 따라 하나님과 닮은꼴'로 하나님께서 손수 지으신 사람에게서 '몸과 영혼과 생명'을 따로따로 찢어낼 수 있을까? 히브리 성서 창조신앙 안에서 사람의 몸과 영혼과 생명은 하나다. 결코 따로따로가 아니다. 하나님은 당신의 창조섭리에 따라 모든 창조세계를 '하나님과 하나로 창조생명 생태계'로 지으셨다. 나아가 모든 예수신앙인들은 지금 여기 우리의 삶의 마당에서 우리와 함께하시는 하나님과 한 생명 그리고 한 삶의 공동체다.

그러므로 본문의 오병이어 밥상공동체 이야기는 21세기교회와 교우들에게 예수의 하나님나라 복음운동에 관한 올바른 의미와 방법을 가르쳐준다. 이제 그 내용들을 함께 살펴보기로 하자.

제자들의 하나님나라 복음 전도여행의 성과

오병이어 밥상공동체 이야기는 사복음서에 모두 기록되어 있다. 오병이어 밥상공동체야말로 갈릴리 땅 모든 풀뿌리 사람들에게 가장 뜻 깊은 하나님나라 복음운동 사건이었기 때문이다. 이제 본문을 자세히 살펴보자.

오병이어 밥상공동체가 펼쳐지기 이전에 예수는 제자들을 두 명씩 짝을 지워서 하나님나라 복음운동 여행을 보냈다. 제자들은 갈릴리 전 지역으로 흩어져 하나님나라 복음운동 여행을 떠났다. 가버나움, 고라신, 벳

세다, 막달라 등에서 예수의 하나님나라 복음운동 여행이 시작되었다. 그리고 제자들은 놀라운 하나님나라 복음운동 성과를 올렸다. 하나님나라 복음운동 여행을 마치고 돌아온 제자들은 자신들의 복음운동 여행 성과들을 자랑스레 예수에게 보고했다. 실제로 예수의 하나님나라 복음운동 여행자들은 갈릴리 풀뿌리 사람들에게 하나님나라 복음운동을 전파하면서 병을 고치고 귀신을 몰아냈다. 여러 가지 하나님나라 복음운동의 기적들을 나타냈다. 이렇듯이 예수의 하나님나라 복음운동 여행자들을 통하여 하나님나라 복음운동이 갈릴리 온 땅으로 전파되었다. 온 갈릴리 사람들이 예수의 하나님나라 복음운동으로 흥분하고 들썩였다. 오죽하면 갈릴리의 통치자인 '헤롯 안티파스'마저 깜짝 놀라서 외쳐야만 했을까?

"혹시 이 예수야말로 내가 목 베어 죽인 요한 그 사람이 다시 살아난 것 아니냐?

그래서 예수의 하나님나라 복음운동 여행자들이 예수에게로 돌아왔을 때 수많은 풀뿌리 사람들이 그들을 쫓아 예수에게로 몰려왔다. 이와 관련하여 본문은 예수와 제자들이 밀려드는 갈릴리 땅 풀뿌리 사람들 때문에 밥 먹을 시간조차 없었다고 보고한다. 예수와 제자들은 끝없이 밀려드는 풀뿌리 사람들에게 지쳐서 잠시 한적한 곳에서 쉬려고 배를 탔다. 그런데 풀뿌리 사람들이 그것을 알아채고 걷거나 뛰어서 예수일행보다 먼저 예수가 도착할 만한 곳으로 가서 모였다. 이때 본문은 '쉰네드라몬 συνέδραμον'이라는 헬라어 동사를 사용하는데 '쉰σύν 함께 + 트레코 τρέχω 달리다'로 이루어진 합성동사다. 갈릴리 땅의 모든 마을들로부터 예수의 하나님나라 복음운동을 전해들은 풀뿌리 사람들이 걷거나 뛰어서 함께 몰려

나왔다. 그들은 예수일행이 배를 타고 건너갔을 만한 곳을 알아채고 모두 함께 몰려갔다. 갈릴리 땅 풀뿌리 사람들은 예수의 하나님나라 복음운동을 통해서 해방과 구원, 정의와 평등세상을 깨닫고 꿈꾸게 되었다. 예수의 하나님나라 복음운동의 해방과 구원기쁨이 그들을 들뜨게 만들었다.

그래서 너나없이 예수에게로 몰려나왔다. 이것이 예수의 하나님나라 복음운동의 능력이다. 이 땅의 모든 억압받고 착취당하며 고통당하는 풀뿌리 사람들에게 선포되는 해방과 구원세상이다. 정의와 평등, 생명평화 세상이다. 아마도 그것은 옛 히브리 노예들에게 베풀어진 야훼 하나님의 해방과 구원사건과 같았을 것이다. 파라오 노예세상에서 종살이 하던 히브리 노예들에게 선포된 해방과 구원세상 기쁨이었을 것이다. 무엇보다도 옛 히브리 노예들의 해방과 구원세상 기쁨은 곧 히브리 노예들의 하나님 야훼의 기쁨이기도 했다.

목자 없는 양떼

예수는 몰려든 수많은 풀뿌리 사람들을 보고 그들을 불쌍히 여겼다. 그들은 '목자 없는 양떼'와 같았기 때문이다. 이때 본문은 '에스플랑크니스테'라는 헬라어 동사를 사용한다. 이 동사를 문맥에 따라 우리말로 실감나게 번역하면 '애간장이 녹아 내렸다'라고 표현할 수 있다. 실제로 이 헬라어 동사는 '스플랑크논창자 또는 내장심장·간장·허파'라는 낱말에서 나왔다. 예수는 하나님나라 복음을 듣고 몰려나온 갈릴리 땅 풀뿌리 사람들을 보고 자기내장이 녹아내리는 아픔을 느꼈다. 왜냐하면 그들이 마치 '목자 없는 양떼'와 같았기 때문이다. 그래서 예수는 쉼을 포기해야만 했다. 예수는 풀뿌리 사람들 속으로 들어가서 병자들을 고치시고 약한 사람들을 돌보았다. 갈릴리 땅에서 가난하고 억압받으며 소외된 사람들에게 하나님나라 복음을 선포했다. 풀뿌리 사람들에게 하나님나라 복음에 대하여 가르쳤다.

실제로 예수시대의 갈릴리는 온갖 정치억압과 차별 그리고 사회경제·종교양극화가 매우 크고 넓고 깊었다. 특별히 예수시대 갈릴리지역은 유대지역과 다르게 헤롯왕가의 강압과 폭력통치를 받고 있었다. 또한 소수의 이방인 대 지주나 대 상인들로부터 경제착취에 시달리고 있었다. 무엇보다도 예루살렘성전 제사종교체제로부터 멸시와 천대를 받았다. 일례로 예루살렘 종교·정치 지도자들은 갈릴리지역을 '이방의 갈릴리'라고 불렀다. 심지어는 예수의 고향 '나사렛 같은 곳에서 무슨 선한 것이 나겠느냐'며 예수의 하나님나라 복음운동을 헐뜯었다. 그러나 갈릴리 땅 풀뿌리 사람들의 삶의 마당에서 예수의 하나님나라 복음운동은 새로운 해방이며 구원이었다. 예수는 갈릴리 땅 풀뿌리 사람들에게 이렇게 선포했다.

"가난한 사람은 복이 있다. 굶주린 사람은 배부를 것이다. 억울하고 애통한 마음이 있는 사람은 하나님의 위로를 받을 것이다. 억압당하고 고난당하는 사람은 하나님의 해방과 구원을 받게 것이다. 하나님나라는 이런 사람들의 것이다"

그러므로 갈릴리 땅 구석구석의 마을들을 찾아 나선 예수제자들의 복음운동 여행은 모든 갈릴리 땅 풀뿌리 사람들을 들뜨게 했다. 열화와 같은 환호를 받을 수밖에 없었다. 사실 이 땅 한반도에서 예수의 하나님나라 복음운동도 똑같았을 것이다. 오랜 세월 양반들의 억압과 차별 속에서 또한 일제식민지 치하에서 예수의 하나님나라 복음이야말로 이 땅 풀뿌리 사람들에게 새로운 해방이며 구원이었다. 하지만 어느 때부터인가 한국교회의 하나님나라 복음운동이 변질되었다. 70년대에서 90년대까지 빠른 경제성장과 함께 '예수 믿고 잘살자'라는 외침이 하나님나라 복음 운동의 표어가 되었다. 그 후로 지금까지 '교회성장'이야말로 하나님나라 복음 운동의 가장 큰 목표였다. 더 크게 교세를 불리고, 더 큰 예배당을 짓고, 더 호화로운 예배를 드리기 위해 더 많은 돈이 필요해졌다. 그 목표에 발맞추어 하나님나라 복음운동의 구호도 '기독교 자본주의 성공신화'로 바뀌었다. 더해서 여전히 '예수천당 불신지옥'이라는 옛 구호도 동원되었다.

그러나 이제 21세기 예수신앙인들은 오병이어 밥상공동체 사건을 통해서 예수의 하나님나라 복음운동의 진실과 참 뜻을 깨닫는다. 예수의 하나님나라 복음운동의 참 뜻이 결코 교회성장이 아니라는 신앙진실을 알아챘다. 왜냐하면 예수의 하나님나라 복음운동은 시대의 풀뿌리 사람들의 삶의 고통과 절망에 함께하는 것이기 때문이다. 그 땅 풀뿌리 사람들의 해방과 구원, 정의와 평등, 생명평화세상을 이루어내는 것이기 때문이다.

그러므로 예수는 하나님나라 복음운동을 듣고 깨달으며 몰려나온 풀뿌리 사람들에게 한없는 사랑을 쏟았다. '애간장이 녹아내리는 측은지심'을 가졌다. 이러한 예수의 측은지심으로 풀뿌리 사람들을 바라보았을 때 그들은 한마디로 목자 없는 양떼들이었다. 예수는 고통과 절망과 죽음의 광야를 목자 없이 홀로 떠도는 양떼들과 조우했다. 예수는 스스로 그들의 목자가 되어 그들을 섬기고, 그들을 도우며, 그들과 함께 삶을 나누기로 작정했다. 예수는 주저 없이 풀뿌리 사람들 속으로 뛰어들었다. 그들의 질병과 상처와 약함을 치료했다. 그들의 고통과 절망을 나누어 가졌다. 그럼으로써 로마제국과 예루살렘 성전제사 종교체제가 그 땅 풀뿌리 사람들에게 덧씌운 '죄'에서 그들을 해방하고 구원했다. 예수는 갈릴리 땅 풀뿌리 사람들에게 새로운 해방과 구원의 기쁨 그리고 행복이 넘치는 하나님나라 복음을 선포했다.

이점에서 신약성서는 또렷하게 '이 땅에 오신 예수'를 '임마누엘 하나님이 우리와 함께하심'이라고 증언한다. 따라서 예수시대로부터 21세기에 이르기까지 도도한 예수 신앙역사 속에서 예수의 하나님나라 복음운동의 참된 의미는 오롯이 하나다. 그것은 바로 '하나님이 우리와 함께하시는 나라'를 이 땅위에서 실행해 내는 것이었다. 그 하나님나라는 죽어야만 갈 수 있는 천당이 아니다. 또 맘몬·자본세상에서 돈과 권력과 부귀영화를 마음껏 누리는 장물아비인생도 아니다. 그것은 바로 너와 나 우리가 함께 하나님의 다스리심 안에서 해방과 자유, 정의와 평등세상을 누리는 것이었다. 하나님과 하나로 창조생명생태계 안에서 생명청지기 역할과 기쁨과 행복을 누리는 것이었다.

여러분이 풀뿌리 사람들에게 먹을 것을 주시오.

본문읽기에서 오병이어 밥상공동체 사건은 21세기 예수신앙인들에게 예수의 하나님나라 복음운동의 의미와 완성을 깨닫게 한다. 다시 본문내용으로 가자.

예수와 풀뿌리 사람들과의 만남과 어울림은 저녁때가 되도록 끝나지 않았다. 이쯤해서 제자들도 자신들의 쉼과 안식을 빼앗아간 풀뿌리 사람들이 미워졌을 것이다. 오랜 하나님나라 복음운동 여행에서 돌아와 쉼과 안식을 학수고대하던 제자들이었다. 저녁때가 되어서 몹시 지쳤다. 제자들은 '예수가 풀뿌리 사람들을 해산하고 자신들과 함께 쉼을 누리기'를 바랐다. 본문은 그 장면을 아주 생생하게 표현한다.

> "그렇게, 이미 많은 시간이 지나고 나서 예수의 제자들은 예수에게 가까이 다가
> 가서 귀띔했다. 이곳이 '빈들또는광야'이고 이미 많은 시간이 흘렀다는 것을.
> '사람들을 해산하세요. 사람들이 주변 농장들과 마을들로 가서 각자 스스로 먹을
> 것을 사게 하세요.'
> 그런데 예수는 이러한 제자들의 짜증 섞인 요청을 듣고 제자들에게 엉뚱한 요구
> 를 한다.
> '여러분이 사람들에게 먹을 것을 주시오.'
> 제자들은 어안이 벙벙해서 이렇게 항변한다.
> '우리가 가서 2백 데나리온 어치 떡을 사다가 사람들에게 먹도록 주라는 말씀입
> 니까?'"

여기서 중요한 것은 제자들뿐만 아니라 먼 길을 걸어온 그 땅 풀뿌리
사람들도 피곤하고 배고팠다는 사실이다. 예수는 도저히 그 풀뿌리 사람
들을 그냥 돌려보낼 수 없었다. 그런데도 제자들은 그 땅 풀뿌리 사람들
의 가난과 배고픔에 대하여 아무런 동정이나 위로, 안쓰러움도 없었다.
이때 예수는 제자들에게 하나님나라 복음운동의 참된 의미와 책임으로
써 '오병이어 밥상공동체'를 지시한다.

> "여러분이 사람들에게 먹을 것을 주시오."

예수는 제자들에게 하나님나라 복음운동의 핵심가치로써 사회경제책
임과 의무를 요구한다. 제자들은 예수의 하나님나라 복음운동 사역자들

이었다. 그러나 자신들에게서 하나님나라 복음운동을 전해 듣고 몰려나온 풀뿌리 사람들에게 밥을 먹여야 할 이유를 전혀 알지 못했다. 제자들은 예수의 파송을 받아 풀뿌리 사람들에게 예수의 하나님나라 복음운동을 전파했다. 그럼에도 불구하고 갈릴리 땅 풀뿌리 사람들에 대한 예수의 측은지심을 전혀 이해하지 못했다. 제자들은 풀뿌리 사람들을 불쌍히 여기고 그들의 삶의 마당에 동참하려고 하지 않았다. 그들과 함께 '오병이어 밥상공동체'를 차리려는 예수를 전혀 이해하지 못했다. 제자들에게 있어서 갈릴리 땅 풀뿌리 사람들은 하나님나라 복음운동의 주체가 아니었다. 그 땅 풀뿌리 사람들은 제자들에게 하나님나라 복음운동 전파 대상자들이었을 뿐이다. 그래서 도리어 제자들은 예수가 원망스러웠을 것이다.

실제로 제자들의 이러한 생각들과 감정은 이천년 기독교회 역사 속에서 끊임없이 반복되어 온 일이었다. 서구 제국주의 교회들은 지구촌 식민지에서 하나님나라 복음운동에 몰두하면서 본문읽기 속 제자들과 똑같이 행동했다. 실제로 21세기 한국교회도 하나님나라 복음전도에 나서면서 서구교회들의 지구촌 복음전도행태를 똑같이 따라한다. 이제야말로 21세기 한국교회의 하나님나라 복음전도행태를 꼼꼼히 곱씹어서 성찰하고 회개해야 할 때다.

다시 본문으로 가서, 예수는 제자들의 항변에 대꾸조차 않고 그들에게 지시한다.

"여러분은 떡들을 얼마나 가지고 있습니까? 가서 알아보시오.'
그래서 제자들이 부랴부랴 알아보고는 이렇게 보고했다.
'떡 다섯 개와 물고기 두 마리입니다.'"

이때 본문은 '포수스Πόσους 얼마나'라는 헬라어 형용사를 사용한다. 이 헬라어 형용사의 문자의미는 '얼마나 많이 또는 얼마나 큰'이라는 뜻이다. 그러나 실제로는 떡 다섯 개와 물고기 두 마리 뿐이다. 그렇다면 예수는 제자들에게 '너희가 얼마나 많이 가지고 있는지 아느냐'라고 따져 물었을까?

여기서 본문은 '이데테ἴδετε 여러분 알아보시오'라는 동사를 사용한다. 이 헬라어 동사는 '에이돈 εἶδον 보다 + 오이다 οἶδα 알다 또는 깨닫다'로 이루어진 합성동사다. 따라서 오병이어 밥상공동체의 출발은 누구라도 밥상공동체에 참여하려는 사람들마다 '내가 얼마나 가지고 있는지' 살펴보는 것이다. 스스로의 삶의 마당을 성찰하는 것이다. 내가 무엇을, 어떻게, 얼마나 가지고 있는지 돌아보고 깨닫는 것이다.

쥐뿔도 없는데 뭘 어쩌라고?

그렇지만 그런대로, 쥐뿔도 없는 사람들 사이에서 '오병이어 밥상공동체가 차려지고야 말기' 때문이다.

하늘을 우러러 감사를 드리다.

예수는 아무런 말도 없이 제자들에게서 떡 다섯 개와 물고기 두 마리를 받아들고 하늘을 우러러 감사를 드렸다. 그리고 떡을 떼어 제자들에게 주면서 풀뿌리 사람들에게 나누어 주도록 했다. 마찬가지로 물고기도 그렇게 풀뿌리 사람들에게 나누어 주었다. 그러자 마침내 놀라운 일이 벌어지고야 말았다. 실제로 제자들은 예수와 함께 한적한 곳에서 먹고 쉬기 위해서 떡 다섯 개와 물고기 두 마리로 준비했다. 그런데 그것으로써 마침내 오병이어 밥상공동체가 차려졌다. 남자어른 오천 명과 그 수를 알 수 없는 풀뿌리 사람들이 모두 배불리 먹게 되는 기적이 일어났다. 먹고 남아서 모은 것이 열두 광주리에 가득차고 넘쳤다.

이 오병이어 밥상공동체 이야기는 수많은 교회와 교우들 사이에서 온갖 해석들을 불러일으켜 왔다. 어떤 교회와 교우들은 '온전히 메시아 예수의 초자연적 기적'으로 또는 '종교 신비'로 해석했다. 또 다른 교회와 교우들은 '자발적 나눔'으로 이해했다. 나아가 어떤 교회와 교우들은 현대에 맞는 합리적인 해석으로써 교우들에게 '사회경제공동체 나눔과 섬김'을 강조했다.

오병이어 밥상공동체, 예수의 하나님나라 복음운동의 사회경제 책임과 의무

필자는 오병이어 밥상공동체를 '예수의 하나님나라 복음운동의 사회경제 책임과 의무'로 해석하고 강조한다. 복음서에서 오병이어 밥상공동체는 예수의 하나님나라 복음운동의 표상과 같다. 예수는 시대의 사회경제억압과 착취 속에서도 끊임없이 그 어떤 차별과 소외도 없는 밥상공동체를 열어왔다. 예수는 '먹보요 술꾼이며 세리와 죄인들의 친구'라는 욕설을 수없이 들어왔다. 예수는 제자들에게 수많은 풀뿌리 사람들을 모았더라도 아직 하나님나라 복음운동이 열매 맺지 못했다고 가르친다. 예수의 하나님나라 복음운동 사역자들은 복음운동을 듣고 깨닫는 풀뿌리 사람들의 삶의 마당에서 그들과 하나가 되어야 한다. 그렇지 못하다면 아직 하나님나라 복음운동 사명은 끝나지 않았다. 복음운동 사역자들과 풀뿌리 사람들이 함께 오병이어 밥상공동체를 차리지 못했다면, 아직 하나님나라 복음운동은 미완성이다.

그러할 때 오병이어 밥상공동체가 예수의 하나님나라 복음운동 사역자들에게 전하는 신앙은유는 무엇일까?

그것은 바로 예수의 하나님나라 복음운동의 완성이 '오병이어 밥상공동체'라는 신앙진실이다. 예수의 하나님나라 복음운동 사역자들의 열매는 복음운동을 듣고 깨닫는 풀뿌리 사람들의 삶의 아픔과 고통에 참여하는 것이다. 그들과 함께 오병이어 밥상공동체를 이루는 것이다.

오병이어 밥상공동체의 몇 가지 조건들

이제, 오병이어 밥상공동체를 이루는 몇 가지 조건들을 따져볼 필요가 있다. 첫 번째, '여러분이 풀뿌리 사람들에게 먹을 것을 주시오'라는 하나님나라 복음운동의 사회경제책임에 대한 문제다. 이 문제에 대해 철저하고 올바르며 진정성 있는 이해와 깨달음을 가지고 있는지 살펴야한다. 그리고 그 이해와 깨달음에 맞는 신앙행동이 무엇인지 따져야한다. 두 번째, 지금 '내가 가진 것이 무엇이며 얼마큼인지' 진솔하게 신앙성찰을 벌이는 문제다. 세 번째, '내게 주어진 모든 것들에 감사하고 그것들을 예수의 이웃사랑 계명에 따라' 모두와 함께 나누는 문제다.

무엇보다 '나에게 떡 다섯 개와 물고기 두 마리가 있소'라고 고백하는 신앙행동이 필수다. 그러한 신앙행동이야말로 이 땅의 하나님나라를 이끌어가는 신앙의지이고 능력이다. 이 땅에서 하나님나라를 확장하고 지켜내는 신앙용기이며 신앙자산이다. 물론 때에 따라 제자들처럼 '나에게는 떡 다섯 개와 물고기 두 마리 밖에 없소'라고 볼멘소리를 할 수도 있다. 그렇더라도 가난하고 배고픈 풀뿌리 사람들 앞에서 나에게 주어진 것들을 살피는 신앙행동이야말로 놀라운 은혜다. 그러한 신앙행동 자체로써 이미 하나님나라 복음운동 속에서 내리는 하늘은총과 복을 누리게 된다.

오병이어 밥상공동체 이야기 속에 숨겨진 현실은유

마가복음서는 오병이어 밥상공동체 이야기를 갈릴리의 통치자 헤롯 안티파스의 궁중잔치이야기 바로 아래에 놓았다. 그 이유가 무엇일까? 헤롯왕의 궁중잔치와 오병이어 밥상공동체를 대놓고 비교하기 위해서가 아닐까?

실제로 헤롯왕의 궁중잔치는 소수의 권력자들과 부유한 자들을 위한 잔치다. 따라서 헤롯왕의 궁중잔치는 오병이어 밥상공동체와는 비교가 되지 않을 만큼 호화로웠다. 그럼에도 불구하고 헤롯왕의 궁중잔치에는 평화가 없다. 정의와 평등이 없다. 해방과 자유가 없다. 만족과 기쁨이 없다. 생명이 없다. 도리어 미움과 시기와 질투와 음모가 난무한다. 오롯이 죽음만이 있을 뿐이다. 헤롯왕의 궁중잔치에서 세례요한의 목이 잘려 나갔다. 잘려진 모가지를 앞에 두고 그 시대의 지배계층들은 춤을 추고 노래를 불렀다.

그러나 오병이어 밥상공동체에서는 모든 가난하고 소외되고 억압받는 풀뿌리 사람들이 다 함께 기뻐하고 즐거워한다. 모두가 행복하다. 그곳에는 해방과 구원이 있다. 정의와 평등이 있다. 생명과 평화가 있다. 오병이어 밥상공동체는 곧 이 땅에서 예수의 하나님나라 복음운동의 표상이다.

그렇다면 21세기 예수의 제자로써 예수의 하나님나라 복음운동 사역자들은 누구인가? 우리시대 상황에서 예수의 하나님나라 복음운동 사역자들이 본문을 통해서 깨달아야 할 신앙진실은 무엇일까?

그것은 바로 예수의 하나님나라 복음운동의 참된 의미와 목적이 '오병이어 밥상공동체'라는 신앙진실이다. 그러므로 오병이어 밥상공동체는 예수시대의 단 일회의 사건이 아니다. 21세기에도 또 미래에도 계속해서 일어나야 할 예수의 하나님나라 복음운동의 사회경제 책임과 의무다. 물론 21세기 예수신앙인들 가운데는 예수의 제자라고 불려 지기에 스스로 부족하고 부끄럽다고 느끼는 사람들도 많다. 그러나 예수신앙인이라고 자처하는 사람들은 이미 세상 사람들에 앞서서 예수의 오병이어 밥상공동체에 초대받아 참여한 사람들이다. 그리고 예수와 함께 오병이어 밥상공동체를 계속 이어 나가야 할 사람들이다. 21세기 예수신앙인들이 모두 다 함께 자기깜냥에 맞게 오병이어 밥상공동체에 참여하기를 기대한다.

6. 예수의 예루살렘 성전제사 종교체제 철폐사건

마가복음 11: 15-19

본문읽기

그들이 예루살렘으로 갔다. 그리고 예수가 성전으로 들어가서 성전 안에서 팔고 사는 자들을 쫓아내기 시작했다. 예수는 환전상들의 탁자와 비둘기를 파는 자들의 의자를 둘러 엎었다. 그리고 누구든지 성전을 가로질러통하여 물품을 나르는 것을 허락하지 않았다. 또한 예수가 그들을 가르치며 그들에게 말했다.

"옛 부터, '내 집은 모든 민족들에게 기도의 집으로 불려 질 것'이라고 기록되어 있지 않았느냐? 그런데 너희들, 너희들은 일찍이 이곳을 강도들의 소굴로 만들어 버리고 말았구나."

그때 마침, 대제사장들과 율법사들이 들었다. 그래서 그들은 '어떻게 해야 예수를 죽여 없앴을 수 있을까' 꾀했다. 사실, 그들은 예수를 두려워했다. 왜냐하면 모든 군중들이 예수의 가르침으로 인해 크게 깨우치고 있었기 때문이다.

본문이해하기
예루살렘 성전 이야기

역사적으로 예루살렘에는 두 번에 걸쳐 새로운 '성전'이 지어졌다. 첫 번째 성전은 다윗왕조 솔로몬 왕국시절에 건설 되었고 두 번째 성전은 바벨론포로 귀환시절 스룹바벨이 건설했다. 그런데 두 번째 성전은 헤롯대왕 시절에 새롭게 재건축되었다. 예루살렘성전은 다윗왕조 신학을 뒷받침하는 목적으로 옛 히브리 지파동맹의 '야훼의 집 회막會幕'베트 예흐바을 본떠서 지었다. 실제로 다윗왕조 신학은 옛 히브리 지파동맹 야훼의 집에서 자유롭게 머무시던 야훼 하나님을 억지를 써서 모셔왔다. 그리고는 예루살렘 성전제사종교체제 지성소에 유폐시켰다. 그러나 마침내 본문읽기에서 하나님 영의 사람, 참사람, 하나님의 아들 예수가 예루살렘 성전제사종교 체제를 철폐시켰다.

솔로몬 성전

다윗 왕은 예루살렘과 가나안 땅 그리고 에돔과 시리아 지역까지 정복해서 소 제국주의 다윗왕조를 튼튼하게 세웠다. 이후 다윗 왕이 죽고 나서 다윗왕조 솔로몬왕국이 들어섰다. 그러면서 첫 번째 예루살렘성전이 지어졌다. 첫 번째 예루살렘성전은 기원전 9백67년 솔로몬왕국 4년에 건축을 시작해 7년 후 기원전 9백60년에 완공되었다고 한다. 그래서 첫 번째 예루살렘성전은 솔로몬성전이라고 불린다. 예루살렘성전 건축은 다윗왕조의 정통성을 튼튼하게 세우려고 노력했던 다윗왕의 평생 숙원사업이었다. 예루살렘 성전 건축이야말로 히브리 지파동맹 희년신앙 행동계약 정통성을 다윗왕조 신학으로 몰수하는 화룡점정畵龍點睛이었다. 이제 이후로는 예루살렘 성전제사종교 체제에서만 야훼 하나님을 뵙고 예배할 수 있었다.

이렇듯이 첫 번째 예루살렘 솔로몬성전은 4백 여 년 동안 예루살렘 다 윗성에서 굳건하게 제자리를 지켰다. 그러나 기원전 5백87년 바벨론제국의 침략으로 인해 남유다왕국이 멸망할 때 예루살렘 성전도 함께 멸망했다. 바벨론제국은 예루살렘성전의 모든 종교상징물들을 바벨론으로 가져갔다. 다윗왕조 남유다왕국의 엘리트계층도 바벨론포로로 잡아갔다.

스룹바벨 성전

페르시아가 바벨론제국을 무너트리고 비옥한 초승달지역의 새로운 제국으로 탄생했다. 페르시아제국은 바벨론제국과 달리 제국 안에 여러 민족들의 종교문화를 되살리라고 명령했다. 제국 안에 여러 종교들의 신전들이 세워지고 다양한 신들에게 제국의 부와 권력과 번영을 빌었다. 기원전 5백37년 스룹바벨이 이끄는 바벨론제국 유대인포로들의 1차 예루살렘 귀환이 이뤄졌다. 이후로 오랜 세월에 거쳐 2차 3차 바벨론포로들의 예루살렘 귀환이 이루어졌다.

예루살렘으로 귀환한 스룹바벨은 페르시아제국의 지원을 받아서 제2의 예루살렘 성전을 건설하기 시작했다. 그러나 다윗왕조가 망한 이후 예루살렘에서 거주해온 이방사람들의 온갖 방해공작으로 인해 성전건축이 늦어졌다. 그러다가 마침내 기원전 5백15년에 예루살렘 제2성전이 완공되었다. 예루살렘 제2성전은 성전건축을 주도한 스룹바벨의 이름을 따서 스룹바벨 성전이라고 불린다. 스룹바벨 성전은 솔로몬성전과 비슷한 모습으로 지어졌으나 그때만큼 화려했던 것 같지 않다. 다만 바벨론제국이 빼앗아 갔던 종교물품들은 다 제자리로 돌아왔다. 성서학자들은 히브리 지파동맹의 희년신앙 행동계약 행동법규총칙으로써 십계명법궤는 예루살렘 성전파괴 때에 사라졌을 것으로 이해한다. 그렇더라도 예루살렘 제2성전 제사의식은 솔로몬성전 때보다 훨씬 더 복잡해져서 세세하고 교묘하게 집행되었던 것 같다.

헤롯대왕 성전

헤롯대왕은 이방인과 다름없는 에돔사람으로서 로마제국 군대의 지원을 받아 기원전 37년 유대인들의 왕이 되었다. 헤롯대왕은 유대인들의 환심을 사기 위해 스룹바벨성전을 새롭게 재건축했다. 헤롯대왕은 기원전 20년 예루살렘성전 재건축을 시작했는데 마무리를 짓지는 못했다. 헤롯대왕은 성전전체를 높은 돌담으로 외워 싸서 성전의 위용을 한껏 드높였다. 성전 본채도 벽과 난간으로 둘러싸서 거룩한 성전공간과 이방인의 뜰을 나누었다. 성전 본채를 둘러싸서 이방인의 뜰과 나누는 벽에는 '이방인들이 침범 시 사형'이라는 경고문을 붙였다고 한다.

한편 이방인의 뜰은 유대인들과 이방인들 모두에게 개방되었다. 그 이방인의 뜰 안쪽으로 성전 안뜰이 있었는데 이 뜰은 거룩한 장소로서 경건한 유대인들만 들어갈 수 있었다. 이 성전 안뜰도 바깥쪽으로부터 안쪽으로 여인들의 뜰과 남성들의 뜰 또는 이스라엘의 뜰 그리고 사제들의 뜰로 나뉘었다. 여인들의 뜰과 남성들의 뜰은 별도의 벽으로 구분했다. 사제들의 뜰에는 현관과 성소로 구별된 성전 본체건물이 있었고 현관 앞뜰에 번제단과 대야가 놓였다. 성소 안에는 떡 놓은 상과 등잔대와 향 제단이 있었다. 성소의 천장부터 바닥까지 휘장을 쳐서 성소와 지성소를 구분했다. 지성소에 무엇이 있었을까는 알려져 있지 않았다. 사제들의 뜰 안으로는 제사장들만 들어갈 수 있었고 지성소에는 오롯이 속죄의 날에 대제사장만 출입할 수 있었다. 성전제사 의식이 벌어질 때는 남자들의 뜰 또는 이스라엘의 뜰에서 유대인 남자들이 희생제물을 바치기도 하고 함께 모여서 기도했다.

예루살렘성전을 둘러싼 높은 담장 쪽으로 주랑이 늘어서 있었다. 예수도 이곳에서 유대인들을 만나고 토론하고 하나님나라 복음을 설교했을 것이다. 또한 이곳에는 성전상인들이 장사를 하고 있었다. 성전으로 통하는 문들은 북문하나, 예루살렘 시가지를 향해 서쪽으로 네 개, 남쪽으로 2개, 동쪽으로 하나 등 모두 여덟 개라고 알려져 있다. 헤롯대왕성전은 서기 70년 유대전쟁 때에 로마제국 군대에 의해 완전하게 멸망당했다.

예수의 예루살렘 성전제사 종교체제 철폐사건

예수가 유대사람으로서 예루살렘성전에 대해 어떤 정서를 가졌는지는 역사실증주의로 확인할 길이 없다. 그러나 예수는 예루살렘 성전제사 종교체제 기득권세력을 향해 끊임없는 대항행동을 펼쳤다. 예수는 예루살렘성전을 향해 '강도의 소굴'이라고 거칠고 사납게 비판했다. 예수는 옛 히브리 지파동맹의 희년신앙 행동계약 전통에 따라 성전을 '야훼 하나님의 집, 내 아버지의 집, 기도의 집'으로 불렀다. 이렇듯이 예수는 희년신앙 행동계약 전통에 걸맞게 예루살렘 성전제사종교체제 철폐사건을 일으켰다. 그리고 마침내 예수는 야훼 하나님의 집 또는 내 아버지의 집에 대한 사랑과 열정으로 예루살렘 헤롯성전 멸망을 선포했다.

"너희가 이 성전을 허물어라. 그러면 내가 삼일 안에 그것을 일으킬 것이다." 요한복음 2:19

본문풀이

예수의 예루살렘 성전제사 종교체제 철폐사건

비폭력 대항행동對抗行動

이천년 기독교역사 속에서 수많은 사람들이 예수를 비폭력 평화주의자로 자리매김 시키려고 노력해 왔다. 맞는 말이다. 예수는 비폭력 평화주의자다. 예수는 로마제국 지배체제의 폭력과 죽임의 실체인 십자가처형을 당했다. 예수는 로마제국 폭력과 죽임의 지배체제에 기생해서 기득권을 누려온 예루살렘 성전제사 종교체제를 거칠게 비난했다. 예루살렘 성전 기득권세력들의 반생명·반인권·반평화 종교행태를 온 세상에 낱낱이 폭로했다. 예수는 로마제국 황제권력과 거기에 기생해 온 예루살렘 성전기득권을 향해 철저한 대항행동對抗行動을 펼쳤다. 그러나 한편 예수는 비폭력 평화주의자로서 하나님나라 복음운동 대안세상alternative society을 꿈꿨다.

그렇다면 '예수의 비폭력 대항운동'對抗行動은 전혀 물리력을 배제하는가? 그렇지 않다. 예수는 로마제국과 거기에 기생하는 예루살렘 성전제사 종교체제 기득권세력에 대하여 온몸으로 저항하는 물리력을 행사했다. 욕설도 마구 퍼부었다. 예수는 로마제국 황제권력의 폭력과 죽임의 실체인 십자가처형까지 마다하지 않았다. 예수의 십자가행동이야말로 로마제국의 폭력과 죽임의 지배체제에 대한 가장 강력한 저항물리력이다. 예수는 로마제국의 억압과 폭력과 죽임에 대항하여 십자가처형을 당함으로써 대항혁명 물리력행동을 증언했다. 그럼으로써 예수는 21세기 예수 신앙인들에게도 철저한 비폭력 대항행동 물리력을 전수했다. 그리고 그렇게 행동하라고 요청한다. 예수신앙인들은 로마제국 폭력과 죽임의 지배체제와 예루살렘 성전제사종교체제에 대한 대항혁명운동가 예수를 신앙한다. 열혈분노 예수의 비폭력 대항운동 물리력을 예수신앙 가치와 질서로 이해하고 깨달으며 받든다. 예수의 하나님나라 복음운동을 신앙과 삶으로 행동하고 기억한다.

그러나 오롯이 예수는 다른 사람들의 생명에 위해危害를 가하는 모든 폭력을 철저하게 배격했다. 실제로 예수의 제자그룹에도 피를 부르는 혁명을 마다하지 않는 열혈당원들이 있었다. 예수는 이들의 담대하고 또한 무모한 폭력 대항행동을 단호하게 거부했다. 예수의 그 유명한 비폭력 일화를 상기하자.

네 칼을 칼집에 도로 꽂아라. 참으로 칼을 잡은 자는 모두 칼로 망한다

이렇듯이 21세기 예수신앙인들은 하나님과 하나로 창조생명생태계 안에서 모든 생명말살 폭력을 철저하게 배격해야 한다. 그러할 때 비로써 예수의 비폭력 대항행동에 대해 말할 수 있다. 예수의 비폭력 대항행동은 생명을 말살하는 모든 폭력을 향한 대항행동 물리력이기 때문이다. 물론 생명을 말살하려는 폭력 앞에서 얼굴을 돌리거나 굴종하는 행위를 비폭력 절대평화라고 거짓선동해서는 안 된다. 생명말살 폭력과 죽임 앞에서 비폭력 절대평화 거짓선동을 위해서 예수의 비폭력 대항행동을 끌어다 댈 수 없다. 이러한 비폭력 절대평화 거짓선동이야말로 예수의 비폭력 대항행동에 대한 불신앙 퇴행일 뿐이다. 이 불신앙 퇴행이야말로 가장 참혹한 폭력과 죽임에 다름 아니다.

그러므로 예수는 로마제국 지배체제와 거기에 기생해서 기득권을 누려온 예루살렘 성전제사종교 체제를 향해 거침없는 대항행동 물리력을 행사했다. 예수의 대항행동 물리력은 로마제국과 예루살렘성전 기득권 세력이 행사하는 모든 위해와 폭력 그리고 십자가고난마저도 기꺼이 감수한다. 로마제국과 예루살렘성전 기득권세력이 예수에게 행한 십자가

처형이 바로 그 증거다. 예수는 로마제국의 가장 혹독한 생명말살 십자가 폭력과 죽임 속으로 자신을 던져 넣었다. 그럼으로써 의심의 여지없이 뚜렷하게 로마제국과 예루살렘성전 기득권세력을 향한 대항행동 물리력을 행사했다. 예수는 시대의 풀뿌리 사람들을 착취하고 억압하며 노예화하는 로마제국 지배체제를 향해 한껏 분노했다. 그 거룩한 분노가 일으키는 대항행동 물리력을 아낌없이 없이 행사했다. 본문읽기에서 예루살렘 성전제사종교체제 철폐사건이 예수의 비폭력 대항행동 물리력의 실체와 진실을 여실히 증언한다.

예루살렘 성전제사종교 체제

예수시대의 유대와 갈릴리 풀뿌리 사람들은 3중 또는 5중 지배체제 속에서 살아야만 했다. 먼저는 착취와 폭력과 죽임의 로마제국 황제권력 지배체제다. 두 번째는 로마제국에 기생해서 종교사익을 누려온 예루살렘 성전제사종교 체제다. 세 번째는 헤롯왕조의 억압과 약탈 지배체제다. 네 번째는 대 토지주의 착취 지배체제다. 다섯 번째는 유대교 생활율법주의 체제다. 유대 풀뿌리 사람들은 유대교 생활율법체제로부터 생활권리와 종교사회 공동체권리를 억압당했다. 무엇보다도 로마제국에 기생하는 예루살렘 성전제사종교체제는 그 땅 풀뿌리 사람들의 생명권·생존권·생활권리를 크고 깊고 넓게 짓밟았다.

이렇듯이 예루살렘 성전제사종교 체제야말로 오랫동안 유대 풀뿌리 사람들의 삶을 옥조여 온 생활밀착형 지배체제다. 실제로 히브리 성서는 번제, 소제, 화목제, 속죄제, 속건제 등 풀뿌리 사람들의 생활을 억압하고 착취해온 온갖 제사들을 설명한다. 신약성서 시대에 이르러는 속죄제, 속건제贖愆祭기타 성전세금과 헌금이 강요되었다. 유대교는 성전제사들의 권위와 효용성을 높이기 위해 생활율법을 세세하게 나누고 강화했다. 더해서 새로운 규정들을 만들어 생활밀착형 율법으로 꾸몄다. 예수시대에 이르러 예루살렘 성전제사 종교체제는 6백13개에 이르는 생활율법 규정들을 만들었다. 예를 들면, 유대 사회경제·종교·정치 공동체에 속한 사람이라면 반드시 지켜야하는 것이 정결례다. 이 정결례는 유대풀뿌리 사람들의 하루하루 생활을 몹시 괴롭게 했다. 씻는 것, 사체를 만지는 것, 분뇨처리, 온갖 먹지 못할 것들, 접촉해서는 안 되는 온갖 인간관계들을 세세하게 규칙으로 정했다. 유대 풀뿌리 사람들은 도저히 지켜낼 수 없는 규칙들이었다. 또 정결례 문헌들마다 '마부, 목동, 푸주간주인, 분뇨수거, 무두장이' 등 온갖 부정한 직업들을 나열했다.

예수시대의 가난하고 힘없는 풀뿌리 사람들은 정결례 생활율법들을 결코 지켜낼 수 없었다. 그러나 정결례 생활율법들을 지켜내지 못했을 때는 어김없이 예루살렘 성전제사를 통하여 죄를 용서받아야만 했다. 그러하지 못할 때에는 유대 사회경제·종교·정치 공동체와 예루살렘 성전공동체에서 배제되어야만 했다. 실제로 예수시대의 유대 사회경제·종교·정치 공동체 또는 예루살렘 성전공동체에서 배제되는 것은 곧 신앙과 삶의 죽음이었다. 따라서 예수시대의 예루살렘 성전제사종교 체제는 유대사회경제·종교·정치 공동체의 모든 특권·기득권의 총체였다.

이러한 시대상황에서 예루살렘 성전제사 종교체제의 모든 권력은 대제사장 그룹에게 귀속되었다. 모든 제물들에 대한 제사장들의 독점권리, 제물용 동식물거래의 독점권, 성전화폐 발행권 등이 바로 대제사장 그룹의 특권이었다. 실제로 예루살렘 성 안에는 오래된 일반 가축시장이 있었다. 이 가축시장에서는 이방지역을 통과해서 수입되는 온갖 가축들과 고기들이 거래되었다. 그러나 예루살렘성전 안 이방인들의 뜰에서는 흠 없고 정결한 제물거래를 위해서 '제사용 가축시장'이 열렸다. 기원전 2세기 무렵 외경들도 예루살렘성전 이방인들의 뜰에서 열리는 종교시장을 소개한다. 환전상과 여러 상점들에 대해서도 세세히 묘사한다.

실제로 고대 유대사회에서 상인들은 꽤 존경받는 직업인들이었다. 일반 제사장이나 대제사장 가문에서도 많은 상인들이 나왔다. 따라서 성전 안 이방인들의 뜰 상권은 대제사장 가문들의 독점개입을 통하여 결정되었다. 고대 유대인 역사학자 '요세프스'는 유대고대사에서 '대제사장 아나니아'를 '교활한 상인'으로 묘사한다. 이렇듯이 거룩한 성전 구역임에도 불구하고 이방인들의 뜰에서 활발한 종교시장이 이루어졌음을 알 수 있다. 본문읽기에서 이러한 거래를 보장하는 배경은 그 시대의 유력한 '대제사장 안나스 가문'이었다.

예루살렘 성전화폐 발행권리

예수시대 예루살렘 성전제사종교 체제는 로마제국 지배체제의 내부자로서 성전 안에서 통용되는 '거룩한 돈'을 발행했다. 성전제사용 '희생제물'을 거래하려는 사람이나 성전세금을 바치려는 사람들은 반드시 '세속의 돈을 거룩한 돈으로 환전'해야만 했다. 이렇게 성전화폐 발행특권이 부여되고 정착되는 과정과 배경에는 로마제국과 헤롯왕조 사이의 특별한 사건관계가 연루되어 있다.

신약성서에서 헤롯왕조 시대를 연 헤롯대왕의 아버지는 '안티파트로스'Antipatros라는 사람이다. 그는 유대 하스몬 왕조마카비 왕조말기의 정치혼란과 로마제국의 팽창에 힙 입어 이두매에돔와 유대에서 막강한 세력가로 등장했다. 안티파트로스는 처음에 시리아에서 군사성공을 거둔 로마제국 폼페이우스장군의 지지와 후원을 받았다. 그러나 '카이사르와 폼페이우스'가 싸울 때에는 폼페이우스를 배신하고 카이사르에게 줄을 섰다. 폼페이우스는 카이사르에게 대패해서 이집트 알렉산드리아로 도망쳤으나 그곳에서 암살당했다. 카이사르는 곧바로 군대도 거느리지 않고 이집트 알렉산드리아로 건너와서 승리를 자축했다. 그러나 카이사르는 그의 연인 클레오파트라와 함께 알렉산드리아에서 프톨레미 13세가 지휘하는 이집트군대에게 포위되었다. 기원전 48년에서 47년까지 벌어진 이 카이사르의 절체절명의 위기를 '알렉산드리아 전쟁'이라고 부른다.

이때 헤롯대왕의 아버지 안티파트로스는 발 빠르게 카이사르를 구원했다. 안티파트로스는 이두매인과 유대인으로 이루어진 용병부대를 이끌고 카이사르를 지원했다. 그는 알렉산드리아를 포위한 이집트인들을 성 바깥에서부터 쳐부수었다. 그리고 마침내 알렉산드리아로 들어가 카이사르를 구원했다. 이로써 카이사르는 절체절명의 위기에서 벗어나 로마제국의 지배자가 되었다. 이때 카이사르는 안티파트로스에게 유대왕권을 약속했다. 더해서 예루살렘 성전면세와 성전화폐 발행권리 등 종교특권을 약속했다.

세월이 흘러 안티파트로스의 아들 '헤롯대왕'은 천신만고 끝에 유대 땅에서 왕이 되었다. 그는 이두매인으로서 유대인의 호의를 얻기 위해 새롭게 예루살렘 성전을 확장 재건축했다. 이 성전 재건축은 기원전 20년에서 서기 19년까지 계속되었다. 성전 내부공사는 예수살렘성전이 로마제국 군대에 멸망당할 때까지 계속 되었다고 한다. 헤롯대왕은 약 20m 높이로 성전 외벽을 둘러쌓고 그 위에 지붕을 얹어 그리스 식 회랑을 만들었다. 지금도 그 일부가 남아있는데 유대인들이 '통곡의 벽'이라고 부르는 유적이다. 특별히 성전 출입문은 로마식 아치를 본 따서 지어진 거대한 대리석 건축물이었다. 아름답기 그지없었다. 그래서 사람들은 그 문을

'미문美門'호라이오스 Ὡραῖος이라고 불렀다. 여기서 사용된 헬라어 낱말 호라이오스는 '아름다움 또는 때에 알맞음'이라는 뜻이다. 사도행전 3:2

이렇듯이 헤롯성전은 비록 이방인 통치자가 세웠지만 모든 공사에 훈련된 제사장들이 투입 되었다. 요세푸스의 고대사에 따르면 하루 평균 1천명의 제사장들이 성전건축공사에 참여했다고 한다. 옛 성전을 해체하고 새롭게 복원하는 본채 공사만 10여 년에 걸쳐서 완공을 보았다. 하지만 성전구역 전체 공사는 요한복음에서 유대인들이 언급한 서기 46년을 훨씬 지나서 서기 63년에서야 완성 되었다. 이 때 비로써 성전구역 전체에 대한 봉헌식이 있었다. 이처럼 예루살렘 헤롯성전은 유대인들에게 있어서 큰 자랑이었고 경이로움이었다.

예수가 예루살렘 성전을 폐쇄하다.

이러한 시대상황 속에서 예수는 예루살렘 성전제사종교 체제에 대한 열혈분노를 드러냈다. 본문읽기에서 예수는 예루살렘성전폐쇄 대항물리력을 행사했다. 예수의 성전폐쇄 사건보고는 마가복음과 요한복음 본문2:13-22 두 가지 전승이 전해진다. 마가복음은 예수의 성전폐쇄사건을 예루살렘 성전제사종교체제 폐해에 대한 대항행동으로 증언한다. 따라서 예루살렘 성전폐쇄사건은 마가복음 말미에서 예수의 십자가처형의 원인으로 드러난다. 한편 요한복음은 예수의 성전폐쇄사건을 예수의 하나님나라 복음운동의 출발점으로 묘사한다. 그러면서 예수의 예루살렘 성전폐쇄사건을 예수의 신성神性에 대한 증언으로 편집했다. 이제 필자는 두 복음서 본문들을 서로 비교해서 읽으며 예수의 예루살렘 성전제사종교체제 철폐라는 주제로 본문풀이를 하려고 한다.

"내 아버지의 집을 시장 저자거리로 만들지 마라. 너희가 이 성전을 허물어라. 그러면 내가 삼일 안에 그것을 일으킬 것이다." 요한복음 2장

요한복음 2장에서 예수의 발언들은 예수의 십자가처형과 삼일만의 부활을 상징하는 것으로 해석된다. 이제 두 복음서의 본문들을 비교하며 읽어보자. 예수의 열혈분노와 거침없는 대항행동과 대항물리력이 파노라마처럼 펼쳐진다. 실제로 예수는 성전폐쇄를 목적으로 예루살렘성전을 사전답사 했다.

"예수가 예루살렘성전 안으로 들어갔다. 그리고 모든 것들을 둘러보았으나 이미 날이 저물었다. 예수는 열두제자와 함께 베다니로 나갔다." 마가복음 11:11

이튿날 예수는 크게 마음먹고 예루살렘 성전으로 들어섰다. 요한복음 2장 본문에 따르면 예수는 노끈으로 채찍을 만들어 휘두르며 소와 양과 염소 등 제물용 가축들을 몰아냈다. 또한 환전상의 탁자와 비둘기파는 사람의 의자를 둘러메쳤다. 이때 마가복음 11장 본문은 '카테스트레퓌센 κατέστρεψεν 둘러엎다'라는 헬라어 동사를 사용한다. 이 동사는 '카타κατά아래로 + 스트레포 στρέφω 비틀다 또는 돌이키다'로 이루어진 합성동사다. 이 동사 하나로써 예루살렘성전 이방인들의 뜰에서 펼쳐진 상황들을 훤히 꿰뚫어 볼 수 있다. 예루살렘 성전시장 풍경과 예수의 몸짓 발짓 나대는 모양을 그림처럼 펼쳐낼 수 있다. 실제로 예수는 고래고래 소리치며 성전 안으로 들여오는 모든 제사용 물품들을 막아섰다. 마가복음 11:16 당황해서 우왕좌왕 어쩔 줄 모르는 장사꾼들에게 고래고래 소리 쳤다.

"내 아버지 집을 시장 저자거리로 만들지 마라." 요한복음 2:16b

"성서에 기록되어 있기를 '내 집은 모든 민족들에게 기도의 집으로 불려 질 것'이라고 기록되어 있지 않았느냐? 그런데 너희들, 너희들은 일찍이 이곳을 강도들의 소굴로 만들어 버리고 말았구나."마가복음 11:17

왜, 예수는 이토록 분노해야만 했을까? 감히 맞대응하기조차 무서우리만큼 물샐틈없는 대항행동 물리력을 몸짓 발짓으로 내두르는 예수의 마음은 무엇이었을까?

예수에게, 무엇보다도 가난한 풀뿌리 사람들에게 '야훼 하나님의 집은 기도하는 집'이었다. 모든 민족들에게 기도의 집으로 불려 져야만 하는 거룩한 곳이었다. 가난하고 힘없는 사람들은 야훼 하나님의 집에서 기도를 통해 야훼 하나님을 만날 수밖에 없다. 기도로 자기 삶의 고통과 절망을 고백하고 야훼 하나님의 위로와 은총을 누릴 수밖에 없다. 이 거룩한 하나님의 집이 강도의 소굴로 전락했다. 이때 마가복음 본문은 '스펠라이온 레스톤σπήλαιον λῃστῶν'이라는 헬라어 문구를 사용한다. '약탈자들이 모여드는 근거지'라는 뜻이다. 실제로 예수시대의 예루살렘 성전제사종교 체제는 폭력과 죽임의 로마제국 황제권력 지배체제에 기생해서 세력을 키웠다. 로마제국 황제권력으로부터 위임받은 종교특권을 내세워 유대 풀뿌리 사람들을 억압하고 착취했다. 예루살렘성전은 이윤과 사익을 좇아 몰려드는 종교권력자들과 종교약탈자들과 종교사기꾼들의 근거지로 자리를 잡았다. 이렇듯이 예루살렘 성전제사종교 체제는 가난하고 힘없는 풀뿌리 사람들에게 생활율법 굴레를 씌워 억압하고 착취하는 종교약탈자였다. 이것이 바로 예수의 열혈분노 대항행동 물리력을 폭발시킨 원인들이다. 마가복음과 요한복음 저자들은 자기신앙 관점에 따라 본문

전승을 편집했을 것이다. 그렇더라도 예루살렘 성전제사종교 체제를 향한 열혈예수의 대항행동 물리력의 진실을 덮을 수 없었을 것이다.

히브리 지파동맹 야훼의 집 회막會幕

예부터 예루살렘 성전제사종교 체제는 다윗왕조 솔로몬왕국의 사독 제사장 가문을 통해서 여부스 족의 성전제사종교와 혼합되었다. 그러나 히브리 지파동맹의 희년신앙 행동계약전통은 '미쉬칸 예흐바, 야훼 하나님의 회막會幕' 전승이었다. '회막'은 히브리 노예들의 하나님 야훼를 만나는 곳이었다. 아직 노예정체성을 완전히 벗어 던지지 못한 히브리들의 고단한 광야생활 가운데서 회막은 '야훼 하나님이 함께하심'을 나타냈다. 회막은 '야훼 하나님께서 늘 히브리 해방노예들과 함께 하신다' 라는 광야신앙의 표상이었다. 이렇듯이 회막전승은 히브리 해방노예 공동체의 희년신앙 고백과 실천행동 그리고 기도와 삶을 증언했다. '회막會幕전승' 이야말로 히브리 해방노예들이 주변 노예왕국들을 향해 갖게 되는 신앙과 삶의 자부심이고 자랑이었다. 그러나 예수시대에 이르러 야훼 하나님의 집 회막전승은 예루살렘 성전제사종교체제 종교약탈자들의 소굴로 퇴행했다. 예루살렘성전 기득권세력이 가난하고 힘없는 풀뿌리 사람들을 착취하고 사익을 챙기는 독점 종교시장이 되었다. 이제 예수에게 예루살렘 성전은 유대 풀뿌리 사람들의 신앙과 삶을 약탈하는 종교떼강도들의 근거지였을 뿐이다.

그러므로 21세기 한국교회와 교우들은 '하나님의 성전을 향한 예수의 열정' 이라는 서구교회의 본문읽기를 답습할 필요가 없다. 본문을 읽고 해석하면서 '예수의 성전정화 사건' 이라고 막연하게 풀이해서는 안 된다. 본문읽기에서 뚜렷하게 드러나는 내용들은 예루살렘 성전제사종교 체제를 향한 열혈분노 예수의 대항행동 물리력이다. 예수는 누구도 말려볼 엄두를 내지 못할 만큼 거세고 사나운 대항행동 물리력을 몸짓 발짓 온몸으로 내둘렀다. 노끈으로 채찍을 만들어서 휘두르며 소와 양과 염소 등 희생 제사용 동물들을 성전바깥으로 몰아냈다. 어떤 제사용 물품들도 예루살렘성전 안으로 들여오지 못하도록 철저하게 막았다. 대제사장들과 서기관들도 멀거니 바라볼 뿐 감히 예수의 대항행동 물리력을 막아서지 못했다.

참으로 예수는 본문읽기에서 너무도 놀랍고 두려운 예루살렘 성전제사종교체제 철폐사건을 일으켰다. 예수는 야훼 하나님을 내세워서 가난하고 힘없는 풀뿌리 사람들을 억압하고 옭아매어 착취하는 종교행태를 도저히 용납할 수 없었다. 그런 종교는 그저 사이비종교일 뿐이다.

예수가 예루살렘 성전제사 종교체제의 종말을 선포하다

이제 예수는 예루살렘 성전제사종교체제를 철폐함으로써 예루살렘 풀뿌리 사람들에게 야훼 하나님에 대한 진정한 예배가 무엇인지 증언하려고 한다.

"너희가 이 성전을 허물어라. 그러면 내가 삼일 안에 그것을 일으킬 것이다."요한복음 2:19

위 예수의 선언은 수수께끼처럼 어렵다. 초대교회는 이 선언을 예수의 죽으심과 부활로 이해했다. 마태복음과 마가복음서는 이 선언을 '예수의 십자가처형과 관련된 성전모독죄 증거'로 거론한다. 마태복음 26:61, 마가복음 14:58, 15:29 그렇다면 실제로 예수의 이 선언을 어떻게 이해하고 읽어야 할까? 필자는 예수의 이 선언을 비유로 읽고 숨겨진 신앙은유를 찾으려고 한다. 그렇다면 예수의 이 비유선언은 어떤 신앙은유를 가지고 있을까?

예수는 이 비유선언으로써 '예루살렘 성전제사종교체제의 종말'을 선포했다. 왜냐하면 예수의 하나님나라 복음운동이야말로 '하나님이 우리와 함께 하심'임마누엘이기 때문이다. 예수의 '하나님나라 복음운동'이야말로 로마제국 황제권력 지배체제를 향한 대항행동으로써 대안세상altema-tive society이기 때문이다. 따라서 로마제국 지배체제에 기생해서 기득권을 누려온 예루살렘 성전제사종교체제는 종언終焉을 고해야 한다. 이제 예수와 함께 이 땅에 도래하는 '야훼 하나님의 다스리심'이 예루살렘 성전제사종교 체제를 대체할 것이기 때문이다.

그럼에도 불구하고 21세기 한국교회와 교우들에게 본문사건에 대한 해석은 한결같이 '예수의 성전정화 사건'이다. 이러한 해석의 밑바탕은 21세기 한국교회가 예수시대의 성전제사종교 체제를 그대로 답습하고 있기 때문이다. 실제로 한국 대형교회들의 예루살렘 성전제사종교체제 답습행태는 일일이 열거할 수 없을 만큼 많다. 무슨 '일천번제니, 향기 나는 제물이니' 따위는 여기서 더 언급할 필요조차 없다.

그러나 본문읽기에서 예수의 예루살렘 성전제사종교체제 철폐사건은 주도면밀하다. 예수일행은 유대교 최대의 명절인 유월절에 맞추어 예루살렘으로 올라와서 미리 예루살렘성전 답사를 했다. 이튿날 예수일행은 예루살렘성전으로 다시 들어가서 풀뿌리 사람들을 억압하고 착취하는 예루살렘 성전제사종교체제 철폐사건을 일으켰다. 갈릴리 나사렛사람 예수의 열혈분노 대항행동 물리력이 거리낌 없이 행사되었다. 예수는 노끈채찍을 만들어 휘둘렀다. 성전화폐 환전상과 장사꾼들을 몽땅 쫓아냈다. 예루살렘 성전제사용 모든 물품반입과 운반자체를 철저하게 막았다.
예루살렘 성전제사종교체제를 잠시 동안이나마 완전하게 철폐시켰다.

성전 경비대

이와 관련하여 예루살렘성전에는 성전경비대가 있었다. 그것은 로마
제국 지배체제와 결탁한 예루살렘 성전제사종교 체제의 특권가운데 하
나였다. 물론 로마제국 지배체제에서 예루살렘성전 경비대원의 숫자는
많지 않았을 것이다. 그렇더라도 예루살렘 성전제사종교체제를 철폐하
려는 예수일행과 성전수비대의 대치는 살벌했을 것이다. 본문은 그러한
상황들을 의심의 여지없이 뚜렷하게 증언한다.

> "그때 마침, 대제사장들과 율법사들이 들었다. 그래서 그들은 '어떻게 해야 예수를
> 죽여 없앴을 수 있을까' 꾀하였다"마가복음 11:18a

그렇다면 예수는 예루살렘 성전제사종교체제 철폐사건 대항행동 물
리력행사에 따르는 위험성을 전혀 예상하지 못했을까? 아니다. 예수는
그러한 모든 위험성을 감수했다. 도리어 예수는 그러한 위험성을 불러일
으켜서 크게 확대시키려고 했다. 예수의 제자들도 예수와 함께하는 예루
살렘상경의 위험성을 잘 알고 있었다. 일찍이 요한복음서에서 도마는 예
수와 함께 예루살렘 상경을 결심하면서 이렇게 말했다. "우리도 주님과
함께 죽으러 가자."

파스카 πάσχα 유월절

본문읽기에서 예수는 유대교 최대명절인 '유월절'파스카 πάσχα에 맞추어

예루살렘으로 올라갔다. 요한복음서는 예수의 공생애 삼년 동안 예수가 해마다 예루살렘에 올라간 것으로 기록했다. 이에 반해 다른 세 복음서에는 예수가 단 한번 예루살렘으로 올라갔다고 기록했다. 어찌 되었든 이 날 유월절은 이집트 파라오 노예제국에서 종살이 하던 히브리 노예들의 해방과 구원을 기념하는 날이다. 지중해세계 전역에 흩어져 살고 있는 유대인 디아스포라들은 해마다 이 날을 기념해서 예루살렘 순례 길에 오른다. 또한 이날은, 예루살렘 성전제사 종교체제 기득권세력이 대목을 보는 날이다. 다윗왕조 유다왕국이 멸망당한 이후 예루살렘 성전제사의식을 더 다양하고 높은 수준으로 끌어올려졌다. 예루살렘성전은 한껏 높아진 제사의식을 통하여 유대와 지중해세계 디아스포라 유대인들의 신앙 정체성을 표상해왔다. '요세푸스'의 유대 고대사에 따르면 예루살렘성전 유월절제사용 희생동물의 수는 약1만8천 마리에 이르렀다고 한다. 또한 지중해세계로부터 예루살렘을 방문하는 순례 객 숫자도 약 12만 명에서 18만 명에 이르렀다고 한다. 이렇듯이 예수시대 예루살렘 성전제사종교체제는 종교엘리트 기득권들이 독점하는 거대한 '종교시장 또는 종교 산업'이었다.

그러므로 예수의 예루살렘 성전제사종교체제 철폐사건은 대제사장 등 종교엘리트 기득권세력의 돈줄을 끊는 행동이었다. 예수의 예루살렘 성전제사종교체제 철폐사건이야말로 예수의 십자가처형의 핵심원인이었다. 대제사장과 제사장들 그리고 성전기득권세력은 예수의 예루살렘 성전제사종교체제 철폐사건으로 크게 이익을 침해당했다. 그들은 '어떻게 해야 예수를 죽여 없앨 수 있을까' 모의했다. 예루살렘 성전제사종교체제 기득권자들은 예수를 로마제국에 정치범으로 팔아넘겨서 십자가에 처형했다. 그럼으로써 그들은 로마제국 지배체제와 협력해서 예수의 하

나님나라 복음운동을 뿌리 뽑으려고 했다. 예루살렘 성전제사종교 기득
권체제에 대한 유대 풀뿌리 사람들의 대항행동을 무마하려고 했다.

사실, 그들은 예수를 두려워했다.

이렇듯이 대제사장과 사두개파와 율법사들이 예수를 향해 드러내는
적대감은 예수의 하나님나라 복음운동에 대한 그들의 두려움을 반영한
다. 왜냐하면 '야훼 하나님께서 다스리는 나라'가 예루살렘 성전제사종
교체제 기득권을 해체할 것이 뻔하기 때문이다. 그래서 그들은 유대 풀
뿌리 사람들에게 예수의 하나님나라 복음운동이 확산되는 것을 두려워
했다. 왜냐하면 유대와 예루살렘 풀뿌리 사람들이 예수의 가르침을 따
라 '크게 깨우치고 있었기' 때문이다. 이때 본문읽기에서 사용된 '에크플
렛소ἐκπλήσσω 크게 깨우치다'라는 헬라어 동사의 문자의미는 '깜짝 놀라게 하
다'이다. 실제로 이 헬라어 동사는 '에크ἐκ ~으로부터 + 플렛소πλήσσω 놀라다'
로 이루어진 합성동사다. 유대와 예루살렘 풀뿌리 사람들은 예수의 성전
폐쇄사건 대항행동을 보고 또 가르침을 들으며 깜짝 놀라서 열광적으로
반응했다. 예수의 하나님나라 복음운동을 이해하고 크게 깨닫기 시작했
다. 예수의 하나님나라 복음운동을 통하여 '야훼 하나님께서 친히 다스리
시는 나라'를 열망하게 되었다. 유대와 예루살렘 풀뿌리 사람들이 '예수
의 임마누엘 하나님나라 신앙진실'을 깨닫게 되었다. 그러므로 이제, 예
수의 하나님나라 복음운동은 유대와 예루살렘 풀뿌리 사람들에게 해방
과 구원의 빛이었다.

7. 예수의 하나님나라 갈라치기,
그 땅 풀뿌리 사람들에게 대항세상을 선동하다.

마가복음 12:13-17

본문읽기

그래서 그들은 '말로 예수를 옭아매기 위하여' 바리새파 사람들과 헤롯당 사람들 가운데 몇몇을 예수에게 보냈다. 그들이 와서 예수에게 말했다.

"선생님, 우리는 '당신이 진실하시고 어느 누구라도 당신에게 거리낌이 되지 않는다는 것'을 잘 알고 있습니다. 왜냐하면, 당신이 사람의 겉모양을 보지 않으시고, 오직 진리 위에서 하나님의 길을 가르치시기 때문입니다. 카이사르황제에게 인두세를 바치는 것이 합당합니까, 아니면 합당하지 않습니까? 우리가 바쳤어야 했을까요, 아니면 바치지 말았어야 했을까요?"

그러나 예수는 이미 그들의 음모를 알아 챈 후, 그들에게 말했다.

"무엇 때문에, 너희가 나를 시험하느냐? 너희는 내가 볼 수 있도록 데나리온 한 잎을 나에게 가져오라."

곧바로 그들이 가져왔고, 예수가 그들에게 질문했다.

"이 초상과 새긴 글자가 누구의 것이냐?"

그러자 그들이 예수에게 대답했다.

"카이사르황제의 것입니다."

되받아서 예수가 그들에게 말했다.

"너희는 카이사르의 것들을 카이사르에게 돌려주어라. 그러나 너희가 하나님의
것들을 하나님께 돌려드려라!"

그래서 그들은 예수 때문에 깜짝 놀랐다.

본문이해하기
돈, 권력의 역사

성서주변 고대 문명세계에서 '교환 매개체로서의 화폐경제'는 신전을
중심으로 이루어졌다. 왜냐하면, 고대 문명사회 권력의 중심이 신전이었
기 때문이다. 실제로, 현재까지 남아 있는 오랜 된 신전화폐로는 기원전
6세기 리디아 왕국의 에페수스현재 이즈마르 아르테미스 신전화폐가 유명
하다. 아르테미스 여신은 에페수스 사람들에게 부와 풍요의 여신으로 숭
배되었다. 신전은 사람들에게 은행처럼 이용되었고 신전을 중심으로 '교
환매개체로써 화폐경제'가 이루어졌다.

또 다른 오래된 신전화폐로는 기원전 3세기 로마의 주노Juno 신전화폐
가 유명하다. 로마의 최고여신 주노는 주피터제우스의 아내로서 '혼인과
출산'을 관장하는 신이었다. 사람들은 주노를 '여성과 가정경제를 지키
고 보호하는 신'으로 섬겼다. 그러다가 주노는 로마경제 전체를 주관하
는 신으로써 주변 이민족의 약탈위험으로부터 로마를 보호하는 신으로
숭배되었다. 그래서 로마사람들은 주노 여신의 신전을 '주노 모네타Juno
moneta'라고 불렀다. 이곳에서 유명한 주노신전 화폐가 발행되었다. 실제
로 영어의 '머니money와 민트mint 화폐청'이라는 용어는 주노신전 '모네타'
라는 라틴어에서 왔다. 그밖에 아테네의 드라크마와 예루살렘 성전화폐
도 널리 알려져 있는 신전화폐 가운데 하나였다.

그러나 고대 지중해세계에서 제국주의가 성립되면서 성전화폐 권력은
제국의 황제권력으로 넘어갔다. 지중해세계에서 최고의 제국주의 화폐
권력은 '로마제국 카이사르 데나리온'이었다. 카이사르 데나리온은 카이
사르가 암살된 이후 그의 양아들이었던 로마제국 황제 아우구스투스가
주도해서 만든 기념주화다. 아우구스투스는 카이사르 데나리온을 만들
면서 '카이사르는 죽지 않았고 신으로써 하늘에서 별자리가 되었다'고 선
언했다. 카이사르 데나리온은 지중해세계 로마제국 전역에서 로마황제
의 권력을 표상했다. 로마제국의 모든 식민지 주민들은 이 데나리온으로
로마제국에 인두세를 바쳐야만 했다. 신약성서도 카이사르 데나리온을
자주 언급한다.

이렇듯이 '카이사르 데나리온'은 지중해세계 로마제국에서 '피라미드
후원자 종속관계Patron-client relations체제 황제권력'을 표상한다. 데나리온은
로마제국 황제로부터 식민지 풀뿌리 사람들까지 피라미드 위계질서로
꽁꽁 묶는 밑바탕 역할을 해냈다. 데나리온이 로마제국 지배체제 맨 꼭대

기에 군림하는 황제권력으로부터 피라미드형 거대기계구조를 입체화했다. 그럼으로써 로마제국 지배체제의 부속품으로 떨어져 내린 식민지 풀뿌리 사람에게는 그 어떤 변혁도, 자율도, 선행도, 기대할 수 없게 되었다. 로마제국의 피라미드 먹이사슬 지배체제 속에서 카이사르 데나리온의 무한권력이 식민지 풀뿌리사람들의 삶을 무자비하게 짓눌렀기 때문이다. 이러한 역사사실에 대한 증언은 본문의 '카이사르에게 바치는 주민세논쟁'에서 여실하게 드러난다. 예수는 이 논쟁에서 자기 목숨 줄을 걸어야만 했다.

본문풀이
예수의 하나님나라 갈라치기, 그 땅 풀뿌리 사람들에게 대항세상을 선동하다
이 땅의 맘몬·자본권력 지배체제

21세기 이 땅의 맘몬·재벌권력 지배체제를 향한 풀뿌리 사람들의 정서는 무엇일까? 분노와 저항, 해방과 자유에 대한 갈망일까? 아니다. 맘몬·자본권력 지배체제에 대한 풀뿌리 사람들의 정서는 경외와 숭배 그리고 순종과 욕망이다. 실제로 21세기 대한민국의 모든 청소년들은 초등학교부터 대학교까지 맘몬·자본권력에 대한 순응과 순종과 욕망을 학습한다. 맘몬·자본권력 지배체제의 질서와 이데올로기를 배우고 익힌다. 온몸과 마음으로 철저하게 맘몬·자본권력 지배체제에 순응하는 삶을 훈련하지 않으면 미래가 없다. 대학공부를 마치고 나와서는 일생동안 단 한 번의 쉼도 없이 무한경쟁·독점·쌓음·소비의 싸움터를 배회한다. 경쟁에서 지면 안 된다. 지면 끝장이고 죽음이다. 그러다보니 모두 다 지는 싸움을 하면서도 자신이 지고 있다는 사실자체를 인정하지 않는다. 피투성이로 눕고, 피투성이로 일어나, 피투성이가 되도록 싸운다. 하나같이 맘몬·자본권력 지배체제의 좀비들이다.

실제로 솔직하게 대한민국 맘몬·자본권력 지배체제 피라미드를 그려보자. 예수신앙들의 위치와 지위는 어디쯤인가?

맨 꼭대기에 0.1% 부자들이 있다. 실제로는 0.01% 맘몬·재벌들이 군림한다. 맘몬·재벌들은 사람과 노동 그리고 사회와 인간관계에 대한 이해도가 인터넷 네트워크 수준만도 못하다. 그들에게 사람의 노동은 돈을 주고 얼마든지 사고팔면 되는 것이고 부려먹다가 언제든 아무렇게나 버려도 그만이다. 그 밑으로 2%정도 맘몬·재벌권력 지배체제 내부자 마름들이 맘몬·재벌들을 대리해서 이 땅 풀뿌리 사람들에게 위세威勢를 부린다. 국가와 정부기관의 고급관료들이 맨 앞잡이로 나서고 검찰과 판사 등 사법부가 뒷배를 맞춘다. 종교·정치·언론·교육 등 이 땅의 엘리트·기득권 세력들이 뒤를 잇는다. 이들 2% 맘몬·자본권력 지배체제 내부자 마름들은 밤낮없이 충성경쟁을 벌인다. 그들은 2%남짓 소수이지만 이 땅의 주류 핵심세력들이다. 맘몬·자본권력 지배체제 지시를 받들어 권력을 행사하는 공적 사적 도구들이다. 오직 그들은 맘몬·자본 권력에게만 책임과 충성을 다할 뿐이다. 그들은 맘몬·자본권력 지배체제의 모든 폐해와 무거운 짐과 고된 노동을 모두 이 땅 풀뿌리 사람들에게 떠넘긴다. 맘몬·자본권력 지배체제의 사익을 위해 풀뿌리 사람들을 억압하는 음습한 시류와 여론을 조작한다. 그들은 맘몬·자본권력 지배체제의 공적 사적 도구들로써 조작된 여론과 시류를 풀뿌리 사람들에게 전파하고 확대한다.

그들 맘몬·자본권력 지배체제 내부자 마름계층 아래로 10% 남짓 고액임금노예들이 좋은 운 때를 만난 듯이 여유롭다. 그들은 의사, 변호사 등

전문직업인이거나 대기업정규직 노동자 또는 성공한 자영업자들이다. 아주 소수이겠지만 21세기 금융시스템 속에서 불로소득 대박을 맛본 개미자산가들도 있다. 이들은 맘몬·자본권력 지배체제의 외부수혜자들로서 지배체제가 조작한 음습한 여론과 시류에 맹종盲從한다. 양극화와 불평등의 고통을 온 몸으로 받아내야만 하는 풀뿌리 사람들 위에서 자기 운運 때를 자랑하며 즐거워한다. 그들은 시나브로 맘몬·자본권력 지배이데올로기에 순응해 온 자신들의 삶에 큰 자부심을 느낀다. 언제 어디서든 지배체제가 퍼트리는 음습한 여론과 시류에 편승한다. 그러면서 반인륜·반사회 행동을 서슴지 않는다.

마지막으로 맘몬·자본권력 지배체제 외부수혜자 밑으로 90%에 이르는 이 땅의 풀뿌리 사람들이 살아간다. 너나 나나 그저 그렇고 그런 무지렁이들이다. 맘몬·자본권력 지배체제 피라미드에서 자신의 위치나 지위를 재보고 따질 것도 없는 소시민들이다. 그래서 다 같이 맘몬·자본권력 지배체제 2%내부자들로부터 개·돼지 취급을 받는 이 땅의 풀뿌리사람들이다. 그럼에도 불구하고 풀뿌리 사람들은 제 앞에 놓인 작은 이익과 권리를 쫓아서 서로를 향한 피투성이 싸움질을 멈추지 못한다. 맘몬·자본권력 지배체제가 던져주는 떡 한 덩이 고기 한 조각을 따라 이리저리로 날뛰다가 기진맥진하기 일쑤다. 아무도 맘몬·자본권력 지배체제에 대해 의심하거나 따지거나 묻지도 않는다. 맘몬·자본권력 지배체제의 억압과 착취 그리고 음모와 술수가 명백히 드러난 상황에서도 감히 분노하지 못한다. 언감생심 대항세상을 꿈꾸지도 못한다.

그러다보니 풀뿌리 사람들은 맘몬·자본권력 지배체제 내부자들로부터 개·돼지 취급을 받으면서 속으로 절망하고 낙담할 뿐이다. 홧병으로 한이 맺힐 뿐이다. 그러다가 죽을 자리에 이르러서야 비로써 개인의 일탈과 폭력으로 스스로를 학대한다. 누구는 도가 지나쳐 자신과 가족 또는 이웃들의 생명을 해치기도 한다. 온 가족 동반 자살, 묻지 마 칼부림, 사회경제 약자를 대상으로 희생양 만들기 등 끝판 이상행동을 드러낸다. 자신과 가족과 사회공동체를 향한 자해행위를 서슴치 않는다.

이러한 21세기 시대상황에서 예수는 이 땅의 예수신앙인들에게 하나님나라 갈라치기 대항세상을 선동한다. 이 땅의 풀뿌리 신앙인들에게 맘몬·자본권력 지배체제에 대항하도록 부추긴다. 이렇듯이 본문읽기에서 예수는 제사장·서기관·장로들 바리새파 헤롯당 등 로마제국 황제권력 지배체제 내부자들과 예루살렘 풀뿌리 사람들 사이를 하나님나라로 갈라치기한다. 본문은 자기목숨을 걸고 로마제국 황제권력에 대항하는 맹렬 예수의 모습을 있는 생생하게 그려낸다. 본문은 로마제국 황제권력 지배체제를 하나님나라로 갈라치기하며 유대 풀뿌리 사람들에게 대항세상을 선동하는 예수의 육성을 또렷하게 들려준다.

로마제국 황제권력 지배체제 내부자들로서 제사장·서기관·장로들·바리새파·헤롯당

"그래서 그들은 '말로 예수를 옭아매기 위하여' 바리새파 사람들과 헤롯당 사람들 가운데 몇몇을 예수에게 보냈다. 그들이 와서 예수에게 말했다."

여기서 '그들은' 누구일까? 바로 마가복음 11장 27절의 '대제사장들과 서기관들과 장로들'이다. 그들은 언제 어디서든 한통속으로 묶여도 아무런 이의를 달 필요가 없는 예루살렘 성전제사종교 체제와 유대 사회경제·정치 핵심기득권세력이다. 예수시대의 대제사장들은 두말할 것도 없이 로마제국 황제권력 지배체제의 핵심내부자다. 서기관들도 로마제국 지배체제에 기생하며 기득권을 누려온 예루살렘 성전제사종교체제 기득권세력이다. 이들은 로마제국 황제권력 지배체제에 기생하는 예루살렘 성전제사종교체제 수호자들이다. 서기관들은 예수시대 유대교 율법학자로 또 로마제국 지배체제 마름으로 행세했다. 장로들도 로마제국 황제권력 지배체제 내부자로서 한 축을 감당했다. 그들은 유력한 유대 가문들의 가부장들로서 대 지주들이었다. 신약성서는 그들을 예루살렘 성전제사종교체제의 주요 기득권세력이라고 누누이 강조해왔다.

그런데 본문읽기에서는 놀랍게도 예수시대에 서로 적대적인 두 당파 이름을 한 패거리로 언급한다. 먼저는 바리새파인데 '구별된 자들'이라는 뜻을 갖는다. 이들은 바벨론제국에 의해 남유다왕국이 멸망한 이후 율법과 전통을 굳게 지켜나가고자 했던 유대인 신앙결사체였다. 이들은 자신들의 일상생활에서 율법과 유대전통을 철저히 지키고 계승하려고 노력했다. 일주일에 두 번씩 금식하고 철저하게 안식일을 지키며 십일조를 바쳤다. 그렇기에 이들 공동체의 회원이 되려는 사람들은 일정한 시험기간을 거쳐야만 했다. 이후 율법과 유대전통을 지키기로 맹세해야만 그들의 공동체회원으로 받아들여졌다. 그러다보니 바리새파 사람들은 외세의 침략에 맞서 거세게 저항하며 투쟁했다. 이들의 신앙열정과 전투력에 힘입어 기원전 1백64년부터 서기 63년까지 1백여 년간 유대인들의 마지막 왕조였던 마카비 왕조가 탄생되었다. 예수시대에 이르러 이들은 유대사람들 가운데서 2%정도 소수였지만 모든 유대인들에게 존경받는 집단이었다. 나아가 이들 바리새파로부터 유명한 율법사나 랍비들이 배출되기도 했다.

그러나 반대로 본문에서 언급하는 헤롯당은 유대 사람들에게 매국노로 지탄받는 집단이다. 헤롯당은 로마제국 황제권력에 빌붙어 권력을 쟁취한 헤롯왕가와 더불어 이익을 공유하는 집단이었다. 그들은 헤롯왕가에서 밥벌이를 하는 사람들이었다. 실제로 예수가 탄생하던 무렵에 헤롯 대왕이 죽고 그의 큰아들 '헤롯 아켈라오'가 유대와 사마리아를 통치했다. 그러나 헤롯 아켈라오는 폭정으로 민심을 잃었고 로마제국 지배체제에 의해 왕권을 박탈당했다. 이후 유대지역은 로마총독의 관할지역으로 편입되었다. 예수가 활동하던 시기에는 갈릴리와 베레아 지역을 통치하던 '헤롯 안티파스'만 왕권을 유지했다. 헤롯 안티파스는 자신의 왕권안정을 위해 팔레스타인 모든 곳에 헤롯당을 파견했다. 헤롯당은 팔레스타인 곳곳에서 종교·정치·사회·경제 불평불만시위를 진압하는 일에 앞장섰다. 혹시라도 팔레스타인지역에 민란이 일어나 로마군대가 개입하지 않도록 힘썼다. 왜냐하면 마지막 남은 헤롯 안티파스마저 왕권을 빼앗기게 될까 두려웠기 때문이다.

예수의 하나님나라 복음운동의 위험성

그런데 놀라운 것은 본문에서 유대인들의 존경과 지지를 받고 있던 바리새파와 헤롯당이 손을 잡았다는 사실이다. 그들이 함께 예수의 말꼬리를 트집 잡아 예수를 함정에 빠뜨리려는 음모를 꾸몄다. 도대체 바리새파 사람들은 무엇 때문에 유대민족 반역자인 헤롯당과 손을 잡았을까? 예수에게 어떤 잘못이 있어서 바리새파 사람들로 하여금 유대민족 반역자인 헤롯당과 손을 잡게 만들었을까?

그것은 바로 예수의 하나님나라 복음운동이다. 예수의 하나님나라가 가난하고 힘없는 사람들, 과부와 고아와 떠돌이 나그네들의 나라였기 때문이다. 억압당하고 착취당하며 고난 받는 이들을 위한 나라였기 때문이다. 예수는 심지어 유대 사회경제·종교·정치 공동체에서 죄인이라고 낙인찍은 사람들을 친구로 삼았다. 아무도 상대조차 해주지 않는 세리와 창녀들까지 하나님나라의 사람들로 받아들였다. 이렇듯이 예수의 하나님나라 복음운동은 로마제국 황제권력 지배체제와 예루살렘 성전제사 종교체제에 정면으로 맞섰다. 예수가 앞으로 더 크게 유대사회·종교를 휘젓는다면, 로마제국에 기생해서 기득권을 누려온 예루살렘 성전제사종교체제는 큰 위기를 맞을 수밖에 없었다. 예수의 하나님나라 복음운동으로 인해 예루살렘 기득권계층의 사익추구 밑바탕이 해체 될 것이 빤했다.

이와 관련하여 예수는 갈릴리 나사렛사람으로서 갈릴리 땅에서 하나님나라 복음운동을 벌여 왔다. 이제 예수는 하나님나라 복음운동의 정점을 찍는 사역으로 예루살렘 입성을 결행했다. 아마도 예수는 로마제국 황제권력 지배체제로부터 가해질 십자가처형의 위험도 감수했을 것이다. 이렇게 예수의 예루살렘 입성으로 인해 예루살렘 성 전체가 큰 소용돌이에 휩싸였다. 복음서들은 이러한 예수의 예루살렘입성 장면을 열광적이며 소란스러운 풀뿌리 사람들의 외침으로 서술한다. 복음서들의 보도에 따르면 예수는 감람산 베다니를 출발해서 예루살렘성전 문을 통하여 예루살렘으로 입성했다. 예루살렘 풀뿌리사람들은 그 행진대열에 참여해서 열광과 환호와 갈채를 보냈다. 수많은 풀뿌리 사람들이 예수의 가는 길 앞에 자신의 겉옷을 벗어서 펼쳤다. 어떤 이들은 나뭇가지를 꺾어 길에 깔았고 어떤 이들은 종려나무 가지를 꺾어서 흔들며 소리를 질러댔다. 예루살렘 풀뿌리 사람들은 한 목소리로 외쳤다.

"다윗의 후손이여. 우리를 구원하소서. 주님의 이름으로 오시는 이여 축복받으소서."

이렇듯이 예수는 유대사람들의 가장 큰 명절인 유월절을 맞이해서 예루살렘에 입성했다. 예루살렘 성은 지중해세계에서 순례자로 몰려온 유대인 디아스포라로 넘쳐났다. 온 도시가 들떠서 '이분이 누구냐'고 물었다. 또 온 도시 안에 '이 분은 갈릴리 나사렛사람 예언자 예수다'라는 소문이 돌았다. 그런데 이 갈릴리 나사렛사람 예언자 예수는 예루살렘 성전제사종교체제 기득권계층의 그 누구로부터도 환영받지 못했다. 도리어 환영받기는커녕 처음부터 예수는 예루살렘 기득권계층으로부터 살해위협에 시달렸다. 예루살렘성전 대제사장 가야바는 예루살렘 기득권계층들의 집회에서 이렇게 주장했다.

> "예수를 그대로 두면 예루살렘 모든 풀뿌리 사람들이 예수를 따를 것이다. 그렇게 되어 로마제국 군대가 예루살렘에 투입되면 우리가 망하게 될 것이다. 그러니 예수 한 사람을 죽이면 유대민족도 살고 너희에게도 유익이 되지 않겠느냐." 요한복음 11:47-50

그렇다면 예루살렘 성전제사종교체제 기득권세력은 왜 이토록 예수를 죽이려고 안달을 했을까? 예루살렘 성전제사 종교체제의 엘리트이며 유대민족의 지도자들이었던 바리새파가 매국노집단 헤롯당과 꼭 손을 잡아야만 했던 이유가 무엇이었을까?

이제 그들이 예수를 함정에 빠뜨리려고 음모를 꾸며야 했던 이유를 찾아보자. 복음서들은 예수의 말과 행동과 십자가행동을 통해서 그 이유를 뚜렷하게 밝혀 놓았다. 바로 예수의 하나님나라 복음운동의 두 가지 성격 때문이다.

첫 번째, 예수의 하나님나라 복음운동은 로마제국 황제권력 지배체제를 향한 대항세상對抗世上 anti society운동이다. 본문읽기에서 '로마제국 황제에게 바치는 인두세 논란사건'도 로마제국의 전쟁과 죽임, 약탈과 착취, 억압과 폭력에 대한 대항행동을 표현한다. 이렇듯이 예수의 하나님나라 복음운동은 로제제국 황제권력 지배체제를 향한 비폭력 대항행동對抗行動을 통하여 대안세상alternative society을 지향한다. 그럼으로써 로마제국 황제권력 지배체제를 정면으로 부정하는 급진 사회변혁 운동의 성격을 갖는다. 예수의 하나님나라 복음운동은 로마제국의 폭력과 전쟁, 피 흘림과 죽임 당함의 팍스로마나Pax Romana를 거부한다. 로마제국의 약탈과 착취, 독점과 쌓음의 경제를 따르지 않는다. 맨 밑바닥에는 노예와 식민지 풀뿌리 사람들이 있고 맨 꼭대기에 로마제국 황제와 소수 지배체제 내 부자들이 군림하는 피라미드 빨대착취체제를 거부한다. 예수의 하나님나라 복음운동은 피라미드형 거대기계와 같은 제국주의 사회경제·종교·정치구조의 밑바탕을 해체한다.

두 번째, 예수의 하나님나라 복음운동은 예루살렘 성전제사종교체제 기득권을 향한 대항행동이었다. 로마제국에 빌붙어 그 땅 풀뿌리 사람들의 피땀을 빨아먹고 생존하는 예루살렘 성전제사종교 체제에 대한 항거였다. 예수의 하나님나라 복음운동은 로마제국에 빌붙어 있는 예루살렘 성전제사종교체제 기득권계층의 모든 사익을 부정한다. 제사장들과 서기관들과 장로들과 바리새파 사람들이 가난한 풀뿌리 사람들에게 죄의식을 쇠뇌하고 착취하는 종교행태를 맹렬하게 규탄한다. 부자들이 로마제국 군대의 힘을 빌려서 가난한 농노들과 소작인들을 착취하고 약탈하는 죄악들을 사납게 비판한다. 물론 예수의 하나님나라 복음운동은 유대인들의 메시아 봉기처럼 지금 당장 피 흘림과 죽임 당함의 전쟁을 불러오지는 않는다. 그러나 의심의 여지없이 뚜렷하게 예루살렘 성전제사종교체제 기득권을 흔적도 없이 해체할 것이 빤한 일이었다. 무엇보다도 예수는 입만 열면, 예루살렘성전 제사장과 사두개파 사람들의 위선과 오만을 거세게 비판했다. 또 예수는 틈만 나면, 제자들과 청중들에게 율법학자와 서기관과 바리새파 사람들의 거짓과 교만을 경계했다.

"너희는 바리새파 사람들의 행실을 따라하지 마라. 그들은 말만하고 행하지는 않는다. 그들은 무거운 종교 짐들을 꾸려서 가난한 풀뿌리 사람들의 어깨에 메운다. 그러고도 자신들은 그것들에 대해 손가락 하나로도 움직이려하지 않는다."

실제로 바리새파는 유대 땅 풀뿌리 사람들과 자신들 사이에 넘을 수 없는 벽을 쌓아서 차별했다. 그럼으로써 예루살렘 성전제사종교 체제에서 사회경제·종교·정치 권력과 이익을 누릴 수 있었다. 그러나 예수의 하나님나라 복음운동은 오롯이 가난하고 힘없는 풀뿌리 사람들의 신앙운동이었다. 예수의 하나님나라 복음운동은 굶주리고 목마른 사람들이 배부르게 되는 세상이었다. 슬퍼하는 사람들이 위로를 받는 세상이었다. 박해받는 사람들이 해방과 자유와 구원을 얻는 세상이었다. 그래서 예수는 이 땅의 하나님나라 복음운동의 출사표를 던지면서 이렇게 선언했다.

"주님의 영이 내게 내리셨다.
이는 주님이 내게 기름을 부으셨기 때문이다.
주님이 나를 보내셨다.
가난한 자에게 복음을 전하라고
포로 된 자에게 해방을 선포하라고
또한 눈먼 자들에게 다시 봄을 선포하라고

억눌린 이들을 해방하여 보내라고

주님의 은혜의 해를 선포하라고."

예수에게 던져진 죽음의 올무

이러한 예수시대 상황 속에서 예수의 예루살렘 입성과 풀뿌리 사람들의 열광은 로마제국 당국자들을 긴장하게 만들었다. 로마제국에 빌붙어 살아온 예루살렘 성전종교 기득권세력들에게도 매우 큰 위협으로 다가왔다. 나아가 유대인들의 존경을 받아왔던 바리새파마저도 유대 풀뿌리 사람들 사이에서 자신들의 사회경제·종교·정치권력과 이익을 잃게 되지 않을까 두려워했다. 그래서 그들은 아무런 양심의 가책도 없이 또한 거리낌도 없이 유대민족의 매국노집단인 헤롯당과 손을 잡았다. 그들은 예수를 죽음의 함정에 빠뜨릴 음모를 함께 논의했다. 함께 머리를 맞대고 예수를 로마제국 황제권력의 반역자로 만들기 위한 음모를 꾸몄다.

그래서 그들은 예수에게 '로마제국 황제에게 인두세를 바치는 것이 옳으냐? 그르냐?' 양자택일 질문을 던지기로 입을 맞췄다. 그들은 공공장소에서 예수가 대중 집회를 이끌고 있을 때 수많은 유대인 청중들 앞에서 이 질문을 던지기로 했다. 만약 예수가 '로마황제에게 인두세를 바치는 것이 합당하다'라고 말한다면 예수는 유대 풀뿌리 사람들에게 돌을 맞을 것이다. 또 만약 '로마황제에게 인두세를 바치는 것이 합당하지 않다'라고 말한다면 예수는 그 즉시 로마제국 황제권력의 반역자가 될 것이다. 이래나 저래나 예수는 죽은 목숨이나 다름없게 되었다.

카이사르황제에게 인두세를 바치는 것이 합당합니까, 아니면 합당하지 않습니까?

이때 본문은 '켄소스κῆνσος 인두세'라는 용어를 사용하는데 이 헬라어 용어는 로마제국 라틴어에서 왔다. 이 헬라어 낱말은, 로마제국이 '켄서스 census 인구조사'를 통해서 통계를 내고 등기장부를 만들어 보관하는데서 유래했다. 로마제국 지배체제는 인구조사 등기장부를 밑바탕으로 식민지에서 인두세를 거뒀다. 실제로 인두세人頭稅란 세금을 거두는 방법가운데 하나로써 사람의 머릿수에 맞추어 부과하는 세금을 말한다. 우리나라 주민세와 비슷한 세금제도다. 로마제국은 식민지주민들 가운데서 남자는 14세 이상 그리고 여자는 12세 이상부터 인두세를 부과했다. 평균 생존연령이 40세에도 못 미쳤을 로마제국 시대에 65세를 넘어서야 인두세 부과를 면제했다.

무엇보다도 인두세는 21세기 못지않은 온갖 금융시스템이 발달한 로마제국에서 안성맞춤 조세제도였다. 로마제국은 카이사르 데나리온이라는 제국의 기축통화를 확보하고 있었다. 식민지 주민들의 소득과 재산을 조사하는 소란을 떨지 않고 사람 머리수에 따라 세금을 부과하면 그만이었다. 그러나 인두세를 납부해야 하는 식민지 주민들에게는 여러 가지로 불합리한 아주 나쁜 세금제도였다. 동서고금을 막론하고 소득이 있는 곳에 세금이 있어야 한다는 원칙을 위반하기 때문이다. 무엇보다도 로마제국의 인두세는 부자들과 가난한 사람사이에서 누진율을 적용하지 않는 그야말로 무자비한 세금제도였다.

이와 관련하여 고대 농경사회에서는 동서고금을 막론하고 생산된 곡물의 작황에 따라 소작료를 매기는 것이 관행이었다. 흉년이 들면 나라에서 세금을 줄여주기도 하고 더 큰 흉년이 들면 '나라미'를 풀어서 굶주리는 사람들을 구제했다. 동서고금을 막론하고 모든 나라들은 흉년이 들 때는 감세정책을 펴고 부자에게는 더 많은 세금을 부과하고 가난한 사람에게는 적게 부과했다. 그렇지 않으면 세금 때문에 죽을 수밖에 없는 그 땅 풀뿌리 사람들이 민란을 일으켰다. 따라서 로마제국의 인두세는 악평이 자자했다. 유대 풀뿌리 사람들도 로마제국의 인두세에 반발해서 수차례 무장봉기를 일으켰다.

그러므로 로마제국은 이러한 위험상황을 회피하기 위해 인두세를 직접 징수하지 않았다. 해마다 로마제국 식민지역의 인두세 징수업무를 경매에 붙였다. 다만 인두세로 인한 민란이 발생하면 로마제국 곳곳에 주둔하고 있는 로마제국 군대가 철저하게 응징했다. 이러한 배경에서 로마제국에는 피라미드 세금징수조직을 갖춘 거대한 금융회사들이 존재했다. 이들 금융회사들은 로마제국 식민지에서 인두세 징수업무 뿐만 아니라 그 지역에 주둔한 로마군대의 군수물품 공급용역도 함께 맡았다. 이들 금융회사들은 로마제국 군인들의 급여와 군수물품 납품까지 모든 것을 도맡았다. 이들 금융회사들의 식민지 말단조직 우두머리가 세리장 삭개오 같은 사람이다. 유대 풀뿌리 사람들은 인두세로 인해 로마제국 황제권력에 큰 원한을 갖지만 말단 세리들의 착취를 더더욱 미워했다.

이렇듯이 본문내용은 인두세로 얽혀진 로마제국의 사회경제 종교 정치상황과 유대 풀뿌리 사람들의 원한감정을 거세게 자극한다. 예수를 죽음의 함정으로 몰아넣으려는 바리새파와 헤롯당의 음모와 술수가 너무도 생생하다. 실제로 바리새파와 헤롯당원들은 본문13절에서 '말로 예수를 옭아매기 위해 작당모의作黨謀議'를 했다. 이때 본문은 '아그류소신 ἀγρεύσωσιν 옭아매다' 이라는 헬라어 동사를 사용한다. 이 동사는 '아그라 ἄγρα 사냥' 이라는 명사에서 유래했다. 예루살렘성전 제사장들과 서기관들과 장로들 그리고 바리새파와 헤롯당원들까지 합세해서 말 그대로 '예수사냥'에 나섰다. 이들은 작당모의 한 그대로 예수에게 죽음의 올무를 던졌다.

"카이사르 황제에게 인두세를 바치는 것이 합당합니까? 아니면 합당하지 않습니까?"

바리새파와 헤롯당원들은 예수의 목에 의심의 여지없이 뚜렷하게 죽음의 올무를 씌웠다. 그들은 예수의 목에 건 올무를 더욱 단단하게 옥죄기 위해서 예수를 다그치는 질문 한 가지를 더 보탰다. "우리가 바치리이까, 말리이까?"

이때 본문은 '도멘δῶμεν'이라는 헬라어 동사를 가정법과거로 사용했다. 우리말 성서는 이 동사를 현재로 해석했다. '우리가 바치리이까, 말리이까?' 그럼으로써 예수의 목에 걸린 죽음의 올무를 더더욱 억세게 옥죄는 두 번째 질문의 사악한 음모를 흩날려 버렸다. 실제로 바리새파와 헤롯당의 사악한 음모는 '본문읽기 헬라어 동사의 가정법과 과거시상'에서 고스란히 드러난다. 필자는 '도멘'이라는 헬라어 동사의 가정법과 과거시상을 살려서 위 문장을 번역했다.

"우리가 바쳤어야 했을까요, 아니면 바치지 말았어야 했을까요?"

이제 예수는 '로마제국 황제에게 인두세 바치느냐, 마느냐'라는 대답보다 훨씬 더 곤혹스러운 대답을 해야만 하는 처지로 내몰렸다. 현재와 미래의 행동을 제쳐놓고 과거로부터 오래도록 로마제국 황제에게 인두세를 바쳐왔던 옛일까지도 옳았었냐? 아니면 틀렸었냐? 예수는 분명하게 대답을 해야만 했다. 과거와 현재와 미래를 통틀어서 '로마제국 황제에게 인두세를 바쳐야 하느냐, 말아야 하느냐'라는 문제로 확대 되었다. 이제 예수는 예루살렘성전 기득권세력들과 바리새파와 헤롯당까지 작당

음모해온 죽음의 올무에 걸려들었다. 이제야말로 어디로도 도망갈 수 없는 진퇴양난에 처하고 말았다. 바리새파와 헤롯당과 예수의 청중들마저 모두 숨을 죽이고 예수의 입만 바라보았다.

한술 더 떠서 바리새파와 헤롯당원은 '예수가 죽음의 올무에서 빠져나가지 못하도록' 사악한 그물을 쳤다. 그들은 예수에게 온갖 찬사를 늘어놓았다. 그 어떤 예수추종자들보다 더 높이 예수를 찬양했다. 참으로 바리새파와 헤롯당원들은 기필코 예수를 사냥하기위해 사악한 음모들을 촘촘하고 세밀하게 꾸며놓았다.

"선생님, 우리는 '당신이 진실하시고 어느 누구라도 당신에게 거리낌이 되지 않는다'는 것을 잘 알고 있습니다. 왜냐하면, 당신이 사람의 겉모양을 보지 않으시고, 오직 진리 위에서 하나님의 길을 가르치기 때문입니다."

참으로 두말할 필요도 없는 진지하고 멋있는 예수신앙 고백이다. 이러한 음모와 술수는 평소에 바리새파 사람들이 가지고 있었을 위선과 오만을 증언해 준다. 바리새파와 헤롯당원들은 어떻게든 예수를 함정에 몰아넣고 로마제국의 반역자라는 죽음의 올가미를 씌우려고 했다. 예수에게 로마제국 황제권력에 대한 반역자라는 낙인을 찍어서 처형하려는 음모와 술수를 꾸미고 예수에게 왔다. 그들은 그러한 음모와 술수를 감쪽같이 숨긴 채 낯간지러운 예수찬양을 늘어놓았다.

예수의 하나님나라 갈라치기, 그 땅 풀뿌리 사람들에게 대항세상을 선동하다.

그러나 놀랍게도 예수는 이미 그들의 음모를 '알아챘다.'에이도스 이때

에이도스라는 헬라어 동사의 뜻은 '보고 경험하고 성찰하고 깨달아서 아는 것'이다. 예수는 로마제국 황제권력과 예루살렘 성전제사종교체제 기득권세력들이 풀뿌리 사람들에게 끼치는 해악들을 너무도 잘 알고 있었다. 예수는 그 땅 풀뿌리 사람들의 고통과 절망을 치유하고 구원하는 하나님나라 복음운동을 위해 예루살렘에 입성했다. 따라서 본문은 바리새파와 헤롯당원들의 음모를 '휘포크리신'이라고 표현했다. 그리스 문학전통에서 이 헬라어 낱말은 '무대 위에서 배우들이 대사를 읽는 것'이다. 예수시대에 이르러 이 낱말은 '가식과 위선으로 가득한 사람들을 욕하는 용어'로 굳어졌다. 그들은 어떻게든 이 땅의 하나님나라 복음운동의 기수로서 시대의 어둠을 밝히는 예수를 사냥하려고 했다.

그러나 도리어 본문읽기는 예수사냥 음모와 술수에 목을 맬 수밖에 없었던 예루살렘 성전제사종교체제 기득권세력의 사악함을 폭로한다. 사실 이러한 종교권력의 사악함은 예수시대 뿐만은 아니었다. 인류 종교역사 안에서 쉼 없이 줄곧 벌어졌던 일이다. 또한 21세기 한국교회와 여타 유수한 종교들 안에서도 매일매일 벌어지는 일들이다. 21세기 종교엘리트 기득권 세력이야말로 맘몬·자본권력 지배체제의 가장 효율적이고 유능한 지배도구이기 때문이다. 이때 예수는 바리새파와 헤롯당원들에게 엉뚱한 것을 요구하신다.

"무엇 때문에 너희가 나를 시험하느냐? 너희는 내가 볼 수 있도록 데나리온 한 잎을 나에게 가져오라."

그러자 그들이 곧바로 로마제국 황제의 화폐 한 데나리온을 가져와 예수에게 내밀었다. 물론 유대 땅 풀뿌리 사람들이라면, 온갖 고생 끝에야 데나리온을 손에 넣을 수 있었을 것이다. 그런 후에 치를 떨며 로마제국 황제에게 인두세로 바쳐야만 했을 것이다. 그러나 바리새파와 헤롯당원들은 일상생활에서 로마제국황제의 화폐 데나리온을 사용했을 것이다. 그러기에 그들은 곧바로 그들의 호주머니에서 한 데나리온을 꺼내 예수에게 내밀 수 있었다. 그러자 대뜸 예수가 그들에게 물었다.

"이 초상과 새긴 글자가 누구의 것이냐?"

그들이 예수께 대답했다.

"카이사르 황제의 것입니다."

'데나리온'은 로마제국황제가 발행하는 로마제국 기축통화다. 거기에는 황제의 초상과 황제를 찬양하는 글들이 새겨져 있다. 예수시대의 로마제국황제 티베리우스의 데나리온 한쪽 면에는 황제의 흉상과 '티베리우스 황제, 지존한 신의 지존한 아들'이라고 새겼다. 또 다른 면에는 황제의 또 다른 존칭인 '대제관'이라는 명문과 함께 황제의 모친 '리비아'의 좌상을 새겼다. 예수는 로마제국황제의 데나리온에 새겨진 초상들과 새긴 글자들을 들이대며 바리새파와 헤롯당원들 그리고 예루살렘 청중들을 향하여 큰 소리로 외쳤다.

너희는 카이사르의 것들을 카이사르에게 돌려주어라.
그러나 너희가 하나님의 것들을 하나님께 돌려드려라.

지금까지 이천년 서구기독교 역사 속에서 이 예수의 외침은 참으로 아리송하게 해석되어 왔다. 21세기 한국교회도 덩달아 이 예수의 천둥 같은 외침을 아리송하게 해석하고 있다. 실제로 예수는 바리새파와 헤롯당원들의 사악한 음모를 낱낱이 파악하고 있었다. 그래서 예수는 도리어 그들을 궁지에 몰아넣었다. 예수는 자신을 함정에 빠뜨려 로마제국 황제권력에 대한 반역자라는 올무를 씌우려고 몰려온 바리새파와 헤롯당원들과 예수의 청중사이를 '하나님나라로 갈라치기' 했다.

이때 본문읽기는 의심의 여지없이 뚜렷하게 '카이사르의 것들을' 타 카이사로스이라는 목적어를 사용한다. 그렇다면 '카이사라의 것들'이란 무엇일까?

그것은 예수와 그 땅 풀뿌리 사람들에게 '로마제국황제 카이사르의 데나리온'을 들여다보듯 너무나 뚜렷하고 빤한 것이었다. 로마제국 황제권력에 빌붙어서 챙기는 모든 부와 이익들은 카이사르의 것들이다. 로마제국 황제권력을 팔아서 유대 땅 풀뿌리 사람들을 등쳐먹는 것도 카이사르의 것들이다. 로마제국 황제권력에 기생해온 예루살렘 성전제사종교체제의 모든 종교기득권과 이익도 카이사르의 것들이다.

이때 또 본문읽기는 의심의 여지없이 뚜렷하게 '하나님의 것들을' 타 투테우 τὰ τοῦ θεοῦ이라는 목적어를 사용한다. 그렇다면 '하나님의 것들'이란 무엇일까?

그것은 바로 옛 희년신앙 행동계약 행동법규에 따라 '과부와 고아와 나그네 등 사회경제 약자들을 돌보기 위한 필요와 쓰임들'이다. 가난하고 힘없는 사람들과 죄인과 창녀들과 함께 차리는 공동체밥상도 하나님의 것들이다. 히브리 형제들과 이웃들의 빚을 탕감하고 노예를 해방하는 것도 하나님의 것들이다. 이자는 아예 생각하지도 않고, 꼭 돌려받을 수 있을까 따지지도 않은 채, 가난한 형제들에게 꾸어주는 것도 하나님의 것들이다.

이렇듯이 예수는 로마제국 황제권력과 그 땅 풀뿌리사람들 사이를 하나님나라 복음운동으로 맹렬하게 갈라치기 한다. 예루살렘성전 기득권세력과 예루살렘 풀뿌리 사람들 사이를 예수의 하나님나라 복음운동으로 날카롭게 이간질한다. 로마제국 황제권력 지배체제와 예루살렘 성전 제사종교체제 기득권세력을 향한 대항세상을 선동한다. 이제 한 패거리로 '예수사냥 음모'에 발 벗고 나섰던 바리새파와 헤롯당원들은 꿀 먹은 벙어리가 되었다. 그들은 로마제국에 기생해온 자신들과 풀뿌리 사람들 사이를 '하나님나라 복음운동으로 갈라치기 하는 예수의 대항선동'으로 인해 깜짝 놀랐다.

본문읽기와 해석의 오해와 오용誤用

참으로 한국교회와 교우들은 본문읽기에서 예수의 이 하나님나라 복음운동 갈라치기를 너무도 엉뚱하게 읽고 해석한다. '예수께서 지혜롭고 재치 있는 답변으로 위기를 모면하셨다'라고 설레발을 친다. 사실 이런 엉터리 본문읽기와 해석은 서구교회의 왜곡된 예수신앙으로부터 이어져왔다. 서구교회는 본문을 '교회가 세속경제·정치권력과 어떻게 조화를 이루고 어떤 관계를 맺어야 하는지'에 대한 모범답안으로 여겨왔다. 더 말할 것도 없이 21세기 한국교회도 본문내용을 '사회경제·종교·정치모순과 불의에 침묵하도록 강요하는 근거'로 오용한다.

참으로 이러한 본문읽기와 해석이 참일까? 전혀 아니다. 본문읽기에서 예수는 바리새파와 헤롯당원의 음모를 알아채고도 전혀 동요하거나 고민하지 않았다. 어떻게 위기를 벗어나 볼까 머리를 쓰거나 몸 달아 하지도 않았다. 도리어 예수는 바리새파와 헤롯당원들의 사악한 음모를 꿰뚫어보고 그들과 부화뇌동하는 예루살렘 청중들을 꾸짖었다.

> "너희는 카이사르의 것들을 카이사르에게 돌려주어라. 그러나 하나님의 것들은 하나님께 돌려드려라."

이제 예수는 바리새파와 헤롯당원들은 아예 무시해버린다. 예수는 예루살렘 청중들을 향하여 '하나님나라와 로마제국 황제권력'을 갈라치기 하는데 힘을 쏟는다. 그럼으로써 예수는 예루살렘 풀뿌리 사람들에게 로마제국 황제권력 지배체제를 향한 대항세상을 선동한다. 예수는 하나님나라와 로마제국에 양다리를 걸치고 무탈하게 살아가는 예루살렘 청중들의 신앙행태를 비판한다. 로마제국 황제권력에 머리를 조아리면서 야훼 하나님의 해방과 구원세상을 외면하는 예루살렘 청중들에게 목소리를 높인다. 예루살렘 청중들에게 '하나님나라냐, 로마제국이냐' 선택하라고 윽박지른다. 그럼으로써 예수는 스스로 '하나님의 구별된 자들'이라고 뽐내면서 로마제국에 기생하는 바리새파의 위선과 오만을 거세게 비난한다. 바리새파처럼, 로마제국에 기생하면서 마음으로만 하나님나라를 욕망하는 신앙행태는 사이비신앙 카타르시스이다.

참으로, 본문읽기에서는 로마제국과 그 땅 풀뿌리 사람들 사이를 하나님나라 복음운동으로 갈라치기하는 열혈예수의 외침이 생생하다. 그런데 우리말 성서는 이 예수의 외침을 '가이사의 것은 가이사에게, 하나님의 것은 하나님에게 바치라'라고 비틀어서 번역했다. 열혈예수의 갈라치기 외침에서 '너희는'이라는 주어를 삭제했다. 그러고는 '가이사의 것들'이라는 목적어를 주어로 바꿔치기했다. 그럼으로써 예루살렘 풀뿌리 사람들에게 '하나님나라 갈라치기 대항세상'을 선동하는 열혈예수를 본문읽기에서 지워버렸다. 뿐만 아니라 '로마제국황제의 통치를 받들 것이냐 아니면 하나님나라 시민으로 살 것이냐' 결단하고 행동해야 할 주체마저 삭제해 버렸다. 물론 그것은 히브리어와 우리말에서 주어의 쓰임이 다르기 때문에 생기는 오해일 수도 있다. 그렇더라도 본문읽기에서처럼 주어와 목적어를 바꿔치기해서 번역함으로써 문맥자체를 흩어놓는 번역행태는 결코 옳지 않다.

또한 본문14절에서 바리새파와 헤롯당원들이 예수에게 던지는 죽음의 올무 질문에서는 '바치다'디도미 δίδωμι라는 동사가 사용되었다. 그러나 17절에서 예수의 하나님나라 갈라치기 외침에서는 '되돌려주다'아포디도미 라는 동사를 사용한다. 의심의 여지없이 뚜렷하게 서로 다른 동사가 사용되었다. 그런데 우리말 성서는 똑같이 '바치다'라고 번역했다. 그럼으로써 두 동사의 쓰임이 드러내는 날카로운 문맥대립과 갈등상황을 철저하게 외면했다.

실제로 로마제국 황제권력에 기생하는 예루살렘 기득세력들의 불로소득과 부와 자산들은 황제권력으로부터 나온 것이다. 따라서 로마제국 황제에게 바치는 것이 맞다. 그러나 야훼 하나님은 모든 풀뿌리 사람들에게 그들의 쓰임과 필요에 따라 일용할 것들을 주신다. 누구라도 야훼 하나님이 풀뿌리 사람들에게 주시는 쓰임과 필요들을 독점하고 사유화해서 쌓을 수 없다. 그것은 옛 희년신앙 행동계약에 따라 야훼 하나님께서 주시는 하늘양식으로써 하나님의 것들이다. 그러므로 예루살렘 기득권 세력들은 자기쓰임과 필요에 넘치는 것들을 풀뿌리 사람들의 쓰임과 필요로 되돌려주어야 마땅하다.

그러할 때 예루살렘 청중들이 야훼 하나님께 되돌려 드려야만 하는 '하나님의 것들'은 무엇일까? 사람마다 자기 필요와 쓰임에 넘치도록 끌어 모은 '부와 자산들'이다. 왜냐하면 사람마다 '자기필요와 쓰임'에 넘치게 끌어 모은 부와 자산들은 다른 사람들의 '쓰임과 필요'를 빼앗아 온 것이기 때문이다. 그것들이 바로 '야훼 하나님께 되돌려드려야 마땅한 하나님의 것들'이다.

이제 21세기 교회와 교우들은 '맘몬·자본권력 지배체제를 살아가는 약삭빠르고 지혜로운 처세술'로 본문을 읽고 해석해서는 안 된다. 예수가 재빠르고 지혜롭게 '바리새파와 헤롯당원들이 쳐 놓은 죽음의 올무'를 빠져나왔다고 해석해서도 안 된다. 그런 해석들은 '예수가 청중들을 향해 외치는 하나님나라 복음운동 갈라치기 대항세상 선동'에 대한 완전한 왜곡이다. 로마제국 황제권력 앞에서 희년신앙 행동법규에 따라서 행동하라고 선동하는 열혈예수를 대놓고 모욕하는 것이다. 무엇보다 예수는 하나님나라 복음운동을 위해서라면, 십자가죽음도 피해가지 않겠다는 각오로 예루살렘에 입성했다. 예수는 로마제국 황제권력의 반란자로 몰리는 것을 두려워하지 않는다. 로마제국에 기생하는 예루살렘 성전제사종교체제 기득권세력의 모함으로 십자가처형을 당할 위험도 회피하지 않는다. 예수는 바리새파와 헤롯당원들이 작당해서 예수를 죽음의 함정에 빠트리려는 행위들에도 전혀 마음 쓰지 않는다. 로마제국 황제권력의 반역자라는 올가미를 씌우려는 그들의 음모와 술수 앞에서 놀람도 두려움도 없이 마냥 당당했다.

로마제국 황제권력 지배체제를 향한 예수의 대항행동 외침

예수는 바리새파와 헤롯당원들의 작당음모 속에서 로마제국 황제권력 지배체제와 예수의 하나님나라 복음운동의 실체와 진실을 낱낱이 밝혔다. 그럼으로써 로마제국 황제권력과 예수의 하나님나라 복음운동을 갈라치기 했다. 예수는 그 땅 풀뿌리 사람들에게 로마제국과 예루살렘 성전제사종교체제를 향한 대항행동으로써 예수의 하나님나라 복음운동을 선동했다.

너희는 로마제국 황제권력 지배체제에 빌붙어 얻은 모든 사익들을 로마황제에게 바쳐라. 로마제국 황제권력 지배체제의 죽임과 전쟁, 약탈과 착취, 독점과 쌓음을 향해 용감하게 대항하라. 그리고 하나님나라 복음운동에 참여하라. 해방과 자유, 정의와 평등, 생명평화세상 하나님나라로 탈출하라.

본문읽기에서 바리새파는 유대민족 반역자 헤롯당원들과 함께 예수 사냥 작당음모를 꾸몄다. 그들은 예수의 목에 로마제국 황제권력 죽음의 올무를 걸어서 단단하게 옥죄었다. 그러나 예수는 전혀 몸 달아 하지도 않고 발버둥치지도 않았다. 아무런 두려움도 없이 당당했다. 도리어 예수는 로마제국 황제권력 지배체제와 예루살렘 풀뿌리 사람들 사이를 하나님나라 복음운동으로 갈라치기 했다. 예루살렘 풀뿌리 사람들에게 예루살렘 성전제사종교체제의 대항세상으로써 예수의 하나님나라 복음운동을 힘 있게 선동했다. 그러므로 바리새파와 헤롯당원들은 '예수의 하나님나라 갈라치기 선동외침' 때문에 깜짝 놀랐다.

"너희는 카이사르의 것들을 카이사르에게 돌려주어라. 그러나 하나님의 것들은 하나님께 돌려드려라."

예수가 예루살렘 풀뿌리 사람들에게 예루살렘 성전제사종교체제 기득권을 해체하는 하나님나라 복음운동을 선동했기 때문이다. 이때 본문은 '에크세타우마존'그들이 깜짝 놀랐다이라는 헬라어 미완료동사를 사용한다. 왜냐하면 바리새파와 헤롯당원들의 '놀람'이 잠시잠깐으로 끝나지 않았기 때문이다. 그 놀람의 여진과 여운이 그들 삶의 마당으로 전이되었다. 그들은 예수에게 로마제국의 반역자라는 죄목을 씌워서 처형한 이후에도 여전히 안절부절 이었다. 예수가 유대와 예루살렘 풀뿌리 사람들에게 외친 '하나님나라 복음운동 갈라치기'는 그 여진과 여운이 길고, 깊고, 컸다. 예수의 하나님나라 복음운동은 언제 어디서든 로마제국에 빌붙어서 누려온 예루살렘성전 기득권을 끝장내는 위험요소였기 때문이다.

예수가 희년신앙 행동계약 행동법규들을 하나님나라 복음운동으로 재구성하다.

21세기 이 땅의 맘몬·자본권력 지배체제 내부자들은 언제 어디서라도 불의와 불법을 망설이지 않는다. 왜냐하면 맘몬·자본권력 지배체제 내부자로써 사회경제·종교·정치·언론 마름세력들이 언제 어디서든 여론과 시류를 마음껏 조작할 수 있다고 믿기 때문이다. 실제로 이 땅의 엘리트 기득권세력은 맘몬·자본권력 지배체제 안에서 늘 그렇게 해왔던 경험들을 쌓아왔다. 이러한 세태世態야말로 맘몬·자본권력 지배체제 사이비似而非마름권력들이 제 세상인양 나댈 수 있는 밑바탕이다. 21세기에 이르러서도 여전히 그들에게는 믿는 구석이 많다. 이 땅의 엘리트 기득권세력은 불로소득 사익 앞에서 언제, 어디서든 여론과 시류를 조작하고 불의와 불법을 자행했다. 때마다 불의와 불법을 저지르고 늘 부화뇌동해 왔지만 아무 탈도 없었다. 이것이 바로 이 땅의 엘리트 기득권세력들의 사회경제·종교·정치 패거리경험이고 패거리문화이다.

참으로 사람은 연약한 존재다. 주어진 환경에 순응하고 복종하며 맘몬·자본권력 지배체제가 조작하는 여론과 시류가 옳다고 인정하려는 경향성이 뚜렷하다. 무엇보다 21세기 풀뿌리 사람들은 맘몬·자본권력 지배체제 사회경제·종교·정치 이데올로기를 시나브로 학습할 수밖에 없다. 맘몬·자본권력 지배체제의 불의와 불법을 분별하는 것은 불가능하다. 도리어 맘몬·자본권력 지배체제의 반사회·반인륜 여론과 시류를 아무생각도 없이 곧이곧대로 받아들이게 된다.

참으로 21세기 이 땅의 임금노예들은 시나브로 맘몬·자본권력 지배체제의 노예노동기계로 화석화 되었다. 맘몬·자본권력 지배체제의 사회경제·종교·정치 기계구조에 의지해서 써내려가고픈 성공신화만을 욕망할 뿐이다. 맘몬·자본권력 지배체제 안에서 불의와 불법에 부화뇌동하는 것을 인간 동료애同僚愛로 얼버무리는 시대를 살아갈 뿐이다. 그러니 누구라도 맘몬·자본권력 지배체제 사회경제·종교·정치 기계구조의 모순과 억압과 착취에 맞서는 대항행동을 꿈꾸지 못한다. 도리어 그것은 주변 동료들과 이웃들에게 또는 사회경제·종교·정치 공동체에게 매우 불순하다.

그러나 이러한 시대상황에서라도 예수신앙인들은 시대의 진실을 그냥 덮어두고 외면할 수 없다. 시대의 진실 앞에서 참되게 자신의 뜻과 행동의지를 밝혀야 한다. 반신앙·반생명의 불의와 불법 앞에서 물러서거나 타협하지 않은 것이 참된 예수신앙인의 숙명이다. 반신앙·반생명의 불의와 불법에 부화뇌동 할 수 있다면, 그 사람은 참된 예수신앙인이 아니다. 시대의 진실 앞에서 외면하거나, 물러서거나, 뒤돌아서 불의와 불법에 부화뇌동한다면 그것은 신앙 도적질이다.

이제 21세기 예수 신앙인들은 본문읽기에서처럼 예수의 하나님나라 복음운동 갈라치기 힘찬 외침을 들어야한다. 이 땅의 맘몬·자본권력 지배체제를 향한 대항행동을 선동하고 조직해야 한다. 21세기 지금 맘몬·자본권력 지배체제로 인한 고난과 절망이 온 누리에 사무치는 때라 더욱 그렇다.

참으로 우리시대의 예수 신앙인이라면 맘몬·자본권력 지배체제를 거슬러 스스로 고난과 탄압을 받아야 마땅하지 않을까? 맘몬·자본권력 지배체제의 억압과 착취, 음모와 술수를 온 몸으로 받아내며 폭로해야 하지 않을까? 시대의 진실 앞에 스스로를 세우고 날마다 예수신앙인으로서 자기 삶의 행동을 결단해야 하지 않을까? 지금은 맘몬·재벌권력 지배체제의 값싼 은총을 받아 누리며 희희낙락 '청부론'이나 노래할 때가 아니다.

8. 예수부활신앙은 예수의 하나님나라 복음운동 시즌 2

마가복음 16:6-8, 요한복음 20:24-29

본문읽기 1. 예수부활 마가복음 16:6-8

청년이 그 여자들에게 말했다.

놀라지 마세요.

여러분은 십자가에 처형된 나사렛사람 예수를 찾고 있군요.

그분은 부활하셨어요.

그분은 여기 계시지 않아요.

보세요. 그분을 안장했던 곳이에요.

그러니 여러분은 가서 그분의 제자들과 베드로에게

'그분이 당신들보다 먼저 갈릴리로 가신다'고 알리세요.

그분이 여러분에게 말씀 하셨던 것처럼

'거기서, 당신들이 그분을 뵐 것이라'고 전하세요.

그러나 그 여자들은 무덤으로부터 나온 후 도망쳐버렸다.

왜냐하면 두려움과 공포심이 그들을 사로잡았기 때문이다.

그러므로 그 여자들은 무서워 떨며 아무에게도 아무것도 말하지 못했다.

본문읽기 2. 갈릴리 나사렛사람 예수의 부활 요한복음 20:24-29

쌍둥이라고 불리는 도마는 열둘제자 가운데 한사람이다. 도마는 예수께서 오셨을 때에 제자들과 함께 있지 않았다. 그래서 다른 제자들이 도마에게 말했다.

"우리가 주님을 뵈었소."

그러자 도마가 그들에게 말했다.

"내가 그분 손에 못 자국을 볼 수도 없고, 내 손가락을 그 못 자국 안에 넣을 수도 없고, 내 손을 그분의 옆구리에 넣어볼 수도 없다면, 나는 결코 신앙하지믿지 않겠소."

여드레 후 예수의 제자들이 다시 집안에 있었다. 그리고 도마도 그들과 함께 했다. 문이 잠겨져있었는데도 예수께서 오셔서 한 가운데 서셨다. 그리고 말씀하셨다.

"여러분에게 평화."

그러고는 예수가 도마를 불렀다.

"그대의 손가락을 이리로 내밀어서 내 손들을 살펴보라. 또한 그대의 손을 내밀어서 나의 옆구리에 넣어보라. 그러니, 그대는 신앙 없는 이가 되지 말라. 오직 신앙의 사람이 되라."

도마가 응답했다. 그리고 그가 예수에게 고백했다.

"나의 주님, 나의 하나님."

예수가 도마에게 말했다.

"그대는 나를 보았기 때문에 나를 신앙했는가? 복되어라. 보지도 알지도 못하는 이들, 그러면서 신앙하는 이들이여."

본문풀이
예수부활신앙은 예수의 하나님나라 복음운동 시즌 2다
예수부활신앙, 그 땅 풀뿌리 사람들의 유언비어 신앙

매년 부활절이 되면 기독교회는 부활의 기쁨과 소망을 노래한다. 교회마다 이웃들에게 부활절 달걀을 돌리는 등 기꺼이 온 사회가 부활의 기쁨과 소망으로 넘쳐나기를 기도한다. 특별히 21세기에는 '하나님과 하나로 창조생명생태계의 파괴'와 관련하여 부활신앙을 강조한다. 부활의 예수를 본받아 우리의 삶에 깊이 뿌리박힌 탐욕과 교만을 몰아내자고 호소한다. 나아가 언제나 그랬듯이 부활의 기쁨과 소망과 능력으로 고통 받는 이웃을 돌봄으로써 세상의 빛과 소금의 역할을 다하자고 외친다.

그런데 본문읽기에서는 21세기 기독교회가 그토록 기뻐하고 소망하는 예수의 부활이 공포와 전율과 두려움으로 묘사되고 있다. 도대체 왜, 그럴까?

부활의 첫 새벽에 예수의 무덤을 찾은 여인들이 있었다. 여인들은 예수의 무덤 문이 열려져있는 것을 보았다. 여인들은 두렵고 떨리는 마음으로 무덤 안으로 들어갔다. 여인들은, 예수의 시신이 온데간데없는 가운데, 흰옷을 입은 청년이 무덤 오른 편에 앉아 있는 것을 보았다. 여인들은 그러한 광경을 보고 놀라서 어쩔 줄을 몰랐다. 그러자 청년이 두려워 떠는 그들에게 이렇게 말했다.

놀라지 마세요.
여러분은 십자가에 처형된 나사렛 사람 예수를 찾고 있군요.
그분은 부활하셨어요.
- 중략 -
그러나 그 여자들은 무덤으로부터 나온 후, 도망쳐버렸다.
왜냐하면 두려움과 공포심이 그들을 사로잡았기 때문이다.
그러므로 그 여자들은 무서워 떨며 아무에게도, 아무것도 말하지 못했다.

여인들은 예수의 무덤을 빠져나온 후 아예 도망쳐 자취를 감추고 말았다. 왜냐하면 그들의 눈앞에 벌어진 일들이 너무도 놀랍고 두려운 일이라서 얼이 빠져 버렸기 때문이다. 그들은 두려움에 사로잡혀서 아무에게도, 아무것도 말하지 못했다. 이때 본문은 '에크탐베오ἐκθαμβέω'라는 동사를 사용한다. 이 헬라어 동사는 '에크탐보스ἔκθαμβος경악, 공포'라는 낱말에서 유래되었다. 한마디로 '너무나 놀랍고 두려워서 넋이 나갔다'라는 표현이다. 또 본문은 '공포, 전율'트로모스 τρόμος이라는 헬라어 낱말을 사용한다. 이 낱말은 '무아경, 활홀경'엑스타시스이라는 낱말과 동의어다. 풀어서 새기면 '무시무시한 공포와 전율로 인해 얼이 빠져 있는 상태'다. 더해서 본문이 사용하는 헬라어 동사는 '에포분토 ἐφοβοῦντο 무서워 떨며'이다. 이 동사는 헬라어 문법에서 '미완료중간태'인데 '과거의 사건이 계속해서 영향을 미치는 현상'을 표현한다. 따라서 여인들은 부활의 첫 새벽사건으로 인한 공포와 전율에 사로잡힌 채 스스로 거기서 헤어 나오지 못한다. 도대체 여인들은 무엇 때문에 이토록 두려워했을까?

이와 관련하여 예수는 대제사장을 비롯한 예루살렘 성전 기득권 세력으로부터 신성 모독죄로 죽음의 고발을 당했다. 또한 로마제국의 총독으로부터 반역죄로 몰려서 사형언도를 받았고 그에 걸맞게 십자가처형을 당했다. 살아생전에도 예수는 예루살렘 성전제사종교체제로부터 경계의 대상이었다. 서기관과 율법사 등 유대교 랍비들로부터 '갈릴리 나사렛 사람'이라는 멸시와 조롱을 받았다. 무엇보다도 예수는 예루살렘입성 때에 '자신들의 겉옷을 벗어 길에 깔고 종려나무 가지를 흔들어대던 예루살렘 풀뿌리 사람들'로부터도 철저하게 버림받았다. 왜냐하면 예루살렘 풀뿌리 사람들이 십자가에 처형당하는 '갈릴리 나사렛사람 예수'가 아니라 '위대한 다윗후손 메시아예수'를 간절히 열망했기 때문이다. 이렇듯이 예루살렘 풀뿌리 사람들조차도 십자가에 처형당하는 '갈릴리 나사렛사람 예수'를 미워했다. 나아가 십자가에 처형된 갈릴리 나사렛사람 예수의 부활도 원하지 않았다. 실제로 십자가에 처형된 예수가 다시 부활한다 해도 갈릴리 나사렛사람 예수의 부활이라면 예루살렘 사람들에게는 아무런 의미도 없었다. 예루살렘 사람들에게는 죽었다가 부활하는 갈릴리 나사렛사람 예수보다 죽지 않고도 승리하는 다윗후손 메시아 예수가 더 절실했다.

예수살렘에서는 결코 예수의 부활이 없다.

심지어 제사장 등 유대 사회경제·종교·정치 기득권세력들은 '예수의 십자가처형과 부활을 내세워 사회·종교사기극'이 벌어질 것이라고까지 예상했다. 따라서 그들은 예수의 무덤을 지키던 로마군인들에게 뇌물을 주어 입막음을 했다. 또한 주도면밀하게 예수의 부활을 내세운 사회·종교유언비어 선동을 막으려는 계획을 세우고 실행했다. 물론 예수의 제자들에게조차 십자가에 처형된 예수의 부활은 기대되지 않았다. 예수의 제자들은 그저 자신들의 스승이며 동지였던 예수와 함께한 기억들을 마음속에 숨겨두었을 뿐이다. 오래도록 예수를 추억하며 잊지 않는 것으로 만족할 뿐이었다.엠마오로 가는 제자들

참으로 예루살렘에서 예수의 부활은 일급비밀 사항이었다. 예루살렘에서 예수의 부활은 사회경제·종교·정치안정을 해치고 불안을 조장하는 괴담이며 유언비어일 뿐이었다. 따라서 예루살렘에서 예수부활 비밀을 목격하는 것은 그 자체로써 두려움이고 공포였다. 그러므로 예수살렘에서는 결코 예수의 부활이 없다. 예수의 부활은 일어나서도 안 되고 일어날 수도 없는 유언비어로써 사이비사건일 뿐이다. 다만 예루살렘에서는 갈릴리 나사렛사람 예수의 십자가처형이 있었을 뿐이다.

예수의 부활은 갈릴리에서 일어난다.

그렇다면 예수의 참된 부활은 어디에서 일어날까? 두말할 것도 없이 예수의 부활은 갈릴리에서 일어난다. 이와 관련하여 예수는 예루살렘에서 십자가에 처형되기 전 제자들에게 이렇게 말했다.

"내가 예루살렘에서 십자가의 처형을 당하게 될 거다.

그러나 나는 삼일 만에 부활할거야.

그리고 나는 너희들 보다 먼저 갈릴리로 가겠다.

거기서 너희를 다시 보게 될 거야."

그런데 왜 갈릴리일까? 예수야말로 '나사렛사람 예수'이기 때문이다. 마가복음서 전승에서 이 이름은 예수의 독특한 별명이다. 유대인들은 같은 이름을 가진 형제들과 자신을 구별하기 위하여 아버지이름 또는 출신지역을 앞세워 별명을 짓는 관습을 따랐다. 이 경우 출신지역에 대한 언급은 일종의 성姓과 같은 역할을 했다. 따라서 마가복음저자는 '나사렛사람'이라는 예수의 별명을 '나사렛 주민 또는 나사렛 출신'이라는 의미로 사용할 수밖에 없었을 것이다. 그런데 갈릴리는 옛날부터 유대사람들과 가나안 사람들이 서로 섞여 살던 이스라엘의 변방이었다. 북이스라엘이 아시리아 제국에 멸망당한 이후에 여러 이방민족들이 갈릴리로 들어와 살았다. 뿐만 아니라 갈릴리는 메소포타미아에서 시리아를 거쳐 이집트로 내려가는 길목이었다. 또한 페니키아의 항구도시들을 거쳐 지중해세계로 나아가는 길목이었다. 이로 인해 수많은 떠돌이 유랑민들이 갈릴리 지역으로 몰려들어 왔다. 따라서 갈릴리는 예루살렘의 사회경제·종교·정치 기득권세력들에게 '이방의 갈릴리'라고 불려졌다. 흑암과 멸시의 땅으로 치부되었다.

그럼에도 불구하고 갈릴리지역은, 땅이 비옥하고 수량이 풍부하며 기후가 온화했다. 따라서 다른 어떤 유대지역보다 훨씬 더 다채롭고 풍성한 농산물이 생산 되었다. 갈릴리의 비옥한 평지에서는 밀, 보리, 옥수수 등 곡물과 채소들이 재배되었다. 구릉지와 산지에는 포도나무와 올리브나무들이 재배되었다. 고대 유대역사가 요세푸스는 '유대전쟁사 3권'에서

'갈릴리는 초목이 울창하고 무성하며 모든 종류의 나무들이 잘 자란다'고 기록했다. 또 풀뿌리 농부들이 온 땅을 경작함으로써 노는 땅이 없다고 전했다.

한편 요세푸스는 '갈릴리 호수에는 모든 종류의 물고기들이 풍성하다'고 기록했다. 그는 '잉어, 돌잉어, 청어' 등 20여종의 물고기를 열거하면서 맛과 생김새에 있어서 다른 지역의 물고기들과 다르다고 전했다. 그 가운데 유명한 물고기는 '베드로 물고기'라고 알려진 물고기다. 베드로 물고기는 맛이 좋을 뿐만 아니라 알과 새끼를 입안에 넣어서 보호하는 것으로 유명하다. 베드로 물고기는 새끼를 입에서 내보냈다가 위험한 상황이 닥치면 다시 입안으로 받아들여서 새끼를 보호한다.

이렇듯이 갈릴리지역이 다른 어느 지역보다 풍요로운 땅이었던 만큼 고대로부터 이집트제국과 봉건군주들로부터 혹독한 착취의 대상이 되어왔다. 실제로 히브리들의 가나안 땅 노느매기 동맹 이전 갈릴리의 모든 땅은 '이집트제국 봉건군주들의 영지'였다. 갈릴리 이집트제국 봉건영주들은 풀뿌리 사람들을 소작농노로 삼아 봉건영토를 경작했다. 실제로 갈릴리에는 이집트제국 파라오의 포도주와 곡물창고들이 있었다. 이러한 상황은 예수시대에도 달라지지 않았다. 갈릴리는 다른 유대지역과 달리 소수의 부재지주들이 풀뿌리 소작농들을 부리면서 대토지를 경작했다. 또한 갈릴리에는 헤롯왕가의 대규모 토지가 있었는데 풀뿌리 소작농은 물론이고 농노들과 날품팔이들을 고용하여 토지를 경작했다.

그런데 풀뿌리 소작농들은 지주에게 생산물의 30-40%를 지대로 바쳐야만 했다. 그러고도 세금으로 40%정도를 더 뜯기고 나서 나머지 20-30%의 생산물로 생계를 꾸려야만 했다. 따라서 풀뿌리 소작농들은 밀린 지대와 세금채무로 인해 소작농노로 팔리거나 하루살이 품꾼농부로 전

락하기 일쑤였다. 불의한 청지기비유, 날품팔이 품삯비유 이러한 시대상황에서
온갖 물고기가 풍부했던 갈릴리호수는 토지로부터 버림받은 사람들을
끌어 들였다. 그나마 어부들이 농부들보다 조금 나은 생활을 할 수 있었
기 때문이다. 어부들 가운데 일부 여유 있는 사람들은 조합을 만들고 여
러 척의 배를 구입해서 고기잡이를 했다. 또한 가난한 사람들은 어부들에
게서 물고기를 받아다가 소규모 염장업을 했다. 실제로 갈릴리호수 주변
의 마을에서는 물고기를 소금에 절이는 소규모 염장업이 발달했다. 물론
'막달라'에서 제법 큰 규모의 염장업이 이루어지기도 했다. 이렇게 소금
에 절인 물고기들은 지중해를 건너 멀리 로마와 이베리아스페인지역까지
수출되었다. 따라서 지중해세계의 사람들은 갈릴리호수를 헬라어로 '소
금에 절인 생선'타리코스이라고 불렀다. 여기서 '타리체아'라는 갈릴리호
수의 별명이 나왔다.

그러나 갈릴리호수의 이러한 여유로움도 곧 끝장을 맞이하고 말았다.
갈릴리 봉건 왕 헤롯 안티파스가 갈릴리 호숫가에 '티베리우스'라는 도시
를 건설하고 수도를 옮겨왔기 때문이다. 티베리우스는 로마황제를 기념
하는 도시로서 황제의 이름을 따서 지어졌다. 이후 헤롯안티파스는 막달
라에 대규모 물고기 염장시설을 설치하고 갈릴리호수 염장업을 독점하
기 시작했다. 이로 인해 갈릴리호수의 어부들은 어업의 주도권을 상실한
채 애써 잡은 물고기를 헐값으로 강제수매 당했다. 따라서 갈릴리호수의
물고기를 통해서 생계를 꾸리던 가난한 사람들은 하루아침에 생계의 터
전을 빼앗겨 버렸다. 그들은 또다시 하루살이 날품팔이로 전락하거나 떠
돌이가 되어야만했다.

바야흐로 이러한 갈릴리 땅 풀뿌리사람들의 고난과 절망 속에서 헬라
시대이후 유대 땅의 모든 대항봉기는 갈릴리에서 시작되었다. 또한 유대

사람들의 메시아운동역시 그 진원지震源地는 대부분 갈릴리였다. 그 가운데 유명한 단체가 열심당熱心黨 또는 젤롯당Zealot이다. 이들은 다윗 왕조 후손 가운데서 기름부음을 받은 메시아가 나타나 위대한 다윗왕조를 회복하게 되기를 갈망했다. 그러한 갈망으로 인해 그들은 끊임없이 로마제국과 투쟁을 벌였다. 실제로 예수의 제자들 가운데 시몬과 유다 등 몇몇 사람은 젤롯 당원이었을 것으로 여겨진다. 이러한 젤롯 당원들 가운데는 '단도를 품은 사람들'시카리우스이라는 결사체가 있었다. 그들은 가슴에 칼을 품고 다니며 로마제국 당국자들이나 로마제국에 기생하는 기득권 계층들에게 테러를 가하기도 했다.

갈릴리 나사렛사람 예수의 하나님나라 복음운동

이렇듯이 갈릴리 땅의 고난과 절망과 죽음의 현실상황에서 예수는 타고난 '갈릴리 나사렛사람'이었다. 예수는 갈릴리에서 가장 외진 산골마을 나사렛에서 자랐다. 예수는 하나님나라 복음운동을 시작하기 전까지 갈릴리지역의 풀뿌리 사람들 속에 섞여서 목수 일을 하며 생계를 꾸렸다. 또한 예수의 제자들도 대부분 갈릴리 사람들이다. 그들은 어부들이거나, 세리이거나, 떠돌이들이었다. 갈릴리 땅의 고난 받는 풀뿌리 사람들이었다. 이렇듯이 예수는 갈릴리 땅에서 갈릴리 풀뿌리 사람들과 함께 하나님나라 신앙과 삶을 나눴다. 예수는 그들과 더불어 하나님나라 복음운동을 펼쳤다. 예수는 갈릴리 땅 풀뿌리 사람들의 고난과 절망을 몸소 삶으로 겪었다. 예수는 갈릴리 풀뿌리 사람들의 삶의 마당에서 '하나님나라 복음'을 선포했다. 예수는 로마제국 폭력과 죽임의 지배체제와 거기에 기생하는 예루살렘 성전제사 종교체제를 향한 대항세상을 선언했다.

그러나 예수의 하나님나라 복음운동은 로마제국보다 더 큰 힘과 부와 권력을 욕망하지 않았다. 도리어 로마제국의 힘과 부와 권력에 대한 숭배와 탐욕이 사라진 자리에 '하나님의 샬롬세상'이 이루어진다고 선포했다. 예수는 스스로의 말과 행동과 삶을 통해서 야훼 하나님의 해방과 자유, 정의와 평등, 생명평화세상을 살아냈다. 그리고 마침내 예수는 이 땅의 하나님나라 복음운동을 완성하기 위해 십자가행동을 결단했다. 예수는 로마제국과 예루살렘 성전제사종교체제의 약탈과 죽임의 폭력을 향한 대항행동으로써 십자가행동을 선택했다. 로마제국 식민지 갈릴리 땅 풀뿌리사람들의 고난과 절망을 온몸에 지고 십자가 위에서 생을 마감했다.

예수가 십자가행동을 통하여 새로운 희년세상, 생명세상, 부활세상을 열다.

그러나 하나님은 십자가행동의 사람 곧 갈릴리 나사렛사람 예수를 다시 생명과 평화의 몸으로 부활시키셨다. 이때 본문은 '에게르테부활하다'라는 동사를 사용한다. 여기서 '에게르테'라는 동사는 '과거수동태'로 사용되었기 때문에 직역하면 '일으켜지다'라고 번역해야한다. 이 동사에는 '하나님이 죽은 자 가운데서 예수를 일으키셨다'라는 마가복음저자의 신학사상이 담겨져 있다. 그런데 하나님이 죽은 사람을 부활시키실 때에 그 사람의 몸을 함께 일으키실 수도 있고 그렇지 않을 수도 있을 것이다. 왜냐하면 죽은 사람을 일으키는 부활이야말로 하나님의 전적인 은총으로써 새로운 창조이기 때문이다. 하지만 본문읽기에서 뚜렷하게 드러나는 것은 '예수의 몸시신의 부활'이다. 하나님은 예수의 몸을 새로운 생명의 몸으로 부활시키셨다.

예수부활신앙은 예수의 하나님나라 복음운동 시즌 2

　그렇다면 예수의 부활사건에 있어서 하나님은 왜, 예수의 몸을 사용하셨을까? 여기서 의심의 여지없이 또렷하게 드러나는 예수부활신앙 진실이 있다. 그것은 새 생명으로 부활한 예수야말로 로마제국 폭력과 죽임의 권력으로부터 십자가에 처형된 '갈릴리 나사렛사람 예수'라는 것이다. 하나님은 예수의 부활을 통하여 고난과 절망과 죽음의 시대상황 속에서 새로운 해방과 구원, 생명과 평화세상을 활짝 여셨다. 그러므로 이제 갈릴리 땅 풀뿌리 사람들은 고난과 절망, 죽음의 십자가로부터 새 생명으로 부활한 예수를 갈릴리에서 다시 만날 수 있었다. 예수는 갈릴리에서 제자들을 만나 그들을 부활의 증인으로 세웠다. 이제 예수는 로마제국 지배체제의 십자가죽음을 통하여 새로운 해방과 구원, 정의와 평등, 생명평화세상을 이루어냈다. 이제 예수는 고난과 절망과 죽음의 세상에서 새로운 부활세상으로 그 땅 풀뿌리 사람들을 불러내어 거듭나게 한다. 한마디로 초대교회의 예수부활신앙은 예수의 하나님나라 복음운동 시즌 2다. 그것은 곧 21세기 새로운 지구촌 희년신앙 행동서사다.

　이렇듯이 예수의 제자들은 자신들의 고난과 절망과 죽음의 삶의 마당인 갈릴리에서 새 생명으로 부활한 예수를 다시 새롭게 만날 수 있었다. 부활예수를 만난 제자들은 부활예수의 증인으로서 다시 예루살렘으로 올라갔다. 그리고 죽음의 십자가를 세웠던 예루살렘에서 당당하게 부활예수를 증언했다. 이제 부활예수의 증인으로서 제자들은 로마제국의 폭력과 죽임의 지배체제를 두려워하지 않았다. 로마제국에 빌붙어 사는 예루살렘 성전제사종교 체제의 대제사장들이나 장로들이 전혀 무섭지 않았다. 가난하고 힘없는 사람들에게 하나님 전문가로 행세하며 으스대던 서기관과 율법사들에게도 주눅 들지 않았다. 풀뿌리 사람들에게 율법과 죄라는 무거운 짐을 덧씌워 피땀을 착취해온 예루살렘 성전제사종교체제에 더 이상 매이지 않았다. 제자들은 부활예수의 증인으로서 '예수를 십자가에 못 박으라고 소리치던' 예루살렘 풀뿌리 사람들에게도 끝없는 애정과 사랑을 쏟아 부을 수 있었다.

그 사람, 갈릴리 나사렛 사람 예수의 부활

이와 관련하여 본문읽기 2.는 예수의 제자로서 도마가 만난 부활예수에 대한 증언이다. 더 자세하게는 '도마와 갈릴리 나사렛사람 예수의 부활 그리고 도마의 예수 부활신앙' 이야기다. 그렇다면 '도마는 누구인가' 질문할 수밖에 없다. 현재의 신약성서 정경 안에서는 마땅한 답이 없다. 그러나 초대교회에 안에서는 현재의 신약성서 경전 이외에도 다양하고 잡다한 기독교회 문서들이 존재했었다. 그것들 가운데서 도마와 관련된 것으로는 '도마행전'이 있고 지난 20세기에 발견된 '도마복음'이라는 문서도 있다. 본문읽기 2.에서는 '도마가 부활예수를 단 한번 만나는 것'으로 기록되어 있다. 하지만 도마행전Acts of Thomas에는 예수의 십자가행동과 부활이후 여러 차례 도마를 만났던 이야기가 수록되어 있다. 도마행전은, 부활예수가 승천하기 전에 도마를 인도에 보내 복음을 전도하게 했다는 이야기도 기록했다. 이 이야기는 인도북부 타지마할Taj Mahal 인근의 화테푸르 시키리Fatehpur Sikiri에서 발견된 돌비석에도 새겨졌다고 한다. 실제로 인도 남부지역 첸나이마드라스에는 고대 도마교회의 전통을 이어왔다고 자부하는 기독교인들이 남아있다.

어찌되었든 도마에 관한 예수부활신앙 이야기는 신약성서 바깥의 고대문서 기록들을 그저 참고할 뿐이다. 하지만 이러한 기록들은 신약성서로부터 잘못 해석된 도마라는 인물상을 바로잡는데 도움이 된다. 이를테면 본문읽기 2.에서 많은 사람들이 떠올리는 '의심 많은 도마 이미지'는 옳은 것일까?

실제로 본문읽기 2.에서 도마는 소심하지도 유약하지도 않고 의심쟁이도 아니다. 도리어 도마는 열정과 적극성과 과단성 있는 사람이다. 본문읽기 2.에서 '도마 곧 디두모스쌍둥이'라는 이름이 이러한 성품을 잘 드러낸다. '디두모스'라는 헬라어 낱말의 의미는 '두 배의 사람 또는 두 몫하는 사람'이라는 뜻이다.

이와 관련하여 많은 성서학자들은 예수의 제자그룹 가운데는 열심당원들이 있었다고 생각한다. 대표적으로는 '젤롯당원 또는 열심당원'이라는 별명을 가진 '시몬'이다. 또한 '가룟 유다와 베드로'도 열심당원으로 분류한다. 나아가 도마역시도 '열심당원'이었을 것이라고 여긴다. 이들 열심당원들은 로마제국 폭력과 죽임의 권력에 굴복하지 않고 로마제국에 세금 바치기를 거부했다.마가복음 12:13, 17 또한 시대상황에 따른 새로운 다윗이 출현해서 새 이스라엘을 건설하게 될 것이라고 열망했다. 나아가 이들은 때가 이르면 무장봉기를 통해서라도 메시아왕국을 건설하려는 열정으로 가득 차 있었다. 하지만 신약성서 안에서는 이러한 도마의 인물상을 뚜렷하게 드러낸 곳이 별로 없다. 도리어 도마는 예수의 제자단을 나열하는 곳에서 아무런 수식어도 없이 이름만 나타난다.마태복음 10:3, 마가복음 3:16, 누가복음 6:15 또한 이렇게 나열된 제자단 끝에는 항상 '예수를 파는 자가 될 가룟 유다'를 언급한다.

그러나 요한복음 11장 16절과 14장 5절에서는 예수의 열두제자 가운데 도마가 가장 독특한 성품의 소유자였음을 드러낸다. 요한복음 11장을 살펴보면, 지금 당장 예수와 친밀한 베다니 마을의 마르다와 마리아의 오빠 나사로가 병들어 죽어가고 있었다. 그래서 나사로의 누이들은 사람을 보내서 예수에게 구원을 요청했다. 이 소식을 듣고도 예수는 있던 곳에서 이틀을 더 머물다가 제자들에게 '유대로 다시 가자'라고 말했다. 그러자 모든 제자들이 말렸다.

"선생님, 방금도 유대인들이 돌로 쳐 죽이려고 했었는데 또 그리로 가시려 하십니까?"

사실 그때 가보았자 나사로는 죽었을 터이고 실제로도 예수가 도착했을 때 이미 나사로는 죽어 장사된 후였다. 그럼에도 불구하고 도마는 예수의 유대 땅 상경을 말리려는 다른 제자들을 향하여 이렇게 소리쳤다.

"우리도 주와 함께 죽으러 가자." 요한복음 11:16절

어쩌면 도마는, 예수가 부득불 죽을 자리로 가려고 하니까 '에라, 모르겠다, 다 가서 같이 죽자'라고 했을 수도 있다. 그래서 한편으로 도마의 이 외침은 유대 땅을 향한 예수의 발걸음을 빈정대는 말 같기도 하다. 그러나 요한복음 11장의 앞뒤 문맥에 비추어 볼 때 의심의 여지없이 뚜렷해지는 것이 있다. 그것은 바로 '어떤 경우라도 스승인 예수와 생사고락을 함께 하겠다'는 도마의 행동의지다. 또 도마는 사리분별과 결단에 있어서 자기의지가 확고한 사람이었다. 요한복음 14장에서 예수는 예루살렘으로 올라가서 맞게 될 자신의 십자가행동과 그 십자가행동의 이유와 의미 그리고 이후에 되어 질 일들을 제자들에게 설명했다.

"내가 너희를 위하여 처소를 예비하러 간다. 그리고 내가 다시 오겠다. 내가 가는

곳과 그리로 갈 수 있는 길을 너희도 알게 될 것이다."

그런데도 제자들은 아무도 예수의 그 알다가도 모를 말에 대하여 일언 반구도 하지 않았다. 그러나 도마는 그냥 넘어 갈 수 없었다. 도마는 주저 하지 않고 예수에게 물었다.

"주여, 당신께서 어디로 가시는지 우리가 알지 못하거늘 그 길을 어찌 알겠습니 까?"

그러자 예수가 도마에게 그 유명한 예수신앙 독트린을 선언했다.

"내가 곧 길이요, 진리요, 생명이니 나로 말미암지 않고는 아버지께로 올 자가 없 느니라."

이처럼 도마에게는 '부활예수를 신앙한다는 것이 무엇인지' 뚜렷했다. 예수처럼 생각하고 결단하며, 예수처럼 살고 행동하는 것이 곧 예수 신앙 진실이다. 누구든지 예수의 말과 삶, 예수의 십자가행동을 통하지 않고 는 예수의 하나님나라 복음운동에 참여하고 누리는 삶을 살 수 없다.

제자들은 어떤 부활예수를 보았을까?

이제 이러한 도마의 삶의 마당을 염두에 두면서 본문읽기 2.를 자세히 살펴보자. 예수는 로마제국 폭력과 죽임의 권력에 대항하는 정치범으로 재판에 회부되었다. 또한 로마제국에 빌붙어서 부와 권력을 누리는 예루 살렘 성전제사종교체제 기득권세력에게 불순분자로 낙인찍혀 십자가처형을 당했다. 이렇듯이 예수의 십자가행동 이후 예수의 제자들은 모래알처럼 흩어져 자취를 감추었다. 그러다가 이런 저런 계기로 부활예수를 만난 제자들이 다시 하나 둘 모여들었다. 도마 역시도 그 소문을 듣고 다시 모여드는 제자들의 모임에 참여했다. 그러나 도마는 아직 부활예수를 대면하지 못했다. 그래서 제자들은 도마에게 '우리가 주님을 뵈었소'라고 증언을 했다.

그렇다면 제자들은 어떤 부활예수를 보았을까?

이와 관련하여 부활예수를 보았노라고 증언하는 제자들의 말에는 '바라보다, 우러러보다'호라오라는 동사가 사용된다. 풀어서 새기면 제자들은 부활하신 예수를 만나기는 했으나 그 예수가 자신들과 함께 생사고락을 나누던 그 분이었는지 확인하지 않았다. 바로 삼일 전 예수는 로마제국의 정치범으로, 예루살렘 성전제사 종교체제의 불순분자로 몰려서 처형당했다. 로마제국과 예루살렘성전 기득권세력들이 함께 예수를 십자가에 매달았다. 이제 제자들은 '자기 눈앞에 나타난 부활예수가 그 십자가에 처형당한 예수인지' 확인하지 못했다. 그 사람 곧 갈릴리 나사렛사람 예수인지 확인해 볼 엄두도 내지 못했다. 그래서 도마는 한사코 이렇게 명토 박아 말한다.

"내가 그 분 손에 못 자국을 볼 수도 없고, 내 손가락을 그 못 자국 안에 넣을 수도 없고, 내 손을 그 분의 옆구리에 넣어볼 수도 없다면, 나는 결코 신앙하지 않겠소"

그 사람, 갈릴리 나사렛사람 예수의 부활

이때 도마가 말한 헬라어 문구가 '에안 메 이도만약 내가 보아서 알 수 없다면'이다. 여기서 사용된 '에이도 ἰδῶ'라는 헬라어 동사는 '내가 보고 깨달고 경험해서 알다'라는 뜻이다. 한마디로 도마에게 부활예수는 로마제국의 십자가에 처형된 그 예수의 부활이어야만 했다. 로마제국에 빌붙은 예루살렘 성전제사종교체제 기득권세력에게 분순분자로 낙인찍혀 십자가에 처형된 '그 사람 갈릴리 나사렛사람 예수의 부활'이어야만 했다. 도마에게는 갈릴리 풀뿌리 사람들과 함께 동고동락하며 이 땅에서 하나님나라 복음운동을 펼쳐가던 갈릴리 나사렛사람 '예수의 십자가행동과 부활이 하나'였다. 갈릴리 나사렛사람 예수가 십자가에 처형되었고 그 예수가다시 새 생명으로 부활해야만 했다.

실제로 도마는 갈릴리 풀뿌리 사람들과 예수와 함께 이 땅의 하나님나라 복음운동을 펼쳤다. 그러다가 홀연히 예수는 로마제국 폭력과 죽임의 권력을 향한 대항행동 물리력으로써 십자가행동을 선택했다. 그 예수의 십자가행동과 무관한 예수부활 신화는 도마에게 참된 부활신앙이 아니다. 도마에게 예수의 십자가행동에 따른 부활예수신앙은 어쩌면 당연한 일이다. 예수의 십자가행동과 예수부활신앙은 하나다. 도마에게 예수의 십자가행동은 예수부활신앙의 핵심내용이다. 그러나 초대교회 이후 서구교회들은 이러한 예수부활신앙 진실을 외면한 채 관념과 교리로써 예수부활 신화만을 널리 퍼트렸다. 이제 21세기 한국교회에도 예수부활신화를 열망하는 교리와 관념으로서 '금관金冠의 예수'가 마구잡이로 터를잡아왔다.

오직, 신앙의 사람이 되라.

이러한 관점에서 본문읽기 2.에서 도마에게 나타난 부활예수사건은 매우 의미심장하다. 부활예수가 도마에게 나타난 사건이야말로 부활예수를 직접 목격하지 않은 인류에게 예수부활신앙 진실의 최대·최고의 증언이며 결정판이다. 본문읽기 2.에서 살펴보면 예수부활사건 여드레 후에 예수의 제자들이 다시 집안에 모였다. 그리고 도마도 그들과 함께 했다. 문이 잠겨져있었는데도 예수가 와서 한 가운데 섰다. 그리고 말했다.

"여러분에게 평화!"

그런 후에 부활예수가 도마를 불렀다.

"그대의 손가락을 이리로 내밀어서 내 손들을 살펴보라. 또한 그대의 손을 내밀어서 나의 옆구리에 넣어보라. 그러니, 그대는 신앙 없는 사람이 되지 말라. 오직 신앙의 사람이 되라."

부활예수는 도마에게 신앙 없는 사람이 되지 말고 '오직 신앙의 사람이 되라'고 말했다. 그렇다면 신앙 없는 사람은 무엇이고, 신앙의 사람은 무엇일까?

실제로 예수의 부활신화만 있고 예수의 십자가행동이 없는 신앙인들에게는 부활교리 신앙과 관념으로써 금관의 예수만 있을 뿐이다. 또한 자기 삶의 마당에 예수의 십자가행동만 있고 부활예수를 체험하지 못하는 사람에게는 예수부활신앙이 없다. 따라서 21세기 예수부활 신화만을 떠들어대는 사이비 종교장사꾼들의 삶의 마당을 들여다보면 금관의 예수 곧 부활종교 신화만이 또렷하다. 나아가 예수의 십자가행동에만 집착하는 사람들의 삶의 마당에서도 예수신앙은 외피에 불과하다.

이와 관련하여 본문읽기 2.에서 뚜렷한 강조점은 '신앙의 사람이 되라는 것'이다. 이 때 사용된 헬라어 문장은 '기누 피스토스'다. 그런데 '기누'

의 원형동사는 '기노마이'라는 '재귀형수동태 동사'다. 따라서 '신앙의 사람이 되는 것'은 예수부활이야기를 듣고 그저 고개한번 끄덕이는 것으로는 가능하지 않다. '신앙의 사람이 되는 것'은 단 한순간의 황홀한 깨달음으로 이룰 수 없다. 신앙의 사람은 스스로 시대의 폭력과 불의와 죄악에 대항하는 자기십자가 행동의 터널을 지나는 사람이다. 스스로 자기 십자가행동의 터널을 지나서 새로운 대항세상 하나님나라 복음운동의 생명 삶으로 부활하는 사람이다. 실제로 도마는 로마제국 폭력과 죽임의 권력을 향한 십자가행동 속에서 죽음을 맞이했던 부활예수의 실체를 확인했다. 그런 후에 이렇게 예수 부활예수신앙을 고백했다.

나의 주님, 나의 하나님.

본문읽기 2.에서 도마의 부활예수 신앙고백은 다른 제자들에게서는 전혀 나타나지 않는 실존 신앙고백이다. 그럼으로써 시대의 불의와 죄악으로부터 십자가처형을 당한 갈릴리 나사렛사람 예수의 부활은 도마의 부활이 되었다. 이때 본문은 '아페크리테응답했다'라는 헬라어 동사를 사용한다. 이 동사는 '아포~부터 + 크리노선택하다'로 이루어진 합성동사다. 이렇듯이 도마는 갈릴리 나사렛사람 예수의 부활에 응답했다. 갈릴리 풀뿌리 사람들과 함께 이 땅의 하나님나라 복음운동을 펼치던 갈릴리 나사렛사람 예수의 십자가행동과 부활에 응답했다. 도마의 부활신앙은 갈릴리 나사렛사람 예수의 십자가행동으로부터 온다. 그 예수는 로마제국과 예루살렘성전 기득권세력들에 의해 십자가처형을 당했다. 따라서 시대의 불의와 죄악으로부터 십자가처형을 당한 갈릴리 나사렛사람 예수의 십자가행동을 통하지 않은 부활신화는 거짓이다. 그러한 부활신화는 시대의 불의와 죄악들을 은폐하는 종교장식물에 불과하다. 한마디로 세상을 속이고 현혹하는 금관의 예수 부활신화일 뿐이다. 그래서 예수는 도마에게 이렇게 선언한다.

"그대는 나를 보았기 때문에 나를 신앙했는가?
복되어라. 보지도 알지도 못하는 이들, 그러면서 신앙하는 이들이여."

이제 십자가에 처형당한 갈릴리 나사렛사람 예수의 부활이라는 도마의 실존부활신앙은 이후로 모든 기독교인들의 신앙고백으로 유전되었다. 예수시대 이후에 예수를 보지 못했고 알지 못했던 모든 기독교인들도 도마의 실존 부활신앙을 고백할 수 있게 되었다. 나아가 21세기 한국기독교인들도 도마처럼 십자가에 처형당한 갈릴리 나사렛사람 예수에 대한 실존 부활신앙을 고백하는 행복을 누릴 수 있게 되었다. 이처럼 시대의 불의와 죄악에 맞서서 십자가에 처형된 갈릴리 나사렛사람 예수의 부활은 누구에게 행복한 하늘의 은총일 수밖에 없다.

9. 예루살렘 예수 부활신앙 공동체의 공유경제

사도행전 2:42-47, 4:32-37

본문읽기 1. 사도행전2:42-47

그들이 사도들의 가르침으로 돌봄을 받아 가깝게 사귐으로 공동밥상을 나누며 기도하기를 계속했다. 그래서 모든 사람에게 경외심이 일었다. 많은 기적들과 표징들이 사도들을 통하여 일어나고 있었다. 또한 모든 신앙인들이 함께 예수부활신앙 밑바탕 위에 있었다.

그래서 그들은 소유하고 있는 모든 것들을 공유했다. 그들은 재산과 사유물들을 팔아서 각 사람이 가진 필요에 따라 그 모든 것들을 나누어 주었다. 그리고 그들은 날마다 같이 한마음으로 성전에 힘써 모이고 집집마다 돌아가며 공동밥상을 차리고 기쁨즐거움으로 음식을 먹고받으며 순수한 마음으로 찬양했다.

그러므로 그들이 모든 풀뿌리 사람들에게 매력을 샀다. 또한 주께서 그 예수 부활신앙 밑바탕 위에 날마다 구원받는 사람들을 더하셨다.

본문읽기 2. 사도행전 4:32-37

예수 부활신앙 공동체가 한마음 한뜻이었다. 어느 누구도 자기 사유재산을 자기 것이라고 주장하지 않았다. 오로지 모든 것들이 그들에게 공유물들이었다. 그리고 사도들이 큰 능력으로 주 예수의 부활의 증언을 전해주었다. 그러므로 그들 모두 위에 큰 은혜가 있었다. 참으로 그들 모든 사람들 가운데 어떤 사람도 가난한 이가 없었다. 왜냐하면 밭이나 집들을 소유한 사람들이 그것을 팔아서 판 대금들을 가져와 사도들의 발치에 놓아두곤 했기 때문이다. 그 돈은 어느 사람이나 필요를 가진 사람마다 그 사람에게 나누어졌기 때문이다.

그런데 키프로스에서 태어난 레위사람으로서 사도들로부터 '바르나바스' 번역하면 '위로의 아들'이라고 불리는 요셉은 자기 소유의 밭을 팔아서 그 돈을 가져다가 사도들의 발치에 놓았다.

본문이해하기
원시 공산사회

필자는 맨 처음 인류의 수렵 채취시대를 원시 공산사회 또는 모계중심 사회로 상상한다. 여기서 원시 공산사회란 모든 사람이 자기 능력에 따라 노동하고 자기필요와 쓰임에 따라 평등하게 나누는 사회경제·정치 공동체를 말한다. 필자는 맨 처음 수렵·채취 인류 공동체야말로 원시 공산사회이며 모계중심 사회였을 것으로 이해한다. 실제로 인류학자들도 '지구촌에 인간종이 나타나고 수렵채취라는 기나긴 인류 역사과정'을 원시 공산사회로 이해한다. 원시 공산사회에서는 '남자들이 사냥을 통해서 얻은 것들보다 여자들이 채취하는 것들'이 훨씬 더 많았다. 나아가 여자들이 채취하는 것들이야말로 '공동체 쓰임과 필요에 딱 맞는 것들'이었다. 그러다보니 원시 공산사회는 모계중심 사회일 수밖에 없었고 서로가 서로에게 의지하는 평등사회일 수밖에 없었다. 참으로, 인간은 수렵채취라는 기나긴 인류 역사과정을 거쳐 왔다. 그러면서 서로의 능력에 따라 일하고 서로의 필요와 쓰임에 따라 나누는 원시 공산사회 유전자를 쌓아왔다.

이와 관련하여 필자는 고대 문명세계 빚 세상경제 체제로부터 21세기 금융시스템까지 불로소득 게임 판을 이해하고 해석하는 열쇠를 찾았다. 그때 필자가 찾아낸 것은 바로 20세기의 고전이라는 리처드 도킨스의 책 '이기적 유전자'였다. 리처드 도킨스는 이 책에서 다윈의 '적자생존 또는 자연선택' 진화론 개념을 '이기적 유전자의 진화'라는 새로운 패러다임으로 증언했다. 도킨스는 사람과 동물 등 모든 생명체를 '이기적 유전자에 의해 만들어지는 생명기계'라고 설명했다. 사람 또는 동물의 유전자는 험난한 지구환경을 견디고 생존해 오면서 이기적 유전자형질을 키워왔다는 것이다.

그런데 21세기에 들어 유명한 과학자 매트 리들리가 '이타적 유전자'라는 정반대의 책을 내어놓았다. 물론 이 책은 리처드 도킨스의 '이기적 유전자'에 맞대응해서 부정하거나 반박하지 않는다. 도리어 리처드 도킨스의 이기적 유전자론 속에 묻혀있는 '사람의 고유한 이타적 본성'을 찾아 나선다. 사람은 현실세계에서 이기적 모습을 내보이지만 실제로는 '다른 사람과 협동하고 다른 사람으로부터 신뢰를 얻으려는 본능'을 타고났다는 것이다.

21세기 빚 세상경제 체제에서 돈이란 무엇일까?

모든 사람들에게 '당신에게 돈은 무엇인가'라고 묻는다면, 저마다 그럴듯한 돈 이야기들을 쏟아낼 것이 틀림없다. 그렇더라도 온통 저마다 속마음에서 일렁이는 돈에 대한 감정은 '우러러 따름'이 아닐까?

진짜 돈이란 나에게 무엇인가? 솔직히 거의 모든 사람들이 '돈은 많을수록 좋다'라고 할 것이다. 돈은 나와 내 가족의 든든한 생활 지킴이고 자랑이며 현재와 미래의 행복이다. 진짜 속내를 말하면, '돈이야말로 인생의 전부'라고 여기는 사람도 많을 것이다. 돈이 있어야 만족한 소비가 있고 평안한 쉼도 있으며 행복한 삶을 누릴 수 있다. 막말로 돈이 있어야 좋은 일도 할 수 있다. 21세기 맘몬·자본시장 경쟁체제에서 '무한경쟁·독점·쌓음·소비'는 죄가 아니다. 도리어 노동 없는 불로소득과 풍요로운 삶이야말로 21세기 맘몬·자본시장 경쟁체제 속에서 누구라도 꿈꾸어 볼 수 있는 미덕美德이다.

그래서 조금은 점잖게 21세기 맘몬·자본세상 시장 경쟁체제에서 살아가는 이상 '돈은 모든 것들 보다 귀중하다'고 말하지 않을 수 없다. 사실 딱 부러지게 모두가 '그건 아니다'라고 핑계 댈 만한 꺼리도 별로 없다. 누구나 매달 카드대금 명세서를 손에 쥐고 화들짝 놀라지만 여전히 지갑 겹겹이 신용카드를 챙기며 살아간다. 돈으로 '사회경제 위치와 모자라는 학벌 그리고 사람 됨됨이와 타고난 품성'까지 헛헛한 내 삶을 뽐내고 과시하기 일쑤다. 아침저녁 집을 나서고 들어올 때마다 그럭저럭 살만한 집이라고 좋아라하면서도 더 값나가는 집을 갖고 싶어 욕심을 부린다. 지금 타는 차를 쓸 만 한 하다고 대견스러워하면서도 더 크고 고급스러운 차에 눈길을 빼앗긴다. 일터에서도 그리고 집에서도 펀드와 주식과 코인 등 온갖 금융투자에 마음 쓰기 일쑤다. 하다못해 로또숫자 맞추기라도 해야 일주일이 무탈하다. 어린 자식들을 위한 유명학원 정보에 발품과 귀동냥 쏟으면서도 하루살이에 힘겨워하는 이웃들을 돌아볼 겨를이 없다. 살면서 단 한 순간이라도 맘몬·자본세상 시장경쟁체제에 어깃장을 놓아볼 엄두조차내지 못한다.

성서 속으로

그러할 때 필자는 여전히 사람을 사람답게 하는 예수 신앙인들의 자기

혁신의 모토가 '성서 속으로'라고 생각한다. 성서가 기독교회 신앙의 고유한 텍스트인 이상 성서를 빼놓고는 교회와 교우들의 신앙과 삶의 혁신을 말할 수 없다. 그러나 이제 21세기에는 예수신앙인이 아닌 독자들도 성서를 읽는다. 실제로 기독교신앙인이 아니라도 성서를 읽고 해석하여 삶의 지혜를 구할 수 있다. 아마도 21세기 성서독자들은 신앙인들보다 '더 열린 자세로 더 깊고, 넓게 성서를 읽고 해석'할 수도 있을 것이다. 그렇더라도 예수신앙인이 아닌 성서독자라면 성서를 읽고 해석하며 지식이나 지혜를 얻는 것으로 만족할 것이다. 그러나 예수신앙인에게 성서는 신앙과 삶과 실천행동을 위한 하나님의 말씀이다. 성서는 기독인에게 신앙의 책이다. 기독신앙인은 성서를 읽고 해석하고 신앙하며 자기 삶에 적용한다.

이제 필자는 여기에 한 단계를 더해서 성서읽기를 위한 번역작업을 하려고 한다. 사실, 성서의 언어는 모든 신앙인들에게 모국어가 아니기 때문에 일부 오류가 발생할 수밖에 없다. 번역 → 읽기 → 해석 → 신앙 → 적용 등 단계마다 수많은 오류의 함정이 도사린다. 그렇더라도 한국교회처럼 성서읽기를 위한 번역단계를 아주 생략한다면? 성서읽기를 위한 번역마저 무조건 외부로부터 가져다 쓴다면? 제대로 된 성서읽기와 해석 나아가 올곧은 신앙적용도 불가능할 것이다. 그런 후에 남는 것은 오직 교리와 자기생각만으로 성서를 읽고 해석하는 일이다. 한국교회가 유별나게 '현세와 내세의 온갖 복과 행운을 비는 '기복신앙祈福信仰'에 매몰되는 원인도 여기에서 찾아야 할 것이다. 70년대부터 90년대까지 한국경제가 고도성장하면서 한국교회와 교우들에게 부와 권력과 명예에 대한 욕망이 넘쳐났다. 돈 대박 하나님 또는 기복신앙 하나님의 종들을 양산해 냈다.

또 한편 한국교회 안에는 하나님 앞에 엎드려 비는 '액厄땜 신앙'도 존재한다. 한국교회 안에 만연한 이러한 액땜신앙은 이단들의 온상이다.

한국교회처럼 이단이 많은 나라가 더 있을까? 사실을 말한다면 한국교회의 '액厄땜 신앙'에 비추어 전통교회라고 주장하는 주류교회조차 모두 이단이라고 치부해도 할 말이 없을 것이다. 한국 대형교회 안에는 무슨 헌신물을 바침이니, 일천 번제니, 향기 나는 제물이니 등 마치 고대 신전제사 종교나 샤머니즘 신앙행태가 널리 퍼져 자리를 잡았다. 그러다보니 교회가 신앙공동체냐? 공간이나 장소 또는 건물이냐? 논쟁거리가 많다. 또 만약, 교회가 건물이라면 그게 성전이냐? 예배당이냐? 말도 안 되는 논쟁거리로 퍼져나간다.

한마디로 기독교회는 신전제사종교가 아니다. 예수 신앙공동체다. 초대교회의 신앙고백을 중심으로 하면 '예수부활신앙 공동체'다. 예수는 살아생전에 몸소 '예루살렘 성전제사 종교체제 철폐사건'을 일으켰다.

"이 성전을 헐라, 삼일 만에 다시 세우겠다."

초대교회는 그 예수의 십자가행동과 부활을 신앙하는 사람들의 신앙공동체였다. 예수부활 신앙공동체로서 초대교회는 수많은 다른 교조적인 신전제사종교와 전혀 다른 삶의 종교로 자리를 잡았다. 초대교회는 종교宗教로써의 기독교가 아니라 신앙실천행동으로써 '예수부활신앙 공동체'였다. 한마디로 예수는 '이 땅의 하나님나라 복음운동'을 선언하고 행동했을 뿐이다. 종교로써 교회를 생각하지도, 계획하지도, 만들지도 않았다. 이러한 점에서 본문은 원시 예루살렘 예수부활신앙 공동체의 생생한 삶의 모습을 기록했다. 나아가 로마제국 안에서 예수부활신앙 공동체로써 초대교회의 다양한 신앙고백과 신앙네트워크를 보고한다. 이점에서 4세기 이후 로마제국의 기독교회로 퇴행한 서구교회 전통이 그대로 한국교회에 이식되어 오늘에 이른 상황이 참으로 안타깝다. 21세기 한국 교회의 모습은 '예수 없는 또는 예수와 관계없는' 지구촌 제국주의 교회 모습 그대로다. 한국교회는 지구촌 제국주의 정복신앙과 자본주의 번영 신앙으로 퇴행한 맘몬·자본 성전제사종교체제의 전형典型이다.

본문풀이
예루살렘 예수부활신앙 공동체의 공유경제
예루살렘 예수부활신앙 공동체

본문읽기1.2.는 원시 예루살렘 예수부활신앙 공동체의 모습을 생생하게 표현한다. 실제로 본문을 자세히 살펴보면 21세기 지금의 한국교회들의 모습과는 전혀 다르다. 맨 처음 그대로의 '원시 예루살렘 예수부활신앙 공동체'의 실체를 엿볼 수 있다.

이와 관련하여 성서학자들은 서기 90년경에 '누가복음의 저자가 사도행전을 저술했을 것'으로 생각한다. 따라서 원시 예루살렘 예수부활신앙 공동체는 서기 70년 예루살렘멸망과 함께 사라졌다고 이해 할 수도 있다. 그러할 때 저자는 예루살렘 예수부활신앙 공동체를 직접보고 경험하지 못했을 것이다. 그러나 저자는 원시 예루살렘 예수부활신앙 공동체를 이상적인 교회의 모습으로 소개한다. 실제로 21세기 예수신앙인들도 본문읽기를 통해서만 원시 예루살렘 예수부활신앙 공동체의 모습을 이해하고 깨달을 수밖에 없다. 실제로 21세기 예수신앙인들은 본문읽기를 통해서 원시 예루살렘 예수 부활신앙 공동체진실을 이렇게 정리할 수 있을 것이다.

첫 번째, 예수는 '지금 여기 이 땅의 하나님나라' 복음운동을 했을 뿐 교회를 만들지 않았다. 두 번째, 예수는 전쟁과 죽임과 착취의 로마제국 지배체제로부터 십자가처형을 당했다. 세 번째, 예수는 로마제국 지배체제와 거기에 기생해서 특권, 기득권을 누려온 예루살렘 성전제사종교 체제로부터 죽임을 당했다. 네 번째, 예수부활신앙은 그렇게 십자가에 처형당한 예수의 부활이다. 다섯 번째, 예루살렘 예수부활신앙 공동체는 로마제국과 예루살렘 성전제사종교체제에 대항하는 신앙행동결사체로서 대안세상Alternative Society이다.

원시 예루살렘 예수부활신앙 공동체 구성원들

그렇다면 예루살렘 예수부활신앙 공동체 구성원들은 어떤 사람들이었을까? 첫 번째, 갈릴리출신 예수의 제자들을 꼽을 수 있다. 그들은 무산계급이거나 얼마 안 되는 재산을 모두 정리해서 예루살렘으로 올라왔을 것이다. 그들은 예루살렘에서 대부분 일용노동을 하면서 생계를 꾸렸을 것이다.

두 번째, 고향땅에서 여생을 마치려고 귀국해서 예루살렘에 정착한 헬라파 유대인들을 꼽을 수 있다. 바벨론포로기 이후 수많은 유대인들이 지중해 세계에 흩어져 디아스포라로 살았다. 그들 가운데는 제법 많이 배웠고 재산도 많고 뚜렷한 직업을 가진 사람들이 있었다. 예를 들면 키프로스 출신 레위사람 바나바와 같은 인물들이다.

세 번째, 늙어서 거룩한 땅에서 죽음을 맞이하려고 무작정 예루살렘으로 이주한 가난한 디아스포라들이다. 실제로 사도행전 6장에서 일곱 집사를 선출할 때 헬라파유대인 과부들과 고아들이 구제에서 빠지는 상황을 보고한다.

네 번째, 유대와 예루살렘 풀뿌리 사람들을 꼽을 수 있다. 실제로 베드로의 성전설교를 통해서 하루에 3천명에서 5천명이 회개하는 일이 벌어졌다고 한다.

이렇듯이 본문읽기는 다양한 사람들이 예루살렘 예수부활신앙 공동체로 모여서 '공유경제'를 이루고 있었다는 사실을 증언한다. 아마도 예루살렘 예수부활신앙 공동체 공유경제가 필수였을 것이다. 왜냐하면 예수부활신앙에는 종말론 예수재림열망이 담지 되었을 것이기 때문이다. 또한 공유경제생활은 예수부활신앙 공동체 선교의 일차 과제였다. 예루살렘 바깥 로마제국 전역에서 생겨나는 수많은 예수부활신앙 공동체에서도 공유경제생활 시스템이 작동했다. 실례로 갈라디아서 2장, 고린도전서 등에서는 예수부활신앙 공동체들의 공유경제를 위한 연보동맹모금이 수시로 벌어지곤 했다.

본문읽기는 예루살렘 예수부활신앙 공동체에서의 하루하루의 삶을 보여주고 들려준다. 무엇보다도 예루살렘 예수부활신앙 공동체가 사도들의 가르침으로 돌봄을 받았다고 설명한다. 그렇다면 사도들은 어떤 사람들이며, 무엇을 가르쳤을까?

사도들은 예수와 함께 하나님나라 복음운동을 펼쳐온 사람들 곧 갈릴리 풀뿌리 사람들이다. 그들은 예수의 가르침과 삶과 행동 곧 예수의 하나님나라 복음운동을 가르쳤을 것이다. 무엇보다도 오병이어 밥상공동체의 놀라운 사회경제 공동체기적을 이야기 했을 것이다. 또 예수의 십자가행동과 예수의 부활을 증언했을 것이다. 실제로 가정교회 안에서 공동체밥상을 차릴 때에도 사도들의 가르침이 있었을 것이다. 그때마다 사도들의 가르침은 '오병이어 밥상공동체와 예수부활증언'이었을 것이다. 왜냐하면 '예수의 하나님나라 신앙에 이어서 예수부활신앙' 가르침이 예루살렘 예수신앙공동체의 밑바탕이었기 때문이다.

이때 본문은 '프로스카르테룬테스προσκαρτεροῦντας 돌봄을 받았다'라는 헬라어 동사를 사용한다. 그렇다면 무엇으로 어떻게 돌봄을 받았을까? 여기서 본문이 사용한 헬라어 동사는 '프로스πρός ~부터 + 크라토스 κράτος 힘 또는 권능'으로 이루어진 합성 동사다. 예루살렘 예수부활신앙 공동체가 예수제자들의 가르침으로부터 힘을 얻고 세력을 키웠다는 뜻이다. 실제로 21세기 한국교회 교우들도 교회지도자들의 가르침으로부터 힘을 받고 세력을 키울 수 있을까?

또 본문읽기는 '가깝게 사귐으로 공동체밥상을 나누었다'테 코이노이아고 증언한다. 이때 '코이노니아'는 사귐과 교제라는 기독교회의 신앙행동 언어인데 '공공, 함께, 공유'κοινός라는 헬라어 낱말에서 유래한다. 그런데 코이노니아의 첫 번째 현상은 '공동체밥상을 차리는 것'이었다. 실제로 공동체밥상은 예수가 갈릴리의 풀뿌리 사람들과 늘 함께 차렸던 예수의 하나님나라 복음운동의 핵심이었다. 예루살렘 예수부활신앙 공동체도 '늘 함께 떡을 떼어 나누는'클라세이 공동체밥상을 차렸다. 21세기 교회들도 서로 가깝게 사귐으로써 늘 공동체밥상을 차려야한다. 그래야 한 신앙공동체 식구라고 말할 수 있다.

한편 옛 히브리 지파동맹의 희년신앙 행동서사도 두말할 필요 없이 해방과 자유, 정의와 평등세상 밥상공동체였다. 실제로 히브리 해방노예들의 희년신앙 행동계약 전통의 공동체예배는 화목제 축제였다. 온갖 절기 때마다 희년신앙 행동계약 공동체가 함께 모여서 야훼 하나님께 화목제를 드리고 함께 마시고 먹고 놀았다. 그러나 히브리 해방노예들의 희년신앙 행동계약 전통의 공동체 절기축제는 예루살렘 성전제사종교체제로 뒤집어졌다. 그리고 마침내 다시 새롭게 예루살렘 예수부활신앙 공동체가 '집집마다 돌아가며 공동체밥상을 차렸다. 기쁨과 즐거움으로 음식을 먹고 순수한 마음으로 야훼 하나님의 해방과 구원을 찬양했다. 물론 모임 끝에는 성찬식도 했겠지만 그것조차도 가난한 사람들과 함께 나누는 만찬이었다.

이렇듯이 원시 예루살렘 예수부활신앙 공동체는 함께 공동체밥상을 나누며 늘 기도했다. 날마다 한마음으로 예루살렘 성전에서 함께 모여 기도했다. 예루살렘 예수부활신앙 공동체는 기도로써 예루살렘 성전제사종교체제를 철폐했다. 왜냐하면 성전은 '야훼하나님의 집이고 만인이 기도하는 집'이었기 때문이다. 그러나 유대교에서 예루살렘성전은 로마제국 군대에게 멸망당할 때까지 오롯이 제물을 바치는 곳이었다. 예루살렘 예수부활신앙 공동체는 예수의 예루살렘 성전제사종교체제 철폐사건을 잊지 않고 행동했다. 기도할 때마다 다 같이 한마음으로 열정을 모아 기도했다.

물론 이 무렵 예루살렘성전은 어마어마한 규모였고 큰 무리들이 함께 모일 수 있는 유일한 장소였다. 제자들은 예루살렘성전에서 예수의 십자가행동과 부활을 증언했다. 예루살렘 풀뿌리 사람들은 예수 부활신앙을 증언하는 제자들의 설교를 들었다. 물론 예루살렘 예수부활신앙 공동체는 더 작은 가정공동체로 흩어져 함께 모이고 함께 먹고 함께 기도하고 함께 찬양했다.

공산주의 경제냐, 공유경제냐?

예루살렘 예수부활신앙 공동체의 나눔은 공산주의 경제일까? 공유경제일까? 예루살렘공동체와 초대교회는 로마제국 지배체제 안에서 대항행동 결사체였고 대안세상이었다. 초대교회는 예수부활신앙 공동체로써 공유경제가 우선과제였다. 물론 21세기에 이르러는 더 새롭고 다양한 공산주의 공동체경제로 확대되었으면 좋겠다. 가깝게는 협동조합 공동체 창업활동이 그 답이 될 수 있을 것이다.

그렇다면 예루살렘 예수부활신앙 공동체 공유경제의 실제내용은 무엇이었을까? 먼저, 예루살렘 공동체의 공유경제를 오롯이 종말론 신앙행태로만 몰아붙이는 것은 크나큰 오해이다. 예루살렘 예수부활신앙 공동체 공유경제는 그 자체로써 사도들의 예수부활신앙 선교활동 가운데 하나였다. 또 한편 예루살렘공동체의 공유경제는 지중해세계 초대교회 전체로 전수되었다. 이와 관련하여 본문은 '그들은 모든 것들을 공유하고 있었다'라고 증언한다. 이때 본문은 '하판타 ἅπαντα'라는 헬라어 낱말을 사용했다. 이 낱말에는 '강조결합 접두어 하'가 붙어있는데 '모든 것들'이라는 표현을 크게 강조한다. 예루살렘 예수부활신앙 공동체가 가난한 사람들이나 부자들이나 모든 것들을 빠짐없이 공유했다는 뚜렷한 증언이다.

두말할 필요도 없이 부활예수를 모르는 예루살렘 풀뿌리 사람들은 저마다 다른 사람들의 쓰임과 필요를 끌어 모아 '사유재산들'타 크테마타을 쌓았다. 또 그렇게 끌어 모은 재산들을 '내 손안에 움켜쥐고 독점함으로써 개인 사유재산들'타스 휘파르크세이스로 삼았다. 그러나 이제 부활예수를 깨닫고 신앙하게 된 사람들은 그 모든 재물들 또는 사유재산들을 다 내어놓고 예수 부활신앙공동체와 함께 공유했다.

이때 '크테마타'라는 헬라어 낱말은 '사유하다'크타오마이라는 동사에서 유래한다. 또 '휘파르크세이스'이라는 낱말은 '움켜쥐다 또는 지배하다'휘파르코라는 동사에서 유래한다. 또 본문이 사용한 '크레이안χρείαν 쓰임 또는 필요'라는 헬라어 낱말은 '크라오마이χράομαι 쓰다, 필요하다'라는 동사에서 왔다. 이때 크라오마이 라는 헬라어 동사는 '크레χρή 필요한 것, 마땅한 것'이라는 헬라어 낱말에서 왔다. 또 '크라오마이'라는 동사에서 '크레오스χρέος빚'이라는 낱말이 나왔다. 여기서 '크라오마이'라는 동사는 '크라오χράω빌리다'라는 동사와 동의어다.

따라서 본문읽기에서 나타나는 헬라어 용어들을 정리하면 이렇다.

"사람들의 '크레이안χρείαν 쓰임과 필요'를 끌어 모아 나만을 위해 쌓아놓으면 '크테마타χτήματα 사유재산들'이다. 이때 '크레이안-사람의 쓰임과 필요'는 다른 사람들에게 '크라오χράω 빌려올' 수밖에 없다. 따라서 다른 사람으로부터 빌려온 쓰임과 필요를 끌어 모아 나만을 위해 쌓아놓은 사유재산들은 곧 '크레오스 χρέος 빚'이다. 그러므로 내 모든 사유재산들은 다른 사람들의 쓰임과 필요를 끌어 모아 쌓아놓은 '빚더미'이다. 다른 사람들의 쓰임과 필요로 '아포디도미 ἀποδίδωμι 되돌려주어야 마땅하다."

그들이 매력을 샀다.

예루살렘 예수부활신앙 공동체는 한마음 한뜻이었다. 어느 누구도 자기 사유재산들을 자기 것이라고 주장하지 않았다. 오롯이 모든 것들이 그들에게 공유물들이었다. 모든 필요와 쓰임들은 서로가 서로에게서 빌려온 것이기 때문이다. 다른 사람의 필요와 쓰임을 끌어 모아 사유재산을 만들고 다른 사람들에게 빚을 지우는 행위야말로 모든 죄악가운데 가장 큰 죄악이다. 그런데 예루살렘공동체 공유경제는 매우 현실적이었다. 소유물의 명의를 옮기지 않고 서로 공유했다. 그러다가 밭들이나 집들을 소유한 사람들이 그것들을 팔아서 대금들을 가져와 사도들의 발치에 놓아두곤 했다. 예를 들면 키프로스에서 태어난 레위사람으로서 사도들로부터 '위로의 아들'바르나바스이라고 불리던 요셉이다. 그는 자기 소유의 밭을 팔아서 그 돈을 가져다가 사도들의 발치에 놓았다. 그렇게 사도들의 발치에 놓인 돈들은 '어느 사람이나 필요를 가진 사람에게' 나누어 졌다. 따라서 그들 가운데는 가난한 사람이 없었다. 이렇듯이 예루살렘 예수부활신앙 공동체에 대한 외부의 반응은 어땠을까?

"모든 사람에게 경외심이 일었다. 많은 기적들과 표징들이 사도들을 통하여 일어나고 있었다. 그들이 모든 풀뿌리 사람들에게 매력을 샀다. 또한 주께서 그 예수부활공동체 밑바탕 위에 날마다 구원받는 사람들을 더하셨다."

'그들이 매력을 샀다.' 얼마나 멋진 칭찬인가? 그렇다면 예루살렘 예수부활신앙 공동체와 초대교회 예수부활신앙 공동체와의 관계는 어떠했을까? 실제로 예수부활신앙 공동체들은 로마제국 지배체제를 향한 대항행동 결사체로써 로마제국 안에서 대안세상alternative society이었다. 로마제국 지배체제 안에서 그들의 관계는 '사회경제·종교·정치 공동체 네트워크'였다. 예루살렘공동체와 다른 이방인지역 교회공동체 사이에는 끊임없는 '코이노니아 κοινωία 친교와 나눔'가 이루어졌다. 또 '섬김과 봉사'디아코니아와 '선행과 은총'카리스의 표지로써 '거룩한 모금'이 이루어졌다. 옛 우리말 성서는 초대교회들의 거룩한 모금을 한자말로 연보捐補라고 했다. 이때 연捐은 '버릴 捐'인데 '버리다, 주다'라는 뜻이다. 또한 보補는 '도울 補'인데 '돕다, 보태다'라는 뜻이다.

참으로 연보는 21세기 지구촌교회들 안에서도 매우 소중한 예수부활신앙 공동체행동으로 되살아나야 한다. 연보야말로 자기 사유재산들을 내놓아서 다른 사람의 모자라는 필요와 쓰임을 채우는 기독교 신앙행동의 핵심내용이다. 21세기 한국교회가 마땅히 행동해야만 하는 예수부활신앙의 핵심과제이다.

10. 연보捐補 신앙공동체 네트워크

고린도전서 16:1-4, 고린도후서 8:12-15, 8:2

본문읽기 1. 고린도전서 16:1-4

성도들을 위한 모금에 관하여는, 내가 갈라디아 교회들에게 지시한 것처럼 여러분도 그와 같이 하시오. 주일안식일 첫날마다 여러분 각자 얼마씩이든 형편에 따라서좋은 대로 자기 곁에 비축해 두시오. 내가 갔을 때에 그때서야 모금이 일어나지 않도록 하기 위해서입니다. 내가 도착할 때에, 여러분이 인정할 만한 이들에게 편지를 주어 여러분의 성금을 예루살렘으로 가져가도록 이 사람들을 보낼 것이오. 만약 나도 가는 것이 합당하다면 그들은 나와 함께 갈 것입니다.

본문읽기 2. 고린도후서 8:2

환난억압의 많은 시련 가운데서도 그들의 기쁨이 넘쳤다. 그들의 쪼들리는 가난에도 불구하고 그들의 순수한 많은 연보로 넘쳤다.

본문읽기 3. 고린도후서 8:12-15

참으로 만일 기꺼이 내려는 마음이 정해졌다면, 가진 것에 따라 내키는 만큼 내시오. 가진 것이 없는데도 억지로 내면 안 됩니다. 참으로 다른 이들에게 편안함을 주려고 여러분에게 괴로움을 주려는 것이 아닙니다. 다만, 공평하게 하려는 것입니다.

이 때지금 여러분의 넉넉함으로 그들의 부족함을 메워준 후에 그들 스스로 넉넉하게 되어서 여러분의 부족함을 메워주도록 하려는 것입니다. 그러므로 연보는 스스로 공평하게 하는 것입니다. 이것은 기록되어 있는 것과 같습니다.

"많이 거둔 사람도 남지 않았고, 적게 거둔 이도 모자라지 않았다."

본문이해하기
IMF 외환위기 비망록

대한민국의 21세기는 IMF 외환위기와 함께 시작되었다. 실제로 IMF 외환위기는 대한민국의 사회경제·종교·정치 체제를 송두리째 바꾸어 놓았다. IMF 외환위기 이후 속절없이 한국사회는 신자유주의 시장경쟁체제로 전환 되었다. 21세기 대한민국은 완전한 신자유주의 시장경쟁체제 국가이고, 기업국가이며, 독점재벌 맘몬권력 지배체제 국가다. 신자유주의 시장경쟁체제 국가에서는 단 하나의 경제 모토motto만 있을 뿐이다.

"모든 이익을 사유화하고 모든 손해를 사회화하라."

이러한 경제모토motto는 지금 대한민국 사회가 생생하고 처절하게 겪고 있는 현실상황과 똑같다. IMF 외환위기 이전 한국사회는 가계저축이 많았고 기업들은 대부분 부채를 가지고 있었다. 삼성 등 재벌기업이라도 부채가 많았다. 그러나 IMF 외환위기 이후에는 0.01% 독점재벌·대기업들이 우리사회의 모든 부를 몰아서 쌓아놓았다. 독점재벌·대기업들은 상상할 수조차 없는 많은 돈을 쌓아놓고도 이 돈들을 어찌할지 모를 지경에 이르렀다. 반면에 이 땅의 풀뿌리 사람들은 1천 8백조 원을 넘겨 감당할 수 없는 가계부채를 지고 너나없이 채무노예로 살아간다. 더해서, 대한민국 정부조차도 가계부채에 못지않은 공공채무를 지고 허덕인다.

이제 IMF 외환위기 이후 대한민국 사회가 해결해야만 하는 핵심과제는 양극화와 불평등 문제다. 대한민국 사회의 모든 영역에서 양극화와 불평등 문제가 돌이킬 수 없는 상황에 이르렀다. 직업, 소득, 자산, 교육, 취업 등 양극화와 불평등이 세계최고 수준이다. IMF 외환위기 이전 너도나도 중산층이라고 뽐내온 그 많던 중산층 가장들이 하루아침에 모두 사라졌다. 이제 대다수 풀뿌리 사람들이 빈곤층인 가운데 중산층으로 오를 사다리 자체가 없어지고 말았다. 소수 대기업 정규직 등 중산층이라고 말하기조차 멋쩍은 임금노예들은 상류층으로 오를 엄두조차 내지 못한다. 그저 21세기 자신들의 '한치 앞도 장담하지 못할 운 때'를 감지덕지 즐거워할 뿐이다.

IMF 외환위기 이후 21세기 이 땅의 서민들에게는 한숨과 눈물조차 말라 비틀어진지 오래다. 눈을 비벼 뜨고 있는 순간에는 단 일분일초도 신자유주의 시장경쟁체제를 벗어날 수 없다. 이 땅의 아이들은 초등학교 때부터 대학졸업 때까지 무한경쟁·독점·쌓음·소비를 부추기는 신자유주의 시장경쟁체제 이데올로기를 학습한다. 태어나서부터 자라고 성인이 되어 경제활동을 하는 온 생生이 생존경쟁의 전쟁터다. 신자유주의 시장경쟁체제에서 단 한차례라도 실패하면 평생을 가난과 채무노예상황에서 벗어 날 수 없다. 눈뜨면 일어나서 죽기 살기로 경쟁하고, 피투성이 되어서야 눕고, 피투성이로 일어나 또 싸워야 한다. IMF 외환위기 이후 이 땅에서 발 딛고 사는 모든 이들이 삶으로 학습하고 경험하는 생生의 현장이다.

이러한 시대상황에서 기독교는 무엇인가? 교회는 무엇이어야 할까? 21세기 우리시대 상황에서 교회는 결코 긍정적인 답을 내지 못한다. 두말할 필요도 없이 한국교회는 과거 친일·반공수구·군사독재 지배체제의 내부자였다. 21세기 지금에 이르러서도 한국교회는 신자유주의 시장경쟁체제의 맨 앞장 길놀이 패로 떨어지고 말았다. 신자유주의 시장경쟁체제의 승리와 독점을 통한 부와 권력쟁취를 하나님의 복이라고 선전선동한다. 교회가 스스로 신자유주의 시장경쟁체제에 기생해서 대형화와 독점화를 이뤘다. 독점종교로써 부와 권력을 쟁취하며 이를 세습한 후 사유화했다.

그러나 이제, 한국교회는 변혁해야만 한다. 사람이 사람답게 사는 세상을 만들어내는 맨 앞잡이 길놀이 패여야한다. 그것이 기독교회의 희년신앙 행동정신이기 때문이다. 옛 히브리들의 희년신앙 행동법규의 재구성으로써 예수의 하나님나라 복음운동이 한국교회를 그렇게 행동하도록 이끌기 때문이다. 이제 21세기 신자유주의 시장경쟁 체제로는 대한민국 사회의 지속가능한 미래가 없다. 무한경쟁·독점·쌓음·소비욕망을 부추기는 신자유주의 시장경쟁 체제는 사회 양극화와 불평등에 더해서 하나님과 하나로 창조생명생태계를 말살할 뿐이다. 노령화와 노인빈곤 그리고 인구절벽 문제 등 우리사회 미래의 절망들을 양산해 낼 뿐이다. 나아가 21세기 지구촌 기후위기에 가속페달을 장착 할 뿐이다. 그렇다면 어떻게, 무엇을 변혁할 것인가? 이제부터 본문을 읽고 해석하면서 그 답을 찾아보려고 한다.

본문풀이
연보捐補신앙 공동체 네트워크
헌금인가, 연보捐補인가?

한국교회는 지난 세기의 70년대에서 80년대로 넘어가면서 귀에 거슬리는 교회용어들을 사용하기 시작했다. 하나는 예배당을 '성전'이라고 부르는 것이었다. 또 하나는 연보捐補를 헌금獻金 또는 제물로 이해하는 것이었다.

왜, 그렇게 되었을까? 추측해 보면 지난세기의 70년대부터 90년대까지 한국경제가 고도성장하면서 부에 대한 욕망이 한국교회 안에 넘쳐났기 때문일 것이다. 그 시절 대한민국의 경제성장과 교회성장이 발맞추어 나갔다. 그러면서 야훼 하나님께 현세와 내세의 온갖 복과 행운을 비는 '기복신앙祈福信仰'이 교회 안에 퍼져나갔다. 또한 과거 가난한 시절의 경험들 속에서 언제 들이닥칠지 모를 재난과 사고에 대한 두려움도 컸다. 따라서 재난과 사고가 자신의 인생에서 만큼은 비껴가길 간절히 바랐다. 그러면서 하나님 앞에 엎드려 비는 '액厄땜 신앙'도 활발해졌다. 그렇게 교회 안에 터를 잡은 기복신앙과 액땜신앙으로 인해 야훼 하나님께 무언가를 바쳐야 한다는 제사의식도 간절해 졌다. 그러므로 자연스럽게 하나님께 복과 액땜을 비는 헌금 또는 제물이 예배의식의 중요한 부분으로 자리 잡게 되었다. 참으로, 한국교회 안에 똬리 틀고 앉은 사이비하고 미신적인 '제사신앙 또는 제물신앙'을 통탄하지 않을 수 없다.

필자는 본문읽기를 하면서 헌금이라는 말을 인터넷에서 검색해보았다. '주일이나 일정한 축일을 맞이해서 교회에 돈을 바침'이라고 검색되었다. 우리사회에서 교회의 헌금은 유대교 예루살렘 성전제사 종교체제의 제물로 인식되고 있다. 실제로 한국교회는 헌금을 옛 유대교 예루살렘 성전제사 종교체제의 제물로 자리매김 시키려고 노력해왔다. 그래서 마침내 한국교회 헌금봉투에 '일천번제'라는 이름이 등장하기도 했다. 그러나 이러한 헌금신앙 행태는 유대교 예루살렘 성전제사 종교체제의 제사와 제물개념을 기독교회 헌금으로 잘못 이해한 대표적인 오용사례이다.

결론으로 말하면 기독교회에는 성전제사종교체제의 제사와 제물로써 헌금獻金이라는 신앙개념이 없다. 아니 있어서도 안 된다. 왜냐하면, 예루살렘 성전제사 종교체제의 제사와 제물은 예수의 십자가행동으로 완전히 막을 내렸기 때문이다. 기독교교리에 따르면 예수의 단 한 번 십자가 희생제물로써 모든 죄 용서가 완결되었다. 다시는 죄 사함을 위한 성전제사와 제물이 필요하지 않다. 다만, 기독교회에는 '교우들과 이웃들에게 사랑을 베풀고 섬기는 일에 필요한 연보捐補'가 있을 뿐이다. 이제 본문읽기를 통해서 초대교회의 연보가 어떤 신앙의미를 갖는지 또 어떤 역할을 하는지 자세히 살펴보려고 한다.

초대교회의 연보

초대교회 교우들은 참으로 많은 연보를 했다. 예루살렘 예수부활신앙 공동체에서 부자들은 자신들이 소유한 재산과 재물을 팔아서 가난한 사람들의 필요와 쓰임을 채웠다. 예루살렘 교회의 연보는 가난한 이웃들을 위해서 '내가 소유한 모든 것들을 내어놓는 것'이었다. 모든 것을 공동으로 소유하는 완전한 공유경제를 이루었다. 부자도 가난한 사람도 없는 온전한 예수부활신앙 공동체를 꿈꾸고 실천했다. 예루살렘 교회의 이웃사랑 실천행동은 연보라는 개념으로 지중해세계 교회들로 전파되고 확산되었다. 특별히 고린도 전·후서는 연보에 대한 기독교 신앙정신과 개념 그리고 실천방향을 생생하게 묘사한다. 그 내용을 하나하나 살펴보자.

본문읽기에서 증언하는 고린도교회의 연보는 예루살렘교회의 궁핍함을 돕기 위한 것이었다. 이 연보는 다른 지역의 교회들도 함께 하는 것이었고 이미 오래전부터 계획되었다. 바울은 예루살렘 예수부활신앙 공동체를 위한 이 모금을 예루살렘교회와 다른 이방인지역 교회들 간의 '코이노니아분배와 나눔'라고 설명했다. 또한 '디아코니아섬김과 봉사'라고 선포했다. 나아가 바울의 연보는 '카리스 선행과 은총'로써 기독교회의 신앙표지標識라고 선언했다.

이렇듯이 바울은 무엇으로도 대체할 수 없는 소중한 기독교회의 신앙실천 행동으로써 연보를 강조했다. 따라서 바울은 고린도 교회뿐 만아니라 마케도니아와 갈라디아 등 소아시아 여러 교회에 이 '연보'를 요청했다.

그러므로 사도바울은 이 모금을 분명하게 '성도들을 위한 모금'테스 로게이아스 테스 에이스 투스 하기우스 τῆς λογείας τῆς εἰς τούς ἁγίους이라고 표현했다. 우리말 옛 성서에는 이 표현을 한자말로 연보捐補라고 번역했다. 여기서 연捐은 '버릴 연'인데 '버리다, 주다'라는 뜻이다. 또한 보補는 '도울 보'인데 '돕다, 보태다'라는 뜻이다. 따라서 연보란 '내 것을 헐어서 다른 사람의 부족함을 메우는 것'을 말한다. 본문읽기에서 '성도들을 위한 모금 또는 거룩한 모금'이라는 표현에 딱 들어맞는 번역이다.

이렇듯이 70년대 이전 한국교회에서는 '연보'라는 말을 사용했다. 초대교회의 '성도들을 위한 모금 또는 거룩한 모금'을 이어받은 것이다. 한마디로 연보는 자기재물들을 내어놓음으로써 다른 사람의 모자람을 채워주는 것이었다.

이점에서 바울은 본문을 통해 마케도니아 교우들의 연보를 칭찬한다.

마케도니아 교회와 교우들은 환난을 만나 큰 시련에 시달리면서도 오히려 기쁨이 넘쳤다고 칭찬한다. 또한 가난에 쪼들리면서도 많은 연보를 통해 큰 기쁨으로 이웃들을 섬기고 도왔다고 고마워한다. 실제로 마케도니아는 로마제국 시대에 금광과 은광이 많은 광업도시였다. 또한 농업이 발달했고 목재산업도 활발했다. 그러다보니 로마제국 지배체제의 금융착취와 경제착취가 지나치게 사나왔다. 그러면서 마케도니아 풀뿌리 사람들은 크게 어려움을 겪어야만 했다.

연보는 서로를 공평하게 하는 것이다.

바울은 기쁜 마음으로 하는 연보는 얼마를 내든 하나님께서 기뻐하신다고 선언한다. 왜냐하면 연보는 없는 것을 억지로 내게 하는 강요가 아니기 때문이다. 채무노예세상에서 빚을 지우고 이자와 이윤을 쥐어짜는 착취가 아니기 때문이다. 죄와 벌이라는 종교교리로 협박해서 뜯어내는 헌금 또는 성전제물이 아니기 때문이다. 따라서 다른 사람들을 섬기고 돕는 다는 명목으로 '내가 괴로움을 당하거나 부담을 져서는' 안 된다. 도리어 바울은 '연보야말로 서로를 공평하게 하자'는 것이라고 주장한다. 이때 본문이 사용하는 '이소테스'라는 헬라어 낱말의 뜻은 '공평하게 또는 동등하게'이다. 이 낱말은 '이소스'라는 헬라어 형용사에서 왔는데 '동등한 또는 같은'이라는 의미다. 나아가 바울은 지금 내가 넉넉하게 살면서 가난한 사람들을 도와준다면 그들이 넉넉하게 될 때에 또한 나의 모자라는 것을 채워줄 것이라고 설명한다. 그러므로 결국 모두가 공평하게 되는 것이 연보의 참 뜻이다. 이러한 초대교회의 연보는 히브리 성서 만나사건에서 그 밑바탕을 찾을 수 있다. 히브리 성서 출애굽기 16장 17절에서 18절 본문은 이렇게 증언한다.

"그런데 그들이 많이 거두어 모으기도 하고, 적게 거두어 모으기도 했다. 그래서 그들은 오멜로 되어 많이 거두어 모은 사람도 남을 만큼 가지지 않았고, 적게 거두어 모은 사람도 모자라게 하지 않았다. 저마다 자신의 먹을 식구수대로 거두어 들였다."

고대 이집트 파라오의 노예제국에서 종살이하던 히브리들은 야훼 하나님의 해방과 구원, 정의와 평등세상을 체험했다. 이 신앙체험을 밑바탕으로 히브리들은 광야생활 40년 동안 야훼 하나님이 주시는 하늘양식 만나를 먹게 되었다. 그런데 큰 문제가 발생했다. 야훼 하나님이 주신 하늘양식 만나를 거두고 모아들이는 가운데 불평등이 발생했다. 히브리 성서 만나사건 본문을 살펴보면 '그들이 많이 거두어 모으기도 하고 적게 거두어 모으기도 했다'라고 증언한다. 하늘로부터 내린 양식인 만나를 거두었는데 어떤 이는 많이 거두어 모으고 어떤 이는 적게 거두는 불평등 결과가 발생한 것이다. 그러나 히브리 해방노예들은 하늘양식 만나사건을 통해서 '바울의 연보신앙의 참 뜻과 결과들'을 완벽하게 이뤄냈다.

"그래서 그들은 오멜로 되어 많이 거두어 모은 사람도 남을 만큼 가지지 않았고, 적게 거두어 모은 사람도 모자라게 하지 않았다. 저마다 자신의 먹을 식구수대로 거두어 들였다."

의심의 여지없이 뚜렷하게 '많이 거둔 사람이 있고 적게 거둔 사람'이 있었다. 그럼에도 불구하고 모두에게 부족함이 없이 서로가 필요한 식량만큼 분배되는 놀라운 기적이 일어났다. 모든 사람들에게 서로의 능력에 따라 소득이 많기도 하고 적기도 한 불평등이 벌어졌다. 그럼에도 불구하고 기적 같은 분배의 평등이 이루어졌다.

그런데 이것은 기적일까? '아, 놀라운 하늘양식의 신비'라며 얼버무려야만 할까? 아니다. 히브리 해방노예들의 만나사건에서는 많이 거둔 사람과 적게 거둔 사람 사이에 분명한 불평등이 존재했다. 그러나 히브리해방노예들은 야훼하나님이 주신 하늘양식을 서로의 식구수대로 평등하게 분배했다. 거두어 모은 것들을 오멜에 담아서 많이 거둔 사람도 남을만큼 가지지 않았다. 또한 적게 거둔 사람도 모자라지 않게 했다. 실제로 히브리 해방노예들의 하늘양식으로써 만나사건은 기적이 아니다. 종교신비도 아니다. 히브리 노예들의 하늘양식 만나사건은 신앙영성 훈련이다. 히브리 노예들이 야훼 하나님과 맺을 희년신앙 행동계약 행동법규들을 지킬 수 있을 만큼 힘을 키우는 신앙행동 훈련이었다. 실제로 21세기에 이르러서도 해방과 자유, 정의와 평등세상을 세우고 누리려는 예수 신앙인들은 부단한 신앙행동 훈련을 해야 한다.

그러므로 바울도 초대교회의 '연보'를 히브리 성서 '만나사건'에 비유한다. 연보야말로 '많이 거둔 사람도 남지 않게 하고, 적게 거둔 사람도 모자라지 않게 하는' 신앙행동이라고 선언한다. 히브리 해방노예들이 경험한 하늘양식 만나사건에서처럼 연보는 '부자와 가난한 사람들 사이를 공평하게 하는 신앙실천'이라고 선언한다. 이렇듯이 연보야말로 넉넉한 이들이 자기 재물들을 내어놓음으로써 가난한 사람들의 부족한 쓰임과 필요를 채우는 신앙행동이다. 이로써 바울은 연보를 통해서 '서로의 삶이 평등해지는 신앙은총'에 큰 의미를 부여한다. 자기소유물에서 넘치는 것들로 이웃의 모자람을 채우는 것이야말로 초대교회 연보신앙의 핵심이다.

바울은 연보할 때에 마음과 뜻에 이끌리는 대로 내어놓으며 '인색하거나 억지로 하지 말 것'을 강조한다. 사실, 초대교회 교우들은 많은 연보를 함으로써 자신들의 소유물을 탕진했다. 그러면서도 초대교회 교우들은 '연보신앙 행동을 통해서 현세나 내세에서 받을 복이나 혹시 모를 액땜 방지'를 빌지 않았다. 초대교회 교우들에게 연보란 '하나님께서 예수 그리스도를 통하여 베푸신 해방과 구원은총'에 대한 감사였을 뿐이다. 연보는 '예수 신앙인들의 진심어린 이웃사랑과 관심과 염려'로만 가능할 수 있는 신앙행동이었다.

맘몬·자본 노예세상의 종교에서는 복과 액땜을 빌며 제물과 헌금을 바친다

21세기에 이르러서도 여전히 지구촌 여러 종교들에서 복과 액땜을 빌며 신들에게 바쳐지는 간절한 기도들과 헌금들이 넘쳐난다. 복과 액땜을 빌기 위해 서로 다른 거룩한 성전을 찾아가서 서로 다른 종교언어로 서로 다른 신들의 이름을 부른다. 어느 종교에서나 복과 액땜을 비는 사사롭고, 주술적이며, 무속적인 신앙 관념과 의도는 똑같다.

이렇듯이 복과 액땜을 비는 수많은 헌금과 기도들 가운데서 기독교회가 드리는 기도와 헌금이라고 별반 다르지 않다. 다른 종교와 신앙들의 주술적이고 미신적인 소원성취 제물들과 전혀 다르지 않다. 21세기 한국 대형교회와 목회자들과 교우들 사이에 널리 퍼져 터 잡은 '기복과 액땜의 헌금신앙 행태'로 보아 더욱 그렇다.

실제로 21세기 예수신앙인으로서 '나'는 부의 쌓음과 풍요로운 삶을 비는 소원성취 헌금을 드리지 않았을까? 그렇다면 차라리 그 간절한 소원성취 소망을 부동산, 주식, 펀드, 채권투자에 쏟아 붓는 것이 훨씬 낫다. 아니라면 이자가 높은 적금을 찾아서 거기에 헌금할 돈을 넣어두는 것이 좋다. 복잡한 현대사회를 살면서 언제 닥칠지 가늠해 볼 수조차 없는 재난에 쫄아서 야훼 하나님께 일천번제 액땜헌금을 바칠 필요는 없다. 차라리 괜찮은 보험을 몇 개 들어두는 것이 마땅하다. 그런 것들이야말로 21세기를 사는 사람들에게 더 큰 위안이 되고 현실적인 대처방법이다.

이제 21세기 한국교회 상황에서는 교우들의 기복과 액땜신앙으로 바쳐진 고액 헌금들이 갈 곳을 잃었다. 엄청난 헌금이 교회건축과 교회세력 불리기에 투자된다. 그런 가운데 이 땅에는 여전히 가난의 고통과 절망이 존재한다. 우리 이웃들 가운데에는 근근이 끼니를 연명하는 것도 힘에 겨워 교회의 도움을 바라는 이들로 넘쳐난다.

그럼에도 불구하고 한국교회들은 반 예수신앙 또는 반 하나님나라 신앙행태로써 교회건축과 교회몸집 키우는 일에 교우들의 헌금을 탕진한다. 쥐꼬리보다 작은 구제헌금으로 생색내기에 급급하다. 한국교회와 교우들의 기복과 액땜헌금 행태가 부끄럽기 짝이 없다.

21세기 한국교회와 교우들이 희년신앙 행동서사를 잇다.

이제 21세기 맘몬·자본세상에서 마땅히 한국교회와 교우들은 초대교회의 연보신앙을 본받아야 한다. 어려운 가운데서도 자기재물을 덜어 가난한 이웃의 밥그릇을 채우는 초대교회 교우들의 연보신앙을 겸허하게 따라가야 할 때다. 한국교회와 교우들에 대한 야훼 하나님의 깊은 관심과 사랑은 교우들의 헌금여부에 따라 달라지지 않는다. 야훼 하나님의 사랑은 한국교회의 교우들을 당신의 자녀로 사랑하시는 아빠하나님의 한없는 은총에서 비롯되는 것이기 때문이다.

이렇듯이 야훼 하나님 영의 사람, 생명사람, 참사람 예수는 이 땅의 하나님나라 복음운동의 밑바탕을 놓았다. 이제 필자는 예수의 하나님나라 복음운동이야말로 옛 히브리 지파동맹의 희년신앙 행동계약 행동법규들의 재구성이고 완결이라고 믿는다. 실제로 초대교회의 연보신앙은 로마제국 지배체제의 억압과 착취 속에서 예수의 하나님나라 복음운동을 잇는 신앙행동이었다. 이제 한국교회와 교우들도 '예수의 하나님나라 복음운동'을 선언하고 행동해야 한다. 그럼으로써 21세기 한국교회와 교우들도 옛 히브리 지파동맹의 희년신앙 행동서사를 이어갈 수 있다.

한국교회와 교우들이 예수를 따라, 예수와 함께, 예수처럼 이 땅에서 하나님나라 복음운동을 선언하고 행동하기를 기대한다. 그것이 바로 21세기 한국교회와 교우들에게 내리는 하나님의 참된 복이다. 그러할 때 예수는 우리 삶의 스승이고 길벗이시며 우리 삶의 주님이시다. 아멘.

참고문헌

『성경전서』, 개역개정판, 대한성서공회, 2019.

『관주, 해설 성경전서』, 개역개정판, 독일성서공회 해설, 대한성서공회, 2004.

『공동번역 성서』, 개정판, 대한성서공회, 1999.

Biblia Hebraica Stuttartensia, K. Elliger and W. Rudolph, 독일성서공회, 1997.

Greek New Testament, Nestle—Alend Navum Testamentum Graece 27, 독일성서공회, 1993.

SEPTUAGINTA, Rahlfs and Hanhart, 독일성서공회, 2007

『200주년, 신약성서 주해』, 분도출판사, 2001.

『성서헬라어사전』박창환 편, 대한기독교서회, 2000.

*Greek—English Lexico*n, The University Of Chicago Press, 2000.

『히브리어 아람어사전』, 빌헬름 게제니우스, 이정의 옮김, 생명의말씀사, 2011.

『예수시대의 갈릴리아』, 빌리발트 뵈젠, 황영숙 옮김, 한국신학연구소, 2000.

『예수시대의 예루살렘』, J. 에레미야스, 한국신학연구소 번역, 한국신학연구소, 2002.

『신구약 중간사』, 마르틴 헹엘, 임진수 옮김, 살림, 2004.

『요세푸스 1.2.3.4』, 요세푸스, 김지찬 옮김, 생명의말씀사, 2006.

『아가페 성서지도』, 미카엘 아비요나 · 요하난 아하로니, 문창수 옮김, 아가페, 1999.

『구약신학』, 버나드 W. 앤더슨, 최종진 옮김, 한들출판사, 2012.

『히브리 민중사』, 문익환, 정한책방, 2018.

『베짜는 하나님』, 홍정수, 한국기독교연구소, 2002.

『서기관들의 반란』, 리처드 호슬리, 박경미 옮김, 한국기독교연구소 2016.

『길가메쉬 서사시』, 김산해, 휴머니스트, 2005.

『예수는 어떤 공동체를 원했나』, 게르하르트 로핑크, 정한교 옮김, 분도출판사, 2003.

『예수 새로보기』, 마커스 보그, 김기석 옮김, 한국신학연구소, 2002.

『갈릴래아의 예수』, 안병무, 한국신학연구소, 2020.

『바울과 로마제국』, 리차드 A. 호슬리, 홍성철 옮김, 기독교문서선교회, 2011.

『잃어버린복음서-Q』, 버튼 맥, 한국기독교연구소, 1999.

『마가복음 정치적으로 읽기』, 박원일, 한국기독교연구소, 2016.

『야훼신앙 예수신앙 촛불신앙』, 김철호 · 김옥연, 대장간, 2017.

『제국의 그림자 속에서』, 리처드 호슬리 역음, 정연복 옮김, 한국기독교연구소, 2014.

『사도바울』, 알랭 바디우, 현성환 옮김, 새물결, 2008.

『도마복음서연구』, 김용옥, 예술과영성, 2023.

『도마복음 도마행전』, 정학봉, 동서남북, 2013.

『역사의 예수』, 존 도미니크 크로산, 김준우 옮김, 한국기독교연구소, 2012.

『예언자적 상상력』,40주년 기념판, 월터 부르그만, 김지철 옮김, 복있는사람, 2023.

『다윗의 진실』, 월터 브루그만, 주현규 옮김, 도서출판 대서, 2022.

『은유신학』, 샐리 맥 페이그, 정애성 옮김, 다산글방, 2003.

『성경과 폭력』, 존 쉘비 스퐁, 김준년 · 이계준 옮김, 한국기독교연구소, 2007.

『참사람』, 월터 윙크스, 한정수 옮김, 한국기독교연구소, 2014.

『21세기 자본』, 토마 피케티, 장경덕 외 옮김, 글항아리, 2014.

『권력자본론』, 심숀 비클러 · 조나단 닛잔, 홍기빈 옮김, 삼인, 2004.

『금융의 역사』, 윌리엄 N 괴츠만, 위대선 옮김, 지식의 날개, 2019.

『기계의 신화. 1』, 루이스 멈퍼드, 유명기 옮김, 아카넷, 2013.

『기계의 신화. 2』, 루이스 멈퍼드, 김종달 옮김, 경북대학교출판부, 2012.

『2023년 세계사 불변의 법칙』, 옌쉐퉁, 고상희 옮김, 글항아리, 2014.

『공통체』, 안토니오 네그리 · 마이클 하트, 정남영 옮김, 사월의 책, 2014.

『돈의 발명』, 알렉산드로 마르초 마뇨, 김희정 옮김, 책세상, 2015.

『리바이어던』, 토마스 홉스, 신재일 옮김, 서해문집, 2007.

『만들어진 신』, 리차드 도킨스, 이한음 옮김, 김영사, 2007.

『무역의 세계사』, 윌리엄 번스타인, 박홍경 옮김, 라이팅하우스, 2019.

『부채, 첫 5,000년의 역사』, 데이비드 그레이버, 정명진 옮김, 부글북스, 2021.

『새로운 금융시대』, 로버트 J. 실러, 조윤정 · 노지양 옮김, 알에이치코리아, 2013.

『이타적 유전자』, 매트 리들리, 신좌섭 옮김, 사이언스북스, 2001.

『이기적 유전자』, 리처드 도킨스, 홍영남 이상임 옮김, 을유문화사, 2018.

『인류최악의 미덕, 탐욕』, 스테파노 자마니, 윤종국 옮김, 북돋움, 2014.

『재벌, 한국을 지배하는 초국적 자본』, 박형준, 책세상, 2013.

『타킷 차이나』, F. 윌리엄 엥달, 유마디 옮김, 메디치미디어, 2014.

『협동조합 참 좋다』, 김현대 · 하종란 · 차형석 지음, 푸른지식, 2012.

『호모 사케르』, 조르조 아감벤, 박진우 옮김, 새물결, 2008.

『사피엔스』, 유발 하라리, 조현욱 옮김, 김영사, 2015.

『농경의 배신』, 제임스 C. 스콧, 전경훈 옮김, 책과 함께, 2019.

『바젤탑』, 아담 레보어, 임수강 옮김, 더늠, 2022.

『문명의 운명』, 마이클 워드슨, 조행복 옮김, 아카넷, 2023.

『10등급 국민』, 김철호 · 김옥연, 대장간, 2015.

『시대의 언어로 읽는 예수의 비유』, 김철호 · 김옥연, 대장간, 2019.